马克思
自述传略

刘乃勇 著

新华出版社

图书在版编目（CIP）数据

马克思自述传略 / 刘乃勇著. —北京：新华出版社，2014.7（2025.2重印）

ISBN 978-7-5166-1087-9-01

Ⅰ. ①马… Ⅱ. ①刘… Ⅲ. ①马克思，K.（1818~1883）—自传 Ⅳ. ①A711

中国版本图书馆CIP数据核字（2014）第147970号

马克思自述传略

作　　者：	刘乃勇
责任编辑：	张　程　张永杰
责任印制：	廖成华
责任校对：	刘保利
封面设计：	李尘工作室
出版发行：	新华出版社
地　　址：	北京市石景山区京原路8号
邮　　编：	100040
网　　址：	http：//www.xinhuapub.com
经　　销：	新华书店
	新华出版社天猫旗舰店、京东旗舰店及各大网店
购书热线：	010-63077122
中国新闻书店购书热线：	010-63072012
照　　排：	李尘工作室
印　　刷：	大厂回族自治县众邦印务有限公司
成品尺寸：	170mm×240mm
印　　张：	29.25
字　　数：	400千字
版　　次：	2014年7月第一版
印　　次：	2025年2月第三次印刷
书　　号：	ISBN 978-7-5166-1087-9-01
定　　价：	85.00元

版权专有，侵权必究。如有质量问题，请与出版社联系调换：010-63077101

目 录

第一节　出生在德国的法国人 // 1
第二节　特里尔中学 // 3
第三节　波恩大学 // 6
第四节　柏林大学 // 9
第五节　通读黑格尔 // 13
第六节　博士论文 // 18
第七节　计划任教波恩 // 24
第八节　参与莱茵报 // 28
第九节　领导莱茵报 // 32
第十节　莱茵报的查封 // 36
第十一节　蜜月克罗茨纳赫 // 40
第十二节　巴黎 // 46
第十三节　巴黎手稿 // 50
第十四节　无双合作的开端 // 55
第十五节　神圣家族 // 56
第十六节　布鲁塞尔 // 61
第十七节　关于费尔巴哈的提纲 // 62
第十八节　历史性的会见 // 65
第十九节　德意志意识形态 // 67
第二十节　哲学的贫困 // 75
第二十一节　共产党宣言 // 79

第二十二节　布鲁塞尔的最后时刻 // 86
第二十三节　再到巴黎 // 90
第二十四节　新莱茵报 // 95
第二十五节　寓居伦敦 // 113
第二十六节　重新开始写政治经济学批判 // 120
第二十七节　一次决斗 // 121
第二十八节　同盟的分裂 // 123
第二十九节　痛失爱子 // 126
第三十节　一次小误会 // 128
第三十一节　宴会风波 // 130
第三十二节　论坛报的撰稿人 // 135
第三十三节　雾月十八日 // 137
第三十四节　同盟解散 // 142
第三十五节　工人议会 // 147
第三十六节　幼子夭折 // 152
第三十七节　格拉弗顿坊 // 158
第三十八节　百科辞典 // 161
第三十九节　经济学手稿和五篇构想 // 163
第四十节　六分册出版计划 // 168
第四十一节　起草第一分册 // 171

第四十二节　人民报 // 176
第四十三节　准备第二分册 // 179
第四十四节　福格特先生 // 181
第四十五节　燕妮病了 // 183
第四十六节　柏林之行 // 186
第四十七节　继续第二分册写作 // 191
第四十八节　经济学说史 // 193
第四十九节　男爵回访 // 195
第 五 十 节　定名资本论 // 198
第五十一节　误解 // 199
第五十二节　资本论第一卷 // 203
第五十三节　重返特里尔 // 206
第五十四节　沃尔弗之死 // 210
第五十五节　国际工人协会 // 215
第五十六节　致林肯的贺信 // 220
第五十七节　韦斯顿观点辨析 // 226
第五十八节　"职业病号" // 234
第五十九节　三卷计划 // 238
第 六 十 节　出版资本论 // 245
第六十一节　"赤色分子"与俾斯麦的外甥女 // 252
第六十二节　爱尔兰问题 // 256
第六十三节　贫病交加 // 259
第六十四节　再到汉诺威 // 281
第六十五节　沙佩尔之死 // 288
第六十六节　洛帕廷来访 // 291

第六十七节　兰兹格特 // 297
第六十八节　巴黎公社 // 299
第六十九节　世界报采访 // 308
第 七 十 节　总委员会最重要的文件 // 314
第七十一节　国际伦敦代表会议 // 315
第七十二节　资本论法文版 // 319
第七十三节　海牙代表大会 // 322
第七十四节　继续法文版 // 327
第七十五节　题赠达尔文 // 330
第七十六节　哈罗格特 // 331
第七十七节　哥达纲领批判 // 340
第七十八节　卡尔斯巴德 // 343
第七十九节　跨越发展 // 347
第 八 十 节　诺伊恩阿尔 // 354
第八十一节　资本论续篇 // 361
第八十二节　接待访问者 // 368
第八十三节　国家体系笔记 // 380
第八十四节　北非之行 // 384
第八十五节　尾声 // 401

地名索引 // 404
文献索引 // 406
文献注释 // 407
第一版后记 // 458
第二版后记 // 462

第一节　出生在德国的法国人

我于**1818**年5月5日生于普鲁士莱茵省的**特里尔城**。[1]

解说：普鲁士是"德意志同盟"（成立于1815年）的38个独立邦国之一。各邦国相互独立，因而此时德意志并非统一的民族国家。[2] "特里尔是一个古老的……城市。位于两山之间的一片风景诱人的谷地，满山遍野都是葡萄；摩塞尔河从这里流过，一座古老的八孔石桥横跨两岸，这一段河上可行驶100吨位的货船。……城内有一所教会学校和一所普通中学。……总共有1150所房屋……13座城门……人口15300。"[3] 特里尔是个小城市，却有过辉煌的历史，曾经是古罗马帝国的重要文化中心，这里与法国毗邻，深受法国自由主义文化影响和法国大革命的政治影响，在马克思出生前不久还曾被短时期并入法国。

我……出生在酿葡萄酒的地区。[4]

我父亲是特里尔的……法律顾问亨利希·马克思，他曾长期担任那里的律师公会会长，而且以自己的纯洁品格和法学才能出众。[5]

解说："摩尔的母亲是荷兰籍犹太人，她的父亲姓普雷斯堡。……摩尔的母亲讲荷兰语，……说德语一直错误百出，感到很困难。"[6] 摩尔是家人后来对马克思的昵称。女儿爱琳娜回忆说，"我们一家人都有绰号。'摩尔'……几乎成了他的正式名字了。……他还叫'恰里'（大概来源于查理，查理也就是卡尔）和'老尼克'（魔鬼）。"[7]

解说：在马克思出生两天后，民政事务官员艾·格拉赫签署了马克思的出生证书，编号231号。[8] 出生证上记载，"1818年5月7日下午4时，三十七岁的特里尔高等上诉法院律师亨利希·马克思先生，向本人（特里尔市政管理局负责特里尔区民政事务的官员）出示一名男性婴儿并申报，该婴儿于5月5

日凌晨二时在特里尔出世。生于特里尔律师亨利希·马克思先生及其妻子罕丽达·普勒斯堡家。他们拟给这婴儿取名为卡尔。出示婴儿及办理上述申报手续时有两位见证人：特里尔三十二岁的政府书记员卡尔·佩特拉施先生和特里尔二十一岁的职员马蒂亚斯·克罗普。"证书一式两份，宣读后，由婴儿出示人、见证人和民政官签字。

解说：出生时，马克思有一个哥哥，名叫莫里茨·大卫（1815年10月30日生于特里尔，1819年4月15日夭折），一个姐姐，名叫索菲娅（1816年11月13日出生）。[9]

解说：在马克思出生后不久，当局颁布了一个公告，所有的犹太人或者接受洗礼，或者放弃任何官方工作。马克思的父亲在马克思出生之前就已经改宗新教。[10]马克思的女儿劳拉认为，"他这样做是出于自愿，并非为了遵从官方的规定。他告诉自己的儿子，他相信上帝，在他之前，牛顿、洛克和莱布尼茨也是这样做的。同时他也相信伏尔泰。至于我的祖母，要是问到她是否相信上帝时，她说，她相信，但并不是为了上帝，而是为了自己。"[11]**1824年8月26日**老马克思为孩子索菲娅、卡尔、海尔曼、罕丽达、路易莎、艾米莉和卡洛琳施洗礼。[12]**1826年4月17日**，马克思的弟弟爱德华出生。这时马克思有一个姐姐、四个妹妹、两个弟弟。[13]

解说：小时候，马克思是一个既聪明又淘气的小孩儿。"他真是一个少有的讲故事的能手。摩尔小时候对待姐妹们简直像一个可怕的暴君，他把她们当作驾车的马，驱使她们从特里尔的马可山上飞奔下来。更糟糕的是，他用一双脏手把很脏的生面团做成'饼子'，一定要她们吃下去。她们毫无怨言地一一照办，于是卡尔就给他们讲故事作为奖励。"[14]"在他童年的友伴中，有燕妮和埃德加尔·冯·威斯特华伦。卡尔·马克思从他们的父亲冯·威斯特华伦男爵那里受到熏陶，很早就热爱'浪漫'派；当他父亲给他念伏尔泰和拉辛的著作时，威斯特华伦却给他念荷马和莎士比亚。"[15]伏尔泰是启蒙思想代表人物，而浪漫主义则对启蒙思想进行反思。因此威斯特华伦男爵被马克思称作：

"敬爱的父亲般的朋友"。[16]

"冯·威斯特华伦家族"不是莱茵人，而是不伦瑞克人。按父系说，[燕妮]的祖父曾是著名的不伦瑞克公爵的秘书。因此，他很受不列颠政府的宠信,并同阿盖尔家族的近亲结了婚。……"按母系说",〔燕妮〕的外祖父是普鲁士的一个小官吏。实际上〔燕妮〕生于勃兰登堡的萨尔茨维德尔。[17]

解说:燕妮比马克思大4岁,"在她出生以后不久,她父亲便调到特里尔任政府顾问,在那里和马克思一家有了亲密的交往。两家的孩子一块儿长大。这样,两个天赋很高的孩子日益亲近起来。"[18]

第二节 特里尔中学

我于……特利尔……城读中学。[19]

解说:**1830年10月**,马克思12岁,进入特里尔中学。关于马克思是否还上过小学,现在没有确切记载。"他的同学们都非常喜欢他,但又害怕他——喜欢他是因为他总是淘气,而害怕他则是因为他随手能写出一些讽刺诗来挖苦对头。"[20]从马克思在中学时写的诗歌《人生》,就可以看出少年马克思对人生的短暂、渺小、愿望的贪婪与实现后的空虚的慨叹。[21]**1832年**,18岁的燕妮留下了一幅肖像油画[22],这一年马克思14岁。

解说:**1834年3月23日马克思受坚信礼。**[23]坚信礼在基督教中是孩子正式加入教会的仪式。事先接受一段时间的宗教教义学习。孩子通过仪式宣誓,按照教父或教母在洗礼时表达的意愿入教。[24]

解说:1834年10月,马克思进入中学毕业班。下面是马克思所在的特里尔中学毕业班的功课表(**1835年教学计划**),其中课程名称之后的括号内是该课程的任课教师。[25]从课表我们看到,马克思在中学就开始通过外语的经典原著来学习外语。其中的历史老师维腾巴赫(1767—1848)是特里尔中学的校长。

1. 拉丁语(廖尔斯):西塞罗《论演说家》;塔西佗《编年史》《阿古

理科拉传》；荷拉提乌斯《颂诗》《讽刺诗》。

2. **希腊语（廖尔斯）**：柏拉图《斐多篇》；修昔底德《历史第一卷》；荷马；索福克勒斯《安提冈涅》。

3. **德语（哈姆马赫）**：歌德、席勒和克洛普什托克的诗；十七世纪以来的德意志文学史。

4. **希伯来语（施涅曼）**。

5. **法语（施温德尔）**：孟德斯鸠《罗马盛衰原因论》；拉辛《阿塔里》。

6. **数学（施泰宁格尔）**：代数、几何、三角。

7. **物理（施泰宁格尔）**：热学、光学、电学、磁学。

8. **历史（维腾巴赫）**：罗马史、中世纪史、近代史。

解说：1835年8月10日，马克思开始毕业考试，其中8月10日至16日笔试，21日至23日口试。[26]

解说：第一天是宗教考试，题目是论述题《根据约翰福音第15章第1至14节论信徒和基督的一致，这种一致的原因和实质，它的绝对必要及其影响》。马克思是个聪慧的学生，而且接受坚信礼不久，他十分清楚对一个中学生来说，只需要按照学校教给的内容，按照赎罪、上帝的本体论或者认识论等常见的方式论证即可，但是他把一个宗教教义的问题转化为理性分析。贯彻到底的理性必然同宗教产生裂痕，进而导致无神论。[27]

解说：8月12日德文写作考试，是自由选题作文，马克思写下了《青年在选择职业时的考虑》这一题目。在作文中马克思表达了自己的人生理想，这就是"人类的幸福和自身的完美"。[28]在作文中马克思写道：

"在选择职业时，我们应该遵循的主要指针是人类的幸福和我们自身的完美。不应认为，这两种利益是敌对的，互相冲突的，一种利益必须消灭另一种的；人类的天性本来就是这样的：人们只有为同时代的完美、为他们的幸福而工作，才能使自己也达到完美。……如果我们选择了最能为人类福利而劳动的职业，那么，重担就不能把我们压倒，因为这是为大家而献身；那时我们所感到的就不是可怜的、有限的、自私的乐趣，我们的幸福将属于千百万人，我们的事业将默默地、但是永恒发挥作用地存在下去，而面对我们的骨灰，高尚的人们将洒下热泪。"[29]

"但是我们并不总是能够选择我们自认为合适的职业；我们在社会上的关系，还在我们有能力对它们起决定影响以前就已经在某种程度上开始确立了。"30

解说：8月15日拉丁文考试，是命题作文《奥古斯都的元首政治应不应当算是罗马国家较幸福的时代？》。元首政治实际上是一种独裁统治，公元前27年由奥古斯都在罗马建立，虽然在形式上保留了共和制的国家政体，如元老院、公民大会和高级长官等，但是实际上是由元首（元老院之首）大权独揽。拉丁语授课教师廖尔斯是普鲁士专制政体的支持者，他出这个题目的意图是要大家给出肯定专制的解答。马克思同廖尔斯关系一直不好，虽然仍给出了肯定的解答，但是借题发挥表达了自己的社会理想，这就是"人民的自由"，马克思用是否能够保障人民的自由作为一个时代是否幸福的标准。用一个专制政体来论证人民的自由，这同马克思学过的知识——比如塔西佗对奥古斯都的评价——是有出入的，论证也有的地方生硬牵强。原因同宗教作文一样，马克思不是不知道这些知识，只是无法因为获得分数而放弃自己的理想。31在这篇作中文马克思写道：

"尽管各种自由，甚至自由的任何表面现象全都消失了，尽管根据'罗马首席公民'的命令改变了机构和法律，而往昔为护民官、监察官和执政官所拥有的一切权力都转入了一人之手……如果百姓都柔顺亲密，讲究文明风尚，而国家的疆土日益扩大了——那么统治者倒会比自由的共和政体更好地保障人民的自由。"

解说：此外，考试还有拉丁文即席翻译、希腊文翻译、法文翻译、数学。32

解说：中学马克思一共上了五年，其中一年级修了两年。而普鲁士的教育制度规定一年级应该修三年。33"马克思……在特利尔中学念完报考大学诸门课程，……特利尔中学发给……中学毕业证书"。34毕业后，同学们都向老师们辞别，只有马克思和他的一个同学克雷门斯没有向副校长勒尔斯辞行。这让这个专制主义支持者非常不快。勒尔斯后来向马克思的父亲提起这件事，父亲不得不撒谎说，两个孩子去过他那里辞行，不过正好他不在家。35向父母辞行之后，马克思去波恩读大学，这一年马克思17岁。

当我离开了［父母］的时候，在我面前展现了一个新的世界，一个爱的——而且起初是热烈追求的、没有希望的爱的世界。甚至到柏林去旅行我也是淡漠的,要是在别的时候,那会使我异常高兴,会激发我去观察自然,还会燃烧起我对生活的渴望。这次旅行甚至使我十分难受,因为我看到的岩石并不比我的感情更倔强、更骄傲,广大的城市并不比我的血液更有生气,旅馆的饭食并不比我所抱的一连串幻想更丰富、更经得起消化,最后,艺术也不如燕妮那样美。"[36]

解说:关于马克思为什么会说"没有希望的爱的世界",爱琳娜后来解释说,"卡尔初次向燕妮求婚的时候只有17岁。当然,忠贞爱情的道路并不平坦。卡尔的父母反对他这么年轻就'订立婚约',这是不难理解的。这件事造成了相当激烈的场面,我的父亲常常说,他那时真是成了疯狂的罗兰。"[37]

第三节 波恩大学

解说:带着特里尔中学的毕业证书,马克思于10月15日被波恩大学(即波恩弗里德里希—威廉皇家普鲁士莱茵大学)录取,选修法律。[38]

解说:"对莱茵母校的学生们来说,那是一个沉闷的时代;根本谈不上什么学习志向,无非是为了谋生而求学,也谈不上有过去的大学生那样的思想。30年代初,对盅惑者的迫害几乎勾销了人们对大学生活的回忆,凡是觉得知道一点政治思想的人,都秘而不宣。……培养驯服的庸人,让他们发泄年轻人的过剩精力,是当局实施大学教育的原则。而且这种原则基本上也被那些感到受到禁锢,有时也起来反抗的大学生们顺从地接受了。在大学生酒会上,谈论'学术'是很不受欢迎的,在真正的饮酒晚会上,他们别开生面,当场召集'啤酒之友会议',对闹事者按照情节轻重罚酒。"[39]

解说:这种状况一开始可能并没有影响到在中学时勤奋好学的马克思,这可以从马克思父亲的来信中看出来,父亲表达了对马克思大学学习和生活的关心和担心:"你的良好愿望、你的勤奋努力,以及你想做一些扎扎实实的

第三节 波恩大学

事情的坚定志向,我丝毫也不怀疑。而现在又使我感到高兴的是,刚刚开始的学习使你感到满意,也不费劲,并且你对你的专业也产生了兴趣。九门课程,在我看来多了一点。我不希望你学的东西超过你的身体和精力所能承受的限度。"[40] "亲爱的卡尔,祝你健康,在用丰富而有益的食物来滋养你的智慧的时候,别忘记,在这个悲惨的世界上身体是智慧的永恒伴侣,整个机器的良好状况都取决于它。一个体弱多病的学者是世界上最不幸的人。"[41]

解说:而母亲在信的附笔中写道:"亲爱的卡尔,我还想提醒你注意,不要把清洁和整齐看成是无关紧要的小事,因为健康和饱满的情绪都和它们有关系。因此要注意经常收拾你的房间,并且要安排出一定时间来做这件事。亲爱的卡尔,你每星期都要用海绵和肥皂洗一次澡。……你的可爱的缪斯(□希腊神话中掌管文艺的女神)总不会因你母亲的这一番平庸之谈而感到受屈吧!告诉你的诗神,一切高尚的和美好的东西都是通过平凡的东西而达到的。"[42]

解说:年末,马克思到母亲的故乡荷兰的奈梅亨旅行了一段时间,事先并未通知父母。[43]之后,马克思回到波恩。

解说:从马克思父亲**1836**年2、3月间的信可以看出他对马克思能否照顾好自己的健康一直很担心:"令人痛心的经验应使你对自己的健康更加注意一些。要知道一个人除了纯洁的良心之外,健康就是他的最大财富,而青年时代的不良行为,漫无节制的或者本身完全是有害的享乐,会可怕地进行报复的。……在类似情况下甚至连过度用功也是愚蠢的,相反,适度的运动,如散步或者甚至有时骑马,但不要狂奔,是非常有益的,而能做到心情舒畅,摈弃一切胡思乱想,那就更好。"[44]在信中父亲也提了一些对马克思人际交往的建议,"参加小型聚会比起参加酒宴来,你可以相信,要使我满意得多。在这样的聚会中寻求快乐的青年人,当然是一些有教养的人,他们对自己作为国家未来的优秀公民的价值也比那些以放荡不羁为其特长的人认识得更清楚。"[45]

解说:此外,信中也有对马克思理财问题上的抱怨,"亲爱的卡尔,你这份账单十足是卡尔式的:简直乱七八糟,没有结算。要是账目比较简短,比较连贯,数字有规则地排成纵行,那么算起账来就很简便。一个学者也需要有条理,一个开业的法学家更需要如此。"[46] "我乐意把一切都办到,但我是一个多子女的父亲,而你又知道得很清楚,我并不富裕,所以除了你的健康和前途所必需的之外,我不想再多给了。……我要肯定地告诉你,分给你的数目,是最高额。我相信,比这少一点,也尽够用了。"[47]

解说:这样,大学的第一学期过去了。[48]

在德国的大学里,每当学校领导在夜间11时左右把学生赶出啤酒馆,如果天气好的话,各社团的学生通常便聚集在市场的广场上。在这里,各个社团或"派别"的成员开始同其他"派别"的成员做互相"嘲笑"的竞赛,目的是想挑起一场流行的不太危险的决斗,这种决斗是大学生活中最明显的特色。在市场的广场上进行这种挑衅性的口角竞赛时,主要的技巧在于嘲笑得体,不加正式的或公开的侮辱,但同时又能尽可能地激怒对方,使他最后失去冷静,破口辱骂,而你也就不得不向他提出决斗。[49]

解说:从马克思父亲的书信中可以看出,马克思给父亲的印象仍然是那个中学时代勤奋好学的马克思。但是,第二个学期时,5、6月间,父亲得到马克思在学校参加决斗的消息,十分恐慌,立即写信告诫马克思,"难道决斗也与哲学密切有关吗?要知道这是对舆论的迁就,甚至是对它的恐惧。而那是谁的舆论呢?绝不总是正经人的,可你还是!!!无论何处人们总是很少前后一贯的。你得设法不让这种爱好,即使不是爱好,也是欲望,在你的心里扎下根。否则,你终究会使你自己和你父母的最美好的愿望遭到毁灭的。我相信,一个有理智的人,是能够很容易地、体面地对这一套不予理睬的,让人尊重自己。"[50]

解说:6月13日,马克思因夜间酗酒吵嚷被大学法庭判处禁闭一天,16日执行。[51]波恩大学在马克思的肄业评语中写道:"关于该生的操行,应该指出,他曾因夜间酗酒吵嚷,扰乱秩序,受罚禁闭一天;除此之外,他在道德和经济方面,未发现有什么不良行为。该生事后被人告发,据云曾在科伦携带违禁武器,此事尚在调查中。该生没有参加被禁止的大学生团体的嫌疑。"[52]

解说:经过父亲同意,马克思转入柏林大学。父亲在7月1日的函件中写道:"我儿子卡尔·马克思下学期要进柏林大学,继续学习在波恩选修的法律和官房学。这不仅得到我的准许,而且是我的意愿。"[53]不过自始至终马克思对官房学都没有什么好印象:

所谓的官房学——各种知识的杂拌，满怀希望的德国官僚候补者必须通过的炼狱之火。[54]

解说：8月22日，马克思取得波恩大学肄业证书。[55]马克思到<u>特里尔</u>休假，期间，同燕妮秘密举行订婚礼。[56]秋末，马克思离开特里尔乘马车前往柏林，带着对燕妮的思念，途中写下了诗歌《两重天——致燕妮》。[57]

两重天
——致燕妮
乘马车赴柏林途中
森林隐约闪现，
山峦渐渐模糊，
山川林木往后奔，
目光也挽留不住。
群山和万木如在画中，
看上去真要凌云参空，
一转眼，
不知是哪位神仙，
精心地让山林景变物迁。
……

第四节　柏林大学

解说：10月22日，18岁的马克思持特里尔中学毕业证书和波恩大学肄业证书在<u>柏林大学</u>注册入学，进入法律系。[58]"柏林位于斯普累河的两条支流上。人口30余万。把外城和警政区算在内的话，方圆9.6公里。内城的城墙全长15公里。……共有居民331994人。全城有17座城门、290条大街和小巷，24

个广场和市场，32座教堂，一座城堡，20座宫殿，一所科学院和一所艺术学院，一座博物馆，一所大学，6所中学，3家公共大剧院，3家私人剧院，280所各种类型的学校，一个武器库，15座兵营，17家医院。"[59]

解说：到柏林之后，马克思的第一个住所是米特尔街61号。[60]米特尔街在新城，或叫多罗滕城，属第17警政区。[61]

解说：第一学期马克思选的课程包括：萨维尼讲授的罗马法全书，甘斯讲授的刑法，斯提芬斯讲授的人类学。[62]

解说：柏林大学当时在德国是学风最好的大学，"与柏林大学的学风比起来，德国其他的大学就是不折不扣的酒馆。"[63]优秀的学风也影响了马克思，马克思不再喝酒、决斗胡闹，而是更加专注于学业。

到了柏林以后，我断绝了从前的一切交往，有时去看人也是勉强的，只想专心致志于科学和艺术。对我当时的心情来说，抒情诗必然成为首要的题材，至少也是最愉快最合意的题材。然而它是纯理想主义的；其原因在于我的情况和我从前的整个发展。我的天国、我的艺术同我的爱情一样都变成了某种非常遥远的彼岸的东西。一切现实的东西都模糊了，而一切正在模糊的东西都失去了轮廓。对当代的责难、捉摸不定的模糊的感情、缺乏自然性、全凭空想编造、现有的东西和应有的东西之间完全对立、修辞学上的考虑代替了富于诗意的思想，不过也许还有某种热烈的感情和对蓬勃朝气的追求——这就是我赠给燕妮的头三册诗的内容的特点。无边无际的、广泛的渴求在这里以各种不同形式表现出来，使诗作不够紧凑，显得松散。[64]

解说：献给燕妮的三个诗册分别是《爱之书》第一部、《爱之书》第二部、《歌之书》。[65]

解说：从马克思父亲11月9日的来信中也可以看出这样的转变，从在波恩大学时担心马克思喝酒决斗闹事，到又开始担心马克思在柏林大学过于用功学习而损伤身体："我对你只有一个要求，希望你在学习上不要过于用功，千万要保护好你的体力和你已经很差的视力。你选修了很多门重要课程——自然，你是有理由勤奋学习的，但不要把自己搞得精疲力竭。上帝恩赐，来日方长——你将为你自己造福，为你的家庭造福，如果我的预感没有错的话，也将为全人类造福。"[66]

解说：与燕妮秘密订婚一事，马克思一直瞒着父母，他们得知以后很担

第四节　柏林大学

忧，父亲在11月9日的信中说："我虽不是天使并懂得人不光靠面包生活，但是，在履行神圣的义务面前，次要的意图应当放弃。我重说一遍，对一个男子汉来说，再没有比他为一个弱女子承担的义务更为神圣的义务了。因此，在这方面，也像在所有其他方面一样，你对我要像对朋友一样完全开诚布公。如果你经过深思熟虑后，真的坚持你原来的主意，那你就该马上像一个堂堂男子汉那样行事。这丝毫也不会妨碍诗情的激发——为履行义务而产生的激情本来就是充满诗意的。"[67]"我已和燕妮谈过话，因为我多么希望她完全得到安宁。我能做到的全都做了，但是光讲道理是不行的。她还不知道她的父母对此持何种态度。亲属和外界的议论并不是无关紧要的。我害怕你那种并不总是有道理的、好埋怨人的态度，所以还是让你自己去估量目前的状况。"[68]关于这件事的下文，由于马克思本人的书信没有保存下来，我们就不得而知了。

我学的专业本来是法律，但我只是把它排在哲学和历史之次当作辅助学科来研究。[69]

写诗可以而且应该仅仅是附带的事情，因为我应该研究法学，而且首先渴望专攻哲学。这两门学科紧密地交织在一起，所以一方面，我读了——不加任何批判地，只是按学生的方式——海奈克齐乌斯和蒂博的著作以及各种文献（例如，我把罗马法全书头两卷译成德文），另一方面，我试图使某种法哲学体系贯穿整个法的领域。我在前面叙述了若干形而上学的原理作为导言，并且把这部倒霉的作品写到了公法部分，约有三百印张。这里首先出现的严重障碍正是现实的东西和应有的东西之间的对立，这种对立是唯心主义所固有的；它又成了拙劣的、错误的划分的根源。开头我搞的是我慨然称为法的形而上学的东西，也就是脱离了任何实际的法和法的任何实际形式的原则、思维、定义，这一切都是按费希特的那一套，只不过我的东西比他的更现代化，内容更空洞而已。……在生动的思想世界的具体表现方面，例如，在法、国家、自然界、全部哲学方面，情况就完全不同：在这里，我们必须从对象的发展上细心研究对象本身，绝不应任意分割它们。[70]

解说：在这里，马克思认为法学是和哲学交织在一起的。这里说的"三百印张"估计是"三百页"的意思，此时马克思可能还不理解这个印刷术语的具体含义。

解说：得知马克思要构建一个法哲学体系的宏大构想，父亲在12月28日的来信中告诫马克思学术圈也并非平静之所："你的法律观点不是没有道理的，但如果把这些观点建立成体系，它却可能引起一场风暴，而你还不知道，学术风暴是何等剧烈。如果在这件事情上那些易受指摘的论点不能全部取消，那么至少在形式上也应当弄得比较缓和、令人中意一些。"[71]

解说：时间到了**1837年1月**前后。[72]

这时我养成了对我读过的一切书作摘录的习惯——例如，摘录莱辛的《拉奥孔》、佐尔格的《埃尔温》、温克尔曼的《艺术史》、卢登的《德国史》——并顺便在纸上写下自己的感想。同时我翻译了塔西佗的《日耳曼尼亚》和奥维狄乌斯的《哀歌》，并且开始自学，即根据文法学习英文和意大利文——直到现在还没有什么成绩。我读了克莱因的《刑法》和他的《年鉴》以及所有的文学新作，不过后者只是顺便浏览而已。[73]

解说：大约这个时候马克思初次接触到黑格尔哲学。

我读过黑格尔哲学的一些片段，我不喜欢它那种离奇古怪的调子。[74]

解说：诗歌《黑格尔——讽刺短诗》[75]表达了马克思对黑格尔哲学、黑格尔与康德哲学的关系等问题最开始的认识。从该诗的前两节来看，诗中的"我"应该是指黑格尔，但是马克思作为诗的作者，其实也反映了马克思的思想。这首诗的第三节如下：

3
康德和费希特在太空飞翔，
对未知世界在黑暗中探索；
而我只求深入全面地领悟，
在地面上遇到的日常事物。

到学期终了，我又转向缪司的舞蹈和萨蒂尔（□希腊神话中象征音乐、创造力等的神）的音乐。在我寄给［家里］的最后一册笔记中，理想主义渗透了那勉强写出来的幽默小说《斯科尔皮昂和费利克斯》，还渗透了那不成功的幻想剧本（《乌兰内姆》），直到最后它完全变了样，变成一种大部分没有鼓舞人心的对象、没有令人振奋的奔放思路的纯粹艺术形式。[76]

解说：这里所说的"最后一册笔记"就是马克思在父亲的生日之际写给父亲的诗册和小说、剧本习作。[77]

解说：从父亲的来信可以看出，马克思要通过书信向燕妮求婚，燕妮很担心。"燕妮几天前（在她收到索菲娅交给她的你的来信之后）来看望了我们，也谈到了你的意图。看来，她是同意你的理由的，但她在要迈出的这一步面前感到害怕，这也是不难理解的。至于我，认为这一步是好的，是值得称赞的。照燕妮的暗示的意思看来，她写信给你是要你不要直接寄信给她（这个意见就是不赞成的）。为了使她安心，你在确定发信之日的前八天就得预先通知我们。"[78]

解说：3月，马克思在摩尔人街17号住了几个星期。这里属弗里德里希区，第15警政区。这条街上有酒家和娱乐场所，例如英国酒家，是社交和舞会的最受欢迎的场所之一，还有豪华的福尔皮咖啡馆。[79]

第五节　通读黑格尔

我在第一学期熬过了许多不眠之夜，经历了许多斗争，体验了许多内心的和外在的激动。但是这一切都没有使我大大充实起来，不仅如此，我还忽视了自然、艺术、整个世界，跟朋友们也疏远了。这似乎连我的身体也有反映。[80]

我写了一篇将近二十四印张的对话：《克莱安泰斯，或论哲学的起点和必然的发展》。彼此完全分离的科学和艺术在这里在一定程度上结合起来了。我这个不知疲倦的旅行者着手通过概念本身、宗教、自然、历史这些神性的表现从哲学上辩证地揭示神性。我最后的命题原来是黑格尔体系的开端，而且由于写这部著作需要我对自然科学、谢林、历史作某种程度的了解，我费了很多脑筋，而且写得非常［……］（因为它本来应当是一部新逻辑学），连我自己现在也几乎想不起它的思路了；这部著作，这个在月光下抚养大的我的可爱的孩子，像欺诈的海妖一样，把我诱入敌人的怀抱。[81]

解说：我们看到，马克思从大学的时候就有宏大的学术理想——构建一个自己的哲学体系，这里马克思所说的"逻辑学"并不是通常人们理解的形式逻辑，而是黑格尔哲学意义上的逻辑学，简单的理解就是哲学体系。这时，马克思19岁。

由于燕妮的病和我的徒劳无益的脑力劳动引起烦躁心情，由于不得不把我所憎恶的观点变成自己的偶像而感到苦恼，我生病了。[82]

解说：其中所说的把自己"憎恶的观点变成自己的偶像"，指的是马克思曾经不喜欢黑格尔的哲学，但是研究来研究去却最终被黑格尔哲学所吸引，也就是马克思说的"诱入敌人的怀抱"。

一位医生劝我到乡下去，于是我第一次穿过全城到了城门前走向<u>施特拉劳</u>。我并没有想到，虚弱的我，在那里会变得十分健康和强壮。[83]

解说：斯特拉劳距离柏林很近，距离城门两公里，位于斯普累河右岸。由于这条河而形成了鲁美尔斯堡湖的左岸，是一块令人心旷神怡的草地，林木茂盛，属下巴尔尼姆湖。有一座四面环水、绿树成荫的浪漫风格的教堂，还有农舍、旅店和庄园，整个村子大约有20座房屋。马克思住在施特拉劳4号客店，店主名叫格特利布·克勒尔，是渔民。[84]

帷幕降下来了，我最神圣的东西已经毁了，必须把新的神安置进去。我从理想主义——顺便提一提，我曾拿它同康德和费希特的理想主义比较，并从其中汲取营养——转而向现实本身去寻求思想。如果说神先前是超脱尘世的，那么现在它们已经成为尘世的中心。[85]

解说：从这个思想关节点上，马克思开始注重现实，这是值得注意的，因为这时候他信奉的是黑格尔哲学——唯心主义哲学的集大成者。

在患病期间，我从头到尾读了黑格尔的著作，也读了他大部分弟子的著作。[86]

解说：黑格尔（1770—1829）的主要著作包括《精神现象学》（1807）、《逻辑学》（即大逻辑，1808—1816）、《哲学全书》（其中的逻辑学部分称为小逻辑，1817）、《法哲学原理》（1821）。他生前在柏林大学的讲稿被整理为《哲学史讲演录》《美学讲演录》和《宗教哲学讲演录》。

由于在施特拉劳常和朋友们见面，我接触到一个"博士俱乐部"，其中

第五节　通读黑格尔

有几位讲师，还有我的一位最亲密的柏林朋友［阿道夫·］鲁滕堡博士。这里在争论中反映了很多相互对立的观点，而我同我想避开的现代世界哲学的联系却越来越紧密了；但是一切声音都安静下来，我陷入了真正的讽刺狂，而这在如此多的东西遭到否定以后，是很容易发生的。此外又加上燕妮的沉默，而且只要我还没有通过类似《访问》等等拙劣作品来掌握现代主义和现代科学观点，我也安不下心来。[87]

解说："博士俱乐部……在每周规定的日子里，一些博士和高年级学生相约来到法国街上一家不知名的饭店里，不过，这种聚会常常被在场的不相干的客人干扰，所以决定，轮流在这个或那个成员家中集会。这样，慢慢形成了一个无拘无束的团体，……在集会上，朗诵和评论各自写作的诗歌和文章，但主要是怀着极大的热情讨论黑格尔哲学。"[88]

病好以后，我便把所有的诗和小说草稿等等都烧了，我认为我能把它们丢得一干二净。[89]

解说：4月，柏林大学的第二学期，马克思在系里登记住在旧雅可布街50号。这里属于第10警政区。紧邻的49号是柏林最大的娱乐场，科洛赛乌姆，它的主体建筑是一个宽敞高大装饰典雅的大厅，配有回廊和包厢，可以开舞会和音乐会，露天餐座也是天天有活动一直到深夜。警察要常常处理科洛赛乌姆的麻烦事。[90]

解说：这一学期马克思选的课程包括教会法、德国普通民事诉讼、普鲁士民事诉讼三门课程，均由赫弗特尔教授讲授。[91]

解说：6月24日，马克思回到特里尔，和燕妮到特里尔近郊屈伦茨。燕妮回忆说："那天我们两人曾单独在一起，两三个小时地谈论生活中最重要的事，谈论最高尚的、神圣的利益，谈论信仰与爱情。他说了一些美好而珍贵的话，像金科玉律铭刻在我的心头。……那一天，他心情忧郁，表情严肃；他谈了很多关于亲爱的爱德华的令人担忧的状况……他也埋怨他自己身体衰弱。那天，他咳得很厉害，备受折磨。"[92]

解说：不久，马克思回到柏林。

解说：自从马克思离开父母，父亲就非常关心马克思的学习和日常生活，在信中不断地叮嘱马克思注意身体健康。"从你的初步计划来看，你认为没有必要学习官房学。只是你可别把自然科学疏忽了，因为你没有把握日后能把这个缺陷弥补上，那时，后悔就太晚了。但愿上帝保佑你，亲爱的卡尔！愿你生活得幸福，别忽视健康。我不能过多地重复这句话：在丰富你的精神的同时，保重你的身体。"[93]

解说：在学业之余，马克思打算出版一种剧评杂志，但是事情并不顺利。

冯·夏米索先生寄来一封毫无意义的短信，告诉我，他们感到抱歉，年鉴不能采用我写的作品，因为年鉴早已付印了。我遗憾地领受了这封信。书商维干德把我的计划寄给销售好乳酪和坏书刊的温德尔公司的代理人施米特博士。……我无论如何不放弃这个计划；特别是因为通过大学讲师鲍威尔（他在黑格尔学派著名美学家中起重大作用）和我的同伴鲁滕堡博士的帮助，所有黑格尔学派著名美学家都答应撰稿。[94]

解说：父亲在9月16日的来信中谈了对这件事的建议，"对于你的戏剧评论计划，首先，我得承认，就事情本身而论，我对此不特别内行。戏剧评论要耗费大量时间，要求极其谨慎。如果就艺术而言，那么，这种活动可能是我们时代最有贡献的活动之一。从荣誉的观点看，它可以使你荣膺学者证书。人们将怎样对待它呢？我想，敌视会多于欢迎。据我所知，优秀学者莱辛所走过的道路并不都是铺满玫瑰花的。他一生始终是个穷困的图书馆员。这种活动能不能给你带来优越的物质利益呢？这个问题与上述问题有关联，我不能作出断然的回答。我仍和过去一样认为，一些单个的优秀作品、一首好的史诗、一出天才的悲剧或喜剧，对你的目的来说要合适得多——可是，你是自己在为自己开辟道路，并且愿意沿着这条路走下去。我只能祈祷上苍，让你通过某条道路尽快达到既定目的。"[95]

解说：第三个学期，马克思选的课程只有一门，是赫弗特尔教授讲授的刑事诉讼。[96]

我认识了一位陪审推事施米特汉纳，他劝我第三次法学考试以后，去当一个这方面的法官，这更合我的兴趣，因为我确实认为法学比所有行政科学好。这位先生告诉我，他本人和威斯特伐利亚的闵斯德高等地方法院的其他许多人三年就获得陪审推事的头衔。他说，这并不难——当然要努力工作——因为那里所有级别不像柏林和其他地方那样规定得严格。如果当了陪审推事以后又得了博士学位，那么就更有可能得到兼职教授职位。波恩的格

第五节 通读黑格尔

特纳先生就是一个例子，他写过一篇平平常常的关于地方立法的文章。[97]

10月9日，我让鲁滕堡等了半天，10日又不能去。原因说出来很不体面，我的外套搁在施特拉劳，我在此地所穿的那一件又破了，又送到裁缝那儿，而另外一件还没有做好。你看，甚至裁缝也能决定凡人的命运。[98]

解说：11月11日凌晨，马克思在给父亲写信，汇报到柏林这一年来的生活，也展现了马克思的思想狂飙。[99]

已经快四点了，蜡烛已经燃尽，我的眼睛也模糊了。一种真正焦虑不安的情绪在支配着我，只有在我敬爱的［父母］身边，才能使焦虑不安的幽灵安静下来。[100]希望笼罩着我们家庭的阴云慢慢消散。[101]

解说：爱琳娜对"笼罩着我们家庭的阴云"解释说，这"既是指某次丢失钱以及由此而造成的经济困难，也还指他的小弟弟爱德华病势严重和另外的三个弟弟妹妹体弱多病，加之马克思的父亲又开始生病"。[102]这可能也导致了父亲在12月9日的来信中再次抱怨马克思花钱大手大脚："我们可敬的儿子不顾一切协议、不顾一切惯例一年花了七百塔勒，好像我们是阔佬，可是，就是最富有的人花的钱也不超过五百。那又为什么呢？应该替他说几句公道话：他不是耽于享乐的人，也不是好挥霍的人。但是，一个人怎么能每隔一两周就要发明新花样并不得不把过去辛辛苦苦地完成的工作全部推倒？我要问，他怎么能考虑一些琐碎小事呢？他怎么能服从琐碎规矩呢？每个人都把手伸进他的口袋，欺骗他，只要不碰到他的图样就行。这样自然不久又会开出新支票。"[103]12月14日，马克思十二岁的弟弟爱德华死于结核病。[104]

解说：由于马克思身体一直不太好，母亲在**1838**年2月16日的来信中又表达了担心："你说你的病是心脏扩张，这使我很不安。……亲爱的卡尔，由于你的健康状况，我现在对你选择医生就医问题也很不放心。一个年轻人不像久经世故的人那样具有实际的知识，我请你注意这一点。随信把证明寄给你，你要想尽一切办法躲过你要服兵役的年限，你有充分的理由这样做。你的眼病可别马虎大意，这样你就可以免去许多麻烦，还可以少花钱。"[105]

解说：3月，马克思又搬回到了<u>摩尔人街17号</u>。[106]

解说：第四学期，马克思的课程包括布勒教授讲授的逻辑学、李特尔教授讲授的普通地理学、甘斯教授讲授的普鲁士法。[107]

解说：5月3日，马克思在<u>特里尔</u>，和燕妮发生一次矛盾，马克思情绪化地说出了燕妮是个卑贱的姑娘之类的话。[108]燕妮后来在信中说:"卡尔,你竟会对我说,我是个卑贱的姑娘,你那时竟对我说这种话,这是不公正的。"[109]

解说:5月7日,马克思离开特里尔去柏林。5月10日,马克思的父亲因结核病和肝病在特里尔去世。[110]

解说:10月,马克思搬到路易街45号。这里是城外的新建区,所谓的医科大学生区,这里环境安静,房价便宜,大部分大学生都住在这里。这里属弗里德里希-威廉区第18警政区,全街有40多个门牌号。45号之后不远就是运河和草地,草地上有一所慈善疗养院。[111]估计是因为马克思父亲去世之后的经济压力让他搬到这个租金便宜的地方。

解说:第五学期,马克思选的课程是鲁多夫教授讲授的遗产法。[112]除了本专业的学业,马克思还在积极争取哲学博士学位。母亲来信中说,"随信寄去你为获得博士学位所需用的160塔勒,马上告诉我,款是否如数收到了。"[113]

解说:**1839**年4月,马克思搬到慈善街10号。[114]

解说:第六学期,马克思只修了一门课程,神学博士布·鲍威尔讲授的《以赛亚书》。[115]

第六节　博士论文

解说:10月,马克思重新搬回城内,住在马尔克伯爵街59号。这里属弗里德里希区第15警政区。[116]

解说:第七学期马克思没有选修任何课程。[117]这一学期马克思写了题为《伊壁鸠鲁哲学》的笔记,共七本,对折纸132页,写到第五本笔记最后的时候,马克思作了五页关于黑格尔的著作《哲学全书》的摘录,标题是:《自然哲学提纲》。[118]看来,未选修课程的原因是马克思在认真地准备他的博士论文。为什么马克思把主要精力从黑格尔哲学转移到古希腊哲学呢?

第六节 博士论文

赫拉克利特……，在古代的哲学家中，我认为他仅次于亚里士多德。［较晚的］哲学家——伊壁鸠鲁（尤其是他）、斯多葛派和怀疑论者，［我］……专门研究过，但与其说出于对哲学的兴趣，不如说出于对［政治的］兴趣。[119]

解说：在黑格尔的《精神现象学》中我们看到，马克思所说的这些哲学家被黑格尔划分到"自我意识"环节。而青年黑格尔派高扬的旗帜正是"自我意识"。

解说：在博士俱乐部中认识的好朋友，也是马克思的神学课程老师。布·鲍威尔（1809—1882）非常关心马克思的学位问题，他在1840年3月30日的来信中建议说："你现在可以巧妙地详细打听一下获得博士学位的手续。任教答辩只是一种形式，一刻钟就可以结束，因此你剩下要做的事情就是在柏林参加考试。我实在不知道，你在柏林是否需要向院里说一说。你既然要在大学任教，那就必须参加获得任教资格的考试。……你可以把你的打算告诉布勒，他听到又多一个黑格尔分子要来讲课，会更乐意，考试会更高兴。我听这里的默勒说，在柏林考试通常主要是围绕亚里士多德、斯宾诺莎和莱布尼茨转，没有别的。好好干吧！"[120] "要不是你明年冬季将要讲授海尔梅斯主义，那就得我干。然而事情很明白，无须提醒：这门课必须由你来讲，你必须讲，因为你早就想对这个问题发表意见了。这会引起极大的轰动。"[121]

解说：这一学期，马克思做了亚里士多德著作的笔记，在笔记本封皮上写"亚里士多德论灵魂"。还做了关于斯宾诺莎、莱布尼茨的笔记。[122]

解说：接下来的第八学期马克思又没有选修课程。[123]

解说：7月前后，马克思打算写一本批驳海尔梅斯学派的书，并通过布·鲍威尔在波恩寻找出版人。[124] 显然马克思在出版方面没有任何经验。布·鲍威尔来信说："你让我转给马尔库斯的信写得不好，我无法转交。你给你的洗衣女工写信也许可以这样写，但是给你想打交道的出版商可不行。因此，我到他那儿去了一趟，以便当面同他把事情谈妥，或者不如说，至少是受你的委托到他那里去的，因为我事先就确信，他根本不想过问这件事。马尔库斯因为根本不认识你，同我也不太熟悉，而他很少插手经营业务，要插手也总是同一些已经出名的人接洽，所以不想承担这个任务。"[125]

解说：10月，马克思又搬到<u>医科大学生区</u>，住在<u>射手街68号</u>。但是没有在系里办公室登记。[126]

解说：第九学期，马克思修了格佩特博士讲授的欧里庇得斯。[127]欧里庇得斯与埃斯库罗斯和索福克勒斯并称为希腊三大悲剧大师，他一生共创作了九十多部作品，有人说他是最伟大的悲剧作家，也有人说悲剧在他的手中衰亡。广为传诵的名言"神欲使之灭亡，必先使之疯狂"，就是出自欧里庇得斯之口。开始有精力选修这些课程，看来马克思的博士论文差不多到了收尾的阶段。

解说：1841年，马克思临近毕业，打算为一家新杂志撰稿。杂志创办人爱·梅因回忆说，"年初……我们在这里创办了一家新杂志《雅典神殿》，……里德尔博士是编辑，而由我经管全部工作。"[128]"最近我认识了一位很能干的青年黑格尔分子——马克思，科本的论弗里德里希大帝的那本书就是题献给他的，他是布鲁诺·鲍威尔的亲密朋友。他能够而且必定还会有所成就。因为他不仅富有才智，而且具有坚强的毅力。他可能在波恩大学任教。"[129]不久，1月23日的《雅典神殿》刊登了马克思的第一次发表的作品《狂歌》。[130]

解说：梅因说，"我们有一个著作家俱乐部，俱乐部成员每天晚上在一家舒适的酒馆（在克罗年街）里聚会。爱希勒、缪格、布尔等都是这个俱乐部的成员，此外还有里德科内利乌斯、弗兰德、阿瑟·弥勒、卡利埃尔、弗里德里希·赖纳茨、马克思（特里尔人）、科本等人。我们常常会痛饮到深夜。"[131]埃德加尔·鲍威尔回忆说，"最近我同《雅典神殿》的出版人里德尔和马克思一起在沙洛顿堡参加了市民俱乐部的一次盛大晚餐。……我们还邀请了欣策。马克思向里德尔讲了许多关于欣策博学多识的好话，因此，里德尔见面时对欣策说了许多恭维话。他说，他感到十分荣幸，能见到并结识一位为马克思所格外推崇的人云云。"[132]

解说：2月23日柏林大学签发马克思的毕业证书。毕业证书上写，"该生在本校期间在遵守纪律方面没有过失和不良行为，经济上应指出的是曾多次被控欠债。" "证书加盖学校公章并有现任校长以及法律系、哲学系现任系主任亲笔签字。"[133]

解说：3月份，马克思请人代为誊写了博士论文，10本大8开的笔记本共220页，论文占了其中187页，其中最后的4页是马克思抄写的。[134]马克思说这只是他构想中更宏大著作的一部分：[135]

第六节 博士论文

必须把这篇论文仅仅看作是一部更大著作的导论,在该著作里我将联系整个希腊思辨来详细地分析伊壁鸠鲁、斯多葛和怀疑论这三派哲学的相互关系。这篇论文在形式方面和其他方面的缺点在那里将被消除。

解说:后来马克思并没有按计划完成这部著作。

这篇论文如果当初不是预定作为博士论文,那么它一方面可能会具有更加严格的科学形式,另一方面在某些叙述上也许会少一点学究气。……此外,我认为在这篇论文里我已经解决了一个在希腊哲学史上至今尚未解决的问题。[136]

解说:博士论文题目是《德谟克利特的自然哲学和伊壁鸠鲁的自然哲学的差别》(1841),文中马克思看起来是在论证一个自然哲学题目,但是实际上是要为自由提供一个存在论的基础:原子的偏斜导致自由,因而自由是从最元素形式中就存在的。之所以绕这个圈子,是因为此时普鲁士政府的专制主义的国情。以往的哲学家所说的自由是精神自由,而马克思论证的是现实的自由。

《德谟克利特的自然哲学和伊壁鸠鲁的自然哲学的差别》(节录)

哲学,只要它还有一滴血在它那个要征服世界的、绝对自由的心脏里跳动……。……普罗米修斯承认道:"老实说,我痛恨所有的神。"这是哲学的自白,它自己的格言,借以表示它反对一切天上的和地上的神……人的自我意识具有最高的神性。不应该有任何神同人的自我意识相并列。(解读:这标志着马克思已经成为了一个彻底的无神论者。)

大家一致认为,伊壁鸠鲁的物理学是从德谟克利特那儿剽窃来的。……除了历史证据之外,许多事实都说明德谟克利特和伊壁鸠鲁的物理学的同一性。……我说他们是截然相反的,现在我将尽力证明这一点。

伊壁鸠鲁……说:"要得到真正的自由,你必须为哲学服务。凡是倾心降志地献身于哲学的人,他用不着久等,他立即会变得自由,因为服务于哲学本身就是自由。"伊壁鸠鲁……他自己为自己开辟了道路。他最称赞那些自学的人。其他的人,他说,乃是第二流的头脑。(解读:马克思作为法律系的毕业生,通过自学哲学而撰写博士论文,用自己的行动诠释了这句话。)

最后,我们来考察一下反思的形式,这形式表现着思想对存在的关系,两者的相互关系。（解读：博士论文是马克思大学时代的思想精华。马克思在写作博士论文过程中接触到了唯物主义，古希腊的朴素的原子唯物主义。）

因此，自然在听觉中听到了它自己，在嗅觉中嗅到了它自己，在视觉中看见了它自己。（解读：马克思在注释中说这是"流射说"的观点，但是实际上流射说只是说明了感觉是对象的微粒流射引起的，并没有"自然通过人的知觉而知觉到自然本身"这样的观点，这是马克思引申出来的独特的观点。）

原子不外是……自我意识的自然形式。（解读：马克思加了黑体的一段话，是马克思这个阶段是唯心主义的证明。）

伊壁鸠鲁得出结论：……它们（天体）并不是永恒的。伊壁鸠鲁的这种独特见解……"。（解读：从天体的非永恒，很容易进一步得出宇宙非永恒的结论。）

世界的哲学化同时也就是哲学的世界化。（解读：马克思对哲学与世界的关系的这种观点，同黑格尔的哲学是不同的，黑格尔认为哲学是反思，就像猫头鹰在黄昏才会起飞，而马克思认为哲学要像雄鸡，昭示一个新的明天的到来。尽管马克思的论证方式还是黑格尔式的，但是主题却是独特的。）

解说：4月6日，马克思将博士论文寄给了巴赫曼，4月7日给路德维希·伯恩哈德·沃尔弗也写了信。[137]

解说：布·鲍威尔在4月初给马克思的信中，指导马克思如何获得教职和创办杂志。信中摘录，波恩大学的章程中规定教师申请人在系里同意之后，须在四个星期内试讲并答辩，三个月后向学生试讲。[138] "关于四个星期、三个月的界限，如同所有大学规定一样，不过是一种具文而已，并不一定要遵守。为此，你必须向在任何情况下为达到任何其他目的一样，去找拉登堡，设法使你不受那些期限的约束。"[139]

解说：鲍威尔急切地盼望马克思去波恩，他在来信中还说："噢，玫瑰花还在那个地方，只有你到你的布·鲍威尔这儿来，它们才会对我重新开放。我在这里饱享着愉快、欢乐等等，我也饱享着快乐，可是像在柏林我同你即使只是漫步街头的情景也不再有了。"[140]

解说：鲍威尔在4月12日的信中劝马克思作为毕业生不要太露锋芒，"你现在无论如何不可把埃斯库罗斯的那些诗句写进你的博士论文，总之哲学发

第六节 博士论文

展之外的东西决不要写进去。现在当你还根本不知道你能够怎样就任的时刻,为什么要任意丢给这些笨蛋只言片语呢?这只言片语会给他们叫嚷的机会,甚至会给他们使你长期远离讲坛的武器。……以后你一旦登上了讲坛并且是以自己的哲学发展登上了讲坛,你就可以愿讲什么就讲什么,愿用什么形式讲就用什么形式讲了。"[141]

解说:但是鲍威尔所担心的已经发生了,马克思已经把埃斯库罗斯这些诗句写入自己博士论文序言的显要位置。埃斯库罗斯是古希腊悲剧作家,有悲剧之父之称,马克思所写下的,是他在剧本《被绑的普罗米修斯》中这样的台词:

"老实说,我痛恨所有的神。""你好好听着,我决不会用自己的痛苦/去换取奴隶的服役/我宁肯被缚在崖石上/也不愿'做'宙斯的忠顺奴仆。"

解说:耶拿大学哲学系主任卡·弗·巴赫曼教授为马克思的博士论文写了推荐信。[142]

最尊敬的先生,最尊敬的顾问们:

谨向诸位推荐特里尔的卡尔·亨利希·马克思先生这位极有资格的候选人。该候选人寄来:1. 申请书(a件)。2. 波恩和柏林两大学签发的学业证明(b件、c件)。证件中指出的违反纪律一节吾人可不必在意。3. 拉丁文申请书、自传和题为《德谟克利特的自然哲学和伊壁鸠鲁的自然哲学的差别》的博士论文抄本(d件)。4. 十二个弗里德里希斯多尔(□普鲁士金币,合五又三分之二塔勒),(超过规定的)余额将予退还候选人。该博士论文证明该候选人才智高超、见解透彻、学识渊博,本人认为该候选人实应授予学衔。在该候选人德文申请书中表示仅希望获得博士学位,而其拉丁文申请书中却提到硕士学位,这显然是不熟悉我系章程而产生之误会。可能他以为此两学位等级相当,本人确信,此节一经澄清,即可满足其要求。

敬请明鉴审定

谨此致意

现任系主任

卡尔·弗里德里希·巴赫曼博士

1841年4月13日于耶拿

最尊敬的哲学系系主任：

按阁下意见处理。

卢登

斐·汉德

恩·莱茵霍尔德

德伯赖纳

雅·弗·弗里斯

格特林

舒尔采

解说：两天之后的4月15日，耶拿大学就签署了授予马克思的博士学位证书。[143]此时马克思不满23岁。

解说：5月中，马克思离开柏林，起程这天与科本告别，但是只匆匆相聚五分钟，然后马克思经由法兰克福回到特里尔。[144]科本非常敬佩马克思，他在6月3日的信中夸赞："你看，你是一个思想库，一个工作房，或者按照柏林人的说法，是一个思想巨人。"[145]

第七节　计划任教波恩

解说：大约在7月初，马克思又从特里尔到达波恩，仍然住在机械技师克列美尔家。[146]他"打算在那里的大学里任教"。[147]

解说：9月，荣克和赫斯吸收马克思参加筹办《莱茵报》。他们都十分钦佩马克思的才学。

解说：赫斯在9月2日给友人的信中这样描述："他……现在已经是我们的朋友了。……你应该准备去结识一位最伟大的哲学家，也许是当今活着的

第七节　计划任教波恩

唯一的真正的哲学家。这位哲学家一旦崭露头角（在报刊上和讲台上），很快就会把德国人的目光吸引到自己身上。他无论按其思想倾向来说还是按其哲学修养来说，都不仅超过了施特劳斯，而且超过了费尔巴哈，而后面这一点是很说明问题的！如果我在波恩，他讲授逻辑学时，我将会成为他最勤奋的听众。我一直盼望有这样一个人做哲学教师。现在我才感到，在真正的哲学中我是个地道的门外汉。不过耐心点！我现在还能学到些东西！马克思博士——这是我所崇拜的人的名字——还是个十分年轻的人（至多不过二十四岁），他将给中世纪的宗教和政治以致命的打击。他把最深刻的哲学的严肃性同最机敏的智慧结合起来了。设想一下，如果把卢梭、伏尔泰、霍尔巴赫、莱辛、海涅和黑格尔合为一个人（我说是结合，不是凑合），那么结果就是一个马克思博士。"[148]

解说：荣克在10月18日给卢格的信中也表达了对马克思的欣赏："马克思博士、鲍威尔博士和路·费尔巴哈正联合创办一家神学-哲学杂志，……至少马克思会把基督教称为最不道德的宗教之一，不过他虽然是个完全无所顾忌的革命者，但却是我所认识的头脑最敏锐的人物之一。"[149]11月29日他又给卢格写信说："如果一切进行顺利的话，我们的报纸将于12月27日问世。……赫斯可能担任第二编辑，因为他还根本没有干过这事，为了聘请第一编辑，我们已写信给弗洛伦库尔、鲁滕堡博士和布尔，……马格尔博士自愿担任这个职务，有一些人也十分赞成，但是我却很反对他，马克思博士还特别提醒我要提防他。"[150]

解说：之所以筹办《莱茵报》，是因为"当时，普鲁士正处于第一个'新纪元'。弗里德里希-威廉四世声明，他欢迎能提出适当主张的反对派，因此在有些地方就有人试图组织这样的反对派。这样，在科伦就创办了《莱茵报》"。[151]**1842年1月1日《莱茵报》创刊。**

解说：因为岳父的病情，马克思回到特里尔，住在岳父家里。[152]马克思1月15日开始写《评普鲁士最近的书报检查令》，这是他的第一篇政论文章，主题是新闻自由。[153]

《评普鲁士最近的书报检查令》（节录）

为了造成一种改善的假象而不从本质上去改善事物，……把制度本身的客观缺点归咎于个人……虚伪自由主义的手法通常是这样的：在被迫让步时，它就牺牲人这个工具，而保全事物本身，即制度。这样就会转移从表面看问题的公众的注意力。对事物本身的愤恨就变成对某些人的愤恨。……人们的注意力就从书报检查制度转移到了个别书报检查官身上。

同一个对象在不同的个人身上会获得不同的反映，并使自己的各个不同方面获得同样多的不同的精神性质（解读：意思就是，不同的人对同一对象的不同方面会有不同的反映，进而转化为不同的思维形式）；……主观的东西即上述情况。

把……特殊和一般联系起来的看不见的神经……，这种神经在国家中也……把各个物质部分转变为精神整体的活的成分。

因为他们认为自由仅仅是某些人物和某些等级的个人特性，所以他们就不可避免地要得出结论说，……普遍自由是有害的思想，……为了拯救特权的特殊自由，他们就斥责人类本性的普遍自由。

没有一个人反对自由，如果有的话，最多也只是反对别人的自由。可见，各种自由向来就是存在的，不过有时表现为特殊的特权，有时表现为普遍的权利而已。

在研究国家生活现象时，很容易……忽视各种关系的客观本性，而用当时人的意志来解释一切。……这些关系决定私人和个别政权代表着的行动，而且就像呼吸一样地不以他们为转移。……一定的现象必然由当时存在的关系所引起。

我重病卧床。[154]

解说：马克思2月10日写信给卢格：

"我冒昧地给您寄去一篇为《德国年鉴》写的小文章，即随函附上的对书报检查令的批评。"[155]

现在我已结束了几件浩繁的工作，因此不言而喻，我力所能及的一切都将由《德国年鉴》支配。[156]

解说：卢格在2月25日的回信中说，"在您对书报检查进行批评的同时，普鲁士倾向的书报检查也在积极反对《年鉴》。一星期以来书报检查官都在删改我们的'有害的倾向'。……您的文章已经不可能发表了，……我想问

第七节 计划任教波恩

一下,您如果不同意署上自己的名字,是否允许我把您的文章和其他被查禁的文章一起在瑞士发表,书名为《哲学轶文集》?"[157]

我完全同意《哲学轶文集》的计划,并且认为最好把我的名字也署上。像这样的一种示威行动就其性质来说是不容许用任何匿名的做法的。这些先生们应当看到,我们是光明磊落的。[158]

我未来的岳父冯·威斯特华伦先生卧病三月之久后,于3月3日去世。因此在这期间不可能做什么有益的事情了。[159]

解说:本来马克思要在母校波恩大学谋得一个教师职位,但是事情起了变故。

鲍威尔刚来信说,根据由国王主持的最高法庭的决定,他被撤职了。[160]

解说:没过多久,3月16日,鲍威尔又写信说,"因为我被撤职已经决定了,所以只要有适当的机会,或者一旦接到正式的通知,我就马上离开波恩,到柏林去,或者到一个能比这里更好地打我的官司的地方去。"[161]政府对激进的教师如此打压,马克思担任教职的希望也非常渺茫了。

解说:为了写作,马克思做了关于宗教和艺术方面的著作的笔记,包括格龙德《希腊人的绘画》(德累斯顿1810)、鲁莫尔《意大利的研究》(柏林1827)、德布罗斯《论物神崇拜》、伯提格尔《论艺术中的神话》(1826)、梅涅尔斯《宗教批判通史》(两卷,汉诺威1806、1807)、让·巴尔贝拉克《教父道德史概论》(阿姆斯特丹1728)。这些笔记写在一些8开32页的笔记本上,每一两部著作一个笔记本,写不满的页面就保留空白。[162]但是,马克思在写作事业上——马克思除了任教以外的另一条谋生渠道——也遇到了来自政府的阻碍。

由于萨克森书报检查的突然恢复,我的原定作为《末日的宣告》的第二部分发表的《论基督教的艺术》一文,显然是完全不可能刊印了。[163]

我为《德国年鉴》写的另一篇文章是在内部的国家制度问题上对黑格尔自然法的批判。这篇文章的主要内容是同君主立宪制作斗争,同这个彻头彻尾自相矛盾和自我毁灭的混合物作斗争。[164]

我发现,《论基督教的艺术》一文(现已改为《论宗教和艺术,特别是基督教的艺术》)应当彻底改写,因为我诚心诚意追随过的《末日的宣告》式的笔调——"你的话,是照亮我脚步的明灯,是我前进道路上的亮光。你用你的戒律使我变得比我的敌人更聪明，因为你被我的言论所证实，而他，上帝，将要在锡安用雷声宣教。"——这种《末日的宣告》式的笔调和臃肿而拘谨的黑格尔叙述方式，现在应当代之以更自由、因而也更实在的叙述方式。[165]因此，在这种情况下，我不能为最近这一期《轶文集》寄去黑格尔法哲学批判了（因为这篇文章也是为《末日的宣告》写的）。[166]

解说：《末日的宣告》指布·鲍威尔匿名出版的著作《对黑格尔、无神论者和反基督教者的末日的宣告·最后通牒》（莱比锡1841）。这表明，马克思从原来布·鲍威尔的追随者开始与鲍威尔产生了一些分歧。

在这篇论文里，我不免要谈到宗教的一般本质；在这个问题上，我同费尔巴哈有些争论，这个争论不涉及原则，而是涉及对它的理解。不管怎样，宗教是不会从这里占到什么便宜的。[167]

我要去科伦，我选择了这个地方作为我的新住地，因为同波恩的教授们离得太近我实在受不了。谁愿意总跟那些精神的臭鼬，那些只是为了到处寻找新的死胡同而学习的家伙打交道呢！[168]

解说：但是，马克思并没有按照计划移居科伦。

我移居科伦的计划业已放弃，因为我感到那里的生活太喧闹；好友的众多，并不导致哲学的完美。[169]这样一来，波恩暂时就作为我的住地了。[170]

解说：在波恩定居，马克思暂时居住在<u>机械工人克莱默家里</u>。[171]

第八节　参与莱茵报

解说：尽管整个四月份马克思由于繁杂的外务几乎不能进行写作，[172]但他还是给《莱茵报》寄去了文章。

我给《莱茵报》寄去了一篇关于我们最近莱茵省议会的长文章，文章有一个对《普鲁士国家报》的讽刺性引言。由于对出版问题的辩论，我又重新回到书报检查和出版自由的问题上来了，从另一观点加以考察。[173]

第八节　参与莱茵报

解说：这篇文章的标题是《第六届莱茵省议会的辩论（第一篇论文）·关于出版自由和公布等级会议记录的辩论》。这是马克思为《莱茵报》撰稿的开端。[174]不仅自己改变了文风，马克思对不学无术却又故弄玄虚的人也非常藐视。

4月26日，哈赛从革利夫斯瓦特来到这里，他使我感到惊奇的地方，只不过是他那双乡村牧师穿的大靴子罢了。他连说话也完全像乡村牧师的一只靴子。他毫无知识，却要准备出版一套多卷本的关于无聊的坎特伯雷的安瑟伦的文集，这套文集他已死啃了整整十年了。他认为，现今的批判派是一种势必要被克服的暂时现象，他把信教解释为生活经验的产物，而他所谓生活经验的产物，大概就是指他自己成功地繁殖了后代以及自己的大肚子，因为大肚子可以证明各种属性，正如康德所说，如果往下去，就会是那个东西，如果往上去，就会是宗教的灵感。哈哈，这就是虔诚的哈赛和他的宗教便秘病！[175]

解说：5月5日，马克思24岁生日，这天《莱茵报》开始连载马克思的第一篇论文。[176]

《第六届莱茵省议会的辩论》（节录）

辩论向我们显示出诸侯等级反对出版自由的论战、贵族等级的论战、城市等级的论战，所以，在这里论战的不是个别的人，而是等级。

有一个时候曾经命令人们相信地球不是围绕太阳运转，伽利略是不是因此就被驳倒了呢？

自由是全部精神存在的类的本质，因而也就是出版的类的本质。

大家知道，有一种心理学专门用琐碎的理由来解释伟大的事情。人们奋斗所争取的一切，都同他们的利益有关。这种心理学由这一正确的推测得出了不正确的结论：只有"细小的"利益，只有不变的利己的利益。大家也知道，这种心理学和对人的了解在城市里更是屡见不鲜。在那里，人们把看透一切，把透过一连串飞掠而过的观念和事实而识破那些妒嫉成性、钩心斗角、抓住几股线头就想操纵整个世界的卑鄙小人的眼力看作有远见的标志。

作家绝不把自己的作品看作手段。作品就是目的本身；……所以在必要时作家可以为了作品的生存而牺牲自己个人的生存。

出版物是个人表现其精神存在的最普遍的方法。它不知道尊重个别人，它只知道尊重理性。

你怎么说就怎么写，怎么写就怎么说，在小学时老师就这样教导我们。可是后来人们却教训我们说：怎么指示你，你就怎么说；命令你说什么，你就写什么。

由于……丧事，我不得不在特里尔待了六个星期。[177]

解说：尽管为生活琐事所困扰，但是马克思的理论思维却毫不受影响。

要把《莱茵报》这样的报纸办下去，需要最坚强的毅力。我的关于省议会的第二篇论文，即关于教会纠纷问题的论文被检查官抽掉了。我在这篇论文中指出了国家的拥护者怎样站在教会的立场上，而教会的拥护者又怎样站在国家的立场上。由于愚蠢的科伦天主教徒中了圈套，而维护大主教的言论又能招引订户，因此发生这件事对《莱茵报》来说就更为不利。[178]

《莱茵报》……就这篇文章提起诉讼。总之，对报纸来说，斗争现在开始了。[179]

解说：《莱茵报》出版人奥本海姆7月4日来信说："至今我们已经有841户订户了。我们可爱的科伦是冥顽不化的——您相信不相信，如果在标题下署上您的名字，那会引起轰动？对此您有什么看法？"[180]由于马克思对《莱茵报》具有强烈的责任感，就连自己推荐的人不胜任工作，他都会自责。

鲁滕堡使我的良心感到不安。我把他引进《莱茵报》编辑部，而他根本不能胜任。他早晚会被赶走的。[181]

解说：7月初，马克思因为和母亲的争吵而离家住进威尼斯旅馆。[182]这家旅馆位于马克思出生的房子的对面。[183]

我和家庭之间发生了纠纷；而只要我母亲还活着，我就无权得到自己的财产。[184]

从4月以来直到〔7月〕，我总计起来大约最多只工作了四个星期，而且还是断断续续的。[185]而余下的时间都被极不愉快的家庭纠纷分散和浪费了。我的家庭给我设下了重重障碍，使我……陷入极为窘迫的境地，尽管我的家庭经济情况不坏。[186]

第八节 参与莱茵报

解说：7月中，马克思回到波恩。[187]当局对《莱茵报》并未特别重视。总督沙培尔8月6日于科布伦茨的报告中说："老资格的《科伦日报》销售量为8300多份，而《莱茵报》，根据其零售情况来看，销售量不会超过850份，他的广告收入也微乎其微，因此可以认为，它的收入还不够支付昂贵的印刷费用。"[188]当时科伦的人口有10万左右。[189]

解说：而卢格在8月7日来信中认为报纸的力量很大，只不过出版商人不给力，他说，"在普鲁士，尽管有法制，但人们考虑的不是法律，而只是君王的愿望和警察当局对这种愿望的解释。在这里警察当局已经被制服。对负责新闻出版的警察当局以其愚蠢行为发动进攻，是可能的。要不是书商们那么无用，叫它彻底垮台是轻而易举的事。这些愚蠢的工业家们对于政治自由一窍不通，而工业是政府所重视的唯一的东西。"[190]

解说：在理论事业之余，马克思也有有趣的日常生活。布·鲍威尔在8月中给弟弟的信中描述说，"最近我和马克思到郊外去了，再次欣赏所有美丽的风景。这次郊游真是痛快极了。我们像往常一样兴致勃勃。在哥特斯堡，我们租了两头驴子，骑着满山飞跑，穿过村庄。波恩人比过去更惊奇地注视着我们。我们欢呼，驴子鸣叫。"[191]

鲁滕堡已经被解除了德国栏的主管职务……他在那里做的事情主要是改改标点符号，而且只是由于我的请求，才暂时把法国栏交付给他。正是这位鲁滕堡，由于我们的国君的极度昏庸，竟有幸被认为是一个危险人物，尽管除了《莱茵报》和他本人以外，他对谁都不危险。当局向我们提出了解除鲁滕堡职务的断然要求。[192]

解说：布·鲍威尔的弟弟埃德加尔·鲍威尔在《莱茵报》上发表了一系列文章。马克思反对这种对现实问题的抽象讨论。

关于国家制度的完全是一般理论性的论述，与其说适用于报纸，毋宁说适用于纯学术性的刊物。正确的理论必须结合具体情况并根据现存条件加以阐明和发挥。……我认为必须做到的是，不要让撰稿人领导《莱茵报》，而是相反，让《莱茵报》领导撰稿人。上述那一类文章，提供了一个给撰稿人指出明确行动计划的极好机会。单单一个作者是无法像报纸那样掌握全盘的。[193]

解说：这里马克思的回答实际上是现代新闻业的一个基本原则。马克思在文章创作上的才华和对报纸原则的卓越认识,使报纸的出版人选择他作为报纸的主编。

第九节 领导莱茵报

解说:"10月,马克思担任该报的领导,并移居科伦。从这时起,该报开始具有强烈的反政府性质。"[194]

(当时我二十四岁),我是旧《莱茵报》的主编,该报最初受到一般的书报检查。[195]

康普豪森先生是我当时的同事之一,他在三月革命以后当上了普鲁士首相。[196]

在善良的"前进"愿望大大超过实际知识的时候,在《莱茵报》上可以听到法国社会主义和共产主义的带着微弱哲学色彩的回声。我……表示反对这种肤浅言论,但是同时在和《奥格斯堡总汇报》的一次争论中坦率承认,我以往的研究还不容许我对法兰西思潮的内容本身妄加评判。[197]

解说:《奥格斯堡总汇报》攻击《莱茵报》对共产主义的报道。10月15日马克思写了反驳的报道,这是马克思研究共产主义的开端。[198]

最亲爱最尊贵的奥格斯堡长舌妇!在谈到共产主义的时候,你使我们了解到现在德国独立的人很少;十分之九的有教养的青年都为了自己的前途而向国家乞食;我国的河流枯竭,航运衰落,过去繁荣的商业城市失去了往日的光辉;自由的制度在普鲁士推行得缓慢无比……《莱茵报》甚至在理论上都不承认现有形式的共产主义思想的现实性,因此,就更不会期望在实际上去实现它……。《莱茵报》彻底批判了这种思想。然而对于像勒鲁、孔西得朗的著作,特别是对于蒲鲁东的智慧的作品,则绝不能根据肤浅的、片刻的想像去批判,只有在不断地、深入地研究之后才能加以批判……我们坚信,真正危险的并不是共产主义思想的实际试验,而是它的理论论证;要知道,

第九节 领导莱茵报

如果实际试验会成为普遍性的，那么，只要它一成为危险的东西，就会得到大炮的回答；至于掌握着我们的意识、支配着我们的信仰的那种思想（理性把我们的良心牢附在它的身上），则是一种不撕裂自己的心就不能从其中挣脱出来的枷锁；同时也是一种魔鬼，人们只有先服从它才能战胜它。

　　解说：10月20日，在马克思的领导下，《莱茵报》刊登了政府一项改革离婚法律的计划。当局对离婚法草案的准备和讨论是相当秘密的，该法案在萨维尼的领导之下拟定。[199]萨维尼是马克思在柏林大学时的法学老师，[200]刚被弗里德里希-威廉四世聘为政府法律审核部部长一职，期间中止了学术活动。[201]草案的公布，引发了《莱茵报》《莱比锡总汇报》以及其他报纸展开广泛的讨论。[202]报道甚至引起了国王的注意，弗里德里希-威廉四世11月13日给三位检查大臣的内阁训令说：[203]"《莱茵报》已率先发表法律修订部起草的婚姻法草案，朕已知悉，其他报纸也已从该报转载。该报编辑部想必是因官方之玩忽职守，而知晓本草案的；故此，朕不能听之任之，必予追究和处罚。"

　　解说：在马克思领导下《莱茵报》十分关心当地贫民的疾苦。莱茵省的贫民历来都是捡拾枯枝作为柴火，但是议会有人提议说枯枝作为大树的一部分应该属于树木的主人，因此对捡拾枯枝的行为应该立法规定为盗窃行为。马克思写《第六届莱茵省议会的辩论（第三篇论文）·关于林木盗窃法的辩论》一文，抨击了这种提法的荒谬性。[204]从马克思的文章和理论原则上，都可以看出，马克思非常关注实际问题、具体的现实。这一特点鲜明地表现在马克思对"自由人"团体的态度上。

　　［10月底］我接到了小梅因（他心爱的范畴确实是：必然）的信，他在信里向我提出了几个关于我的态度的问题：（1）对［卢格］和海尔维格；（2）对"自由人"；（3）对编辑部的新原则，以及对政府的态度。我立即回了信，并坦率地说出了对他们的作品的缺点的意见，这些作品不是从自由的，也就是独立的和深刻的内容上看待自由，而是从不受任何拘束的、长裤汉的，而且是方便的形式上看待自由。我要求他们：少发些不着边际的空论，少唱些高调，少来些自我欣赏，多说些明确的意见，多注意一些具体的现实，多提供一些实际的知识。[205]

　　解说：对现实问题的关注，自然引起了检查机关的"特别关照"。

书报检查机关每天都在无情地破坏我们，报纸常常几乎不能出版。因此，关于"自由人"的大批文章都作废了。不过我自己淘汰的文章也不比书报检查官淘汰的少，因为梅因一伙人寄给我们的是一大堆毫无意义却自命能扭转乾坤的废料；所有这些文章都写得极其草率，只是点缀上一点无神论和共产主义（其实这些先生对共产主义从未研究过）。[206]

解说：对于《莱茵报》受到的检查，恩格斯回忆道："第一个对《莱茵报》进行检查的是警察顾问多里沙尔，就是他曾把《科伦日报》上关于斐拉雷特（后来的萨克森国王约翰）译但丁《神曲》一书的广告删去，并且批示说'神圣的东西不可作戏曲'。"[207] "《莱茵报》差不多总是能登载必要的文章；先是给检查官送一些次要的材料让他去删除，一直到他自行让步，或者在第二天出不了报纸的威胁下不得不让步为止。"[208]

解说：检查官看的校样必须在晚上送去，因为报纸要在早晨出版。检查官的红笔还常常使印刷所夜间的工作拖得更长。一天晚上，检查官应邀带夫人和女儿参加由省长举办的盛大舞会，在走以前，他必须要完成书报检查工作。可是，就在这天晚上，校样没有按平常的时间送来，等了很久他才知道，印刷厂已经关门了。检查官就坐了很长一段路的马车到马克思住处，当时快11点了，他使劲按铃，很久，马克思从窗子里探出头。

"校样！"检查官吼道。

"没有！"马克思朝下喊。

"可是——！"

"我们明天不出报了！"说完马克思关了窗子。

检查官气得话都说不出来了，以后他就规矩多了。[209]

解说：除了对付检查官，马克思还与当局直接对抗。

[总督冯·沙培尔]通过科伦行政区长官冯·格尔拉赫先生于[11月]12日交给我一份书报检查部的训令，另外还有两项命令，并要求我对此表明意见以便记录在案。鉴于要求我作出的说明至关重要，我认为与其按照程式发表由人记录的意见，不如现在直接向总督冯·沙培尔书面提出。[210]

解说：训令需要以官方承认的责任编辑——书商雷纳德的名义回复，实际上给总督沙培尔的信是马克思起草的。信中马克思策略地利用了法律，让对方提出，到底是哪条法律授权官方这么做的，从而使得官方没有任何借口查封该报。尽管沙培尔向书报检查部汇报中，仍意图对《莱茵报》进行侦查。但是由于找不出任何正当理由，因此只好对《莱茵报》加强检查。[211]

解说：这一时期，马克思和恩格斯就有过交往。恩格斯在回忆说，"11月底我赴英国途中又一次顺路到编辑部去时，遇见了马克思，这就是我们十分冷淡的初次会面。马克思当时正在反对鲍威尔兄弟，即反对把《莱茵报》搞成主要是神学宣传和无神论等等的工具，而不作为一个进行政治性争论和活动的工具；他还反对埃德加尔·鲍威尔的清谈共产主义……。因为当时我同鲍威尔兄弟有书信来往，所以被视为他们的盟友，并且由于他们的缘故，当时对马克思抱怀疑态度。"[212]

由于我们现在从早到晚都要忍受最可怕的书报检查的折磨，忙于同部里通信，对付总督的指控、省议会的责难、股东的埋怨等等，而我仍然守在岗位上，只是因为我认为有义务在力所能及的范围内不让暴力实现自己的计划。[213]

解说：12月20日前后，马克思到克罗茨纳赫，与燕妮在一起。[214]不久，马克思回到科伦。**1843**年1月1日，马克思开始写《摩泽尔记者的辩护》一文。马克思写这篇文章是因为半个月前刊登了小资产阶级民主主义者科布伦茨的两篇匿名文章，报道摩泽尔农民的贫困状况，谴责政府对贫民控诉采取的冷漠态度。总督指责他诽谤政府，科布伦茨无力反驳。于是马克思承担起辩护的责任。写作持续到1月20日，文章从15日开始在《莱茵报》上分5期进行连载。[215]马克思又写了该文的续篇，《摩泽尔记者的辩护·摩泽尔河沿岸地区的种种主要弊端》，但被查禁而未能发表。[215]

《摩泽尔记者的辩护》（节录）

在研究国家生活现象时，很容易走入歧途，即忽视各种关系的客观本性，而用当事人的意志来解释一切。但是存在着这样一些关系，这些关系决定私人和个别政权代表者的行动，而且就像呼吸一样不以他们为转移。只要我们一开始就站在这种客观立场上，我们就不会忽此忽彼地去寻找善意或恶意，而会在初看起来似乎只有人在活动的地方看到客观关系的作用。

解说：正面的对抗导致了当局对《莱茵报》的查封。1月20日，普鲁士政府通过了从4月1日起查封《莱茵报》的决定。[217]

最后，柏林内阁大发雷霆，发布了一份反对我们的宣言之类的东西，向全世界昭示我们的一切罪行，并在结尾宣布将在季度末封我们的门。[218]

第十节　莱茵报的查封

《莱茵报》已经被查封，被宣告有罪而判处死刑。它的生命期限是3月底。[219]

对报纸的查封是一些特殊情况一起促成的：报纸的畅销；我的《摩泽尔记者的辩护》（这篇文章把一些高官厚禄的国家要人狠狠地干了一顿）；我们坚决拒绝说出给我们送来婚姻法草案的人的名字；议会的召开（我们的鼓动可能对它产生影响）；最后，我们对查封《莱比锡总汇报》和《德国年鉴》所进行的批评。[220]

我从《莱茵报》被查封一事看到了政治觉悟的某些进步，因此我决定不干了。而且，在这种气氛下我也感到窒息。即使是为了自由，这种桎梏下的生活也是令人厌恶的，我讨厌这种小手小脚而不是大刀阔斧的做法。伪善、愚昧、赤裸裸的专横以及我们的曲意奉承、委屈求全、忍气吞声、谨小慎微使我感到厌倦。总而言之，政府把自由还给我了。[221]

解说：股东们并不愿看到报纸关张，于是起草了科伦市民关于继续出版《莱茵报》的请愿书，试图作出退让。请愿书在1月30日的科伦市民大会上通过，马克思也在上面签了名。[222]2月7日、8日、9日、11日莱茵报社连续召开监事会议，讨论如何对报纸的查封表态。监事会没有采纳马克思起草的《关于莱茵报遭到查封的备忘录》，而是建议全体会议采纳《莱茵报社股东的备忘录》，以马克思起草的前两节为基础而没有采纳第三节，总体上变得更缓和了。[223]2月12日，莱茵报社召开非常全体会议，全体会议以多数票通过了关于备忘录的决议。[224]莱茵报公司股东起草了关于继续出版《莱茵报》的呈文，马克思作为股东签名。[225]

第十节 莱茵报的查封

在处决前这段时间里，报纸要受双重检查。我们的书报检查官是一个正派人，他还要受本地行政区长官——一个唯命是从的傻瓜冯·格尔拉赫先生的检查。我们的报纸编好以后必须送到警察局去，让他们统统嗅一遍，只要警察的鼻子嗅出一点非基督教的、非普鲁士的东西——报纸就不能出版。[226]

解说：很显然，对检查效果当局并不满意。

政府从柏林给我们派了一个特殊人物（冯·圣保罗先生）来代替市检查官。当这样做也无济于事的时候，就在他的检查之后又加了一道科伦行政区长官的复查。[227]

解说：检查官圣保罗回忆说，"我以私人的身份结识了这里的报纸的主要工作人员，特别是其中影响最大的马克思博士。……马克思确实坚信自己意见的真理性，而对《莱茵报》的撰稿人，你可以把其他一切归咎于他们，唯独不能把无主见归咎于他们。"[228]

不论在任何情况下，我都不想留在该报了。我不能在普鲁士书报检查制度下写作，也不能呼吸普鲁士的空气。[229]

我退出了编辑部，因为股东们还试图同普鲁士政府谈判。[230]

解说：2月底马克思同书报检查官威廉·圣保罗几次谈判，建议他劝说政府在自己退出编辑部之后撤销对《莱茵报》的查封。[231]

我倒非常乐意利用《莱茵报》发行人以为把报纸的态度放温和些就可以使那已经落在该报头上的死刑判决撤销的幻想，以便从社会舞台退回书房。[232]

解说：马克思在《莱茵报》第一次实行并贯彻了后来在报纸编辑部通行的主编制度，成为现代报刊事业重要的历史遗产。尽管马克思领导《莱茵报》只有半年不到的时间，但是这段经历让马克思深切地接触到社会现实问题，并开始反思这些问题背后的理论根基。退出《莱茵报》，24岁的马克思步入了自己理论创作的黄金时代。[233]《莱茵报》的被查封是马克思人生和思想上的一大转折点。从个人生活来说，24岁就领导一家报纸并取得了不凡的成绩，令人钦佩。报纸被查封直接终止了马克思的事业前途，也导致了他生活失去了着落。从理论上来说，如果说读到费尔巴哈的著作，对马克思怀疑黑格尔的理论体系是一个促进的话，报纸被查封则让马克思对黑格尔理论失去了最后一丝希望。黑格尔认为国家是地上的神，是理性和自由的化身，但是代表国家的皇帝亲自颁布书报检查令限制自由，这种理论上的矛盾就现实化了。这可能是促使马克思彻底反思黑格尔理论的最初契机。退出编辑部之后,马克思把自己的婚姻事务提上日程。

我可以丝毫不带浪漫主义地……说,我正在十分热烈地而且十分严肃地恋爱。我订婚已经七年多,我的未婚妻为了我而进行了极其激烈的、几乎损害了她的健康的斗争,一方面是反抗她的虔诚主义的贵族亲属,这些人把"天上的君主"和"柏林的君主"同样看成是崇拜的对象,一方面是反抗我自己的家族,那里盘踞着几个牧师和我的其他敌人。因此,多年来我和我的未婚妻经历过许多不必要的严重冲突,这些冲突比许多年龄大两倍而且经常谈论自己的"生活经验"的人所经历的还要多。[234]

解说:一个新的事业又摆在马克思面前。马克思收到卢格寄来的《德国现代哲学和政论界轶文集》,其中收录了马克思的《评普鲁士最近的书报检查令》,还有费尔巴哈《关于哲学改造的临时纲要》。[235]费尔巴哈的新思想对马克思有很大的影响,但是马克思一开始就与费尔巴哈有原则上的分歧。

费尔巴哈[《关于哲学改造的临时纲要》]的警句只有一点不能使我满意,这就是:他过多地强调自然而过少地强调政治。然而这一联盟是现代哲学能够借以成为真理的唯一联盟。结果大概像在十六世纪那样,除了醉心于自然的人以外,还有醉心于国家的人。[236]

解说:可以看出,马克思认为政治和自然都是哲学需要强调的。自然哲学和政治哲学历来是哲学最为璀璨的双星。3月18日,《莱茵报》正式刊登了马克思退出编辑部的声明:[237]

声 明

本人因现行书报检查制度的关系,自即日起,退出《莱茵报》编辑部,特此声明。

马克思博士
1843年3月17日于科伦

解说:得知马克思离开,书报检查官圣保罗表达了他大为放松的心情,"今天形势完全变了。整个报纸的精神领导者马克思博士[17日]终于退出了编辑部。接任编辑职务的是奥本海姆,一个极其温和而又无足轻重的

第十节　莱茵报的查封

人物。……今天我用于书报检查的工作时间几乎不到先前所用时间的四分之一。"[238]

解说：圣保罗还回忆说："马克思博士[3月20日]顺便告诉我，他就是为答复冯·沙培尔总督的要求而发表的《摩泽尔记者的辩护》一文的作者。在他去职以后，科伦这里事实上已经再没有一个人物能够维持报纸先前那种令人憎恶的尊严并且强有力地代表报纸的政治倾向了。海因岑、荣克、律师迈尔、梅维森等人虽说文笔异常锋利，但是他们的意见缺乏科学的核心，他们只是在某些方面占有了卢格−鲍威尔−马克思的实际结论，他们不过是本能的激进派。"[239]

解说：3月底马克思去荷兰，在拖船（□一种船体小而发动机功率大的用于拖曳其他船舶或浮体的机动船）上给卢格写信说：[240]

"目前我正在荷兰旅行。根据这里的和法国的报纸来判断，德国已深深地陷入泥坑，而且一天天地越陷越深。我敢担保，最缺乏民族自尊心的人也不能不感到这种民族耻辱，即使是在荷兰，他也会有这样的感觉。一个最寻常的荷兰人也比一个最伟大的德国人强，因为不管怎样他总算是一个公民。"

解说：马克思回到科伦，5月份在给卢格的信中说：[241]

"我们的任务是要揭露旧世界，并为建立一个新世界而积极工作。"

解说：为了与卢格和书商弗吕贝尔商议《德法年鉴》的出版协议，马克思到德累斯顿，并计划等弗吕贝尔来达成协议之后在5月25日左右拜访费尔巴哈。[242]卢格在给弗吕贝尔的信中说："马克思同意了我们的协议，但是他只能住在斯特拉斯堡，因为巴黎的用度对他来说过于昂贵，而且他也担心，住在巴黎会大大减少同德国人的联系。"[243]卢格在5月24日给费尔巴哈的信中说"马克思由于将……结婚，……必须选择最短和最快的路程回……克罗茨纳赫，……但是弗吕贝尔误了[马克思]及早启程。为了刊物的事，……必须同他谈判，而他尚未到达。……马克思眼下除了等到最后的期限，然后取道最近的路程回家而外，别无他法。"[244]

第十一节　蜜月克罗茨纳赫

我在［克罗茨纳赫］同我的妻子结婚。[245]

解说：卢格6月4日写信给马克思说，弗吕贝尔打算在法国开一家书店，这需要筹措一大笔资金，卢格建议采取发行股份的形式来筹措，发行1000股，每股50塔勒。[246]

解说：6月12日，在燕妮的家中，马克思（25岁）和燕妮（29岁）签署了婚约。[247]

现住科伦的哲学博士卡尔·马克思先生和

现住克罗茨纳赫的无职业的约翰娜·贝尔塔·尤莉亚·燕妮·冯·威斯特华

伦小姐

婚　约

1843年6月12日

第715号

朕，弗里德里希—威廉，天赐普鲁士国王，

下莱茵大公等等，布告周知

兹有卡尔·马克思，哲学博士，居住在科伦，为一方；约翰娜·贝尔塔·尤莉亚·燕妮·冯·威斯特华伦，无职业，居住在克罗茨纳赫，为另一方，恭立在本证书末签名人、居住在科布伦茨司法区克罗茨纳赫的普鲁士王国公证人威廉·克里斯蒂安·亨利希·布格尔和本证书末署名的两证人面前。

在场双方声明，他们立意通过婚姻结合起来，婚礼将于近期隆重举行。对未来的婚姻，他们已协商一致，达成下列条款、条件和民事后果：

一、凡不受下列各条专项限制的财产应属未来夫妻的共同财产。

二、此共同财产所有权也完全适用于夫妻双方未来的不动产，如果未来

第十一节　蜜月克罗茨纳赫

的夫妻把将来他们所继承或其中某一方所获得的不动产宣布为动产的话；这些由他们完全转为共同财产的未来的不动产由他们与动产同样对待，因此，根据民事法典第一千五百零五条之规定将不动产转为动产。

三、夫妻一方婚前所负之债，所承担应付的、继承的或其他途径承担的债务，一律由各人自己偿还，因此，这些债务应与共同财产无关。

至此，未来夫妻之间一切均已商妥，规定明确，本婚约即据此订立，并向在场各方清楚宣读。

本婚约于一八四三年六月十二日在克罗茨纳赫孀居之冯·威斯特华伦女士之宅邸内签订，参加者尚有应邀前来之公证人认识的证人——约翰·安东·里克斯，私人身份；彼得·贝尔茨，裁缝，两人均居住在克罗茨纳赫。本文件先由公证人知其姓名、等级和居住地的上述提到的双方签字，继由证人和公证人签字，以资证明。

本文件的正本保存于公证人处，其上贴有价值二塔勒的印花，由下列各人亲笔签名：

"卡尔·马克思博士、燕妮·冯·威斯特华伦、约·安·里克斯、彼得·贝尔茨和公证人布格尔。"

同时，朕命令并指示与此有关之各司法执行人员执行本文件；总检察官和地方法院检察官遵循本文件；各部队的军官、指挥官及其副手们坚决支持本文件，如果有人依法向他们提出请求的话。

此第一主要副本由公证人签字并加盖其关防，以资证明。

兹证明此文件确系主要副本。
公证人　布格尔
（文件上盖有公证人的圆形关防（□政府机关印章）
并附有支领酬金者的名单，
酬金总数为六塔勒十五格罗申，
其中包括给证人的酬金以及手续费。）

解说：燕妮回忆说，"6月19日我们举行了婚礼。"[248] "当我结婚的时候，我慈爱的母亲给了我许多精致华丽的银器，这些银器是苏格兰制造的，并印有阿盖尔的徽章。"[249] 婚后他们去旅行结婚。燕妮回忆说，"我们从克罗

<u>茨纳赫</u>经过<u>埃伯恩堡</u>到达<u>莱茵普法尔茨</u>,然后经过<u>巴登-巴登</u>又回到<u>克罗茨纳赫</u>。"250他们带着燕妮的母亲给的一些钱,把钱放在一个小匣子里带在身边,他们途中乘坐马车,投宿旅馆。穷困的朋友们来做客的时候,他们就把小匣子打开放在桌上,每个人愿意拿多少就拿多少。不久,这个小匣子就空了。251

解说:即使是蜜月期间,马克思也并未停止理论思考,他积极地在理论上研究和反思自己遇到的问题。

我作为《莱茵报》的主编,第一次遇到要对所谓物质利益发表意见的难事。莱茵省议会关于林木盗窃和地产析分的讨论,当时的莱茵省总督冯·沙培尔先生就摩塞尔农民状况同《莱茵报》展开的官方论战。最后,关于自由贸易和保护关税的辩论,是我去研究经济问题的最初动因。252

解说:恩格斯也回忆,"不止一次地听到马克思说,正是他对林木盗窃法和摩塞尔河地区农民处境的研究,推动他由纯政治转向研究经济关系,从而走向社会主义。"253

解说:为了解决自己遇到的难题,7、8月间马克思阅读了大量的著作,并做了一组共5本255页关于24部书的笔记。第一本和第三本写有《历史-政治笔记》的标题和1843年7月的时间,第二本写有《法国史笔记》的标题和1843年7月、8月的时间,第四本标明1843年7月、8月的时间,没有标题,第五本既没有写标题也没有标时间。笔记中阐发了马克思自己的无产阶级政治斗争的学说。这组笔记被研究者称为克罗茨纳赫笔记254。《莱茵报》时期的实践,加之此时对政治历史的研究,马克思对黑格尔哲学从怀疑态度开始转向基本上持批判态度。具体着手的是批判黑格尔哲学的一个分支——法哲学。

为了解决使我苦恼的疑问,我写的第一部著作是对黑格尔法哲学的批判性的分析。255

当黑格尔辩证法还很流行的时候,我就批判过黑格尔辩证法的神秘方面。256

《莱茵报》无疑破坏了普鲁士书报检查的效能。……在《莱茵报》被查封以后,普鲁士政府通过我父亲的朋友、秘密监察顾问埃塞尔向我提出了一些建议。当时埃塞尔和我都在克罗茨纳赫疗养地。257

解说:卢格也来到这里,他说,"在克罗茨纳赫,我见到了马克思,并且

第十一节 蜜月克罗茨纳赫

转达了费尔巴哈的问候。他结婚已经有几个星期了。他的夫人是很了解新哲学的。在年轻的女士们中间，人们经常会发现这种关心哲学的情况。这对伉俪热情地询问有关费尔巴哈的情况……由维干德出版费尔巴哈的《全集》的计划，马克思也很赞成这样做。他本来想写信给［费尔巴哈］并催促……办这件事。"[258]然后，卢格又离开了克罗茨纳赫。

解说：8月，马克思收到卢格用德文和法文缮写的《德法年鉴》杂志的大纲方案。马克思撰写了自己的《德法年鉴》大纲方案，相比较来看，马克思的方案更激进。在大纲方案中，马克思提到了"政治经济学"。[259]

用一句括来表明我们杂志的方针：对当代的斗争和愿望作出当代的自我阐明（批判的哲学）。这是既为了世界，也为了我们的工作。这种工作只能是联合起来的力量的事业。[260]

解说：这里，马克思不仅重申了在中学时代就有的人生理想，而且产生了全世界无产阶级"联合起来"的思想萌芽。

解说：卢格邀请马克思作为书店股东，他回忆说："我在……一封信中，……建议他［马克思］做书店的股东，而这件事没有他的同意是不行的。"[261]后来卢格来信对马克思说，弗吕贝尔于9月20日到达了巴黎，并和卢格决定把书店开设在巴黎。[262]马克思在9月的回信中说：

"我很高兴，您已经下定决心，不再留恋过去，而着意于未来，着意于新的事业。那么，到巴黎去吧，到这个古老的哲学大学和新世界的新首府去吧！必须做的事情一定可以做到。所以我毫不怀疑，一切困难都能克服，困难之大我是完全知道的。……虽然对于'从何处来'这个问题没有什么疑问，但是对于'往何处去'这个问题却很糊涂。……新思潮的优点就恰恰在于我们不想教条式地预料未来，而只是希望在批判旧世界中发现新世界。……我指的就是要对现存的一切进行无情的批判。所谓无情，意义有二，即这种批判不怕自己所作的结论，临到触犯当权者时也不退缩。……这样，我们就能用一句话来表明我们杂志的方针：对当代的斗争和愿望作出当代的自我阐明（批判的哲学）。这是既为了世界，也为了我们的工作。这种工作只能是联合起来的力量的事业。"[263]

解说：在离开克罗茨纳赫前往巴黎之前，马克思写信向费尔巴哈约稿，建议费尔巴哈批判谢林。马克思还在10月3日给费尔巴哈的信中写道：

"几个月前卢格博士曾顺路把我们的《德法年鉴》出版计划告诉了您，同时征得了您的同意，参加撰稿工作。现在事情已安排妥当，印刷和出版地点选在巴黎。"[264]

解说：但是不久费尔巴哈在信中拒绝了马克思这一邀请。[265]

我曾答应用《黑格尔法哲学批判》这个题目给《德法年鉴》写一篇批判法学和国家学的文章。当整理付印的时候，觉得把单纯对思辨思维的批判和对不同事物本身的批判结合起来，是很不适当的，因为这样会在阐述上受到拘束，并且使人难以理解。此外，需要研究的东西非常丰富多样，只有以格言式的文字才能用一篇文章把这些材料包括进去，而这种格言式的文字又会造成任意系统化的假象。[266]

解说：通过阅读历史、政治方面的著作并详细地做笔记，马克思此时对无产阶级拥有了广泛的理论知识，但是缺乏明显的实例。理论上对物质生活总体的解剖应该到政治经济学中去寻求。但是在德国，既缺少研究文献，又缺少实例，于是马克思中断了《黑格尔法哲学批判》的写作。[267]

《黑格尔法哲学批判》（节录）

家庭和市民社会是国家的前提，它们才是真正的活动者；而思辨的思维者却把这一切头足倒置。（解读：黑格尔认为国家分为社会和家庭，国家决定社会和家庭。必须说明，黑格尔哲学是唯心主义并不是胡说，黑格尔用了十三年的时间写了法哲学这部著作，同样是立足现实包含了深邃的思想，想用国家来统摄。）

现实性变成了现象，但是除了这种现象，理念便没有任何其他内容（解读：马克思揭了唯心主义的老底）。

他（□黑格尔）忘记了特殊的个体性是人的个体性，国家的职能和活动是人的职能；他忘记了"特殊的人格"的本质不是人的胡子、血液、抽象的肉体的本性，而是人的社会特质，而国家的职能等等只不过是人的社会特质的存在和活动的方式。

现实的人（国家是由人们组成的）一次又一次地重新表现为国家的实质，这一点黑格尔应该是不会觉得奇怪的。

人民的主权不是从国王的主权中派生出来的，相反地，国王的主权倒是

第十一节 蜜月克罗茨纳赫

以人民的主权为基础的。

在君主制中是国家制度的人民；在民主制中则是人民的国家制度。民主制是国家制度一切形式的猜破了的哑谜。在这里，国家制度……就其存在、就其现实性说来也日益趋向于自己的现实的基础、现实的人、现实的人民，并确定为人民自己的事情。

政治国家的抽象是现代的产物。

官僚在国家中形成特殊的闭关自守的集团。……官僚机构就实质而言是作为形式主义的国家。……既然官僚机构就实质而言是"作为形式主义的国家"，那么就目的而言它也是这样。于是，国家的现实目的对官僚机构说来就成了反国家的目的。

官僚机构是和实在的国家并列的虚假的国家。

按黑格尔的说法，国家是自由的最高定在，是已经意识到自己的理性的定在。……黑格尔力图到处把国家说成自由精神的实现，但事实上他是要通过同自由相对立的自然必然性来摆脱一切难以解决的冲突。

凡是立法权真正成为统治基础的地方，它就完成了伟大的根本的普遍的革命。

人民是否有权来为自己建立新的国家制度呢？对这个问题的回答应该是绝对肯定的。

人民的单个成员在他们的政治世界的天国是平等的，而在人世的存在中，在他们的社会生活中却不平等。

现实的人就是现代国家制度的私人。

黑格尔却把推论的两个抽象环节，即普遍性和单一性，看作真正的对立面，这就正好表现出他的逻辑中的基本的二元论。

黑格尔所注重的是等级要素的现代意义，即成为市民要素的化身，成为bourgeois。

对现代国家制度的真正哲学的批判，不仅要揭露这种制度中实际存在的矛盾，而且要解释这些矛盾；真正哲学的批判要理解这些矛盾的根源和必然性，从它们的特殊意义上来把握它们。但是，这种理解不在于像黑格尔所想像的那样到处去寻找逻辑概念的规定，而在于把握特殊对象的特殊逻辑。

（解读：黑格尔从抽象观念出发，马克思认为应当从现实出发。）

出生只是赋予人以个人的存在，首先只是赋予他以生命，使他成为自然的个人；而国家的规定，如立法权等等，则是社会的产物，是社会的产儿，而不是自然的个人的产物。

私有财产的真正基础，即占有，是一个事实，是不可解释的事实，而不是权利。

众议院和贵族院（或者不管它们叫做什么）在这里不是同一原则的不同的体现，而是属于两种根本不同的原则和社会秩序。

黑格尔周身都染上了普鲁士官场的那种可怜的妄自尊大的恶习，像官僚一样心胸狭隘，在对待"人民的主观意见"的"自信"时摆出一副趾高气扬的臭架子。他以为在任何地方"国家"和"政府"都是同一个东西。

解说：合伙人弗吕贝尔急切地盼望马克思到巴黎，他在10月11日给友人的信中说，"我们决定在这里创办自己的新的事业，……几乎可以说，德法书店已经在巴黎建立起来了。……卢格回家把家眷接来。我们期待着马克思能于一两天内到达。"[268]马克思也不负众望，与妻子燕妮第一次离开祖国，赶赴法国巴黎。

第十二节　巴黎

我离开祖国——莱茵普鲁士——暂时居住在巴黎。[269]

解说：燕妮回忆说，"卡尔和我于10月到达巴黎，在那里有海尔维格和他的夫人迎接我们。"[270]卢格也到了巴黎，"卢格一到就建议马克思和海尔维格同他住到一起去，建立一种叫做法伦斯泰尔（□傅里叶所构想的社会主义社会的基层组织）的协作社，在协作社中，妇女们要轮流扮演傅立叶式的各类角色。……海尔维格夫人新婚不久，在他们当中最年轻，这种共同生活对她怎么会有吸引力？因此海尔维格和夫人拒绝了与马克思同住田凫路的卢格的邀请。两周以后这两个家庭也分道扬镳了。"[271]

解说：10月中马克思开始写《论犹太人问题》，批判鲍威尔的小册子《犹太人问题》，以及刊登在格奥尔格·海尔维格出版的文集《来自瑞士的二十一张》上的《现代犹太人和基督徒获得自由的能力》。[272]这本文集上还刊登了恩格斯署名弗·奥·的文章。[273]

解说：11月马克思一家搬到了<u>田凫路31号</u>，因为匆忙间没有找到合适的房子，先在这里临时过渡。[274]

解说：在弗吕贝尔那里，马克思看到一份由卢格事先起草的出版消息《消息一则》，其中写道："巴黎的德法书籍出版社为德国爱国者所创办，……弗吕贝尔教授主管社务……本社出版工作以《德法年鉴》开始；我们敢于预告，一种颇为重要的著作，即新启蒙思想的上乘作品即将随此出版。"最后是卢格和马克思的署名。[275]

卢格还没有到达这里。当然，在他来此之前，我不能开始印刷。本地一些人（赫斯、魏尔等）迄今为止给我寄来的文章，我不得不——经过长期争吵之后——拒绝了。……我……写信给费尔巴哈、卡普和哈根［约稿］。[276]

因为我准备搬家，我尽力寻找能包括编辑部用房在内的住宅。从业务上和经济上来讲，这样都是最恰当的。[277]

解说：12月马克思一家又搬到<u>田凫路38号</u>定居下来。[278]马克思12月前后读到路易·勃朗的《十年历史》。[279]12月中，马克思写完了《论犹太人问题》。[280]

《论犹太人问题》（节录）

从政治上废除私有财产不仅没有废除私有财产，反而以私有财产为前提。当国家宣布出身、等级、文化程度、职业为非政治的差别的时候，当国家不管这些差别而宣布每个人都是人民主权的平等参加者的时候，当它从国家的观点来观察人民现实生活的一切因素的时候，国家就是按照自己的方式废除了出身、等级、文化程度、职业的差别。尽管如此，国家还是任凭私有财产、文化程度、职业按其固有的方式发挥作用，作为私有财产、文化程度、职业来表现其特殊的本质。国家远远没有废除所有这些实际差别，相反地，只有在这些差别存在的条件下，它才能存在，只有同它这些因素处于对立的状态，它才会感到自己是政治国家，才会实现自己的普遍性。

所谓基督教国家，就是基督教对国家的否定，而绝不是基督教在国家的实现。……所谓基督教国家，就是不完备的国家，基督教则是它的不完备性的补充和神圣化。

一方面"无限制的出版自由"（1793年宪法第一二二条）作为人权和个人自由的后果而得到保证，一方面出版自由又被完全取缔，因为"出版自由一旦危及公共自由，就应取缔"（小罗伯斯比尔语……）。换句话说，自由这一人权一旦和政治生活发生冲突，就不再是权利。

犹太人实际上的政治权力和他的政治权利之间的矛盾也就是政治和金钱势力之间的矛盾。虽然在现念上，政治权力凌驾于金钱势力之上，其实前者却是后者的奴隶。

钱是以色列人的妒嫉之神；在他面前，一切神都要退位。钱蔑视人所崇拜的一切神并把一切神都变成商品。钱是一切事物的普遍价值，是一种独立的东西。因此它剥夺了整个世界——人类世界和自然界——本身的价值。钱是从人异化出来的人的劳动和存在的本质；这个外在本质却统治了人，人却向它膜拜。犹太人的神成了世俗的神、世界的神。期票是犹太人的真正的神。

犹太人的社会解放就是社会从犹太人中获得解放。

我的法哲学批判……已经写完，但后来又重新作了修改，以便使它通俗易懂。[281]

解说：来到巴黎之后，马克思和法国的民主主义者、社会主义者以及德国的正义者同盟建立联系，观察这里的工人运动，研究此时先进的政治思想，然后马克思开始写《〈黑格尔法哲学批判〉导言》，第一次论述了无产阶级的历史使命。[282]马克思写了《黑格尔法哲学批判》手稿索引，准备把这个手稿整理付印。[283]马克思的研究在《导言》中有了重大的进展。《黑格尔法哲学批判》连同其导言，展现了马克思在哲学的两个层面上的总结，即政治哲学和一般哲学。当时马克思面对的是封建国家残余和新兴资产阶级之间的矛盾的历史背景和后发国家如何走现代化道路的历史问题。其中蕴含着马克思政治哲学（法哲学）的一个基本雏形。

第十二节 巴黎

《〈黑格尔法哲学批判〉导言》（节录）

人并不是抽象地栖息在世界以外的东西。人就是人的世界，就是国家、社会。（解读：这表明马克思已经超越费尔巴哈，不再把人看做抽象存在物。）

宗教的苦难既是现实苦难的表现，又是对这种现实苦难的抗议。宗教是被压迫生灵的叹息，是无情世界的感情，正像它是没有精神状态的精神一样。宗教是人民的鸦片。（解读：说明宗教是对受压迫人民的抚慰作用。）

在导言后面将要进行的探讨并不是针对原本，而是针对副本——德国的国家哲学和法哲学。其所以如此，只是因为这一探讨是从德国开始的。

有个学派以昨天的卑鄙行为来为今天的卑鄙行为进行辩护。

在法国和英国，问题是政治经济学或社会对财富的控制。在德国却是国民经济学或私有财产对国家的控制。

批判的武器不能代替武器的批判，物质力量只能用物质力量来摧毁；但是理论一经掌握群众，也会变成物质力量。（解读：武器的批判，这是实践观的飞跃。）理论只要说服人，就能掌握群众，而理论只要彻底，就能说服人。所谓彻底，就是抓住事物的根本。但人的根本就是人本身。

德国解放的实际可能性……就在于形成一个被彻底的锁链束缚着的阶级……无产阶级。哲学把无产阶级当做自己的物质武器，同样地，无产阶级也把哲学当做自己的精神武器；……德国人的解放就是人的解放。（解读：马克思认识到市民社会的一个特殊组成部分，即无产阶级。）

我的研究得出这样一个结果：法的关系正像国家的形式一样，既不能从它们本身来理解，也不能从所谓人类精神的一般发展来理解，相反，它们根源于物质的生活关系，这种物质的生活关系的总和，黑格尔按照十八世纪的英国人和法国人的先例，称之为"市民社会"，而对市民社会的解剖应该到政治经济学中去寻求。[284]

第十三节 巴黎手稿

我在巴黎开始研究政治经济学。[285]

解说：研究经济学的最初成果，是马克思所作的一组笔记，文本学上称之为"巴黎笔记"。[286]

詹姆斯·穆勒《政治经济学原理》一书笔记（节录）

国民经济学——同现实的运动一样——以作为私有者同私有者的关系的人与人的关系为出发点。

解说：12月20日，马克思第一次与海涅会面。[287]"有一段时间，海涅天天造访马克思夫妇，向他们朗读他的诗，听取这两个年轻人的意见。"[288]

好心的海涅……我为了他而进行的干预是在……年底。[289]

[**1844年**]在巴黎我同弗里德里希·恩格斯、格奥尔格·海尔维格、亨利希·海涅、阿尔诺德·卢格一起出版了《德法年鉴》。[290]

弗里德里希·恩格斯是当代社会主义最杰出的代表人物之一，他……以他最初发表在[我]和卢格在巴黎出版的《德法年鉴》上的《政治经济学批判大纲》引起了注意。《大纲》中已经表述了科学社会主义的某些一般原则。[291]

自从弗里德里希·恩格斯批判经济学范畴的天才大纲发表以后，我同他不断通信交换意见，他从另一条道路（请参考他的《英国工人阶级状况》）得出同我一样的结论。[292]

解说：《德法年鉴》上刊登了马克思的重要文章《论犹太人问题》和《〈黑格尔法哲学批判〉导言》。但是《德法年鉴》也遭夭折。4月7日《曼海姆晚报》第83号刊登了《德法年鉴》停刊的消息。[293]

在《德法年鉴》上发表的[我]和恩格斯的文章……的内容和[卢格

第十三节 巴黎手稿

在前言中的主张是完全相对立的。[294]

在德国各报上出现的关于《德法年鉴》停刊的种种谣言,使我不得不声明:瑞士的出版社由于经济原因突然拒绝这项工作,因而使杂志在最近期间不能继续出版。[295]

解说:除了理论上,马克思在巴黎也开始在实践上接触工人阶级。

我第一次逗留巴黎期间,经常同那里的同盟领导人以及法国大多数工人秘密团体的领导人保持私人交往,但并没有加入其中任何一个团体。[296]

解说:在即将满26岁时,马克思的第一个孩子——女儿小燕妮——出生了,他们给她取了同母亲一样的名字。燕妮回忆说,"5月1日小燕妮出生了,在安葬拉菲特的那天我第一次出家门,后来大约过了六个星期,我和病得快死的女儿搭乘邮政马车到特里尔。我在亲爱的妈妈身边住了三个月。"[297]

解说:经过一段时间的经济学研究,5月底,马克思开始写作政治经济学和哲学手稿。[298]文本学上为《1844年经济学哲学手稿》或者"巴黎手稿"[299]。关于开始写作这部手稿的原因,马克思说:

我在《德法年鉴》上曾预告要以黑格尔法哲学批判的形式对法学和国家学进行批判。在加工整理准备付印的时候发现,把仅仅针对思辨的批判同针对各种不同材料本身的批判混在一起,十分不妥,这样会妨碍阐述,增加理解的困难。此外,由于需要探讨的题目丰富多样,只有采用完全是格言式的叙述,才能把全部材料压缩在一本著作中,而这种格言式的叙述又会造成任意制造体系的外表。因此,我打算连续用不同的单独小册子来批判法、道德、政治等等,最后再以一本专著来说明整体的联系、各部分的关系并对这一切材料的思辨加工进行批判。由于这个理由,在本著作中谈到的国民经济学同国家、法、道德、市民生活等等的关系,只限于国民经济学本身所专门涉及的范围。[300]

解说:可以看出,这部手稿是马克思一个宏大计划的一部分,也是为了解决自己在理论和现实中遇到的难题。需要注意的是,马克思说的仅仅是反对"任意"系统化,而不是反对哲学体系。恰恰相反,马克思从大学起就想创建一种新的"逻辑学",也就是新的哲学体系。这部手稿是马克思理论创新、哲学创新的起点。

我获悉,由于我的一些著述,王国驻科布伦茨总督指令有关的边防警察当局逮捕我。这条消息也曾经在柏林各家受检查的报纸上公布。从那时起，我便把自己看作是一个政治流亡者。[301]

解说：在巴黎，马克思同蒲鲁东（1809—1865）有交往。"蒲鲁东是勃艮第的农民，他曾经改换过许多种职业，……他第一次受到公众的注意，是由于……一本小册子《什么是财产？》（1840），他对这个问题的回答是：'财产就是盗窃。'这个出人意料的结论使法国人大为惊讶。路易菲力浦的政府和毫无幽默感的、老板着面孔的基佐，眼光如此狭隘，竟把蒲鲁东置于被告席上。……任何一个法国陪审法庭都不会根据这样一种耸人听闻的奇谈怪论来给他判罪。……政府丢了脸，而蒲鲁东却成了一个著名人物。"[302]

我居住在巴黎的时候，曾经和蒲鲁东有过私人的交往。我在这里提起这件事，是因为我对他的"sophistication"（□这个词有掺假、诡辩两种意思）——英国人这样称呼伪造商品的行为——在某种程度上也有一部分责任。在长时间的、往往是整夜的争论中，我使他感染了黑格尔主义，这对他是非常有害的，因为他不懂德文，不能认真地研究黑格尔主义。[303]

解说：6月4日，西里西亚织工起义，起义持续了3天。海涅写了《西里西亚织工之歌》，发表在7月10日的《前进报》上。[304]7月31日马克思写《评"普鲁士人"的"普鲁士国王和社会改革"》一文，回应卢格写的关于西里西亚纺织工人起义的文章，8月7日和10日公开发表在《前进报》上。这是马克思在《前进报》上发表的第一篇文章。[305]

《评"普鲁士人"的"普鲁士国王和社会改革"》（节录）

最明确地表述了英国对贫困现象的看法的——我们一直指的是英国资产阶级和政府的看法——就是英国的政治经济学，即英国经济条件在科学上的反映。

可见，英国最初是想要通过慈善事业和行政措施来消灭赤贫现象的。后来它也并没有看出赤贫现象的迅速发展乃是现代工业的必然后果。

国家永远也不会认为社会疾苦的根源在于"国家和社会结构"。凡是有政党存在的地方，每一个政党都认为一切祸害的根源就在于执政的是别的和它敌对的政党而不是它自己。

首先回忆一下织工的那支歌吧！这是一个勇敢的战斗的呼声。在这支歌中根本没有提到家庭、工厂、地区，相反地，无产阶级在这支歌中一下子就毫不含糊地、尖锐地、直截了当地、威风凛凛地厉声宣布，它反对私有制社会。西里西亚起义一开始就恰好做到了法国和英国工人在起义结束时才做到的事，那就是意识到无产阶级的本质。西里西亚起义的进程本身也同样具有这个优点。被毁掉的不仅是机器——这些工人的劲敌，还有账簿和地产契据。其他一切工人运动首先只是打击工商企业的老板，即明显的敌人，而这次运动同时还打击银行家，即隐蔽的敌人。最后，英国的工人起义没有一次像这样勇敢，这样有计划，这样坚强。

解说：8月初，马克思开始对黑格尔《现象学》的《绝对知识》这一章作摘要。摘要写在笔记本Ⅲ中，独立编的页码。[306]

黑格尔的体系……必须从黑格尔《现象学》即从黑格尔哲学的真正诞生地和秘密开始。……我们……以《现象学》的最后一章——绝对知识——来详细说明黑格尔的片面性和局限性。[307]

解说：8月，马克思结识巴枯宁（1814—1876）。[308]巴枯宁回忆说，"我……在巴黎第一次同他会见。我当时已经是流亡者。……我们经常会面，因为我很尊重他的学识和他对无产阶级事业严肃的、热烈的忠诚，虽然他的这种忠诚始终掺杂着个人野心。我贪婪地寻求同他交谈的机会，如果不夹杂有无所谓的敌意（可惜这种情况是常有的），我的交谈总是有教益的和机智的。但是，我们从未有过亲密无间的关系。我们的气质是互不相容的。他称我是多情善感的唯心论者，他是正确的；我称他是背信弃义的、阴险的和爱好虚荣的人，我也是正确的。"[309]

我从1843年就知道他［巴枯宁］。[310]

解说：这一时期，马克思对费尔巴哈相当客气，这是因为他认为费尔巴哈的理论可以作为社会主义的哲学基础。马克思8月11日写信给费尔巴哈：

"您的两部著作《未来哲学》和《信仰的本质》尽管篇幅不大，但它们的意义，却无论如何要超过目前德国的全部著作。在这些著作中，您（我不知道是否有意地）给社会主义提供了哲学基础，而共产主义者也就立刻这样理解了您的著作。建立在人们的现实差别基础上的人与人的统一，从抽象的天上下降到现实的地上的人类概念——如果不是社会的概念，那是什么呢！

您的著作《基督教的本质》正在被译为两种文字：英文和法文。"[311]

解说："巴黎手稿"中的实践观是马克思哲学创新的起点，独特的理论体系的第一个细胞。实践表现在经济学上是异化劳动，表现在哲学上是对象化活动。不是说以往的人们不知道物质性的活动，而是没有发现物质性的实践活动的哲学意义。

《*1844年经济学哲学手稿》（节录）

我的结论是通过完全经验的以对国民经济学进行认真的批判研究为基础分析得出的。

我们从当前的经济事实出发吧。

没有自然界，没有感性的外部世界，工人什么也不能创造。它是工人的劳动得以实现、工人的劳动在其中活动、工人的劳动从中生产出和借以生产出自己的产品的材料。（解读：马克思非常鲜明地强调了作为劳动、实践的前提——自然界、感性的外部世界，强调了自然界的优先地位。）

通过实践创造对象世界，改造无机界，人证明自己是有意识的类存在物。（解读：把实践的本质定义为对象化活动，这是哲学史上第一次。）

我们已经从经济事实即工人及其产品的异化出发。我们表述了这一事实的概念：异化的、外化的劳动。我们分析了这一概念，因而我们只是分析了一个经济事实。

从现实的发展进程中必然产生出资本家对土地所有者的胜利，即发达的私有财产对不发达的、不完全的私有财产的胜利。

宗教、家庭、国家、法、道德、科学、艺术等等，都不过是生产的一些特殊方式，并且受生产的一些普遍规律的支配。

唯心主义和唯物主义……理论的对立本身的解决，只有通过实践方式，只有借助人的实践力量，才是可能的；因此，这种对立的解决绝不只是认识的任务，而是现实生活的任务，而哲学未能解决这个任务，正是因为哲学把这仅仅看作理论的任务。（解读：这蕴含了马克思哲学的核心内容。）

历史本身是自然史的，即自然界成为人这一过程的一个现实部分。

世界历史不外是人通过人的劳动而诞生的过程，是自然界对人来说的生成过程。

要消灭私有财产的思想，有共产主义思想就完全够了。要消灭现实的私有财产，则必须有现实的共产主义运动。

真正的实践……是现实的和实证的理论的条件。

在这一部分，……对黑格尔的整个辩证法，……以及对现代批判运动同黑格尔的关系略作说明。（解读：这意味着，在手稿中马克思明确将对黑格尔辩证法的批判作为一个主题、一个部分。）

人直接地是自然存在物。……有生命的自然存在物。（解读：因此实践观是马克思哲学的创新起点，但是不能忽略马克思对自然前提的强调。）

第十四节　无双合作的开端

解说：8月28日，恩格斯第二次拜访马克思，会面的地方是位于法兰西剧院广场边上的"摄政咖啡馆"，这是此时巴黎最好、最有名的咖啡屋。伏尔泰、本杰明·富兰克林、狄德罗、格林、路易斯·拿破仑、圣伯沃和马塞特都曾是这里的客人。接下来的十天他们都待在瓦诺街。[312]恩格斯回忆说，"当我……夏天在巴黎拜访马克思时，我们在一切理论领域中都显出意见完全一致，从此就开始了我们共同的工作。"[313] "我们……自豪地设想，等不到［五十岁生日］这一天到来，我们早就被砍头了，那时我们是多么富有青年人的满腔热情啊！"[314] "我还从来没有一次像在［马克思］家里度过的十天那样感到心情愉快，感到自己真正是人。"[315]

解说：燕妮回忆说，"9月，德国保姆陪伴我同小燕妮回到巴黎。那时，小燕妮已经长了四颗牙齿。我不在家时，弗里德里希·恩格斯来访问过卡尔。"[316]

解说：9月21日，海涅从汉堡来信说，"我没有兴趣让人追捕我，……《前进报》……这份报纸在煽动和让人出丑这两方面都显示出了高超的技巧。" "我的书［《新诗集》］正在排印，……我今天用快件把其中的政治

诗，特别是我的长诗［《德国，一个冬天里的童话》］的部分清样，寄给您。"³¹⁷

解说：由于同恩格斯的合作，马克思暂时中断了经济学哲学手稿的写作，并为手稿写了一个序言，然后准备着手写对青年黑格尔派（马克思称他们为"当代的批判的神学家"）的批判性著作。实际上，马克思在这部经济学著作的手稿中已经对黑格尔整个哲学进行了初步批判分析。

我认为，本著作最后一章，即对黑格尔的辩证法和整个哲学的剖析，是完全必要的，因为当代的批判的神学家不仅没有完成这样的工作，甚至没有认识到它的必要性——这是一种必然的不彻底性，……历史现在仍然指派神学这个历来的哲学的溃烂区本身来显示哲学的消极解体，即哲学的腐烂过程。关于这个饶有兴味的历史的判决，这个历史的涅墨西斯（□希腊神话中的复仇女神），我将在另一个场合加以详细地介绍。³¹⁸

解说：另一个场合，指的是马克思开始和恩格斯合作写作的第一本书——《神圣家族》，当然，他们写作之初还不是这个书名。

第十五节　神圣家族

我们［这本书］的叙述主要是针对布鲁诺·鲍威尔的《文学总汇报》（我们手边有该杂志的前八期），因为在该报中鲍威尔的批判以及整个德国思辨的全部谰言达到了顶点。³¹⁹

解说：《文学总汇报》月刊于1843.12-1844.10在沙洛顿堡发行。鲍威尔他们在杂志中自称"批判的批判"，因此马克思和恩格斯将书定名为"对批判的批判所作的批判"。

我们先发表这部论战性的著作，再各自分头在自己的著作里叙述自己的肯定的观点，以及对现代哲学和社会学肯定的见解。³²⁰

解说：可以看出，马克思只是因为论战紧迫，才暂时放下自己的著作而

第十五节 神圣家族

写这本书。在这部论战著作中,马克思还部分地赞成蒲鲁东的观点。

对任何科学的最初的批判必然要拘泥于这个批判所反对的科学本身的种种前提,同样,蒲鲁东的《什么是财产?》这部著作也是从政治经济学的观点对政治经济学所作的批判。……因此,通过对政治经济学,其中包括对蒲鲁东所了解的政治经济学的批判,蒲鲁东的著作被科学地越过了。这一工作之成为可能,正是依靠了蒲鲁东本人曾经做过的一切……。[321]

解说:因此,马克思越过了蒲鲁东。一个理论家必须有自己原创的观点,而不仅仅是批判别人,否则,就很容易被别人越过。但是,因为大家最终面对的是同一个对象,也就是现实的存在,因此,任何理论必将被后人通过直接研究现实对象而超越,这是理论家的宿命。

解说:11月,马克思写《黑格尔现象学结构》。[322]大约11月,马克思写关于现代国家的著作的计划草稿。草稿的基本点同《克罗茨纳赫笔记》所编的名目索引的要点是一致的。在第9点中马克思作了重要的补充:

"为消灭(Aufhebung)国家和市民社会而斗争。"[323]

解说:消灭这个德文词有丰富的内涵,也被翻译成"扬弃",不能简单地用汉语中一般人所理解的"消灭"来解读。恩格斯在11月19日给马克思的信中评论了施蒂纳的《唯一者及其所有物》一书,说施蒂纳"是转向唯物主义和经验主义的唯心主义者,而边沁是一个单纯的经验主义者"。[324]看来马克思并不同意恩格斯对施蒂纳的书的看法,于是写回信表达了自己的看法。[325]

解说:11月底马克思将论战手稿寄给法兰克福的出版商勒文塔尔(柳坦书局)。12月初,马克思收到稿酬一千法郎。[326]勒文塔尔12月27日来信建议马克思给书取一个响亮的名字,"我想请求您准许我给大作取个更响亮而富于挖苦意味的名称:《神圣家族,或对批判的批判所作的批判:驳布鲁诺·鲍威尔及其伙伴》——这样一来我们就可以引起一场大的轰动,并可以指望,该书的极其卓越而幽默的内容将不辜负这种可能的轰动"。[327]马克思12月30日写了《前进》月刊试刊号上的编辑部文章,支持海涅。[328]

解说:恩格斯**1845**年1月20日来信说,"你把《批判的批判》扩充到二十个印张,这的确使我大吃一惊。但这是很好的事情。这么多的东西现在都要问世了,否则,谁知道它还会在你的写字台里搁多久呢。"[329]

《神圣家族》（节录）

（解读：开篇马克思和恩格斯把自己称为"真正的人道主义者"，当人们开始自觉意识到与原来思想的差别的时候，又没有概括出一个新的名称的时候，往往会加"真正的"字样表示区别。）

埃德加尔［说］："工人什么也没有创造，所以他们也就一无所有；他们之所以什么都没有创造，是因为他们工作始终是为了满足他们自己的需要的某一种单一的东西，是平凡的工作。"……这种论点简直就是疯话，……工人……创造一切。

政治经济学的一切论断都以私有制为前提。这个基本前提被政治经济学当作确定不移的事实，而不加以任何进一步的研究，且正如萨伊所坦率承认的，甚至被当作只是"偶然"为政治经济学所涉及的事实。蒲鲁东则对政治经济学的基础即私有制作了批判的考察，而且是第一次带有决定性的、严峻而又科学的考察。

无产阶级……只有消灭自己本身和自己的对立面才能获得胜利。随着无产阶级的胜利，无产阶级本身以及制约着它的对立面——私有制都趋于消灭。

人并没有创造物质本身。甚至人创造物质的这种或那种生产能力（解读：根据原文上文，这里的意思是改变物质形态从而使物质具有新的生产能力，断句应当是这样的：人–创造–物质的……生产能力），也只是在物质本身预先存在的条件下才能进行。

"思想"一旦离开"利益"，就一定会使自己出丑。

历史活动是群众的事业，随着历史活动的深入，必将是群众队伍的扩大。

现代国家承认人权同古代国家承认奴隶制是一个意思。就是说，正如古代国家的自然基础是奴隶制一样，现代国家的自然基础是市民社会以及市民社会中的人，即仅仅通过私人利益和无意识的自然的必要性这一纽带同别人发生关系的独立的人，即自己营业的奴隶，自己以及别人的私欲的奴隶。

1789年在社会小组中开始、中途以勒克莱尔克和卢为主要代表、最后以巴贝夫密谋的失败而暂时遭到失败的革命运动，产生了共产主义的思想。

（解读：在本书中马克思第一次提出了生产方式概念。马克思研究了十七、十八世纪英法近现代唯物主义。哲学上，马克思首先继续批判了黑格尔，同时批判了青年黑格尔派。）

第十五节　神圣家族

对于这本书我们是问心无愧的，虽然对费尔巴哈的迷信……给人造成一种非常滑稽的印象。[330]

解说：恩格斯来信说："新的书名《神圣家族》将更加使我和我的虔诚的、本来就已十分恼火的老头发生争吵，这一点你自然不会知道。从广告上看到，你把我的名字写在前面了，为什么这样？我几乎什么也没有写，而且风格也是每一个人都能看出来的。"[331]恩格斯还督促马克思尽快完成经济学著作，"你的政治经济学著作，还是尽快把它写完吧，即使你自己还感到有许多不满意的地方，这也没有什么关系，人们的情绪已经成熟了，就要趁热打铁。……因此，你一定要在4月以前写完你的书，要像我那样做：给自己规定一个期限，到时候你一定要把它完成，并设法马上付印。"[332]

解说：恩格斯在信中说："说到施蒂纳的书，我完全同意你的看法。"接着向马克思报告说，"赫斯动摇一阵之后，也同你的看法一致了。他给我念了一篇他即将发表的评论该书的文章，他在这篇文章中表明了同样的意见，而那时他还没有看到你的信。"[333]但是这些又表明了恩格斯在对赫斯的理解上存在问题。马克思1月12日给海涅写信说：

"我希望明天还有时间同您见面。［1月15日］星期一我就要离开了。出版商列斯凯刚才到我这里来了。……他要我和您商量，请您写稿……在我要离别的人们中间，同海涅离别对我来说是最难受的。我很想把您一起带走。"[334]

解说：1月，普鲁士政府通过驻巴黎大使馆坚决要求法国基佐政府驱逐马克思。[335]

我从可靠方面得知，警察局有命令，责令［卢格］、我和其他一些人在二十四小时以内离开巴黎，并且在最短期限以内离开法国。[336]

解说：燕妮回忆了他们被驱逐当天的情形："警官突然来到我们家里，拿出普鲁士政府怂恿基佐发出的驱逐令。命令写道'卡尔·马克思必须在24小时内离开巴黎'。给我的时间比较长，我利用这个时间卖掉家具和部分衣物，因为搬家需要钱，所以不得不廉价出售。"[337]在离开巴黎之前，马克思同出版商列斯凯签订了出版两卷《政治经济学批判》的合同。

在巴黎洽商时以及在书面合同中，对于我的著作形式的革命性程度，……没有作任何规定，相反地，我当时甚至认为两卷必须同时出版，因为第一卷一出版，第二卷必然会遭到禁止或者被没收。科伦的亨利希·毕尔格尔斯当时在场，可以证明这件事。[338]

解说：这份出版合同如下：[339]

以现在旅居巴黎的马克思博士先生为一方，以达姆斯塔德的卡·威·列斯凯出版社为另一方，今日签订合同如下：

第一条 马克思博士先生授予卡·威·列斯凯出版社出版其著作《政治经济学批判》的专有权，该书共计对开本两卷，每卷篇幅均在二十印张以上。

第二条 作者马克思先生不得在其他出版社出版可能与上述著作相竞争的作品。

第三条 列斯凯出版社必须付给马克思先生全部著作的稿费，计3000法郎，其中半数必须在交出全部手稿时支付，另外一半在印刷完毕时支付。此外，出版社必须赠予作者该书十二部。

第四条 出版社在该著作交稿后应立即付印，并力求使该著作出版时装订合乎要求。

第五条 《政治经济学批判》一书的印数定为二千部。

第六条 本合同只适用于该著作的第一版。如果需要印第二版，应该签订新的合同。不言自明，列斯凯出版社保留有印刷第二版的优先权。

本合同一式两份，由双方签字。

卡尔·马克思博士

卡·列斯凯

1845年2月1日于巴黎

解说：2月2日，马克思拜访卡贝，这是他们唯一一次会面。[340]当日，马克思带着年轻记者亨利希·毕尔格尔斯乘驿传邮车离开巴黎前往比利时边境（列日），再从这里前往布鲁塞尔。毕尔格尔斯曾为《莱茵报》撰稿，在巴黎成为共产主义者。毕尔格尔斯回忆说，"邮车上只有他们两人。在通过比卡尔迪的那段使人厌倦的旅途中，他们用热烈的交谈消磨时光，有时年纪较轻的一位（□指毕尔格尔斯自己）开头唱一支歌儿去打破沉思，而年纪较大的那一位（□指马克思）也就放声高歌，徒劳地想用自己的声音压倒对方。"[341]

第十六节　布鲁塞尔

年初……我住在布鲁塞尔。[342]

解说:"布鲁塞尔运河交叉如织,……部分地处高地,部分地处富饶美丽的平原,城市的地势十分不平,为此在市中心建造了一条精美的双层石阶,共50级。……该城沿塞纳河和运河分为地势较高的上城和较低的下城;上城居住着富人,因为这里是布鲁塞尔最优美的地区,加之空气新鲜而远比下城优越;上城几乎全讲法语;下城大部分建筑都比较窄小,居住着小商人和手工业者,运河边上则居住着最贫穷的人。离上城越远,纯法语向瓦龙语的变化就越大;在下城的最下方只讲佛来米语。"[343]马克思在布鲁塞尔最初住在野林旅馆。[344]为能在比利时居住,马克思2月7日在小萨布龙广场24号自己的住处,给比利时国王列奥波特一世写信:[345]

1845年2月7日于布鲁塞尔小萨布龙广场24号

兹有卡尔·马克思,系哲学博士,现年二十六岁,原籍普鲁士王国特里尔,愿偕其妻子及一个孩子移居于陛下的领土,恳请陛下准予在比利时居住。

深怀敬意地有幸成为陛下最忠实的仆人

卡尔·马克思博士

解说:比利时政府同意了马克思的居留申请,同时责成比利时安全部门针对马克思设立了档案,编为司法部二局二处的73946号。[346]恩格斯来信说,"我一听到你被驱逐的消息,就认为有必要立即进行募捐,以便按共产主义方式让我们大家分担你因此而支出的意外费用。……然后把汇票给你寄到布鲁塞尔去。我还不知道,这些钱够不够使你在布鲁塞尔安顿下来,……至少,不能让那帮狗东西因为用卑劣手段使你陷入经济困境而高兴。"[347]

解说：3月马克思搬到圣约翰医院对面的帕歇科街35号。[348]马克思写了评弗里德里希·李斯特的著作《政治经济学的国民体系》的手稿。李斯特著作其中有篇幅不大的一章是"生产力理论与价值理论"，马克思认为：

"在现代制度下，生产力不仅在于它也许使人的劳动更有效或者使自然的力量和社会力量更富于成效，而且同样还在于使劳动更加便宜"。[349]

我到这里的警察局去了一趟，我必须在那里交出一份不在比利时发表任何有关当前政治问题的意见的书面保证。[350]

为获准在比利时居住，我同意保证自己不在比利时发表任何有关当前政治问题的著作。

卡尔·马克思博士
1845年3月22日

第十七节　关于费尔巴哈的提纲

解说：恩格斯2、3月间曾来信说："我到巴黎去的计划已付诸流水，在那里我已没有什么事可干；不过我却肯定要到布鲁塞尔去，……我还要去一趟比雷菲尔德，看看那里的共产主义者。如果费尔巴哈不来，我就去他那里，然后，如果有钱和时间，还想再去一趟英国。"[351]马克思在信中看出恩格斯对费尔巴哈相当重视，并且得知恩格斯要来布鲁塞尔。恩格斯在马克思最艰难的时候无私援手，但是在思想上却对施蒂纳、赫斯、费尔巴哈等人认识不清，其中最需要理清的是与费尔巴哈的关系。为了争取恩格斯，帮助恩格斯理清与费尔巴哈的思想的关系，同时也总结自己近一段时间的思想进展，马克思在笔记本上写下了《关于费尔巴哈》的提纲：[352]

第十七节　关于费尔巴哈的提纲

《关于费尔巴哈》

（一）从前的一切唯物主义（包括费尔巴哈的唯物主义）的主要缺点是：对事物、现实、感性，只是从客体的或者直观的形式去理解，而不是把它们当作感性的人的活动，当作实践去理解，不是从主观方面去理解。所以，和唯物主义相反，能动的方面却被唯心主义抽象地发展了，当然，唯心主义是不知道真正现实的、感性的活动的。费尔巴哈想要研究跟思维客体确实不同的感性客体：但是他没有把人的活动本身理解为客观的（gegenstandliche）活动。所以，他在"基督教的本质"中仅仅把理论的活动看成是真正人的活动，而对于实践则只是从它的卑污的犹太人活动的表现形式去理解和确定。所以，他不了解"革命的""实践批判的"活动的意义。

（二）人的思维是否具有客观的（gegenstandliche）真理性，这并不是一个理论的问题，而是一个实践的问题。人应该在实践中证明自己思维的真理性，即自己思维的现实性和力量，亦即自己思维的此岸性。关于思维——离开实践的思维——是否现实的争论，是一个纯粹经院哲学的问题。

（三）关于环境的改变和教育的唯物主义学说忘记了环境是由人来改变的，而教育者本人一定是受教育的。因此，这种学说一定把社会分成两部分，其中一部分高出于社会之上。环境的改变和人的活动或自我改变的一致，只能被看作是并合理地理解为革命的实践。

（四）费尔巴哈是从宗教上的自我异化，从世界被二重化为宗教的世界和世俗的世界这一事实出发的。他致力于把宗教世界归结于它的世俗基础。但是，世俗的基础使自己和自己本身分离，并在云雾中为自己建立一个独立王国，这只能用这个世俗基础的自我分裂和自我矛盾来说明。因此，对于世俗基础本身应当在自身中、从它的矛盾中去理解，并在实践中使之革命化。因此，例如，自从在世俗家庭中发现了神圣家族的秘密之后，世俗家庭本身就应当在理论上和实践中被消灭。

（五）费尔巴哈不满意抽象的思维而喜欢直观；但是他把感性不是看作实践的、人类感性的活动。

（六）费尔巴哈把宗教的本质归结于人的本质。但是，人的本质并不是单个人所固有的抽象物，实际上，它是一切社会关系的总和。费尔巴哈不是对这种现实的本质进行批判，所以他不得不：（1）撇开历史的进程，孤立地观察宗教感情,并假定出一种抽象的——孤立的——人类个体;(2)所以,本质只能被理解为"类",理解为一种内在的、无声的、把许多个人自然地联系起来的共同性。

(七)所以,费尔巴哈没看到,"宗教感情"本身是社会的产物,而他所分析的抽象的个人是属于一定的社会形式的。

(八)全部社会生活在本质上是实践的。凡是把理论引到神秘主义方面去的神秘东西,都能在人的实践中以及对这个实践的理解中得到合理的解决。

(九)直观的唯物主义,即不是把感性理解为实践活动的唯物主义,至多也只能达到对单个人和市民社会的直观。

(十)旧唯物主义的立脚点是市民社会,新唯物主义的立脚点则是人类社会或社会的人类。

(十一)哲学家们只是用不同的方式解释世界,问题在于改变世界。

解说:这个提纲是马克思不加修改、一挥而就的,说明马克思对这些观点都已经成竹在胸。[353]这是马克思哲学的精华,涵盖了哲学中最重要的创新。其中值得特别注意的是马克思对自己哲学的命名——"新唯物主义",旧唯物主义只看到物质世界的客观存在,新唯物主义则在此基础上看到实践的核心作用,即"环境的改变和人的活动或自我改变的一致,只能被看作是并合理地理解为革命的实践"。

解说:在历史观、经济学上的结论,马克思后来作了如下概括:

[我在布鲁塞尔]继续研究经济学。我所得到的并且一经得到就用于指导我的研究工作的总的结果,可以简要地表述如下:人们在自己生活的社会生产中发生一定的、必然的、不以他们的意志为转移的关系,即同他们的物质生产力的一定发展阶段相适合的生产关系。这些生产关系的总和构成社会的经济结构,即有法律的和政治的上层建筑建立其上并有一定的社会意识形式与之相适应的现实基础。物质生活的生产方式制约着整个社会生活、政治生活和精神生活的过程。不是人们的意识决定人们的存在,相反,是人们的社会存在决定人们的意识。社会的物质生产力发展到一定阶段,便同它们一直在其中活动的现存生产关系或财产关系(这只是生产关系的法律用语)发生矛盾。于是这些关系便由生产力的发展形式变成生产力的桎梏。那时社

会革命的时代就到来了。随着经济基础的变更，全部庞大的上层建筑也或慢或快地发生变革。在考察这些变革时，必须时刻把下面两者区别开来：一种是生产的经济条件方面所发生的物质的、可以用自然科学的精确性指明的变革，一种是人们借以意识到这个冲突并力求把它克服的那些法律的、政治的、宗教的、艺术的或哲学的，简言之，意识形态的形式。我们判断一个人不能以他对自己的看法为根据，同样，我们判断这样一个变革时代也不能以它的意识为根据，相反，这个意识必须从物质生活的矛盾中，从社会生产力和生产关系之间的现存冲突中去解释。无论哪一个社会形态，在它们所能容纳的全部生产力发挥出来以前，是绝不会灭亡的；而新的更高的生产关系，在它存在的物质条件在旧社会的胎胞里成熟以前，是绝不会出现的。所以人类始终只提出自己能够解决的任务，因为只要仔细考察就可以发现，任务本身，只有在解决它的物质条件已经存在或者至少是在形成过程中的时候，才会产生。大体说来，亚细亚的、古代的、封建的和现代资产阶级的生产方式可以看作是社会经济形态演进的几个时代。资产阶级的生产关系是社会生产过程的最后一个对抗形式。这里所说的对抗，不是指个人的对抗，而是指从个人的社会生活条件中生长出来的对抗；但是，在资产阶级社会的胎胞里发展的生产力，同时又创造着解决这种对抗的物质条件。因此，人类社会的史前时期就以这种社会形态而告终。[354]

解说：4月，马克思的家中又增加了一个重要的人，燕妮回忆说："4月，我亲爱的母亲把自己忠实的女仆（琳蘅）派到布鲁塞尔来帮助我。我同她带着14个月的小燕妮又到我亲爱的母亲那里去了。我在那里住了六个星期。"[355]

第十八节　历史性的会见

解说：5月1日，马克思从圣居杜尔平原路迁到<u>圣若塞-汤-诺德郊区卢万门外同盟路5号</u>的一所小房子，房东是罗伊尔博士。[356]燕妮回忆说，"我们在那里刚安排好,恩格斯随后也来了。亨利希·毕尔格尔斯当时也在这里……。此后不久,赫斯同他的夫人也来了;一个叫塞巴斯蒂安·载勒尔的人也参加到这一小群德国人之中。"[357]恩格斯就住在马克思隔壁。[358]

解说:恩格斯对这次会面终生记忆犹新:"我在布鲁塞尔重新会见马克思时,他已经把这个思想整理出来,并且用……明晰的语句向我说明了。"[359] "于是我们就着手在各个极为不同的方面详细制定这些新观点了。"[360]这里恩格斯所说的马克思的这些明晰语句的新观点,应该就是马克思在《关于费尔巴哈》提纲中的观点。这时,马克思27岁。

解说:除了恩格斯,与马克思交往密切的还有列列韦尔和维尔特。燕妮回忆说,"就在此地,在我们每晚都要光顾一家清洁的咖啡店里,我认识了身穿蓝色工作服的老列列韦尔。"[361]恩格斯回忆说,"马克思和我住在布鲁塞尔的时候,维尔特担任了他的商店的大陆代理人,并且设法把自己的总办事处也迁到布鲁塞尔。"[362] "德国无产阶级第一个和最重要的诗人维尔特,生在莱茵的德特莫耳特,他的父亲是那里的牧师——教区监督。"[363]

在布鲁塞尔,我曾同恩格斯、威·沃尔弗等人成立了……德意志工人教育协会。同时,我们还出版了一系列抨击性小册子,有的是铅印的,有的是石印的;我们在这些小册子里,对构成当时同盟的秘密学说的那种英、法两国社会主义或共产主义同德国哲学这二者的杂拌儿进行了无情的批判,为了代替这种杂拌儿,我们提出把对资产阶级社会经济结构的科学研究作为唯一牢靠的理论基础,最后并用通俗的形式说明:问题并不在于实现某种空想的体系,而在于要自觉地参加我们眼前发生的革命地改造社会的历史过程。[364]

此外,通过这些先生的一个朋友[魏德迈]的帮忙,还答应出版我的《政治经济学批判》等。[365]

第十九节　德意志意识形态

当［恩格斯］也住在布鲁塞尔时，我们决定共同钻研我们的见解与德国哲学思想体系的见解之间的对立，实际上是把我们从前的哲学信仰清算一下。这个心愿是以批判黑格尔以后的哲学的形式来实现的。[366]

解说：对这部书稿，马克思一直没有一个明确的指称，一直到书已经不能出版之后，才这样称呼它：

"恩格斯和我合写的《德意志意识形态》（对以费尔巴哈、布·鲍威尔和施蒂纳为代表的现代德国哲学和以各式各样的预言家为代表的德国社会主义的批判）一书。"[367]

解说：文本学上也主要是根据这一点称之为《德意志意识形态》手稿（1845—1846）。它与《黑格尔法哲学批判手稿》（1843）、《1844年经济学哲学手稿》一起，是马克思早期三大手稿。[368]恩格斯回忆说，"其中关于费尔巴哈的一章没有写完。已写好的一部分是解释唯物主义历史观的。"[369]"有意思的是，除了丛书（《外国杰出的社会主义者文丛》）以外，我们两人又不约而同地有了另一个计划。"[370]手稿中有一段话集中阐发了这个全新历史观的原则：[371]

这种历史观和唯心主义历史观不同，它不是在每个时代中寻找某种范畴，而是始终站在现实历史的基础上，不是从观念出发来解释实践，而是从物质实践出发来解释观念的东西。

德国的几个资本家接受了我、恩格斯和赫斯的一些著作的出版任务。当时甚至有希望建立一个不受任何警察检查制度约束的像样子的大出版社。[372]

由于同德国资本家商定要出版那部著作〔《德意志意识形态》〕，我就把《政治经济学》的写作工作搁下来了。因为我认为，在发表我的正面阐述以前，先发表一部反对德国哲学和那一时期产生的德国社会主义的论战性著作，是很重要的。为了使读者能够了解我的同迄今为止的德国科学根本对立的政治经济学的观点，这是必要的。[373]

解说：7月初马克思收到列斯凯按出版合同预付的《政治经济学批判》一半的稿酬，1500法郎。[374]7月12日前后，马克思和恩格斯一起到英国曼彻斯特旅行[375]，旅行目的是为了他的经济学著作进行考察。

由于我为写这部著作〔《政治经济学批判》〕到英国去了一趟，并在那里住了一段时间，而且我还买了大批价格昂贵的参考书，我从这部著作所得的收入显然是所剩无几了。[376]

解说：在老切特姆图书馆，马克思和恩格斯坐在小楼凸窗处的方形斜面桌旁，那里有彩色玻璃，阳光始终充足。[377]在曼彻斯特，马克思作了一组共九册笔记，主要是摘录和研究英国经济学家的著作。[378]这组笔记被研究者称作"曼彻斯特笔记"。

一方面是由于在英国收集到了一些新资料，另一方面是由于修改时发现需要作一些补充，所以手稿将比约定的篇幅增加二十印张。[379]

解说：8月21日，马克思离开曼彻斯特，[380]回到布鲁塞尔。9月26日二女儿劳拉出世。[381]

普鲁士政府又要求比利时内阁驱逐我，这时我无可奈何，只得请求退出普鲁士国籍。为了免受诸如此类的迫害，我不得不采取这种非常措施。我申请侨居国外仅仅是从自卫的角度考虑，对这一点最好的证明就是：我没有加入其他任何一个国家的国籍，虽然在二月革命后法国临时政府的委员们曾建议我加入法国国籍。[382]

解说：马克思致特里尔市市长格尔茨：[383]

10月17日于布鲁塞尔卢万门外同盟路5号

阁下：

恳请极可尊敬的王国特里尔行政区政府发给我一份迁居北美合众国的许可证。我的免服普鲁士王国兵役的证明，应该是在特里尔市长公署或者王国

第十九节　德意志意识形态

特里尔行政区政府。

忠实于阁下的　卡尔·马克思博士

解说：写作《德意志意识形态》期间，马克思和恩格斯经常"成双搭对写作到凌晨三四点钟"。[384]恩格斯回忆这段时光说，"两个人……天天晚上这样哈哈大笑，使得家里任何一个人都不能入睡。我们……都是大胆的小伙子，海涅的诗篇同我们的散文相比，不过是天真的儿戏而已。"[385]马克思**1846**年初计划出版一个共产主义的杂志，[386]建立一个国际共产主义通讯委员会。[387]

解说：3月29日，安年科夫第一次见到马克思。安年科夫回忆说，"我在赴欧洲途中收到了喀山的草原地主（格里哥里·米哈伊洛维奇·托尔斯泰）给我的一封会见马克思的介绍信。……在布鲁塞尔受到了马克思非常友善的招待。……第一次会面，马克思就邀请我参加第二天晚上在他那儿和裁缝魏特林举行的一个会议。"[388]"魏特林长着金色的头发，是一个漂亮的年轻人，穿一身很讲究的大礼服，留着风流的小胡子……。我们很快地做了互相介绍，……坐在一张绿色小桌旁边，马克思坐在桌子的一端，手里拿着铅笔，低着他那狮子般的头在看一张纸。恩格斯宣布开会。他说，凡是献身于改造劳动的事业的人必须了解彼此的观点，并制定一种共同的理论……。恩格斯还没有讲完，马克思就抬起头来，直接向魏特林提问：'魏特林，你在德国大叫大嚷地鼓动，请你讲一讲，你根据什么来证明你的活动是正确的，你根据什么来确定将来的活动？'马克思的问题在小组里引起了热烈的讨论。魏特林只是想停留在一般的清谈上，他带着一种严肃和忧虑的表情，开始解释说，他的目的不是要创立新的经济理论，而是要采取一种更有效的方法，……使工人看清自己可怕的处境，……不要轻信任何诺言，而要靠自己的力量建立民主的和共产主义的社团。"[389]"他讲了很久，……既凌乱又粗俗，语无伦次。而且常常修正自己的话，好容易才作出结论，可是又离题太远。……要不是马克思皱着眉头愤怒地打断了他的话并发表自己的意见，他可能还会讲得更长。……马克思接着指出，刚才所谈的这种激起人们虚幻的希望的做法，只会把受苦受难的人们引向最终的毁灭，而不能拯救他们。特别是在德国，如果没有严格的思想和正确的学说来号召工人，那就等于玩弄空洞虚伪的传教把戏。一方面是一个慷慨激昂的预言家，另一方面只是一些张着嘴巴听他讲话的蠢才。人们没有正确的理论什么都做不成，事实上，除了喧嚣叫嚷，有害的感情冲动和使事业遭到失败，什么事也干不出来。魏特林的苍白的脸上泛起了红晕，他又滔滔不绝地讲了起来。他用激动得发抖的声音辩驳说，一个为了正义、团结和兄弟般的互助而把几百个人集合在一面旗帜下的人，不可能是头脑空虚的无用之人，我魏特林为了摆脱今天的攻击，会用回忆过去从祖国各地寄来的几百封感谢信来安慰自己。他认为他的平凡的准备工作也许要比抛开苦难的人民来进行批判和空洞的理论分析，更有助于共同的事业。马克思听到最后一句话时，气得再也忍不住了，他使劲地捶了一下桌子，桌上的灯被震得摇晃了，他跳起来说：'无知从来也不能帮助任何人！'我们也都跟着站起来。会议结束后，马克思在房间里走来走去，简直怒不可遏。我很快和马克思及其他人告别回家，所看所听到的这一切使我万分惊讶。"[390]

解说：会后，魏特林在给赫斯的信中以他的视角描绘了这次会议，并描绘马克思说，"我发现，马克思的头脑简直是一部无所不包的百科全书，但不是天才。他的影响是通过他的为人来产生的。富人使他成为编辑，仅此而已。"[391]

解说：马克思28岁生日这天写信给蒲鲁东说：

"我和我的两个朋友，即弗里德里希·恩格斯和菲力浦·日果一起同德国的共产主义者和社会主义者建立了经常性的通信活动……主要目的，是要让德国的社会主义者同法国和英国的社会主义者建立联系，……。通过这种方式，可以发现意见分歧，从而得以交流思想，进行无私的批评。这是文字形式的社会运动为了摆脱民族局限性而应当采取的一个步骤。而在行动的时刻，当然每个人都非常希望对外国情况了解得像本国情况一样清楚。……又及：我希望您提防一下巴黎的格律恩先生。"[392]

解说：但是蒲鲁东在回信中拒绝参加这一活动，同时他声明，他反对革命的斗争方法和共产主义。[393]5月11日，在恩格斯、日果、海尔堡、马克思、载勒尔、魏特林、冯·威斯特华伦和沃尔弗出席参加的会议上，关于纽约出版的德文报纸——海尔曼·克利盖主编的《人民论坛报》——大家（除魏特林一人"投反对票"外）一致通过了反对克里盖决议，并附了论据。[394]

我手头很紧。为了使自己在最近期间在这里暂时还能过得下去，我把最

第十九节 德意志意识形态

后的一些金银饰物和一大部分亚麻布都当掉了。为了节约起见,我还暂时放弃了自己的家,而迁到"野林"这里。此外,我本应该再新雇一个女用人,因为我最小的孩子现在断奶了。我曾向特里尔(我母亲处)和科伦她的一位同行求助,想借到一千二百法郎,但都落空了。[395]钱的事使我很不愉快。这类事情我宁愿拖一天算一天。然而最后也只好忍受下来。[396]

我的私人通信处:圣居杜尔平原路19号"野林"郎努瓦先生宅。[397]

解说:马克思5月14日就《德意志意识形态》手稿给魏德迈写信说:

"手稿你即将收到。第二卷差不多已经完成。第一卷的手稿一到(最好用两个邮包寄这些东西),殷切希望马上开始付印。"[398]

为了把……第一卷手稿安全地带过边界,这个朋友〔魏德迈〕在布鲁塞尔一直待到5月份。本来他随后应该从德国来信确切地告诉我,同意或不同意出版《政治经济学》。但是我没有得到任何消息,或者说得到了一些含糊其辞的消息。[399]

您很难想象,在德国出版这种书要碰到怎样的困难,这困难一方面来自警察,一方面来自代表我所抨击的一切流派的利益的出版商。至于我们自己的党,那么它不仅很贫困,而且德国共产党内有相当大的一部分党员由于我反对他们的空想和浮夸而生我的气。[400]

我们认为,……只有当全国各地都成立了共产主义的团体,所有斗争办法都集中起来以后,召集各团体的代表举行大会,才有成功的希望。……在这以前,共同活动的唯一办法,就是书面讨论问题和定期的通信联系。我们已经开始经常同英国和法国的共产主义者以及侨居国外的德国共产主义者通信。[401]

解说:5月29日赫斯来信说:"至于你上次来信中使用的那些令人愤懑的语言,我绝不会计较,因为我在给你的信中也说了一些偏激过火的话。你有权表示忿怒,……你天生就头脑清醒,而我也许天生就是一个十足的和事佬。……祝你幸福!同你个人之间,我还想保持密切的交往,但同你的党则根本不想再打交道了。"[402]

解说:7月17日丹尼尔斯从科伦来信说,"威斯特伐利亚的老爷们的所作所为远远超出了我们的希望。我们原来只以为他们胆怯愚蠢,但不以为他们卑鄙无耻。在这种情况下,新书的出版,即使不被完全拒绝,暂时也可能要放一放。"[403]

我的妻子……她病魔缠身，多半时间都卧于床榻。[404]

解说：7月27日前后，恩格斯在奥斯坦德四处跑了几天，为了马克思到这里疗养寻找住处。他写信给马克思：[405]

你的开支将大致如下：
住所125—150法郎
早餐45—45法郎
午餐150—175法郎（如果你有时在海滨用餐）
晚餐，煎牛排2—3份，60—90法郎（这里的人都很能吃）
午餐后在海滨喝咖啡2杯（非常必需）18法郎
洗衣很贵，至少20—30法郎；还有洗澡，每次1.3—1.5法郎，共约40法郎
——————
每月合计458—548法郎。
除此之外最好还有一百法郎的额外开支。

我的书要出版是有希望的。7月30日我收到了一封德国的来信，信中告诉我，有人想建立一个出版共产主义著作的股份出版社，这个出版社将乐于一开张就出版我的著作。但是我还把这事看作是非常不肯定的，必要时我将另找出版商。[406]

解说：这个出版社的计划是由科伦社会主义运动的参加者，毕尔格尔斯、德斯特尔、赫斯提出，为出版和传播社会主义和共产主义文献。计划按照集股的办法，吸收同情社会主义思想的德国资产阶级的某些代表人物来入股。[407]恩格斯批评了这个计划的可行性，说它注定会破产。[408]

［我和恩格斯合写的］著作的第二卷手稿绝大部分寄往德国以后，［8月1日］前不久那些先生才最后来信说，由于他们的资金已经另有所用，这件事一无所成。[409]

八开本两厚册的原稿早已送到威斯特伐利亚的出版社，后来我们才接到通知说，由于情况改变，不能付印。既然我们已经达到了我们的主要目的——自己弄清问题，我们就情愿让原稿留给老鼠的牙齿去批判了。[410]

第十九节 德意志意识形态

解说：8月14日艾韦贝克写信给马克思说："我知道，你同威斯特伐利亚人决裂了。这简直太糟糕了。"411《德意志意识形态》的手稿马克思和恩格斯陆续写了共8札。手稿是大部分是恩格斯誊写的，并经过了马克思的修订。412

第1札，费尔巴哈，写了85页，5页空白；

第2札，私有制、国家和法，写了133页，3页空白；

第3札，莱比锡宗教会议，写了37页，1页空白；

第4札，圣麦克斯，写了151页，1页空白；

第5札，新约："我"，138页；

第6札，真正的社会主义，40页；

第7札，真正的社会主义的历史编纂学，56页；

第8札，霍尔施坦和格奥尔格·库尔曼博士等等，12页。

《*德意志意识形态》（节录）

我们开始要谈的前提……是一些现实的个人，是他们的活动和他们的物质生活条件，包括他们得到的现成的和他们自己所创造出来的物质生活条件。所以，这些前提可以用纯粹经验的方法来确定。（解读：这是唯物史观的理论起点。虽然旧唯物主义也看到个人，但他们只认识到生物上的个人。唯心主义只看到精神上的个人。马克思除此之外还看到了从事物质生产的个人。）

不是意识决定生活，而是生活决定意识。前一种观察方法从意识出发，把意识看做有生命的个人。符合实际生活的第二种观察方法则是从现实的、有生命的个人本身出发，把意识看作仅仅是他们的意识。

随着分工的发展也产生了个人利益或者单个家庭的利益与所有互相交往的人们的共同利益之间的矛盾；……正是由于这种私人利益和公共利益之间的矛盾，公共利益才以国家的姿态而采取一种和实际利益（不论是单个的还是共同的）脱离的独立形式，也就是采取一种虚幻的共同体的形式。（解读：这既是国家存在的现实原因，也是对国家起源的理论构想。）

国家内部的一切斗争——民主政体、贵族政体和君主政体相互之间的斗争，争取选举权的斗争等等，不过是一些虚幻的形式，在这些形式下进行着各个不同阶级间的真正的斗争（……在《德法年鉴》……中已经指出过这一点）。……每一个力图取得统治的阶级，如果它的统治就像无产阶级的统治那样，预定要消灭整个旧的社会形态和一切统治，就必须首先夺取政权，以便把自己的利益说成普遍利益，而这是它在初期不得不如此做的。

共产主义对我们来说不是应当确立的状况，不是现实应当与之相适应的理想。我们所称为共产主义的是那种消灭现存状况的现实的运动。

历史的动力以及宗教、哲学和任何其他理论的动力是革命，而不是批判。

这个阶级［无产阶级］是社会成员中的大多数，从这个阶级中产生出必须实行根本革命的意识，即共产主义的意识，这种意识当然也可能在其他阶级中形成，只要它们认识到这个阶级的状况。

交往形式的序列……已成为桎梏的旧的交往形式被适应于比较发达的生产力，因而也适应于更进步的个人自主活动类型的新的交往形式所代替；新的交往形式又会变成桎梏并被别的交往形式所替代。

有限的生产力……所制约的、不能满足整个社会的生产，使得人们的发展只能具有这样的形式：一些人靠另一些人来满足自己的需要，因为一些人（少数）得到了发展的垄断权，而另一些人（多数）经常地为满足最迫切的需要而进行斗争。

由于我的身体很不好，我不得不在8月到奥斯坦德去作海水浴，此外，我正忙于出版上面所说的两卷著作［《德意志意识形态》］。因此，在8月我做不了很多的事。［《政治经济学批判》］第一卷将在11月底改好付印。第二卷大多是一些历史性的东西，随后很快就能付印。[413]

对开本两卷的《重农学派》，在7月底才能出版，最近几天才能运到这里，虽然我在巴黎的时候该书的出版广告就登出来了。这两卷书现在必须充分注意。[414]

解说：《重农学派》（1846）是魁奈、杜邦·德·奈穆尔和其他重农学派的著作集，由欧·德尔出版。[415]此外，马克思还在写《德意志意识形态》，恩格斯在8月19日给马克思的信中说："我……粗略地看了一遍费尔巴哈的《宗教的本质》。……如果其中一些重要的地方有意思，我就在最近把它摘录给你，使你能够用在有关费尔巴哈的地方。"[416]9月18日的信中说"我直到今天也没有能下决心去摘录费尔巴哈的著作。……我不知道除了列斯凯外，还有哪个出版商愿意接受我们的手稿，而在与列斯凯商谈时，还得不让他知道对他的出版社的批评。列文塔尔显然是不会接受的"。[417]

我的德文手稿［《德意志意识形态》］没有全部印出来。已印出来的那部分，只是为了能够问世，我答应不拿报酬。[418]

解说：10月，马克思搬到布鲁塞尔伊克塞尔郊区奥尔良路42号。[419]马克思的第一个儿子埃德加尔12月17日出生。[420]

第二十节　哲学的贫困

在蒲鲁东的第二部重要著作《贫困的哲学》出版前不久，他自己在一封很详细的信中把这本书的内容告诉了我，信中附带说了这样一句话："我等待着您的严格的批评。"不久以后，我果然对他进行了这样的批评（通过我的著作《哲学的贫困》……），其形式的激烈竟使我们的友谊永远结束了。[421]

解说：蒲鲁东的书刚出版时，安年科夫也写信来问马克思对书的意见。马克思12月28日写信给安年科夫说：

"我的书商拖到上星期才把蒲鲁东先生的著作《贫困的哲学》给我寄来，那您早就接到我对您11月1日来信的回信了。为了能够立即把我的意见告诉您，我用了两天的时间把这本书浏览了一遍。由于读得很仓促，我不能深入细节，而只能对您谈谈这本书给我的一般印象。……它整个来说是一本坏书，是一本很坏的书。"[422]

我把蒲鲁东的这本书称作小资产者社会主义的法典，并从理论上证明了这一点。[423]

我们见解中有决定意义的论点，在我的……为反对蒲鲁东而写的著作《哲学的贫困》中第一次作了科学的、虽然只是论战性的表述。[424]

解说：这里所说的第一次表述，是指第一次公开的表述，因为这是马克思创立自己的世界观之后发表的第一部著作。

解说：**1847**年，秘密团体正义者同盟开始试图邀请马克思加入。1月20日，约瑟夫·莫尔带着由沙佩尔起草的正义者同盟人民议事会的介绍信到布鲁塞尔。[425]

致布鲁塞尔共产主义通讯委员会

下列署名的伦敦共产主义通讯委员会成员授权公民约瑟夫·莫尔，代表他们同布鲁塞尔共产主义通讯委员会进行会谈，并口头转告伦敦方面的情况。同时，建议布鲁塞尔委员会对公民莫尔——他是我们委员会的成员——就所有重要问题作出准确的解释，并把你们要转告伦敦委员会的一切告诉他。

卡尔·沙佩尔

亨利希·鲍威尔

卡尔·普芬德

弗里德里希·德珀尔

阿尔伯特·列曼

卡尔·莫尔

约翰·哥贝尔

1847年1月20日于伦敦

同盟是1836年在巴黎成立的……它逐渐形成了这样一种机构：一定数目的成员组成一个"支部"，同一城市的各支部组成一个"区部"，数目或多或少的区部组成一个"总区部"；整个组织由中央委员会领导，中央委员会由所有区部的代表大会选出，但它有权自行补充其委员，也有权在紧急情况下任命自己的暂时继任者。中央委员会起初设在巴黎，从1840年起……改设在伦敦。支部、区部的领导人和中央委员会的委员全是选举出来的。[426]

我们对……英、法两国社会主义或共产主义同德国哲学这二者的杂拌儿进行了无情的批判，为了代替这种杂拌儿，我们提出把对资产阶级社会经济结构的科学研究作为唯一牢靠的理论基础，最后并用通俗的形式说明：问题并不在于实现某种空想的体系，而在于要自觉地参加我们眼前发生的革命地改造社会的历史过程。[427]

在我们的活动的影响下，伦敦中央委员会同我们建立了通讯联系，并

第二十节 哲学的贫困

……派了一个中央委员、钟表匠约瑟夫·莫尔到布鲁塞尔来，邀请我们加入同盟。我们对这种建议有种种顾虑，但都被莫尔打消了，因为他通知说，中央委员会准备在伦敦召开同盟代表大会，大会上，我们所坚持的各种批判的观点，将作为同盟的理论在正式的宣言中表现出来；他又说，可是为了同保守派分子和反对派分子作斗争，我们必须亲自参加大会，这就涉及我们要加入同盟这样一个问题了。这样，我们就加入了同盟。[428]

恩格斯和我最初参加共产主义者秘密团体时的必要条件是：摒弃章程中一切助长迷信权威的东西。[429]

解说："人民议事会……2月宣布召集……同盟第一次代表大会"。[430]马克思要同丹尼尔斯商议关于加入同盟的事情，在3月7日的信中说：

"我要再一次迫切地请求你到我这里来一趟。我有重要的事情要告诉你，而这些事情是不能通过书信告诉的……别到布鲁塞尔来，要到梅赫伦"。[431]

解说：4月3日，马克思写了《驳卡尔·格律恩》一文，刊登在4月8日《德意志—布鲁塞尔报》第28号上。[432]同盟第一次代表大会6月2日在伦敦开幕。[433]恩格斯回忆说，"威·沃尔弗代表布鲁塞尔各支部，我代表巴黎各支部参加了这次大会。这里首先进行了同盟的改组。密谋时代遗留下来的一切旧的神秘名称都被取消了；同盟现在已经是由支部、区部、总区部、中央委员会以及代表大会构成的了，并且从这时起它被命名为'共产主义者同盟'。"[434]

从那时起，同盟就放弃了秘密团体惯用的形式，变成了国际的共产主义者同盟了。但是在当时的情况下，该团体还必须对各国政府保守秘密。[435]

解说："正义者同盟更名为共产主义者同盟一事被通过了。"[436] "决定……11月29日（星期一）在伦敦这里召开第二次代表大会。"[437]大会讨论了恩格斯起草的《共产主义信条草案》。[438]恩格斯叙述道，"我们的同盟第一个强调指出了整个工人运动的国际性，并且在实际上证明了这一点——它的成员中有英国人、比利时人、匈牙利人、波兰人和其他国籍的人，并且还举行了（特别在伦敦）许多国际工人会议。"[439]6月9日沙佩尔作为同盟主席签署了《共产主义者同盟章程》和《共产主义者同盟第一次代表大会致同盟盟员的通告信》，其中通告了代表大会的概况和同盟在英、法、德、瑞士、美国各国的活动情况。[440]

解说：共产主义者同盟布鲁塞尔支部和区部建立，成立记录中写道，"8月5日，建立新支部。马克思当选为主席，日果当选为秘书兼财务员。区部委员会：日果、荣格、马克思、沃尔弗。"[441]共产主义者同盟的同志们称马克思为"马克思老爹"，虽然他还不到30岁。[442]

[8月底，恩格斯和我]建立了德国工人共产主义俱乐部[即布鲁塞尔德意志工人教育协会]。[443][到10月末，]已经有成员一百人。这里进行的讨论完全是议会式的，此外也组织社交性的娱乐活动，如唱歌、朗诵、演剧等。[444]

解说：9月初，在伦敦出版了《共产主义杂志》试刊号第1期，售价2便士。在杂志扉页上第一次公开了同盟第一次代表大会通过的口号"全世界无产者，联合起来！"[445]马克思9月开始和恩格斯经常为《德意志—布鲁塞尔报》撰写文章，阐发共产主义思想。[446]

[我]和恩格斯致力于建立布鲁塞尔民主协会的工作，这是一个公开的和国际性的团体，参加这个团体的有资产阶级激进派的代表和无产阶级工人的代表，[447]有比利时人、法国人、波兰人、瑞士人和德国人。[448]

《哲学的贫困》（节录）

竞争迫使生产者出卖花两小时生产的产品时不能贵于花一小时所生产的产品。竞争实现了产品的相对价值由生产它的必要劳动时间来确定这一规律。

总之，只要新的生产部门的利润高于其他部门，那么资本就经常会涌向这个部门，直到利润率跌至一般水平为止。

法国……路易十五有一个御医……魁奈医生使政治经济学成为一门科学；他在自己的名著《经济表》中概括地叙述了这门科学。

一切存在物……只是由于某种运动才得以存在。

正如经济学家是资产阶级的学术代表一样，社会主义者和共产主义者是无产者阶级的理论家。

他[蒲鲁东]希望充当科学泰斗，凌驾于资产者和无产者之上，结果只是一个小资产者，经常在资本和劳动、政治经济学和共产主义之间摇来摆去。

最强大的一种生产力是革命阶级本身。

第二十一节　共产党宣言

在我们当时从这方面或那方面向公众表达我们见解的各种著作中,我只提出我与恩格斯合著的《共产党宣言》和我自己发表的《关于自由贸易的演说》。⁴⁴⁹

解说:关于《演说》,恩格斯回忆说,"9月16、17、18日,此间(布鲁塞尔)举行了一次经济学家、工业家、商人一类人物的会议,讨论自由贸易的问题。出席的各国代表有150名左右。"⁴⁵⁰ "于是,学术界的名流就会聚一堂来讨论一个重要的问题——自由贸易是否将造福于全人类?"⁴⁵¹ "这个会议上所进行的讨论根本不配叫做讨论,简直是茶楼酒肆中的乱扯。这些学术界巨子根本没有敢深入到真正的政治经济学领域中去。"⁴⁵² "马克思……也曾经要求发言。他准备了一篇演说,他这篇演说如果宣读了的话,出席会议的那些'贵人们'就无法把所讨论的问题付诸表决。可是维尔特先生的反对已经使他们害怕了。他们决心不让那些不能确信其为正统派的人讲话。所以沃洛夫斯基先生、威尔逊先生这般人的发言都超过规定时间,到四点钟的时候登记发言的还剩下六七个人,主席突然宣布停止辩论,于是名曰政治经济学家会议的这一群小丑、笨伯、骗子就以多数票……通过这样的意见:自由贸易对工人极为有利,能解除他们的一切苦难。"⁴⁵³

<u>在荷兰这里,我在姨父家里住几天,处理一下家务事。</u>⁴⁵⁴

德国的书报检查几乎扼杀了每一个合理的创举。另一方面,各种观点五花八门,以致好不容易达到某种程度统一的德国著作界又面临分裂为许多地方著作界——柏林的、萨克森的、莱茵的、巴登的等等——的危险。而从这些四分五裂的著作界中又可以看出各种极不相同的宗教的、政治的和社会的观点的大杂烩。在德国的朋友们提醒我注意,正是在这种混乱的状态下,出版一种应对所有这些派别和观点采取批判态度的综合性杂志完全符合时代的

需要；不过，这种批判不能从先入为主的原则出发，相反，应当指出德国政治的、宗教的和社会的政党和派别及其著作同德国经济条件的联系；因此，在这样的杂志上起主要作用的应当是政治经济学。在德国本土出版这个杂志是不可能的，大家都有同感。所以，决定着手集股在布鲁塞尔创办这样的杂志，它的编辑工作由我主持。还决定用股票收入创办自己的排字和印刷车间，以节约生产费用。为此目的，将在全德国推销股票——每股25塔勒；股份可达200股。455

解说：因此，马克思写信向威纳尔·韦尔特海姆推销股份。

我认为毫无疑问，只有首先阐明生产关系问题，以及从社会生活的其他领域同生产关系的联系中去考察和评价这些领域，才能对当前非常分散的德国运动，以至整个现代运动有一个清楚的认识。456

解说：马克思回到布鲁塞尔。457恩格斯11月23日从巴黎写来信说："请你把《信条》考虑一下。我想，我们最好是抛弃那种教义问答形式，把这个东西叫做《共产主义宣言》。因为其中必须或多或少地叙述历史，所以现有的形式是完全不合适的。我将把我在这里草拟的东西［《共产主义原理》］带去。"458《信条》22个问题变成了《原理》的25个问题，11–13个问题是新增的，是对当代资本主义的分析，这些思想最有可能是马克思的。459

解说：为什么会称为"共产主义宣言"而非"社会主义宣言"？恩格斯解释说："在［当时］，所谓社会主义者，一方面是指那些信奉各种空想学说的分子，即英国的欧文派和法国的傅立叶派……；另一方面是指各种各样的社会庸医，他们都答应要用各种补缀办法来消除一切社会病痛而毫不伤及资本和利润。这两种人都是站在工人阶级运动以外，宁愿向'有教养的'阶级寻求支持。至于当时工人阶级中那些确信单纯政治变革全然不够而必须根本改造全部社会的分子，他们把自己叫做共产主义者。这种共产主义还是颇为粗糙的、尚欠修琢的、纯粹出于本能的一种共产主义；但它却接触到了最主要之点，并已在工人阶级当中强大到足以形成法国卡贝的和德国魏特林的空想共产主义。可见，……社会主义是资产阶级的运动，而共产主义则是工人阶级的运动。当时，社会主义，至少在大陆方面，是'有身份的'，而共产主义却恰恰相反。既然我们自始就认定'工人阶级的解放只能是工人阶级自己的事情'，所以我们也就丝毫没有怀疑究竟应该在这两个名称中间选定哪

第二十一节 共产党宣言

一个名称。而且后来我们也根本没有想到要把这个名称抛弃。"460

解说：离开布鲁塞尔，马克思和维尔特、维多克·特德斯科一起乘火车赴奥斯坦德。因为恩格斯手头紧，不能绕道布鲁塞尔与他们一道出发，于是他们约定周六（11月27日）晚上在正对奥斯坦德火车站的喷泉旁边的"王冠"旅馆见面。

解说：11月28日一起渡过英吉利海峡（□又称拉芒什海峡，法文LaManche）去伦敦。461

党的事情，促使我前来伦敦。同时我也利用这次伦敦之行，建立了布鲁塞尔民主协会同英国宪章派之间的联系，并在一个公开的集会上对英国宪章派讲了话。462

我踏上旅途后，却把我的家庭撇在极其艰难和无望的困境之中。问题还不仅是我的妻子和孩子们都在生病。我的经济状况目前也十分危急，我的妻子可以说正受到债主们的围攻。463

解说：11月29日，在伦敦举行纪念波兰起义（1830）十七周年的国际大会。464第一个发表演说的是《北极星报》编辑厄内斯特·琼斯，米歇洛、沙佩尔依次发言。当马克思出现在讲台上的时候，会上发出了不绝的掌声。马克思用德语演说，由沙佩尔翻译。465

各民族团结友爱，这是目前一切党派，尤其是资产阶级的自由贸易派的一句口头禅。的确，现在存在着一种各民族的资产阶级兄弟联盟。这就是压迫者对付被压迫者的兄弟联盟、剥削者对付被剥削者的兄弟联盟。一个国家中个别资产者之间虽然存在着竞争和冲突，但资产阶级却总是联合起来反对本国的无产阶级；同样，各国的资产阶级虽然在世界市场上互相冲突和竞争，但总是联合起来反对各国的无产阶级。要使各民族真正团结起来，他们就必须有共同的利益。要使他们的利益能一致，就必须消灭现存的所有制关系，因为现存的所有制关系是造成一些民族剥削另一些民族的原因；对消灭现存的所有制关系最关心的只有工人阶级。只有工人阶级能做到这一点。无产阶级对资产阶级的胜利也就是克服了一切民族间和工业中的冲突，这些冲突在目前正是引起民族互相敌视的原因。因此，无产阶级对资产阶级的胜利同时就是一切被压迫民族获得解放的信号。466

解说：《北极星报》的主笔哈尼、恩格斯发言，最后大会在歌声中结束。[467]在同一个会议厅里,共产主义者同盟召开第二次代表大会。

参加大会的有来自瑞士、法国、比利时、德国和英国的同盟盟员。[468]在同盟在伦敦召开的国际代表大会上,我和恩格斯被委托起草……宣言。[469]

11月在伦敦代表大会上委托我们两人起草一个准备公布的周详的理论和实践的党纲。[470]

解说:列斯纳在大会上见到马克思,他回忆说,"那是我生平第一次看到马克思和恩格斯。他俩给我的印象是永远不会磨灭的。马克思当时还很年轻,约莫二十八岁的样子,……中等身材,结实有力,肩宽额高,满头密密的黑发,目光炯炯,能洞察一切。就在那时他的尖刻的讽刺已足以使他的论敌丧胆了。马克思是天才的人民领袖。……在马克思身上嗅不到一点空想家的气息。"[471]"当时的盟员们的心情异乎寻常地不安又充满期待。由于马克思和恩格斯的出席才让最重要的事情有了保证。"[472]

解说:"提交讨论……《共产党宣言》的……大会……马克思……热情洋溢地朗读《宣言》"。[473]

《共产党宣言》(节录)

一个幽灵,共产主义的幽灵,在欧洲游荡。为了对这个幽灵进行神圣的围剿,旧欧洲的一切势力,教皇和沙皇、梅特涅和基佐、法国的激进派和德国的警察,都联合起来了。

有哪一个反对党不被它的当政的敌人骂为共产党呢?又有哪一个反对党不拿共产主义这个罪名去回敬更进步的反对党人和自己的反动敌人呢?

从这一事实中可以得出两个结论:

共产主义已经被欧洲的一切势力公认为一种势力;

现在是共产党人向全世界公开说明自己的观点、自己的目的、自己的意图并且拿党自己的宣言来反驳关于共产主义幽灵的神话的时候了。

为了这个目的,各国共产党人集会于伦敦,拟定了如下的宣言,用英文、法文、德文、意大利文、弗拉芒文和丹麦文公布于世。

……

从中世纪的农奴中间产生了初期城市的自由居民;从这个市民等级中间发展出最初的资产阶级分子。

第二十一节 共产党宣言

现代的资产阶级本身是一个长期发展过程的产物,是生产和交换方式多次变革的产物。

资产阶级……在封建主统治时期是一个被压迫的等级……

资产阶级在历史上曾经起过非常革命的作用。

不断扩大产品销路的需要,驱使资产阶级奔走于全球各地。它必须到处落户,到处开发,到处建立联系。

代替那存在着阶级和阶级对立的资产阶级旧社会的,将是这样一个联合体,在那里,每个人的自由发展是一切人的自由发展的前提。

共产党人不屑于隐瞒自己的观点和意图。他们公开宣布:他们的目的只有用暴力推翻全部现存的社会制度才能达到。让统治阶级在共产主义革命面前发抖吧。无产者在这个革命中失去的只是锁链。他们获得的将是整个世界。

全世界无产者,联合起来!(解读:这是一个全新的革命口号。)

解说:人们"情不自禁地鼓掌叫好。……散会时,一个工人教育协会的老成员把普芬德叫到一旁,说:'的确非常精彩,但是有个词我不明白,马克思说的'八叶'(Achtblättler)是什么?八叶、八叶,我听说过有四片叶子的三叶草,但是'八叶'是什么玩意儿?'普芬德感到莫名其妙。……原来马克思年轻的时候有些口齿不清,那一天他讲的纯粹是莱茵方言。……这个神秘的'八叶',就是一个尽人皆知的……词——'工人'(Arbeiter)。……马克思……从那时起就努力注意再也不用他的莱茵方言说话了。"[474]

经过几个星期的激烈辩论以后,通过了由恩格斯和我起草的《共产党宣言》。[475]

解说:恩格斯认为,"虽然《宣言》是我们两人共同的作品,但我终究认为必须指出,构成《宣言》核心的基本原理是属于马克思一个人的。"[476]马克思11月30日在伦敦德意志工人教育协会发表演说。[477]12月13日前后,马克思回到布鲁塞尔。

在我留居布鲁塞尔的整个时期内,我在布鲁塞尔德意志工人教育协会义务地作关于政治经济学的讲演。[478]我用德文写的关于《雇佣劳动》一书,汇集了我在布鲁塞尔德意志工人协会上对于这个问题的讲演……。[479]

我在布鲁塞尔的激进派(各种不同色彩的)中间所处的地位,从我作为德国人的代表当选为公开的国际协会的委员会委员这件事可以看出。列列韦尔(……波兰革命的老战士和博学的历史学家)作为波兰人的代表当选,安贝尔(后来任巴黎土伊勒里宫的警卫队长)作为法国人的代表当选,布鲁塞尔的律师、前制宪议会议员和比利时激进派的领袖若特兰,作为比利时人的代表当选,他同时又当选为主席。[480]

解说:12月底马克思写《工资》。[481]12月底,马克思开始写作《共产党宣言》第三章计划草稿。5.直接的党的文献;6.共产主义的文献。这个草稿写在写《工资》的笔记本的封面上,其中第5、6点没有反映到最后的宣言定稿中。马克思写《宣言》的一页。[482]

解说:12月31日德意志工人协会举办的新年晚会,有将近130人出席,包括比利时、德国、波兰、法国等国革命运动和民主运动的著名活动家。马克思在会上发言,并用法语为布鲁塞尔民主协会祝酒,赢得热烈鼓掌。威·沃尔弗、列列韦尔出席。燕妮在晚会结束时朗诵了诗。[483]

解说:**1848**年1月9日,马克思在民主协会会议上发表演说,"参加会议的人从来没有这样多。许多听众站在大厅深处。接收了七名新会员。由于卡尔·马克思作了关于自由贸易的报告……报告长达一个多小时,但是听众的注意力并没有松懈。"[484]

解说:1月17日,马克思同布鲁塞尔民主协会代表团一起前往根特,出席协会该地分会成立大会,[485]之后返回布鲁塞尔。

解说:1月24日伦敦中央委员会决定委托同盟的布鲁塞尔区部,通知马克思,"如果……2月1日之前,他不把在最近的代表大会上承诺起草的《共产党宣言》寄到伦敦,那就要对他采取其他措施。"[486]很快,马克思起草了宣言并送到伦敦。列斯纳回忆道,"当《共产党宣言》手稿送到伦敦时,我把手稿送到印刷所,并从那里取回清样交给卡尔·沙佩尔校对。"[487]

《宣言》……出版,并几乎立即被翻译成欧洲的一切文字。[488]

解说:"当时,革命的乌云越来越浓密。比利时的地平线也是一片昏暗。当局首先害怕工人以及人民群众的社会性的自发活动。警察、军队、自卫军全都动员起来了,各方面都处于战备状态。当时,德国工人决定,他们必须武装起来,他们得到短剑、手枪等等,卡尔愿意出钱,因为他刚得到一份遗产。政府认为这一切都是阴谋、犯罪的打算,因为马克思有钱买武器,所以

第二十一节　共产党宣言

必须把他弄走。"[489]

解说：2月19日马克思从伊克赛尔郊区的奥尔良路迁到圣居杜尔平原路。[490]民主协会2月20日召开会议，主席为马克思。恩格斯第一个发言，简短地叙述了他被驱逐的情况。[491]克拉科夫革命两周年纪念会2月22日晚上举行，布鲁塞尔黑衣修女街"古宫"的大厅像过节一样，灯火辉煌，装饰着波兰和比利时的旗帜。讲演者有：列列韦尔、马克思、恩格斯、瓦劳、律师卢布林纳等人；会议以后举行了宴会，有将近一百人参加，与会者频频举杯祝贺，即席歌唱者也不乏其人。[492]列列韦尔与马克思拥抱。[493]

解说："2月25日星期五……晚上整个布鲁塞尔都处在不安和激动中。流传着各种各样的谣言，但谁也没有认真听信。车站上挤满了各阶层的人，他们焦急地等待着新消息。法国大使、从前的吕敏尼侯爵也在那里。夜里十二点半到站的列车带来了令人兴奋的消息，说星期四那天爆发了革命；所有的人忽然一致热烈地高呼：Vive la_République！（共和国万岁！）消息迅速传遍了全城。"[494]

解说：这就是法国二月革命，年初开始于意大利西西里并逐渐呈蔓延之势的反对君主制的欧洲革命。

2月27日星期日，布鲁塞尔民主协会召开了法兰西共和国宣告成立后的第一次群众大会。事前就已知道，出席大会的将有大批工人，他们对协会所认为必须采取的一切措施，将坚决地积极予以支持。政府方面散布出空气，好像只要人民愿意，国王列奥波特就准备逊位。这是对比利时民主派设下的圈套，……这时候，王国政府已经掌握了一份被认为犯有破坏社会秩序罪而必须当晚逮捕的名单。……逮捕这些人可以说只是为了任意折磨他们和尽情地嘲弄他们。他们被捕后就立刻遭到拳打脚踢和军刀的痛殴。……既然找不到控告他们的任何罪证，那只有将他们释放。可是，并不是这样！他们却在监狱里被关了六天之久。[495]

解说："……被逮捕的人当中有两个德国人，一个是政治流亡者沃尔弗先生，另一个是工人。"[496]

我在巴黎期间在法国激进派中间所处的地位，从……弗洛孔的一封信中可以很好地看出，弗洛孔在这封信中代表临时政府要求我回法国，并且通知我，基佐关于驱逐我的命令已被撤销。[497]

> 临时政府。法兰西共和国。
> 自由、平等、博爱。
> 以法国人民的名义
> 1848年3月1日于巴黎

勇敢而正直的马克思：

法兰西共和国是所有自由之友的避难所。暴政把您放逐，自由的法兰西向您、向所有为神圣事业和各国人民的友好事业而斗争的人们敞开着大门。法国政府的每一代表都应当以这种精神来理解自己的职责。

致兄弟般的敬礼
临时政府委员斐迪南·弗洛孔

普鲁士人通过司法途径的尝试失败后，按陛下命令将我驱逐出境。[498]

第二十二节　布鲁塞尔的最后时刻

解说：波尔恩回忆说，"3月2日，我在布鲁塞尔市郊区的一套十分简陋、甚至可以说是陈设寒酸的小房子里见到马克思。他亲切接待了我，询问我的宣传旅行成果，称赞我写的反对海因岑的小册子。他的妻子也随声附和着，并热情地欢迎我的到来。"[499] "马克思的妻子长着一头淡黄色的头发，她的孩子们却像他们的父亲一样长着黑头发和黑眼睛。"[500] "朋友告诉我们政府打算逮捕并驱逐我们中最有名的一些人士。一位在城外有一处孤宅的布鲁塞尔居民让我们到他家过夜。马克思、恩格斯和我在太阳落山的时候去了这个勇敢的人家里。我们受到友好的接待。他已经准备好晚餐，并为我们每个人都准备了床铺。当时掌权的罗日埃不想引人注意，因此白天我们无须担心被捕。并且很快弄清楚逮捕暂时只涉及马克思一人，比利时政府不无根据地认为马克思是德国侨民的灵魂。"[501]

第二十二节　布鲁塞尔的最后时刻

3月3日傍晚五时，我接到了在二十四小时内离开比利时王国［莱奥波德一世］的命令。[502]

比利时人的国王莱奥波德
A tous présente et à venir, Salut
［向现在和将来阅读此件的一切人致意］
据1835年9月22日、1841年12月25日及1846年2月23日之法律
据朕之司法大臣之提案，通过决议。兹决定：
独条命令

兹命令姓马克思名卡尔之人（哲学博士，现年约二十八岁，出生于特里尔（普鲁士））于二十四小时内离开比利时王国，并永远不得重返该地，否则即按上述1835年9月22日法律第六条认定的刑罚加以惩处。

责成朕之司法大臣完成是项命令。

1848年3月2日于布鲁塞尔签发

莱奥波德［签字］

遵旨
司法大臣
签字：德·奥西

如与原件不符由本人负责：
秘书长
签字：德克拉西埃

解说：晚上，共产主义者同盟中央委员会——恩格斯、弗·费舍、日果、亨·施泰因根斯、马克思，一共5人——召开会议，形成决议，"根据共产主义者同盟前伦敦中央委员会的决定，伦敦中央委员会已卸除中央委员会的职权并将其所在地迁到布鲁塞尔，本此决定布鲁塞尔总区部的区部委员会即被确立为中央委员会；布鲁塞尔中央委员会……决定：1. 中央委员会迁到巴黎。2. ……授权……马克思在目前独自实现中央对同盟一切事务的领导。……4. 解散布鲁塞尔中央委员会。"[503]

二月革命爆发时，伦敦中央委员会委托我领导同盟。[504]

当天夜里［3月4日的凌晨一点］，我就忙着准备出发，突然一个警官带着十名警察闯进了我的住宅，搜查了整个房间，最后以我没有身份证为借口，逮捕了我。且不说我有杜沙特尔先生把我逐出法国时发给我的完好无缺的身份证，我手中还有逐出比利时的命令，这还是几小时前才给我的。[505]

解说：燕妮回忆说："我惊慌地随着跑出去，找有势力的人打听是怎么一回事。黑夜里我从这一家跑到那一家。突然，一个巡警抓住我，把我逮捕起来，关进了黑暗的监狱。这个地方是专门拘留那些无家可归的穷人、孤苦伶仃的流浪汉和陷入不幸深渊的女人的。我被推进黑暗的牢房。我一边啜泣，一边走进去，那里，一个不幸的难友把自己的床让给我。这是很硬的木板床。我就倒在这张床板上。"[506]

我被捕后，我的妻子就立刻去找比利时民主协会主席若特兰先生，请他采取必要的措施。当她回到家里的时候，在门口碰见了警察，后者彬彬有礼地告诉她，如果她想和马克思先生谈话，请随他走。我的妻子马上就接受了这个建议。她被带到警察局，警官一开头就对她说，这里没有马克思先生，接着就粗暴地审问她，问她是什么人，为什么到若特兰先生那里去，她是否持有身份证。陪她一起去警察局的比利时民主主义者日果先生对警官提出这些荒谬而无礼的问题表示愤怒，但警察禁止他说话，把他抓起来送到监狱里去。他们以游荡罪名，把我的妻子送进市政厅监狱，和妓女一起关在阴暗的牢房里。[507]

解说：燕妮回忆说，"［3月4日］早晨天刚亮，我看到对面窗户的铁栅栏后面有一张苍白的愁苦的脸。我靠近窗户一看，原来是我们亲爱的朋友日果。他看见我就做手势，指着下面的房子。我随手看去，发现了正在被武装押送着的卡尔。"[508]

上午十一时，一队宪兵在众目共睹之下把她送到侦讯室。不顾各方面的坚决抗议，把她拘留在禁闭室达两小时之久。她在那里忍受了严寒和宪兵的极其可恶的对待。最后，当她站在侦讯员面前时，侦讯员对勤勉的警察就差没有把孩子们也一起逮捕表示惊奇。审讯只可能是纯粹形式主义的：我的妻子的全部罪名就是她虽然出身于普鲁士贵族，却赞成丈夫的民主信念。[509]

解说：燕妮回忆说："经过两小时的审问（审问时，他们从我这什么都没问出来），宪兵把我带上马车。"[510]波尔恩回忆说，"早上，马克思被捕的消息在城中不胫而走，我急忙赶到他的住所，马克思夫人边哭边对我讲述逮捕

第二十二节 布鲁塞尔的最后时刻

的情况,以及她自己在昨晚的可怕遭遇。我们的好朋友、在市图书馆搞古文字学的布鲁塞尔年轻学者日果很快赶过来。他表示愿意去打听政府对逮捕者的意图。他相信马克思几天后会被释放,并且可以自由选择迁居的国家。既然马克思可能会选择巴黎,他建议马克思夫人带着孩子先去那里,我负责护送她,女佣人可在他的帮助下在这个时候变卖布鲁塞尔的家产,随后也前往巴黎。马克思夫人听从了他的劝告。她在获准与牢中的丈夫告别后,当天就作好了出发前的一切准备。"[511]

解说:燕妮回忆说:"我匆忙处理自己的东西,把能卖的都卖了,把装了全部银器和比较好的衣物的箱子留给布鲁塞尔书商福格勒照管,他在我离开的时候显得特别殷勤,并愿意帮助我。我们就这样离开了住了三年的布鲁塞尔。那是一个非常阴暗寒冷的日子,我们尽一切办法不让小孩子们冻着,其中最小的一个才刚满一周岁"。[512]波尔恩回忆说:"我把马克思夫人和她的三个孩子送到巴黎。她的心思全在丈夫身上。她被最近几天的经历折磨坏了,浓重的忧伤挂在她清秀的面容上。我们送她到临时居所后握手而别。"[513]晚上七点,马克思被释放,并且带了驱逐令。[514]

司法部

监狱和公安机关

第二厅

第二局

第73946号

外貌——[未填写]	头发——黑色	鼻——中等	下颌——圆
年龄——28岁	额——一般	口——同上	脸庞——同上
身高——1米[ ]厘米	眉——黑色	须——黑色	面色——黝黑
	眼——棕色	髯——黑色	体格——强健
		髭——黑色	特征——[ ]

持有者签字

卡尔·马克思博士[亲笔签名]

通行证

（1790年5月30日—6月13日法律，1815年5月11日的决定）

[此处比利时国徽]

公安局长官谨请各地军政当局允许卡尔·马克思先生自布鲁塞尔经基埃夫兰前往法国，此人职业为哲学博士，出生于特里尔（普鲁士），居住于[未填写]，必要时请予以帮助和关照。

本通行证今日离开王国有效。

1848年3月4日
于布鲁塞尔签发
代理公安局长官证照局局长　贝克

当我们被释放时，二十四小时的限期已满，我们不得不立即离开，连最必需的东西也没有来得及带走。[515]于是我遵照弗洛孔的信回到了法国。[516]

第二十三节　再到巴黎

3月……我第二次住在巴黎。[517]

解说：3月5日马克思到达巴黎，看到巴黎到处都是街垒战的痕迹，被撬起来的石子路面，被掀翻的车辆，被毁的运面包车。灰色房屋墙上伤痕累累的弹痕，被打碎的玻璃窗，上了锁的店铺。到处悬挂着三色旗和红旗。罗亚尔宫上换成了粉白字母的"民族宫"三个大字。土伊勒宫的白色窗幔从被打碎的窗户里飘拂出来。[518]

解说：在巴黎，马克思住在圣安东郊区新麦尼尔蒙坦路（博马舍林荫路）10号。新麦尼尔蒙坦路是博马舍林荫路的支路。博马舍林荫路一直到巴士底广场。广场上有为纪念七月革命的七月纪念柱，旁边是巴士底狱。路两旁是小店铺、咖啡馆、许多旧货行。[519]马克思本来想直接住在博马舍林荫路

第二十三节 再到巴黎

上75号格塞尔太太的小公寓，可是二月革命的胜利把许多外国人引到巴黎，以致很难再找到住处。[520]马克思之所以要住在圣安东郊区，首先是因为这里住着两万德国人，必须在他们中间开展政治活动。[521]

伯恩施太德和海尔维格做事像个流氓。他们在这里建立了一个黑红黄三色协会反对我们。[522]

解说："黑红黄三色协会"，马克思指的是"德国民主协会"。黑、红、黄是德国统一的象征。李卜克内西回忆说，"我一听到巴黎街头战斗的消息，就……赶到巴黎。尤里乌斯·弗吕贝尔介绍我去见海尔维格，……这位'铁云雀'正忙于装备德国人军团。关于把共和制从法国带到德国的想法对我这个还不满22岁的人的头脑来说，是美妙的，也是可行的，我很快就同意参加这场冒险。当我吞食这份诱饵时，一个深知内幕、十分谨慎的人竭力防止这种蠢事。因为这个人明白，组织'外国军团'来把革命输入其他国家的计划，是法国资产阶级共和派策划的，而故意掀起这场'运动'有双重目的：清除扰乱分子，排挤那些在严重的商业危机中使竞争加倍激化的外国工人。这个人正是马克思。当时我太兴奋了，竟不知道他就在场，只相隔几百步。"[523]

解说：3月6日马克思在巴黎召开的德国流亡者大会上发言，反对伯恩施泰德提出的想以武力把革命和共和制"输入"德国的计划。马克思说二月革命仅仅是欧洲运动的表面上的开端，不久将在巴黎爆发无产阶级同资产阶级的公开斗争，欧洲革命的成败将取决于巴黎的斗争。[524]

解说：约3月6日，马克思通知伦敦区部委员会关于中央委员会会址迁到巴黎的决定。伦敦方面3月8日来信表示同意。[525]共产主义者同盟巴黎支部3月8日召开会议，选出主席卡·沙佩尔，秘书马克思。沙佩尔提议组成巴黎区部而不单是一个支部，获得通过。决定委托恩格勒、布赫芬克和福格勒（魏特林派）三位盟员吸收魏特林支部中他们认为可以吸收的人员加入本支部。决定主席应用"朋友们"来称呼别人，其他人自便。委托马克思起草工人团体的章程。公开团体应该命名为德国工人俱乐部。公开团体的地址应在市中心。同盟会议定在圣奥诺莱区圣路易街6号举行。[526]

德国工人俱乐部会议中央委员会［3月10日］在这里成立，因为琼斯、哈尼、沙佩尔、［亨利希·］鲍威尔、莫尔都在这里。我被选为主席，而沙佩尔被选为书记。委员是：瓦劳、鲁普斯、莫尔、鲍威尔和恩格斯。[527]

解说：3月10日的改革报刊登出如下通知：[528]

巴黎德国工人俱乐部通知

德国工人俱乐部委员会今后将通过《改革报》通知其认为必须采取的措施，以便使其会议能公开进行。

签字人：亨·鲍威尔，制鞋工；海尔曼，红木工；约·莫尔，钟表工；
瓦劳，印刷工；卡尔·马克思；卡尔·沙佩尔。

解说：3月11日比利时众议院开会，议员布里库尔就驱逐马克思出境和警察粗暴对待他夫人一事向司法部长提出质问。[529]3月中，马克思搬到格拉蒙特街1号"曼彻斯特旅馆"。[530]3月13日至16日，德国爆发了革命。3月21日前后，恩格斯从布鲁塞尔到达巴黎。[531]马克思和恩格斯开始合写《共产党在德国的要求》，3月30日印成传单。[532]

《共产党在德国的要求》（节录）

"全世界无产者，联合起来！"

1. 全德国宣布为一个统一的、不可分割的共和国。

4. 武装全体人民。今后，军队同时也应当是劳动大军，使部队不再像以前那样光是消费，并且还能生产，而所生产出来的东西要多于它的给养费用。

10. 成立国家银行来代替所有的私人银行，国家银行发行的纸币具有法定的比价。

11. 国家掌握一切运输工具：铁路、运河、轮船、道路、邮局等等。它们全部归国家所有，并且无偿地由无产阶级支配。

17. 实行普遍的免费的国民教育。

为了德国无产阶级、小资产阶级和小农的利益，必须尽力争取实现上述各项措施。因为只有实现了这些措施，一直受少数人剥削，并且今后还有可能受少数人压迫的德国千百万人民，才能争得自己的权利和作为一切财富的生产者所应有的政权。

第二十三节 再到巴黎

解说：3月30日马克思从巴黎警察局长那里得到一张为期一年的法国护照。[533]

  法兰西共和国

  自由、平等、博爱

  免费旅行护照

  有效期一年

  去国外旅行

本人，警察局长，请求一切民政当局和军事当局准予

卡尔·马克思先生，

哲学博士、生于特里尔，现住巴黎格拉蒙特街1号，毫无阻碍地自由地从塞纳省巴黎前往普鲁士中部的柏林旅行，必要时予以保护和帮助。

发至本护照持有人。

  机关首脑警察局长

  （公章）

  科西迪耶尔

  治安警察局

  （签字）

  1848年3月30日于巴黎

解说：同盟成员带着马克思起草的传单分散返回德国，报道说，3月31日"信奉共产主义的德国人也离开了巴黎，但是，他们不像德国民主派那样队伍严整，而是每个人都独当一面，零星前往不同的地方去。临行前他们以宣言的形式发表了下列声明：[即《共产党在德国的要求》]"。[534]马克思和恩格斯3月底用法文给卡贝写信，附了反对海尔维格和伯恩施泰德领导的巴黎德意志民主协会的声明。信中说：

"所谓巴黎德意志民主协会实质上是反共产主义的，因为它声明自己不承认无产阶级和资产阶级之间的对抗和斗争。"[535]

4月1日早上，伯恩施太德、卡·伯恩施太因、洛温费尔斯三位先生以及两个工人来到我在巴黎的寓所。他们事先有目的地从看门人那里打听到我不

在家，然后突然闯进我的房间，粗暴地对我夫人大吵大闹。我回家得知这些先生的野蛮行径后，由恩·德朗克和弗·恩格斯陪同，立即前往这些先生的大本营伯恩施太德家，让他作出回答。当时席梅尔普芬尼希和其他几个人正和他在一起。伯恩施太德向我解释说，他和海尔维格作为领导人不接受决斗的要求，但是可以让他们的一些帮工出来应战。这是一个荒唐的要求，当然遭到了拒绝。然后，伯恩施太德用各种方式对在我家的吵闹进行了辩解，并把它解释成一次误会，等等。[536]

我们在巴黎的最后两天内（4月4日和5日），曾经拜访［埃蒂耶纳·卡贝］几次；但是我们看到……那里总是挤满了来访者，我们的时间非常有限，不能依次等候。因此，我们不得不在未能和［他］最后见一面的情况下离开。［给卡贝留了一封信，］由艾韦贝克转交。[537]

解说：4月7日马克思在巴伐利亚普法尔茨过境。在哈布基尔兴警察专署办理签证。[538] 4月8日马克思到达美因兹。[539] 从巴黎来美因兹的共产主义者同盟特派员、同盟中央委员瓦劳和盟员克路斯起草《告全德工人书》。[540] 之后，马克思到达科伦，住在使徒街7号。[541] 恩格斯回忆说，"当我们到达科伦的时候，那里已经由民主党人，部分地也由共产党人在筹备创办大型报纸。他们想把报纸办成纯地方性的，即科伦的报纸，而把我们赶到柏林去。可是，我们（主要是由于有马克思）在二十四小时内就把阵地夺了过来"。[542] 马克思4月13日请人起草给科伦警察局的信的草稿，申请科伦市公民权："我恳请贵局向有关机关为我申请科伦市的公民权"，修改补充后由该人誊写，马克思填写了地址、日期并签名。[543]

我……返回普鲁士并定居科伦，……科伦市政府无条件地同意接受我为该市的公民。[544]

解说：马克思写信恩格斯说：

"这里已经有相当多的人认股了，我们很快就能够开始了。但是现在你必须向你的老头提出要求，必须大致明确地弄清在巴门和爱北斐特能做些什么。"[545]

解说：恩格斯4月25日回信说，"从我的老头那里根本什么也弄不到。在他看来《科伦日报》已经是叛逆的顶峰了，所以他宁愿叫我们吃一千颗子弹，也不会送给我们一千塔勒。"[546] 德朗克到法兰克福为新报刊募集股份也不顺利，4月29日给马克思的信中说，"股份……到现在一份也没有征到，……这帮狗崽子就是抓住他们的钱不肯松手，……而我愿意与之共担风险的少数几个人首先要一个计划，你知道，一个银行家所理解的计划并不是什么报纸的出版计划，而是财政上的计划。"[547]

弗洛孔曾表示愿意提供我和恩格斯一笔钱作创办《新莱茵报》之用。我们谢绝了他的建议，因为我们作为德国人不愿意从即使是友好的法国政府那里领取津贴。[548]

解说：5月11日马克思参加共产主义者同盟科伦支部会议。哥特沙克坚持他的退出同盟的声明。[549]恩格斯5月20日从巴门来到科伦，地址是科伦市赫勒街14号。[550]

第二十四节　新莱茵报

5月（□马克思30岁）……，我在科伦出版了《新莱茵报》。[551]《新莱茵报》的出版以及随后发生的一些事变，打断了我的经济研究工作。[552]

解说："科伦是莱茵省的中心，而莱茵省经历过法国革命，通过拿破仑法典领会了现代法的观念，发展了规模极大的工业，当时在各方面它都是德国最先进的部分。"[553]马克思为了在即将出版的《新莱茵报》上报道意大利事件而在5月底给意大利《黎明报》编辑写信，这封用意大利文写的信中说：

"为了让我们能够注视在意大利发生的事件，而你们能够评判我们是否忠实于自己的诺言，我们建议互相交换报纸；这样，我们就可以按期每天把《新莱茵报》寄给你们，而你们把《黎明报》寄给我们。"[554]

《新莱茵报》原定于7月1日出版，和通讯员们商定的也正是这个日期。但是，鉴于反动派实行新的无耻行动，可以预料德国的九月法令很快就要颁布，因此，我们决定利用自由环境中的每一天，从6月1日起就开始出报。[555]

解说："开始出版报纸时，只拥有很少的股份资本，其中只有一小部分付了款，并且股东本身也极不可靠。第一号出版后就有一半股东退出了，而到月底竟一个也没有剩下。"[556]恩格斯认为"《新莱茵报》……是当时民主运动中唯一代表无产阶级观点的报纸"。[557]马克思6月2日写《康普豪森在5月30日会议上的声明》一文。[558]6月3日写《康普豪森内阁》一文。[559]6月23日巴黎爆发工人起义,《新莱茵报》连日连篇报道。6月28日写《六月革命》一文。[560]

当资产阶级的所有走狗攻击六月革命时,我公开地捍卫了这些恐怖的日子,我认为,这些日子是工人阶级反对资本家阶级的斗争的最伟大的表现。[561]

解说:列斯纳回忆说,"6月底,我从伦敦迁到科伦,从那时起,我和恩格斯、马克思的关系更加密切了。……恩格斯知道我是一个裁缝,就把我叫作他的'御用裁缝'。可是我的工作只是给他整修衣服,因为当时马克思和恩格斯的经济情况都不妙,他们并不花钱添置衣服。"[562]恩格斯回忆说:"〔威廉·〕沃尔弗也来科伦担任编辑部里的职务。他那孜孜不倦的勤恳态度,他那一贯的过分认真的负责态度对他颇为不利,因为编辑部里尽是些年轻人,他们往往因此多给自己腾出个把钟头的空闲时间,相信'鲁普斯〔威廉·沃尔弗〕一定会设法使报纸出版的'。"[563]李卜克内西回忆,"编辑部的独创性活动、有些编辑'老爷'放肆的恶作剧和频繁的逗趣,经常是我们愉快谈话的资料,并且常常引起哄堂大笑。只有马克思在场的时候,这帮人才表现得安安静静、规规矩矩。常常发生这样的事情:马克思一离开,编辑部就乱套,喜欢秩序又有些独断的恩格斯出面阻挠或干涉,就会乱得越发不可收拾,非到马克思亲自出面才能平息。"[564]

解说:编辑部也会收到这样的恐吓信:"致卡尔·马克思先生,编辑先生!您不要高兴得太早了,您这个不齿于人类的下流坯。我们善良的国王会再次把无用之辈送回老家去。您这个说谎的家伙。在世界末日,受命于天的国王将证明您是有罪的。您这个坏蛋坏透了,上帝不会宽恕的。您千万不要以为大多数人是民主派,如果您那样想就大错而特错了,我们的口号是并且永远是'天佑吾王,天佑吾国'。——一个真正的普鲁士人。"[565]

我曾当选为莱茵—威斯特伐利亚民主主义者的三个领导人之一。[566]

当我到达科伦的时候,康普豪森的一个朋友曾建议我到柏林他那里去。我没有理睬这种暗中的拉拢。[567]

《新莱茵报》〔7月5日〕发表了一篇关于哥特沙克医师和安内克先生被捕事件的文章(文章注明"科伦7月4日")。[568]我们〔7月6日〕收到了一个

第二十四节 新莱茵报

反驳那篇文章的声明。[569]

解说：反驳声明是国家检察官黑克尔写的，声明认为"这篇文章对最高检察官茨魏费尔和执行逮捕的宪兵进行了诬蔑性的攻击和侮辱"。[570]7月6日，"预审推事……传讯了《新莱茵报》负责发行人科尔夫和……马克思；他们两人被控侮辱和诬蔑逮捕安内克的宪兵和最高检察官茨魏费尔……审讯从4点钟开始，大约在6点钟结束。接着，预审推事和国家检察官黑克尔同被告一起前往报纸编辑部，在警察署长参与下进行搜查，他们想找到那篇引起指控的文章的手稿，查出它的作者。他们找到了一篇不知出自何人手笔的稿件，但它并不是引起指控的文章的副本。这篇稿件也被列入控告马克思及其同谋者的材料中。……显然是打算把整个编辑部完全交付法庭审判"。[571]

本报的11个排字工人和克劳特先生［7月9日］接到命令，要他们在星期二（7月11日）到预审推事那里去做证。[572]

解说：7月10日马克思写了《法庭对〈新莱茵报〉的审讯》一文。[573]马克思7月19日写了《普鲁士出版法案》一文。[574]到7月22日，"早晨，预审推事又把……马克思传去，讯问他关于评论安内克先生被捕的那篇引起指控的文章的事。这一次，报纸负责发行人科尔夫……没有被传讯。"[575]《新莱茵报公司章程》7月以单张的形式印发给《新莱茵报》股东。[576]此后，马克思搬到了<u>塞西利安街7号（或者1678号）</u>。塞西利安位于科伦的老城中心，新市场的南面。沿着这条街走下去，是弯弯曲曲的安东尼特街，那里直接通往圣阿加塔街。[577]马克思7月29日写了《废除封建义务的法案》一文。[578]马克思8月4日在科伦民主协会全体会议发表讲话。[579]

4月间我即在科伦申请公民权，当时地方市政局毫无阻难地给了我公民权。根据1842年12月31日法案的规定，事情须经王国区行政机关批准。……我接到这里的警察厅长盖格尔先生的公函，内容如下：No.2678"马克思博士阁下：兹通知阁下，王国区行政机关鉴于您过去的情况，认为对您不能行使1842年12月31日法案第5条所规定的批准外国人加入普鲁士国籍的权利。因此，您今后仍然应当算作外国人。警察厅长盖格尔1848年8月3日于科伦"。我认为王国区行政机关的这一决议是非法的，原因如下：根据今年3月30日联邦议会的决议，凡回到德国并要求重新加入德国国籍的政治流亡者，也享有国民议会的选举权和被选举权。根据预备国会的决议，甚至已经成为外国公民的政治流亡者，只要他们愿意重新加入德国国籍，也有选举权和被选举权。虽然这一决议没有直接的法律效力，可是它是在革命之后马上向德国人民许下的诺言，从这个意义上来讲，它是有重大意义的。[580]

解说：8月6日马克思写了《"模范国家"比利时》一文。[581]

我们终于又把视线集中在比利时了。[582]

解说：8月11日科伦民主协会全体会议，会议记录显示："马克思先生更详细地论证了政府对他所采取的措施的非法性，会议一致报以掌声，认为这些论据是令人信服的。政府拒绝授予马克思公民权的真正原因是以前政府因笼络马克思的企图没有得逞。"[583]马克思8月22日写了《马克思和普鲁士国籍》一文。[584]马克思8月23日从科伦办理签证，并出发经由柏林去维也纳。此行的一个目的是为报纸筹款。马克思到达柏林后在法国公使馆和普鲁士王国警察署二处办理签证。[585]

月末我路过柏林时，会见了巴枯宁，恢复了我们二月革命以前建立起来的亲密友谊。[586]

解说：8月27日马克思到维也纳。[587]8月28日马克思以来宾身份出席了维也纳民主联合会并参与了辩论。[588]马克思在维也纳参加第一届工人联合会议，8月30日发表演说，9月2日发表演说。《宪法报》报道说，"马克思博士在维也纳工人联合会会议上就雇佣劳动与资本问题发表了长篇演说。"[589]马克思9月7日出海关去柏林。[590]在柏林，马克思坐在记者席上旁听普鲁士协商派议会。普鲁士国民（协商）议会……旨在和王权协商制定宪法。[591]

这次旅行弄来一千八百五十塔勒：从波兰人那里得到一千九百五十，旅途中用了一百。预支给报纸一千塔勒；这个星期还要付机器费五百。剩余三百五十。同时，我还没有从报纸得到一文钱。[592]

解说：一回到科伦，马克思就处理了一起编辑部纠纷，"他从维也纳回来，恰好碰上编辑部内部闹纠纷，使恩格斯感到很棘手。当时，关系非常紧张，似乎只有决斗才能解决问题了。为了编辑部内部的和解，马克思不得不施展出他的全部外交才能。马克思生来就是一个天才的领导人。凡是跟他接触过的人，都会受到他的影响。恩格斯是最先承认这一点的人。"[593]马克思关注柏林的内阁危机，9月11、12、13和15日连续写了《危机和反革命》一文，报道柏林情况。文中写道：

第二十四节　新莱茵报

"在革命之后，任何临时性的国家机构都需要专政，并且需要强有力的专政。我们一开始就指责康普豪森没有实行专政，指责他没有马上粉碎和清除旧制度的残余。……在任何一个尚未组织就绪的国家机构里，有决定意义的不是这种或那种原则，而是……社会安全。"[594]

解说：9月17日，马克思及其同道曾经尝试建立新的政权。"在沃林根附近举行了一个盛大的民众大会。莱茵河上的五六只大平底船，每只都载着数百人从科伦顺流而下；船头红旗招展。约伊斯、杜塞尔多夫、克雷弗尔德、希特多夫、弗雷亨和莱茵多夫等地都有人数相当多的代表团参加。大会在莱茵河畔的草地上举行，与会的有6000—8000人。科伦的卡尔·沙佩尔当选为主席，科伦的弗里德里希·恩格斯当选为书记。根据主席的提议，大会以多数票对一票通过成立共和国，即成立社会民主的红色共和国。"[595] "在9月25日的早晨，许多民主党人被捕，其中有现任科伦市长，即当时人人皆知的'红色贝克尔'。群情更加激愤。下午又在原来的集市广场上举行群众大会。大会由沃尔弗主持，周围站着市民自卫团，他们并不敌视民主运动，而首先关心的是自身的安全。市民自卫团在回答别人的问题时说，他们在这里是为了保护人民。突然，人们冲进市场，喊着：'普鲁士人来了！'当时约瑟夫·莫尔——他也是早晨被捕的，但人民把他救了出来——正好在发表演说，他喊道：'公民们，难道你们见了普鲁士人就四散逃跑吗？'人们回答说：'不！不！'——'那我们就必须筑起街垒！'于是大家立即动手。"[596]

解说：意识到可能有陷阱，马克思和莫尔向工人发表演说，号召工人不要受人挑拨，不要轻举妄动。[597]但是听到部队来包围广场，工人们包括列斯纳在内，就用砍倒的大树、栅栏、大车、石头、水桶等筑起街垒，在街垒上插上红旗准备迎战。[598]到了晚上八点，敌人仍然没有来。[599] "整个运动是一场虚惊引起的，没有遇到抵抗，没有武装（市民自卫团很谨慎小心地各自回家了），一点也没有流血，什么也没有发生就结束了。政府达到了自己的目的：科伦（9月26日）宣布戒严，市民自卫团解除武装，《新莱茵报》停刊，编辑们被迫出境。"[600]在9月28日以传单的形式刊印《新莱茵报》停刊的通知。[601]

我们尊敬的订户！

由于科伦宣布戒严，笔杆不得不服从枪杆，

《新莱茵报》

被禁止发行了，本报目前已无法对尊敬的订户履行自己的义务。

但是我们有理由相信，非常状态只会延续几天。这几天过后，在10月份，本报由于资金大量增加，将扩大篇幅出版，并且因为我们最近准备采用新型的快速印刷机来印刷，本报会比以往更准时地分送给订户。

负责发行人
1848年9月28日于科伦

大家为维持《新莱茵报》的存在而给予的援助（特别是在科伦），使我们得以克服戒严状态所造成的财政困难，使报纸得以复刊。编辑委员会原有成员不变。复刊前不久斐迪南·弗莱里格拉特参加了编委会。[602]

解说：9月30日以传单形式印行铅印通知，宣布《新莱茵报》将于10月5日复刊。[603]

《新莱茵报》发行负责人启事

敬爱的本报订户：

卫戍司令部答本报询问时保证，科伦将于10月4日解除戒严，据此决定《新莱茵报》将于10月5日再次出版。因此，我们谨请本报的朋友们按9月28日的通知，订阅第四季度报纸，并尽快在就近邮局办理。由于添置了新设备，本报今后将能避免脱期现象。每季订费：在科伦，1塔勒15银格罗申，在普鲁士其他各城市1塔勒24银格罗申6分尼。广告费：四栏版面八点铅字每行或相同篇幅为1银格罗申6分尼。

发行负责人
1848年9月30日于科伦

报纸从10月11日起已照原样复刊。……除维尔特以外全都走了，而弗莱里格拉特只是几天以前才参加编辑部，所以我忙得不可开交，完全不能做更重要的工作；此外，检察机关正在尽其所能来消耗我的时间。[604]

第二十四节 新莱茵报

解说：10月11日马克思写了《维也纳革命》[605]一文。10月12日写了《科伦革命》[606]一文。10月13日写了《替普富尔内阁》一文。[607]文中写道：

"普富尔（纽沙特尔）内阁接替了汉泽曼内阁。……代替普富尔内阁的只能是革命的内阁。"

解说：10月13日马克思写了《梯也尔关于采用强制比价证券的全国抵押银行的演说》一文。[608]马克思10月16日就当选科伦工人联合会主席发表演说。马克思说他的工作已过度繁重。但是，他愿意在哥特沙克医生获释之前暂时满足工人们的愿望领导本联合会。[609]

解说：10月18日马克思写了《"法兰克福总邮报"和维也纳革命》《普鲁士国王答国民议会代表团》《弗里德里希-威廉四世答市民自卫团代表团》三篇文章。第三篇文章中写道：[610]

"国王永远只能把人民给予他的东西给予人民。从经济上说情况就是这样。"

解说：10月20日马克思写了《〈改革报〉论六月起义》[611]一文。10月21日写了《英法在意大利的调停》《"模范的立宪国家"》两篇关于意大利的文章。[612]科伦工人联合会10月22日开全体会议，马克思主持会议并对间接选举制发表了一些意见。会议批准马克思为联合会主席。[613]

解说：10月28日马克思写了《国家检察官"黑克尔"和〈新莱茵报〉》[614]一文。11月2日写了《民主主义者代表大会告德国人民书》《巴黎〈改革报〉论法国状况》[615]二文。11月3日写了《维也纳革命和〈科伦日报〉》一文。[616]11月5日黎明写了《维也纳、柏林和巴黎的最后消息》[617]一文。11月6日写了《反革命在维也纳的胜利》一文。[618]马克思在科伦工人联合会委员会会议上扼要地报告了维也纳事件的经过。[619]马克思11月8日写《柏林的危机》一文，刊登在次日《新莱茵报》上。文章说：

"权利在权力方面，没有权力只能空谈权利。"[620]

解说：列斯纳回忆，"11月13日，民主协会召开了一次会议，会上马克思宣布了罗伯特·勃鲁姆被维也纳军事法庭判处死刑后枪决的消息。马克思刚露面时，会场气氛活跃，接着就鸦雀无声。马克思走上讲台，宣读了勃鲁姆牺牲的电报。我们顿时惊愕得呆若木鸡。接着，场内群情激昂，人声鼎沸。我感到当时德国人民会万众一心举行起义，完成革命。但是，我们全都想错了。情况完全不是那样；那些头面人物竟然向那个下令屠杀人民最优秀儿女的暴君献媚。"[621]

解说：马克思11月中写信给恩格斯说：

"你还没有收到我寄去的钱，的确使我惊讶。我（不是发行部）很早以前就已经按照指定的日内瓦地址给你寄去了六十一塔勒——十一塔勒纸币和五十塔勒期票（□一种由债务人签发的票据，债务人承诺自己在票据所载期限前无条件支付给债权人票据所载金额。在到期前，期票可以由债权人在票据背后签自己的名字以及受让人的名字进行转让，称为背书，也可以向银行申请兑现并支付利息，称为贴现、贴息）。因此，你查问一下并立即来信。我有邮局收条，可以把钱要回来。此外，我曾给日果寄去二十塔勒给你们用，稍后又给德朗克寄去五十塔勒，都是我自己的钱，共约一百三十塔勒。"[622]

据说，帝国内阁在其起诉书中把《新莱茵报》称为一切"坏报刊"中最坏的报纸。我们则认为帝国政权是一切滑稽可笑的政权中最滑稽可笑的政权。[623]

我［11月13日］接到了传票，人们都认为，我［第二天］将被逮捕。[624]

解说：11月14日，马克思早晨被法院侦查员传讯的消息传出去以后，大量民众聚集在上诉法院的院子里向他表示同情，并等候结果。当马克思离开侦查员出来的时候，人们向他高声欢呼，并把他送到埃塞尔大厅，在这里，马克思用简短几句话对人民的同情表示了感谢，并且说明，他之所以被传，只是由于要结束有关黑克尔案件的审问。[625]

解说：11月15日马克思写《内阁在被告席上》，刊登在当日《新莱茵报》的号外上。文章写道：[626]

"迫使敌人挨饿吧，不要纳税！向叛国政府提供各种反人民的手段是最愚蠢不过的了，而一切手段中最重要的手段就是金钱。"

解说：《新莱茵报》11月23日报道："马克思、卡尔·沙佩尔和施奈德尔第二诸先生，因民主主义者莱茵区域委员会的呼吁书一案，本应去见法院侦查员。可是谣传当局企图把被传唤人立即逮捕起来。不管这种谣传在许多法学家看来是多么不可靠，人民委员会还是决定派遣一个代表团去晋见检察长茨魏费尔先生，以期弄清事实真相。果然，茨魏费尔先生向代表团声明：根本没有发出逮捕被传唤人的命令，只有在呼吁书引起叛乱的情况下，才可能发出这样的命令。"[627]

第二十四节　新莱茵报

解说：《新莱茵报》报道："11月25日。在马克思、沙佩尔和施奈德尔第二因民主主义者莱茵区域委员会的第二个呼吁书一案而受法院侦查员侦讯时，被告声明这一呼吁书是由他们起草和签署的。这一声明载入记录后，侦讯就告结束。被告没有一人被捕。"[628]

我非常忙，还有不断的法院传讯，这就更是忙上加忙了。[629]我们的报纸一直处在"叛乱的"地位，但是却能够不管多次法院传讯都绕过了刑法典。它现在非常受欢迎。我们每天还出附页。革命在前进。[630]

解说：马克思11月29日写信给恩格斯：

"我想出了一个如何从你的老头那里弄到钱的可靠计划，因为我们现在一点钱也没有了。你给我写一封要钱的信（尽可能说得厉害些），讲述自己的一切灾难，但是要注意写得使我能够把信给你母亲看。老头现在开始害怕起来了。"[631]

解说：马克思在12月6日的文章中说：

"反革命进入了它的第二阶段。国民议会被解散了。权奸、容克地主、官僚以及一切穿制服和不穿制服的反动派，都由于愚笨的人民最终又被驱入'基督教德意志'国家的畜栏里去而一致欢呼。"[632]

我们的报纸［《新莱茵报》］目前一分钱也没有了。……我根本无法向您描述，为了使报纸能办下去，我不得不在金钱方面做出多大的牺牲并做出多大的忍耐。[633]每天都有排印工人因为一两个塔勒闹事。[634]报纸的所有通讯员和债权人都找到我的头上。[635]

我……被［《新莱茵报》］那些股东恶狗们剥夺得一文不名……三四天来，我［12月9日］第一次去发行部，而且也只是待了一会儿，因为有十分不愉快的事情把我留在家中了。[636]

解说：马克思在12月11日文章中说：

"1648年的革命和1789年的革命，因其完成了创造工作而充满了无限的自豪感；1848年的柏林革命却以它落后于时代而自夸。这次革命的光芒好像遥远星球的光芒一样，在发出这种光芒的那个星球消逝了十万年以后（□银河系的直径为十万光年），才达到我们地球上居民的眼中。"[637]

解说：审判原定12月20日举行，"由于当局没有遵守诉讼程序的一条规定而延期举行"。[638]21日马克思"又被法院侦查员传讯"。[639]马克思在12月31日

写的文章《革命运动》中说：⁶⁴⁰

"英国统治着世界市场。欧洲大陆的任何一个国家甚至整个欧洲大陆在经济方面的变革，如果没有英国参与，都不过是杯水风浪。每个国家内的工业和贸易关系都依赖该国和其他国家的交往，都受该国和世界市场的关系的制约。但是英国统治着世界市场，而资产阶级又统治着英国。……而旧英国只有世界大战才能摧毁，只有世界大战才能给宪章派这个英国工人的有组织的政党提供条件，来进行胜利起义以反对它的强大的压迫者。……但是，凡是有英国参与的欧洲战争都是世界战争。……法国工人阶级的革命起义，世界大战，这就是1849年的前景。"

解说：马克思在**1849**年1月4日写的《资产阶级的文件》一文中揭露慈善的本质：[641]

"为了在兴旺时期经常有现成的后备军，而在商业雕蔽时期又可以在这种慈善机构中把后备军变成没有意志、没有反抗力、没有要求和欲望的机器，难道还能想出比办习艺所更高明的办法吗？

解说：恩格斯1月7日在伯尔尼回信给马克思说："在我过了几个星期造孽的生活，从我的灾难和流浪中恢复过来之后，我感到，第一，需要把工作重新干起来；第二，需要钱。后者是最迫切的，如果你们在接到这封信的时候，还什么也没有给我寄，那就请立即办好这件事，因为我已经好几天一文不名了，而在这个糟糕的城市里，借是借不到的。"[642]

解说：科伦工人联合会委员会1月15日会议记录摘要提到，"公民马克思和沙佩尔提出了有许多人附议的提议：在委派普林茨任联合会正式机关报的编辑的同时，再成立一个编辑委员会，它应监督使机关报真正代表联合会的利益，并根据我们党的精神进行编辑工作。提议被通过了，并委派公民沙佩尔、勒泽尔和赖夫组成编辑委员会。"[643]陪审法庭2月7日开庭审理了马克思、恩格斯和《新莱茵报》发行负责人因登载一篇注明"科伦7月4日"的文章而被控告的案件。[644]马克思面对陪审团，从事实、理论和法律条文的层面，作了非常具有说服力的长篇发言。在发言中马克思说：

"报刊按其使命来说，是社会的捍卫者，是针对当权者的孜孜不倦的揭露者，是无处不在的耳目，是热情维护自己自由的人民精神的千呼万应的喉舌。……为什么三月革命会失败呢？三月革命只是改组了政治上层，而没有触动它的全部基础：旧官僚制度、旧军队、旧检察机关和那些从生到死终身为专制制度服务的旧法官。目前报刊的首要任务就是破坏现存政治制度的一切基础。"

解说：发言结束时观众发出叫好声。恩格斯也作了发言。[645]陪审法庭在进行了短暂会议后，宣判全体被告无罪。这是对《新莱茵报》的审判案中最早的一个。[646]

解说：2月8日，马克思又因号召拒绝纳税一案同科伦议员施奈德尔、沙佩尔一道到陪审法庭受审，上述号召是他们以民主主义者区域委员会委员的名义发出的。[647]在陪审法庭上马克思也作了长篇发言。[648]

解说：《新莱茵报》第225号报道说："莱茵河畔缪尔海姆2月11日（迟到）。今天在这里举行了由工人联合会组织的民主宴会。应邀出席宴会的有科伦工人联合会和民主协会的会员。音乐和歌声同演说和敬酒交相更替。……马克思谈到了德国工人在法国、英国、比利时和瑞士参加斗争的情况。他提议为协商议会中为数不多的几个真正代表人民利益的议员之一——格拉德巴赫干杯。"

2月15日，《新莱茵报》就巴枯宁的小册子"对斯拉夫人的号召"发表了社论，开头两句话就是："巴枯宁是我们的朋友，但这并不妨碍我们批评他的小册子。"[649]

解说：科伦警备司令恩格斯上校2月17日给莱茵省总督写信说："莱茵省总督艾希曼先生阁下：《莱茵报》编辑马克思先生（！）在陪审法庭宣告无罪后表现愈益放肆，我看驱逐此人终于已经到时候了……驱逐此人将能巩固警方地位，并使之得到更多的尊重。"[650]《新莱茵报》报道说，2月25日，为纪念法国二月革命一周年在埃塞尔大厅里举行了一次宴会。"能容纳两三千人的大厅里座无虚席。……沙佩尔担任了主席。……举杯祝酒的还有下列人士：里廷豪森……恩格斯……工人卡斯滕斯……斐迪南·沃尔弗……宴会有音乐伴奏，人们唱了《马赛曲》、吉伦特派歌曲及其他歌曲。"[651]

第十六步兵团第八连有两名军士［3月1日］到我家来找我个人谈话。我到杜塞尔多夫去了，因此他们没有被接待。［第二天］下午他们又到我这里来。[652]

解说：此时，马克思已经回到了科伦。

我请他们进了房间，随后也跟了进去。我请这两位先生坐下并问他们有什么事。他们说,他们希望知道2月28日《新莱茵报》第233号发表的那篇反对冯·乌滕霍芬上尉先生的文章的作者的名字。我回答这些先生说:(1)所说的这篇文章和我没有关系,因为它登在横线以下,所以也可以说是广告,我一般只对报上我签字的那部分文章负责;(2)他们可以免费登反驳意见;(3)他们可以对报纸提出控告。这些先生说,由于这个广告,整个第八连都感到受了侮辱。我回答说,只有第八连的全体成员都签了名才能使我相信这种说法是符合实际的,不过这种说法也是没有意义的。于是,这两位军士先生就向我声明,如果我不把"这个人"说出来,"交出来",他们就"再也不能约束他们的人",事情就可能"严重了"。我回答这两位先生说,用威胁和恐吓从我这里是根本得不到什么东西的。之后,他们就嘟囔着走了。

解说:而根据恩格斯的说法,马克思的强硬态度是有后盾的:"《新莱茵报》编辑部里有8杆步枪和250发子弹,排字工人头戴红色雅各宾帽(□又叫弗里季亚帽,一种尖端下垂的红色圆锥帽,法国大革命时期的雅各宾党人戴着它以象征自由)。使报馆在军官们眼里也成了一个不能用简单奇袭来夺取的堡垒。"[653]

解说:马克思在3月10日写的反驳三月同盟的文章中写道:

"《新莱茵报》在一切方面都始终和爱国志士们不同,而尤其和他们不同的是,它从来没有把政治运动看作投机勾当或收入来源。"[654]

解说:3月底马克思患肝病,打算进行矿泉治疗。[655]"在4月间以一组社论的形式,发表了马克思关于雇佣劳动与资本的文章。"[656]这组文章在《新莱茵报》4月5日开始连载。[657]

《雇佣劳动与资本》(节录)

假若机器消灭了整个雇佣工人阶级,那么资本的最可怕的时刻就会到来,因为资本没有雇佣劳动就不再成为资本了!

我们认为,各民主团体的现行组织成分过分庞杂,这势必妨碍有利于事业的有效活动的开展。我们认为最好是建立一个由单一成分组成的工人联合会这类更为严密的组织。[658]

解说:于是,"马克思、卡·沙佩尔、弗·安内克、海·贝克尔和威·

第二十四节 新莱茵报

沃尔弗（助理）于4月14日成立了莱茵民主联合会区域委员会"。并发表声明"自即日起退出各民主团体的莱茵区域委员会"。[659]

我到汉堡去给《新莱茵报》筹款。我口袋里的钱仅够去汉堡的路费。[660]

解说：4月15日前后，马克思到达不来梅，同不来梅民主派领袖之一约翰奈斯·勒津商谈《新莱茵报》资金的事。

我在不来梅什么都没有办成。勒津在一年以前破产了，现在只靠他妻子的幸存下来的资本的利息生活。所以毫无成果。[661]

星期三[4月18日]早晨离开了不来梅。[662]

解说：接着，马克思赶到汉堡。5月4日，汉堡警察局给马克思的签证是"去巴黎有效"，即马克思只能持该签证去巴黎。[663]

我（□31岁）告诉雷姆佩尔先生，《新莱茵报》的财政困难随着订户的增加而增加了，因为开支一定要用现金支付，而订费总是迟迟来到；除此之外，由于发表了维护巴黎六月武装起义者的文章以及抨击法兰克福议员、柏林妥协派和三月同盟的文章，几乎所有股东都逃离了报纸，因而造成了巨大赤字。[664]

雷姆佩尔先生让我去[哈姆]找亨策。[665]亨策以我的借条为据借给了《新莱茵报》300塔勒。[666]那时亨策本人正被警察当局追捕，所以他认为有必要离开哈姆，于是他就和我一同到科伦去。[667]

普鲁士政府看到不可能在合法的基础上封闭该报，于是采取了一种独特的手段——排除它的所有人，即禁止我在普鲁士居留。[668]

[5月9日]到了科伦，我[5月16日]就得到关于我被驱逐出普鲁士国境的消息。[669]

查最近几号《新莱茵报》愈益坚决地煽动居民蔑视现存政府，号召暴力革命和建立社会共和国，故该报总编辑卡尔·马克思博士应予被剥夺其外人待遇法，因它已遭彼粗暴之破坏，鉴于彼未被允准继续留居普鲁士国土，应令其于二十四小时之内离境。若彼对此项要求不服，应着即押送出境。

王国行政区政府
缪勒尔
致本市王国警察厅长盖格尔先生
1849年5月11日于科伦

解说：此后，马克思一直是警方通缉的人，当时的警察通报中报道说，"德国警察局要逮捕的人：亨利希·毕尔格尔斯、恩斯特·德朗克、弗里德里希·恩格斯、格奥尔格·维尔特、斐迪南·沃尔弗、威廉·沃尔弗，全部住在科伦。1848年他们组成了以卡尔·马克思为首的名叫莱茵普鲁士社会民主派机关报《新莱茵报》编辑委员会，他们全部属于最不受约束的社会民主党。"[670]于是《新莱茵报》不得不停刊。

5月19日，出版了《新莱茵报》的最后一号（用红色油墨印的一号）。[671]

解说：最后这一号是第301号，其中刊登了马克思词锋锐利的告别词。该期报纸的文章有：马克思《〈新莱茵报〉被勒令停刊》，《匈牙利》，《告我的人民》，《致科伦工人》。[672]各报刊，《特里尔日报》《新科伦报》《新德意志报》《民主评论》，纷纷评论《新莱茵报》的停刊。[673]

《〈新莱茵报〉被勒令停刊》（节录）

在临别前，我们谨向读者再提一下我们新年号上的一句话："法国工人阶级的革命起义，世界大战——这就是1849年的前景。"看吧，在东方，由各民族的战士组成的革命军已经同以俄国军队为代表的、联合起来的旧欧洲相对峙，而巴黎已经出现了"红色共和国"日益逼近的征兆！

解说：燕妮回忆说，"我的丈夫为了《新莱茵报》曾经作了多大的牺牲，他拿出了几千现款，而当成功的希望几乎没有了的时候，他却成了报纸的所有人（好心的民主派硬叫他这样干的，否则他们自己必须负担债务）。为了挽救报纸的政治荣誉，为了挽救科伦友人的公民荣誉，他挑起了一切重担。"[674]

我向亨策借来的300塔勒，我通过普鲁士邮局收到的订户寄来的1500塔勒，我的一部高速平板印刷机，等等——这一切都用来抵偿了《新莱茵报》对排字工人、印刷工人、纸商、办事员、通讯员、编辑部人员等等所欠的债务。[675]我……给《新莱茵报》（这毕竟是党的企业）投资七千塔勒以上。[676]

解说：按此时的消费水平，七千塔勒一个人可以花十多年。

《新莱茵报》从来没有像《国民报》那样力图把革命变成摇钱树；而只是以牺牲大量资金为代价并且冒着个人的危险，我才得以把报纸一直维持到

第二十四节 新莱茵报

被普鲁士政府封闭的时候。[677]《新莱茵报》的账册保存在科伦的商人斯蒂凡·瑙特那里。[678]说《新莱茵报》"攻击所有的议员",这是不真实的。该报曾同许多极左派的议员保持最友好的关系。[679]

［亨策］借给我的妻子旅行包,用来装她的银器,送到法兰克福去典当,以便我们能够弄到私人所需的费用。[680]

解说:"除了还没有结束的23件关于出版的案子以外,普鲁士警察局还有非常多的其他理由来控告每一个编辑,以致他们全体都立刻离开了科伦和普鲁士……大多数人到了法兰克福。"[681]当时的报纸报道:《新莱茵报》的"各个编辑的命运是这样的:弗里德里希·恩格斯因在爱北斐特发表的演说而受到刑事追究;马克思、德朗克和维尔特,作为非普鲁士臣民,应该离开普鲁士;斐迪南·沃尔弗和威廉·沃尔弗要受司法追究。"[682]恩格斯回忆说:"编辑们也都受到或者监禁或者马上被流放的威胁。科伦的警察极其坦率地宣布要这样对付他们,而且极其具体地指出,它掌握了每个人的足够的罪证,所以有的是办法来处治他们。这样一来,报纸恰恰在销售量空前迅速增长、收入有余的时候却不得不停止发行。"[683]

解说:根据报道:"5月21日早晨,……马克思先生同其他几个编辑一道离开了科伦前往上莱茵河地区;在那里,他的活动将会像在这里一样卓有成效。"[684]燕妮回忆说:"我自己带着三个小孩取道宾根,回我亲爱的家乡,投入我亲爱的母亲的怀抱。为了把刚从布鲁塞尔赎回来的银器换成硬币,我从宾根又到美因河畔法兰克福去了几天。……卡尔在红色沃尔弗的陪同下从宾根先到莱茵普法尔茨,再从那里去巴黎。"[685]

我被禁止在普鲁士居留以后,起初到了黑森大公国,在那里也和在德国其余各地一样,我并没有被禁止居留。[686]

解说:恩格斯回忆说,"马克思和我在《新莱茵报》被迫停刊以后,最初踏上巴登的领土是在5月20日或21日。"[687]"在曼海姆,不管怎样,整个看来还有点像军事时期的样子。……在路易港,在志愿兵和士兵之间是完全相处无间的。在小饭店里(在这里当然也是挤得满满的),《马赛曲》和其他诸如此类的歌声却不绝于耳。"[688]

解说:"在卡尔斯卢厄,运动具有更加庄严的形式。这里已经指定在下午一时在'巴黎'旅馆举行宴会,但是宴会一直等到'巴登委员会的先生们'

莅临时才开始。类似这样一些引人注意的细微的迹象，就已经使运动具有令人愉快的官僚气派了。"[689]"当时已经看出大规模争权夺位的端倪，这种争权夺位的行动在'集中德国的全部民主力量'这个大名目下被吹嘘成拯救祖国的行动。……海因岑先生也在卡尔斯卢厄，这位公民几年来一直用革命化和共和化来威胁德国。"[690]

解说："清晨，我们从卡尔斯卢厄出发到普法尔茨去，首先到了本来是德斯特尔先生和临时政府的所在地斯拜尔。"[691]"我们……见到了维利希和他的志愿兵。……在我们到达的那一天，他带领80名左右的步枪手攻打了盖尔曼尔斯海姆警备队的两个连，一枪没放就把他们赶回了要塞。"[692]

解说："第二天早晨，我们和维利希一齐出发到了凯则尔斯劳顿，在那里我们找到了德斯特尔、临时政府和整个德国民主派的精华。在这里，当然也谈不上什么正式参加对于我们党是完全陌生的这个运动。"[693]"过了几天，我们就回到了宾根；在路上我们和几个朋友因为有参加起义的嫌疑而被黑森的士兵逮捕；我们被押解到达姆斯塔德，而后被送往法兰克福，到了法兰克福才终于被释放。"[694]

解说："在这以后不久，我们便离开了宾根，马克思受了民主主义者中央委员会的委托前往……巴黎……。而我则返回凯则尔斯劳顿"[695]"在凯则尔斯劳顿，我本来打算不过问一切所谓革命活动的；但是当普鲁士人到来时，我就情不自禁地参加了战斗。维利希是唯一有些才干的军官，于是我就到他那里去，做了他的参谋。我参加了四次战斗"[696]。

6月……，我在巴黎。[697]但绝不是……作为流亡者而来的，而是完全自愿来的，我手头有完全有效的护照，并且所抱的唯一目的是为我在五年前就已动笔编写的一部政治经济学史再多收集一些材料。[698]

解说：在巴黎，马克思住所是百合花路45号。

这里是保皇主义反动派统治着，比在基佐时代更无耻，只有1815年以后的时期能与之相比，巴黎是一片阴沉气氛。而且霍乱异常猖獗。尽管如此，从来没有像现在的巴黎这样逼近革命火山的大爆发。[699]

解说：通过与全体革命派会晤，马克思认为自己过几天就能掌握所有的革命报刊。[700]马克思6月7日给恩格斯写信说：

"你必须设法在什么地方给我弄些钱；你知道，我为了履行《新莱茵

第二十四节 新莱茵报

报》的义务已经把最近的收入用光了,而在目前情况下我不能闭门不出,更不能陷于经济困难之中。"[701]

解说:科伦案件终于有了眉目,报道说:"科伦6月29日。今天,违警法庭判决了去年11月开始的关于诽谤法兰克福国民议会议员的案件。被传讯的有卡尔·马克思、恩·德朗克、格·维尔特、海·贝克尔、海·科尔夫、印刷厂主迪茨和贝希托特。前三人缺席。除科尔夫以外,其他人都被宣判无罪。"[702]燕妮也来到巴黎,"我非常想念巴黎,于是带着我的全部行李,飞快地经过亚琛和布鲁塞尔赶往巴黎,并在[7月7日]愉快而平安地赶到了。"[703]

我全家在这里已无分文。……有了一个机会,可以在几个星期之内挣到三千至四千法郎。我的反对蒲鲁东的小册子(他用一切可能的手段竭力压制它)在这里开始受到欢迎;能否做到必须出第二版,要看我是否在几家最重要的报纸上都登出几篇评论它的文章。但是要使这一点对我有利,就必须把布鲁塞尔和巴黎现有存书如数买过来,以便成为此书的唯一占有者。如果有三百至四百塔勒,我就可以做这件事,同时可以在这里维持最初一个时期。[704]

解说:因此马克思7月13日写信给魏德迈求助:

"在这方面你也许可以帮助我,办法就是这样:里达有一位女士(吕宁和她也有联系),曾经为了《新莱茵报》寄给卡尔·波斯特一千塔勒,但是当这报纸停刊时,她又把钱收回去了。能否通过你动员她把这笔预付款拿出来?我曾经给《新莱茵报》(这毕竟是党的企业)投资七千塔勒以上,因此,我认为我更加有权要求得到这种支援。如果可能的话,就请你办这件事,但是不要告诉别人。"

解说:警察署长杜尔朗7月19日签发关于政府命令把马克思从巴黎驱逐到摩尔比安省的通知。[705]燕妮回忆,"一天,天气很好,一个面孔熟悉的警官带着命令又来到我们这里:'卡尔和他的妻子必须在24小时内离开巴黎。'他们还好意地建议他到莫尔比昂的瓦讷去避难。"[706]

我要被驱逐到摩尔比安省,这个布列塔尼的朋齐维沼地去,在这个季节是要命的地方。……我不会同意这个变相的谋杀。[707]

如果不是我的妻子怀孕的话,我在经济上一有可能就将欣然离开巴黎。

⁷⁰⁸红色鲁普斯在这里同我住在一所房子里。财务情况自然是十分混乱。德朗克也在巴黎，但这是一个爱·梅因派的小人物。⁷⁰⁹

解说：由于穷困，马克思向弗莱里格拉特和拉萨尔求助，两个人都帮助了他，拉萨尔在莱茵省朋友中间筹集了约二百塔勒，马克思收到其中四百三十九法郎。但是拉萨尔使马克思的处境成为所有酒馆里的人的话题。⁷¹⁰

拉萨尔的行为使我非常吃惊。我个人曾向他求援，因为我自己也曾把钱借给伯爵夫人〔索菲娅·哈茨费尔特〕，另一方面，我也知道拉萨尔对我是不错的，所以我根本没有料到会这样使我难堪。相反地，我曾经请他千万不要张扬出去。我宁愿过最贫困的生活，也不愿公开求乞。为此我给他写过信。这件事真叫我说不出地生气。⁷¹¹

解说：马克思写信告诉弗莱利格拉特这件事，然后接着写道：⁷¹²

"我们来谈谈政治吧，因为这可以摆脱一切个人不愉快的事。"

我〔8月1日前后〕开始商谈在柏林出版一种定期的政治经济杂志（月刊），写稿的主要应该是我〔和恩格斯〕两人。⁷¹³

由于我妻子和我所有的孩子全都生病，我当了一个星期的护士。⁷¹⁴

这里的总的形势，我可以用两句话……描绘一下：多数派分裂成原来的、互相敌对的分子，波拿巴主义永远声名扫地，农民因保存四十五生丁税而怨恨，葡萄酒酿造者因受到保存酒税的威胁而狂怒，舆论中重新出现反对反动的气流，在延期召开的议会中和在内阁中正在形成反动派的清一色统治，他们正忙于把巴罗—杜弗尔集团赶出内阁。这事一旦发生，你就可以期望革命即将复兴了。……我们从自己这方面该干什么呢？我们应该努力来办一个有收入的文字事业。⁷¹⁵

解说：马克思8月23日写信给恩格斯说：

"我要离开法国。去瑞士不给我护照，所以我必须去伦敦，而且就在明天动身。……我在伦敦创办德文杂志（《新莱茵报·政治经济学评论》）有肯定的希望。一部分钱已有保证。所以，你必须立即前往伦敦。而且你的安全也要求这样做。……我的妻子暂时留在这里。你给她写信可仍用这个通讯处：百合花路45号朗波先生（我的假名）收。"⁷¹⁶

解说：8月24日马克思在塞巴斯蒂安·载勒尔和卡尔·布林德的陪伴下

离开巴黎，离开燕妮和孩子们，[717]登上北线火车，赶往法国海岸。不久普鲁士警察局发出了对马克思的第二道通缉令："科伦的著作家马克思博士，沃尔弗（斐迪南）和克吕格尔；这三个人都是德国革命的鼓动者，……目前，他们都在流亡，很可能在伦敦。马克思是海尔维格带到巴登的志愿军小头目。"[718]但是通缉令已经对马克思无可奈何，因为它只能在普鲁士或者同普鲁士签订协约的国家以及可以引渡被追捕者的国家有效，而英国不属于其中任何一类。[719]在法国海岸，马克思乘船赶往英国，这一年他31岁。

第二十五节　寓居伦敦

我作为政治流亡者寓居伦敦。[720]

解说：马克思乘船穿越海峡到达伦敦，8月26日在伦敦码头登岸，[721]借住在格罗夫纳广场罗伯茨街18号彼得逊咖啡馆卡尔·布林德处。[722]

我生了一种类似轻霍乱的病，感到非常软弱无力。……巴黎的警察多么卑鄙：他们连我的妻子也要去打扰；她好容易获准在巴黎待到9月15日，即我们所租房子到期的日子。……我的妻子临近产期，15日她又必须离开巴黎，我不知道到哪里去弄到必要的钱，使她能够动身并在这里安顿下来。[723]

当我再次被赶出法国来到伦敦的时候，我发现那里残缺不全的中央委员会已经重整旗鼓，并且同恢复起来的德国各区部重新建立了联系。[724]

解说：9月7日后不久，马克思见到魏特林，魏特林仍然坚持应该对未来的共产主义作出具体的设想，但是马克思反对一切这种制造空想体系的做法。魏特林在回忆录中记录了这次会面。[725]

魏特林："您一定要对这些人说你要做什么，否则他们不会理解您。""这都说过了。难道你没有读过《共产党宣言》？"

魏特林："读过。""那你一定也承认它吧？因为这是整个共产党提出的。"

魏特林："这我一定不知道。如果这是整个党提出来的，那我一定知道。我并没有被邀请参与起草这个宣言，而我自认为无疑也是属于这个党的。但我读过这个宣言，我除了认为它可以更好些外，对它没有更多的意见。"

解说：魏特林说这时马克思脸上出现很不高兴的表情，作了个几乎是要发火的姿态，但很快又克制住了。

解说：后来格奥尔格·维尔特也来到伦敦。[726]燕妮回忆说："我到达伦敦时，是他去接我的，当时我又病又累，还带着三个疲惫不堪的孩子，他把我安置在莱斯特广场一个裁缝的供膳宿的小房子里。"[727]"9月18日召开了德意志工人教育协会和来到这里的德国流亡者的全体大会，共同组织了民主党人救济委员会。当选的有……马克思，卡尔·布林德，安东·菲斯特尔，亨利希·鲍威尔，以及卡尔·普芬德。"[728]

过了几个月，维利希来到了伦敦，根据我的建议，他被吸收参加中央委员会。他是由恩格斯介绍给我的，恩格斯曾担任他的副官参加了维护帝国宪法的运动。[729]

解说：燕妮对这个维利希的印象并不好，"维利希就住在我们这里，和我们称兄道弟，彼此不分。一清早他就到我们卧房来，活像一个唐·吉诃德，穿一件灰羊毛背心，用一条红布围在腰间代替腰带，像一个真正的普鲁士人那样哈哈大笑，还打算对'自然'共产主义作冗长的理论讨论，卡尔立刻打消了他的念头。我们也不理睬他，他还想从我们这里套出人家婚姻方面的隐私。"[730]

解说：此后，马克思一家搬到切尔西区国王路安德森街4号，房租四十二塔勒。[731]安德森街位于伦敦最安静的伦敦西区。周围是公园，远离喧闹的交通，同时也是昂贵的住宅区。[732]

解说：每年的11月5日是英国的传统节日盖伊·福克斯之夜，纪念"火药的阴谋"这个历史事件。天主教反叛分子密谋炸毁英国国会大厦。密谋泄露，一个卫兵发现了当时正在国会大厦地窖内被成桶成桶的炸药包围着的盖伊·福克斯。在严刑拷打下，盖伊·福克斯招供了一切。于是，阴谋反叛的人被包围，以叛国罪论处，判绞刑并剖尸裂肢。孩子们都非常喜欢这个节日。他们自己制作"盖伊"——一个用旧衣服填充做成的假人，再把它放到

第二十五节 寓居伦敦

篝火上焚烧。自17世纪起,万圣节的传统在南部英格兰逐渐被火药密谋纪念会取代。有人是欢呼,有人是诅咒。

解说:就在这一天,马克思的儿子出世了,燕妮回忆说:"当街上响起了'盖伊·福克斯万岁'的呼声,孩子们戴着奇形怪状的面具,骑着做得很精巧的假驴子满街乱跑时,我的可怜的小亨利在这一片喧嚣声中出世了。为了纪念伟大的暗杀者,我们把刚出世的小孩叫做小福克斯。"[733]孩子的全名,叫做亨利希·爱德华·盖伊·福克斯。因为他是火药阴谋纪念日生的,所以叫盖伊·福克斯。[734]

解说:恩格斯从巴登经热亚那经过了五个星期的航行,10月前后逃到伦敦,住在索荷区第恩街麦克尔斯菲尔德街6号。[735]泰奥多尔·哈根11月20日从汉堡写来信说,"克勒尔先生……已经决定……承担[《新莱茵报》杂志的]印刷……。至于销售问题,我已经同全德最善于投机的公司舒贝特公司谈妥了。舒贝特打算包揽销售。……如果杂志以印张的形式出版,而且每印张1格罗申,那么克勒尔认为,销路会很好。"[736]

解说:马克思11月30日在给医生路易·鲍威尔的书信草稿中写到:

"鉴于我们所属的两个团体之间的敌对关系,而且您直接攻击了这里的流亡者委员会,如果我们不愿意使我们的行动被双方解释为暧昧不明的话,我们就必须断绝我们之间的私人关系。昨天晚上我妻子在场,我认为不便说出我对这种冲突的意见。"[737]

解说:12月3日流亡者委员会改组为社会民主主义者委员会有大约60个流亡者。[738]

本委员会取名"社会民主主义"是为了标明这是一个人们主要可以向其求援的政党。对此,它一贯奉行的原则是:无一例外地救济每一个流亡者,只要他能够证明他确实参加过革命而又需要救济。[739]

经过种种波折,……我终于把我的杂志安排妥了,我在汉堡找到了印刷厂主和发行人。一般说来,整个事情都要用私人的经费进行。糟糕的是,在德国在能够开印以前,总是要费许多时间。我几乎不怀疑,还没有来得及出三期或许两期月刊,世界大火就燃烧起来,而《政治经济学》连写完草稿的机会也没有了。[740]

解说:《卡尔·马克思主编的〈新莱茵报·政治经济评论〉招股启

事》，在 1850 年 1 月 8 日《西德意志报》第 6 号刊登出来。启事由马克思和恩格斯参与起草，康拉德·施拉姆作为企业大出版负责人署名。[741]

《新莱茵报·政治经济评论》招股启事

《新莱茵报·政治经济评论》将于 1850 年 1 月开始出版。卡尔·马克思主编。本杂志以《新莱茵报》为名，应该被看作是该报的延续。本杂志的任务之一，就是发表一些探讨过去事件的评论来阐述《新莱茵报》被迫停刊以来的一段时期。报纸最大的好处，就是它每日都能干预运动，能够成为运动的喉舌，能够反映出当前的整个局势，能够使人民和人民的日刊发生不断的、生动活泼的联系。至于杂志，当然就没有这些好处。不过杂志也有杂志的优点，它能够更广泛地研究各种事件，只谈最主要的问题。杂志可以详细地科学地研究作为整个政治运动的基础的经济关系。目前这个表面平静的时期，正应当利用来剖析前一革命时期，说明正在进行斗争的各政党的性质，以及决定这些政党生存和斗争的社会关系。本杂志每月出版一期，每期篇幅至少 5 印张。预订每季 24 银格罗申，订费在收到第一期时付清。每期零售 10 银格罗申。本杂志由汉堡舒贝特书局负责发行。希望《新莱茵报》的朋友们在当地组织订阅，并尽快地将订单寄交下面署名的人。寄给本杂志的稿件及待评的新书，请自付邮资。

《新莱茵报》出版负责人
康·施拉姆
1849 年 12 月 15 日于伦敦

施拉姆……是恩格斯和我在汉堡出版的［《新莱茵报》］杂志的主要出版人。[742]

为了我们的《评论》，为了把它逐渐改变为双周刊和周刊，然后根据情况重新把它变为日报——也为了我们其他的宣传目的——我们需要钱。钱只有在美国才能弄到，现在所有的半革命者都在那里摘金苹果。因此，我们决定，立即把康·施拉姆作为特使派往美国。……我们的特使同样也接受了这里的宪章派和法国流亡者的委托。这是涉及整个［共产主义者］同盟的事情。[743]

杂志因我生病而推迟出版。事情是这样的：我们本来打算两期合在一起出，但是出版商从营业方面提出了完全合理的理由反对这样做。于是需要重新变更，这时恰好碰上我生病。[744]

出版前夕，《新莱茵报》在汉堡的订户达到了一千五百。[745]

解说：马克思为了出版即将出版的杂志开始写《1848年至1850年的法兰西阶级斗争》，[746]和恩格斯合写了《时评》第一篇。

"美国最大的事件是加利福尼亚金矿的发现，其意义超过了二月革命。……可以预料到，这一发现所带来的成果甚至将比美洲大陆的发现所带来的要大得多。……由于加利福尼亚金矿的开采和美国佬的不断努力，太平洋两岸很快就会……人口密集、贸易方便、工业发达。这样，太平洋就会像大西洋在现代，地中海在古代和中世纪一样，起着伟大的世界交通航线的作用"。[747]

随着加利福尼亚和澳大利亚金矿的发现，资产阶级社会似乎踏进了新的发展阶段，这一切决定我再从头开始，用批判的精神来透彻地研究新的材料。这些研究一部分自然要涉及似乎完全属于本题之外的学科，在这方面不得不多少费些时间。[748]

解说：加利福尼亚和澳大利亚金矿相继发现于1848年和1851年，掀起两次淘金热潮，圣弗朗西斯科被称为旧金山，墨尔本被称为新金山。

解说：2月21日晚7时半，格奥尔格·埃卡留斯和普芬德到马克思的寓所，参加马克思作的经济学报告。[749]3月，为了重建同盟，马克思和恩格斯写《中央委员会告共产主义者同盟书》，印成传单散发。[750]

我们两人草拟的告同盟书……实际上不是别的，……是对民主派的作战计划。[751]

解说：马克思和恩格斯又写了《时评》第二篇。燕妮对初到伦敦这段日子有一段悲伤的回忆："因为这里奶妈工钱非常高，尽管我的胸和背都经常痛得很厉害，我还是决定自己给孩子喂奶。但是这个可怜的孩子从我身上吸去了那么多的痛苦和内心的忧伤，所以他总是体弱多病，日日夜夜忍受着剧烈的痛苦。他从出生以来，没有一个晚上是睡到两三个小时以上的。最近又加上了剧烈的抽风，所以孩子终日在生死线上挣扎。由于这些病痛，他拼命地吸奶，以致我的乳房被吸伤裂口了；鲜血常常流进他那抖动的小嘴里。有一天我正抱着他这样坐着，突然我们的女房东来了。我们一个冬天已经付给她二百五十多塔勒，其余的钱按合同不应该付给她，而应该付给早已查封她的财产的地产主。但她否认合同，要我们付给她五英镑的欠款，由于我们手头没有钱，于是来了两个法警，将我不多的全部家当——床铺衣物等——甚至连我那可怜的孩子的摇篮以及眼泪汪汪地站在旁边的女孩们的比较好的玩具都查封了。他们威胁说两个钟头以后要把全部家当拿走。那时忍受着乳房疼痛的我就只有同冻得发抖的孩子们睡光地板了。我们的朋友施拉姆赶忙进城去求人帮忙。他上了一驾马车，马狂奔起来，他从车上跳下来，摔得遍身是血，被人送回我们家来，那时我正和我可怜的发抖的孩子们哭泣。第二天我们必须离开这个房子。天气寒冷，阴暗，下着雨。我的丈夫在为我们寻找住处，但是他一说有四个孩子，谁也不愿收留我们。最后有一位朋友帮了我们的忙，我们付清了房租，我很快把自己所有的床卖掉，以便偿付药房、面包铺、肉铺、牛奶铺的欠款，他们听说我被查封财产都吓坏了，突然一齐跑来向我要账。把出卖了的床从家里抬出来，搬上小车——您知道，又出了什么事？当时天色已晚，太阳已经落了，按英国的法律在这个时候是禁止搬运东西的，于是房东领着警察来了，说里面可能有他的东西，说我们想逃到外国去。不到五分钟，我们门前就聚集了二三百个看热闹的人，切尔西的流氓全来了。床又搬了回来，只好等第二天早晨太阳出来以后再交给买主"。[752]

解说：燕妮回忆说，"当我们卖掉了一切家当，偿清了一切债务之后，我和我的可爱的孩子们搬到了<u>莱斯特广场莱斯特街1号德国旅馆</u>……这两间小屋。在这里我们每星期付五个半英镑才凑合住下来了。"[753] "〔在〕德国旅馆里住了一个星期，……有一天早晨殷勤的老板拒绝给我们开早饭，于是我们只好另找住所。我母亲给的微薄的帮助常常能使我们解脱最痛苦的困境。后来我们在<u>一个犹太花边商的家里找到两间小房</u>，在这里，整个夏天我们和四个孩子受尽了折磨。"[754]

解说：4月1日前后，马克思一家在亨利希·鲍威尔的帮助下，搬到<u>索荷区索荷广场第恩街64号</u>。[755]马克思4月5日作为嘉宾与恩格斯、康·施拉姆一道出席了民主派兄弟协会举办的纪念罗伯斯庇尔诞辰92周年宴会。[756]在4月中旬和恩格斯代表共产主义者同盟跟旅居伦敦的布朗基派法国流亡者和宪章主义者的革命派代表达成了一项有关建立"世界革命共产主义者协会"的协

第二十五节 寓居伦敦

议，奥·维利希起草，签名人包括：茹·维迪尔，奥古斯特·维利希，乔·朱利安·哈尼，亚当，马克思，恩格斯。[757]

普鲁士政府利用最近谋杀弗里德里希—威廉四世的事件，来重新掀起一个反对普鲁士内外政治敌人的运动。它企图借助于分明是一个疯人谋杀普鲁士国王的事件，来狡猾地迫使英国政府对我们采用外侨管理法。[758]

《新普鲁士报》[5月25日]首先急忙来控告伦敦的流亡者，说他们是这次谋杀的真正凶手。它甚至提出……说［我］在柏林住了两个星期。但是，[我]一分钟也没有离开伦敦。[759]

解说：马克思5月30日写信给普鲁士驻伦敦公使本生爵士，索取刊登报道的《新普鲁士报》：[760]

"阁下：……我们所在的团体没有《新普鲁士报》。因此我们冒昧地请求您并期望阁下您，作为我们国家驻英国的官方代表，出于您的公正，费心把有关的几号《新普鲁士报》提供给我们使用。"

我收到许多警告信，其中说英国政府根据这类的检举，准备采取一些措施对付我，要把我也从英国驱逐出去。另一个事实也可以说明这点：几天以来有几个人一直站在我的门旁，每当有人进出时都加以记载。如果我在这里不是身无分文的话，我已经搬到英国内地，政府也就找不到我了。[761]

在这样的情况下最好是把事实全部公布出来。[762]

解说：于是，6月14日，马克思和恩格斯给《旁观者》周报、《太阳报》日报写信揭露了普鲁士政府的这些阴谋行径。马克思在回应6月22日《新德意志报》的批评的信中写道：

"这种社会主义（即共产主义）就是宣布不间断的革命，就是实现无产阶级的阶级专政，把这种专政作为必经的过渡阶段，以求达到根本消灭阶级差别，消灭一切产生这些差别的生产关系，消灭一切和这些生产关系相适应的社会关系，改变一切由这些社会关系产生出来的观念。"[763]

解说：6月末，李卜克内西到伦敦。[764]他回忆说，"我到伦敦没过几天，在共产主义工人教育协会在伦敦近郊组织的那次夏季郊游的时候，我认识了马克思一家。'马克思老爹'同我一见面就立刻对我进行了一次严格的考试，锐利的目光逼视着我的眼睛，很仔细地查看我的头。考试顺利过关了，我经受住了那个满头狮鬃黑发的人的逼视，考试变成了愉快的谈话。"[765]

解说:"郊游时自然不便深谈,所以马克思邀请我第二天到协会的俱乐部去。……我比约定的时间稍早了一些,马克思还没有到;我遇到了几个旧友,正谈得兴高采烈的时候,马克思拍拍我的肩膀,亲热地同我打招呼,……他一把抓住我的手臂,把我引进私人谈话室,换句话说,是旅馆老板的私人房间,已经给自己准备了满满一锡壶深褐色啤酒的恩格斯,立刻愉快地开着玩笑接待我。……我曾给……《人民之友》写过一篇关于六月战斗的……文章[1848],马克思和恩格斯已经读过我的那篇文章,并且已经注意我了。……马克思兴奋地告诉我,几天前曾经在瑞琴特街上展出了一部牵引列车的电力机车模型,马克思认为蒸汽机在上个世纪使世界发生了翻天覆地的变化,但是它的统治末日到了,将要被电力所取代。马克思说:'现在问题是已经解决了。但是这件事的后果是难以估量的,经济上的革命出现以后,随之而来的必定是一场政治上的革命,因为后者只是前者的表现而已。'……我们谈着、笑着、喝着酒,直到第二天早晨。"766 "从那一天起我便成为马克思家里的人,几乎每天都到他家去,那时他们住在牛津街的一条横街——第恩街,而我则住在附近的教堂街。"767

第二十六节
重新开始写政治经济学批判

解说:6月马克思得到一张英国博物馆阅览室的出入证。马克思的工作位置在G-7,入口处向右第五张桌子。旁边就是工具书架。768博物馆在阴暗的蒙塔谷大厦内,拥有图书43.5万册,有最丰富的经济学著作。769马克思自从能够进入英国博物馆,就沉浸在经济学的浩瀚材料中。而此时生活的窘迫,燕妮回忆说,"8月,虽然我的身体很不好,我还是决心丢下生病的孩子到荷兰去找卡尔的姨父,希望在那里能得到安慰和援助。我等待着第五个孩子的诞生,怀着悲观失望的心情望着未来。由于革命给姨父和他儿子的事业造成了不利影响，他对革命和革命者十分抱怨，情绪也很坏。他拒绝给我任何帮助，但在我离开的时候，却把送给我最小的孩子的礼物塞到我手里。我看到他由于不能再多给我一些东西而显得很难过。这位老人想不到我是带着怎样的心情离开他的。我灰心失望地回到家里。我那可怜的小埃德加喜笑颜开地跳出来迎接我，我的小福克斯也向我伸出自己的小手。"[770]

解说：尽管生活困苦，马克思仍开始执笔早在1844年就打算写的《政治经济学批判》。"马克思又有工夫从事经济研究，并且首先着手研究了最近十年的经济史。"[771]他还摘录了穆勒《原理》、富拉顿《论通货的调整》等著作，经常研究新出的《经济学家》杂志。[772]

我在伦敦才能重新进行[经济学研究]这一工作。英国博物馆中堆积着政治经济学史的大量资料，伦敦对于考察资产阶级社会是一个方便的地点。[773]

第二十七节　一次决斗

解说：8月末，共产主义者同盟举行中央委员会时，维利希和施拉姆发生了冲突。[774]

解说：维利希向马克思提出决斗，马克思对这种普鲁士曹长可笑的举动嗤之以鼻。但是少年气盛的康拉德·施拉姆却辱骂了维利希，因而按照他们大学生的惯例，维利希必须向施拉姆提出决斗，决斗应当在比利时的海边举行，而且是用手枪。施拉姆以前从未摸过手枪，而维利希却能在20步开外射中纸牌的红桃A的正中心。[775]恩格斯认为这是"一个老练的用手枪有经验的普鲁士尉官同一个可能从来没有摸过手枪的商人之间的决斗"。[776]

解说：维利希要求中央委员会赶走施拉姆。中央委员会则认为没有必要满足他的要求。施拉姆只是应马克思的个人请求才离开的，因为马克思希望不要再继续胡闹。[777]马克思"竭力使他们平静下来，要他们言归于好；而且,……就像……其他在场的中央委员一样,看来对这一突然爆发的冲突感到震惊"。[778]

解说:当事人米斯科夫斯基回忆说:"当我们到达决斗地点时,维利希和他的同伴早就在那里了,他们为决斗量好了距离,而且维利希还为自己选择了一块背光的地方。我叫施拉姆注意这一点,但是他说:'就让他这样吧!'施拉姆表现得勇敢无畏,十分冷静。"[779]"施拉姆从发射地点只挪了半步,就向维利希射击,但没有命中,于是维利希从自己的位置向施拉姆射击……"[780]

解说:第二天晚上,马克思家的房门打开了,巴泰勒米走进来。当时马克思本人不在家,家里只有马克思夫人和琳蘅。她们惊慌地问"怎么样啦?"巴泰勒米深深鞠了一个躬,阴沉地说"Schramm a une balle dans la tête![施拉姆头部中了一弹]"说完又深深鞠躬致礼,转身就走。马克思夫人几乎昏厥过去,可以想见她惊恐的程度;现在她明白了,她对此人(维利希)天生的反感是一点也没有错。一小时后,她告诉了大家这个噩耗。[781]

解说:"第二天,我们在很悲痛地讲起他的时候,门开了,这个我们认为已经死了的人头上缠着绷带笑眯眯地走进来。他说,子弹擦伤了他,他失去了知觉。醒过来的时候,海边只剩下了他、监场人和医生。刚好赶上一班轮船,于是维利希和巴泰勒米便从奥斯坦德回去了。施拉姆跟着赶上了下一班轮船。"李卜克内西回忆说。[782]

解说:米斯科夫斯基的回忆是这样的,"他的子弹擦伤了施拉姆的头部。在此之后,我就留在施拉姆身边,因为我们那里没有医生(决斗是维利希先生组织的);我洗净了施拉姆的伤口并把它包扎起来,因而我也不去注意到有7个人在离我们不远的地方一面收割干草,一面注视着决斗,而他们对我来说可能是危险的。维利希和他的同伴们急急忙忙跑了,施拉姆则和我从容地留在原地看着他们离去。他们不久就在我们的眼帘中消失。"[783]

第二十八节　同盟的分裂

9月15日，中央委员会内部发生了分裂。[784]

解说：为了通知中央委员会委员，马克思在一张便条上开列了委员名单。住得较远的弗伦克尔、列曼、沙佩尔注明了地址，而近处的施拉姆、恩格斯、普芬德、鲍威尔、维利希以及马克思本人则只列了名字。[785]

解说：这次分裂是在9月15日召开的同盟的中央委员会会议最后一次大会上。多数派马克思、恩格斯、鲍威尔、埃卡留斯、普芬德和康拉德·施拉姆反对维利希、沙佩尔、弗廉克尔（没有出席）和列曼。[786]马克思在大会上以主席身份作了长篇演说。[787]接着沙佩尔进行了充满激情但是很不连贯的发言。[788]

解说：经过讨论中央委员会形成如下决议，"1.中央委员会由伦敦迁到科伦，委托科伦区部建立新的中央委员会。2.共产主义者同盟章程宣告无效，委托新的中央委员会草拟新章程。3.撤销以前的伦敦区部，设立两个各自独立的区部，两者都只跟共同的中央委员会发生关系"。[789]

中央委员会的多数派，连同恩格斯和我，都决定把中央委员会的会址迁往科伦，该地早就是德国中部和南部的"总区部"的所在地，除了伦敦以外，科伦也是同盟的知识分子的最重要集中地。我们同时退出了伦敦工人教育协会。中央委员会的少数派，在维利希和沙佩尔领导下，成立了宗得崩德（□宗得崩德（特别联盟）是十九世纪四十年代瑞士的天主教诸州的单独联盟，马克思用这一名称来讽刺维利希派）。[790]

从这一天起，［我］们就避免参加任何公开组织、游行和示威。[791]

解说：卡·普芬德和亨·鲍威尔把一封信连同他们退出协会的声明寄给了大磨坊街协会。他们在信中要求，次日派第三受托人弗兰茨·鲍威尔到他们这里解决财务事项。几天过去了，没有见到答复。[792]

退出伦敦德意志工人教育协会的声明

兹向星期二在大磨坊街召开的协会例会主席声明，我等退出协会。

亨·鲍威尔，卡·普芬德，约·格·埃卡留斯，塞·载勒尔，

卡尔·马克思，康·施拉姆，弗·恩格斯，斐·沃尔弗，

威·李卜克内西，海茵，豪普特，格·克洛泽

1850年9月17日于伦敦

解说：这样，委员会实际上停止发挥作用了。

合法的伦敦德意志工人教育协会……是从我一到达伦敦时起直到我后来在各家德文报纸上公开声明退出该协会时为止，我在伦敦参加的唯一的工人团体（……秘密团体——共产主义者同盟除外）。总之，这是我居住伦敦期间有某些联系的唯一的德国工人团体。[793]

我就同伦敦的德国流亡团体断绝了一切关系，这个团体团结的唯一基础是同我作对，在我抽去这一基础之后，这个团体就立即瓦解了。[794]

卡尔·沙佩尔先生曾是……在共产主义者同盟内部与我敌对的那部分人的两个领导人之一，我曾谴责他们对当时存在的秘密团体的宗旨作了错误的理解；根据我的信念，这个团体应该从事某些观点的传播，但是不应从事任何阴谋活动。[795]

解说：两派分裂后几天，豪普特接到父亲的信，让他回汉堡，"我动身前一个星期的某天晚上，我在第恩街一家饭馆的一个房间里同马克思、恩格斯、普芬德、鲍威尔、施拉姆以及另外三个人见了面。马克思在这里第一次告诉我有一个同盟已经存在了好几年这件事。这次谈话自然只涉及同维利希和沙佩尔的分裂。……马克思告诉我，我从此也被接受入同盟了，……因为我想经过科伦去汉堡，所以马克思委托我在那里（科伦）去找罗兰特·丹尼尔斯博士，……尽可能向他揭发对方（维利希和沙佩尔）的行径。……马克思告诉我，在汉堡，马尔滕斯有一个支部，但是，这个支部现在是否还存在，他不知道……马克思委托我在汉堡建立一个新的支部"。[796]

解说：马克思10月9日写信给亚当、巴特尔米和维迪尔，销毁有关建立"世界革命共产主义者协会"的协议，因为他们倒向了维利希代表的少数派：[797]

第二十八节　同盟的分裂

亲爱的先生们，我们荣幸地通知各位，我们早已认为各位所说的协会实际上已经瓦解。现在要做的只剩下一件事，就是销毁原则协定。亚当先生或者维迪尔先生最好在这个星期日10月13日中午劳驾到麦克尔士菲尔德街索荷六号恩格斯先生这里来一趟，当面烧毁上述文件。顺致敬意

恩格斯，马克思，哈尼
1850年10月9日于伦敦

引起上述分裂……最直接的实际原因，则是维利希想把同盟卷入德国民主主义流亡者的革命儿戏中去。对于政治形势的截然相反的估计，使分歧更加尖锐。我只举一个例子。譬如，维利希认为，普鲁士和奥地利在黑森选帝侯国和德意志联邦问题上的争执会引起严重的冲突，并会给革命派造成进行实际干涉的机会。11月10日，即同盟分裂以后不久，他发表了一个用这种精神拟成的宣言："告各国民主主义者书"，这是由宗得崩德中央委员会以及法国、匈牙利和波兰的流亡者签署的。相反，恩格斯和我则主张："所有这一切喧嚷是不会有任何结果的……斗争的双方——奥地利和普鲁士就可以不流一滴血，和平地坐在法兰克福联邦议会里，但是，它们互相之间的无谓的嫉妒，它们与自己臣民之间的分歧以及它们对俄国最高统治权的不满都不会因此就有任何减少。"[798]

解说："恩格斯在伦敦找不到能维持生活的写作工作，就动身到曼彻斯特去了，迫不得已只好在他父亲的工厂当了一名办事员。"[799]马克思10月在为《新莱茵报·政治经济评论》的五六合刊号写的文章中详细论述了几个月来的研究结果。[800]马克思写第三篇有关德国的《时评》草稿，和恩格斯合写了第三篇《时评》。在文中预言经济危机一定会在纽约发生。[801]

《时评》（节录）

危机本身首先是爆发在投机领域中，而后才波及到生产。

加利福尼亚金矿的发现使美国的繁荣达到了顶点。我们在本刊第2期就已经指出（早于欧洲的一切期刊）这一发现的特殊意义……在于加利福尼亚丰富的矿藏对世界市场上的资本起了推动作用，使整个美国西海岸和亚洲东海岸都活跃起来……形成新的销售市场。

太平洋实际上只是现在才发现并将成为世界上最重要的大洋。……亚洲、澳洲和美洲之间的频繁交往要求开辟从巴拿马和旧金山到广州、新加坡、悉尼、新西兰和太平洋的重要停泊地散得维齿群岛的规模巨大的新航线。

解说：通过三篇《时评》，马克思和恩格斯预见到了一个全新的太平洋时代即将到来。[802]马克思预言了世界经济危机，他自己也陷入了"经济危机"，他10月29日写信给魏德迈：

"为了能继续工作，我无论如何也要弄到钱。我请你重新送到当铺里去的东西（因为它们没有任何出卖价值）只是：1.一个小银杯；2.一个银盘；3.用盒子装着的小刀叉；这些都是小燕妮的东西。"[803]

解说：马克思11月11日参与拟定了共产主义者同盟伦敦区部致科伦的同盟中央委员会建议书，鉴于少数派的变本加厉，建议开除他们，并陈述了四条理由。其中写道，[804]

"从共产主义者同盟中开除一切宗得崩德的盟员，首先是开除下面7个人——沙佩尔、维利希、谢特奈尔、列曼、迪茨（奥斯渥特）、格贝尔特和弗伦克尔"。

第二十九节　痛失爱子

11月19日早晨十点钟，我们的小火药阴谋家小福克斯死了——很突然，是在他经常发作的痉挛症又一次发作的时候。在这以前几分钟他还笑着，嬉戏着。这件事情完全出乎意料。[805]

我的妻子，她已经完全失常了。[806]［恩格斯的］信对我的妻子起了很好的作用。她处于极端受刺激和疲惫的状态。她亲自哺乳了这个孩子，并且在极困难的条件下用极大的牺牲挽救过他的生命。[807]

施拉姆先生已经完全载勒尔化，他正处于一个最可厌恶的时期。整整两

第二十九节 痛失爱子

天——11月19日和20日——我们完全没有见到他,后来他来了一会儿,在发表了一些糊涂的意见以后立即又不见了。[808]

他要求在安葬那天带他一起去,但他在约定时间的前一刻来了之后,对安葬的事一句话没有说,却告诉我的妻子他必须马上赶回去,以免耽误到他哥哥那里吃饭。你可以理解,在我妻子目前正受着刺激的情况下,这个在我们家里享有如此深厚友谊的人的这种做法必然是伤害了我的妻子。[809]

朋友施拉姆扮演了几个星期的不满意者的角色,最后看到根本没有人想阻挠他情绪的自然变化,于是就逐渐有了与模范公寓协调一致的脾气。[810]

一方面由于身体不好,一方面也是故意,我只在正式开会的日子里在帕尔特奈栈房同别人见面。由于这些先生对于这种聚会是否令人生厌的问题辩论不休,所以我自然就让他们自己去彼此达成如何消度时光才算快乐的协议。而我自己则很少到那里去。……你在这些人身上花的时间越多,在他们眼中你就越是不值钱。此外,我对他们已经厌倦了,我要尽可能更有效地利用我的时间。[811]

我看过洛兰、马志尼、卢格等人告德国人的宣言,宣言号召他们唱日耳曼人的战歌,提醒他们注意自己的祖先叫做"法兰克人",并且说,普鲁士国王已经决意让奥地利来打他。当我看到这篇宣言的时候,我就想,比这更愚蠢的说法大概是没有了。孰知不然!现在出现了被《祖国报》称之为dii_minorum_gentium(□直译是:小神;转义是:二流人物)的法农—卡佩隆—古泰的宣言,具有同样的内容。[812]

解说:恩格斯离开后,燕妮在12月2日的信中给恩格斯的附笔说:"我的丈夫和我们大家因见不到您而十分怅惘,我们时常想念您。然而您离开这里,走上能使您成为一个棉纺大王的极好道路,又使我高兴。"[813]

解说:为了摆脱丧子的阴影,马克思搬了一次家。燕妮说:"埋葬了亲爱的孩子不久,我们离开了这所小房子,租了同一条街上的另一处住所。"[814]12月,马克思一家搬到<u>伦敦第恩街28号</u>。[815]房子位于三楼,由三间小屋组成,一间是马克思的工作室,后面的小房间是马克思和燕妮的卧室。前面较大的一间是孩子们和琳蘅的卧室。[816]

解说:新的一年——**1851**年——到来了。恩格斯说,"铁路的投机又活跃了——从1月1日起,多数股票上涨40%,同时,最坏的股票上涨得最多。"[817]

可迎接马克思的还是贫穷。马克思写信给恩格斯：

"如果你能立即寄钱给我，我将非常感激你。我的女房东非常穷，我已经是第二个星期没有付房租给她了，她逼着要钱，逼得很紧。"818

第三十节　一次小误会

解说：1月5日共产主义者同盟伦敦区部召开会议。

费迪南·沃尔弗出席了区部会议，但是李卜克内西和施拉姆没有到会。新章程通过后，我就把这个玩意儿不定期地搁下了。819

从1851年起，我没有跟任何一个公开的工人协会，包括跟所谓的共产主义协会发生过任何联系。我会见的唯一的一批工人是经过挑选的二三十个人，我私下向他们讲授政治经济学。不过，李卜克内西是资助比斯康普创办《人民报》的那个工人协会的主席。820

解说：燕妮描述这时期马克思身边的人的情况，"红色沃尔弗用机器做了几双新鞋，公民李卜克内西一天天变得严肃和有道德了，施拉姆由于穷困而闷闷不乐，并且再也看不到他了。我的丈夫在图书馆里消磨时日。"821

解说：1月7日，马克思给恩格斯寄去一封信，详细地谈了关于地租的一些理论问题：822

"今天写信给你，是想和你研究一个理论上的小问题，自然是政治经济学性质的。……主要问题仍然是使地租规律和整个农业的生产率的提高相符合；只有这样，才能解释历史事实，另一方面，也才能驳倒马尔萨斯关于不仅劳动力日益衰退而且土质也日益恶化的理论。……请把你对这个问题的意见告诉我。"

解说：马克思的信8日应当就寄到了曼彻斯特，但是奇怪的是恩格斯回信时对此只字未提。"这种完全的沉默让马克思非常生气。他过着孤寂的生活，仅有的朋友就是约翰·斯图亚特·穆勒和劳埃德这些经济学家的著作。

第三十节 一次小误会

谁要是到马克思那里,他不是用客套话来应酬,而是跟你谈经济学范畴问题。"[823]所以马克思在1月22日的信中一开头就对恩格斯说:

"你像死一样沉默。"

解说:恩格斯显然不知道马克思什么意思,于是在25日的回信中说:"你说我像死一样沉默,十分领情,不过我不想回敬你了。"[824]

一天晚上,哈尼同皮佩尔、埃卡留斯等人到我这里来,他非常快活,一直到他"亲爱的夫人"半强制地从这里把他带走。"一半是她拖着他,一半是他偎着她。"(歌德《渔夫》)[825]

解说:直到1月27日,马克思想恩格斯可能真的没有收到那封信,写信让恩格斯仔细查询:[826]

"我寄给你的、附有马格努斯·格罗斯博士的拙劣作品等等并希望得到你的答复的那封信,你收到没有?"

解说:皮佩尔在附笔中说:"我必须急忙告诉你,你对马克思最近写信向你谈过的新的地租理论完全沉默,使他非常生气。"恩格斯1月29日收到信后才发现了二人之间的误会,忙回信说,"今天对我的老妖婆女房东经过很仔细地盘问以后,从我的房间的书堆中找出了你本月7日的来信,这封信从1月8日以来就一直安静地躺在那里,我这才恍然大悟,明白了你的沉默和你对我的沉默表示惊愕的原因。那个晚上我不在家,而这个女人把这封信随手放在书上,后来收拾房间时,她匆忙地把另一本书放在信上面,因为这堆书一直未动过,……。毫无疑问,你对问题的解决是正确的,这使你有进一步的理由获得地租问题经济学家的称号。"[827]马克思2月3日回信说:[828]

"我的新地租理论目前只是使我获得了一个老实人所必然追求的自信心。不过,无论如何,你对新地租理论表示满意,我是很高兴的。土壤的肥力和人的生殖能力成反比,这不免使像我这样多子女的父亲非常狼狈。尤其是,我的婚姻比我的工作更多产。"

解说:马克思又叙述了自己的货币流通理论,误解就自然消除了。马克思希望出版他的文集,由海尔曼·贝克尔出版。这是出版马克思文集的第一次尝试。海尔曼·贝克尔从科伦写信来说"三个印张的印版已经排好,但无法上机付印,因为没有纸张。……也许今天能恢复正常工作。"[829]收到信后,2月,马克思写《卡尔·马克思文集》第一册文章目录,修订计划出版的以后各册的目录。[830]

解说：2月，马克思写了一个笔记，取名《金银条块·完成的货币体系》，概括总结了自己关于货币和信用的研究。[831]在笔记中马克思用罗马数字编写了1—91节的序号，每一节是对一本书所作的笔记，笔记的内容是该书关于货币体系的重要论述。

第三十一节　宴会风波

朗道夫［2月初］遇见我，从他问候我和我的妻子时的那副尴尬相，我就看出，我们这位骑士朋友，我们这位山岳党的巴亚尔"有点不妙"。果然！朗道夫和路易·勃朗同亚当先生已经退出的维利希—沙佩尔委员会联合起来了！可是两个星期以前朗道夫还大骂巴特尔米，而且我还把维利希先生和沙佩尔先生干的坏事告诉了他。[832]

维利希和沙佩尔同巴特尔米等人一起，由于大肆吹嘘他们在德国的影响和对我们大肆诽谤，终于把路易·勃朗愚弄到这样的程度，他竟同这些"败类"联合起来举办庆祝二月革命的宴会，还同他们一起发表了一个类似宣言的庆祝会节目单。矮子由于自己的虚荣心而上了当，他是想让赖德律—洛兰看看，他也有一批德国、法国、波兰、匈牙利的追随者。现在，事情又完全弄糟了。矮子担心他白白地损害了自己的声誉，毫无必要地失信于我们，而他同我们本来从1843年起就有了某种联盟，尽管这种联盟并不十分密切。[833]

解说：2月11日马克思在给恩格斯的信中写道：[834]

"对这封信我也请你立刻给我回信。我在这里几乎只和皮佩尔一个人见面，过的完全是与世隔绝的生活。因此你可以想到，我在这里特别想念你，需要和你商量。"

2月24日在西蒂区举行宴会。主席是维利希，琼斯守约没有到场。大约有七百人出席，将近一百五十个法国人，二百五十个德国人，二百个宪章派，

第三十一节 宴会风波

其余的是波兰人和匈牙利人。[835]

勃朗宣读了他的同志们从巴黎寄来的贺辞。维利希宣读了拉绍德封寄来的贺辞,又宣读了波兰人从巴黎寄来的贺辞。他们没有收到任何从德国寄来的贺辞。发言都很拙劣可笑,尽管充满了博爱的气氛,但人人脸上都流露出百无聊赖的神情……。施拉姆和皮佩尔买了入场券进去看笑话。一开始就有人故意找碴。施拉姆找到主持人之一朗道夫,提出要求说:"我们出了钱,至少应当保证对我们不进行干扰。"朗道夫回答:"这里不是进行解释的地方。"不一会儿,磨坊街的先生们沉不住气了,他们喊道:"有奸细!有奸细!海瑙来啦!海瑙来啦!"接着就把施拉姆和皮佩尔扭出大厅,揪下帽子,在大厅前的院子里拳打脚踢打耳光,还揪掉了他们一缕缕头发,差一点就把他们撕成碎片。巴特尔米跑过来,冲着施拉姆说:"这是个坏蛋!应当揍死他。"施拉姆回敬说:"您是被释放的苦刑犯。"[836]

参与殴打的有二百人,有德国人、法国人、兄弟协会的人,这些人面对手无寸铁的人是相当勇敢的。事后,哈尼"亲爱的"出面了,他嘟嘟囔囔地说:"我认识这两个人……"并试图作冗长的解释。在这样的场合这是高明的手段,虽然他本应该断然处理。施拉姆和皮佩尔像狮子一样自卫,磨坊街的人喊道:"他从我们的钱柜里偷了十九先令。"[837]

午夜〔十二点,〕皮佩尔闯到〔我〕这里来,没有戴帽子,头发凌乱,衣服被撕破了。[838]

解说:为了处理这件事情,恩格斯3月初从曼彻斯特赶到伦敦,在马克思家住了几天,以便商量对策。[839]恩格斯曾在给马克思的信中提到伦敦与曼彻斯特之间的通信速度,"请你尽可能利用第一次伦敦晚邮班——切林-克罗斯车站是六点以前,一些小邮局是五点半以前,这样,信一定能在第二天早上十点钟寄到办事处。"[840]

哈尼刊登了〔施拉姆抗议〕的声明。哈尼为这个声明写了一篇赔罪的导言。他……并提醒施拉姆也要履行自己的义务,不要向违警法庭控告。[841]

我的妻子于3月28日分娩。分娩是顺利的,不过她……病得厉害,与其说是体质上的原因,不如说物质上的原因多些。再者,我家里……简直是一文钱没有,但欠小商人、肉铺老板、面包铺老板等等的账却越来越多。[842]

解说:燕妮回忆说,"小女儿弗兰契斯卡出世了。我们把这个可怜的小东西交给奶妈，因为我们不能把她同其他人一起关在这三间狭窄的小房子里。"[843]

我的妻子可惜生的是女孩而不是男孩。但更糟的是，她很弱。[844]

解说：大约在3月，马克思完成第Ⅶ笔记本，主要是就货币和货币流通理论问题从不同作者的著作中做的摘录。在第Ⅶ笔记本的第48—52页，马克思写了《反思》，反映了该时期马克思经济学的研究状况，在更深层次上继续了对蒲鲁东为代表的小资产阶级观念的批判，这些观念用资本主义货币制度的缺陷来解释经济危机，企图人为地构想货币，如马克思所指出的，"不让货币具有货币的属性"。[845]

最糟糕的是，我现在突然不得不停止在图书馆的研究工作了。再有大约五个星期我就可以把这整个的经济学的玩意儿干完。搞完这个以后，我将在家里研究经济学，而在博物馆里搞别的科学。这开始使我感到厌烦了。实际上，这门科学从亚当·斯密和大卫·李嘉图时代起就没有什么进展，虽然在个别的常常是极其精巧的研究方面做了不少事情。[846]

解说：恩格斯4月15日来信说："如果你夫人的健康状况允许，请你在后天星期四来曼彻斯特。……请你马上来信告诉我，你是否来，搭哪一趟火车；届时我去车站。……如果不能星期四来……那就星期五吧。""有三趟火车可以供你选择：（1）早上六时半，二时到达这里（二等车）。（2）早上七时开的议会火车（二等车和三等车），傍晚六时半到达。（3）中午十二时，晚九时到达（二等车）。这样，我们可以从星期五到星期一到郊区走一走。"[847]

解说：4月底，海尔曼·贝克尔开始在科伦出版《卡尔·马克思文集》，马克思把《评普鲁士最近的书报检查令》作为第一篇。[848]

贝克尔把他的排字房和印刷所迁到了佛尔维耶；……我写的玩意儿[《卡尔·马克思文集》]的一个分册已寄来，但是只有一本。[849]

解说：泰晤士河畔海德公园的水晶宫里举办第一届世博会。水晶宫耗用了4500吨钢材、30万块玻璃。有十多个国家赴会，展出了汽车发动机、水力印刷机、纺织机械等一批新产品。原籍广东的上海商人徐德琼（又名徐荣村）出现在第一届世博会上，并以他经营的中国特产"荣记湖丝"夺得了金奖、银奖。[850]

工业展览会在流亡者的生活中开辟了一个新的纪元。在整个夏季中德国

第三十一节 宴会风波

的庸人们像潮水一般地涌到了伦敦；德国庸人在巨大的、喧闹的水晶宫里，以及在更加巨大得多的、各种各样的隆隆声、嘈杂声和喊叫声乱成一片的伦敦感到很不舒服；他们汗流浃背地完成了在必须参观展览会和其他值得观看的东西这方面的一天的繁重劳动之后，便到谢特奈尔的"哈瑙"饭店或到哥林盖尔的"星星"饭店里去休息，在这里那才是杯中乐融融，烟雾腾空起，一片酒店政治的气氛。[851]

解说：马克思33岁生日这天，读到了《经济学家》杂志（1845.4.26第17期、5.3第18期）上发表的《电和农业》，给恩格斯写了一封很详细的信：[852]

"附上一份关于在农业中应用电的文章的抄件，是逐字逐句用英文抄下来的。请你立即答复我：（1）你对这个问题有什么看法；（2）请你用普通的德语给我解释这个事情，因为我不完全明了。"

解说：恩格斯在回信中认为这个实验不会成功。

弗莱里格拉特……到这里，所有的流亡者集团，如博爱主义的金克尔党羽，唯美主义的豪伊特之流，以及其他等等，都对他设下了罗网，拉他去入伙。他对所有这些企图非常不客气地回答说：他属于《莱茵报》，他和世界主义的一伙人没有任何关系，只和"马克思博士及其最亲密的朋友"来往。[853]

臭虫梅因在这里跑来跑去十分忙碌，谁要是愿意听，他就告诉谁一件秘密：马克思和恩格斯在德国失去了一切拥护者和一切影响。可怕的梅因！[854]

由于我的可尊敬的内兄大臣［费迪南·威斯特华伦］的干涉，我的东西［《卡尔·马克思文集》］像《评论》的遭遇一样又一次被停止付印了。看来，贝克尔在佛尔维耶遇到了困难。[855]

［5月18日］星期日我去约翰街，老欧文在那里庆祝他的八十岁生日时发表了演说。这位老人虽然思想固执，但却幽默并且很和气。在老先生讲完以后，《宇宙》的一个信徒挤上去，把《宇宙》塞到他的手里，对他说，这个刊物讲的是他的原则。而这位老人果真就把它推荐给了听众。这简直太滑稽了！此外，那天晚上我没有能避免再和哈尼谈话，他略带醉意地和非常殷勤地来到我跟前，并打听［恩格斯］的情况。[856]

我……每天从早上十点钟到晚上七点钟总是在［大英博物馆的］图书馆里。[857]

解说：5月19日恩格斯写信给马克思，提到马克思前一段时间的地租理论新发现，原来洛贝尔图斯刚刚发表的《给冯·基希尔曼的社会问题书简》第三卷，"对李嘉图的地租学说的全面驳斥和对一种新的地租理论的阐述"。[858] 5月23日恩格斯来信说："我满意地从报纸上看到，你作为《新莱茵报》的代表也出席了在梭耶那里举行的全世界新闻界宴会。我想华盛顿的龙虾和冰镇香槟酒可能很合你的胃口吧。"[859]

有一天晚上……我从［康拉德·］施拉姆先生那里得知，他过两天就要外出旅行。由于同盟的和别的一些文件还在康拉德先生手里，我决定对此采取必要的措施。当天晚上，我从李卜克内西那里知道，康拉德先生不愿意交出这些文件，而且已经把文件封好交给路易·班贝尔格尔先生。这就更有必要迅速采取行动：当我第二天从博物馆回来的时候，知道这个无赖不是过两天，而是过一天即当天夜里两点钟动身。这位高贵的康拉德请求我当晚和他进行私人会晤，但是我（与鲁普斯、李卜克内西、皮佩尔一起去）打乱了他的计划。我们在一家偏僻的啤酒店里刚刚坐定，我就要求康拉德先生说明他在文件方面耍的花招等等。像往常一样，这个家伙干了坏事，就变得非常暴躁，他说，他不想交出这些文件，因为他需要这些文件为自己作辩护，此外还说了一些别的蠢话。说什么他和［恩格斯、］我一样代表同盟，他也能够拯救同盟。他甚至不知道我是否是伦敦区部的领导人。然后，用一种施蒂纳式的口吻说他是党内的唯一者。其他的人，特别是鲁普斯，都气极了；他威胁说要离开，大喊大叫，大吵大闹——一切可以想象的举动都做出来了。我把这一场吵闹制止了，因为我知道如何对付这个家伙，因为大吵大嚷无济于事，应当就在此刻拿到文件，于是我经过威胁和请求迫使康拉德先生给我写了一张给班贝尔格尔的条子，让他把封好的那包文件交给我。第二天，我得到了这包文件。东西全部在里面，其中甚至还有恩格斯、我驳斥阿·卢格的声明，可见高贵的康拉德没有把这篇声明寄给《国家报》，这大概是因为他向自己的哥哥撒过许多谎，因而害怕任何的公开声明。这个无赖同时还叫班贝尔格尔父子提防我——他以为这样可以改善自己的处境；他告诉他们说，我为了付清最近的期票，已经使自己最后的信用丧失殆尽，等等。总之，他以各种最卑鄙的手段对我们搞阴谋和进行欺骗等等。[860]

尤利乌斯大约在［7月24日］安葬。我去送葬了。高贵的金克尔在墓前胡诌了一通。在流亡者中，尤利乌斯是唯一喜欢学习并从唯心主义越来越转向我们方面的人。[861]

我……大约两个星期没有写东西了，因为，当我不在图书馆的时候，我就象狗一样被［债主们］追逐，无论有多么好的愿望，也总是不能动笔。[862]

我在图书馆的工作本来早就可以结束。但是，间断太多，阻碍太大，而在家里，由于一切总是处于紧急状态，并且流不尽的眼泪使我整夜烦恼和生气，自然干不了多少事情。我感到对不起我的妻子。主要的负担都落在她身上，实际上，她是对的。工作应该比婚姻更多产。尽管如此，你应该记得，我生来就缺乏耐性，甚至有些严厉，所以常常不够冷静。[863]

我正处在非常可悲的境地。要是长此下去，我的妻子就要完了。经常的操心，为日常琐事的奔忙，使她精疲力竭。此外，再加上我的敌人的卑鄙行为；他们甚至从来也不打算在实质问题上攻击我，而是散布一些无法形容的谰言诬蔑我，破坏我的声誉，来为他们自己的无能报仇。维利希、沙佩尔、卢格和其他许多民主派的坏蛋都是专干这一行的。只要有人从大陆来到这里，他们就立即向他劝诱，要他也干这一行。……［鲁道夫·］施拉姆在街上遇见一个熟人，马上就悄悄地对他说："不管革命的结局如何，大家一致认为，马克思是完啦。最有成功希望的洛贝尔图斯马上会下令把他枪毙的"。……当然，我对所有这些卑鄙行为置之一笑，它一分钟也不会使我离开我的工作；但是……我的妻子正在生病，她从早到晚为极无乐趣的日常生活操劳，神经系统遭受折磨，当民主派瘟疫的阴沟里的臭气通过愚蠢的造谣者日复一日地传到她那里的时候，她是不会好过的。[864]

解说：不过，日子很快出现了转机。

第三十二节 论坛报的撰稿人

《纽约论坛报》愿意出稿费邀请我和弗莱里格拉特做撰稿人。这是北美发行最广的一家报纸，[865]是第一流的美国的英文报纸，它有20万订户。[866]

解说：这意味着，马克思有了把自己的研究转化为收入的一条途径。但是，马克思认为自己此时的英文水平还达不到发表的水平，于是写信请恩格斯用英文写一篇文章：

"如果你能用英文写一篇关于德国局势的文章，在星期五早晨（8月15日）以前寄给我，那将是一个良好的开端。"[867]

解说：10月15日，在《纽约每日论坛报》上发表了马克思寄去的第一篇文章，是恩格斯写的《德国的革命和反革命》。

布林德偕夫人（科亨女士）来这里参观博览会，……他夫妇是[10月6日]到我家来的。来的还有弗莱里格拉特、红色沃尔弗、李卜克内西和不幸的皮佩尔。布林德夫人是一位活泼的犹太女人，我们有说有笑地闲谈着，后来，"一切谎言之父"使我们把话题转到宗教问题上来了。她用无神论和费尔巴哈等来吹嘘自己。于是我攻击了费尔巴哈，当然是非常礼貌而友好的。开始时我觉得，讨论问题使这个犹太女人很喜欢，这当然是我参加议论这样一个使我厌烦的题目的唯一理由。但这时我的爱夸夸其谈的应声虫皮佩尔先生以预言家的姿态插话，而讲得实在太不得体。我突然看到这位夫人眼泪汪汪。布林德向我投来忧郁而带有责备的目光，她起身告辞了——"从此看不到她的踪影"，布林德也一样。这种不寻常的事在我长期的实际生活当中还没有遇见过。皮佩尔已经和[罗斯柴尔德]一家一起动身去美因河畔法兰克福。他有一个很讨厌的习惯：在我同别人讨论问题的时候，他总是要用一种极其愚蠢的教训人的腔调插进来。"昨天学，今天教，这些先生的消化力真不小。"[868]

我[10月13日前后]继续上图书馆，主要是钻研工艺学及其历史和农学，以求得至少对这个臭东西有个概念。[869]

英国人承认，美国人在工业博览会上得了头奖，并且在各方面战胜了他们。1. 古塔波胶。有新的原料和新的品种。2. 武器。有左轮手枪。3. 机器。有收割机、播种机和缝纫机。4. 第一次广泛采用银版照像术。5. 船舶方面，快艇。最后，为了表明美国人也能够供给奢侈品，他们陈列了加利福尼亚金矿的一大块金子和用纯金制成的一套餐具。[870]

解说：11月5日前后，马克思在曼彻斯特恩格斯处。至11月15日左右回到伦敦。[871]

乱七八糟的家务事。[872]

我在图书馆看到了蒲鲁东先生关于无息贷款驳巴师夏的作文练习。就浮夸、怯懦、叫喊和荏弱来说，这东西超过了这个人以往所写的所有的东西。[873]

施拉姆极其执拗地硬要再接近我。他是办不到的。[874]

12月初，希尔施以共产主义流亡者的身份参加了"马克思的协会"。但是就在这个时候，汉堡方面的来信揭发他是一个密探。可是当时决定允许他在协会里留一个时期，以便对他进行考察。[875]

第三十三节　雾月十八日

解说：马克思12月19日给魏德迈（因为参加一八四八年革命而离开德国到美国避难，11月7日到纽约）写信说：

"前天，我收到了恩格斯转来的你的一封信。……现在我正坐下为你写一篇文章。……星期二（12月23日）将从这里给你寄去……《路易·波拿巴的雾月十八日》"。[876]

协会［指共产主义者同盟伦敦区部委员会］搬到西蒂区法林登街商场内威·约·马斯特尔斯酒商那里。今后会议每星期四在九点举行。[877]

解说：为了来年1月即将在美国出版的《革命》周刊，魏德迈通过马克思要在旅美德国侨民中享有很高声誉的诗人弗莱里格拉特撰写诗歌。马克思12月27日写信给弗莱里格拉特转达了这个要求。[878]

解说：新的一年——**1852年**——又来到了，但是迎接马克思的是疾病。大约1月2日，马克思病重卧床。燕妮认为马克思是在恩格斯家的时候着凉了："马克思老爹必定是在同'大主教的侄子'（□指恩格斯）进行夜间哲学漫游时得了重感冒，因为他病得很厉害。他接连三夜说梦话，情况很不好。"[879]小儿子给病中的马克思带来一些快乐。皮佩尔曾经把漂亮的旅行包送给男孩子，1月6日，皮佩尔吓唬他说要把它收回，另外买一件别的东西送给他。1月7日早晨,男孩子把包藏了起来,说:"摩尔,我现在把它藏好了,如果皮佩尔来取,我就说,把它送给乞丐了!"880

从1月15日起,希尔施不见了,他不参加会议了:……他……被最后开除出协会。同时还决定转移协会的集会地点和改变开会日期。在这以前,照例是每星期四在西蒂区的法林顿街商场内约·威·马斯特尔斯家里集会的。现在,会议日期改在星期三,地点改在索荷区王冠街上的"玫瑰和王冠"小酒店。881

我〔1月19日〕刚下床,〔第二天〕又开始写东西。882

2月3寄往科伦的……信中……说希尔施是个警探,是伪造警察情报的人。883

"班迪亚上校"〔2月3日〕来我这里。在谈话中他讲到,科苏特在伦敦向聚集在他周围的匈牙利流亡者们讲了这样一段话:"我将关心你们大家,但是我要求你们大家对我忠诚、忠实和顺从。我不是蠢才,对那些同我的对手一起搞阴谋反对我的人,我不会养活他们。我要求每个人无条件地表态。"这就是这个谦逊的科苏特背地里讲的话。其次,我从班迪亚那里了解到,瑟美列、卡季米尔·鲍蒂扬尼和佩尔采尔(将军)要来伦敦,组织一个反科苏特的对抗委员会。最后,这整个阴谋的领导者是马志尼先生。884

解说:白天马克思必须为家务事奔走,因此不得不在夜间紧张地工作,他眼睛疼得厉害。燕妮不得不担负起一切秘书职务。885

我的健康状况又有好转,虽然我的眼睛仍然很痛。可是社会条件却恶化了。我接到了出版商断然拒绝印刷我的《政治经济学》的通知;我的反蒲鲁东的手稿在德国漫游了整整一年,同样也找不到栖身之地;最后,财政危机达到了尖锐的程度,只有现今在纽约和伦敦所感觉到的商业危机才能与之相比。可惜我甚至连像商人先生们那样宣布自己破产的可能性都没有。波拿巴先生在冒险举行政变时就处于类似的境地。886

厄·琼斯大登广告来宣扬恩格斯的通讯(《去年十二月法国无产者相对消极的真正原因》),当然没有提恩格斯的名字。他是由于哈尼的竞争而不得不采取这种市场叫卖方式的;天晓得哈尼从哪里弄到了钱,搞了些大广告车在西蒂区游行,上面写着:"请看《人民之友》!"他的报纸在所有社会主义者的商店里都陈列出售。887

2月25日,法国人举行了纪念二月革命的宴会,或者不如说是备有茶和

第三十三节　雾月十八日

火腿面包的无酒的聚会。我和我的妻子受到邀请。其他与会者付入场费一法郎。因为我不能去，也不想去，就让我的妻子同一个法国人去了。[888]

我的……朋友约瑟夫·魏德迈，曾打算从……1月1日起在纽约出版一个政治周刊。他曾请求我给这个刊物写一篇政变史。根据这个请求，我直到2月中为止每周都为他撰写论文，总标题是《路易·波拿巴的雾月十八日》。这时，魏德迈原来的计划遭到了失败。……可看出，本书是根据对于事变的直接观感写成的，其中所研究的历史材料只是到……2月止。[889]

解说：爱琳娜回忆说，"摩尔真是一匹出色的马。……写《雾月十八日》中的几章时，他也被三个孩子当作拉车的马，他们坐在他身后的椅子上，不停地用鞭子驱赶着他。"[890]在3月5日给魏德迈的信中，马克思阐发了自己关于阶级观点的理论创新：

无论是发现现代社会中有阶级存在还是发现各阶级间的斗争，都不是我的功劳。在我以前很久，资产阶级的历史学家就已叙述过阶级斗争的历史发展，资产阶级的经济学家也已对各个阶级作过经济上的分析。我的新贡献就是证明了下列几点：（1）阶级的存在仅仅同生产发展的一定历史阶段相联系；（2）阶级斗争必然要导致无产阶级专政；（3）这个专政不过是达到消灭一切阶级和进入无阶级社会的过渡。像海因岑这类不仅否认阶级斗争，甚至否认阶级存在的无知的蠢才只不过证明：尽管他们发出一阵阵带有血腥气的和自以为十分人道的叫嚣，他们还是认为资产阶级赖以进行统治的社会条件是历史的最后产物，是历史的极限；他们只不过是资产阶级的奴才。这些蠢才越不懂得资产阶级制度本身的伟大和暂时存在的必然性，他们的那副奴才相就越令人作呕。[891]

解说：3月25日马克思把《雾月十八日》最后一部分原稿寄给魏德迈。马克思是在第恩街的小房间里，在孩子们的吵闹声中，在家庭的琐事搅扰下完成这部书的。3月，燕妮转抄好手稿，并送出去。[892]

《路易·波拿巴的雾月十八日》（节录）

波拿巴是流氓无产阶级的首领。

历史传统在法国农民中间造成了一种迷信，以为一个叫波拿巴的人将会把一切美好的东西送还他们。

奋勇前进的［法国］国民群众，他们将……打碎这架官方的机器［国家］。

解说：看到世界的快速发展变化，马克思为所处的时代发出感慨：

祝世界的新公民幸福。没有比出世在当代更为美好的了。当人们只用七天就从伦敦到达加尔各答的时候，我们……早就毁灭了，或者老态龙钟了。而澳大利亚、加利福尼亚和太平洋呢！世界的新公民将不能理解，我们的世界曾经是多么小。⁸⁹³

解说：世界在发展，但是马克思自己的小世界却又面临着一个痛苦。燕妮叙述道："复活节，我们可怜的小弗兰契斯卡得了严重的支气管炎。可怜的孩子与死亡搏斗了三天，受了许多痛苦。"⁸⁹⁴

小孩子［刚一岁的弗兰契斯卡，4月14日］一点一刻死去了。⁸⁹⁵

解说：小孩子的母亲燕妮说，"失去生命的小躯体停放在后面的小房间里。我们都搬到前面的房间，晚上我们睡在地板上，三个活着的孩子同我们睡在一起，我们都在为停放在临室的冰冷而苍白的小天使痛哭。这个可爱的孩子在我们生活最穷困的时期死去了，我们德国的朋友这时候无力帮助我们。当时常来我们家的厄内斯特·琼斯曾答应帮助我们，但连他也没有办法。那时躲在我们家、让卡尔修改瑟美列的文稿的匈牙利上校班迪亚，答应暂时予以帮助，但他也是无能为力。当时我迷惘地跑到一个住在附近、常来拜访的法国流亡者那里，求他接济我们。他立刻极友善而同情地给了我两英镑，这才把我可怜的孩子现在安然躺睡的小棺材的钱付清。小女孩出世时没有摇篮，死后也好久都得不到最后安息的一席之地，当我们看到她被送进坟墓时，我们多么伤心啊。"⁸⁹⁶

在埋葬那天，各方面答应的钱全没有收到，为了向这些英国的狗东西付埋葬费，我最后不得不跑到邻居法国人那里。同时非常不幸的是，又接到魏德迈的来信，从来信看，在美国的一切希望似乎也全都破灭了。克路斯那里现在比较有希望。虽然我是一个坚强的人，但是这种混账事情这一次却沉重地打击了我。⁸⁹⁷

魏德迈的信在这里留下了多么不愉快的印象，特别是对我的妻子，因为信是在埋葬我的最小一个孩子那天寄到的。她看到两年来我的整个事业如何

第三十三节 雾月十八日

不断遭到挫折。[898]

德朗克平安无事地到了这里。他比我意料中更令我满意一些。他长高了，也发胖了。因此变得更自信了。他暂时非常快乐地住在安许茨那里。[899]

解说：5月底，马克思（34岁）到曼彻斯特，与恩格斯合写《流亡中的大人物》，主要批评金克尔、卢格。[900]

回到<u>伦敦</u>，就马上誊写手稿。星期一［6月28日］中午已经最后完成。我口述，由我的妻子和德朗克轮流笔录。星期三中午我收到了钱。班迪亚扣下了七英镑……。此外，还有德朗克参加工作的报酬。这样一来，剩下的钱甚至不够维持家里的开销。[901]

解说：而相比之下，马克思的老对手、论敌蒲鲁东却因为写作而发大财。蒲鲁东先生由于写了他的《反拿破仑》（《从十二月二日政变看社会革命》）而捞到几十万法郎。[902]

沙佩尔曾通过伊曼特向我表示悔过并向我试探。回答是：首先他必须同维利希公开决裂，下一步很清楚。这是必要的条件。[903]

解说：恩格斯在公司得到了财务自由，他写信来说，"这新合同中最重要的一点是，从7月1日起我的薪水不仅增加了，而且完全归我了，再也没有人来查问我钱是怎么用的了。"[904]马克思8月2日写《英国的选举——托利党和辉格党》。马克思本人为《纽约每日论坛报》撰稿实际上是从这篇文章开始的。在这以前他寄给该报的文章只是恩格斯写的"德国革命和反革命"这一组文章。本文和"宪章派"一文是一个整篇，最初马克思是用德文写的，写后寄给了在曼彻斯特的恩格斯，由他译成英文。[905]

我的妻子病了，小燕妮病了，琳蕙患一种神经热。医生，我过去不能请，现在也不能请，因为我没有买药的钱。八至十天以来，家里吃的是面包和土豆，……在现在的气候条件下，这样的饮食自然没有什么益处。给德纳的文章我没有写，因为我连读报用的便士也没有一个。[906]

我……只有一点希望，虽然是微弱的，这就是一个伦敦书商愿意用英文出版这个东西（《路易·波拿巴的雾月十八日》）。我应预先把第一章交给他做样本。因此，我让皮佩尔翻译这一章。译文中错误和遗漏非常多。[907]

解说：于是，马克思再把译本寄给恩格斯校订，这对恩格斯来说总比自己翻译要省事，还要恩格斯写一篇最多不超过十行的英文序言。[908]

于是皮佩尔每天问我，恩格斯是不是已经把这个东西寄回来了，并对他的出色的工作写了些什么。我当然不能把这告诉他，于是这个傻瓜以为，我不怀好意，向他隐瞒了恩格斯的高度的称赞。9月9日，我去请医生的时候，碰到了这个吹牛大王。"恩格斯写信来了吗？他把译文寄来了吗？"我回答说还没有。"但是他会这样做的，因为我自己已写信给他"——皮佩尔这样说。[909]

写波拿巴的热潮已达到顶点，现在它和伦敦的所有事情一样，开始被新的题目所排挤。[910]

解说：马克思9月18日写信给恩格斯说：

"我妻子的身体比过去任何时候都弱，她没有一点力气。三天来她遵照医生的嘱咐每小时喝一匙白兰地。不过情况正在好转，今天终于下床了。她躺了整整一个星期。小劳拉正在恢复健康，其余的人都很好。下个星期才能详细地写信给你。这个星期是在毫无结果的事务奔忙中和同债主的令人讨厌的争吵中度过的。"[911]

维尔特［9月19日］星期天就在这里了。[912]他把我通常用来写作的晚上的时间，差不多全都占了。而我并不非常高兴。……我很喜欢维尔特，不过，在处境十分狼狈的情况下，身边却有一个如此文质彬彬的绅士，而且还必须把最羞于出口的事情瞒着他，这是很痛苦的。这种情况使人感到特别尴尬；……不过我想，除了我的妻子的病情，他还不深知我的境遇。[913]

解说：燕妮记述了马克思的奔波劳碌："我丈夫处于里里外外的压迫之下，不得不为家务事整天奔走，现在已经五点钟了，还没有回家。"[914]

第三十四节　同盟解散

解说：科伦共产党人案件有了新的进展，"共产党人的巨大案件。10月23日的开庭，使整个案件发生了惹人注目的、有利于被告的大转变，……大家

第三十四节　同盟解散

又都开始振奋起来。……'马克思派'在日以继夜地工作,脑袋和手脚一刻也闲不下来。"[915]

在我的家门口至少试探性地又设置了一个警卫(每天晚上)。因此,我认为现在不宜让普鲁士政府知道的事情,我绝对不能写信。[916]

德纳对我非常粗暴。……我直接写信给他,谈了我的情况,并且请他把已经寄去的文章的稿酬立即寄来。但是,他定期发表文章,稿酬却仍然没有寄来。当然,尽管如此,我仍不得不继续准时地写下去。否则,受惩罚的还是我。我用对美国的这种希望来安抚自己的房东……。[10月25日],这个家伙又来了,并且把女管家和我臭骂了一顿。因为我终于使用了最后的手段,说了难听的话,他……走时威胁说,如果我本星期内不给钱,他就要把我赶到街上去,事先还要派一个评价员(□评价员是英国官吏,负责估价或变卖因欠债而被查封的家产)到我家里来。[917]

在10月25日[我]就……把证明记录本是捏造的那些基本材料寄走了,……不是寄给施奈德尔第二,而是寄给冯·洪特海姆先生。[918]

解说:证明施梯伯所提供的"原本记录"是伪造,是案件相互质证的关键。

10月27日[密探]们跟踪[我],从……住所跟到马尔波罗街,从马尔波罗街跟到……住所,又从……住所跟到邮局。他们只是在[我]到区的治安法官那里去,要求他下令逮捕这两名"盯梢"时才溜之大吉。[919]

在马尔波罗街的完全公开的治安法庭上[我]当着英国各报的采访记者正式确证绝密的文件,在这些文件上有李卜克内西和林格斯的亲手笔迹以及"王冠"小酒店老板关于会议日期的证词。[920]

11月5日星期五,伦敦收到了一份《科伦日报》,上面刊载了有关陪审法庭于11月3日的开庭情况的报告,庭上听取了戈德海姆的证词。[921]

解说:11月3日和4日,施奈德第二在科伦陪审法庭上为被告们辩护。[922]

科伦案件由于长期拖延,由于原告方面采取了种种不寻常的手段,已成了一起尽人皆知的案件,因而宣判被告们无罪就无异于宣判政府当局有罪。[923]

11月12日,科伦案件的被告们被判罪。过了几天,根据我的提议,[共产主义者]同盟宣告解散。……同盟之所以解散,是因为从[1851年]德国大肆逮捕以来,……同大陆上的一切联系实际上都已经中断了;加之这种宣传团体也根本不合时宜了。[924]

科伦共产党人案件本身揭示出，国家权力在其反对社会发展的斗争中是软弱无力的。[925]

解说：11月18日，马克思写了针对科伦案件结束发表的声明。并将德文寄给魏德迈在美国翻译发表，英文草稿寄给恩格斯润色在英国发表。[926]

12月6日，在科伦共产党人案件结束几个星期以后，我把我的关于这一案件的《揭露》的手稿寄给了巴塞尔的出版商沙贝利茨。[927]

与在美国发表《揭露》同时，维利希先生和金克尔一起来到了美国。他们两人是为了募集革命公债到那里去的，因为按照金克尔当时在美国的德文报纸上阐述的观点，只要有搞革命所"必需的钱"，"搞革命就像建铁路一样容易"。我坚决反对了这种愚蠢的做法。在美国发表了《揭露》以后，维利希至少等了四个月，而后才仅仅在《纽约刑法报》上刊登了一篇答复。[928]

阿伯丁勋爵及其联合内阁是在……12月16日的表决推翻了得比政府以后上台执政……。[929]这个内阁是由这些人组成的：辉格党的一部分寡头政治家；皮尔分子的官僚集团；所谓梅费尔激进派的某些混杂物，如摩耳斯沃思、奥斯本以及萨德勒、克奥、蒙塞耳等爱尔兰旅的捐客——他们在12月16日决定了事情的结局，同时也得到了次要的内阁职位。新内阁自称为"群贤内阁"，它也真的几乎收罗了三十多年来在政府中互相轮换的所有贤人。[930]

沙佩尔，在科伦案件结束后不久就懂得并且承认了自己一时的迷误。[931]

1853年初，维利希—沙佩尔的宗得崩德也寿终正寝了。[932]

我［1月28日］第一次冒险自己用英文为德纳写了一篇文章。皮佩尔当校对，只要我有一本很好的语法书并大胆动手写下去，事情一定会顺利地进行的。[933]

沙贝利茨拖延了几个月才印，后来他在运送小册子的时候干得很愚蠢，使全部运往德国的出版物在巴登边境上被没收了。[934]两千册我的《揭露科伦案件》3月在巴登边境被没收……。我深信班迪亚在这件事上也插了一手。这是一个应该粉碎的无耻之徒。[935]

我自科伦案件以来完全钻进了我的工作室。我的时间对我来说是太宝贵了，不能把它浪费在徒劳的努力和无谓的吵架上面。[936]

解说：燕妮3月10日给朋友写信说，"我亲爱的卡尔几个星期以来感到身

第三十四节　同盟解散

体不舒服，而最近几天严重到几乎发炎的老肝病又发作了，这个病在他家是遗传性的，他父亲就死于这个病，这使我尤其害怕。今天他又好些，他在给《论坛报》写文章，委托我写信。"[937]

解说：3月12日马克思和恩格斯写了《不列颠政局——迪斯累里——流亡者——马志尼在伦敦——土耳其》，发表在论坛报。从本文起，马克思和恩格斯联系着俄国和西欧列强在近东和巴尔干半岛上的矛盾尖锐化，开始在《纽约每日论坛报》上对东方问题作系统的阐述。[938]

[3月22日前后]，伦敦警察当局逐街逐巷地搜集流亡者的资料。主要是向附近的酒馆老板打听，有时也在一些虚假的借口之下闯入私人住宅进行搜查。[939]

解说：面包铺老板已声明不再赊售面包了，4月26日他的进攻被穆希（埃德加·马克思）打退了。当面包铺老板问他："马克思先生在家吗？"，他回答说："不，他不在楼上"，然后就把三个面包夹在腋下像箭一样飞跑开，并把这一切告诉了自己的摩尔。[940]

我[4月30日]星期六早晨动身[去曼彻斯特]。[941]

由于施特龙的时间表不对，我错过了"议会火车"，只得坐了二等车。[942]

解说：5月20日马克思（35岁）从曼彻斯特回伦敦。[943]

恩格斯称赞我的"幼稚的"英文，使我大为鼓舞。我的不足之处，第一是在语法上没有把握，第二是不能灵活运用辅助短语，而没有这些短语就不可能写得很生动。[944]

解说：6月5日，马克思的妹妹路易莎和约·卡尔·尤尔塔夫妇来访。[945]"这对年轻人要到开普敦经营一家书店"。[946]

新近结婚的妹妹和她丈夫突然来访，他要由此地坐船到好望角去做批发生意。这件事，加上为《论坛报》写通讯，还有美国方面的一些琐事需要处理，占去了我许多时间。[947]我的妹妹很胖，经过赤道的时候够她流汗的。[948]

解说：马克思在6月10日写的文章中，分析了以印度为代表的东方村社制度的根源（公共设施的国家化）、特点（自给自足）和缺点（交往贫乏、创新失落），马克思写道：[949]

"这些田园风味的农村公社不管初看起来怎样无害于人，却始终是东方专制制度的牢固基础；它们使人的头脑局限在极小的范围内，成为迷信的驯服工具，成为传统规则的奴隶，表现不出任何伟大和任何历史首创精神。"

解说：6月，马克思在图书馆里完成了经济学的第22本和第23本笔记。[950]

伦敦的公众在［7月27日］星期三早晨睡醒以后，……伦敦仿佛不再是一个城市了。在我们已经习惯地看到有什么东西的那些地方，竟然是而且继续是一块空场子。广场上的荒凉景象使你的眼睛很不习惯，而死一般的沉寂使你的耳朵很不习惯。伦敦究竟发生了什么事情呢？马车夫闹革命了！马车夫和他的车辆好像奇迹一样，从街上、从自己的停车站上、从火车站的广场上不见了。出租马车主和马车夫都起来反对关于马车夫的新法律，……他们罢工了。[951]

解说：燕妮有一个记事簿，记录发送文章给《纽约每日论坛报》的日期。基本上是每周二、周五。[952]10月，马克思开始写《帕麦斯顿勋爵》，刊登在《人民报》上。[953]11月21日，马克思开始写《高尚意识的骑士》。[954]

解说：论坛报的报酬使得马克思一家得以过一个快活的圣诞节。燕妮说，"这一年的圣诞节是我们在伦敦度过的第一个快活的节日。每天折磨着我们的烦恼由于卡尔和《纽约每日论坛报》建立了联系而中止了。这一年我们有了樱桃、草莓甚至葡萄。朋友们给我们三个亲爱的孩子带来了许多可爱的礼物，有玩具娃娃、手枪、餐具、鼓和喇叭，德朗克很晚还到我们家里来装饰圣诞树。那是一个非常幸福的夜晚。"[955]

解说：1854年1月1日前后，小埃德加尔身上显出不治之症的初期迹象。如果此时能够离开这狭小、有碍健康的住所，孩子可能还有救。[956]1月5日，马克思和小埃德加尔还没有好。马克思给恩格斯写信。中间被小埃德加尔打断，他发高烧、说胡话、在床上折腾。[957]1月10日，全家仍在病中。[958]

塔克尔这口猪派人到我家里来了。《帕麦斯顿》第一版的五万册已经售完。这位先生现在派人到我这里来——他从来没有这样慈悲过——并要我对这本书作些修改，好出第二版。[959]

那篇反对帕麦斯顿的文章，曾不止一次地在英格兰和苏格兰以小册子的形式再版，印数一万五千到二万册。[960]

我同乌尔卡尔特碰过头。他令人吃惊地恭维了我，说文章（《帕麦斯顿勋爵》）就像出自"土耳其人"之手，但是这样的意见得不到我的承认，我说我是一个"革命者"。他是一个十足的偏执狂。坚信有朝一日他会当上英国的首相。当其他人都垮台的时候，英国会来找他，说：乌尔卡尔特，救救我们吧！于是他就去拯救英国。在谈话中，特别是在同他有矛盾时，他就激昂慷慨，这给我留下十分可笑的印象。[961]

解说：乌尔卡尔特（1805—1877），英国外交家，三十年代在土耳其执行外交任务，曾揭露帕麦斯顿的对外政策，《自由新闻报》创办人。

第三十五节 工人议会

3月6日上午10时，工人议会的代表在曼彻斯特的民众文化馆里召开大会。第一次会议当然只讨论了一些准备工作问题。斯托克波尔特的代表詹姆斯·威廉斯和伦敦代表詹姆斯·布莱提出的邀请马克思博士作为名誉代表出席工人议会会议的提案（得到厄内斯特·琼斯的支持）被一致通过。对于路易·勃朗先生和纳多先生，也通过了同样的决定。不管工人议会的直接成果如何，召开工人议会这个事实本身就标志着工人阶级历史上的一个新时代。[962]

工人议会……是全国范围的各行各业的工人的真正代表机关。工人议会能不能取得成就，主要甚至完全取决于它是不是从这一原则出发：当前问题不在于所谓劳动组织，而在于工人阶级的真正组织。[963]

非常遗憾，我不能……离开伦敦，因此不可能亲自表达我在接到要我作为名誉代表参加工人议会的邀请时所感到的骄傲和感激的心情。[964]

解说：马克思于是在3月9日写信给工人议会，信中写道：[965]

"大不列颠的千百万工人第一个奠定了新社会的真实基础——把自然界的破坏力变成了人类的生产力的现代工业。……现在它应当实现解放劳动的第二个条件。它应当把这些生产财富的力量从垄断组织的无耻的枷锁下解放出来，使它们受生产者的集体监督。"

解说：在《工人议会纲领》中规定了为支援罢工和组织、帮助工人而募集基金及其管理，"工人除了具有分享雇主利润的不可争辩的权利之外，还具有另一种更高的权利，即支配自己劳动的权利。""工人在为现在的资本家雇主阶级工作时，其所获的劳动报酬应为劳动和资本共同创造的纯利润的一半。"[966]

皮佩尔成了我的累赘。因为3月19日他被赶出了寓所，我当然只得把他安置在我这里。[967]

皮佩尔收到了从华盛顿寄来的第一张期票，〔4月3日〕晚上又为自己弄到了寓所。现在他傲慢得像只火鸡。他不是简单地挣到了钱，而是作为一个作家挣到了钱，而且不仅是作为一个作家，还作为一个政治家！暂时他发誓——或者至少他说是发誓——要同伦敦的公娼断绝关系，而要找一个健康的爱人。身份不计，年龄可能也不拘，但是健康，这却是关键。经验教训了这个雄赳赳的青年要从医学观点去观察女性。如果把他的本来面目描绘出来，这个雄赳赳的青年人可以作为他人的鉴戒。[968]

我……抽空学西班牙文，从卡德龙学起。歌德在写他的《浮士德》时不仅在个别地方，而且整场整场地汲取了卡德龙的《神奇的魔术家》——天主教的浮士德。此外，说来可怕，用法文不能阅读的东西，却用西班牙文读完了，如沙多勃利昂的《阿塔拉》和《勒奈》，贝尔纳丹·德·圣比埃尔的东西。现在我拼命读《唐·吉诃德》。我发现，学西班牙文的初期比学意大利文要更多地求助于字典。[969]

解说：可是，没过几天马克思（36岁）就病了。燕妮说，"卡尔从5月8日开始受着急性神经痛的折磨，牙齿、耳朵和整个面部都痛，弄得他没有一个夜晚能入睡，〔5月13日〕还痛得很厉害，什么药都没有用。从普芬德到拉斯拜尔，我们跑遍了一切药房，可是依然痛得厉害。只是13日夜里用了斑蝥硬膏和鸦片等等，他稍稍出了些汗，才显然有一些好转。"[970]

我的病——从5月8日开始拖了两个星期——出现了险情。话都不能说了，甚至笑一笑也疼，因为鼻子和嘴之间长了一个很大的脓包，5月22日早上脓包消了一些，至少能忍受得住了。肿得很厉害的嘴唇也差不多恢复了原状，如此等等；简言之，从一切征候看来，很快就会复原。只有魔鬼才愿意脸上长两个星期这样恶心的东西。玩笑也开不了了。15日前后，我不得不完全停止看书和吸烟。5月22日我等弗罗恩德来，好问一问是否能试着抽一支雪茄烟。从星期五（星期四夜里）起，三个孩子都出麻疹，不幸透了，家里变成了真正的诊疗所。[971]

解说：燕妮写信给恩格斯，说马克思请他在星期二之前寄一篇文章来，以免稿酬又要落空。[972]5月23日下午三时，"卡尔听到盼望已久的邮递员的重复敲门声，高兴得不得了。'这一定是弗雷德里克——两英镑得救了！'——他提高嗓门说。可惜他的病还非常厉害，……他既是贫困的拉撒路，又是独眼的鬼。至于写东西，现在连想都不用想。他以格莱斯顿的一些冗长的演说折磨自己，非常生气地说，正当现在，他握有关于格莱斯顿先生及其草案的充足的材料，却不能写作。"[973]于是燕妮写信告知恩格斯文章收到，并请他在周五之前再写文章来。燕妮将收到的文章写上地址，与刚写的信一起付邮。[974]

6月2日有一个叫奥托博士的矮胖的民主主义者无赖到我这里来。是个丹麦人。据他说，现在他是从什列斯维希—霍尔施坦被驱逐出来的，而在1848—1849年间他参加过什列斯维希—霍尔施坦运动和绍林吉亚运动。[975]

我[6月3日]已经痊愈，孩子们虽然还不能出门，也全都下地了，但我的妻子感到很不舒服，大概是由于守夜和照料病人的缘故。最糟糕的是，她不想找医生，而是自己开药方，她借口说，两年前也是这样的小病，弗罗恩德开的药却使她的病情恶化了。……所以每星期二的通讯稿我不能寄出了，因为皮佩尔在这一天有课，不能给我当秘书，我妻子这样的状况，也不能烦劳她去抄写。[976]

我终于在6月12日坚持把医生弗罗恩德请来了。他劝她，只要健康允许，就到德国去一趟，这正符合我的岳母的愿望。目前的障碍就是没有钱，但无论如何也要办到这件事。[977]

因为索荷区是霍乱的主要流行区，身无分文的状况——且不谈家里的消费一刻也没有停止——就更令人难忍了；人一批一批地死（例如，宽街平均每户死三个人），对付这种讨厌事情，最好的是"食品"。[978]

霍乱流行病在我们这个区里之所以猖獗，是因为在6月、7月、8月敷设下水道时穿过了一些埋有1668年（好像是）鼠疫死者的坑穴。[979]

夏季霍乱在英国十分猖獗，……联合内阁认为设置一个新的内阁职位——保健委员会主席……的时机到来了。于是本杰明·霍尔爵士就成了保健大臣。[980]

在我的妻子病得最危险的时候，可尊敬的弗罗恩德医生突然不来了，并给我送来一张二十六英镑的账单，想"说明"他是作为医生同我发生"关系"的。由于我的妻子的情况危急——当然不得不向亲爱的"朋友"（□医生的名字Freund也有朋友的意思）投降，于是以书面形式答应他在本月底付给他八英镑，其余的每隔六周付一次。如果这家伙对我不是这样突然袭击，他不可能就这样把我欺压倒的。可是又怎么办呢？其他任何一个可尊敬的医生出诊，我都必须立即付钱，此外，即使这一点能办到，在病危的情况下，没有预先打听清楚他的医术等情况，也不能像换一件衬衣那样更换医生。[981]

这些小小的不愉快，使我变成一个非常沉闷而迟钝的人了。没有家的人Beatus_ille（□译为：真是幸福。出自贺雷西《抒情诗集》第2首第1节）。[982]

家里乱七八糟，妻子［7月8日］要去特里尔，准备工作异常紧张。[983]

要是［7月15日］星期六你在伦敦街头走走，就会听到所有的报贩子都在喊："英国、土耳其、法国军队在茹尔日沃大胜俄军，联军占领了布加勒斯特。"[984]

我把三英镑同五英镑加到一起，作为付给"朋友"的第一笔款子，把八英镑左右的钱作为妻子的旅费；旅行已经不能再拖了，她又需要一些新的装备，因为妻子自然不能破破烂烂地去特里尔。这些额外的花费又使我同我那些固定的和"日常的"债主发生冲突，等等。"这是老生常谈了"。[985]

每逢星期五有皮佩尔当我的秘书，而星期二我却找不到人当秘书。[986]皮佩尔把一个妓女当作宝贝，和她同住了两个星期，变得像一头瘦削的小猪崽，咳！两个星期挥霍了二十英镑，现在两个口袋全空了，又来拖累我。这家伙从早到晚、从晚到早都待在这里，这么大热天，真够受。何况还要妨碍我工作。[987]

我的一笔十一英镑的特殊开支［燕妮的预算外花费］，使我陷进极端穷困的境地。此外，整个时间……身无分文的皮佩尔，吃住都在我这里。[988]

解说：马克思8月4日星期五写《埃斯帕特罗》，揭露了投机的西班牙政客埃斯帕特罗，文中写道：

"一切革命都有一个显著的特点，这就是：正当人民似乎临近一个伟大的开端、一个新时代展现在他们面前的时候，他们却让自己沉湎于过去的幻想，自动地把自己好容易才争得的权力、一切影响让给过去时代人民运动的真正的或者冒牌的代表。历史上有这样一些人，人民惯于在社会危机时刻把他们背在自己的背上，而以后就很难摆脱掉他们，……埃斯帕特罗便是这样一类人。"[989]

我的妻子8月23日回来了，她身体很好。在家乡，由于"局势不安定"，人们都显得很沮丧。[990]

解说：马克思9月2日写信祝贺恩格斯成为交易所的一员：

"你现在是交易所的一员，而且是完全受尊敬的。特向你祝贺。很想听一听你在这狼群中的咆哮。"[991]

解说：此时，马克思学会了西班牙语，将研究重心放在西班牙。

我主要研究了1808年到1814年和1820年到1823年这两个时期的西班牙史料。[后]转入1834年到1843年这个时期……。历史相当混乱。最困难的是阐明事态发展的内在动机。无论如何，我已经非常及时地着手研究《唐·吉诃德》。如果把整个这些材料最扼要地加以阐述，可以给《论坛报》写六篇文章。……我的科学研究能得到报酬，这确实是一种进步。[992]

解说：9月5日至22日马克思写《中央洪达》。由于1854年西班牙爆发资产阶级革命，马克思仔细研究了十九世纪西班牙革命的历史。[993]

李卜克内西曾非常忧郁，他在一个英国女人和一个德国女人（厄内斯蒂娜·朗多尔特）之间举棋不定，英国女人希望嫁给他，而他却想娶住在德国的那个德国女人；最后，这个德国女人突然光临，于是（9月17日）他同她举行了宗教的和世俗的婚礼。看来，两个人都很痛苦。他无处可去了，因为人都走了。他的蜜月是在教堂街147号那所房子里度过的，他在那里负债累累，因此很是扫兴。但是，有谁迫使这个了解这一切情况的蠢驴去结婚呢，而且恰恰是在现在！因为这个女人在这期间已经在德国订过一次婚了，所以，不言而喻，事情无论如何不是那么迫不及待的。[994]

解说：美国的危机通过《论坛报》也影响到了远在欧洲的马克思。

我要求发表文章都要署上我的名字，或者就什么也不要发表，他们却回答说，今后我的文章只用作社论发表，付给我的稿费将是过去的一半。我暂且给德纳写了一封信，说我还没有作出决定。[995]

解说：收入减少的同时偏偏又遇到了医生追债。

我从可尊敬的医生弗罗恩德那里收到了第三次讨债的单子，……我觉得，这个好朋友似乎想采取极端措施了。由于从《论坛报》得到的收入有一定程度的减少，现在我的生活水平低于伟大的德朗克，因此，对高贵的弗罗恩德来说，前景比任何时候都阴暗。最糟糕的是，我很快又会需要他。[996]

这个犹太人之所以一个劲儿地逼债，是因为他的妻子按他的要求在圣约翰伍德开办的一所高贵的学校使他濒临破产。[997]

我问过拉萨尔，他能不能为我在德国找到某种撰稿工作，……拉萨尔对我提出了下面的建议，……他的表弟弗里德兰德博士……月初将成为《新奥得报》的所有者……。要我作该报驻伦敦通讯员。弗里德兰德认为，开始他无力支付每月二十塔勒以上的稿费，但拉萨尔相信能够使他把稿费提到三十塔勒。[998]

我推测，这些家伙每周三篇通讯才能满意。我不能为了每月三十塔勒而不再去博物馆，买书我又没有钱。虽然我对这项工作很不乐意，但为了安慰我的妻子还是接受下来了。[999]

我在曼彻斯特恩格斯和鲁普斯那里做了几天客。[1000]

解说：12月20日，马克思回到伦敦。[1001]

两年来我只是用英文写作，我指的是为报刊写稿。用德文写作，开始会有些困难。[1002]我对伦敦几乎所有稍微大一点的阅览室都是熟知的。在这里，哪里也没有《新奥得报》。[1003]

解说：12月29日，马克思开始为《新奥得报》撰稿，第一篇题目是《克里木战局的回顾》。[1004]

第三十六节　幼子夭折

解说：**1855年1月16日**马克思的小女儿爱琳娜出生，亲友称她杜西。

早晨六七点我妻子顺利地生了一个可信任的旅行者（□英国法律用语，指新出生的小孩），可惜是个女孩。如果是个男孩，就更好一些。[1005]

第三十六节 幼子夭折

解说:"马克思夫人已经失去了她在伦敦生的几个孩子。当杜西快出世的时候,曾请医生来商量,马克思绝对信任的、医术高明的家庭医生艾伦博士说,有一个办法可以保住孩子的生命和健康,这就是说,在孩子5岁以前除了牛奶不要喂其他东西,在10岁以前主要喂牛奶。"[1006]

我的妻子恢复得很好,但婴儿的状况令人担心。[1007]

解说:1月24日,马克思写《议会常会开幕》。从本文起,马克思开始有系统地阐述议会关于本年度英国的对内和对外政策问题的辩论,这些文章刊登在《新奥得报》上。[1008]

我有四五天不能给任何人写信,因为眼睛发炎很厉害,……而我的"常任秘书"[燕妮]也因为天冷不能像通常那样很快就恢复过来。我的眼病是由于审阅自己的政治经济学笔记引起的——我想把材料整理出来,至少也是为了掌握材料,为整理材料作好准备。[1009]

穆希患了很重的胃炎,……婴儿一天比一天弱;闹得全家不得安宁,只好……换了奶妈。我的妻子产期情况极好,但是右手食指得了所谓脓性指头炎。不是什么了不起的病,但是痛得非常厉害,使人很烦躁。[3月2日]动了手术。我起先是得了该死的眼病,差不多已经好了,又是讨厌的咳嗽,只得吃几瓶药,甚至还在床上躺了几天。你看,整个家变成了诊疗所。[1010]

医生说,我已经两年没有离开索荷广场了,必须换换环境。因此,我很想在妻子再去特里尔以前,到曼彻斯特去看看。……无论如何,我要离开这里哪怕是短时间——当然,要等这里一切恢复正常之后——因为身体不适使我的脑子也发木了。[1011]

解说:但是在小埃德加的病好之前,马克思无法离开。一开始孩子复原得很快,医生很满意,3月8日的时候马克思觉得再过一星期也许一切都正常了。[1012]但是到16日马克思觉得孩子可能撑不过去了,燕妮也垮了,[1013]后来病情又有显著的好转,医生也给了全家最美好的希望,尽管小埃德加很虚弱,而且瘦极了,但是已经不发烧,腹部的硬块也大大缩小。马克思决定只要医生说危险期已经过了就动身到曼彻斯特。马克思因为每天看护孩子,累得要命。[1014]但是,后来他的病时好时坏,使得马克思的看法也几乎每小时都在改变。到月底的时候情况更糟了。[1015]

他的病最终有了我家遗传的腹部结核的症状,而医生看来也失去了任何希望。由于精神上的刺激，我的妻子一星期以来比任何时候都病得厉害。我心里难过极了，头像火烧一样，当然，我应当顶住。孩子在病中没有一分钟改变他那独特的、温和的，同时又是独立的性格。[1016]

解说：尽管如此，马克思仍然不间断地为《新奥得报》写稿。3月间，马克思至少在以下日期为报纸写了至少18篇稿子：2、3、6、7、13、17、19、20、21、24、27、28。

可怜的穆希［在4月6日］五六点钟的时候在我的怀中睡着了（真正睡着了）。[1017]

解说：李卜克内西回忆说，"我永远也忘不了那幅景象：母亲扑在死了的孩子身上啜泣，琳蘅站在一旁呜咽；马克思悲痛欲绝，狂暴地拒绝任何安慰；两个女孩依偎着母亲低声哭泣；母亲痉挛地抱住两个女儿，唯恐抢去他儿子的死神也会把她们夺去。"[1018] "他们的处境极为悲惨，甚至穷到没有钱给孩子安葬。当天夜里，马克思头发都灰白了。"[1019]

培根说，真正杰出的人物，同自然界和世界的联系是这样多，他们感兴趣的对象是这样广，以致他们能够轻松地经受任何损失。我不属于这样的杰出人物。我的孩子的死震动了我的心灵深处，我对这个损失的感受仍然像第一天那样强烈。[1020]

解说：李卜克内西回忆说："孩子死后两天才安葬。列斯纳、普芬德、罗赫纳、康拉德·施拉姆、红色沃尔弗和我都去了，我陪着马克思坐在车里，他一声不吭，两手托着头。我摸摸他的前额说：'摩尔，你还有你的妻子、女儿和我们呢，我们都那么爱你。''你们不能使我再得到我的儿子了！'他在呻吟，我们沉默无语地往托登楠大院路的墓地驶去。棺材还是很大的，因为这个身体一向瘦小的孩子在生病期间出人意外地长大了。棺材快要入墓穴时，马克思悲痛万分，我赶紧站到他身边，生怕他真的会跟着棺材跳进墓穴。"[1021] "托登楠大院路上有好些杂货铺和商店。大路左边有一座'小礼拜堂'（教友派教徒维特菲尔德的'神龛'），埃德加尔就葬在教堂公墓。"[1022]

亲爱的孩子曾经使家中充满生气，是家中的灵魂，他死后，家中自然完全空虚、冷清了。简直无法形容，我们怎能没有这个孩子。我已经遭遇过各种不幸，但是，只有现在我才懂得什么是真正的不幸。我感到自己完全支

第三十六节 幼子夭折

持不住了。幸而从埋葬他那天起我头痛得不得了,不能想,不能听,也不能看。[1023]

解说:马克思4月12日写信给恩格斯说:

"在这些日子里,我之所以能忍受这一切可怕的痛苦,是因为时刻想念着你,想念着你的友谊,时刻希望我们两人还要在世间共同做一些有意义的事情。"[1024]

我同德朗克〔4月16日〕看见了巴登格(巴黎人对路易·波拿巴的戏称),他正路过威斯敏斯特桥。这只穿制服的猴子。[1025]

解说:这指的是拿破仑第三到达英国访问。他从狱中逃出来时(1846)穿的是泥水匠巴登格的衣服,获得了"巴登格"的绰号。

在波拿巴逗留伦敦期间,〔警察局让〕所有反对他的标语和漫画好像变戏法一样都从墙上消失了。[1026]

星期三〔4月18日〕早上我……和妻子一起乘议会火车离开〔家〕里前往<u>曼彻斯特</u>。[1027]

解说:然而,马克思(37岁)从曼彻斯特回来后,伦敦天气一直很坏。燕妮十分痛苦,全家仍然心情很坏。5月17日晚上燕妮病倒了。[1028]宪章派6月17日在海德公园组织大规模的游行示威,抗议议会通过的一系列损害劳动者利益的措施,如取消星期日交易,将公共娱乐场所星期日营业限制在晚上几个小时。[1029]

到那天下午3点钟,约有5万人聚集在指定的地点,即海德公园瑟盆坦湖右岸的广阔的草地上。不久,由于左岸的人不断涌来,聚集的人数至少增加到了20万。可以看到,一小群一小群的人在挤来挤去。在场的大批警察显然企图剥夺大会组织者们的那件阿基米德为了扭转全球而要求的东西——立足点。……在这三个钟头里,积极的男女宪章主义者一直挤在人群中散发传单。传单上面用大字印着:"重整宪章运动!兹定于下星期二,即6月26日在弗来尔街的文学科学研究会,在民法博士会馆举行群众大会,选举参加首都的重整宪章运动会议的代表。自由入场。"[1030]

施特龙在我这里,遗憾的是他妨碍我〔7月17日〕寄文章给《论坛报》。[1031]

因为可敬的弗罗恩德医生对我提出了司法追究。由于他,我甚至被迫离开伦敦几乎一个星期。[1032]全家……在<u>坎伯威尔</u>(自然,我大部分时间也在那里）。皮佩尔在我们这里做客。所以，我除了最必需的文章——给纽约和德国的文章——以外没有可能写什么东西。[1033]

伊曼特……前往苏格兰……一个月。他在这段时间把坎伯威尔他那套小屋子让给我用。全家都搬到那里去换换空气，目前也只能做到这一步。[1034]

解说：因为坎伯威尔距离伦敦不远，所以马克思可以时常回家看看。燕妮回忆说："9月，我们又回到我们［伦敦］第恩街的老司令部，只要英国小小的遗产能够使我们摆脱面包房、肉店、牛奶铺、煤铺、卖菜的以及诸如此类的'敌对力量'，我们就坚决离开这个地方。"[1035]

解说：此后，马克思到曼彻斯特，住在格林码头巴特勒街34号。[1036]

该死的牙痛把我折磨得好苦，使我处于这样一种状态，即黑格尔在感性意识应转变为自我意识的阶段上对他所要求的那种状态，也就是说，我被弄得不能听、不能看，自然也不能写了。[1037]

［写给摩里茨·埃尔斯纳的］两封信我都收到了。第一封稍微迟到了一些，因为我妻子把它寄往曼彻斯特时偶然有所耽搁。收到……第一封信后，我肯定［埃尔斯纳］已经退出了《新奥得报》，因此我立即停止了寄通讯。而……第二封信到来的时候，我的牙痛正好发作。[1038]

我有整整半年的时间是《新奥得报》的通讯员，这是我在国外时为之写文章的唯一的一家德国报纸。[1039]

维尔特在大陆长期旅行后（他于7月底由西印度归来），……又来到曼彻斯特……。听他谈话是很有趣的。他见得多，经历多，观察也多。他走遍了南美、西美和中美的大部分地方。他骑马越过了帕姆帕斯草原，登上了秦布拉索峰。他在加利福尼亚也度过了不少时光。他……虽然没有写小品文，但却在口述它们；这样，听的人还得到一个好处，可以看见他生动的模仿和面部表情，听到充满热情的笑声。维尔特总是幻想着西印度的生活，非常蔑视人类的糟粕，也不喜欢此地的天气及其北方气候。的确，这里是很糟的，糟透了。[1040]

解说：12月，马克思回到伦敦之后，还是被囚禁在家里。这种拘禁日子开始让马克思厌烦。[1041]

［12月12日］晚上有人到我这里来，你一定想不到是谁！来的是我已经一年没有见面的埃德加尔·鲍威尔，同他一起来的还有布鲁诺。后者到这

第三十六节 幼子夭折

里已经两星期,而且大约要逗留六个月,"以检验自己的主张正确与否",从他着手的方法来估计,他不可能达不到目的。他显然老了,头也秃了,多少使人觉得他像一个迂腐的老教授。目前他住在埃德加尔那里,那是一个坐落在海格特一头的破旧小房,处于最可怜的小市民的环境里,周围什么都看不见,听不到。他认为伦敦就是这个样子,并且深信除三万个有特权的人以外,一切英国人的生活都同埃德加尔·鲍威尔一样。……"批判"认为,归根结底倍尔托特·奥艾尔巴赫是它的真正的基础。在布鲁诺看来,除了几个"纯商业城市",德国的城市正在衰落,"农村"正在大大繁荣。关于工业高涨他只字不提,但是对于现今德国除了一些"改进"而别无作为这点,他表示了隐隐的哀愁。在他看来"英语"是"可怜的",它已经完全罗曼语化了。为了安慰他,我说,荷兰人和丹麦人关于德语也正是这样说的,而"冰岛人"是唯一没有受罗曼语影响腐蚀的真正日耳曼人。布鲁诺这个老东西在语言上下了不少工夫。他能说波兰话,因此宣称波兰语是"最美的语言"。他研究语言,显然是完全不加批判的。例如,他认为多勃罗夫斯基远比格林"更杰出",并称之为比较语言学的鼻祖。……他虽然竭力装出一副幽默的样子,但是对"现实"还是明显地流露出很大的不满和忧郁的情绪。在德国——真可怕!——除了自然科学方面编纂的一点点东西以外,没有什么可读,也没有什么可买。[1042]

又多次遇见布鲁诺。浪漫情调愈来愈证明是批判的"前提"。……他想在英国待一年。我认为,他是想在英国传播德国已不复存在的"科学的神学"。他宣布洪堡是一头地道的蠢驴,因为洪堡在国外骗取了本来应当属于他的荣誉。[1043]

[1856年1月18日]服完了第六瓶也是最后的一瓶药,病大体上又好了,不过最阴险的痔疮还在折磨人。[1044]

[2月的]一个晚上,皮佩尔坐在我家里给孩子们上课,邮差在楼下敲门。一封给皮佩尔的信,是女人的笔迹,邀他会面。他不认识笔迹,更不认识信上的署名,但是他满怀希望,把信拿给我的妻子看。她一看署名,就知道是在我家当过奶妈的肥胖的爱尔兰老娼妇。她自己不会写信,所以让第三者代笔。你可以想象,大家是怎样取笑弗里多林的。他毕竟同这头"母牛"会了面。这就是他的"奇遇"。啊,维斯瓦米特拉王,你是怎样的一头公牛![1045]

［2月12日］顽固的痔疮和由此而来的沮丧情绪还多多少少纠缠着我。再加上皮佩尔……给我演奏了一点未来的音乐。这是一种可怕的东西，能够造成对"未来"及其诗歌和音乐的恐惧。[1046]

解说：6月7日，马克思（38岁）和皮佩尔一起去赫尔，然后马克思赴曼彻斯特，皮佩尔回伦敦，在马克思回伦敦以前作为秘书执行马克思委托的某些任务。[1047]6月12日马克思又开始给《论坛报》写稿。[1048]7月20日前后马克思回到伦敦。[1049]

第三十七节　格拉弗顿坊

解说：这一年，马克思家的经济状况有了改善，燕妮说：春天"我们终于得到了一小笔能够救急的款子。所有的债务都还清了，银器、衣物等也从当铺里赎回来了。我穿上崭新的漂亮的衣服，最后一次同剩下的三个孩子回到了我们心爱的故乡。我回家不久，我可怜的妈妈就病得很厉害。她还和心爱的外孙女一起庆贺了她的81岁生日。当天她就病倒了，以后再也没有起床……"[1050]

我的妻子来信，告知她的母亲于7月23日去世了。这会使她提早返回伦敦。[1051]我……如坐针毡。家眷回来以前，我必须为住房操心，我不知道怎样从旧住宅搬出，又怎样搬进新住宅，因为我手头没有现款，……也没有任何指望。电刷也涂黑不了头发，因为沉重的心事从来没有这样厉害地使它发白。齐施克溜走了，因此我至少无定期地摆脱了给他还债的事。[1052]

有两个星期，每天从早到晚都忙于找房子。旧洞穴是无论如何不能再待下去了。我们终于找到了住宅——一整栋房子，家具要自己解决。这是：汉普斯泰特路哈佛斯托克小山梅特兰公园格拉弗顿坊9号。房租是三十六英镑。9月29日我们必须搬进去；这个星期要安置好家具。我们有些困难，因为城内需要支付约二十六英镑，而新的陈设需要更多的钱，就是说，我们缺少十至十五英镑，而且只是很暂时的，因为我的妻子由于特里尔的遗产还可以从柏

第三十七节 格拉弗顿坊

林她哥哥那里收到一笔相当的款子。[1053]

解说：9月29日马克思一家搬到<u>汉普斯泰特路哈佛斯托克小山梅特兰公园路格拉弗顿坊9号</u>。[1054]梅特兰公园路在伦敦北郊的肯提希镇，梅特兰公园只是瑞琴特公园延伸的一部分。[1055]格拉弗顿坊"完全在乡村，在汉普斯泰特小山脚下"。[1056]燕妮愉快地描述了这个住处，"我们经过长时间和费劲的奔走寻找，终于看中了一幢非常漂亮的住宅。这幢房子位于伦敦郊区最优美、最有益健康的地方，离汉普斯泰特荒阜不远，而荒阜是以景致秀丽和空气新鲜而著称的。这所房子具有英国人所喜爱的四个特点，它通风、向阳、干燥，而且是砾石铺的地面。房子的周围全是洁净的、绿茵茵的草坪和牧草地，牛、马、绵羊、山羊十分和睦地在草地上吃草。房子的前面是被雾气笼罩着的大都市伦敦，天气晴朗的时候，我们能准确分辨出圣保罗教堂的圆形屋顶。房子后面呈现出一派美妙宜人的景色。一片丘陵地一直通向树木环抱的汉普斯泰特的最高点和令人向往的、在山坡上高高矗立着一座教堂的海格特。房子的底层是厨房、洗衣间和所谓的早餐室，早餐室通往花园。花园不大，但仍可腾出很大一块空地，足以盖一个宽大的鸡窝。在这座雄伟的宫殿里，我所有的旧箱子和旧盒子都成多余之物了。二楼是两个客厅，三楼有一个较大的房间，一个卧室和一间小的厕所，四楼的布局与三楼一样。此外，还有一个宽敞的堆放各种箱子的阁楼。房租每年三十六英镑，只交七英镑的税，因为我们这济贫税很低。在这以前我们一直没有家具，为那三间小屋我们付出了和现在整所房子一样多，甚至还更多的房租。住带家具的房子是非常不合算的，但当时的情况逼着我们非住不可。现在我已经买了家具，布置了我们的小屋。尽管我竭尽全力，尽可能便宜地购买这些东西，买了一些旧货，并且把它们从五十所住宅拖到一起，但还是花掉了四十五至五十英镑。英国人的房间布置之所以花费浩大，是因为他们认为房子要从里到外全部铺上地毯，才算合乎标准。即使不去理会这些风俗习惯，这里的建筑方式也要迫使你非拿出一笔开支不可。地板的质量极为低劣，铺设得十分松散，上面的裂缝和窟窿多得要命，从里面钻出的阴风简直令人无法忍受。孩子们兴奋地在新房里窜来窜去，小爱琳娜高兴地不断吻着华丽的地毯和趴在壁炉前毡毯上的小狗。这几天我真是筋疲力尽到了极点，渴望在这有益健康、空气新鲜又有点凉爽的乡下休息一阵子。"[1057]

我租的房子按租金来说是很好，如果不是它附近的环境——道路等——还不怎样完善的话，未必能这样便宜地租到它。[1058]头两个星期，为了把家里多少弄得像个样子，城里城外来回跑个不停。[1059]

解说：燕妮描述了搬家时大家愉悦的心情，"当我们第一次躺在自己的床上，第一次坐在自己的椅子上，甚至坐在一个有洛可可式旧家具的，或者不如说，有一堆破烂的客厅里时，我们确实认为自己住进了一座迷人的宫殿，并且鼓号齐鸣地庆祝我们新的欢乐。"[1060]

解说：此时，恩格斯来信通报了世界经济的一个动态，"黄金对白银的比价下跌，白银也肯定不见了，可能在中国由于局势不稳定，许多白银被埋起来和藏起来了。其次，近来贸易差额非常有利于印度和中国，而不利于英国、大陆和美洲。9月16日人们从英格兰银行提走一百万黄金"。[1061]除此以外，刚搬进新家时候的兴奋掩盖不了这个地方的荒凉寂寥和与世隔绝。燕妮回忆说，"冬天我们是在十分僻静的地方度过。我们的朋友几乎都离开了伦敦，留下的少数人住在离我们很远的地方，而且我们住那间可爱的小屋（虽然面积很小，但比起过去的房子来却是我们的皇宫），人们几乎没有办法走进它。屋前没有一条好路，周围都在大兴土木，必须走过垃圾堆，下雨天，又厚又黏的红泥牢牢地粘在鞋底上，我们往往是经过疲劳的搏斗，脚上带着非常沉重的黏土才能回家。同时这个荒凉的地方又十分黑暗，晚上人们情愿待在暖和的壁炉旁边，不愿去和黑暗、垃圾、黏土以及石堆搏斗。我一冬天病得很厉害，经常服用各种各样的药物。过了很久，我才习惯了十分孤独的生活。我时常怀念我的俱乐部以及我们喜爱的小酒馆，在那里倾心的交谈常常能使我把生活上的苦难忘记一会儿。幸亏每星期还继续给《论坛报》抄写两次文章，因此可以经常了解世界大事。"[1062]

解说：一个季度后，又迎来了缴房租的艰难时刻。

如果我头一次就不能给房东如期交付房租，那就要完全丧失信用。[1063]

解说：于是12月22日，马克思又向恩格斯写信求助。

第三十八节 百科辞典

解说：大约从1857年1月1日前后开始德纳每天给马克思寄《论坛报》，但是不再刊登马克思的文章。[1064]这更令马克思家的财务雪上加霜。

我一星期又一星期地延迟开《论坛报》名下的期票，因为我总希望文章将来还会发表，但是任何类似这样的情况都没有。我的关于普鲁士、波斯、奥地利的文章都一律被退回。这些狗用自己的名字刊登所有我的文章约有四年之久，从而使美国佬忘却了我的名字，本来我的名声正在提高，而且可使我找到另一家报纸或以转入另一家报纸去威吓他们的。怎么办呢？在这种情况下，实在没有好办法。如果我现在开期票，这会给他们提供口实断然拒绝我，如果每星期写两篇寄去，指望十篇之中可能有一篇登出和得到稿酬，这实在得不偿失，无法干下去。如果文章都没有登出，我又怎能开期票呢？[1065]

解说：于是，马克思写信威胁德纳，结果是德纳让步，提出一个妥协的办法。

办法是这样：他们每周支付一篇文章的稿酬，不论他们发表与否；第二篇文章要碰运气，如果他们发表，才能开《论坛报》名下的期票。可见，他们实际上把我的稿酬减了一半。我还是同意，而且不能不同意。况且，如果英国的局势像我所预料的那样发展下去，那么不久我又会有过去那样的收入。[1066]

解说：马克思3月25日前后写了《切尔克西亚的叛徒》，文中写道：[1067]

"班迪亚是匈牙利的领导人之一，最初在科苏特手下工作，后来在瑟美列手下工作；1851年和1852年流亡英国；他被普鲁士政府和法国政府雇佣为密探。"

解说：德纳在4月6日给马克思的信中建议马克思参加编写他所出版的一部百科辞典。马克思把这封信寄给恩格斯征求意见，恩格斯于22日回信表示支持并提了细致的建议。[1068]燕妮说,"由于这不是一个固定的收入,而正在成长的孩子门和宽敞的房子又需要更多的开支。所以这个时期无论如何也不能说是富裕的。当时虽能不说是极端贫困,不过手头总是不宽裕,要处处操心,精打细算。尽管我们节衣缩食,但钱总不够用,因此债务就逐年逐月加重了。为了'不失身份',我们单独住一幢房子。于是债务越来越重。颠沛流离的生活结束了,过去在流放时,我们无时无刻不在同贫困斗争,现在至少要维持表面上的尊严。我们鼓足风帆,驶进市民生活的圈子。我们还像以前那样感到有压力和烦恼,暗中去找那'三个救命的球'(□当铺,当时英国当铺门前常挂三个球)——这个词已经没有任何幽默诙谐的意思了。"[1069]

解说:4月中,马克思又病了。燕妮说:"恰理的半个脑袋痛。牙痛得很厉害,耳朵、脑袋、眼睛、喉咙都痛,天知道还有什么痛。无论阿片酊或者杂酚油都不管用。要拔掉一颗牙,可是他又不愿意。"[1070]但是不论愿意不愿意,看来马克思不得不把它拔掉了。

遵从基督教的戒律:"如果你的牙使你难受,就将它拔掉",我终于得到了安宁;同时我发现,这个该死的牙是几个月来折磨我的一切其他疾病的根本原因。[1071]

女孩子们长得很快,她们的教育费用也更贵了。她们现在上女子中学,由一个意大利人、一个法国人和一个图画教师个别授课。现在我还得给她们找个音乐教师。她们学得非常快。最小的女孩子——小宝宝——特别机灵,她硬说她有两个脑袋。[1072]

解说:5月1日前后,马克思的肝病复发,随后的时间马克思实际已经完全不能工作,费很大力气才能给论坛报写文章。为了使时间不完全虚度过去,马克思学习丹麦语。直到22日,肝病还没有好转,仍然泡在药水和丸药里头。马克思仍黄得像个榅桲(□一种像苹果的黄色果子)。[1073]

我的妻子终于分娩了,可是孩子没有生存能力,当即死去了。这事本身并不算不幸。但是一方面,与这事直接关连的情况在我的幻觉里产生了可怕的印象;另一方面,招致这个后果的情况使我回忆起来极为痛苦。[1074]

解说:燕妮也非常伤心,她说,"这样,又一个泯灭了希望的心灵被送往墓地,这件事再次勾起了我们的旧痛,引起了我们对亲人和亡人的不断思念。"[1075]

第三十九节　经济学手稿和五篇构想

解说：尽管面对疾病和生活的痛苦，马克思仍然又一次开始了自己的重要科学研究。7月马克思准备开始写自己的经济学著作，首先是从评巴师夏和凯里的著作开始。[1076]

我……发狂似的通宵总结我的经济学研究，为的是在洪水之前至少把一些基本问题搞清楚。[1077]

7月中，当康拉德·施拉姆从美国回到伦敦……来看我……，他这个年轻人的英俊而匀称的身体，已经被不治的肺结核病弄垮了，……他以他固有的、从未失去的幽默，笑嘻嘻地首先把他自己的讣告给我看，这是他的一个饶舌的朋友听信了谣言而在纽约的一家德文报纸上发表的。[1078]

解说：一些老相识在马克思最忙碌的时候拜访，自然得不到欢迎，燕妮说，"［8月11日前后的］一个晚上，小丑埃德加尔·鲍威尔曾来过我们这儿；此人确实没有一点鱼肝油而变成一条干鳕了，同时还自以为俏皮，他的努力很可怕，差点儿把我吓晕，而卡尔则真的作呕了（不是打比喻）。"[1079]

解说：关于巴师夏的手稿，写到最后马克思写道：

"不能再谈这些毫无意义的东西了。因此，我们抛开巴师夏先生。"

解说：于是放弃了这一手稿的写作。[1080]马克思重新开始经济学手稿的写作，在一个笔记本的封面上标上时间"8月23日"。开始写一个《导言》。[1081]除了写作经济学手稿，因为生计问题马克思还要撰写百科词条。但是，撰写工作也和马克思的研究是相互结合的。马克思在导言中提出了自己著作分篇的五篇构想：[1082]

"显然，应当这样来分篇：（1）一般的抽象的规定，因此它们或多或少属于一切社会形式，不过是在上面所阐述的意义上。（2）形成资产阶级社会内部结构并且成为基本阶级的依据的范畴。资本、雇佣劳动、土地所有制。它们的相互关系。城市和乡村。三大社会阶级。它们之间的交换。流通。信用事业（私人信用）。（3）资产阶级社会在国家形式上的概括。就它本身来考察。"非生产"阶级。税。国债。公共信用。人口。殖民地。向外国移民。（4）生产的国际关系。国际分工。国际交换。输出和输入。汇率。（5）世界市场和危机。"

在季度末，整个夏季延搁下来的全部困难问题又都来了。主要和唯一可以拯救我的是给《百科全书》加紧工作。随着秋季的来临，也必须从当铺赎回些东西。[1083]

我因写传记等东西自然必须看各种百科全书，其中也有德国的。于是我发现"劳动""阶级""生产"等等条目都是忠实地抄袭我们的东西，而且抄得很笨。但是又全都避免提到我们。[1084]

解说：经过了多年的经济学研究，马克思开始尝试对自己的理论研究进行体系化，如马克思所说，他放弃了以这种方式开头的尝试。

我把已经起草好的一篇总的导言压下了，因为仔细想来，我觉得预先说出正要证明的结论总是有妨害的，读者如果真想跟着我走，就要下定决心，从个别上升到一般。[1085]

解说：这个夏天是个美好的夏天，不仅马克思的理论工作突飞猛进，家人也很好，燕妮说，"我又恢复了健康，在舒适、阳光充足的住宅里我们非常愉快地度过了美好、炎热的夏天。特别是孩子们放假的时候，我们整天整天地待在户外，在树林里和草坪上到处游逛。可爱的女孩子们现在正是蓬勃发育的时候，长得那么高、那么壮实，我们都来不及把她们的裙子加长加宽。小燕妮比我矮不了多少……。小劳拉也以同样的速度跟着长，只是不那么壮实，看上去也不像她那有着褐色皮肤、黑色眼睛的姐姐那么活跃。小劳拉的外貌像个地道的英国人。两个小姑娘温柔可爱，讨人喜欢，懂礼貌，也谦逊，给我们带来了莫大的快乐。在学校里她们也很用功，各门功课都有明显的地步。"[1086]

解说："10月，卡尔到[泽稷岛]上拜访[正在疗养的恩格斯和施拉姆]。回来时带了很多水果、胡桃和葡萄。"[1087]不久，马克思回到伦敦。

由于商业危机，除了我和贝阿德·泰勒，[《论坛报》的]所有欧洲通讯员都已被辞退；不过我必须严守一星期一篇文章的限制。最近我试图打破

第三十九节　经济学手稿和五篇构想

这种限制；目前我只写关于印度战争和金融危机的文章。[1088]

虽然我自己正遭到经济上的困难，但是从1849年以来，我还没有像这次危机爆发时这样感到惬意。……现在全部材料都摆在我们面前，我在《论坛报》的一篇重要文章中只用一张1848—1854年的贴现率表就证明，在正常情况下，危机应该早两年出现。现在危机延迟也会找到如此合理的解释，以致连黑格尔也会十分满意地在"有限利益的世界的经验方面的分歧"中重新获得"概念"。[1089]

解说：恩格斯说11月13日路过伦敦要同马克思见面，马克思到车站去等，但是没有等到。

我在指定的两个地点从十一点等到三点——其中一个无论如何是不必要的。后来我失望了。[1090]

解说：恩格斯来信解释说，"由于布莱顿的铁路公司工作很糟，过了六点我才到尤斯顿广场，当夜就去曼彻斯特"。[1091]

我在这里生活得很孤寂，因为除了弗莱里格拉特，我的所有朋友都离开伦敦了。不过，我也不希望有什么交往。[1092]除了家庭圈子，目前在这里我几乎是完全与世隔绝的。熟人不多，很少见面，一般说来这并不会带来什么损失。[1093]

商业危机促使我认真着手研究我的政治经济学原理，并且搞一些关于当前危机的东西。我不得不为了挣钱的工作而消耗……白天。我［只］剩下夜晚来做真正的工作，而且还有病痛来［打扰］。[1094]

我的工作量很大，多半都工作到早晨四点钟。工作是双重的：（1）写完政治经济学原理。（这项工作非常必要，它可以使公众认清事物的实质，也可以使我自己摆脱这个讨厌的东西。）（2）当前的危机。关于危机，除了给《论坛报》写的文章外，我只是做做笔记，但是花费的时间却很多。[1095]

关于危机……我备了三大本笔记簿——英国、德国、法国。至于美国，全部材料《论坛报》上都有。这些材料可以以后整理。[1096]

解说：这里马克思所说的三大本笔记簿，开始于12月12日，是采用了分类排列粘贴剪报并附注的方式。[1097]

但是使我所能够支配的时间特别受到限制的，是谋生的迫切需要。八年来，我一直为第一流英美报纸《纽约每日论坛报》撰稿（写作真正的报纸通讯在我只是例外），这使我的研究工作必然时时中断。然而，由于评论英国和大陆突出经济事件的论文在我的投稿中占着很大部分，我不得不去熟悉政治经济科学本身范围以外的实际的细节。[1098]

我面前的全部材料都是专题论文，它们是在相隔很久的几个时期内写成的，目的不是为了付印，而是为了自己弄清问题，至于能否按照上述计划对它们进行系统整理，就要看环境如何了。[1099]

解说：这些就是资本论的原始素材。在这些手稿中，马克思哲学和经济学的理论创新犹如繁星不时闪耀其间。其中有一段最夺目的叙述：[1100]

人的依赖关系（起初完全是自然发生的），是最初的社会形态，在这种形态下，人的生产能力只是在狭窄的范围内和孤立的地点上发展着。以物的依赖性为基础的人的独立性，是第二大形态，在这种形态下，才形成普遍的社会物质变换，全面的关系，多方面的需求以及全面的能力的体系。建立在个人全面发展和他们共同的社会生产能力成为他们的社会财富这一基础上的自由个性，是第三个阶段。第二个阶段为第三个阶段创造条件。因此，家长制的，古代的（以及封建的）状态随着商业、奢侈、货币、交换价值的发展而没落下去，现代社会则随着这些东西一道发展起来。

解说：又到了一年的圣诞节，燕妮描述了马克思家的节日情形："圣诞节时女孩子们漂亮的手艺使我们大吃一惊，装饰客厅的有花纹的刺绣品的图案全是小燕妮自己设计的。虽然可爱的小姑娘有艺术的感受力，但她的举止和外表却显得那么笨拙，像气盛的少年那样不灵巧，所有的易碎品在她手中都要冒风险。"[1101]

解说：**1858年初，马克思的研究出现一点小挫折。**

在制定政治经济学原理时，计算的错误大大地阻碍了我，失望之余，只好重新坐下来把代数迅速地温习一遍。算术我一向很差。不过间断地用代数方法，我很快又会计算正确的。[1102]

我……又一连吃了三个星期的药，1月14日才停止。我经常夜间工作，工作时虽然只喝些柠檬水，但是抽了大量的烟。不过，我取得了很好的进展。例如，我已经推翻了迄今存在的全部利润学说。完全由于偶然的机会——弗

第三十九节　经济学手稿和五篇构想

莱里格拉特发现了几卷原为巴枯宁所有的黑格尔著作，并把它们当作礼物送给了我，——我又把黑格尔的《逻辑学》浏览了一遍，这在材料加工的方法上帮了很大的忙。如果以后再有工夫做这类工作的话，我很愿意用两三个印张把黑格尔所发现、但同时又加以神秘化的方法中所存在的合理的东西阐述一番，使一般人都能够理解。[1103]

解说：这里马克思又一次表达想写一部纯粹的哲学著作。

解说：燕妮描绘了此时温馨的家庭，"两个姑娘对她们的小妹妹怀有深切的爱。就好像是要把她们对亲爱的弟弟所怀有的爱全都转移到这个小东西身上，她们把省下来的每个小小的分尼都用来打扮自己漂亮的、面颊红红的小妹妹。……在小女孩三岁生日的时候，又出现了一件用很浅的银灰色衣料缝制的外衣，上边还用粉红色的丝绒装饰着，这是在我们家的高级裁缝师傅琳蘅的指导下偷偷做成的。房间里充满了过生日女孩的无法形容的欢呼声"。[1104]

解说：几乎每天马克思和恩格斯都有通信，这给小女儿爱琳娜留下终生难忘的印象："我童年时代最初的记忆之一就是曼彻斯特的来信。马克思和恩格斯差不多每天都有信件往返，记得摩尔常常拿着信自言自语，好像写信的人就在面前似的：'嗯，不对，反正情况不是这样……''在这一点上你对了！'等等。但是特别使我忘不了的是：有时摩尔读着恩格斯的来信，笑得眼泪都流了出来。"[1105]马克思1月28日写信给恩格斯说：

"这里严寒已经降临，我们家里一点煤都没有，这逼着我又来压榨你，虽然对我来说这是世界上最苦恼的事。我决定这样做，只是由于强大的'外来压力'。我的妻子竭力向我证明说，由于泽稷的汇款比通常汇来得早，所以你估计错了，因此没有我的特别提醒，这个月你什么也不会寄来；又说，她已把自己的披肩等等拿去典当，但还是一筹莫展。总而言之，我不得不写信给你，而且也在这样做。的确，如果这样的情况继续下去，我宁愿被埋葬在百丈深渊之下，也不愿这样苟延残喘。老是牵累别人，同时自己也总是疲于同卑微的日常琐事作战，长此以往，实在难以忍受。我自己还能在埋头研究一般问题时忘却这种困苦，而我的妻子自然没有这样的避难所等等。"[1106]

第四十节　六分册出版计划

我打算把稿件分册出版，因为我既没有时间也没有钱来从从容容地把它全部写完。分册出版也许有损于形式，但是至少有利于推广，而且便于找出版商。¹¹⁰⁷

几个月来我都在进行最后的加工，但是进展很慢，因为多年来作为主要研究对象的一些题目，一旦想最后清算它们，总是又出现新的方面，引起新的考虑。加之，我并不是我的时间的主人，而宁可说是它的奴隶。给我自己留下的仅仅是夜里的时间，而肝病的经常侵袭和复发，又使这种夜间工作受到妨碍。在这样一种情况下，如果我能把全部著作不定期地分册出版，那对我来说是最合适的了。这样做也许还有一个好处，就是比较容易找到出版商，因为他在这上面只要投入少量流动资本就行了。¹¹⁰⁸

应当首先出版的著作是对经济学范畴的批判，或者，也可以说是对资产阶级经济学体系的批判。这同时也是对上述体系的叙述和在叙述过程中对它进行的批判。我还一点不清楚全部著作究竟有多少印张。假如我有时间、安宁和资金，能把全部著作好好加工一番再拿去出版，那么，我会把它大大压缩，因为我一向喜欢简要叙述的方法。而以这种分册的形式（也许更便于读者理解，但无疑会损害形式）陆续出版，必然会使这部著作写得长一些。¹¹⁰⁹

解说：2月22日，马克思写信给拉萨尔，介绍了分册出版的想法，并且说，如果柏林无法出版要尽早通知自己，自己可以在汉堡试试看。¹¹¹⁰

另外还有一点，就是承办这件事的出版商必须付钱给我——这可能使全部事情在柏林告吹。¹¹¹¹

叙述的方式……是完全科学的，因而按一般意义来说并不违犯警章。全部著作分成六个分册：（1）资本（包括一些绪论性的章节）；（2）地产；（3）雇佣劳动；（4）国家；（5）国际贸易；（6）世界市场。当然，我有

第四十节 六分册出版计划

时不能不对其他经济学家进行批判，特别是不能不反驳李嘉图，因为作为资产者，李嘉图本人也不能不犯即使从严格的经济学观点看来的错误。但是，政治经济学和社会主义的批判和历史整个说来应当是另一部著作的对象。最后，对经济范畴或经济关系的发展的简短历史概述，又应当是第三部著作。[1112]

我预感到，在我进行了十五年研究工作以后……，当我能够动笔的时候，也许会受到外部暴风雨般的运动的妨碍。这没有关系。如果我完成得太晚，以致世界不再关心这类东西，那显然是我自己的过错。[1113]

幸好外部世界现在发生了许多令人高兴的事。至于个人的生活，依我看，我是在过着所能想象到的最不幸的生活。这没什么！对有志于社会事业的人来说，最愚蠢的事一般莫过于结婚，从而使自己受家庭和个人生活琐事的支配。[1114]

解说：此外，马克思还时不时会受到疾病的困扰。

我为肝病所苦，以致这星期既不能思考问题，也不能读书写文章，总之除了给《论坛报》写文章外，任何事情都不能做。这些文章自然不能不写，因为我必须尽快地向这些狗支钱。但不健康总是不幸，因为在没有复原和能握笔以前，我不能着手为敦克尔准备手稿。[1115]

下面是第一部分的简单纲要。这一堆讨厌的东西将分为六个分册：1. 资本；2. 地产；3. 雇佣劳动；4. 国家；5. 国际贸易；6. 世界市场。资本又分成四篇。（a）资本一般（这是第一分册的材料）；（b）竞争或许多资本的相互作用；（c）信用，在这里，整个资本对单个的资本来说，表现为一般的因素；（d）股份资本，作为最完善的形式（导向共产主义的），及其一切矛盾。[1116]

解说：马克思在4月2日给恩格斯的信中接着介绍了第一册资本的第一篇，资本一般，以及其中的第一章价值，第二章货币的纲要。第三章只写了一个标题之后，马克思写道：

"实际上，这是这第一分册中最重要的部分，关于这部分我特别需要你的意见。但是我今天不能继续写下去了。讨厌的肝病使我难以执笔，一低头写字就感到头晕。因此下次再谈吧。"[1117]

解说：恩格斯在回信中谈了对这个划时代的著作的第一印象："这个

abstract（纲要）的确非常abstract（抽象），这在简短的叙述中是难免的，我常常要费力地去寻找辩证转化，因为我对一切抽象的推理很不习惯。全部材料分为六本书，是再恰当没有了，我非常赞成，虽然我还没有弄清地产向雇佣劳动的辩证转化。"[1118]

解说：复活节时，马克思住处环境恶劣。燕妮说："孩子们都健康。遗憾的是，他们在复活节不得不待在家里。天气非常恶劣，绵绵阴雨使我们这里的黏土泥泞难行，好像脚底上挂着整个伯克堡。"[1119]

从4月30日（星期五）起我又好多了，本来我打算从星期一就认真着手工作。但是，同医生一商量，他认为我还是需要休息一星期左右，所以我把一切事情都搁下了。[1120]

我在［5月6日］星期四（□马克思40岁）下午两点半乘北方大铁路的火车从伦敦出发，七点到达曼彻斯特。[1121]

解说：小燕妮和劳拉让马克思带给恩格斯两张照片。恩格斯从照片上发现两个人都长高了许多，变成大姑娘了。但还是那样天真烂漫。恩格斯暂时把它们放在壁炉上的镜子前面，等过几天再在墙上找个好地方。[1122]

解说：5月11日，马克思"骑了两个小时马，感到非常良好，以致开始有骑马瘾了"。[1123]马克思在曼彻斯特恩格斯的家里仔细加工了"资本"一章的手稿。[1124]5月下旬，马克思回到伦敦。

头一星期我必须重新适应水土，加上突然停止骑马，最初也不大舒服。就这样勉勉强强拖到5月31日，终于觉得好过了，就像离开曼彻斯特那天那样。……我已能工作，马上就着手整理［手稿］付印。[1125]

我把自己的手稿从头到尾看一遍差不多就要花一个星期。困难的是，这些手稿（印出来有很厚一大本）很乱，其中有许多东西只是以后的篇章才用得上。因此我得编一个索引，好尽快地在某册某页上找到我工作中首先需要的东西。[1126]

解说：于是马克思按照已经形成的写作计划，在自己编号为M的笔记本的末尾部分编写了《七个笔记本的索引（第一部分）》。[1127]

一方面，为了筹钱我把大好时光浪费在四处奔走和毫无效果的尝试上，另一方面，由于家务杂乱而且也许由于我的健康状况恶化而使我的抽象思维能力衰退。我的妻子被这种糟糕情况弄得精神恍惚，艾伦医生虽然也猜到症结所在，但自然不知道真实情况！他又一次——这次很坚决——对我说，如果不让她到海滨浴场住一段较长的时间，就不能担保她不得脑炎或类似的病症。但是我却知道，在目前情况下，日常的操劳和必然的灾难的结局的阴影折磨着她，即使能够去海滨浴场，对她也不会有什么好处。[1128]

我在离开曼彻斯特以前所患的病，拖了整整一个夏天，又转成慢性的了，因而不论写什么东西都要费很大劲儿，以致我的手稿直到［9月21日］才寄出去，不过一次就寄去了两章。除了对已经写好的东西作修辞上的润色外，我没有什么东西好写了，但是有时为了推敲几个句子，仍然一坐就是几个小时。……虽然如此，我还是很按期地给《论坛报》写稿，因为我不想把钱送给这些家伙。[1129]

我母亲来信说，她已经风烛残年了。然而我想这不过是说说罢了，她也许是希望我能把她接来伦敦。本来我完全可以这样做，可是现在恰好我的时间非常宝贵。6、7月间我几乎未能工作，而答应敦克尔的事又很紧迫。[1130]

第四十一节　起草第一分册

解说：大约8月，马克思开始撰写经济学著作第一分册的初稿。[1131]

至于手稿寄迟一事，起初是病耽搁了，后来我为了稿酬必须赶写其他著作。但是，主要的原因是：材料我已经搞好了，所差的只是给它一个形式。然而，在我所写的一切东西中，我从文体上感觉出了肝病的影响。而我有双重理由不允许这部著作由于医疗上的原因而受到损害：1. 它是十五年的，即我一生的黄金时代的研究成果。2. 这部著作第一次科学地表述了对社会关系具有重大意义的观点。因此，我必须对党负责，不让这东西受肝病期间出现的那种低沉的呆板的笔调所损害。[1132]

我考察资产阶级经济制度是按照以下的次序：资本、土地所有制、雇佣劳动；国家、对外贸易、世界市场。在前三项下，我研究现代资产阶级社会分成的三大阶级的经济生活条件；其他三项的相互联系是一目了然的。第一分册论述资本，其第一篇由下列各章组成：（1）商品，（2）货币或简单流通，（3）资本一般。前两章构成第一分册的内容。[1133]

我的见解，不管人们对它怎样评论，不管它多么不合乎统治阶级的自私的偏见，却是多年诚实探讨的结果。但是在科学的入口处，正像在地狱的入口处一样，必须提出这样的要求："这里必须根绝一切犹豫；这里任何怯懦都无济于事。"——但丁《神曲》。[1134]

我所追求的不是优美的叙述，而只是写出我平素的风格。我在患病的这几个月中至少在这个题目上未能做到这一点。[1135]

虽然我在这期间不得不写文章，而且还写了至少两大本关于各种各样事情的英文社论。[1136]

解说：11月12日马克思写信给拉萨尔说：

"大约过一个月，我才能完成［《政治经济学批判》手稿］，因为实际上我刚刚开始写。还有另外一个情况：第一篇《资本一般》很可能一下子就占两分册，因为我在定稿过程中发现，这里正是叙述政治经济学的最抽象的部分，写得过于简短，读者不易理解。但是另一方面，这两分册必须同时出版。内部的联系要求这样做，整个的效果也取决于这样做。"[1137]

［11月29日］我的妻子……誊抄手稿，……拖延的原因是：长时期身体不适，……天气冷了才好了。家务和钱财上的麻烦事太多。最后，第一篇内容更充实了，因为头两章比原来计划的要写得更详细。其中第一章"商品"，在草稿里根本没有写，第二章"货币或简单流通"只有一个简单的轮廓。[1138]

我家里从来没有这样暗淡、凄凉。因为我的妻子甚至不能为孩子们办圣诞节的东西，反而受到各方债主的催逼，同时还要誊抄手稿，抽空到城里跑当铺，自然她的情绪很低。此外，我的妻子说得很对，在她不得不遭受一切艰难困苦之后，革命时期的情况还会更坏，而且那时她还会有幸看到，这里的一切健谈家将怎样再度欢庆胜利。女人就是这样。弗莱里格拉特夫妇等人以及其他熟人的女人行径，引起了她的公正的痛恨。她说，在战争中就得按战争规则办事。但是并没有任何战争。全都是些庸俗寻常的事。[1139]

过去八年里，小资产阶级的破产是在全欧洲到处可以看到的普遍现象，

第四十一节　起草第一分册

……看一看那些昨天还是穷光蛋今天却是百万富翁的人吧。如果一个囊空如洗的人一夜之间变成了百万富翁，那必然有一千个拥有一千元的人在一日之内沦为乞丐。这种变化，神奇的交易所转瞬之间就能办到，完全不用依赖现代工业的缓慢集中财富的方式。[1140]

关于霍季斯上校，已断定他是帕麦斯顿的班迪亚。这也充分证明帕姆参与了塞尔维亚事件。[1141]

解说：1859年初，马克思的手稿开始收尾。

手稿大约可排十二印张（三册），尽管它的标题——别被吓倒了——是"资本一般"，但这几册还一点没有谈到资本，它们一共只有两章：（1）商品；（2）货币或简单流通。[1142]如果事情顺利，那么第三章"资本"可以马上接着出版。[1143]

全书看起来都非常严肃、科学，因此我迫使这些坏蛋今后也要十分严肃地看待我对资本的见解。总之我认为，撇开各种实际的考虑不谈，论货币的一章会引起专家们的兴趣。[1144]

倒霉的手稿写完了，但不能寄走，因为身边一分钱也没有，付不起邮资和保险金；而保险又是必需的，因为我没有手稿的副本。[1145]

解说：因此，1月21日马克思又不得不写信向恩格斯求援。[1146]

未必有人会在这样缺货币的情况下来写关于"货币"的文章！写这个问题的大多数作者都同自己研究的对象有最好的关系。[1147]

我在继续写稿以前，先给自己放一星期假。[1148]

解说：恩格斯的钱寄到，马克思得以把手稿寄出。[1149]

手稿是星期二（1月25日）寄出的。1月30日我就接到这里邮局的回执：手稿已寄到柏林了。[1150]

弗莱里格拉特在伦敦，当瑞士动产信用公司分公司的经理。[1151]

解说：但是过了两个星期，手稿还没有到出版商手上。

我将手稿寄往柏林……时起给拉萨尔写过两封信，但至〔2月8日〕还没有得到收件回执。而我要等到这份"收件回执"来了之后才能寄序言。……当什么事都这样不顺利的时候，人是会失去任何耐心的。我真烦恼得完全病倒了。[1152]

两年来，我的情况不是好了，而是坏了。一方面，可尊敬的《论坛报》

由于危机把我的收入减少了一半,尽管它在繁荣时期从来没有给我增加一个分尼;另一方面,由于需要抽出许多时间来研究我的政治经济学,不得不拒绝(虽然很不乐意)人们在伦敦和维也纳向我提出的收入极其可观的建议。但是我必须不惜任何代价走向自己的目标,不允许资产阶级社会把我变成制造金钱的机器。[1153]

终于接到敦克尔的来信。他在2月1日才收到手稿。[1154]

可怜的埃卡留斯害了肺结核。这是我在伦敦所遇到的事情中最悲惨的一件。为了给埃卡留斯一些接济,我在[2月12日]星期六已经把妻子最后一件"闲着的"衣服当了。[1155]

2月23日我把序言给敦克尔寄去了。[1156]

星期一(3月7日)终于从柏林寄来一些东西。你猜这是什么?是第一印张的校样。[1157]

解说:但是直到3月15日才收到第二印张校样。马克思推测按照这样的速度,可能只有一个排字工人在排版。[1158]

我于……1、2、3月在《纽约每日论坛报》上发表了好些社论,其中有的文章详细地批评了《总汇报》所宣扬的"中欧大国论"。[1159]

[4月28日]是外国证券和股票的支付日期,23日开始的交易所的恐慌状况也几乎达到了顶点。[1160]

手稿在[敦克尔]那里便将近有九个星期了。我只收到三个印张校样。老实说,我觉得他对揽下这件事感到后悔。所以他用这种维茨拉尔官厅(□德意志帝国法庭曾设在维茨拉尔这个地方,其诉讼程序以极端的混乱和拖拉作风而著称)的拖拉作风来办这件事。如果继续这样拖下去,这本书就是到复活节也不能出版。对我来说,由此产生了另一个困难。我正在同一个英国人交涉出版第一分册的英文版,这当然要取决于德文版的出版,因为在伦敦一切事情都是开足马力在干,所以这个英国人开始有所怀疑。德国人办事的方式对英国人来说是完全不可理解的。[1161]

[5月10日,即《人民报》]这个报纸创办后几天(□马克思41岁),比斯康普和李卜克内西一起到我家,请我给它撰稿。我……断然谢绝了这个请求,一则因为没有时间,再则因为我曾打算长期离开伦敦。我只是答应通过在英国的朋友搞些钱……。那一天我对他们讲了布林德在前一天义愤填膺地

告诉我的关于福格特的情况（□马克思在5月9日开群众大会时从布林德那里得到关于福格特成为波拿巴的代理人的消息），同时告诉了他们我的消息的来源。[1162]

按我日记本上的记录看来，从我把最后三个印张校样（即九至十一印张）寄给敦克尔这条狗到［5月25日］，已经整整两个星期了。东西可见已经完成了，这个家伙只剩下把最后三个印张的清样寄来编勘误表，就无事可做了。但是……我收到的……竟是拉萨尔的小册子［《意大利战争和普鲁士的任务》］，因为我们家里分文不剩，而一切可以典当的东西差不多都当光了，所以我不得不把最后一件稍微像样的上衣送进当铺，因为必须为这个臭作品支付二先令（它在柏林也许只值八便士）。但我真正想说的是：现在十分清楚，把我的东西再一次扣压两个星期，是为了给拉萨尔先生腾出地方。我的书充其量还需要三小时的工作。但是这个该死的沽名钓誉的笨蛋故意加以扣压，以使读者的注意力不致分散。敦克尔这个恶棍喜出望外，认为有了新的借口来拖延向我支付稿酬。小犹太人的这一招我是不会忘记的。急于付印他的脏玩意儿表明，他对拖延付排我们的东西要负主要的责任。同时这个畜生非常醉心于他那费尽心血的作品，自以为我简直迫不及待地想看到他的"匿名作品"，而且相当"客观"地把扼杀我的书看作合乎常理的事。[1163]

敦克尔这个畜生由于拖延而被我臭骂了一顿，……他在信中公开承认，……拖延是由于出版……［拉萨尔的］"匿名作品"的缘故。[1164]

解说：马克思6月7日写信给恩格斯说：

"我现在才给你写信，而且只有寥寥几行，请原谅。我的全部时间都花在工作和为私事与党务奔走上面了。首先，使我十分高兴的是，第一分册中了你的意，因为在这个问题上，只有你的意见对我是重要的。我曾有点不安地等待你的评判，使我的妻子感到很好笑。"[1165]

第四十二节　人民报

《人民报》……经营情况确实很糟糕,因为只有一个排字工人,没有投递员等等;其次,……还没有一个"令人信赖的"发行人,首先是没有钱。然而最[新]几号却几乎销售一空,如果能弄到资金,雇一个多少可靠的发行人,那么报纸就能办下去。而且这个"小报"使所有民主派惊慌失措,尽管我们只是间接给它指示。不仅在这里,而且在瑞士也是这样。[1166]

解说:为了表示支持,马克思开始为《人民报》撰稿。6月11日《人民报》编辑部发表声明:[1167]

为了消除关于本报编辑部成员的一切谬传和荒诞谰言,我们必须声明,编辑部成员没有变更,而且也不打算作任何变更。但是,本报撰稿者的范围扩大了,我们可以满意地告诉本报读者:卡尔·马克思、弗里德里希·恩格斯、斐迪南·弗莱里格拉特、威·沃尔弗、亨·海泽——也就是我们党的最出色的一批写作力量——决定支持《人民报》,并通过撰稿使编辑部能够很好地和全面地代表我们党的利益。

6月初我离开伦敦到曼彻斯特拜访恩格斯,在那里为《人民报》收集了25英镑左右的预订费。这笔钱是由弗·恩格斯、威·沃尔弗、我以及……三位住在曼彻斯特的德国医生提供的。[1168]

解说:敦克尔5月底时就曾写信说,马克思的书《政治经济学批判》将"于下周"问世,稿酬也将付清。可是,直到6月22日,两者都没有实现。马克思威胁说如果再得不到答复将以公开声明作答。[1169]

解说:之后,马克思回到伦敦。一些友人表达了对马克思新出版的《政治经济学批判》的不理解。

第四十二节 人民报

李卜克内西先生对比斯康普说,"从来没有一本书使他这样失望过";而比斯康普自己也对我说,他不明白"有什么用处"。[1170]

解说:马克思7月22日写信告诉恩格斯,如果要为自己的经济学著作写书评,别忘记说:

"(1)蒲鲁东主义被连根铲除了;(2)通过最简单的形式即商品形式,阐明了资产阶级生产的特殊社会的而绝不是绝对的性质。"[1171]

[我从曼彻斯特回来的]头一个星期,为了多少整顿一下《人民报》,我发狂似地四处奔跑,而这一个星期是忙于私事。[1172]

当我回到这里的时候,《人民报》的情况如下:金克尔已经被我们最近的一些辛辣文章击溃了。但同时《人民报》完全处于瓦解状态,能否继续出版已经成为问题。当我不在的时候,借了六英镑多的债,因为"代理人"、印刷所老板、上帝和魔鬼都知道,我一回来,这种胡闹就将终止。……我只替报纸(还债)付了一英镑五先令(□在英镑币值改为十进制之前,一英镑等于20先令,1先令等于12便士),并迫使加尔特、施佩克和几个大老粗凑了三英镑十五先令,偿还了欠霍林格尔的一部分债款。此外,我偿还了李卜克内西先生十六先令,这笔钱是我不在时他付给霍林格尔的。这样一来,还在着手"日常的"工作以前就已花了五英镑一先令。剩下的这笔钱,又付给卡斯滕斯十五先令,付发行部的房租五先令,付邮资四先令,付霍林格尔先生两个半先令作为第九号的订金。你看,没有开始工作,就已把钱用光了。[1173]

经理人员全班人马突然更换,收入本来就已经大大下降。[1174]

这里现在很混乱(施佩克破了产,人也不见了;而出纳员加尔特现在在布莱顿),而《人民报》过去一直就很混乱,在这种情况下不可能得到关于列斯纳以前时期外埠订户的精确账目。比斯康普肯定说,除了最初的几号之外,给提姆一直是寄十二份。霍林格尔为了《人民报》的十二英镑几先令欠款,包括没有出版的最后一号的付排费,对我提出诉讼。这个恶棍突然要把我变成报纸的"所有者",虽然这个废物之所以以亏空告终,正是因为我不是所有者,……但是我决不参加关于这个问题的任何辩论,因为那样一来我就会立刻承认他有权对我提出诉讼。这个恶棍将发誓并逼迫他的一个排字工人发誓,说我曾经向他作过保证。(即使是这样,他也应当先对比斯康普提出诉讼。)我将找比斯康普等人当反证人。我手中如果有钱,就立刻付钱,以避免任何的公开审理，不过不是付给霍林格尔本人，而是要收买一个叫利斯耳的人——霍林格尔的房东和印刷所的所有者，让他向霍林格尔要债。霍林格尔欠这个人六十英镑，直到现在一文钱也没有还。但是，在目前的情况下，这一点完全谈不到。如果我想不出一条妙计——我根本看不出有什么办法做到这一点——我在这里的地位是完全无法维持的。弗莱里格拉特又搞了一次期票贴现业务。但是……接到他的信，说完全失败了，同时还接到房东的恐吓信等等。（顺便说一下，我正在给经过挑选的一批大老粗讲第一分册。看来他们很有兴趣。）[1175]

为讨厌的《人民报》诉讼案花去大约五英镑。[1176]

在《人民报》的事情上，我避免了郡法庭的诉讼，办法是牺牲了大约五英镑，另一方面，让霍林格尔在收据上承认比斯康普是所有者，这样[比斯康普]要负责偿还余下的债款，但是由于他没有任何财产，他也就没有任何责任。在目前的情况下必须采取这个极不愉快的步骤，因为金克尔一伙人正是期待用这件事来制造一场公开的丑事，而且团结在该报周围的全体人员也不适宜于在法庭上出现。[1177]

比斯康普现在由我出钱在汉普斯泰特租了房子。这个不幸的人在德国医院里动胸膜手术，住院一个半星期，但没有一个钱。总的说来，情况很妙。[1178]

解说：他们客客气气地让比斯康普在家住了两个月。[1179]9月27日晚上，列斯纳来马克思家。他像比斯康普一样向马克思保证，《人民报》除了鲁普斯没有一个直接订户。而且直到现在没有一个人向伦敦寄过一分钱。[1180]

第一分册英文版的准备工作……也同样被日常的风暴所打断。我在英国至少可以指望得到比在德国好一些的待遇，据我所知，在德国到目前为止没有任何人提到这部著作。但是，我想至少把这第一篇完全献给德国读者。如果德国读者仍旧对这部著作毫不关心，那么后面的各部分我打算直接用英文写，不再对德国的蠢材们抱任何希望。[1181]

10月23日或24日，法兰克福议会极左派的代表团在去柏林参加民主主义者代表大会的途中，到了科伦。我会见了代表团的团员们，其中有几个人同《新莱茵报》关系甚密。这些代表们……就福格特对罗伯特·勃鲁姆在维也纳的使命玩弄的诡计，告诉我一些令人不安和奇怪的情况。[1182]

1849—1859年是德国经济发展中的一个空前未有的时期。在此期间德国可以说已从农业国变成了工业国。[1183]

第四十三节　准备第二分册

敦克尔明确表示同意出版第二分册。[1184]

解说：1860年1月，为了写作《政治经济学批判》第二分册，也就是"资本"这一部分，马克思开始把以前的读书笔记材料进行整理整合，包括了"伦敦笔记"第Ⅷ本之后的摘录，接着是40年代的"巴黎笔记""布鲁塞尔笔记""曼彻斯特笔记"中的摘录，最后是57-58手稿第Ⅶ本（第64页）之后的摘录，形成了《引文笔记》，共700多条摘录。马克思为《引文笔记》编制了页码，共92页，在给这些摘录定标题的时候，马克思没有按照第二分册（也就是第三章）的提纲草稿来确定标题，而是按照编制引文笔记的核心思想来确定。[1185]然后，马克思在"自制的笔记本B"第21页开始编制《引文笔记索引》，对《引文笔记》进行概括提炼。《引文笔记索引》的结构和《引文笔记》相同。[1186]此外，马克思还写了《资本章计划草稿》。[1187]但是第二分册的准备工作被一件意外的事情干扰了。

有个福格特，是日内瓦的教授，发表了一本小册子，其中充满对我和我的政治活动的最惊人的诽谤。他一方面把我描绘成渺小的人，另一方面把最卑鄙的动机强加在我身上。他歪曲我的整个过去。[1188]

1月底，……收到了两号柏林《国民报》，报上有两篇社论，第一篇的标题是《卡尔·福格特和〈总汇报〉》（《国民报》第37号），第二篇的标题是《怎样伪造激进传单》（《国民报》第41号）。弗·察贝尔用这不同的标题发表的两篇社论，不过是福格特的"主要著作"加过工的……版本。……我决定马上在柏林对弗·察贝尔的诽谤提起诉讼。十年来，德国报刊和美国的德文报刊对我进行了层出不穷的谩骂，我只在非常罕见的特殊情况下，即在像科伦共产党人案件那样关系到党的利益时，才在报刊上予以回应。据我看来，报刊有权诬蔑作家、政治家、演员以及其他从事社会活动的人。如果我认为攻击是值得注意的，那么，我这时所遵循的格言是：以其人之道还治其人之身。这一次，情况并不是这样。察贝尔攻击我进行了一系列违法的和可耻的活动，而且是在那些因怀有党派偏见而轻信荒唐透顶事情的读者面前攻击我的。另一方面，由于我离开德国已有十一年之久，这些读者根本缺乏判断我这个人的标准。撇开政治上的考虑不谈，就是为了我的家庭，为了妻子儿女，我也有责任使察贝尔破坏我名誉的攻击受到法庭审理。[1189]

我订购了福格特的小册子。这是他在奥格斯堡的诉讼的再版（或者是第一个完全的版），并带有序言。序言是专门反对我的，就像是弥勒—捷列林格的翻版和修正版。这东西一寄到，我们就该决定怎么办。孚赫兴致勃勃地告诉我，福格特用一种非常轻蔑的态度对待我。这个坏蛋企图使德国庸人相信，我在这里像库尔曼博士那样靠工人过活，等等（我自然对我的妻子完全隐瞒这件卑劣的事）。[1190]

1月30日我同弗莱里格拉特会见了一会儿。我对他非常严肃（他如果还有一点儿羞耻心，就应当发表反对福格特的声明），我们的全部谈话如下："我：我是来请你把那本控诉奥格斯堡《总汇报》的小册子借给我，我已经找遍了所有的书店，可是都没有，你的朋友福格特一定寄给你了。弗莱里格拉特（极其装模作样地）：福格特不是我的朋友。我：拉萨尔给我来信，要我立即答复。那么说，你没有那本小册子？弗莱里格拉特：没有。我：晚安。"（他向我伸出诚实的手，接着就是威斯特伐利亚式的握手。）这就是全部经过。[1191]

福格特对我的攻击——显然他力图把我描绘成卑贱的下流货和骗子——应该说是资产阶级庸俗民主派以及俄国—波拿巴主义恶棍对全党的坚决打击。因此也应该给以坚决的回击。其次，防御对于我们是不合适的。我要对《国民报》起诉。……暂时这不需要很多钱——我指的是事先向法院交纳的费用。律师很容易找到，因为这毕竟是一个会轰动全德国的案件。[1192]

除了收集诉讼所必需的材料（我差不多已经给所有的人写了信），我还在加工我的《资本论》。如果我坐下来专心弄它，那么六个星期就可以完成，在这个案件以后，它将受到欢迎。[1193]

第四十四节　福格特先生

解说：2月初，马克思为了收集反对福格特的材料，给各方面写了至少五十封信，还有到科勒特那里去奔走，并到过其他地方。[1194]

这个协会（伦敦德意志工人教育协会）在它的成立纪念日那天（2月6日）（恰好在这一天，伦敦的《每日电讯》报转载了《国民报》的文章），一致通过了一个为保卫我而反对福格特的决议，尽管我已经有十年不是这个协会的成员了。[1195]

解说：2月13日马克思收到福格特的《我对〈总汇报〉的诉讼》，之前看到的都是二手材料。[1196]

我［2月16日］早上七点半左右动身，［乘火车去曼彻斯特］。[1197]

解说：在曼彻斯特，马克思的地址是曼彻斯特牛津路特隆克利夫小林坊6号。[1198]马克思和恩格斯、沃尔弗商谈在报刊上反击福格特的计划。[1199]

至于意大利战争，我应当说明的是，我在这个问题上的观点同……恩格斯在其著名的小册子《波河与莱茵河》中所阐述的观点完全一致，……恩格斯在把这本小册子的手稿寄往柏林之前，先把它寄给了我。我们……在《新莱茵报》上比所有德国报纸都更坚决地主张自由独立的意大利，现在我们也这样主张；我们对匈牙利和波兰的态度也是如此。但是我们不希望波拿巴（同俄国秘密勾结）利用意大利的自由或者任何其他民族问题作为破坏德国的借口。[1200]

解说：3月25日马克思返回伦敦。[1201]从3月底至4月，马克思从《新莱茵报》上摘录了有关福格特的资料，共2个8开的三四十页的笔记本。[1202]

我接到埃卡留斯的来信，说他已经同裁缝业务分手了，也就是说他的身体不允许他再干这个了。医生对他说，没有什么办法。需要换一换空气，等等。因此我在离我家不远的地方由我出钱给他租了一个住所（当然同他的家眷分离，家眷仍留在原来住处）；他还在我们家用膳。[1203]

解说：经过准备材料，8月马克思着手写反击福格特的书。

尽管我的经济状况非常糟糕，我还是把妻子和孩子们送到了哈斯廷斯去住一星期。由于钱的关系，不可能让她们在那里住得更久。可惜她们那里几乎总是下雨。[1204]

讨厌的肝病老是缠住我，使我不得不把任何一点点空闲时间都用来工作。[1205]

[埃卡留斯]又能够工作了（他还是住在我们附近），而伦敦的情况不好，他在这里不走，那就得重新回到发臭的贫民窟去。他的搬家费用，我们在这里筹措。……我认为他得的是一种脊髓病。他的妻子是个讨厌的人：佟求体面（教会执事的女儿）和爱尔兰作风在她身上奇特地混合在一起。她管理家务很马虎。[1206]

9月24日家眷平安地回来了。[1207]

解说：燕妮回来立刻承担起秘书工作，她说："回来以后，我开始抄写卡尔写的那本批驳福格特及其同伙的书。"[1208]誊清之后就是付印。

书将在这里印。1.资金。我总共只要付二十五英镑。波克罕出十二英镑，拉萨尔答应给我八英镑。还差五英镑。其他印刷费和寄送费由出版商佩奇负担。在利润方面，扣除和支付生产费用外，由我们平分。我……向佩奇提出这一点作为我同意在伦敦出版这本书的必需条件。2.这本书没有被没收的危险，是拉萨尔误解了。3.我们已经不是生活在1850—1858那个时代了。佩奇在莱比锡、柏林和汉堡都有代售人，因此这本书可以通过通常的图书发售途径在德国推销。……我认为没收是不可能的。福格特不是摄政王，而施梯伯已在官场失宠。在政治问题上我是有意持克制态度的。4.我们节省时间，因为如果在德国，可能还要奔走几个月；然后还要花时间去校对等等。5.假如这本书畅销——我有一切理由相信这一点——那么佩奇就会用德文或英文出版[恩格斯]的或我的小册子，这样德国出版商就窒息不了我们了（已经印好两印张）。[1209]

《前帝国的福格特》这个书名不合适。我觉得《卡尔·福格特》不相宜，因为我不愿意把"卡尔·马克思"放在《卡尔·福格特》的下面。所以我打算用《达—达—福格特》这个书名。正如我在批判福格特的"研究"这一章中所说的,达—达是一个阿拉伯作家,波拿巴在阿尔及利亚利用他就像在日内瓦利用福格特一样。达—达会引起庸人的好奇心并且有滑稽感。[1210]

解说:但是恩格斯在10月1日回信中认为:"关于福格特的问题:我必须说你的书名我十分不喜欢。如果你想给他一个绰号,那这个绰号必须是人们在阅读这本书以前就懂得的,或者是在这本书里对它作了解释以后再出现。我认为书名愈简单朴素愈好,但是书名中除了福格特以外,还要尽可能提到波拿巴或者至少提到普隆—普隆。如果你讨厌'卡尔·福格特',那可叫他福格特先生,但是我看不出为什么'卡尔'(Carl)不能放在'卡尔'(Karl)的前面——谁也不会因为这个对你开玩笑。"[1211]恩格斯不知道,马克思出生证书上以及小时候用的名字就是卡尔(Carl)。在10月2日给恩格斯的信中,马克思写到福格特先生的内容提纲。[1212]

我现在除了日常事务以外,正忙于看校样。[1213]

在书名问题上我向[恩格斯]让了步,[11月12日]把《福格特先生》排上去了。我的妻子坚决反对这个书名,而坚持要用《达—达—福格特》,并且旁征博引地指出,甚至在希腊悲剧中,剧名和内容乍一看来也往往是没有任何联系的。[1214]

第四十五节　燕妮病了

星期六[11月17日]我妻子就感到很不舒服,我发现她有热病的症候,就要请医生。但是她不愿意。星期日也是这样。到了星期一我自然不能再延误,她自己也感到这不是平常的感冒一类的病。[1215]

我妻子从星期一[11月19日]起一直躺在床上,患很严重的神经热。[星期二]我遵照艾伦医生的嘱咐,把三个孩子都从家里带出去了,因为怕传染。艾伦说,这病很危险,但希望能恢复健康。[1216]

我妻子患的是天花,而且非常厉害,虽然她曾种过两次牛痘。因此艾伦就马上把孩子们从家里弄走。这是一种可怕的病。……我自己担负看护的任务（主要任务）。但是这使我非常疲劳，所以11月23日我一收到十英镑，就马上雇了一个女看护。[1217]

我把可怜的孩子们放在与我邻近的李卜克内西家，我每天给他们送食物去。由于宗教仪式，他们不愿去学校寄宿。[1218]

解说：燕妮经常在阳台上向三个女儿打招呼。起初她只能轻声说话，可是一见到李卜克内西带孩子们出来，她就容光焕发。[1219]

写文章现在对我来说几乎是不可能了。我能用来使心灵保持必要平静的唯一的事情，就是数学。[1220]

我拔了一颗牙。那家伙（他叫加布里埃尔）给我造成极大的肉体上的痛苦之后，把牙根拔出来了，但仍留下一块碎片。因此我满脸肿胀疼痛，咽喉也有一半闭塞了。这种肉体上的痛苦大大地增强了思维能力，从而也增强了抽象力，因为，正如黑格尔所说的，纯思维，或者纯存在，或者无，都是同一的。[1221]

解说：燕妮的病慢慢好转，但是很慢。她现在最大的快乐就是读各方关于《福格特先生》的信件。[1222]

（12月26日）孩子们又在家了。[1223]

从**1861**年1月2日起，我就伤风、咳嗽，同时肝部感到刺痛，因此不仅在咳嗽时，而且每一转身都感到肉体上的痛苦。这像是炎症。我感到这样的疼痛还是第一次，虽然艾伦曾不止一次非常热心地来探问病情。这一次我自己治疗，因为我本来就有一笔惊人的医生账，另外还有一堆其他的账。我的疗法很简单：不抽烟，服蓖麻油，只饮柠檬水，少吃东西，什么酒也不喝，什么事也不干，坐在家里（因为冷空气马上会使我咳嗽）。[1224]

艾伦每隔三天来看望我一次。1月22日他又来过。他劝我骑马逛逛，换一下环境等等。自然我不能对他说我的难处在哪里。我曾一再考虑，由于生病花了钱，又没有《论坛报》的稿酬等等，我的状况已弄得很糟糕，能否通过波克罕与某个贷款社做笔交易来稍微改善一下。但一当我要完全下决心这样做时，却又不寒而栗，因为波克罕是个爱说大话的人（虽说他品质很好），每天，也就是说每次见面时，他都对我述说他把多少钱给了流亡者。[1225]

解说：祸不单行，病中的马克思又陷入了财务危机，造成这个局面的原

第四十五节 燕妮病了

因有几个方面。

我妻子……得了天花；在她持续两个月的患病期间，由于孩子们不能住在家里，我必须维持两个家的开销。[1226]《福格特先生》加上诉讼以及其他费用花了我几乎一百英镑。[1227]德国报界的沉默的阴谋严重地妨害《福格特先生》的销售。开头的顺利局面就这样被破坏了。[1228]给《论坛报》撰稿是我的主要收入来源。[1229]德纳自纽约来信说，他们［《论坛报》］辞退了他们所有的驻欧洲通讯员，只留下了我一个，但是：（1）《百科全书》暂时停止出版；（2）我撰稿暂停六个星期；最后（3）此后我每星期少写一篇。[1230]

由于这些情况……，我必须到荷兰我姨夫菲力浦斯那里去一趟，以便整顿一下我的财务。[1231]

解说：此后，马克思到荷兰扎耳特博默耳住在姨夫莱·菲力浦斯家。

我想在这里依靠姨夫（他管理我母亲的财产，过去他经常从我该继承的遗产份额中支给我大笔的钱）把我的混乱的财务整顿一下。这个人很吝啬，但是他对我的创作活动很引以为荣。[1232]

解说：3月7日马克思写信给拉萨尔：

"我早先已经写信跟你说过，我打算从这里到柏林去，以便亲自同你谈谈我们在写作和政治方面可以共同进行的事情，尤其是想同你见见面。……因此，你在给我的信里请提一下我最近那本驳斥福格特的著作的成就（lucus_a_non_lucendo）（□直译是"森林来源于不亮"，在拉丁文中lucus"森林"一词的词根是luc"发亮"，用来说明自相矛盾或不可信的事物），以及共同出版报纸的计划等，总之，你要把信写得我能够'可以信赖地'拿给姨夫看。同时不要忘了告诉我某些政治方面的情况。就这样说定了，好吗？！"[1233]

解说：为了拜访拉萨尔，马克思出发去柏林。

我这次旅行，除了在奥伯豪森这个极其无聊的小地方耽搁了六个半小时以外，没有发生任何意外。[1234]

第四十六节　柏林之行

我于……星期日〔3月17日〕上午七时到达柏林。[1235]

拉萨尔住在柏林一条最繁华的大街上的一所华丽的住宅里〔贝尔维街13号〕，他为了招待我准备得很周到，给了我最友好的接待。最初几个小时我们在闲谈中度过，休息了一会儿，吃了点茶点，使我消除了旅途的疲劳，随后拉萨尔立即领我到哈茨费尔特伯爵夫人的住宅去，我很快就了解到，这位伯爵夫人每天下午四点在他那里用午餐，晚上同他在一起消磨。我发现她的头发还是像从前那样"金黄"，眼睛还是那样蔚蓝，至于脸的其余部分，我看到深深印在那里的字样：二十加二十等于五十七。满脸全是"造物者留下的"皱纹，两腮和下颏所显露的丰满，像煤矿床一样，是需要很长时间才能形成的，等等。至于她的眉毛，一下子使我感到吃惊的是，它不但没有变坏，反而变得更好，以致人工远远超过了天赋。后来，我作了全面的观察，发现她是非常擅长化妆术的，她善于从她的化妆盒里找出她的血液不再具有的色泽。总之，她使我想起了某些希腊雕像，胸部还很优美，但是头部却因岁月的变迁而受到残酷的"剥蚀"。不过，说句公道话，她是一个非常出色的女人，不是女学究，很有天赋，而且很活泼，对革命运动有强烈的兴趣，而又具有贵族式的落拓作风，远远胜过专事卖弄聪明的女人的忸怩作态。[1236]

星期一，我的朋友拉萨尔替我写了给普鲁士警察局长的关于恢复我的普鲁士国籍的申请书。星期二，拉萨尔，这个非常勇敢的人，亲自把申请书送给了冯·策德利茨先生（警察总监、容克党徒和国王的代理人），他时而威胁，时而奉承——策德利茨把这次越过下属机构直接向他申请，看作是对他本人的尊重……星期二晚上，拉萨尔和伯爵夫人领我去柏林剧院，那里在上演一个柏林喜剧，充满普鲁士的自我吹嘘。总之，这是很令人讨厌的东西。星期三晚上，他们一定要我去歌剧院看芭蕾舞演出。我们有自己的包厢，它

第四十六节 柏林之行

紧挨着——说来可怕——国王的"包厢"。[1237]

哈茨费尔特为了要侮辱王室，……把我带到跟［国王］"美男子威廉"及其一伙人紧挨着的一个包厢去看戏！三个小时的芭蕾舞。整个晚上再没有别的什么。这也是柏林的一种特色。[1238]这种芭蕾舞是柏林所特有的。它不像在巴黎或在伦敦那样是幕间剧或歌剧的结尾，而是演了整整一个晚上，分为好几幕，等等。演员不讲一句话，一切通过面部表情来表现，真是枯燥得要命。但是布景很出色，例如，你看到从利伏诺到那不勒斯的海上旅行；海洋、群山、海岸、城市等等，一切都仿造得像照相一样真实。[1239]

星期四，拉萨尔设午宴欢迎我回国，邀请了男女宾客。在知名人士中有冯·普富尔老将军、"战事画家"布莱布特罗伊、宫廷顾问费尔斯特（有名的普鲁士历史编纂学家，以前曾被称为"宫廷蛊惑者"，因为他是已故国王的挚友）等等。宫廷顾问费尔斯特为欢迎鄙人致了祝酒词。让我坐在伯爵夫人和柳德米拉·阿辛格小姐之间，后者是万哈根·冯·恩赛的外甥女，又是万哈根和洪堡通讯集的出版者。这位对我热情洋溢的小姐，是我有生以来从未见过的最丑陋的人物：一副令人讨厌的犹太人面孔，非常突出的尖细的鼻子，永远微笑着，咧着嘴，说话常用散文诗，总要挖空心思说出几句不寻常的话来，装得非常热情，在忘乎所以时对你口沫飞溅。[1240]

我在柏林［财务上］陷入了很困难的境地。[1241]

我在柏林开辟了一条途径，以便在迫不得已时同维也纳《新闻报》进行联系——在当前美国这种情况下，看来是非这样做不可的。最后，我通过拉萨尔谈妥了把我的政治经济学的第二部分交给布罗克豪斯去出版而不交给敦克尔。[1242]

在柏林还访问了弗里德里希·科本，发现他丝毫没有改变，只是发胖了，而且有点"难看"了。我跟他单独在一起喝了两次酒，对我说来真是一大乐事。他赠送给我两卷他所著的《佛陀》——一部很重要的著作。我从他那里还了解到，察贝尔这个无赖及其一伙是怎样霸占《国民报》的。[1243]

我在这里无聊得像条哈巴狗。人家像对待沙龙里的狮子那样对待我，我不得不同许多专事卖弄"聪明"的男男女女见面。这是很可怕的。[1244]

解说：4月10日上午，马克思就恢复普鲁士国籍事宜向所在地区的警察局提出重新入籍的申请。[1245]

马克思自述传略

卡尔·马克思关于入籍和居住柏林的申请
第三十三警察分局的鉴定
1861年4月10日作于柏林

1861年3月1日卡尔·马克思博士来到此地（□文件中所载显然不准确，马克思到柏林是1861年3月17日）。

他曾申请想居住此地，并想通过入籍取得普鲁士国籍，今天，他对自己个人的情况作了如下的陈述：

我于1818年5月5日生于普鲁士莱茵省的特里尔城，信奉新教，根据我以前祖国的法律，具有权利能力。最近12年来，我住于英国，在那里靠写作的收入为生，没有享用过社会济贫基金的津贴。我曾经由于几起报刊政治案件受过数次侦讯，但我可以用附件证明我没有问题。我还没有向任何其他普鲁士机关申请入籍和定居，因而在这方面从未遭到拒绝。我也已被告知：如有隐匿我或我的亲属受过侦讯，不实报我的一般情况，或隐匿已向某某其他普鲁士机关申请入籍等情况，将使申请书无效，入籍证明被收回；居住此地问题如何解决与市政府的声明和入境税的征收无关，仅仅取决于王室警察总局；因此，我应当在得到入籍和居住证明之前不作任何安排。我在这里还没有赁下住宅，暂住贝尔维街13号拉萨尔博士处，并拟用写作所得维持自己和一家的生活。我的收入为2000塔勒；我和我的妻子都没有财产。至于我的兵役情况，我的年龄已使我不承担任何兵役义务。我没有勋章。请求：发给我入籍证明和批准我住在此地。

经本人听取、同意和签名
卡尔·马克思博士

解说：晚上，马克思就收到王室警察总监冯·策德利茨对国籍申请的回复。"兹对您本年4月6日的呈文答复如下：这次呈文中所举的种种理由，也绝驳不倒下述信念，即您应当算作外国人。……王室警察总局1861年4月10日于柏林。"[1246]马克思立刻写回信，提出抗议。[1247]

在柏林，凡是有点血气，因而可能感到沮丧的人，当然都非常渴望有人同他们共患难。如果把完全笼罩着这个城市的苦闷，分给更多的人来承担，那么每一个人就有希望分担得少一些。正是由于这个原因，哈茨费尔特伯爵

第四十六节 柏林之行

夫人，这个拉萨尔的埃吉丽亚，费尽心机要延长我在愚蠢的军阀制度的首都逗留的时间。4月12日她作了最后一次尝试，我们之间有这么一段轻佻的谈话：[1248]

哈茨费尔特伯爵夫人："只要一有可能，您就离开柏林，您是这样来答谢我们对您的友情吗？"

"完全相反。我把在这个城市逗留的时间延长得超过了预定的期限，正是由于您的殷勤使我舍不得离开这个撒哈拉（□指柏林位于沙土壤很多的勃兰登堡省中央）。"[1249]

伯爵夫人："那我要更加殷勤些。"

"那我就别无他法，只好逃跑了。不然我就再也不能回到伦敦，而天职在召唤我回去。"

伯爵夫人："这是一个女人的极好的恭维：她的殷勤竟至于把您赶跑！"

"您不是柏林。如果你想向我证明你的殷勤是真挚的，那就跟我一起逃跑吧。"

伯爵夫人："但是我怕您在头一个站就把我扔下了。"

"我不能担保不在最近一站'离别姑娘'。您知道，提休斯同希腊美人逃跑后，在一个什么地方把她扔下了，这时巴考士神立即从奥林帕斯山上降下，把被抛弃的美人抱在怀里，带到了一个永远欢乐的住处。因此，我不怀疑，有一个神已经在柏林外面的头一个火车站等候您，如果我使您失去这样一次约会，那我就是一个最残酷的人了。"

解说：4月12日马克思在即将离开柏林之际给拉萨尔写了一份委托书。委托他代办恢复国籍事宜。[1250]

由于我将离开此地，我特委托……拉萨尔……代收入籍证，代递各种必要的呈文，采取在这件事上所需要的一切步骤，并充分行使属于我的权利。[1251]

在爱北斐特去看望了济贝耳。在巴门他家里吃了一次晚饭，他的年轻漂亮的妻子（很会唱歌，对她的卡尔敬佩之至）我挺喜欢。济贝耳还是老样子，他最接近的一些人是：自由派新闻工作者（《新莱茵报》过去的闵斯德通讯员）以及一些诗人、音乐家和画家。我觉得其中最好的是泽耳。在巴门，济贝耳带我到"加利福尼亚"去过。一些无聊的人！他们向我致祝酒词。我让济贝耳转告，说我的嗓子哑了，于是他代我回答了几句一般的俏皮话，但是非常得体。[1252]

在<u>科伦</u>去看望了施奈德尔第二和克莱因博士。他们没有变化；看来甚至走得更远了。和他们在一起喝了几个小时啤酒。在一家啤酒店里，还看到了施土尔干格·科尼斯文特尔（沃尔弗干格·弥勒），但没有通名报姓。拜访了丹尼尔斯夫人。没有去看民族联盟盟员毕尔格尔斯这个蠢家伙。[1253]

解说：不久，马克思到达<u>特里尔</u>。

我的母亲把我以前开给她的几张借据销毁了。这是我在她那里住了两天所取得的非常满意的结果。关于钱的事我甚至没有向她开口，是她主动提到这个问题。[1254]此外，老太婆的机智及其坚定的平稳性格引起了我的兴趣。[1255]

在<u>博默耳</u>根本没有空闲时间。一方面我要同我姨夫办理事情，另一方面又要向我表妹献殷勤。[1256]

我……从［姨夫］那里挤出了一百六十英镑，所以我们得以偿还大部分债务。[1257]

我离开博默耳以后的旅行完全照原计划进行。我在<u>鹿特丹</u>的码头上遇见了雅克，同他闲谈了几小时。[1258]

随后，就在当天，急忙赶到<u>阿姆斯特丹</u>，[1259]

［4月28日］在那里很快就办完了事情。奥古斯特和他的一家都很愉快和健康。奥古斯特还特别委托我回到鹿特丹以后稍稍激励一下雅克先生，他多少有点"厌世"。他之所以有这种毛病，不过是因为他和绝大多数人不同，以批判的态度对待自己，而且在政治问题上还没有形成使他自己满意的坚定的观点。[1260]我从阿姆斯特丹回来，晚上九点半到达<u>鹿特丹</u>。……在我和雅克一起度过的短时间里，当然不可能答复他所提出的所有问题，甚至也不可能简略地分析他所提到的要点。因此雅克决定先同他的雇主们交换意见以后，再继续在伦敦进行讨论。[1261]

我原来的计划，是从鹿特丹去赫尔，再从赫尔去曼彻斯特，要在那里向恩格斯详细地口头报告这次旅行。这个计划被我的表兄弟雅克·菲利普斯打乱了。[1262]当我准备好从鹿特丹出发的时候，他通知我第二天要来伦敦，而且也真那样做了，当然，我就不得不直奔伦敦，好给他以应有的接待。[1263]我的鹿特丹的表兄弟决定紧跟着我来伦敦。借口是，他对同我进行政治讨论很感兴趣。但是我认为，实际上他是想同他的许多表姊妹认识一下。[1264]

我……在［4月29日］星期日……早上七点搭乘开往伦敦的轮船。[1265]

我于星期一到达世界首都［伦敦］，看到全家都很健康愉快。雅克于……星期三突然来到我们这里，使我们感到非常遗憾的是，他于［5月5日］（□马克思43岁生日）早晨又离开我们了，尽管我们想留他在这里多住些日子。我们约定互相进行政治性的通信。[1266]

解说：燕妮记述说："姨夫……拿出一笔钱来，还不要利息……幸亏有了这笔贷款，我们这艘破船才从搁浅中脱险，虽然我们往往在浑水中，在岩石和沙滩之间……，但我们到底愉快地向前航行了一段时间。"[1267]

我们最小的孩子从我回家以后得了黄疸病。她的健康情况很久以来就不能令人满意。[1268]

我和龚佩尔特没有遇上。先是在下午五点在尤斯顿广场上等他，一直等到六点。后来在八点左右我又去伦敦桥车站，但是两个地方都没有见到他。[1269]

4月19日的奥格斯堡《总汇报》。该报的一篇巴黎通讯，一字不差地以下述的话结尾："警告书商，卡尔·马克思的《福格特先生》一书已被列入禁书，因此正在印刷的该书的法文删节本不能出版。"[1270]

解说：至此，《福格特先生》一书的工作告一段落。

第四十七节　继续第二分册写作

［6月3日前后，］我在认真写我的著作。[1271]

解说：这里是指马克思开始准备《政治经济学批判》第二个分册"资本"章的手稿。[1272]首先是写了以前写下的内容的提要，即《我自己的笔记本的提要》。这个提要是对《导言》、《政治经济学批判（1857—1858年草稿）》、第一分册的第一章到第三章开头（分别在笔记本M、Ⅰ—Ⅶ、B′、B″），这些内容的提要和索引。[1273]

6月10日收到了维也纳来的信。弗里德兰德要求我先写两篇文章：一篇关于美国的事件（我必须把全部乱七八糟的东西写成一两篇政治和军事性的社论），另一篇关于英国的状况。以后（即收到这些文章以后）他准备给我提出比较详细的稿约；指的是我每篇文章可得一英镑，每篇普通的通讯可得十先令。按照德国的标准，这算是优厚的稿酬，我只得同意，因为必须生活下去。 ¹²⁷⁴

解说：8月底马克思到曼彻斯特。¹²⁷⁵秋天，小燕妮变得越来越憔悴，她患上了顽固的咳嗽症，不断复发，身体垮得很厉害。¹²⁷⁶"大女孩们开始和亨利·班纳先生学唱歌。"¹²⁷⁷

我从曼彻斯特回来［伦敦］以后不久，一发觉时机合适，［9月中旬］就又开始给《论坛报》每周撰写一篇文章。¹²⁷⁸

从9月27日起，［杜西］眼睛里的黄色消失了，并且出现了一切复原的征象。¹²⁷⁹

数月以来，伦敦新闻界的主要周刊和日报对美国内战一直重复着同样的一支调子。它们一方面诬蔑北部的自由州，同时又惴惴不安地防备别人怀疑它们同情南部的蓄奴州。¹²⁸⁰

反对奴隶制度的长篇大论的空洞虚伪……可以拿伦敦新闻界中的两个对立物即伦敦《泰晤士报》和《雷诺新闻》做例子来看一看；这两家报纸，一个是尊贵阶级的最大的报纸，另一个是工人阶级的唯一被保留下来的报纸。¹²⁸¹

解说：《泰晤士报》的总社设在伦敦印刷所广场。¹²⁸²

［10月29日］早晨收到［《新闻报》的］回信，内容如下：（1）文章和有关的广告已在该报头版登出；（2）从11月起，我被聘为固定撰稿人，稿费是，论文每篇一英镑，通讯每篇十先令。¹²⁸³

解说：这篇文章指10月25日《新闻报》刊登的马克思的第一篇文章《美国内战》。¹²⁸⁴

我［10月30日］从最末一次邮班收到［《论坛报》］已经刊登出来的我的头两篇文章。其中第一篇（三大栏，关于英国对美国的评论）登在显著地位，而且在该报头版特别作了介绍。因此，这事已无问题，一星期两英镑已有保证。¹²⁸⁵

为这两处写稿，总算使我有希望结束我的家庭在这一年来所过的那种受折磨的生活，而且也有希望把书完成。¹²⁸⁶

我为了印《福格特先生》，曾给佩奇公司垫了二十五英镑，当时约定他们用售书所得的收入先把这笔钱还给我，然后再支付其他一切费用。……可是……科勒尔（公司的股东之一）同佩奇发生争执……打起官司来。坏蛋科勒尔对我要求他还钱的事不予理会，反而向郡法院为那十英镑九先令对我起诉。我去找过戚美尔曼。他认为，如果我向最高法院起诉，要花三十至六十英镑，对我来说，最好就在科勒尔起诉的同一个郡法院以反诉的形式提出要求。但是他本人不在郡法院执行职务。因此，我必须……尽快……去找个英国律师，而这没有钱是不行的。[1287]

如果新的一年仍像旧年一样，那么我看最好还是让它见鬼去吧。[1288]

第四十八节　经济学说史

解说：1862年。马克思中断了第二手稿（61-63手稿）的理论部分，第V册，开始研究学说史。[1289]

使情况变得更令人不愉快的是，小燕妮在医生的护理下差不多已经有两个月。这孩子眼见得瘦了下去。燕妮现在已经长大，她已经意识到我们景况的全部艰难困苦，我认为，这就是她生病的主要原因。例如她曾背着我们到杨格夫人那里，打听能不能在剧院里找个工作。总而言之，这样穷困的生活实在不值得过下去。[1290]

维也纳《新闻报》并没有成为原来所指望的奶牛，……说来每篇文章我得一英镑。但是这些家伙每四篇文章只登一篇，往往连一篇也不登，结果我得的就少得可怜。[1291]

解说：2月24日艾伦医生给小燕妮开了服用葡萄酒的方子。2月25日马克思写信给恩格斯问是否能寄葡萄酒来。[1292]2月28日恩格斯给马克思寄去一个木箱，其中有八瓶波尔多酒、四瓶……陈年莱茵酒、两瓶雪莉酒。经济危机对恩格斯的公司影响特别大，没有接到任何订单。恩格斯今年的花费已经超过了收入。[1293]现在恩格斯几乎全部时间都住在玛丽那里，想尽可能少花钱。可惜恩格斯不能没有住所，否则就完全搬到玛丽家了。[1294]

3月3日我叫妻子到当铺去，看看那里能不能有点什么办法，因为我收到房东一封粗野透顶的信，这家伙如果把评价员打发到我家里来，那就但愿上天可怜可怜我了……[1295]

解说：3月30日马克思住在曼彻斯特恩格斯处。[1296]4月26日，马克思回到伦敦。

星期六［4月26日］收到弗里德兰德的来信。这些德国人真是想入非非！要我给他寄篇关于博览会开幕的文章，办这件事除了买季票以外，还必须买套衣服，再加上其他一些额外支出，至少要花我十基尼（□英国金币，发行时币值等于1英镑）；换得的是发表四篇到六篇文章的希望，共可得八英镑（总计），至多十二英镑。由于对这些家伙向来不能抱多大的希望，因此结果就一定是除了写四篇文章以外，我还得贴钱！我写信给他说，我不能上街，因此不能在星期四供给他们所盼望的关于开幕的报道；但是如有可能我会在其他文章中间插进几篇关于博览会的文章。所谓"其他"文章，实际就是指每周的一篇文章（每篇一英镑），就连这也很成问题。这我当然不得不接受，而且已经接受了，因为聊胜于无。[1297]

解说：由于各种欠债，马克思不得不假装还没有从曼彻斯特回来。[1298]

至于我的书，没有两个月是完不成的。为了不致饿死，最近一年来我不得不从事最乏味的机械呆板的工作，而且往往整月整月不能为我的这部著作写一行字。此外，我还有这样一个特点：要是隔一个月重看自己所写的一些东西，就会感到不满意，于是又得全部改写。无论如何，著作不会因此而受到什么损失，而且德国读者当前正做着远为重要的事情。[1299]

我［5月24日］（□马克思44岁）接到煤气公司的简要通知，在［5月30日］以前需交一英镑十先令，否则（这是最后警告）就要"切断线路"。我现在身无分文，在这困境中不得不向［恩格斯］求援。[1300]

妻子天天对我说，她还不如同孩子们进坟墓，的确，我也不能责怪她，因为我们由于目前处境而忍受的屈辱、痛苦和可怕的事情实在非笔墨所能形容。[1301]

当铺赎出来的东西又送去典当。可是，近来这种财源已经枯竭，……我妻子徒然打算把我的一些书籍卖掉。我对可怜的孩子们特别感到心疼，因为这一切正好发生在展览季节，他们的熟人都在尽情游玩，而他们却只怕有人来，会看到这种寒碜景象。[1302]

奇怪的是，在种种困苦的包围之下，我的脑袋倒比前几年更好用了。我……把这一卷大加扩充，因为德国的狗东西是按篇幅来估量一本书的价值的。……我终于顺便把地租这个烂摊子（但是在这一部分我一点也不打算涉及它）清理出来了。很久以来，我就怀疑李嘉图的学说是否完全正确，……我终于揭穿了骗局。[1303]

第四十九节　男爵回访

拉萨尔［7月9日］来这里……；他打算在这里逗留几个星期……参观……博览会。[1304]犹太黑人拉萨尔……在一次靠不住的投机买卖中又很走运地丢掉了五千塔勒。这个家伙宁愿把钱扔在污泥里，也不愿借给"朋友"——甚至保证还本付息也不行。同时，他总认为，他的生活排场应该像个犹太男爵或者得到男爵封号（也许是通过伯爵夫人）的犹太人。你想想，这个家伙……知道我所处的危机，竟厚颜无耻地问我是否愿意把我的一个女儿给哈茨费尔特伯爵夫人当"女伴"，甚至是否拜托他请求格尔斯滕堡对我庇护照拂（！）。这个家伙费了我不少时间。这个混蛋以为，既然我现在"无事可做"，只不过搞些"理论工作"，那么我就可以像他那样欣然地同他消磨时间！而我的妻子为了在这个家伙面前保持一点体面，不得不把所有东西一丝不留地送进当铺！要不是我处于这种绝境，要不是痛恨这个暴发户炫示他的钱包，他倒会使我非常开心的。一年不见，他完全发疯了。在苏黎世住了一阵（和吕斯托夫、海尔维格等等一起），然后到意大利旅行，再加上他的《尤利安·施米特》等等，完全冲昏了他的头脑。他现在深信他不仅是最伟大的学者、最深刻的思想家、最有天才的研究家等等，而且是唐璜和革命的红衣主教黎塞留。同时，用假装激动的声音不断地唠唠叨叨，装腔作势地做出各种动作来引人注意，讲起话来带着教训人的腔调！[1305]

解说：燕妮显然对拉萨尔也印象不佳，"'我现在是应该作为一个埃及学者而震动世界呢，还是作为一个活动的人物、一个政治家、一个斗士、一个士兵而表现自己的多才多艺呢？'……他像旋风一样在我们的房间里打转，大喊大叫，比比画画。而且往往把声调提得很高，邻居都被这不同寻常的叫喊吓到了，跑来打听出了什么事。"[1306]

解说：7月28日布赫尔应拉萨尔的请求，陪马克思一家到温卓尔去游览。这是马克思唯一一次见到布赫尔。[1307]拉萨尔的哈巴狗洛塔尔·布赫尔在博览会期间把为拉萨尔跑腿、打听消息、传递信件、安排娱乐活动一应事务全都包了下来。[1308]

房东暂时总算不吵闹了，但我得付他二十五英镑。以分期付款方式卖给我钢琴的钢琴商人，在6月底就应该收我六英镑，这可是一个很粗鲁的家伙。纳税六英镑的通知单已经在我家里了。将近十英镑的学费幸好已经付了，因为我尽了一切努力不让孩子们受耻笑。还了肉商六英镑欠账（这是我从《新闻报》一季拿到的全部收入！），但是他又来催逼，至于面包商、杂货商、蔬菜商和其他一切魔鬼，就更不用说了。[1309]

解说：8月2日给恩格斯回信：

"十英镑已经收到，非常感谢。你为了我在钱的问题上作难，使我非常不安，但是有什么办法呢？谁能够抵抗得了像美国这样的危机？况且，我又特别倒霉，同维也纳《新闻报》这类卑鄙的报纸有了联系。否则，对我来说它至少可以在某种程度上代替《论坛报》。……我还能这样推进我的理论工作，简直是奇迹。"[1310]

智者男爵曾经声称"[期票]怎么办都可以"，我就在他临走的前一天晚上[8月3日]同他商定了……手续。[1311]

星期一[8月4日]房东来了，宣称他已经忍无可忍，如果我还不能在最短期间内付钱，他就要把这件事交给他的经理人去办。这就是说要让评价员来了。而且——这一天真是祸不单行——我接到立即缴税的通知以及大多数跟房东相识的零售商人的信，他们威胁说要告我和停止供应生活用品。[1312]

在这一切事情发生以后，我还见过[拉萨尔]一次。他一看到我心绪不

第四十九节　男爵回访

宁的样子，就明白他早就知道的那场危机到了灾难性的地步。他问了我。我讲了情况以后，他表示在［来年］1月1日以前可以给我十五英镑；也同意开一张他名下的期票，数目不拘，只要……其他人担保付给他十五英镑以外的那部分钱。他自己也拮据，再多似乎也无能为力了（这一点我相信，因为他在这里仅雪茄烟和马车费，每天就花一英镑二先令）。[1313]

伊戚希还告诉我，他9月回去的时候，也许会办一种报纸。我回答说，如果报酬优厚，我愿意担任英国通讯员，不承担任何责任，也不同他搞政治合作，因为我们在政治上，除了某些非常遥远的终极目的以外，没有任何共同之处。[1314]

拉萨尔在星期一［8月4日］晚上走了。[1315]

艾伦医生对我说，小燕妮绝对必须到海滨去，至少住两个星期。最小的一个也需要这样——她去年患了像黄疸那样的病，现在又不怎么好了。[1316]8月19日我花了五英镑把家眷送到兰兹格特，因为小燕妮不能在这里再待下去了。[1317]

解说：8月19日马克思给世博会理事写信，索要采访证。[1318]

智者男爵［拉萨尔］8月20日从维尔德浴场来信说："为了办理承兑，我需要恩格斯本人写个保证书，保证在到期前八天付给我清偿期票所需的款项。之所以需要这样做，当然不是因为〈！〉我怀疑你是受他委托而写的，纯粹是因为：既然我要接受这张我自己无法支付的期票，那么为了避免任何意外情况，以及万一有个三长两短，我至少必须握有那个应该而且能够承担抵补款额的人的亲笔书面保证。"为了答复这一点，我已经给男爵写了一封非常讽刺的信。[1319]

我的朋友，任何理论都是灰色的，唯有事业才常青。可惜，我信服这一点为时太晚了。[1320]

解说：8月28日，马克思到荷兰找姨父筹款。[1321]

我本想找我姨夫纠缠一番，可是他却到大陆去了。我由那里（经过科伦等地）前往特里尔我母亲处，但是没有结果，这我在没有碰上姨夫的时候就预料到了。[1322]

解说：9月7日马克思返回伦敦。[1323]

我家里的人都从兰兹格特回来了。[1324]小燕妮从海滨浴场回来后好多了，不过还没有恢复到应有的程度。一年来，她的体重不但没有增加，反而在减少。[1325]

　　加里波第、美国内战、希腊革命、棉纺织业的危机和威亚尔的破产——所有这一切如今在伦敦都退到次要地位，而让位于……面包问题，一个地地道道的面包问题了。直接消费品的生产迄今为止差不多没有受到大工业的影响，人们的日常需要是通过古老的、极度笨拙的手工操作来满足的。……现在在英国，看来面包房师傅的丧钟已经敲响了，面包厂主的时代到来了。……伦敦面包房的帮工们向议会申诉他们极其困苦的状况，申诉书淹没了议会。……道格利希博士便使整个的面包生产制度革命化。从面粉运出仓库起一直到面包入炉，人的手一次也不碰。道格利希博士完全不用酵母，而是用碳酸发酵。他把整个面包制作过程的时间（包括烘烤）从8小时缩短到30分钟。完全用不着夜里干活。……用机器生产面包的胜利将是大工业历史上的一个转折点，大工业将这样征服中世纪手工业生产的被牢靠地保护到现在的偏僻角落。[1326]

　　我［大约12月5日至13日］在棉花贵族统治和亲奴隶制狂暴行为的中心<u>利物浦和曼彻斯特</u>逗留了几天。在这些城市的广大的资产阶级和贵族圈子里，可以看到现代史上前所未有的人类理性的最大错乱。[1327]

　　解说：之后，马克思回到<u>伦敦</u>。[1328]

第五十节　定名资本论

　　第二部分［12月底］终于已经脱稿，只剩下誊清和付排前的最后润色了。这部分大约有三十印张。它是第一册的续篇，将以"资本论"为标题单独出版，而"政治经济学批判"这个名称只作为副标题。其实，它只包括本来应构成第一篇第三章的内容，即《资本一般》。这样，这里没有包括资本的竞争和信用。这一卷的内容就是英国人称为"政治经济学原理"的东西。这是精髓（同第一部分合起来），至于余下的问题（除了国家的各种不同形式对社会的各种不同的经济结构的关系以外），别人就容易在已经打好的基础上去探讨了。[1329]

拖延很久是由于以下的原因。第一，……福格特的丑事（1860）占去了我很多时间，因为我必须对那些本身毫无价值的琐事进行大量调查，打官司等等。……由于美国内战（1861），我失去了我的主要收入来源——《纽约论坛报》。我给这家报纸撰稿，直到现在还没有恢复。因此，为了不致使全家真的流落街头，我过去和现在都不得不从事大量的零星工作。我甚至下决心做一个"务实的人"，并打算［来］年年初到一个铁路营业所去做事。但是由于我的字写得不好，没有谋得这个差事，我不知道这该说是幸运还是不幸。总之，……我时间很少而且也不大能安静下来从事理论工作。[1330]

解说：在一个笔记本上，马克思编上号码第XIX（罗马数字19）本，并注明是第V（罗马数字5）个笔记本的继续，然后署上日期**1863**年1月。[1331]

第五十一节　误解

解说：1月6日，和恩格斯同居十年的爱尔兰农家女子——玛丽·白恩士——去世。晚上她很早就睡了，当不到十二点妹妹莉希准备上床的时候，玛丽已经去世了。死得非常突然，估计不是心脏病就是脑溢血。第二天早晨恩格斯才知道。并写信告诉了马克思这件事。[1332]

解说：马克思在1月8日回信中对这件事只说了一句话：

"关于玛丽的噩耗使我极为意外，也极为震惊。她非常善良、机智，而且又是那样眷恋你。"

解说：接着是很大篇幅的谈自己生活的困苦。信的末尾又写道：

"难道她不能代替玛丽吗？你看，'文明人'在某种情况压迫下竟会产生多么奇怪的想法。"[1333]

解说：恩格斯5天之后，1月13日，才回信说："你自然明白，这次我自己的不幸和你对此的冷冰冰的态度，使我完全不可能早些给你回信。我的一切朋友，包括相识的庸人在内，在这种使我极其悲痛的时刻对我表示的同情和友谊，都超出了我的预料。而你却认为这个时刻正是表现你那冷静的思维方式的卓越性的时机。（□在这封信的草稿上，下面一句话是："享有你的这种优越性去吧，谁也没有说你没有这种优越性。"）那就听便吧！我的收支情况你是知道的，同时你也知道，我尽一切力量想使你脱出灾难。"结尾写道："你打算采取怎样的步骤，就告诉我，我会尽力而为的。"[1334]

解说：马克思又过了十多天于1月24日才又回信：

"在给你回信以前，我想还是稍微等一等为好。一方面是你的情况，另一方面是我的情况，都妨碍我们'冷静地'考虑问题。从我这方面来说，给你写那封信是个大错，信一发出我就后悔了。然而这决不是出于冷酷无情。我的妻子和孩子们都可以做证：我收到你的那封信（清晨寄到的）时极其震惊，就像我最亲近的一个人去世一样。而到晚上给你写信的时候，则是处于完全绝望的状态之中。在我家里待着房东打发来的评价员，收到了肉商的拒付期票，家里没有煤和食品，小燕妮卧病在床。在这样的情况下，我通常只有靠犬儒主义来解救。还特别把我气得要死的是，我妻子还以为我没有完全如实地把真情告诉你。"[1335]

解说：然后马克思说如果连恩格斯都无法帮助自己，自己只能写信告诉债主自己要宣布破产。[1336]两人分别相隔数日才回信，想必是在冷静情绪和反思自己的做法，这也是对双方友谊珍视的做法。而马克思的回信应当是消除了两人的误解，因此恩格斯又恢复了正常的书信频率，1月26日就回信说："亲爱的摩尔：对你的坦率，我表示感谢。你自己也明白，前次的来信给我造成了怎样的印象。同一个女人在一起生活了这样久，她的死不能不使我深为悲恸。我感到，我仅余的一点青春已经同她一起埋葬掉了。我接到你的信时，她还没有下葬。应该告诉你，这封信在整整一个星期里始终在我的脑际盘旋，没法把它忘掉。不过不要紧，你最近的这封信已经把前一封信所留下的印象消除了，而且我感到高兴的是，我没有在失去玛丽的同时再失去自己最老的和最好的朋友。"[1337]1月26日恩格斯写信给马克思还提到，恩格斯从老西尔那里弄到一百英镑约翰·拉普公司名下的期票。2月28日到期，恩格斯背书了马克思的名字，寄给马克思。恩格斯估计这在七月之前不会被发现。这对恩格斯是冒险的，因为他现在确实有亏空。马克思靠这笔钱就不用搬到贫

第五十一节 误解

民窟了。[1338]马克思1月28日回信给恩格斯：

"我很清楚地理解，你用这种办法给我如此巨大而意想不到的援助，是多么冒险。我简直无法表达对你的感激，虽然在我内心深切地感受到你的友谊是多么富有自我牺牲精神，而不需要再来证明。不过，如果你看到我的孩子们那种欢乐的情景，那对你来说就是最好的补偿。现在我也可以坦率地告诉你，尽管最近这几个星期我受尽了一切压抑，但是再也没有比担心我们的友谊发生裂痕那样使我感到沉重。"[1339]

我正在对机器这一节作些补充。在这一节里有些很有趣的问题，我在第一次整理时忽略了。为了把这一切弄清楚，我把我关于工艺学的笔记（摘录）全部重读了一遍，并且去听韦利斯教授为工人开设的实习（纯粹是实验）课（在杰明街地质学院里，赫胥黎在那里也讲过课）。我在力学方面的情况同在语言方面的情况一样。我懂得数学定理，但是属于直观的最简单的实际技术问题，我理解起来却十分困难。[1340]

解说：这是马克思第二次系统研究工艺学和技术问题。

我［2月1日］得了一种类似眼炎的病，加之还有头部神经极其令人讨厌的疼痛。［2月13日］已经好多了，……又敢试着写东西了。在害病期间，我完全陷入了各种各样的心理幻想，就像快变成瞎子或疯子的人可能常有的那样。[1341]

当我偶然路过索荷广场一带时，我至今还心有余悸。[1342]

解说：马克思2月21日写信给恩格斯：

"当我的危机达到顶点的时候，我曾给德朗克写过一封信。大约一个月之后他回了信，说他出门了一次。昨天他突然来到我这里，今天又见了一面，现在他已经走了。他说（他主动地），他愿意帮我弄一笔巨款，以便我能够安静地工作一年。后来谈到了你。我对他说（但我认为没有必要把详细情节告诉他），你帮了很多忙，而且在今后几个月你早就被榨干了。他还是重复说：讲的不是几个月，而是一两年。他要亲自和你联系。"[1343]

我的肝脏肿得厉害，并且在咳嗽时有些刺痛；在压它的时候也不太舒服。……如果我到艾伦那里去看，那他就会给我治一个疗程，而我现在根本没有时间这样治疗，更不用说其他原因了。[1344]

我从《泰晤士报》增刊上看到，普鲁士众议院终于做了一点好事。我们

很快就会有革命了。¹³⁴⁵

解说：在2月18日普鲁士众议院的会议上，讨论了关于普、俄之间签订的反对波兰起义者的协定的问题。众议院的自由派多数对协定进行了激烈的批判，通过了谴责普鲁士政府干涉波兰事务的决议。为了阐明波兰问题，马克思和恩格斯决定合写一个小册子，恩格斯在2月21日先后写信来讲了写作计划¹³⁴⁶，为此，马克思写下了一组关于波兰问题的手稿。¹³⁴⁷

我出席了工联召开的一次群众大会，大会由布莱特主持。他看起来完全像一个独立派，每当他说："在美国没有国王，也没有主教"，总是响起热烈的掌声。工人们自己讲得很精彩，全没有资产阶级那套空洞词句，丝毫也不掩饰他们同资本家的对立。¹³⁴⁸

重读了［弗雷德的《英国工人阶级状况》］这一著作，我惋惜地感到，我们渐渐老了。这本书写得多么清新、热情和富于大胆的预料，丝毫没有学术上和科学上的疑虑！连认为明天或后天就会亲眼看到历史结果的那种幻想，也给了整个作品以热情和乐观的色彩，与此相比，后来的"灰色而又灰色"就显得令人极不愉快。¹³⁴⁹

我的肝肿了（□马克思45岁），随之带来种种"附属品"，……三个月来，我因为这个该死的东西，吃的苦头比以前任何时候都厉害。¹³⁵⁰

在这期间我曾经吞服过硫黄，这必定会使福格特非常高兴。¹³⁵¹当然，在这期间我绝对不是无所事事，不过是不能工作罢了。我所做的是：努力填补自己在俄国—波兰—普鲁士事件方面的缺陷（外交的和历史的），此外，阅读与我所加工的那部分政治经济学有关的文献，并且作了摘要。这一切都是在英国博物馆进行的。而现在当我的工作能力有所恢复的时候，我想最后卸下这个包袱，把政治经济学誊清付印（并作最后润色）。如果现在我能一人独处的话，事情进展就会很快。无论如何我要亲自把手稿带到德国去。¹³⁵²

解说：这里马克思所说的与"所加工的那部分政治经济学有关的文献"的摘要，至少包括了5月所写的一个大8开39页笔记本"附册B"，6月所写的一本8开29页的笔记本"附册F"。¹³⁵³

我［6月12日］也还没有完全复原，但是主要的病已经好了。¹³⁵⁴

我所有时间都花在英国博物馆里，而且直到［6月］月底都会是这样，因为单单为了我的"肝脏"，我也必须尽可能避免听到家里人由于外部的压力而必然发出的怨言。只要能有一个安静的环境，我就一定着手誊清我那可咒的书，我想把它亲自带到德国去，并在那里出版。做完这件事以后，才能有时间同巴黎和伦敦联系关于法文翻译或英文修订的问题。[1355]

我现在每天必须花十个小时去搞政治经济学，……有空时我研究微积分。……我有许多这方面的书籍。[1356]

解说：勤奋研究的的结果，是马克思又完成了自己的主要著作的一个手稿——"《政治经济学批判》手稿，四开纸1472页，共23本，写于1861年8月到1863年6月。这是1859年以同一书名在柏林出版的第一册的续篇。"[1357]这些笔记本在文本学上称为"1861—1863经济学手稿"，是资本论第一个也是唯一一个内容完整的手稿。

解说：应该是在思考如何组织第一卷的结构的时候，马克思在自己的一个笔记本的第134—137页上对黑格尔的《逻辑学》的"存在"论全部和"本质"论开头作了摘要。[1358]

第五十二节　资本论第一卷

解说：7月，马克思开始写《资本论》第一册一个片断，第六章"直接生产的结果"。[1359]

我每天早晨……在家洗浴，……从头到脚用冷水淋洗，……我觉得身体好些。[1360]

解说：马克思7月6日写信给恩格斯：

"附上一份'经济表'，这是我用来代替魁奈的表的，天气很热，但是你如果有可能，就仔细看一看，如有意见就告诉我。这个表包括全部再生产过程。"[1361]

我的工作（整理手稿，准备付印），一方面进行得很好。我觉得这些东西在最后审订中，除了一些不可避免的G—W和W—G以外，已经变得相当通俗了。另一方面，虽然我整天整天地写，但是进展得并不像我久经磨炼的耐心所希望的那样快。无论如何，这比起第一部来要百分之百容易懂。总之，现在我看着这整个庞然大物，而且回想起我曾不得不把一切统统推翻，而历史部分甚至要根据一部分以前根本不知道的材料去加工时，就感到伊威希的确可笑，"他的"政治经济学居然已经完成了。可是，从他迄今所写的一切东西看来，他只是个大言不惭的、喋喋不休地把一些原理当作最新发现奉献给世人的中学预科学生，这些原理我们早在二十年前就已经交给我们的拥护者像辅币一样流通，并且成效比这要大上十倍。[1362]

我的全家人8月7日到哈斯廷斯去了。[1363]

解说：燕妮说，"卡尔到[哈斯廷斯]来接我们，但看起来他非常难受，一直感到不舒服。"[1364] "我们全家在环境优雅、景色宜人的哈斯廷斯时，不是在海边，就是在海里，身体得到了很好的修养，特别是我们病中的小燕妮，面颊又重新丰满红润起来了。咳嗽尚未完全治愈，不过好多了，咳嗽的次数也少多了，食欲也恢复了。"[1365]月底，马克思回到伦敦。

[9月]我在这里结识了一个最有趣的人物拉品斯基上校。无疑，他是我至今所结识的人中最机智的波兰人，而且是个实干家。虽然从举止和言语上他是法国人，但是他完全同情德国人。他只承认有种族斗争而不承认有民族斗争。他仇视所有的东方人，并且不偏不倚地把俄罗斯人、土耳其人、希腊人、阿尔明尼亚人等等统统列为东方人。……拉品斯基告诉我，丝毫也用不着怀疑，不仅是班迪亚，而且还有施泰因、图尔、克拉普卡和科苏特都同俄国有协议。他目前在伦敦的目的，是要建立一个哪怕只有二百人的德国军团，这个军团将打着黑、红、黄三色旗去反对波兰的俄国人，……所缺的是钱。……事情本身是极好的。[1366]

解说：燕妮说马克思在"11月……出现了可怕的病证——痈症"。[1367] "我亲爱的卡尔得了一种最可怕最疼痛的病——背痛，一直处在致命的危险中。……本来卡尔已经病了好几个月，工作对他来说已经成了难以忍受的重担，为了多少能轻松一些，他加倍抽烟，把各种药丸，如治黄疸病有效的甘汞等的用量增加了两倍。……依照德国的疗法，可怜的卡尔几乎完全不准吃东西，就连便宜的四度啤酒也从饮食中取消了，光靠柠檬水过活。最后，痈肿得像拳头那样大，背也已经完全弯下来时，我才找了艾伦。我永远不会忘记丈夫在看到自己背的那一瞬间所使的眼色,他示意我和小杜西离开房间,琳蕙必须扶持卡尔;于是艾伦开一个很深的、又深又大的切口,鲜血从张开的伤口直往外流。卡尔一声不吭,泰然自若,甚至没有哆嗦一下。然后开始敷热压布,……我们在两星期内不分昼夜每隔两小时准时换一次热压布。同时医生嘱咐一天喝波尔图酒三四杯和半瓶波尔多酒,而食物要比平常多三倍。……琳蕙由于操劳太甚和过分紧张也病了,……我不知道我自己怎么会有那样多的力量。"[1368]

解说:11月中,马克思脱离危险,燕妮说,"喝烈性的好酒和加强营养,都使他有力气忍受疼痛和顶住因大量排脓而引起的衰竭。糟糕的是他还睡不着觉,夜里痛苦难熬。医生对病情十分满意……有时他起来站一会儿,[11月24日左右]我们把他从病时所住的房间搀扶到了起居室。"[1369]

我母亲于11月30日下午4点钟,即在自己举行婚礼的日子和时刻去世。她曾预言,她将正好在这个时间亡故。[1370]

接到我母亲去世的电报。命运向我们家要一个人。我自己已经一只脚踏进坟墓了。在现在的情况下,我无论如何暂时比老人更有用点。为了处理遗产问题,我必须去特里尔。我原来很怀疑,艾伦是否允许我去,因为我在三天前才开始每天散步半小时以恢复健康。可是,艾伦给我两大瓶药,认为我这次出门甚至是有益的。伤口还在化脓,不过在整个旅途中帮我换药的好心人有的是。[1371]

解说:接到电报后的两个小时,马克思写信给恩格斯求援:

"请即刻寄点路费给我,使我能马上起程去特里尔。"[1372]

除葡萄酒以外,我每天(……12月4日为止)要灌一夸脱半的最烈性的伦敦黑啤酒。我看,写起小说来倒是不坏的题材。从前面看,这人享用波尔图酒、波尔多酒、黑啤酒和大块大块的肉,把这些装进自己的"体内",是个纵酒作乐的家伙。从后面看呢,在背上——在"体外",长着一个可恶的痈。假如魔鬼同谁约定,答应在这样的情况下飨以美食,那就让魔鬼自己见鬼去吧。不过,我的头部还很虚弱,两膝颤抖。[1373]

[12月7日]星期一,我就离开了伦敦。[1374]

第五十三节　重返特里尔

解说：12月8日，马克思到特里尔，住在"威尼斯"旅馆。[1375]

我来到的时候，除日常用的家具外，其他一切当然都加了封。我母亲以她通常的"最高领导狂"对康拉第说过，他对什么也不用操心：她已经把一切都处置妥当，姨夫会把"一切"办好的。她仅交给康拉第一份经过公证的遗嘱副本，这个遗嘱只包括下列安排：（1）除金银物品外，所有家具、衣物和器皿均遗赠给艾米莉；（2）留给自己的儿子卡尔一千一百塔勒等等；（3）把父亲的画像留给索菲娅。全部遗嘱就是这样。（注意：索菲娅一年有一千塔勒收入，这笔钱大部分从菲力浦斯家领取。你毕竟还是可以看出，我的亲戚乃是十足的"坏种"。）［我母亲］指定舅舅马丁和［姨夫］菲力浦斯为自己的遗嘱执行人。……除了一八五八年的五桶酒（我母亲在有利的时刻不愿出售）和几件金银小物品外，在特里尔这里再没有什么东西了（格律恩堡早就卖掉了）。这一切将在各继承人之间平分。实际的财产完全掌握在姨夫手中。[1376]

解说：关于这笔遗产，马克思开列一个分配清单，其中共6886塔勒给马克思，但是拿到手只有很少的现金，其他的都还债了。[1377]

每天我都去瞻仰威斯特华伦家的旧居（在罗马人大街），它比所有的罗马古迹都更吸引我，因为它使我回忆起最幸福的青年时代，它曾收藏过我最珍贵的珍宝。此外，每天到处总有人向我问起从前"特里尔最美丽的姑娘"和"舞会上的皇后"。做丈夫的知道他的妻子在全城人的心目中仍然是个"迷人的公主"，真有说不出的惬意。[1378]

我［12月16日］到法兰克福姑母艾丝苔那里去……有一位太太原来在特里尔住过，更早以前住在阿尔及尔，而现在同姑母住在一起，——她也是我父亲的妹妹，也是我的姑母，叫巴贝塔，平常叫她"小贝尔"；她很有钱。[1379]

第五十三节　重返特里尔

在整个莱茵省，从特里尔到美因河畔法兰克福，从这里再经吉森到科伦，一直到荷兰的边界，我只听到对普鲁士人的咒骂。什列斯维希—霍尔施坦主义很少，少极了，而且总是被看作"普鲁士的诡计"。[1380]

我又到了荷兰，我是12月21日安抵这里〔扎耳特博默耳〕的。[1381]

我母亲遗下的票据和什物都加封了……不能启封，因为荷兰委托书仍然没有到达，还要经过极烦琐的公文手续。我给特里尔法院留下了给我妹夫康拉第的委托书，就到这里的"总司令部"来了，因为，第一，绝大部分财产在我姨夫手中，第二，他是遗嘱执行人。[1382]

我的痈已经完全好了，但是背上因为生了疖子还得受很多苦，譬如21日我就整夜没有合眼，而我从美因河畔法兰克福来到这里，由于旅途劳顿，本来应该美美地睡一觉的。我的表妹夫是这里唯一的医生和市医官，所以我不会缺医少药。[1383]

12月23日，范·安罗伊医生发现，在疖子旁边又长了一个可恶的痈，恰好长在原先那一个的下面。从那时起——姑且不谈这次发现使我在精神上留下的不愉快印象——我一直经受着剧烈的疼痛，特别是在夜里。我姨夫，这个非常出色的老头，亲自给我贴膏药和上泥罨剂，而我的那位长着一对厉害的黑眼睛的可爱而伶俐的表妹，无微不至地关怀我和照顾我。然而，在这种情况下我很想回家，不过由于我的身体状况，这一点暂且连想都不用想。[1384]

我的表妹同这里所有的"女士们"一样有一本相片簿，我已答应帮她收集相片，我也答应帮她搞一张〔恩格斯〕的相片。[1385]

〔12月27日〕，刚准备把……信封上，医生就进来了，二话不说，又给我动了手术。一眨眼工夫手术就做完了，现在事情会很顺利。[1386]

当〔恩格斯**1864**年1月3日〕的信寄到的时候，我还庆幸自己的旧伤口治好了，但是就在那天晚上，在左胸上方靠近颈部的地方冒出了一个大疖子，而另一个（与它相对称）长在背上。虽然这很讨厌，但是至少还不妨碍走动，我确实由姨夫和表妹陪着到莱茵河（伐耳河）对岸散过步。但是过了几天，在右腿上又出现了一个痈，歌德的诗中说："要是骑士没有屁股，那他又怎样骑马呢？"这个痈就正好长在那个部位下面。这是我长过的脓疮中最痛和最不便的一个，我希望它终于是这一连串中的最后一个。暂时我还不能走动，不能站，也不能坐，甚至连躺着也非常难受。[1387]

我在鹿特丹逗留的那两天，雅克也很忙。第一天他到附近一个小城市里去办一个案件，第二天他必须去参加一次鉴定。总之，我觉得他自从订婚以来比以前更多得多地"关心业务"了。我相信再过几年他会有相当多的业务，尤其是因为他喜爱法学。雅克自己告诉我，差不多所有疑难案件他都胜诉了。既然他肯劳神谈论这些事情，那对此是可以相信的。我和他曾对一个他所谓的真正"当事人"笑破了肚皮。他告诉我，这个人还年轻，还能打三十年以上官司，弄到不少财产！[1388]

〔在阿姆斯特丹〕看到全家人都很健康和愉快。〔因为奥古斯特〕很忙，所以〔根本〕没有和他谈钱的事。在保险基金会里我取到了千盾券数张，雅克帮我在鹿特丹把大部分换成了票据，其中约四分之一是银行券。[1389]

奥古斯特给了我三册《地理学》，另外，雅克还供给我一本来顿教授菲塞林的政治经济学（荷兰文）和一本《映画镜》。可见，给我供应的荷兰读物很充分。弗里西安语的书在阿姆斯特丹一本也找不到，虽然仅在一家书店里就有八十八种现代语的作品。看来，阿姆斯特丹人对黑人的语言比对弗里西安语更有兴趣，不过人们总是偏偏忽视与他最接近的东西。[1390]

〔2月19日，〕大约在中午的时候我怀着冷冰冰的心情到了〔伦敦〕，因为天气冷得要命。可是这使我更感到见面的温暖，因此我也就体会到苦中之乐。〔这两天〕都是伦敦最冷的日子。所以，我的使命看来就是把冬天不仅带给博默耳，而且也带给伦敦。[1391]

解说：带回来的不大的一份遗产，使马克思摆脱了债务和当铺等等的锁链。[1392]

小家伙〔爱琳娜〕对奥古斯特夫人为她选购的确实好看的玩具娃娃完全着了迷。她一再纠缠我，直到我答应把她认为是用中国象形文字写成的信也寄给〔我荷兰的姨夫〕为止；这封信是一个英国熟人寄给她的。[1393]

在这里，我的几个女儿在钢琴伴奏下唱着在阿姆斯特丹早已轰动一时的《索里埃·奥本海姆》，她们希望有一天能在她们的姨姥爷面前唱这首歌。[1394]

这里已经给我堆积了一大捆来自四面八方的报纸等等，但是我拿定主意，在星期一（2月22日）以前有关政治的东西一眼都不去看。[1395]

3月12日早上十点钟我……从这里的尤斯顿车站上车，约于下午五点到达曼彻斯特。再等好天气是愚蠢的。此外，在最近两星期中阻留我的是，在我

第五十三节 重返特里尔

身体的不同部位意外地出现了几个新的疖子。[1396]

解说：在曼彻斯特，马克思同恩格斯谈自己到荷兰和德国的情况。[1397]不久，马克思回到伦敦。

解说：这一年的复活节，马克思一家搬到莫丹那别墅1号。燕妮回忆说，"复活节（3月27日），我们就搬到这所新的、舒适的、向阳的、宽敞而且光线充足的房子里。"[1398]这所房子共三层，每层较大的房间都有两个窗户。[1399]

这里的天气至少3月份是很恶劣的，除了一两个好天以外，其余都是寒冷而潮湿的日子，并且天气瞬息即变。也许正是因为这个缘故……我身上这些该死的疖子还没有好。我诅咒这些东西，不过没有说出来罢了。[1400]

疖病几乎一直拖延到4月16日，这使我非常"恼火"，只是在17日我才能重新工作。[1401]

我……有好几天没有出现过一个新的疖子，我的医生认为……我终于摆脱了这种坏东西。的确，早就该这样了。太阳似乎终于要穿透云层了。但是从东方还刮来狂风。爱琳娜的咳嗽好了。可是她姐姐燕妮却还是在咳嗽……将随着风向的变换而消失。[1402]

在博物馆里，我在博埃齐（他是民族大迁徙时期的著作家）《论算术》一书中读到关于古罗马人的除法（他当然不知道任何其他除法）。从这本书以及其他我用来与之相比较的一些著作中，可以看出：不太大的计算，例［如］在家庭开支和商业中，从来不用［数字］而只用石子和其他类似的标记在算盘上进行。在这种算盘上定出几条平行线，同样几个石子或其他显著的标记在第一行表示几个，在第二行表示几十，在第三行表示几百，在第四行表示几千，余类推。这种算盘几乎整个中世纪都曾使用，直到今天中国人还在使用。[1403]

"宇宙空间的黑暗"，它是从光学中必然产生的。既然各种颜色只有在光波为物体所反射时才能呈现出来，而星际空间既没有大气，又没有其他物体，那么这些空间一定是漆黑的。……我已经成了一个很好的荷兰人，这一点你根据以下事实就可以相信：小燕妮已经把《映画镜》看了一半；劳拉在我的指导下已经读了《地理学》第一卷的大部分；就连爱琳娜都会背诵《跳舞吧，小修女，跳舞吧！》和《小鞋和它的小妻子》。[1404]

第五十四节 沃尔弗之死

解说：5月2日，马克思家收到恩格斯的一封信，告知他们忠实慈祥的老朋友鲁普斯病重的消息。马克思急忙赶过去。[1405]

从伦敦到达〔曼彻斯特〕以后，当天晚上我就去看他，但是他当时昏迷不醒。第二天早晨，他认出了我。当时恩格斯和两位医生在场。我们离开时，他（用微弱的声音）叫住我们说："你们还来吗？"这是他神志清醒过来的时候。此后，他很快又陷入衰竭状态。到星期四（〔〕马克思46岁生日）晚上，甚至到星期五晚上，病情仍然不明朗，结局如何，很难判断。从星期五晚上起……他都昏迷不醒。[1406]

可怜的鲁普斯5月9日下午五点十分去世了。[1407]

与死亡的斗争拖了很久——诚然，这对他是没有痛苦的。他无疑是夸夸其谈的庸医的牺牲品。……我们为数不多的朋友和战友中的一个，就这样离开我们去了。[1408]

可怜的鲁普斯辛劳终身积蓄了一些钱。他在遗嘱中指定恩格斯、博尔夏特和我为他的遗嘱执行人，公证人〔5月10日〕向我们宣布了他的遗愿。鲁普斯的遗言是：（1）一百英镑给曼彻斯特席勒协会；（2）一百英镑给恩格斯；（3）一百英镑给博尔夏特；（4）其余六百到七百英镑以及他的书籍和其他财物都给我（如果我死在他之前，则给〔我妻子〕和孩子们——他仔细地考虑到一切意外情况）。[1409]

我〔5月10日〕到鲁普斯的寓所整理一下文稿。[1410]鲁普斯把我们孩子们的所有信件都细心地保存下来，并且在最后几个星期里一再向博尔夏特夫人说，小杜西的那些来信使他如何地高兴。[1411]

解说：沃尔弗遗赠给马克思的物品中有一块怀表和一批书籍。[1412]

5月11日马罗茨基在教堂公开赞扬了鲁普斯。我认为在曼彻斯特没有一个人像我们可怜的鲁普斯这样受到普遍的爱戴。[1413]

解说：马克思和恩格斯写沃尔弗的"讣告"。[1414]

5月13日为我们的好同志举行了葬礼。我们有意不邀请任何人，否则半个城市都会惊动。参加葬礼的有博尔夏特、龚佩尔特、恩格斯、德朗克、施泰因塔耳、马罗茨基（光明之友的新教牧师，鲁普斯在他家教过书，他是作为生前好友而来的）、贝内克（这里最富有的商人之一）、施瓦伯（同上），还有三个商人、几个少年以及十五到二十个所谓"下层阶级"的人——鲁普斯在他们当中享有很高的声望。自然，我发表了简短的悼词。这个使命使我如此激动，以致有几次嗓子都哽住了。[1415]

起初以为可怜的鲁普斯似乎是患初期脑软化，但是事实并非如此。佩尔特早就说过，他是患脑充血（脑溢血）。这在解剖后已被证实，从而也证明，假如有稍微对症的治疗，他还是能活下去的。博尔夏特伤天害理地完全耽误了他的病。不过为博尔夏特一家着想，这一点就不必声张了，他一家同鲁普斯是很知心的（特别是博尔夏特的大女儿），帮了他不少忙，鲁普斯本人对这一家也很珍视。而我则谢绝了博尔夏特要我……去吃午饭的邀请，我推说，在安葬沃尔弗的日子里，我不能去做客。[1416]

［5月16日］去看了厄内斯特·琼斯，恢复了同他的旧日的友谊。他很热情地接待了我。艾希霍夫……也在这里。[1417]

我很想在这里给全家买点曼彻斯特的丝织品，但是正碰上假日，商店关门，不能实现我的心愿。[1418]

我……在星期四（5月19日）离开曼彻斯特，恩格斯……和我同来［伦敦］。[1419]

解说：22日恩格斯返回曼彻斯特。[1420]5月底马克思写《威廉·沃尔弗简历》，这是打算给沃尔弗写传记而准备的材料。[1421]

使我感到十分惊"喜"的是，［5月26日早］晨发现在我胸部又有两个"可敬的"疖子（［前］夜我就不能入睡了）。……我……不愿服铁剂，因为我本来血就往头部涌。我也不想去找艾伦，因为我最怕又开始一次正规的治疗，这……会妨碍我的工作。[1422]

当我看伊威希的《雇佣劳动和资本》时，我不止一次地问自己："这是怎么回事？"问题是这部著作的基本原理，在我看来每一个字都很熟悉（虽然作了伊戚希式的乔装打扮），而又不是直接从《宣言》等里面抄袭来的。正好，几天前我偶尔翻阅了我在《新莱茵报》上发表的关于雇佣劳动和资本的一组文章，这些文章实际上是单纯地重印了我在布鲁塞尔工人协会上所作的几次演讲（1847）的讲稿上。正是在这里，我发现了我的伊戚希的灵感的直接来源。出于我对他的特别的友谊，我将把《新莱茵报》上的所有这些东西作为注解印在我的那本书的附录里，自然要想出一个借口，丝毫不暗示伊戚希。他对此未必会感到高兴。[1423]

我的疖病又复发了，从我摆脱最后几个疖子……总共才不过两个星期。这种讨厌的病很妨碍我工作；此外，医生不许我从事紧张的和长时间的脑力劳动，所以我——这会使你大吃一惊——就做起投机生意来了，一部分是做美国国家有息证券的投机，但主要是做英国股票投机，英国股票今年在这里如雨后春笋般地增加起来（这是些五花八门的股份企业，它们扩充到不可思议的规模，然后又纷纷倒台）。我用这个办法赚了四百多英镑，而现在，当错综复杂的政治局势又给投机活动大开方便之门的时候，我又开始搞起来了。搞这种事情占去时间不多，而且只要稍微冒一点风险就可以从自己的对手那里把钱夺过来。[1424]

〔7月1日时，〕我再度服药已有十来天了，此外……还患一种类似流感的病。[1425]流感……影响到口鼻等，所以我既失去了嗅觉，也失去了味觉。在这一段完全不能工作的时期里，我读了卡本特尔的《生理学》、洛德的《通俗生理学》、克利克尔的《组织学》、施普尔茨海姆的《脑和神经系统的解剖学》以及施旺和施莱登关于细胞的著作。在洛德的《通俗生理学》中对颅相学作了有力的批判，虽然这个人是信教的。其中有一个地方使人想起黑格尔的《现象学》，这段话是："他们试图把精神分离成若干种假设的固有的性能，这没有一个形而上学者会片刻承认的；同时他们还试图把脑分解成同样多的器官，解剖学家请求把它们指出来，没有得到结果；然后他们转而把前面的（没有得到承认的）假设之一作为一种作用的方式同后面的（没有被证明的）存在联系起来。"[1426]

解说：马克思在7月4日给恩格斯的信中说：

"你知道，首先，我对一切事物的理解是迟缓的，其次，我总是踏着你的脚印走。所以最近我可能要认真研究解剖学和生理学，此外，还将去听讲

第五十四节 沃尔弗之死

学（那里展示实物并进行解剖）。"[1427]

不知是从哪里（可能是从德国特里尔）传出的谣言，说我是"继承人"。给我寄来的陈年（包括《新莱茵报》时期）老账，数目大得出奇。假如我在……十天内有钱的话，我就可以在这里的交易所赚许多钱，现在在伦敦又到了可以靠机智和少量的资金赚钱的时候了。[1428]

我非常不痛快地吃了一惊，发现我身上长的不是疖子，而更像是恶性的痈，而且不知羞耻地在阴茎旁边发展。所以大约十〔来天〕，大部分时间只好躺在床上——而且天气又这样热！伤口愈合得很快，但是由于病这样恶性地出乎意外地复发，我确实失去了一切信心。[1429]

解说：马克思7月25日在兰兹格特哈兹街46号写信给恩格斯说："你从地址上可以看出，我在兰兹格特已经好几天了。"[1430]

解说："卡尔的身体仍旧很虚弱，夏天必须去海滨。他和〔小〕燕妮先去兰兹格特，劳拉和杜西随后也去那里。"[1431]

我〔8月10日前后〕从兰兹格特回来〔伦敦〕。[1432]

荷兰没有去成，因为我姨父家里一个女仆突然患了天花。[1433]

解说：8月31日前几天，马克思又重新开始工作。[1434]

我偶然看到自然科学方面一本很出色的书——格罗夫著的《物理力的相互关系》。他证明：机械运动的力、热、光、电、磁及化学性能，其实都不过是同一个力的不同表现，它们互相演化、替换、转化，等等。他非常巧妙地排除了那些令人厌恶的物理学形而上学的胡话，像"潜热"（不亚于"不可见光"）、电的"流质"以及诸如此类为了给思想空虚之处及时找个字眼来填补而采取的非常手段。[1435]

解说：燕妮说，"8月，奥古斯特·菲利普斯来看望我们。"[1436]

妻子……得了霍乱，来势凶猛，一度看来很危险。8月30日她（一个人）到布莱顿去了。[1437]

9月1日下午收到弗莱里格拉特的一封信，……可以看出，拉萨尔在日内瓦决斗中受了伤，生命垂危。就在当天晚上，我去弗莱里格拉特那里。但他没有接到任何新的电报。他顺便告诉我……，他的银行处在危机中，原因是日内瓦的事情和法济在这件事中搞的鬼。[1438]

解说：拉萨尔同一个瓦拉几亚的伪国君腊科维茨决斗时受了致命伤。本来拉萨尔准备同巴伐利亚的公使窦尼盖斯的女儿结婚。父亲反对这桩婚事，而姑娘欺骗了拉萨尔。她原来的未婚夫，即上面提到的伪国君从柏林来到这里，要求作出解释，然后相互指责，继而提出决斗。拉萨尔腹部中弹，正躺在"维多利亚"旅馆，生命垂危。[1439]"拉萨尔留的遗嘱指定哈茨费尔特伯爵夫人为他的主要继承人，并把巨额财产留给其他瑞士的新朋友。拉萨尔的母亲和姐姐不同意这个遗嘱，于是开始诉讼。"[1440]

解说：恩格斯9月2日来信说："合股的问题终于解决了，合同签订了，因此我希望在这方面能有整整五年的安静。"[1441]关于拉萨尔的事情恩格斯在9月4日的回信中说："你的电报是在昨天收到的，那时我还没有拆阅你的来信，因为各种各样的事一下子把我缠住了。你可以想象，这消息使我多么震惊。且不论拉萨尔在品性上、在著作上、在学术上究竟是个什么样的人，但是他在政治上无疑是德国最重要的人物之一。对我们来说，目前他是一个很不可靠的朋友，在将来是一个相当肯定的敌人，然而看到德国如何把极端政党的所有比较有才干的人都毁灭掉，毕竟还是会很痛心的。现在工厂主和进步党的狗东西们将会多么欢欣鼓舞，要知道，在德国国内，拉萨尔是他们唯一畏惧的人。……关于他去世的报道在星期四晚上就已经在《科伦日报》上刊登出来了（该报是在昨天下午，即在你的电报来到以后四小时寄到的），从这里你可以看出这个消息传得多么快。"[1442]

解说：9月8日前后恩格斯住在马克思处，他从曼彻斯特去什列斯维希-霍尔施坦，路过伦敦到马克思家做客。[1443]

整个这一年我都在闹病（受到痈和疖子的折磨）。要不是这样，我的政治经济学著作《资本论》就已经出版了。……我希望再过几个月就完成它，最后在理论方面给资产阶级一个使它永远翻不了身的打击。[1444]

关于英文翻译的事情，我试着在伦敦找一个能付给优厚稿酬的人，这样可使穆尔作为译者、我作为作者共分这笔稿酬。如获成功，莉希夫人也应该得到一套伦敦服装作为她的一份。哈里逊之流的先生们渴望用英文研究这部书，这使我有了些希望。[1445]

第五十五节　国际工人协会

解说:"这时欧洲各国的工人运动又十分壮大了,以致马克思有可能来考虑实现他的宿愿:创立一个包括欧美最先进国家的工人协会。"[1446]

爱尔兰人民,他们在北部正逐渐被机器所排挤,在南部正逐渐被羊群所排挤。[1447]

巴黎方面派来了一个代表团,由一个名叫托伦的工人率领,他是巴黎最近一次选举中真正的工人候选人,是一个很可爱的人(他的伙伴们也都是很可爱的小伙子)。定于……9月28日在圣马丁堂召开群众大会,召集人是奥哲尔(鞋匠,这里的各工联的伦敦理事会的主席,也是工联的鼓动争取选举权的协会的主席,这个协会同布莱特有联系)和克里默——泥水匠,泥水匠工会的书记。一个叫做勒·吕贝的人被派到我这里来。[1448]

勒·吕贝是一个年轻的法国人,三十岁左右,但在泽稷和伦敦长大,英语讲得很漂亮,是法国和英国工人之间很好的中间人。他是音乐兼法语教师。[1449] [他]问我是否愿意作为德国工人的代表参加会议,是否愿意专门推荐一个德国工人在会上讲话等等。我推荐了埃卡留斯,他干得很出色,而我也在讲台上扮演哑角加以协助。我知道伦敦和巴黎方面这一次都显示了真正的"实力",因此我决定打破向来谢绝这类邀请的惯例。[1450]

我加入这里的国际工人团体的原因之一就是要揭露 [布林德]。[1451]国际工人协会……于1864年9月28日在伦敦朗-爱克街圣马丁堂举行的公开大会上成立。[1452]

解说:圣马丁堂是当时伦敦17个音乐堂之一,位于伦敦的"七日晷"贫民区附近的玫瑰街。这里是伦敦第三流的娱乐场所,观众主要是工人。[1453]

会场上挤得使人透不过气来(因为工人阶级现在显然重新开始觉醒了),沃尔弗少校(图尔恩—塔克西斯,加里波第的副官)代表伦敦的意大利工人团体出席了大会。会上决定成立"国际工人协会",它的总委员会设在伦敦,"联系"德国、意大利、法国和英国的工人团体。……大会选举了一个临时委员会,其中奥哲尔、克里默和其他许多人代表英国;沃尔弗少校、方塔纳和其他一些意大利人代表意大利;勒·吕贝等人代表法国;埃卡留斯和我代表德国。委员会有权任意吸收新的成员。[1454]

由于厌恶一切个人迷信,在国际存在的时候,我从来都不让公布那许许多多来自各国的、使我厌烦的歌功颂德的东西;我甚至从来也不予答复,偶尔答复,也只是加以斥责。[1455]

解说:"圣马丁堂公众大会选出的委员会的第一次会议,于……10月5日在索荷区希腊街18号举行。根据韦斯顿先生提议,惠特洛克先生附议,推举乔·奥哲尔先生主持会议。"会议记录的开头这一段由克里默执笔,从大开张的第一本会议记录本第1页开始记录,之后换一人执笔。[1456]

一切都进行得很顺利。我参加了委员会的第一次会议。会议选举了一个小委员会(也有我在内)起草原则宣言和临时章程。[1457]

我病得很厉害,一直躺在床上。[1458]我因病未能出席小委员会的会议和接着召开的委员会全会。在我未能出席的两次会议上——小委员会和接着召开的委员会全会——发生了以下的事情:沃尔弗少校提议把意大利工人团体(它们有中央组织,但是如后来所表明的,它所联合的基本上是一些互助会)的规章(章程)当作新的协会的章程。[1459]

我后来才看到这个东西。这显然是马志尼的粗劣作品,因而你可以预先猜到,真正的问题,即工人的问题是以什么样的精神和措辞来阐述的。同样,也可以预先猜到民族问题是怎样被放到里面去的。此外,老欧文主义者韦斯顿——他本人现在是厂主,是一个和气有礼的人——起草了一个内容极其混乱、文字异常冗长的纲领。接着召开的委员会全会授权小委员会修订韦斯顿的纲领和沃尔弗的章程。[1460]

小委员会的第二次会议我又没有参加,因为我接到开会的通知太迟了。在这次会议上勒·吕贝提出了"原则宣言"和由他修订过的沃尔弗的章程,小委员会把二者都接受下来提交委员会全会讨论。[1461]

委员会全会于10月18日开会。因为埃卡留斯来信告诉我,拖延就有危险,我就出席了会议,当我听到好心的勒·吕贝宣读妄想当作原则宣言的一

第五十五节　国际工人协会

个空话连篇、写得很坏而且极不成熟的引言时，我的确吃了一惊，引言到处都带有马志尼的色彩，而且披着法国社会主义的轮廓不清的破烂外衣。此外，意大利的章程大体上被采用了，这个章程追求一个事实上完全不可能达到的目的，即成立欧洲工人阶级的某种中央政府（当然是由马志尼在背后主持），至于其他错误就更不用说了。我温和地加以反对，经过长时间的反复讨论后埃卡留斯提议由小委员会重新"修订"这些文件。而勒·吕贝的宣言中所包含的"意见"却被采纳了。[1462]

两天以后，10月20日，英国人的代表克里默、方塔纳（意大利）和勒·吕贝在我家里集会（韦斯顿因故缺席）。我手头一直没有这两个文件（沃尔弗的和勒·吕贝的），所以无法预先作准备；但是，我下定决心尽可能使这种东西连一行也不保留下来。为了赢得时间，我提议我们在"修订"引言之前，先"讨论"一下章程。结果照这样做了。四十条章程的第一条通过时已经到了夜里一点钟。克里默说（这正是我所要争取的）："我们向原订于10月25日开会的委员会提不出什么东西。我们必须把会议延期到11月1日举行。而小委员会可以在10月27日开会，并且争取获得肯定的结果。"这个建议被采纳了，"文件"就"留下来"给我看。[1463]

我看到，想根据这种东西弄出点什么名堂来是不可能的。我要使用一种极其特殊的方法来整理这些已经"被采纳的意见"。为了要证明这种方法正确，我起草了《告工人阶级书》（这不在原来的计划之内，这是对1845年以来工人阶级的命运的一种回顾）。以这一《告工人阶级书》已经包括了一切实际材料和我们不应当再三重复同样的东西为借口，我修改了全部引言，删掉了"原则宣言"，最后以十条章程代替了原来的四十条章程。当《告工人阶级书》中说到国际的政策时，我讲的是国家而不是民族，我所揭露的是俄国而不是比较次要的国家。我的建议完全被小委员会接受了。不过我必须在《章程》引言中采纳"义务"和"权利"这两个词，以及"真理、道德和正义"等词，但是，这些字眼已经妥为安排，使它们不可能为害。[1464]

总委员会会议以很大的热情（一致地）通过了我的《告工人阶级书》，……勒·吕贝拿了《告工人阶级书》的一个副本去译成法文，方塔纳拿了一个副本去译成意大利文。（首先将刊登在叫做《蜂房》的周报上，这是一种通报，由工联主义者波特尔编辑。）我自己准备把这个文件译成德文。要把我们的观点用目前水平的工人运动所能接受的形式表达出来，那是很困难的事情。……重新觉醒的运动要做到使人们能像过去那样勇敢地讲话，还需要一段时间。这就必须实质上坚决，形式上温和。[1465]

解说：对文件进行修改之后，马克思开始用英文写《国际工人协会成立宣言》。同时写了《协会临时章程》。[1466]

《国际工人协会成立宣言》（节录）

在1848年革命失败后，大陆上工人阶级所有的党组织和党的机关报刊都被暴力的铁腕所摧毁，工人阶级最先进的子弟在绝望中逃亡到大西洋彼岸的共和国去，短促的解放梦已随着工业狂热发展、道德败坏和政治反动的时代的到来而破灭了。

工人阶级中另一部分先前积极的分子，受了暂时增加工作和工资的诱惑而变成了"政治工贼"。

一个大的争论，即构成资产阶级政治经济学实质的供求规律的盲目统治和构成工人阶级政治经济学实质的由社会预见指导社会生产之间的争论。

劳动的政治经济学对财产的政治经济学还取得了一个更大的胜利。我们说的是合作运动，特别是由少数勇敢的"手"独力创办起来的合作工厂。对这些伟大的社会试验的意义不论给予多么高的估价都是不算过分的。

作为统治和掠夺工人的工具；雇佣劳动，也像奴隶劳动和农奴劳动一样，只是一种暂时的和低级的形式，它注定要让位于带着兴奋愉快的心情自愿进行的联合劳动。

不管合作劳动在原则上多么优越，在实际上多么有利，只要它没有越出个别工人的偶然努力的狭隘范围，就始终既不能阻止垄断势力按着几何级数增长，也不能解放群众，甚至不能显著地减轻他们的贫困的重担。

要解放劳动群众，合作劳动必须在全国范围内发展，因而也必须依靠全国的财力。

所以，夺取政权已成为工人阶级的伟大使命。

只有当群众组织起来并为知识所指导时，人数才能起决定胜负的作用。

使私人关系间应该遵循的那种简单的道德和正义的准则，成为国际关系中至高无上的准则。

第五十五节　国际工人协会

《协会临时章程》(节录)

工人阶级的解放应该由工人阶级自己去争取。

劳动的解放既不是一个地方的问题，也不是一个民族的问题，而是涉及存在于现代社会的一切国家的社会问题，它的解决有赖于最先进各国在实践上和理论上的合作。

解说："国际工人协会……成立的明确目的是要把欧美整个正在进行战斗的无产阶级团结为一个整体，因此它不能立刻宣布《[共产党]宣言》所提出的那些原则。国际必须有一个充分广泛的纲领，使英国工联，法国、比利时、意大利和西班牙的蒲鲁东派以及德国的拉萨尔派都能接受。马克思起草了这个能使一切党派都满意的纲领。"[1467]

解说：在声明中，马克思拒绝给《社会民主党人报》写稿。[1468]马克思10月27日把《国际工人协会成立宣言》提交小委员会审议，得到小委员会的赞同。[1469]马克思起草的《国际工人协会成立宣言》被确认为协会领导机关的临时委员会（此时常称为中央委员）一致批准。[1470]

[11月2日]，我的右胸下面又长了一个痈。这一次要是不赶快好，并且蔓延开来，我就想采用龚佩尔特的方法用砒剂治疗了。[1471]

我于十六年之后，11月3日，第一次见到[巴枯宁]。应当说，我很喜欢他，而且比过去更喜欢。关于波兰运动，他说：俄国政府需要这一运动，为的是使俄国本身保持安宁，但是它绝没有想到会有十八个月的斗争。它自己在波兰挑起了这一事件。波兰的失败是由于两件事情：由于波拿巴的影响，其次是由于波兰贵族一开始就在明确地宣布农民社会主义的问题上迟疑不决。在波兰运动失败以后，他现在将只参加社会主义运动。总之，他是十六年来我所见到的少数几个没有退步、反而有所进步的人当中的一个。我还同他谈论了关于乌尔卡尔特的揭发。（顺便说一下，国际协会大概会造成我同这些朋友的决裂！）他很详细地问到[恩格斯]和鲁普斯。当我告诉他鲁普斯已去世的时候，他马上说，运动失去了一个不可缺少的人。[1471]

[我]接受他加入协会，巴枯宁答应不懈息地为协会工作。[1473]他11月4日到意大利去了，将在那里（佛罗伦萨）住下来。[1474]在那里收到[我]寄去的临时章程和对工人阶级的宣言，他寄来了"非常热情的"回信，但是什么事

情也没有做。[1475]

11月6日我左胸下又长出一个很厉害的痈,……全家对此都非常惊恐。其他一切都好。[1476]几乎有八天,大部分时间都不得不躺在床上。……疮口正在愈合。可是在写作时必须弯腰,这就使我为难了,因为痈正好长在胸下。[1477]

解说:11月22日,马克思在的总委员会会议上提出"关于接受工人组织加入国际工人协会的条件的决议草案",决议草案由总委员会一致通过。[1478]

第五十六节　致林肯的贺信

解说:11月22日,总委员会根据委员迪克和豪威耳的建议决定致函林肯,祝贺他再度当选总统。起草贺信的工作曾委托给本来为制定协会的纲领性文件而选出的委员会。这个委员会在纲领性文件被批准之后成为总委员会的常设执行机关,它由下列人员组成:总委员会主席、总书记、财务委员和各国通讯书记。马克思通过常委会领导了总委员会的日常工作,他作为德国通讯书记,是常务委员会的委员。[1479]

解说:马克思起草了贺信。贺信节录如下。[1480]

阁下:

我们为您以大多数票再度当选向美国人民表示祝贺。

如果说您在第一次当选时的适中的口号是反抗奴隶主的权势,那么您在第二次当选时的胜利的战斗号召则是:消灭奴隶制!

……

欧洲的工人坚信,正如美国独立战争开创了资产阶级取胜的新纪元一样,美国反对奴隶制的战争将开创工人阶级取胜的新纪元。他们认为,由工人阶级忠诚的儿子阿伯拉罕·林肯来领导自己国家进行解放被奴役种族和改造社会制度的史无先例的战斗，是即将到来的时代的先声。

中央委员会代表国际工人协会签署：

［以下签名］

解说：11月29日，总委员会召开纪念波兰1830年起义34周年大会，彼得·福克斯建议以国际工人协会的不列颠成员的名义发表一封致波兰人民的公开信。总委员会同意了这个建议并委托小委员会起草这个公开信，小委员会将任务交给福克斯，福克斯是英国波兰独立全国同盟的领导人，还是一名记者。12月6日小委员会会上宣读了福克斯的公开信，其中认为法国的传统外交政策有利于波兰重建，马克思不同意这个观点，批评了这个公开信，并开始收集材料准备同福克斯论战的演讲，并在12月13日的小委员会上又表达了自己的意见。[1481]

解说：**1865**年1月3日，马克思发表演说，总结了围绕福克斯的公开信的讨论，认为法国政策无益于波兰重建。受到马克思的影响，福克斯彻底改变了自己的意见。总委员会建议发表马克思的演讲，并根据赫·荣克的建议通过决议对福克斯的公开信进行修改，以符合史实。[1482]

解说：1月7日前后，马克思到曼彻斯特，住在<u>曼彻斯特多维尔街58号</u>。[1483]

我到达这里的时候，没有见着弗雷德里克。我看到了他留下的便条，说他猎狐去了，到六点钟回来。而且，他早已作了一切必要的准备，以便恭候"entrée_joyeuse"（□本义是法国君主第一次进入一个城市或教堂时举行的隆重仪式）。[1484]

我还没有见着博尔夏特家的任何人，而龚佩尔特家的人，我到1月10日晚上才和医生谈了几分钟。[1485]

解说：马克思1月11日写信给小燕妮说：

"亲爱的亚伦，我昨夜梦见了你。我梦见你穿着自己那套运动服，巧妙地表演了达文波特（□当时的美国魔术师）的戏法以后，作了几次极其惊人的翻腾，几乎飞到空中去了。"[1486]

这里的气候很讨厌。1月11日，正如弥勒所说的"阳光灿烂"，可是阳光却照射在肮脏街道的冰块上。在这里甚至阳光也只好永远照着讨厌的东西。[1487]

解说：之后，马克思回到伦敦。为1月24日召开的总委员会作报告，马克思撰写草稿，草稿以李卜克内西1月21日用德文写的信为基础，马克思在信上面划出关于国际工人协会的地方，然后在信的行间用英文起草报告，草稿中大量借用了李卜克内西信中的内容。此时马克思对全德工人联合会领导人的宗派立场还不甚了解。[1488]

解说：由于蒲鲁东之死，应"社会民主党人报"的编辑施韦泽的请求，马克思写《论蒲鲁东》。该报在2月1日、3日和5日的第16—18号上刊登了这篇文章。[1489]

解说：1月31日总委员会开会，开会讨论的内容包括，一、林肯的回信收到，讨论在媒体上发表，在《泰晤士报》，至少是《每日新闻》和《星报》。二、波兰贵族委托一个代表来，声明他们是民主主义者。三、各种工联送来了入会申请。随后，马克思拿出一份前一天收到的美国《圣路易斯每日新闻》，[1490]该报同意国际的宣言和章程，并因篇幅有限……部分地公布了宣言。巴黎、比利时等地有成百上千人要求得到会员卡；虽然在大陆某些地方禁止劳动人民公开联合起来捍卫作为国际宗旨的那些原则，但就是在这些地方，劳动人民也还是在努力寻求一种既能参加协会而又不触犯法律的形式……。[1491]会议一直开到深夜。没有酒和烟。[1492]

解说：2月，拉法格第一次见到马克思。他回忆说："我从巴黎到伦敦，……托伦先生曾给我写了一封介绍信。我那时24岁。……当我第一次在梅特兰公园路他的书斋里见到他的时候，在我面前出现的不是一位坚决的、超群的社会主义鼓动家，而是一个学者。……这个房间在二楼，有一扇可以俯瞰公园的宽大的窗户，光线很充足。在壁炉的两边和窗子的对面，靠墙放着装满书籍的书柜，书柜上堆着一包一包的报纸和稿件，直挨到天花板。壁炉的对面，在窗子的一边有两张桌子，也放满了各种各样的文件、书籍和报纸；在房间正中光线最好的地方，是一张朴素的小小的写字台〔，约90厘米长60厘米宽〕，还有一把木头的安乐椅。在这椅子和对着窗子的一个书柜中间放有一张皮面的沙发，马克思有时躺在这上面休息。壁炉上也放着书，还有雪茄烟、火柴盒、烟盒、镇纸以及他女儿们、他的夫人、沃尔弗和恩格斯的照片。马克思的烟瘾很大。……他从来不允许任何人整理，或者更准确地说，去弄乱他的书籍和文件。它们只是表面上杂乱而已，实际上，一切东西都在一定的地方，不需要找，他就能很快地拿到他所需要的任何书籍或笔记簿。即使在谈话时，他也常常停下来指出书中有关的引文或数字。他与他的书斋已融为一体，其中的书籍就像他的四肢一样服从他的意志。"[1493]

埃卡留斯从我在工人协会发表的演说中所作的一些简短的摘要，有些地方所包含的意思同我实际上讲的完全相反。[1494]

解说：埃卡留斯作记录的意思相反的地方包括最后一句，即似乎无产阶级和资产阶级不可能采取共同的行动。[1495]

法国人的纠纷：2月28日。托伦和弗里布尔从巴黎来了。中央委员会开了会，他们在会上作解释并同勒·吕贝争辩到夜里十二点。之后在博勒特酒馆有一个夜间会议，在那里我又在大约两百张会员证上签了名。（我现在已经改变了这种笨方法，即把我们的签名在制锌版时就加上去，只有总书记才必须亲笔签名。但是还有一千张会员证，是过去印的，因此只好照旧签名。）3月1日。波兰大会。3月4日。小委员会开会讨论法国人问题，到夜里一点钟。3月6日。小委员会开会讨论同上问题，到夜里一点钟。3月7日。中央委员会会议开到夜里十二点钟。通过决议。（……从第五项决议可以看出，他已被任命为中央委员会在巴黎的代表（大使）。）（3月7日的会议——在会上勒·吕贝已完全被击败——是一次非常折磨人的、激烈的会议，它特别给英国人留下了一种印象：法国人的确需要一个波拿巴！）[1496]

〔3月13日，〕我到清晨四点才上床。除写书以外，国际协会也占去了我的许多时间，因为实际上我是它的首脑。时间的损失多么巨大！[1497]

解说：3月19日，马克思到扎尔特博默尔。[1498]出版商奥托·迈斯纳在3月21日写给马克思的信中附了出版《资本论》的协议书。[1499]

协议书

签约人为卡尔·马克思先生和出版商奥托·迈斯纳

1. 我们两个署名人将承担卡尔·马克思所著《资本论·政治经济学批判》一书的出版。共约50印张，分两卷，第一版及以后所有再版的版本均按如下方式行事，即从总收入（在除去付给零售商的$33\frac{1}{3}$折扣后）中扣除纸张、印刷、装订、邮寄、广告等费用外，余下的部分各得一半。

2. 每年的结算至此前一年终了时所卖出的册数，同时支付盈利，不过该款项的三分之一出版商可以在三个月后支付。

3. 纸张、印刷和装订的费用根据最初的计算结算,广告、邮寄费、通报、邮资等由奥托·迈斯纳在每次再版时按100塔勒的整数记入生产费用账下,不管这笔钱是超出还是结余。

4. 如果本书未能盈利,由出版商奥托·迈斯纳个人承担一切可能产生的损失。

5. 我们双方的任何一方在未经另一方同意时,不得将出版权转让给第三者,因死亡而转让给继承人除外;在此情况下,如无特殊规定的转让,财产权亦自然移交给继承人。

6. 版本数量及装帧由双方协商确定,定价及销售则由出版商自行决定。

7. 缔约双方均可为个人目的要求10本赠书,这些书连同寄予报刊的赠书一起在结算时从每版的印数中扣除。

8. 作者应该至迟在今年10月将全书寄出(第一卷也许提前)。

我们认为,以上8款对我们及我们的继承人都具有约束力。

奥托·迈斯纳于汉堡

解说:马克思4月1日应表妹南尼达之请填写了一份《自白》:[1500]

您喜爱的优点:
  一般人:……………………纯朴。
  男人:………………………刚强。
  女人:………………………柔弱。
  您的特点:…………………目标始终如一。
  您喜欢做的事:……………看小尼达/啃书本。
  您厌恶的缺点:……………逢迎。
  您能原谅的缺点:…………轻信。
  您对幸福的理解:…………斗争/(未填写)。
  您对不幸的理解:…………屈服/(未填写)。
  您厌恶的是:………………马丁·塔波尔/堇菜粉。
  您喜爱的英雄:……………斯巴达克、刻卜勒。

第五十六节 致林肯的贺信

您喜爱的女英雄：…………………甘泪卿。
您喜爱的诗人：……………埃斯库罗斯、莎士比亚、歌德。
您喜爱的散文家：………狄德罗、莱辛、黑格尔、巴尔扎克。
您喜爱的花：…………………………瑞香。
您喜爱的菜：……………………………鱼。
您喜爱的颜色：………………………红色。
您喜爱的眼睛和头发的颜色：……黑色。
您喜爱的名字：………………………燕妮、劳拉。
您厌恶的历史人物：………………（未填写）。
您喜爱的格言：………………人所具有的我都具有。
您喜爱的座右铭：……………怀疑一切。

解说：这种名叫"自白"的小册子当时在英国流行，后来传到德国被称为"自我认识"。[1501]其中"人所具有的我都具有"一句马克思填写的是拉丁语Nihil humanni a me alienumputo，出自古罗马戏剧家泰伦提乌斯的剧本《自责者》第一幕第一场。

4月8日，马克思回到伦敦。[1502]

我实在太忙了，一方面要完成我的书，另一方面国际协会简直占去了我的全部时间。[1503]

（5月1日）小燕妮的生日，晚上厄内斯特·琼斯同奥哲尔、克里默、福克斯、荣克要到我家来，所以这个生日也就会带有政治色彩。有一个叫查理·曼宁的人向劳拉求婚，劳拉已经拒绝了。这个人生长在南美洲，父亲是英国人，母亲是西班牙人。他很富有，而且也是一个可爱的小伙子，但是劳拉"对他并不在意"。对于这种南方的热情，"她已经懂得怎样去压制"。我这个女儿同他的姊妹很要好，而他又是这样如痴如狂地热恋着，所以事情很不愉快。[1504]

解说：5月2日至9日，马克思（47岁）起草《国际工人协会致约翰逊总统的公开信》。[1505]

因为天气炎热，以及由此引起的肝病，我……几乎每天呕吐，和从前在布鲁塞尔一样。[1506]

解说：马克思内弟埃德加尔来访，燕妮说，"5月［17日］晚上，我们就见面了，我紧紧地拥抱了亲爱的弟弟——我孩提时代一起游戏的伙伴，我青年时代的朋友。我有16年没有和他见面了。他拖着重病的身子从美国战争的战场上回到老家。他被迫在南军打了三年仗，同这支队伍历经千辛万苦，克服了重重困难。"[1507] "他得到很好的修养和照顾，又能够每天早上顶着炽热的阳光，迈着大步走遍整个伦敦的公园了，这种散步常常能唤起他对北美大草原和得克萨斯荒野的回忆。"[1508]

埃德加尔已经完全复原。他是一个稀奇古怪的人，在他那里实际上一切都以食物和美服为中心，像狗和猫一样自私自利，但是人倒还善良。他的脑子又开始有些动起来了。[1509]

第五十七节　韦斯顿观点辨析

一个好老头子、老欧文主义者韦斯顿（木匠）曾提出两个论点，他经常在《蜂房》上为这些论点进行辩护：（1）工资率的普遍提高对工人不会有任何好处；（2）由于这一点以及其他原因，工联所起的作用是有害的。这两个论点——在我们的协会中只有他相信——如果被接受，那么，我们就将在这里的工联和现在大陆上流行的罢工面前闹大笑话。……人们自然希望我加以反驳。我本来应当为……晚上的会议准备我的反驳意见，但是我认为更重要的是继续写我的书，所以我就只好临时去讲一通了。[1510]

我当然事先知道，两个主要论点是：（1）工资决定商品的价值。（2）如果资本家今天付出的是五先令而不是四先令，那么明天他们就将以五先令而不是以四先令出卖自己的商品（他们能这样做，是由于需要的增长）。这虽然非常平淡无奇，并且只涉及最表面的现象，但是，要对完全不懂的人把与此有关的一切经济学问题解释清楚，的确不是容易的事。不可能把一门政治经济学课程压缩在一小时之内讲完。但是我将尽力而为。[1511]

第五十七节　韦斯顿观点辨析

解说：马克思于6月20日和27日在总委员会会议上用英语作报告，回应委员会委员约翰·韦斯顿5月2日和23日的发言。

我在中央委员会上宣读了一个报告（大约有两个印张），报告是针对韦斯顿先生所提出的问题：工资的普遍提高会产生什么作用，等等。第一部分是答复韦斯顿的胡说；第二部分是在适合这种场合的限度内所作的理论的论断。[1512]

公民们！在没有谈到本题之前，请允许我先作几点说明。目前大陆上正流行着一种真正的罢工流行病，增加工资已成为普遍的要求。这个问题将要在我们的大会上提出讨论。你们是国际协会的领导，对这个极重要的问题应当有确定的见解。因此，我认为有责任把这个问题彻底分析一下，即使这样做会冒着使你们很不耐烦的危险。我要先说明的第二点，是关于公民韦斯顿的。他不仅向你们说明了他分明知道是极不受工人阶级欢迎的观点，而且公开为这些观点进行辩护，并且认为这样做对工人阶级有利。他所表现的这种道义上的勇气，是我们每个人都应深表尊敬的。虽然我这篇报告措词激烈，但我希望，在这报告结束后公民韦斯顿会发觉到，我同意据我看来是构成他的论纲基础的那种思想，不过我认为他的论纲就其现有的形式来讲，在理论上是不正确的，在实践中是危险的。现在我就来谈我们所关心的问题。……

产品的价值和数量在逐年增加，国民劳动的生产力在逐年扩大，而用来流通这种日益增加的产品所必需的货币数量也不断地发生变化。凡是对全年来说或对各年相互比较来说是正确的，对一年中的每一天平均来说也是正确的。

不是要谈论他的愿望，而是要研究他的力量，研究这种力量的界限以及这些界限的性质。

欧文早在1815年便已宣布说，普遍限制工作日是解放工人阶级的第一个准备步骤。

可能仍有必要例如用罢工或别的方法去探测需求和供给的实际情况。

商品的交换价值不过是这些东西的社会职能，而与它们的自然属性毫无共同的地方。

为要生产一个商品，就必须在这个商品上耗费或投入一定量的劳动。并且我不是简单说劳动，而是说社会劳动。

他的劳动应该服从于社会内部的分工。没有其他部分的劳动，这种劳动就不能存在，而这种劳动之所以必需，又是为了补充其他部分的劳动。

我们说一个商品的价值是由耗费于或结晶于这个商品中的劳动量来决定，我们所指的是在一定的社会状态中，在一定的社会平均生产条件下，在所用劳动强度和技巧的一定社会平均水平下，生产这个商品所必需的劳动量。

原始积累，实际上应该称作原始剥夺。

工资决定于生产劳动力的费用，而不是劳动者的劳动复杂程度。

中等劳动，这种劳动的教育和训练的费用是很小的。

在雇佣劳动制基础上要求平等的报酬或仅仅是公平的报酬，就犹如在奴隶制基础上要求自由一样。

劳动力的价值，是由生产、发展、维持和延续劳动力所必需的生活资料的价值来决定的。

劳动力的价值是由维持或再生产这个劳动力所必需的劳动量决定的，而对这劳动力的使用则只受工人工作能力和体力的限制。

因为工人领得工资是在自己的劳动完毕以后，并且因为工人知道他实际上让给资本家的正是他自己的劳动，所以他必然以为他的劳动力的价值或价格就是自己劳动本身的价格或价值。

这种虚假的外观，就是雇佣劳动和其他历史形态的劳动不同的地方。

整个交易的实质都因有合同存在和周末支领工资而完全被掩饰了。

如果我将使用"劳动价值"这一用语，那不过是把它作为表示"劳动力价值"的通常流行的名词罢了。

地租、利息和产业利润不过是商品的剩余价值或商品中所含无偿劳动不同部分的不同名称罢了。

把地租、利润和利息所由产生的总和价值变成一种随意的定量，该是如何荒谬了。

如果不对资本加以限制，它就会不顾一切和毫不留情地力求把整个工人阶级弄到这种极端退化的绝境。

工人通过争取把工资提高到相当于劳动强度提高的程度来制止资本的这种倾向，不过是反对使自己的劳动跌价和自己的种族退化罢了。

劳动的市场价格，如同其他一切商品的市场价格一样，在长时期里会与它的价值相适应，因此，不论怎样涨跌，也不论工人如何行动，他所得到

第五十七节 韦斯顿观点辨析

的，平均起来只会是自己劳动的价值，亦即由维持和再生产劳动力所必需的生活资料的价值来决定的劳动力的价值，而这生活资料的价值又是由生产这生活资料所必需的劳动量来决定的。

除了这种纯粹生理的要素以外，劳动的价值还取决于每个国家的传统生活水平。……包含于劳动价值中的这一历史的或社会的要素可能扩大，也可能缩小，甚至可能完全消失，以致除了生理上的界限以外什么也不会剩下。

资本家经常力图把工资降低到生理上所能容许的最低限度，把工作日延长到生理上所能容许的最高限度，而工人则经常在相反的方向上进行抵抗。

归根到底，这是斗争双方力量对比的问题。

李嘉图正确地说过，机器经常跟劳动相竞争，并且往往只有在劳动价格已达到某种高度的条件下才可能被采用。

一方面使简单劳动成为相对过剩，另一方面又使熟练劳动简单化，因而也就使其价值降低。

工人为工资水平进行的斗争，同整个雇佣劳动制度有密切的联系；工人为提高工资的努力，在一百回中有九十九回都只是力求维持劳动的现有价值。

工人阶级也不应夸大这一日常斗争的最终结果。它不应当忘记：它在这种日常斗争中只是在反对结果，而不是在反对产生这种结果的原因。

革命的口号："消灭雇佣劳动制度！"

工联作为抵抗资本进攻的中心，行动得颇有成效。它们遭到失败，部分是由于不正确地使用自己的力量。然而一般说来，它们遭到失败则是因为它们只限于进行游击式的斗争以反对现存制度所产生的结果，而不同时力求改变这个制度，不运用自己有组织的力量作为杠杆来最终解放工人阶级，也就是最终消灭雇佣劳动制度。

人们想把这份报告印出来。从一方面看，这也许对我有好处，因为这些人同约·斯·穆勒、比斯利教授、哈里逊等有联系，从另一方面看，我有点犹豫：（1）因为"韦斯顿先生"成为我的反对者并不是一件太值得高兴的事；（2）这个报告的第二部分用非常紧凑但又相当通俗的形式叙述了预先从我的书中取出的许多新东西，同时对于许多问题我又不得不只是顺便粗略地提一下。问题是，用这样的方式预先从我的书中拿出东西是否适宜？[1513]

马克思自述传略

解说：于是马克思写信征询恩格斯的意见，结果这个报告没有发表。从6月初开始马克思靠典当生活。因为马克思没有挣钱的途径。而且，偿还债务和安家就花了五百英镑。[1514]马克思7月3日在伦敦少女塔给爱琳娜写信：[1515]

亲爱的小人国小姐：

您要原谅我回信"迟延"了。我这个人决定一件事情以前总要想上两遍，所以在我收到我一点也不知道是哪个调皮鬼给我的请帖以后，我真有点糊涂了。但是我相信，您一定办得很光彩，您同包办筵席的人一定安排得很体面，我很愿意借着这次多少有些意外的机会来享用您的饮食。但是请您不要看轻喝的东西，据说女孩子是有这个坏习惯的。我有风湿病，所以希望在您的客厅里不要有穿堂风。必要的通风，我自己会安排的。我的右耳有些聋，所以请您在我的右边安排一个谁也不喜欢同他交谈的不爱说话的家伙。在我的左边希望您安排一个美人儿，也就是说，您的客人中最美丽的女士。我有嚼烟叶的习惯，请把烟叶准备好。我从前同美国佬打过交道，因而染上了吐痰的习惯；希望痰盂多放几个。因为我的举止很随便，我受不了这种闷热的英国空气，所以您应当做好准备：我要穿像亚当那样的衣服来，我希望您邀请的女客也穿这种衣服。再见，我亲爱的不认识的小淘气鬼。

永远是您的 怪人博士

希望不要有英国酒。

星期六［7月29日］我向国际的小委员会说我要外出，以便获得即便是两个星期完全自由的时间，这样就能够不受干扰地推进工作。[1516]

解说：马克思7月31日写信给恩格斯说：[1517]

"半辈子依靠别人，一想起这一点，简直使人感到绝望。这时唯一能使我挺起身来的，就是我意识到我们两人从事着一个合伙的事业，而我则把自己的时间用于这个事业的理论方面和党的方面。就我的条件来说，我住的房子的确太贵，再就是我们这一年比往年生活得好一些。但是唯有这种办法能使孩子们维持那些可以使她们的前途得到保证的社交关系，况且，她们受过许多痛苦，也应当使她们至少有一个短时期的补偿。我想你也会有这样的看法：即使单纯从商人的观点来看，纯粹无产者的生活方式在目前也是不适宜的，如果只有我们夫妻两人，或者这些女孩子都是男孩子，这种生活方式当然很好。"

在现在的情况下，埃德加尔对我们来说是个耗费很大的客人，而他显然完全不打算离开我们这里。[1518]

解说：7月底，文本学上称为马克思的"1863—1865经济学手稿"的主体部分即将收尾。

再写三章就可以结束理论部分（前三册）。然后还得写第四册，即历史文献部分；对我来说这是最容易的一部分，因为所有的问题都在前三册中解决了，最后这一册大半是以历史的形式重述一遍。但是我不能下决心在一个完整的东西还没有摆在我面前时，就送出任何一部分。不论我的著作有什么缺点，它们却有一个长处，即它们是一个艺术的整体；但是要达到这一点，只有用我的方法，在它们没有完整地摆在我面前时，不拿去付印。[1519]

我将尽一切努力，以便尽可能快地完成，因为这件事像梦魇一样压着我。这不仅妨碍我做别的什么事情，而且我对于在某种程度上用未来的桂冠款待公众（其实，这样做的不是我，而是李卜克内西和其他人），感到万分讨厌。此外，我知道，以后的日子不会总像现在这样平静。[1520]

当天气热的时候，我白天和夜晚都在开着的窗前工作，结果右臂，特别是肩胛骨处得了风湿病；非常疼，并且书写感到困难，特别是手臂微微举起感到困难。夜里睡在床上，我无意中举一下手臂，就不由自主地叫一声，从这一点你可以看出这种病是多么讨厌。[1521]

解说：繁重的创作活动又导致了马克思的疾病。

又是肝病，是大热天进行"极繁重的"脑力劳动的结果。[1522]

埃德加尔现在过着苟且偷安的生活。他在个人小圈子生活中习惯了一种最狭隘的利己主义：从早到晚只求填饱肚子。但他是善良的，所以他的利己主义是属于好猫好狗之类的利己主义。……劳拉（她的左脸颊上现在恰好长了一个小疮）说，"她的舅舅是一个非常漂亮的小伙子！"，杜西说，"她喜欢他，因为他非常滑稽"，小燕妮说，丽娜·舍勒尔和他可以互相庆幸"彼此相安无事"。嗨，他们都是一伙！[1523]

尽管艾伦已将我的肝病的痛苦除去，但我还是在生病。……又得了一种流行性感冒，……就脑力劳动而言，这种病实际上是最折磨人的。但愿这次病把我对自然所欠的债务彻底还清。[1524]

解说：疾病缠身之时，马克思的老对手——福格特——当上了瑞士银行的行长。

瑞士银行的行长现在是卡尔·福格特先生，他在自己的朋友法济离开日内瓦之后立刻就出卖了他，而同莱纳赫（他本身是总经理）一起进行诈骗。我曾经问过弗莱里格拉特，福格特先生作为银行界人士在瑞士名声很坏，他是怎样获得这种荣誉职位的呢？回答是：瑞士人在"瑞士银行"中几乎已经没有任何股份了。柏林和美因河畔法兰克福的犹太人现在主宰一切。而这些人都拥护福格特。[1525]

国际的会员和朋友们终于探听到，我没有外出，因此我接到了出席8月22日的小委员会会议的邀请。我没有露面的这四个星期，完全给医生的药方糟蹋掉了。[1526]

解说：9月25日国际召开伦敦代表会议。首先召开常务委员会与大陆代表联席会议，"由于等待主席到达，直到下午3点1刻才开会。因主席仍未到来，推举公民荣克主持会议。"[1527] "由于小委员会和代表们的联席会议一直开到5点半，快到8点钟，还有好多人没有到场。这时，会议在公民奥哲尔主持下开幕，公民荣克当选为副主席并担任翻译。"[1528]

我没有向代表会议宣读李卜克内西起草的《关于德国工人运动的报告》，因为关于我个人其中谈得太多了。[1529]

10月8日，布赫尔先生写了一封信企图诱使我给《国家通报》撰稿，这恰恰是普鲁士自由党和进步党资产阶级同冯·俾斯麦先生发生冲突的时期。[1530]

我于10月20日下午四点四十分左右抵曼彻斯特，并往恩格斯办公的地方去。[1531]

我……在曼彻斯特时对龚佩尔特说过的看法，那就是：两年半以来腹股沟发痒和它的后果脱皮对我的体质的损害比任何其他东西都厉害。这个病从我背上长第一个特大的痈以前半年就开始了。[1532]

星期五［11月3日］晚上我到达［伦敦］。一到金兹—克罗斯［车站］，我的箱子就不见了，最伤脑筋的是，里面放着由我负责的"文件"。[1533]

我发觉孩子病得还很不轻。再就是房东来过，并且进行威胁，我的妻子只是以我很快就会回来这个说法才使他安静下来。那家伙说要让评价员到家里来,并且还要停止租约,这样做,在他完全是名正言顺的。紧跟着房东出现的还有其他所有无赖,有的是亲自登门,有的是写恐吓信。我看到妻子是那样伤心,因而竟没有勇气把事情的真实情况详细告诉她。事实上我也不知道该怎么办!此外,还必须买煤和诸如此类的东西。[1534]

在法兰克福的两个姑母之中的一个(七十三岁)(另一个小两岁)死了,但是没有留下遗嘱(因为她害怕一立遗嘱就会死去)。因此我能够和其他继承人分配遗产,要是有遗嘱的话,情况就不会这样了,因为她并不把别人放在心上。[1535]

解说:于是,11月6日马克思签署了委托书:[1536]

"兹委托我的姑母巴贝塔·布卢姆(原姓马克思,丧偶,家住美因河畔法兰克福)代我并以我的名义领取我的已故姑母、茨韦布吕肯的加勃里埃尔·科泽耳的遗孀(1865年7月卒于美因河畔法兰克福)的遗产中属于我的部分"。

所谓的遗产至少是在二十个人中分配,……我的一份——八十塔勒![1537]

小燕妮[11月15日]患……白喉,我希望很快就会过去。[1538]小燕妮[11月20日]正在恢复健康,衷心感谢[弗雷德]的葡萄酒。[1539]

解说:大约11月20日,马克思根据9月26日和27日两天的会议记录,写出了一份新的日内瓦大会议程。[1540]12月12日,改革同盟在伦敦圣马丁堂举行群众大会。总委员会的委员奥哲尔、利诺、朗梅德、德尔、斯坦斯比、豪威耳和哈特威耳加入了大会的筹备委员会。参加大会的人大多数是工人、工联的成员;在大会上通过了要求普选权的决议。

我们终于把一个唯一真正庞大的工人组织,即过去仅仅关心工资问题的英国工联吸引到运动中来了。……我们建立的争取普选权的英国协会(这个协会的中央委员会中有半数是我们的中央委员会的委员——工人)在工联帮助下举行了一次群众大会,在会上讲话的都是工人。《泰晤士报》接连两号都在社论中论述这次大会。[1541]

我在整个这段时间里操了不少心,花了很多时间到处奔走,左也谈判,右也交涉,满足了甲,又陷入了乙的纠缠中,如此等等,以致我的工作大部分只能在夜间进行。[1542]

关于[《资本论》]这本"可诅咒的"书,它的情况是:12月底已经完成。单是讨论地租的倒数第二章,按现在的结构看,就几乎构成一本书。我白天去博物馆，夜间写作。[1543]

手稿虽已完成，但它现在的篇幅十分庞大，除我以外，任何人甚至连〔恩格斯〕在内都不能编纂出版。[1544]

第五十八节 "职业病号"

我正好于〔1866年〕1月1日开始誊写和润色，工作进展得非常迅速，因为经过这么长的产痛以后，我自然乐于舐净这孩子。[1545]我每天用十二个小时去誊清。我想在3月间就把第一卷的手稿带到汉堡去。[1546]

解说："誊写工作进展得非常快，因此抄稿的数量大大增加了。卡尔感觉很好，也很幸福。因为已经做了这样多的工作。"[1547]1月22日晚上八点，在圣马丁堂召开波兰起义三周年纪念会议。福克斯提出一项对波兰解放事业予以援助的决议，马克思表示赞同。[1548]

但是〔大约1月23日〕痈又出现了，以致……未能再向前进，而事实上只能对已经按计划完成的部分加以充实而已。[1549]

这一次差一点送了命。家里人不知道这次的病是多么严重。如果这东西再以同样的形式重复三四次，那我就成了死人了。我非常消瘦，并且极度虚弱，虚弱的不是头部，而是腰部和腿部。医生们说得完全正确：此病复发的主要原因是过度的夜间工作。但是，我不能把迫使我这样过度工作的种种原因告诉那些先生们，而且那样做也毫无意义。现在我身上还长着各式各样的小疮，很痛，但已不再有什么危险了。使我最不愉快的是，必须打断自1月1日即我肝痛消失时起已有出色进展的工作。"坐"自然谈不上，这在目前对我说来还很困难。白天哪怕只有短暂的时间，我也还是躺着继续苦干。真正的理论部分我无法推进。脑力太差，对此不能胜任。因此我对"工作日"一节作了历史的扩展，这超出了我原来的计划。[1550]

解说：1月29日，马克思由于剧痛而躺下了。[1551]

第五十八节 "职业病号"

2月12日我又躺倒了,因为恶毒的痈在左腹股沟上发作了。假如我有足够的钱——也就是说>0——来养家,而我的书又已完成,那我是今天还是明天被投到剥皮场上,换句话说,倒毙,对我完全一样。但在上述情况下,这暂时还不行。[1552]

[2月20日],我拿起锐利的刮脸刀(亲爱的鲁普斯的纪念品)亲手切开了这个坏家伙。(我不能让医生来动生殖器的地方。另外,艾伦证明,我最好是动手术。我始终承认必要性。)正如洛尔米埃太太所说,脓血一个劲儿地流,简直像喷泉一样。我认为这个痈算是好了,不过还需要加以护理。至于下边那个,它越来越凶恶,非我所能控制,并使我彻夜不能成眠。如果这个坏家伙继续逞凶,那么我自然不得不找艾伦,因为这个坏东西长的地方使我无法观察,也无法自己治疗。不过,一般说来,关于痈,我显然比大多数医生懂得多。[1553]

我长的是痈,不是疖子。这一次很危险。……在"饮食卫生方面"犯的过错起次要的作用。我过于习惯在夜间工作:白天研究,夜间写。如果再加上各种家务和公事的烦扰,以及——当我工作非常忙的时候——不注意按时进餐和运动等等,那就不能不使血液变坏。[1554]

解说:"书的最后完工再次推迟,这对他说来简直是要命,每天夜里他说梦话都说到个别章节,对这些章节总是念念不忘。"[1555]

在像我这样的著作中细节上的缺点是难免的。但是结构、整个的内部联系是德国科学的辉煌成就,这是单个的德国人完全可以承认的,因为这绝不是他的功绩,而是全民族的功绩。这特别令人高兴,因为在其余方面,这个民族是天下最愚蠢的民族。……我以德国人而自豪。我们的职责就是解放这个"能深刻思考的"民族。[1556]

我3月6日第一次又出门呼吸新鲜空气了。[1557]最后一个痈虽然已经消失了,但是伤口还没有愈合,所以乘火车作较远的旅行对我来说,是疲劳的。[1558]

解说:身体刚有好转,马克思即投入国际的工作。

在3月6日的会议上曾出现暗中精心策划的场面。这就是:沃尔弗少校突然出现并以他自己、马志尼和意大利团体的名义发表了一篇冠冕堂皇的演说,反对荣克以中央委员会的名义寄给《佛尔维耶回声报》的对韦济尼埃的攻击的答复。他十分猛烈地攻击荣克和(影射)我。奥哲尔、豪威耳和克里默等人的旧马志尼主义得到了发泄。勒·吕贝煽风助火,结果通过了一项在某种程度上向马志尼和沃尔弗等人道歉的决议。可见,事态是严重的。("外国人"只有几个出席,而且没有一个人投票。)从马志尼方面来说,这可能是不坏的一着——让我为协会取得那么多的成就,然后把协会据为己有。他要求英国人承认他是大陆民主派的首领,好像英国先生们有权为我们任命首领似的![1559]

星期六(3月10日),协会的各国书记在我家里召开作战会议(杜邦、荣克、龙格、拉法格、博勃钦斯基)。决定我必须出席星期二(13日)的委员会会议并代表所有的各国书记抗议这种行为。这种行为是非法的,因为沃尔弗不再是委员会委员,当他在场时不应通过与他个人有关的问题的决议。其次,我必须说明马志尼对我们的协会和大陆的工人政党的态度等等。最后,法国人必须带上切扎雷·奥尔西尼(附带说一句,他是马志尼的私人朋友),他能提供关于马志尼、沃尔弗和"社会主义"在意大利的状况的材料。[1560]

[3月10日],我的伤口(最后一个痈的)算是好了。[1561]

虽然当时健康状况还很坏,但我不得不在3月12日和13日连续两天出席夜间会议:第一次出席《共和国》的股东会,第二次(13日)出席中央委员会。[1562]

我[3月15日]晚上七点三刻到达[马尔吉特住在兰塞尔街]。[1563]

在[来马尔吉特]以前,我在家自然把最迫切的债务付清了,因为不然我在这里一小时也得不到安宁。[1564]我被我的医学顾问放逐到这个靠海的小地方来了,在一年当中的这个时候,这里根本没有人。马尔吉特完全是为着那些每逢游泳季节涌到这里来的伦敦人而存在的。在其他月份,它完全被冷落。[1565]

我把行李存放起来,单身乘公共马车到一个名叫"王徽"的不大的旅馆里去。我要了一份炸肉排,走进灯光十分暗淡的餐厅的时候,我吃了一惊(我胆小的毛病你是知道的):我看到一个瘦长的、古板的人,像是介乎牧师和商品推销员之间的什么人物,独自一动不动地坐在壁炉旁边。我从他毫无表情的呆滞的目光断定,他是个瞎子。使我深信这一点的还有,在他的膝盖上放着一块狭长的、白色的、排列有匀称的小窟窿、像围巾一样的东西。我猜想,瞎子拿着故意剪成这样的纸,是为了把旅客的施舍物收在里面。当晚餐给我端来的时候,瞎子微微动了一下,缓缓地脱下鞋子,把他的一双大脚放在炉火边取暖。由于这个景象,由于想到他失明,以及由于那块炸肉

第五十八节 "职业病号"

排——它原来一定是一头病牛身上的一部分——我在马尔吉特的第一个夜晚过得不是特别愉快。可是我的卧室是舒适的,床铺整洁柔软,睡得很香。[1566]

当我早晨吃早饭的时候,昨天那个陌生人走了进来。原来他是个聋子,而不是瞎子。使我特别弄不清楚的那个东西——就是放在他膝盖上的那块白色的东西——原来是一块形状特别的、浅灰色的带黑圆点的手帕;我把这些黑圆点错当作了小窟窿。因为这个人老是使我难受,我很快付清了账,乱走了一阵,发现了我现在这个紧靠海边的住所,有一间宽敞的起居室和一间卧室——十先令一星期。我已经同他们说定,如果我大女儿到这里来,这间卧室将免费供她使用。我先洗了一个温海水澡。真令人神往。这里的空气也令人神往。多么新鲜的空气!这里的公寓现在都空着,我从图书馆馆员那里打听到,它们大概还没有做好准备接待客人。至于餐厅,不容易找到好的,但是这个障碍也会慢慢克服。[1567]

我的女房东——是个聋子,像个树桩,还有她那个嗓音总是嘶哑的女儿。不过,她们是非常好的人,殷勤而不使人厌烦。[1568]

我在这里是作为"职业病号"消磨时间的。我什么也不看,什么也不写。为了一天服三次砒剂,必须严格安排用餐时间以及游逛海滨和附近山冈的时间,以致"没有工夫"干别的事情。到了晚上太疲倦,除睡觉外,再也不能做别的事情了。一般说来,这里的气候有些寒冷——经常刮东风,相当凉,但是对此也很快习惯了。[1569]

至于社交,在这里当然没有。我可以同迪河岸上的磨坊主合唱:"我不关心人家,人家也不关心我。"[1570]

我〔3月18日〕在不到四小时内步行到坎特伯雷(离这里十七英里),你由此可以看出我的健康恢复得怎样了。[1571]我下决心步行到坎特伯雷去。可惜我是在用了两个小时把整个码头等地方来回走遍了之后,才作出这个重要的决定。因此在我到大主教府邸,或者到……主教辖区以前,我体力已经耗费得过多了。[1572]

幸亏我由于太累,而且当时已经太晚,没有去参观有名的大教堂。坎特伯雷是个古老的、极难看的、中世纪类型的城市;从两边把旧式的建筑物围起来的一些现代的英国式兵营和一个不美观的凄凉的火车站,丝毫没有使这个城市显得漂亮些。这里也一点没有在大陆上这类古老的城市中所能看到的那种诗意。在大街上傲慢地走来走去的兵士和军官多少使我想起了"祖国"。[1573]

我从坎特伯雷到马尔吉特是坐火车回来的,可是还是累过了头,整夜都没有合眼。背和腿倒不痛,但是脚掌痛得要命。[1574]

脸右边的牙痛还没有完全好,同一边的眼睛又发了炎。眼睛真的只剩了一条小缝,而且得了一种坏习惯,想流泪就流泪,一点也不顾它主人的情绪。要不然我一定照了相,因为在这里十二张四寸相片只要三先令六便士,而四十八张只要十先令。[1575]

拉法格这个讨厌的小伙子以它的蒲鲁东主义来折磨我,而且,我要是不用一根结实的棍子揍他的克里奥洛人的脑袋,想必他是不会安静下来的。[1576]

3月22日晚上我不得不到[伦敦]去参加我女儿们的"晚会"。我的姨夫在圣诞节寄给她们五英镑。为了日常的需要,"借用了"她们这笔钱,直到收到[恩格斯]的钱,才还给她们。因此她们举行了自己的一年一度的"聚会",并发出一封封的信对我轰击,以致我——如诺特荣克先生所喜欢说的——"奔往"伦敦。而第二天一早我返回了[马尔吉特]这里的住处。[1577]

几天来这里的天气一直很坏,好像是专门为来这里过复活节的伦敦人准备的。[1578]

我在这里疗养得很有成效,可恶的痈已经没有一点复发的迹象。不过最后一个最厉害的长痈的地方,还有点隐隐作痛。可能是伤口愈合太快,在愈合的皮肤下面还有少量的脓。在这种情况下,如果洗温海水澡和用粗毛巾擦身,这个坏家伙可能会破,但实际上,两天来,这最后一个小伤口似乎也完全消失了。唯一糟糕的是右肩上的风湿病在这里复发,疼痛难忍,很影响睡眠。[1579]

第五十九节 三卷计划

我[经过三周的"职业病号"生涯,4月8日]回伦敦。[1580]风湿病的疼痛(夜间特别厉害,结果吐了好几次)使我睡眠受到妨碍并且搅得全家都不安

第五十九节 三卷计划

宁。[1581]一直为牙痛和风湿病所苦,情绪不佳。然而4月23日看来毕竟出现了转机。[1582]

国际的情况如下:自从我回来以后,纪律完全恢复了。此外,国际对缝纫工人的罢工进行的成功干预(通过法国、比利时等书记的信件)在这里的工联当中引起了强烈的反应。关于日内瓦代表大会,我决定尽力在这里促使它成功,但是我不能亲自去那里。我要以此摆脱领导它的一切个人责任。[1583]

不管事情多么紧迫,我的工作自我从马尔吉特回来后,由于纯粹身体的情况一直进展得不好。[1584]几个星期我身体更弱,连国际协会也不能再去。[1585]

5月14日前后(□马克思48岁),我终于又恢复了工作。[1586]

必须一下子交付二十五英镑学费,这使我很伤脑筋。这笔三个季度的学费不能再拖延下去了,因为燕妮和劳拉要退学;劳拉在校外不上任何课,而燕妮一星期只上一堂音乐课,[1587]

解说:5月29日马克思和拉法格开始第一次合作写政论文。法国小资产阶级民主主义者阿·塔朗迪埃在28日的给《左岸》的一封读者来信的回复中称弗朗索瓦-大卫·拉尔多为国际工人协会的先驱。拉法格执笔起草答复文章,马克思提供文中使用的材料。[1588]总委员商讨《左岸》周报发行人莱·封丹就发表《协会成立宣言》和《协会临时章程》的请求,委托荣克等三名委员为《左岸》提供材料。荣克承担了为《左岸》撰写协会概述的任务。荣克起草完毕之后交给马克思修改并确定篇名《国际工人协会发展概述》。[1589]

我们的协会一天天在扩大。只是在德国,由于蠢驴李卜克内西(虽然他是个好人!),什么成就也没有。[1590]

解说:6月底,马克思再次修订了日内瓦代表大会的议程,并在此基础上写了《给临时代表的若干问题的指示》。[1591]7月初,马克思又有时间加工自己的著作。

我又全力地工作,如果身体情况能保持这样,我希望在8月底完成第一卷,把它单独出版。然而我每天仍然不得不服用龚佩尔特的肝病药,否则我就不能工作。问题是:此药和砒剂是否相容?我问这一点是因为四天以前在右锁骨的上部又出现了痈的征兆。我感谢波尔多酒甚于一切药物。一般说来,我只在白天工作,因为偶尔试试(一两次)夜间工作,立刻就引起很不好的后果。[1592]

解说：马克思在7月7日给恩格斯的信中称《资本论》为：[1593]

"我的主要著作（到目前为止，我只写了一些小东西）。"

我现在顺便研究孔德，因为对于这个家伙英国人和法国人都叫喊得很厉害。使他们受迷惑的是他的著作简直像百科全书，包罗万象。但是这和黑格尔比起来却非常可怜（虽然孔德作为专业的数学家和物理学家要比黑格尔强，就是说在细节上比他强，但是整个说来，黑格尔甚至在这方面也比他不知道伟大多少倍）。而且这种腐朽的实证主义是出现在1832年![1594]

很侥幸，痈自行消失了。但是在现在的炎热天气下，我由于肝病已经遭受了并且正在遭受着极大的痛苦。虽然如此，工作进行得很好。[1595]

［8月6日］，劳拉同我的那个学医的克里奥洛人拉法格先生半订婚了。她对他的态度像对其他人一样，但是由于克里奥洛人固有的那种过分的感情，由于有些担心这个青年人（二十五岁）自杀等等，由于劳拉有些喜欢他但始终保持冷静（他是一个漂亮的、有知识的、精力充沛的小伙子，而且是一个出色的体操家），这一切使得事情多少带有半妥协的性质了。起初这个青年对我有些依恋，但是很快就把自己的依恋从老头子移到女儿身上。他的经济状况中等，因为他是从前一个种植场主家庭的独生子。他由于参加列日代表大会而被勒令从巴黎大学退学两年，但是现在他想在斯特拉斯堡完成毕业考试。我觉得他有非凡的医学天才，可是他对医学比我们的朋友龚佩尔特更抱有无限的怀疑。看来，医学上的怀疑论在巴黎的教授和大学生中间很流行。例如马让迪宣称，在目前的情况下，任何医疗都是骗人的。但是这种怀疑论照样不仅不排斥迷信，而且包括迷信在内。例如拉法格相信酒精和电是重要的医疗手段。幸而他有加莱尔教授（流亡者，研究高等数学、物理和化学）这样一个好的指导者，并且在伦敦各医院的实践中也能学到很多东西。我通过第三者给他找到了这条门路。[1596]

肉铺老板已不再供应肉了，甚至我储存的纸张……也要用完。[1597]

解说：得知马克思的财务困境后，恩格斯8月10日来信说："我很想每年保证给你二百英镑以上，但是可惜办不到。如果一切顺利，我当然能多收入五十英镑；可是现在棉花又跌价，而波拿巴关于1814年的边界的照会使庸人大为恐慌，这影响到平衡。"[1598]

同拉法格的事闹到这种程度，以致他的老头子从波尔多来信，请求把他

第五十九节 三卷计划

儿子的婚事定下来,并提出了非常良好的经济条件。此外,小拉法格在考虑结婚之前,自然应当在伦敦然后在巴黎通过他的博士考试。在这个意义上事情已经决定了。但是我〔8月22日〕还对我们的克里奥洛人说,如果他不把自己的狂热感情降低到英国风格的水平,劳拉会毫不客气地把他赶出门去;他必须完全懂得这一点,否则这件事情不会有任何结果。他是个出色的小伙子,但也是个娇生惯养和过于纯朴的人。[1599]

我身上总是不断地出现新痈的征兆,但每次都消失了;这迫使我把自己的工作时间严格控制在一定的限度内。[1600]

解说:因此,《资本论》完成的期限又一次被推后了。

这部著作,我并不设想在10月以前能把第一卷(现在共分三卷)的稿子送到汉堡去。我一天只能做几小时的有效工作,否则身体就立刻感到不舒服,为我的家庭着想,我应当遵守——尽管违反我的意愿——卫生规则,一直到我完全恢复健康为止。此外,我的工作也常常由于外来的干扰而中断。[1601]

解说:8月底马克思写《临时中央委员会就若干问题给代表的指示》。[1602]

《临时中央委员会就若干问题给代表的指示》(节录)

我们建议通过立法手续把工作日限制为8小时。这种限制是美国工人的共同要求……

为了避免使合作社蜕化为通常的资产阶级的股份公司,每个企业的工人,不管他们是不是股东,都应当从收入中得到同样的份额。我们同意让股东得到少量的利息这种纯粹临时性的措施。

它们应该特别关怀那些报酬最少的生产部门的工人的利益,例如农业工人,他们由于不利的条件而处于完全孤立无援的境地。

无论怎样改变征税的形式,都不能使劳资之间的关系发生根本的变化。……如果需要在两种征税制度间进行选择,我们则建议完全废除间接税而普遍代之以直接税。

9月3日,洛尔米埃夫妇来了,小黑人也来了。老洛尔米埃借口想表演一套体操绝技给他看,就"秘密地"当然也是婉转地告诉他,在抽烟的时候,不要把痰不断地飞到壁炉里去。这两个人在厨房里秘密地讲好回到屋里以后，我们这位可怜的小黑人很沉闷，他的样子就像一个"乖孩子"。老实说，我倒挺喜欢这个小伙子，但同时我也有一点嫉妒他，因为他想夺走我的前任"私人秘书"。[1603]

他从下午一点到晚上九点一直在翻译我为日内瓦代表大会的代表们草拟的《指示》。他还非常热心地当裁缝，给［女孩子们］缝制一些体操用品。最后一点（按次序而不是按重要性来说），就是他表现出十分专心地听我对他唠叨科学问题，尽管我同他对这种精神消遣都已经心不在焉。[1604]

我曾经很为第一次日内瓦代表大会担心。可是从整个情况看，结果比我预期的来得好，在法国、英国和美国的影响是出乎意料的。我不能够，也不愿意到那里去，但是给伦敦代表拟定了一个纲领。我故意把纲领局限于这样几点，这几点使工人能够直接达成协议和采取共同行动，而对阶级斗争和把工人组织成为阶级的需要则给以直接的滋养和推动。巴黎的先生们满脑袋都是蒲鲁东的空洞词句。他们高谈科学，但什么也不懂。[1605]

解说：9月18日星期二召开中央委员会议。由奥哲尔主持会议，罗伯特·肖作记录，启用了第二本会议记录本。[1606]会议上，马克思提议，向在日内瓦代表中央委员会进行出色工作的代表们表示感谢。德尔附议，通过。[1607]9月25日召开中央委员会议。埃卡留斯主持会议，肖作会议记录。书记克里默宣读了上次会议的记录，根据劳伦斯的提议作了修改后，予以批准。[1608]

9月25日英国人提议我为中央委员会主席。我声明，无论在什么情况下，我都不能接受这个建议，我自己则提出奥哲尔，于是他就再度当选，虽然有些人不顾我的声明仍然投了我的票。[1609]

解说：会议记录上显示"他，马克思，认为自己不合适，因为他是脑力劳动者，而不是体力劳动者"。[1610]

中央委员会会议上，出现过各种各样的戏剧性场面。例如，当福克斯而不是克里默被任命为总书记时，克里默先生大吃一惊。他费了好大劲才抑制住自己的怒火。另一个场面是：向勒·吕贝先生正式宣布，根据代表大会的决议，他被开除出中央委员会。他在长时间的演说中公开说出了自己烦恼的心情，对巴黎人大发雷霆，把自己说得十分可敬，并且胡说一些关于阴谋的话，说什么同他友好的民族（比利时人和意大利人）由于这些阴谋而未能参加代表大会。[1611]

第五十九节 三卷计划

解说：根据马克思的建议，中央委员会常务委员会（原来称作小委员会）目前只是作为临时机构而设立，委员会由已经委任的总委员负责人和各国的通讯书记组成。[1612]

房东梭耶尔先生来信通知我说，三个季度的房租款（四十六英镑）10月2日到期。我还没有从荷兰得到过一个法寻，所以不能指望这笔钱。[1613]我必须偿付一张房租的期票（这张期票已经不在房东的手里）。梭耶尔通知我，期票本月2日到期，……我去找过他，因为按我的计算，可能是10月3日才到期，那是我在7月1日开的一张为期三个月的期票，因此还得加上优惠的三天。结果是我算得对。总数是四十六英镑（三个季度），可是我已经好几个星期一个钱也没有了。因为还能通过当铺得到的那个小数目也用完了。[1614]

我……又被近几个月积累的日常"额外支出"压得喘不过气来，而在目前情况下（拉法格在这里），比任何时候更需要避免把事情声张出去，所以，我想立即到大陆去看看，我能否"亲自"在那里收到点效果。但是我必须把这件事推迟到我的手稿结束，这样就可以把它随身带上，不致再把工作中断。[1615]

解说：马克思10月3日写信给恩格斯：

"我在昨天和今天经受了一场怎样的风险。昨天并不像梭耶尔所说的是付款期。推迟一天，在其他情况下本来是令人高兴的，但是在目前情况下却非常糟糕。我昨天收到你的信后，由于没有东西可典当，便立即跑到我们的面包铺老板威塞斯那里，向他借了一英镑。但是今天早上拿到期票一看，原来是四十八英镑十五便士，而不是像我以前所想的四十六英镑。我没有把钱数记下来，这自然是我的错误。我以为梭耶尔扣除了我已经付出而在支付上次期票时也未扣除的房屋税（依照法律应由他负担）。但是事情却不是这样。（这些将在支付下一季的款项时扣除。）我的四十六英镑的错误就是从这里产生的。今天早上九点钟期票就送来了，我发现还差二英镑十五便士，吃了一惊。怎么办呢？我就向持票人说，请他等一下（在我们家），我去换钱。无法可想，只好又到那个非常善良的面包铺老板那里去；他显出了很为难的样子，因为我欠他的面包钱已经不少。不过他还是照办了。"[1616]

解说：恩格斯10月5日回信说："你开了期票，连它的钱数都不知道，这样的天真使我感到好笑；不过好在差额不大，好心的面包铺老板就在附近。

为了使你能够马上把这笔钱还给这个善良的人，从而维持信用，现寄给你五英镑，I/F59667，曼彻斯特，1865.1.30，同时退回已付款的期票。"[1617]

我的情况（由于身体情况和日常生活中的事情，工作老是被打断）迫使我只好先出版第一卷，而不是像我起初设想的那样两卷一起出版。而且现在看来总共可能有三卷。全部著作分为以下几部分：

第一册 资本的生产过程。

第二册 资本的流通过程。

第三册 总过程的各种形式。

第四册 理论史。

第一卷包括头两册。我想把第三册编作第二卷，第四册编作第三卷。我认为在第一册中必须从头开始，也就是必须把我在敦克尔那里出版的书加以概括而编成专论商品和货币的一章。我之所以认为需要这样做，不仅是为了叙述的完整，而且是因为即使很有头脑的人对这个题目也了解得不完全正确。[1618]

解说：马克思由于各方债主逼债，导致时常中断写作，不得不向恩格斯求援，他在11月8日的信中说：

"我知道你已经尽了你的一切力量，而且超出了你的能力，但是还必须想点办法。可不可以采取借债或者类似的办法呢？"[1619]

［《资本论》］手稿的第一部分……寄给迈斯纳。[1620]［12月8日］迈斯纳还没有动手排印，因为他想先把别的东西弄完。[1621]

我摆脱痈这个讨厌的东西才不过几天，而且债主先生们又对我采取了咄咄逼人的态度。我只是苦于私人不能像商人那样名正言顺地向破产法庭提出破产声明。[1622]

星期一［12月10日］以前必须结束的工作，占去了我全部时间。[1623]

解说：12月末，手稿终于誊写完毕，燕妮备感轻松，"看到自己面前摆着这样一大堆誊写干净的稿子，心里是多么高兴啊！我的肩上卸下了一个沉重负担；但是，劳神操心的事还有很多，特别是，女孩子们可能恋爱订婚，而且是同法国人和医科大学生恋爱订婚！我也愿意像别人那样把一切都看得很美好，但是，多年来无数操心事，已把我变成一个惊恐的人，我常常把未来看得有些阴暗，而朝气勃勃的人却是很乐观地看待一切事物的。"[1624]

法国政府没收了给我们的文件和手稿，并把它们送进了警察的档案库里，这些文件和手稿是由法国代表在日内瓦代表大会后带过国境的。我们通过外交大臣斯坦利勋爵声明这些东西是"英国的财产"，要求发还。可怜的波拿巴也就真的只好通过外交部把这些东西发还我们。这不坏吧？他丢了脸，甚至自己还不知道是怎样丢脸的。[1625]

我12月31日得到一个很伤心的消息，我的姨夫死了，他是一个很好的人。他死得很自若、很快，子女都在身旁，神志完全清醒，并用伏尔泰信徒的微妙的讽刺去对待神父。[1626]

第六十节 出版资本论

解说：**1867**年1月22日，马克思在伦敦纪念波兰起义代表大会上发表演说：

"普鲁士……这个波兰从前的附庸只是在俄国的庇护下并且靠瓜分波兰才变成头等强国的。……工人与资本家之间的斗争……这种社会危机，尽管能加强西欧各国人民的力量，还是会和任何的内部冲突一样，将同时引起外来的侵犯。……对欧洲来说就只能有一种选择：要么是以俄国佬为首的亚细亚野蛮势力像雪崩一样压在它的头上；要么它就必须恢复波兰，从而以2000万英雄为屏障把自己和亚洲隔开，以便赢得时间来完成本身的社会改造。"[1627]

解说：马克思2月21日写信给恩格斯：

"著作即将完成，如果不是近来受到各方面的打扰，本来今天就可以完工。"[1628]

解说：在书稿完成后，4月2日马克思写信给恩格斯说：

"我下决心，只要不能告诉你书已经完成，就不写信给你。现在已经写好了。我也不想向你多说再次推迟的原因，这就是臀部和阴茎旁边的痈，痈最后的残余现在正在收口，在长痈的时候我只有忍受剧痛才能坐下来（当然，也才能写）。我没有服砒剂，因为服了会使我糊涂，而我至少在能写作的时候，需要清醒的头脑。"[1629]

解说：为了准备出版，马克思亲自携带手稿出发去柏林。

轮船星期三［4月10日］早晨八点钟从伦敦开出。[1630]

天气恶劣，风浪很大。而我在幽禁了很久之后，却觉得"痛快得无以复加，像五百头老母猪一样"。左右尽是些因晕船而软弱无力的人，如果不是有某种核心牢牢地支持着，到头来这次旅行会被他们弄得非常扫兴的。[1631]

这是一个十分"混杂"的核心：一个德国船长，他……身材矮小；……非常幽默，……慈祥的、轻快的眼神；一个伦敦牲口商，在一切方面都很笨拙的地地道道的约翰牛；一个伦敦的德国钟表匠，可爱的小伙子；一个来自得克萨斯的德国人和另一位德国人——这是主角——，他在秘鲁东部一个不久才上了地图的地方流浪了十五年，那里，顺便说一句，人们当真还在吃人肉。这是一个粗暴的、精力充沛而快活的小伙子，他身边带有一批非常珍贵的石斧等收藏品，这些都称得上是从"洞穴"中发掘出来的东西。还有作为附加物的一个女人（其他的太太们都在女客舱里，因为晕船而呕吐），是一匹没有牙齿的老马，说一口漂亮的汉诺威话，是一个姓冯·贝尔或者类似姓氏的人家的女儿，祖上曾有人当过什么汉诺威大臣，老早她就做了教养人的教师，她是一个虔诚派教徒……星期四晚上暴风雨真厉害，所有的桌椅板凳都跳起舞来，我们几个人聚在一起饮酒作乐，这时，那匹老马躺在一张长沙发上，船身的晃动同她寻开心，不时把她抛到地板上，抛到船舱当中。在这样困难的情况下，是什么东西把这位美人牢牢地抓住了呢？她为什么不到女客室去呢？我们这位德国野蛮人在津津有味地叙述野蛮人性生活方面一切猥亵事情。这就是使这位温柔、纯洁而优美的女人感到兴趣的东西。举一个例子：他在一个印地安人的茅屋中做客，恰巧这一天家中有个女人生孩子。他们把胎盘烤熟了，作为好客的最高表示，让他也分享了这种美味食品！[1632]

我4月12日中午十二点到达［汉堡］。[1633]

我们到达以后，我立刻就到迈斯纳那里去了。他的一个手下人告诉我，三点钟（下午）以前他不会回来。我留了一张名片，并邀请迈斯纳先生到我那儿吃饭。他来了，但还带着一个人，他要我到他家里去，因为妻子在等他。我谢绝了，但约好他晚上七点钟来找我。他顺便告诉我，施特龙非常可能还在汉堡。因此，我便到施特龙的兄弟那里去。但是我们的朋友刚好在这

第六十节　出版资本论

天早上到巴黎去了。晚上迈斯纳来了。他是一个亲切可爱的人，虽然稍微有点萨克森人的气质，他的名字就表明了这一点。经过简短的磋商后，一切都安排停当。手稿便立即送往他的出版社，锁在保险柜里。几天之内就要开印，并且会印得很快。随后我们一起喝酒，他声称，能够有幸和我认识，感到非常"兴奋"。他现在想把书分成三卷出版。尤其是，他反对照我原来打算的那样缩减最后一本书（历史文献部分）的篇幅。他说，考虑到书的销路问题和"普通的"读者大众，他的最大希望正是寄托在这一部分上。我告诉他，在这方面听凭他决定。无论如何，我们已经找到迈斯纳这个完全听从我们支配的人——他对所有的流氓文人都极端轻蔑。[1634]

迈斯纳想在四五个星期里就把事情办妥，这就不能在汉堡印刷，因为汉堡印刷工人不够，校对员也缺少训练。因此他要送到奥托·维干德那里去印刷（更确切些说，是送到他的儿子那里去印刷，因为这只妄自尊大的老狗只是名义上参与营业而已）。……他把手稿送到莱比锡去了。……他希望我就在他身边［汉堡附近］，以便校对头两个印张，同时确定一下，如果我亲自校对一遍，"能"否加快印刷。要是那样，全部工作可望在四五个星期里告成。但是，那个时候复活节周却到了。小维干德写信给迈斯纳说，他只有在本星期末才能开始。鉴于这个情况，我便应库格曼的坚决邀请（从经济上考虑，这样也好些）到他［家］度过这段时间。[1635]

解说：4月16日马克思到汉诺威库格曼医生家做客，临行前发电报说：[1636]

"将于今晚九时左右到达。"

解说：库格曼夫人名字叫盖尔特路黛，身材不高，是莱茵省人，她对马克思的来访还有些顾虑，同时也很想见见这位献身于自己的政治观点并且敌视现存社会制度的可敬学者。[1637]当他们从车站回来后，库格曼夫人发现，向她问候的不是想象中一位阴郁的革命家，而是一位愉快、文雅的绅士。他的莱茵口音立刻让她备感亲切。他那神采奕奕的乌黑的眼珠在斑白的浓密的头发下炯炯发光，他举止谈吐使人感到一种年轻人的朝气。[1638]马克思根本不许库格曼谈论政治问题。阻拦着说："这对于年轻的太太们不适合，我们以后再谈吧。"[1639]第一天晚上，他的谈话就非常吸引人，谈笑风生，满口诙谐，时间不知不觉过去了。[1640]

库格曼在他的专业，即妇科方面是一个杰出的医生。曾在自己的专业方面发明了很多新器械。[1641]

库格曼是［我和恩格斯］的学说和我们两个人的狂热的崇拜者，有一次他的热诚使我感到厌烦，这种热情是同他当医生的冷静性格相矛盾的。但是他能体贴人，极其正派，不怕吃亏，肯作自我牺牲，而且最重要的是，有信念。……他所收集的我们的著作比我们两个人的加在一起还要完备得多。在这里我又看到了《神圣家族》，他送了我一本，……我愉快而惊异地发现，对于这本书我们是问心无愧的，虽然对费尔巴哈的迷信现在给人造成一种非常滑稽的印象。[1642]

库格曼医生和他的夫人对我的招待亲切极了。他们哪怕只是从我的眼神中看出我有什么希望，也都一一办到。他们真是太好了。他们事实上不让我有时间来窥探"自我的阴暗道路"。[1643]

库格曼……有一个可爱的身材不高的妻子和一个逗人喜爱八岁的女儿［名叫弗兰契斯卡·库格曼］。[1644]

解说：弗兰契斯卡回忆说："父母亲邀请［马克思］在受难日［4月19日］去听巴赫的《马太受难乐》。马克思虽然非常爱好音乐，尤其是巴赫，但是他预定最迟必须在圣岁日离开，只好拒绝了。"[1645]

俾斯麦派了他的一名爪牙瓦尔内博耳德律师到我这儿来。他希望"利用我和我的大才为德国人民谋福利"[1646]。关于俾斯麦那件事……我决心不告诉任何人，就连库格曼也不告诉，这一点我已经做到了。[1647]

我和恩格斯两个人在德国，尤其是在"有教养的"官场中的地位，跟我们所想象的完全不同。例如，本市统计局局长梅尔克耳访问我，说他研究货币流通问题多年，但徒劳无功，而我却一下子就把问题彻底搞清楚了。他对我说："不久以前，我在柏林的同事恩格尔当着王室的面对你的德奥古利——恩格斯——作了应有的赞扬。"这些都是琐事，但是对于我们却是重要的。我们对于这些官员的影响比对庸人的影响要大些。我被邀请加入"欧洲人"协会。在这里，人们这样称呼那些仇视普鲁士的北德意志民族联盟盟员：蠢驴！本地铁路管理局局长（如施梯伯所说的主脑）也邀请我到他家做客。我去了，他有甘醇的葡萄酒和"热忱的夫人"，在离开的时候，他感谢我给予他的"无上的光荣"。[1648]

解说：弗兰契斯卡回忆说："当［马克思］特别喜欢某一个人或者当他听

第六十节　出版资本论

到独到的见解的时候，就举起单片眼睛，以极大的兴趣望着这个人。他有些近视，但只有在长时间读书或者写作的时候才戴眼镜。"[1649] "某次，有一个党内同志来看望马克思，他冒昧地……说像恩格斯这样有钱的人应该为马克思摆脱困苦的物质生活而多操些心。马克思当即严厉地打断他说：'恩格斯和我的友谊是深厚而真挚的，谁都没有权利来干预。'"[1650]

解说："午餐前的一两个小时，他通常就在……房间里写信、工作和读报，在这里他校阅了《资本论》第一卷。这里摆着密纳发（□罗马神话中掌管智慧、学术、工艺和战争的女神，对应希腊神话中的雅典娜）及其象征物小猫头鹰的雕像。马克思对我母亲非常赞扬，说她诚挚、机智、善良，年纪轻轻就有渊博的知识……有一次马克思跟我母亲开玩笑说，她就是年轻的智慧女神。母亲反对说：'啊，不能这样说，我只是女神足下驯服的小猫头鹰。'因此他有时候就管她叫亲爱的猫头鹰。……由于我母亲谈吐风雅，举止文雅大方，……马克思就称她为'伯爵夫人'。不久，马克思不管有谁在场就只用这个称呼叫她了。……有一次我父亲谈到……两个捷克的统治者的故事，一个统治者叫善良的温采尔，另一个叫凶恶的温采尔（□指捷克公爵圣凡茨拉夫和杰克国王瓦茨拉夫四世，捷克人名瓦茨拉夫相当于德国人名温采尔）。凶恶的温采尔下令把圣涅波穆克扔进伏尔塔瓦河，善良的温采尔笃信宗教。我父亲的爱和憎是强烈的，因此根据他对某事物的反应，马克思就时而叫他善良的温采尔，时而叫他凶恶的温采尔。"[1651] "他认为那些偶然的交谈者冒失地要他阐述他的学说是最令人厌倦的事，……某次，有个绅士问马克思，在将来的国家谁擦皮鞋。马克思恼怒地回答：'你来擦！'那位冒失的绅士困惑地哑口无言。这大概是马克思失去耐性的唯一一次。"[1652] "我们的住所里有一间五扇窗子的极大的房间，我们管它叫大厅，在那里演奏过音乐。但是我家的朋友们却管它叫奥林帕斯，因为沿墙摆满了古代希腊众神胸像的复制品，其中特别突出的是奥特里科利城的宙斯像。我父亲认为马克思很像这个宙斯像。"[1653]

因为复活节周的关系，4月29日以前没有开始排印，迈斯纳对这种延误气得要命。但是，这段时间并没有白过。几乎所有德国报纸都刊登了出书的广告。库格曼的联系很广，所有的关系都利用起来了。[1654]该死的维干德直到4月29日才开始印刷。[1655]

我一直在坟墓的边缘徘徊。因此，我不得不利用我还能工作的每时每刻来完成我的著作，为了它，我已经牺牲了我的健康、幸福和家庭。我希望，这样解释就够了。我嘲笑那些所谓"实际的"人和他们的聪明。如果一个人愿意变成一头牛，那他当然可以不管人类的痛苦，而只顾自己身上的皮。但是，如果我没有全部完成我的这部书（至少是写成草稿）就死去的话，我的确会认为自己是不实际的。[1656]

解说：尽管马克思哲学的核心就是一切从实际出发，但是他对自己的个人生活却是最不实际的。正如他比任何人都在理论上研究清楚了货币，可是他在个人生活上是距离货币最远的人。

我想等书在德国出版后，再用法文在巴黎出版。我不能亲自前往巴黎——至少这是不安全的——因为我曾经两次被驱逐出法国：最初是在路易—菲力浦时代，后来是在路易·波拿巴（当时他是总统）时代；此外，我流亡伦敦后，经常攻击路易先生。因此，我不能亲自去物色译者。[1657]

解说：因此马克思5月1日写信给毕希那，请为代劳。

正逢我［49岁］生日的时候，拿到了第一印张来校阅。[1658]

印刷上的错误不算太多。要在这里等到全书印完，是不可能的。第一，我担心，书印出来会比我原先估计的厚得多；第二，他们没有把原稿退给我，因此，许多引文，特别是有数字和希腊文的地方，我只好查对留在家里那份手稿。此外，对于库格曼医生的款待我也不能叨扰过久。最后，迈斯纳要求第二卷最迟在秋末前完成。因此，必须尽快开始工作，尤其是关于信贷和地产的那几章，自从初稿写成后，又有了很多新材料。今年冬天应该完成第三卷，以便明年春天能够摆脱这整部作品。当已经完成的手稿的清样源源送来而书商又在后面催促的时候，写起书来自然完全不同了。在这里，时间总算没有白过。我向各方面发出了信件，许多德国报纸也都刊登了预告。[1659]

初校样由汉堡寄来时［，库格曼］劝我说，大多数读者需要有一个关于价值形式的更带讲义性的补充说明。[1660]

解说：马克思5月5日写信给小燕妮说：

"随信附去的照片，本应在你的生日寄给你，但那时没有洗好。"。[1661]

解说：小燕妮回信说，"收到你的相片……相片照得极好，跟真人一模一样。"[1662]劳拉5月8日也写信说，"我们非常喜欢你的照片。我尤其欣赏你的眼

第六十节　出版资本论

睛、前额和表情；你的眼睛闪着真正的'调皮的目光'，我平时就特别喜欢你的这种眼神，在你的这张相片中，既可以看到你那嘲讽的表情，又可以看到你天生的仁慈的面容。我想，一个陌生人看到这张相片时只会注意到你那慈善的神态，而我独具慧眼，能看出你是一个颇为尖刻的人，这种尖刻深受朋友的喜爱，却使敌人感到害怕。保尔和我在你的穿着问题上有分歧。他说他从来没有见过你穿戴得这么整齐漂亮，还说你总是穿着那件破上衣（只有一次例外），你的头发总是那么乱蓬蓬的，而我却坚持说，经常看见你穿得和相片上一样漂亮，我比他更了解你。"[1663]

我的性格是不大喜欢"感情外露"的，我习惯于闭门不出，懒得写信，懒得活动——换句话说，我像古古所说的是一个胆小的男人。[1664]

夏意已经颇浓了。总的来说，此地的天气就像伦敦常有的天气那样糟糕而且变幻无常。只是空气稀薄些，而这是一件大事。[1665]

在这里只要有两千塔勒（三百英镑）就可以过得很舒服。例如，这里有各式各样的花园（类似克勒莫恩花园，但是"很有气派"，那里可以遇见各种游客）；它们比伦敦任何花园都布置得有意思得多，每天晚上，那里都演奏悦耳的音乐等等，只要花两塔勒（六先令）就可以买一张可供全年使用的游园证，而且全家都可以使用！这只是说明这里的普通人所过的低廉生活的一个例子。青年们进行娱乐比较放任自由，而且相对来说，几乎不要什么破费。当然，所有这一切都有一个很大的缺点，就是气氛有些枯燥单调。这里的生活太低级。这是小人儿的命运，你无须往高处站，就能感到像格列佛到了小人国一样。[1666]

我在汉堡逗留期间，尼曼先生正好在那里作巡回演出。但是，我被汉诺威的朋友们惯坏了，不愿看差一点的班子的演出。因此尼曼先生的演出我也就没有看上。[1667]

我把在汉诺威的逗留看作是人生的荒漠中的一个最美好和最令人愉快的绿洲。[1668]

第六十一节
"赤色分子"与俾斯麦的外甥女

解说：从汉堡到曼彻斯特，马克思在恩格斯家住了几天，然后返回伦敦。[1669]

在抵达伦敦之前几小时，有一位德国小姐——她的军人风度早就引起了我的注意——声称，她当晚要从伦敦到威斯顿—修珀—梅里去，而她带了很多行李，不知怎么办才好。情形更为糟糕的是，在英国星期六很难找到搬运工人。我请这位小姐指给我看她到伦敦后要去的火车站。她的朋友们把车站的名称写在一张名片上。这是西北车站，我也要打那里经过的。于是，我像一个真正的骑士那样建议送她到约定的地点去。我的建议她接受了。不过后来我仔细想了一想，发现威斯顿—修珀—梅里在西南，而我要经过的那位小姐指出的车站却在西北。我便去请教船长。结果弄清了，她该去的那个地方确实不是我要去的地方，而且完全相反。不过，既然我自己已经提出愿意效劳，当然只好勉为其难。[1670]

下午二时我们到了。我伴送这位流浪妇女到她去的车站，在那里才知道，火车要到晚上八点才开。这样，我算倒了霉，不得不和这位小姐一起消磨掉六个小时：我们在海德公园游逛了一番，又去吃了点冰激凌，等等。

原来，她名叫伊丽莎白·冯·普特卡默，是俾斯麦的外甥女，刚刚在柏林他家里住了几星期。她认识很多军人，因为我们的"勇敢的军队"中有不少英勇的健儿就是出自这个家庭。她是一个愉快的和有教养的女孩子，但是连鼻子尖上都带有贵族气味和黑白色彩。当她知道，她落入了"赤色分子"手中之后，不胜惊讶。但是，我安慰她说，我们的会见不会发生"流血事件"，并平安无事地送她上了车。你想想看，这该会给布林德和其他庸俗的社会民主党人一个多么好的把柄：我同俾斯麦有秘密勾结！

第六十一节 "赤色分子"与俾斯麦的外甥女

[5月19日]回到伦敦。[1671]

[5月22日前后]来到这里[曼彻斯特摩宁顿街86号]，……和我一起来的，还有一个圣路易斯的海·迈耶尔先生，……他是魏德迈逝世时留在他身边的最后一个人，他把[魏德迈的]已经奄奄一息的妻子从圣路易斯送到了她的朋友的家里，并给了她援助。他是带着雅科比（纽约）的介绍信来找我的。这个迈耶尔在去德国的旅途中专门为了拜访我们两人才到英国来。……我不在家。我的妻子告诉他，我……要到曼彻斯特去……。以上讲的这些足以……说明，他是怎样和我一起到这儿来的。他在这里只住两天。起初我不大高兴。但是，看在魏德迈的面上！这位迈耶尔是个善良的、能干的家伙。但思想迟钝，有点枯燥。[1672]

[《资本论》的前十四印张]这些校样大部分是我在恩格斯那里时收到的；他对它们非常满意，他认为除第二和第三印张以外，其余的都写得非常通俗易懂。他的评价使我安心，因为我的东西印出来后总是很不合我的意，尤其是第一眼看到它们的时候。[1673]

解说：6月2日，马克思回到伦敦。

老拉法格邀请我的三个女儿到波尔多……。我不能拒绝这一邀请，因为从这三个女儿目前的健康状况来说，这是一种真正的幸福。但是让西班牙书记支付旅费是不体面的，因此我必须交给他大约三十英镑（往返的旅费）。还有她们的表、衣服等等要从当铺赎回。这样，我留着8月3日付房租的四十五英镑便用光了。[1674]

解说：因此，马克思又不得不于7月20日写信向恩格斯求助。不过，也有好消息，7月23日书商迈斯纳写信给马克思说："这本书拥有的巨大篇幅促使我用扩大优惠的方法来提高我的同事们（书商）购书的积极性。……到现在为止，他们已经用现金预定了100册；这样做我认为十分合算。"[1675]

解说：8月13日召开总委员会会议。马克思就国际工人协会如何对待和平和自由同盟代表大会的问题作了发言，发言完毕后马克思提议：建议总委员会的代表不正式参加和平同盟的代表大会，并在工人协会代表大会上反对任何主张正式参加的建议。和平和自由同盟是1867年在维·雨果、朱·加里波第等人积极参加之下成立的一个资产阶级和平主义的组织。同盟的成立大会定于1867年9月9日即国际洛桑代表大会结束以后在日内瓦开幕。总委员会一致通过的这项决议草案是对洛桑代表大会的代表,首先是对总委员会的代表提出的。[1676]

解说:马克思写信给恩格斯说自己的著作校对完毕,并表达了对恩格斯的感谢:[1677]

1867年8月16日深夜两点

亲爱的弗雷德:

这本书的最后一个印张(第四十九印张)刚刚校完。用小号字排印的关于价值形式的附录占了1个印张。序言也已校完并于昨日寄回。这样,这一卷就完成了。其所以能够如此,我只有感谢你!没有你为我作的牺牲,我是绝不可能完成这三卷书的巨大工作的。我满怀感激的心情拥抱你!

附上清样两个印张。

十五英镑收到了,非常感谢。

我的亲爱的、忠实的朋友,祝你好!

你的 卡尔·马克思

等到书出版以后,我才需要索回清样。

解说:《资本论》尽管在形式上是一部经济学著作,但是基于马克思一生不变的哲学创新理想,在《资本论》中也阐发了很多自己哲学方面的创新,尽管相比在《资本论》的手稿中已经大为减少了。其中最重要的一点是劳动二重性学说,这是马克思实践观的升华。实践是一个哲学范畴,表现在经济学上是劳动范畴。[1678]

《资本论——政治经济学批判·第一卷:资本的生产过程》(节录)

我要在本书研究的,是资本主义生产方式以及和它相适应的生产关系和交换关系。到现在为止,这种生产方式的典型地点是英国。

本书的最终目的就是揭示现代社会的经济运动规律。

观念的东西不外是移入人的头脑并在人的头脑中改造过的物质的东西而已。

起初我们看到,商品是一种二重的东西,即使用价值和交换价值。后来表明,劳动就它表现为价值而论,也不再具有它作为使用价值的创造者所具

第六十一节 "赤色分子"与俾斯麦的外甥女

有的那些特征。商品中包含的劳动的这种二重性,是首先由我批判地证明了的。这一点是理解政治经济学的枢纽。

迈斯纳的拖延真糟糕。在洛桑代表大会(9月2日)上他本来是可以推销许多本书的。而且书还可以在那里作为一个事件来讨论。我不能理解这种愚蠢行为。[1679]

解说:马克思9月11日写信给恩格斯说:

"昨天我的孩子们和拉法格一起精神饱满地回来了。拉法格给你带来一个非常大的水晶玻璃的高脚酒杯(能容一杯半)。你的'大西洋彼岸的洋'看来使他很佩服。拉法格在他重新开始上课以前的几天里打算到你那里去做三天客。最伤脑筋的是,他(自然不了解我的金钱情况的秘密!)要我陪他去,我还没有找到正当的借口拒绝这种对我来说不可能的旅行。"[1680]

解说:而拉法格的说法是这样的,"马克思对我说:'现在你已经是我女儿的未婚夫了,我应当把你介绍给恩格斯。'这样,我们就一起去曼彻斯特。"[1681]马克思临行前给恩格斯发电报:[1682]

1867年9月13日于伦敦梅特兰公园路莫丹那别墅1号,卡尔·马克思致圣玛丽街南门街弗里德里希·恩格斯:

下午四点一刻从尤斯顿车站出发。

解说:晚上,马克思抵达曼彻斯特。"恩格斯和他的夫人以及他夫人的一个六七岁的小侄女住在城郊的一所小房子里。离房子几步远的地方便是一片旷野。……恩格斯仿佛过着双重生活。一个星期当中有六天,从上午10时到下午4时他是商人,职务主要是用几种文字为公司起草与国外往来的信件并出入交易所。为了接待商界的熟人,恩格斯在市中心区设有一处专用寓所,而城郊的那所小房子,只有他那些政治上和学术上的朋友才能登门。……傍晚,恩格斯摆脱了商业事务的奴役,回到自己的小房子里,这时他就又成为自由人了。……恩格斯是一位出色的骑手,他有一匹专用的猎马。有时附近的士绅贵族按照封建旧习邀请骑手猎狐,遇到这种集会他从不放过。在猛烈地追逐野兽时,恩格斯总是一马当先,冲过壕沟、篱笆等障碍物。关于这一点，马克思……说：'我老是担心，说不定哪一天会出意外。'"[1683]

解说：迈斯纳在9月14日《德国书报业行市报》（第23175号）上刊登了出书目录（1867），占第一位的是教科书：教学日志、基础课入门、德语语法、语法练习、书写基础和阅读课本。剩下的有植物学、历史学、医学方面的著作。在这个目录中马克思的《资本论》被安排在拉查路斯的《死亡率和比例及其原因》和普雷勒博士的《汉堡及其周围的昆虫》两本书之间：[1684]

德国书报业的最新出版消息
由约·康辛利克斯书店发布
汉堡奥·迈斯纳出版社
7.571.卡尔·马克思《资本论·政治经济学批判》第一卷第一册：资本的生产过程。大八开本，定价$3\frac{1}{3}$莱茵塔勒。

第六十二节　爱尔兰问题

解说：大约9月23日，马克思回到伦敦。9月24日召开总委员会议，马克思提出《关于取消总委员会主席职务的建议》。《建议》获得通过并形成决议。[1685]

从曼彻斯特回来后，几乎一直患流行性感冒。我是在铁路的灾难中着凉的。[1686]几个星期里，一天想写作两小时以上都不可能。除了来自外部的逼迫，家里还有一些不愉快的事一直在影响我的肝脏。我又开始失眠了，而且有趣得很，我发现在生殖器附近隆起了两个小的痈。[1687]

对我的书的沉默，很使我不安。我没有得到任何消息。德国人是非常奇怪的家伙，他们作为英国人、法国人甚至意大利人在这方面的奴仆所做出的功绩，的确使他们有权对我的书置之不理。我们的人在那里又不善于宣传，那就只好像俄国人那样——等待。忍耐是俄国外交成功的基础。但是咱们大伙儿都只有一条命，等到头来会等死的。[1688]

第六十二节 爱尔兰问题

解说：11月19日召开总委员会会议讨论"芬尼亚运动"，即9月18日发生的芬尼亚社社员白昼武装袭击运载两名被捕社员的警察囚车的事件。马克思提议改在下一次会议上进行。[1689] 11月20日星期三晚间，在西区东城堡街16号总委员会驻在地举行的国际工人协会总委员会非常会——支援爱尔兰民族解放运动，并通过了如下的意见书：[1690]

国际工人协会总委员会意见书。

谨致尊敬的陛下大臣格桑·哈第阁下。

在本意见书上签名的欧洲各国工人组织的代表声明：

处决在曼彻斯特被判死刑的爱尔兰犯人，将会给英国在欧洲大陆上的道义造成很大损失。根据虚假的证词和错误的判决（赦免马瓜伊尔这一事实证实了这一点）处决四名犯人，将是一种政治报复，而不是司法行为。即使曼彻斯特陪审法庭的判决和判决所依据的证词没有被不列颠政府自己所污损，但是不列颠政府现在也应当在旧欧洲的血腥做法和大西洋彼岸的年轻共和国的宽大仁慈之间有所选择。我们要求减轻判刑，减轻判刑将不仅是一种正义的举动，还是一种政治上的明智举动。

受国际工人协会总委员会的委托：

执行主席 约翰·韦斯顿

美国书记 罗·肖

法国书记 欧仁·杜邦

德国书记 卡尔·马克思

瑞士书记 海尔曼·荣克

西班牙书记 保·拉法格

波兰书记 扎比茨基

荷兰书记 德金德兰

比利时书记 贝森

总书记 格·埃卡留斯

1867年11月20日

解说：为在11月26日总委员会上讨论爱尔兰问题发表演说，马克思写关于爱尔兰问题发言的提纲。但是11月23日，三名被判罪的芬尼亚社社员在曼彻斯特被处决。马克思认为，在处决令群情激愤的情况下，这篇准备好的发言已经不适用了。[1691]11月26日总委员会会议，马克思放弃了已经起草的演说提纲，改让彼·福克斯发言，而且他认为，在这样一个严重的时刻，由总委员会的英国委员出面对爱尔兰人表示同情，并谴责英国政府的血腥行为更为合适。[1692]

小燕妮自从曼彻斯特处决之后就穿上了黑衣服，并用一根带子佩戴着她的波兰十字章，表示她对11月被杀害的芬尼亚社社员的哀悼。这个十字章是今年燕妮生日时得到的生日礼物。绿色是爱尔兰民族解放运动的象征。[1693]

有各方面的人来找我商议芬尼亚社社员的案件等等，总之，我的时间被充公了。[1694]

对于芬尼亚运动我应该讲点外交。我不能完全保持沉默，但是也决不能让这些家伙从我书的批判中归纳出我是一个煽动家。[1695]

12月6日我到贷款公司去检查身体。这不光是一种手续，因为万一我要在9月以前死去，这个公司就一文钱也收不回来。我曾担心是不是必须脱光衣服（一个和我一同在场的英国人就遭到这种命运）。第一，我不喜欢这样检查；第二，我现在正好不光是生了许多疖子，而且离生殖器不远的左腹股沟处还一直长着一个痈。幸亏我的胸腔使那个家伙很满意，因此他没有继续检查。星期一中午十二点我就能得到钱。[1696]

解说：伦敦是全球保险业的发源地。1688年，世界第一个保险公司——伦敦劳合社宣布诞生。英国商人1805年在广州开设最早在中国出现的保险机构——广州保险公司。

12月16日，我在我们的德意志工人协会（但是还有其他三个德国工人团体的代表参加，共约一百人），就"爱尔兰问题"做了一个半钟头的报告，因为现在对我来说"站着"是最轻松的姿势。[1697]［因为］我的左臀部上面长了一个痈，虽然小，但是非常讨厌。[1698]

解说：马克思家增加了一件重要的陈设，燕妮记述了它的来历，"［12月23日］晚上我们全都坐在地下室——按照英国的楼房设计叫做炊事部门，供上面各层楼享受的'尘世的福利'就是从那儿来的——认真细致、诚心诚意地制作圣诞节吃的布丁。我们把葡萄干洗净（这是特别麻烦和费事的事情），把杏仁、桔子皮和柠檬皮捣碎，把板油剁烂，再把这些东西同蛋和面粉一起制成令人垂涎的杂拌。这时突然响起了铃声，门口停着一辆马车，随后传来一阵上下楼梯的神秘的脚步声，整个楼房充满了低声细语和沙沙声；最后，从上面传来了一声：'大雕像到啦'。即使我们听到的是'着火了，着火了，烧起来了，芬尼亚社社员来了！'，我们朝上跑的时候也不会像这样慌慌张张、急急忙忙，这时一尊威严雄伟、一尘不染、完整无损（只是台座边撞坏了一点点）的古代雷神丘必特的雕像已矗立在我们惊异和赞赏的眼前。"[1699]原来这是好友库格曼送来的礼物，等到人们稍稍平静下来之后，才来读那封由波克罕转来的友好的附函。大家表示衷心感谢之后就立即开始了争论——在哪里找一个最合适的壁龛来安置新的雕像。

第六十三节　贫病交加

解说：**1868**年，伴随马克思的疾病而来。马克思1月8日写信给恩格斯说：

"我蜷着身子躺了好久，能够坐起来才三天。病的来势很凶。你从这件事就可以看出——我三个星期没有抽烟！脑袋还是昏昏沉沉的"。[1700] "这些天我还有点打不起精神，动不了笔。"[1701]

关于痈，我请教过医生。没有什么新招儿。这些先生们所说的可归结如下：要按照他们的处方生活，那就必须是个食利者，而不是我这样一个穷得像教堂里的老鼠一样的人……我感觉全身，也就是血液里，像针刺似地发痒。我觉得我今年还没有完全摆脱这种状况。[1702]

1月9日我第一次重新外出，也就是到英国博物馆去了一趟，不过我还不能写东西。但是，1月10日在左乳头下面又长了一些疖子。酒精疗法——讷拉通在巴黎甚至用此法治疗最大的痈，根据我的亲身体验（除割治或用柳叶刀切开外，这要视情况而定），无疑是对患者最迅速最痛快的疗法。缺点仅在于酒精蒸发快，必须勤换。在博物馆里，我只翻了翻目录，就这样我也发现杜林是个伟大的哲学家。譬如，他写了一本《自然辩证法》来反对黑格尔的"非自然"辩证法。"原来这就是痛哭流涕的原因"。德国的先生们（反动的神学家们除外）认为，黑格尔的辩证法是条"死狗"。就这方面说，费尔巴哈是颇为问心有愧的。[1703]

[1月16日是杜西]的生日，而这个小骗子喜欢一切中国式的礼节。[1704]

我[1月24日]第一次重新到户外走走，自然这场大病之后，我还很虚弱。[1705]星期一[1月27日]我的病又发作了。[1706]星期二我走到博物馆，散了散步。星期三又长出一个新疖子，它比较小，长在左胯骨的上部，所以不妨碍我坐下，但是我不能走动，因为磨擦会使炎症厉害起来。[1707]在多次失望之后，我几乎不敢期望今后不再长什么玩意儿。让这个臭东西见鬼去吧！[1708]

我[2月14日]又不得不坐在家里，因为左腋下长了一个讨厌的怪物。看来，这个臭玩意儿老是没完没了。[1709]

我收到了从波尔多寄来的结婚所需的全部证件。我真发愁。4月1日就要举行婚礼了，而我还什么也没有为劳拉准备好，总不能把她像个叫化子那样打发出门。我已经给荷兰去信了，但没有回音！[1710]

至于健康状况，天天在变。[1711]

解说：马克思身体状况很不好，他担心《资本论》的第二卷：[1712]

"如果我的健康状况不好转，它可能永远也出不来了。"

解说：但是，与人们对一般病人的印象不同：

在我生病期间，我是无法写作的，但是，我吞下了大批统计学方面和其他方面的"材料"，对于那些肠胃不习惯于这类食物并且不能把它们迅速消化的人来说，这些材料本身就足以致病。[1713]

解说：马克思又遇到经济困难，3月4日他写信给恩格斯：

"如果我到后天，付不出七英镑五先令，我的'动产'就要被查封。"[1714]

解说：恩格斯一如既往地在到期之前就寄了十英镑给马克思。[1715]

老拉法格已经在波尔多办妥一切必要的手续，如结婚启事等等，并将一切必要的证件寄来了。现在他期望，婚礼[四]月初在伦敦举行，年轻的一对先到巴黎去，他稍后也去。不过我们这里还未敢在启事方面采取必要的

第六十三节 贫病交加

步骤,因为我妻子目前连最必要的东西也没有能给劳拉准备好。……最后,等这桩事办完,整个家庭费用就会大大减轻,由于拉法格几乎是住在我们这里,所以家里的开支增大,是非常明显的。[1716]

近四个月来,除去付医药费和诊费外,我在购买蓝皮书、关于银行业的调查材料和美国报告等方面花了很多钱,所以实际上没有给我女儿剩下什么。[1717]

我的处境……非常困难,因为我不能做一些可以补助收入的工作,而为了孩子又总要维持一定的体面。要不是还有这两卷该死的书一定要在伦敦才能写成的话(此外,还要找一个英国的出版商),我就会迁到日内瓦去,在那里靠我现有的钱可以过得很好。[1718]

关于从伦敦迁居日内瓦的问题,我不仅自己反复考虑并和全家一起研究过,还不止一次地和恩格斯商量过。在这里,我每年要花费四百至五百英镑;在日内瓦,我有二百英镑就够生活了。但是,考虑到各种情况,这暂时还办不到。因为我只有在伦敦才能完成自己的著作,也只有在这里,我才能指望最终从这本书获得相应的或者至少是很不错的现金报酬。此外,如果我在这个紧急时刻离开这里,那么,我在暗中影响的整个工人运动就会落到很不可靠的人手里,从而走入歧途。因此,尽管有种种不方便,命运暂时还是把我拴在伦敦。[1719]

解说:由此可以看出,马克思在世界的经济中心研究经济学,这并不是偶然,而是马克思主动选择的结果。

在我右胯骨上长了几个痈(还没有完全好)。尽管因此我行走不便,我还是常去博物馆,因为老关在家里躺着不动(这种情况已经持续了四个多月,当然中间有所间断),会使我发疯的。我仍然确信,现在这几个疖子,只是最后一点反应而已。[1720]

在博物馆里,我除了钻研其他著作外,还钻研了老毛勒(前巴伐利亚国家枢密官,当时曾以希腊摄政王之一的身份出现,他是远在乌尔卡尔特之前最早揭露俄国的人之一)关于德国的马尔克(□日耳曼人的一种村落,原意为边界,地缘代替原来的血缘纽带)、乡村等制度的近著。他详尽地论证了土地私有制只是后来才产生的,等等。威斯特伐利亚的容克们(麦捷尔等人)认为,德意志人都是各自单独定居的,只是后来才形成了乡村、区等,这种愚蠢见解完全被驳倒了。现在有意思的恰好是，俄国人在一定时期内（在德国起初是每年）重分土地的习惯，在德国有些地方一直保留到十八世纪，甚至十九世纪。我提出的欧洲各地的亚细亚的或印度的所有制形式都是原始形式，这个观点在这里（虽然毛勒对此毫无所知）再次得到了证实。这样，俄国人甚至在这方面要标榜其独创性的权利也彻底丧失了。他们所保留的，即使在今天也只不过是老早就被他们的邻居抛弃了的形式。老毛勒的这些书，具有真正德意志的博学，但同时也具有亲切而易读的文风，这是南德意志人有别于北德意志人之处（毛勒是海得尔堡人，但他在更大程度上还可算作巴伐利亚人和提罗耳人，例如，法耳梅赖耶尔、弗腊斯等人就是这样）。……此外，我还看了看弗腊斯等人关于农业的一些东西。[1721]

解说：以上马克思所说的这些笔记，记录在一本8开172页的笔记本中。[1722]

〔劳拉的〕婚期已定为4月8日（我费了很大劲，不顾拉法格的坚持，才得以使这件事延期）。[1723]劳拉和拉法格将先赴巴黎（婚礼后），然后在那里租一套房子（也许在荒阜，如果找得到的话），拉法格考完最后一门课以后（他在巴托罗缪医院已通过了其他几门考试），他们再到法国待些时候，然后到美国去，老拉法格在那里有自己的一幢住宅。[1724]

从库格曼那里收到的一个年轻的比雷菲尔德工厂主的信。特别使我发笑的是，他以为我本人过去是个经营缝纫机的工厂主。这些人可知道，我对这一切东西懂得多么少啊！[1725]

我身上出现好几处脓肿，左腋下的这个鬼东西特别顽固和难治。不过，总的来说，我还是感到好多了，我实际上正在恢复健康，相信病已接近尾声。[1726]

3月24日，我本来想在博物馆里……写信，但是我突然感到很不舒服，只好把手中的一部很有趣的书合起来。我两眼发黑，头痛得要命，胸部闷得慌。我就慢慢走回家了。空气和阳光使我感到舒服一点儿，到家后我睡了一会儿。照我的情况来看，本来应当把一切工作和思考都丢开一些时候；但是，这对我来说，即使有钱去游荡，也是办不到的。[1727]

年轻的一对于〔4月2日〕举行了非宗教的婚礼（因为这里法律上没有规定必须按宗教仪式举行婚礼），并动身去法国度蜜月。[1728]

恩格斯到我们这里参加了婚礼，〔4月5日〕走了。他劝我用砒剂疗法，

第六十三节 贫病交加

因为我目前的这种状况必须最终结束才行。恩格斯在曼彻斯特的一位朋友就是用这种疗法在较短时期内完全治好的。由于读了《医学报》上法国医生对这个问题的讨论，我对"砒剂"是抱过一定成见的。[1729]

解说：恩格斯4月10日来信说："我回曼彻斯特后，事情成堆，直到昨天才去看龚佩尔特。现将药方寄上。头四五天内，只须日服两次；然后日服三次，每次都应在饭后一个半小时至两小时再服。此外，要心情舒畅，多多活动。龚佩尔特嘲笑你的服砒剂会变傻的说法。"[1730]

我只不过是一架机器，注定要吞食这些书籍，然后以改变了的形式把它们抛进历史的垃圾箱。这也是一种相当枯燥的工作。[1731]

我们这里感到很冷清。首先，[劳拉]同"沉默寡言的"南方人走了，而后恩格斯也离开了我们。[4月10日]晚上我们家里没有"骚动"，而是洛尔米埃一家来做客。我同路易下了两盘象棋，让他赢了一盘。你猜这个古怪的小伙子卡列班在告别时用最庄重的语调对我说了什么？——"但愿您对我不要见怪。"[1732]

《动产信用公司史》我读过了。至于问题的实质，那么，说真的，我多年前业已在《论坛报》上对此做了更好的阐述。这位作者熟悉业务。他本人是巴黎的银行家。但实际上，除了"信用公司"本身在其报告中引用的以及交易所牌价载明的官方材料外，他没有什么别的材料。秘密材料只有通过法院途径才能弄到。但最使我吃惊的是：真正的骗局竟全部转化为交易所的证券投机了，而在这方面，尽管不断乔装打扮，但实质上从罗时期以来就没有什么新东西了。无论是拉芒什海峡的此岸或彼岸都一样。在这些事情上有意义的是实践，而不是理论。[1733]

从[4月11日]《泰晤士报》（电讯栏）上你会看到，我们在日内瓦已经取得了完全的胜利：劳动时间从十二小时缩短为十一小时，工资增加了百分之十。[1734]

我的左臂[4月11日]痛得特别厉害。[1735]我一直卧床不起，不能外出。手臂发炎，严重化脓，不能穿衣服，稍微一动就痛。[4月18日]早晨，脓已经完全收了，而露着的伤口正在迅速愈合。……但愿……能靠砒剂来结束这可恶的病。[1736]

解说：马克思4月18日（星期六）写信给恩格斯提到：

"星期二我必须为杜西交五英镑学费和一英镑五先令体操学校学费。"[1737]

解说：恩格斯回信说："亲爱的摩尔：寄上五英镑银行券两张，可付给学校的老师们。"[1738]

4月20日我又出来散步了，小燕妮刚一到家，又拉我上街，……手臂又好了，只是还有点愈合时常有的刺痒。多年来，我发现一个奇怪的现象：平时，我尿中带有石灰质或类似的东西，而当我长痈时，尿就变得很清。果然现在又带有矿物沉淀。[1739]

解说：恩格斯来信说："燕妮有义务拉你出去散步，她做得很对嘛。你推托工作紧，掩饰懒得动，但愿她不致被你的这种借口吓住。这么好的天气，你蹲在家里，有点不像话。"[1740]

［4月22日］，我又开始工作了，而且情况良好。只是必须限制工作时间，因为持续三个小时左右，我的头就开始嗡嗡作响，痛得像针扎一般。[1741]

现在我想简要地跟你谈谈在通读我的论利润率手稿时我想起的一个"细节"。这就轻而易举地解决了一个最困难的问题。这就是：当货币或黄金的价值下降时，利润率就上升，而当货币的价值上升时，它就下降，为什么会这样？[1742]

再过几天我就满五十岁了。如果一个普鲁士尉官对你说："服役二十年了，可还是一个尉官"，那么，我可以说：苦干半个世纪了，可还是一个穷叫化子！我的母亲说得对极了："小卡尔要是积攒一笔资本，而不是……该多好啊！"[1743]

一旦我卸下经济负担，我就要写《辩证法》。辩证法的真正规律在黑格尔那里已经有了，自然是具有神秘的形式。必须把它们从这种形式中解放出来。[1744]

解说：马克思所说的"辩证法"实际上是自己的哲学体系。写出自己心目中的哲学体系，这是马克思一生的学术理想。[1745]

阴囊上长了两个痈，就是苏拉也会大闹情绪的。这个人尽管有更加帕麦斯顿式的气质，但是他的荒唐的、而且确实是脏不可言的疾病，是够折磨他的了，从下面的事情就可以看出：在他死前十天，他下令把一个邻近城市的十人长抓来，在他一命呜呼的前一天，又命令在他家里当面把这个人勒死。

第六十三节 贫病交加

此外,我还有各种各样的忧虑。例如,本月28日肉铺老板的一张十五英镑期票将要到期等等。我寄往荷兰的紧急信件,至今未见回音。最后,我用一种幻想来安慰自己:这时候出第二版,我就可以得到第一版的钱了。但是我算账也不问问老板,我指的不是"经济学家",而是一般德国人。[1746]

解说:恩格斯还在回信中调侃:"肖莱马曾对我说你长了一个痈,但是两个同时并出,而且还是长在那个的确什么都是成对生长的地方,这确实太厉害了。"[1747]

5月20日我向大约一百名德国工人优秀代表作了关于工资(专门讲它的形态)的演讲(约一小时零一刻钟)。这一天我很不舒服,大家劝我拍电报说我不能去了。但是这样做不行,因为有些人是从离伦敦很远的地区来的。所以我到那里去了。一切都很好,而我在演讲以后反而感到比演讲以前更好一些。我对我的家庭医生拉法格作出了让步,以致到目前为止我还没有去博物馆。不过,最近几个星期以来我在家思考问题可能过多了一些。[1748]

解说:马克思5月23日写信给恩格斯说:

"在我看来,你怕把G—W—G等这类简单的公式介绍给杂志读者英国庸人,这就不对了。相反,如果你像我一样不得不读一读莱勒、赫伯特·斯宾塞、麦克劳德等等先生们在《韦斯明斯特评论》等等上发表的经济论文,那么你会看到,所有这些论文通篇都是经济学上的老生常谈;而且他们也知道,这些东西已经使读者十分腻味,因而竭力用假哲学或假科学的行话来点缀自己的胡诌。这种假科学性绝不会使内容(它本身等于零)更为明白易懂。正好相反,它妙就妙在使读者高深莫测,使读者绞尽脑汁,最后才得出一个使人放心的结论:这些吓人的话所包藏的不过是一些口头禅而已。而且,《双周》的读者和《韦斯明斯特评论》的读者一样,还自负地认为自己是英国(更不用说其他地方了)最有头脑的人。可是,假如你看到,詹姆斯·哈钦森·斯特林先生敢于不仅在书本上,而且在杂志上把什么东西作为'黑格尔的秘密'——黑格尔本人也不会懂——奉送给公众,那么你就会相信(虽然詹姆斯·哈钦森·斯特林先生被认为是大思想家),你实在太拘泥了。人们要求新东西——形式和内容都新。"[1749]

解说:马克思在信中还说:

"如果可能的话,我将于下周末带小杜西来曼彻斯特。但是你要寄旅费给我，……自然小杜西几乎天天提醒我旅行的事。"[1750]

解说：恩格斯回信建议马克思星期五（5月29日）动身，并提供了几个车次，建议马克思乘坐从金兹－克罗斯车站搭新（中枢）线车，因为那条线经过得比郡最美的地方，九点十分发车，两点十五分到。还有两次，十一点三十分发车，五点四十五分到。[1751]

于星期五十一点三十分从金兹－克罗斯出发。[1752]

解说：傍晚，马克思到达曼彻斯特。不久，马克思回到伦敦。

我刚刚回到伦敦——我们的旅行好极了——就发现一大叠催款信和恫吓信。在此以前，所有这些信件都以我"外出"为借口而推掉了。但是我回来的消息，就像有电报通知这些人似的。[1753]

小杜西狂热地赞美曼彻斯特的家，并且坦率地表示希望尽快地回到那里去，这差点儿使我们全家都忌妒了。[1754]

炎热使我很难受。我打算去买龚佩尔特开的药，因为我连着"吐了"好几天，虽然我模范地注意节制饮食。[1755]

小杜西和小燕妮两人都很不舒服——喉炎和呕吐。……我们的艾伦一星期前突然患麻痹症，因此他已不能外出了。[1756]

我的两个女儿，大的和小的，都得了猩红热。[1757]我们的医生就是邻居爱尔兰人科尔克劳大夫，他在这一带（包括我孩子上学的学校）很有名，主要是猩红热专家。必要时，也就是说，只要出现哪怕是一点点危险症状，拉法格就会从他医院里请医生来。[1758]

自然，我的脑袋都发昏了。我做不了什么重要的事，所以我就给艾希霍夫写点东西。[1759]

我6月22日偶然发现亚当·斯密的一段精彩的话。他说明了劳动是原始费用等等，并表述了一些近乎正确的见解，虽然这些见解经常是矛盾的，之后他还宣称："也许有人认为，资本的利润不过是一种特殊劳动即监督和管理的劳动的工资的别名。实际上它完全是另外一种东西，它是受完全不同的原则所支配的，而且同这种假设的监督和管理的劳动的数量、繁重性或复杂性完全不成比例。"在这以后，他突然来一个急转弯，并且力图说明工资、利润、地租是"自然价格的组成部分"（他所说的自然价格＝价值）。[1760]

小燕妮对杜西说，她已经不再是从前那个高贵的中国人了，她现在成了

第六十三节 贫病交加

当地（爱尔兰）人，因此她不再对皇帝表示应有的尊敬了。杜西对此回答说："从前我倾心于一个人，现在我倾心于一个民族。"[1761]

孩子们的健康恢复得很好。咽喉化脓和红肿已大为好转，6月27日医生吩咐给她们吃一顿真正的午餐（……她们一直只是饮些波尔图酒和李比希汁），她们吃得津津有味。科尔克劳一开始就规定她们利用新鲜空气。他没有用漂白粉，而是开了另外一种（最新的）消毒剂，因为他认为前者对肺部有害。幸而我们房子的建造，特别是孩子住房的安置能够保证从四面八方流入最充足的空气。[1762]

6月27日我收到一份奇怪的公函。传呼我在下星期三到圣潘克拉斯教区去说明我的全部财产不应查封的理由。事情是这样的：那个该死的教区不管我是否愿意，选我担任"圣潘克拉斯教区仲裁法官"；我没有就职，也没有作就职宣誓，而是到曼彻斯特去了。我……把这个传票给科尔克劳大夫看，他说，这在圣潘克拉斯教区的小市民当中被认为是莫大的荣誉。我要对他们说，我是一个外国人，让他们吻我的屁股。[1763]

虽然可怜的燕妮还患有失眠和咳嗽，但医生已经很满意了。医生……说，等孩子们的病一好，她们应当立即离开伦敦到海滨去。[1764]我很累，因为近几星期来的焦急使我完全不能入睡。[1765]

7月1日我买铅笔时发现铅笔上刻有俄文金字"俄国笔芯"。……这是我第一次在这里的零售商店碰到的。[1766]

孩子们恢复得很好。7月3日她们已经起床待了几个小时，小燕妮甚至还到下面客厅里来了。医生现在只是隔一天来一次。[1767]7月6日她们第一次到户外待了半小时。她们的脱皮现象还很厉害。等这种现象停止后，她们才能外出。[1768]

近几天来，我受到了面包铺老板、牛奶铺老板、税吏、上帝和魔鬼的紧急催逼。[1769]

在伦敦克利夫兰大厅举行的1848年巴黎无产阶级六月起义纪念大会上（6月29日），法国小资产阶级民主主义者费·皮阿发表了演说，他直接号召采取恐怖行动反对拿破仑第三。布鲁塞尔的一家报纸《蟋蟀报》（Cigale）在关于那次会议的报道中把费·皮阿说成是国际的领导人之一。这种说法并且被其他报纸一再重复。这会在工人的心目中破坏国际的威信，而且会给波拿巴政府提供一个它所求之不得的、迫害国际在法国和比利时的成员的借口。[1770]

解说：马克思7月7日提出：

总委员会就费·皮阿的演说所作的决议，国际工人协会总委员会宣布对费·皮阿在克利夫兰大厅的公众集会上所发表的演说不负任何责任；费·皮阿与本协会没有任何关系。[1771]

十英镑收到，……我马上付了三英镑五先令税款，给了牛奶铺老板三英镑（……几星期来我都是用现钱买的，因为他也和茶叶商一样，再也不肯赊账了），药房老板一英镑十先令。我欠面包铺老板约十七英镑，这个人对我们一直很友好，可他也很紧啊。……要是我能找到任何一条真正的出路该多好啊！孩子们一般情况很好，只是小燕妮还很弱。家里的气氛，对养病很不适宜。我妻子的身体也不好，因此常常无缘无故生气。[1772]

即使我的书中根本没有论"价值"的一章，我对现实关系所作的分析仍然会包含有对实在的价值关系的论证和说明。[1773]

科学的任务正是在于阐明价值规律是如何实现的。所以，如果想一开头就"说明"一切表面上和规律矛盾的现象，那就必须在科学之前把科学提供出来。李嘉图的错误恰好是，他在论价值的第一章里就把尚待阐明的所有一切范畴都预定为已知的，以便证明它们和价值规律的一致性。[1774]思维过程本身是在一定的条件中生长起来的，它本身是一个自然过程，所以真正能理解的思维只能是一样的，而且只是随着发展的成熟程度（其中也包括思维器官发展的成熟程度）逐渐地表现出区别。其余的一切都是废话。[1775]

解说：马克思写《我对弗·巴师夏的剽窃》。意在回应一些经济学家，他们在《资本论》书评中说马克思"用社会必要劳动时间来确定价值量"是从巴师夏那里抄袭来的。[1776]

拉法格从7月22日起成了"皇家外科医生协会会员"，取得了宰杀人畜的特许权。……他要去巴黎。这使我们很为难，因为我妻子至少还得花二十英镑给劳拉买些衣服。[1777]

天气这么热，……我可是连思考能力都没有了，要是没有龚佩尔特的药，我简直受不了。[1778]

解说：7月28日总委员会会议，记录写道"马克思揭开关于'资本家使用机器的影响'问题的辩论。他说，使我们最为惊奇的是，使用机器的结果竟同人们原来认为必然会产生的那一切截然相反。劳动时间没有像所期望的那

第六十三节 贫病交加

样缩短，工作日反而延长到16—18小时。从前，一个工作日通常是10小时；而近百年来，无论在英国还是在大陆，劳动时间都通过立法手段而延长了。近百年来工厂立法的全部实质，就在于依靠法律的力量来强迫工人多工作几小时。"[1779]

我作为总委员会的委员，那么，我必须在各个有组织的工人团体之间保持中立。谁当他们的领袖，是他们的事，不是我的事。作为德国书记，我必须回答所有以工人团体的主席等等正式身份同我联系的人。[1780]

拉法格离开前不久，波克罕请我和我全家吃晚饭（劳拉没有去）。在"先生们"走进波克罕的工作室以后（先生们就是拉法格、波克罕和我），他就谈起某人讲的或报刊上登的关于我的各种流言蜚语。我安静地听了一会儿，而拉法格已气得坐不住了。最后我打断了他，并对他说：人们有时散布的流言蜚语往往是十分离奇的；恩格斯和我最有资格谈论这种事，因为我们有一份真正的流亡者档案。例如，当他（波克罕）从瑞士来到英国的时候，我们就得到了情报，说他是普鲁士伯爵海（我现在想不起他的名字）的代理人，这位伯爵本身是普鲁士的间谍，而波克罕则是这位伯爵派到瑞士去的，如此等等。波克罕好像被蛰了一下似地跳了起来。"他从来没有想到，在伦敦会有人知道这件事的某些情况，等等。"接着，他就不厌其详地讲述全部过程，由于情绪激动，喝了许多开水，白兰地喝得更多。在弄得十分疲劳以后，我们就回到女士们所在的房间去喝茶了，在那里波克罕又急忙宣布，我使他听到了有生以来感到最惊人的奇闻，并且把那件事情接连重复说了三次，惹得他的妻子大为不满，因为在这种事情中，女人都会扮演某种角色的。后来，他还两次写信对我说，我大概是同他开玩笑，当然是他自己把关于他的这种流言蜚语告诉我的，等等。我则继续坚持自己的说法。（我们是从席利那里知道这件事的，在福格特事件时，他从巴黎写信来把这件事告诉了我们。）他这是罪有应得![1781]

我的妻子［8月3日］去兰兹格特先行安排住处。[1782]杜西……这孩子遇到愿意听她说话的人便说，她准备搬到曼彻斯特去住。与此同时，这里给她起了一个绰号："可怜的受轻视的民族"。[1783]

领袖们之间的争吵，我目前在德国有许多"麻烦"，……一方是施韦泽，他立我为异教国家中的教皇，为的是要我封他为德国的工人皇帝。另一方是李卜克内西，他忘记了，实际上正是施韦泽迫使他想到世界上存在着和小资产阶级民主运动不同的无产阶级运动。[1784]

我家的人现在都在海滨。这对于我的两个女儿尤其必要，因为她们病后仍很虚弱。……我现在是独自一人，没有孩子们平常的喧嚷声，倒觉得有些异常。[1785]

我"非常"希望，我的工作情况能许可我在［来］年9月底永远离开伦敦，迁居大陆。一旦我没有这里的博物馆也能对付过去，我就离开这里。这里昂贵的生活费用越来越成为一种严重负担。当然，大陆上小城市的生活条件是不太中意的。但是，"安静是公民的首要职责"，而这也是得到安静的唯一方法。[1786]

我……有一个星期没合眼了，"大名鼎鼎的戈迪萨尔"波克罕8月11日来向我辞行，他劝我要彻底治好黄胆病。为了开心，他告诉我他要设法从奥本海姆那里榨取一千英镑。[1787]

解说：马克思于8月11日提出总委员会提交给布鲁塞尔代表大会的"在资本主义制度下使用机器的后果的决议草案"：[1788]

一方面，机器成了资本家阶级用来实行专制和进行勒索的最有力的工具；另一方面，机器生产的发展为用真正社会的生产制度代替雇佣劳动制度创造必要的物质条件。

我妻子8月20日从兰兹格特回来了，孩子们还留在那里。由于我吐胆汁已将近一个星期，加上这里霍乱开始流行，我妻子坚持要我也去兰兹格特海滨，哪怕住两三天也好。因此，我8月21日就动身。[1789]

解说：不久，马克思回到伦敦。8月25日马克思通过总委员会，提交给布鲁塞尔代表大会"关于缩短工作日的决议草案"。[1790]

鉴于1866年日内瓦代表大会一致通过的一项决议中早已指明，从法律上限制工作日是今后任何一种社会改革所不可缺少的先决条件，因此总委员会认为，现在已经是根据该项决议做出实际结论的时候，国际工人协会所有分部务必根据有协会组织存在的各个国家的实际情况着手讨论这个问题。

解说：孩子们在家里养了两只狗，惠土基和约科，三只猫，萨姆博、布

第六十三节 贫病交加

莱基和托米，两只鸟，卡里普莎和迪基。[1791]

杜西8月29日大为震动。她发现前一天还在欢乐地歌唱着的迪基死在笼子里了。它被十分隆重地安葬了。[1792]

埃卡留斯作为我们的代表〔8月29日〕前往纽伦堡。他从那里去布鲁塞尔。他在这两个地方都将给《泰晤士报》写通讯。[1793]

解说：9月22日召开总委员会会议。共12名委员出席。荣克主持会议，埃卡留斯记录，记在第二本会议记录本第159页上。因为是布鲁塞尔代表大会选出的新一届委员会的第一次会议，因此会议记录的标题是"新委员会会议"。[1795]马克思9月25日写信给恩格斯说：

"你能否在星期六早晨以前给我寄五英镑来？一个商人刚才来我这里说，他正面临破产，如果星期六以前弄不到一定数量的款项给他的债权人，他就要遭受巨大损失。"[1795]

解说：马克思9月26日给恩格斯回信：

"五英镑收到了，非常感谢。这些卑微的小铺老板是一个可怜的阶级。我的妻子当即把钱送到债权人家里去了。他本人这时'已经破产了'（而他在他那类人中间还是个十分体面的人）。他的妻子流着眼泪替他收下了钱。这些小铺老板中有相当一部分人，甚至大部分人经受着无产阶级的一切灾难，而且他们还要'担惊受怕'和'饱受体面的束缚之苦'，但就是缺少优秀工人所固有的自尊心。"[1796]

彼得堡的一位书籍出版商告诉我一个令人吃惊的消息：《资本论》的俄文译本现在正在付印。他要求我把我的相片寄给他，好把它印在扉页上，而这件小事我是不能拒绝"我的亲爱的朋友们"即俄国人的。这是命运的捉弄：二十五年以来我不仅用德语而且用法语和英语不断地同俄国人进行斗争，他们却始终是我的"恩人"。在巴黎时（1843—1844），那里的俄国贵族给我捧场。我的反对蒲鲁东的著作（1847），以及由敦克尔出版的著作（1859），在任何地方都不如在俄国销售得多。第一个翻译《资本论》的外国又是俄国。但是对这一切都不应当估计过高。俄国贵族在青年时代在德国的大学受教育，也在巴黎受教育。他们总是追求西方提供的最极端的事物。这是不折不扣的美食癖，和十八世纪一部分法国贵族的爱好一样。"这不是为裁缝和鞋匠写的"——那时伏尔泰谈到自己的启蒙思想时这样说。这并不妨碍这些俄国人一旦做官就成为混蛋。"[1797]

解说：马克思10月26日写信给库格曼说：

"由于您和恩格斯都认为有好处，我让步了，曾同意在《凉亭》上刊登这一广告。就我的本意来说是坚决反对的。现在我恳切地请求您彻底放弃开这种玩笑！这只会使凯尔之流的先生和《家园》的各种人物认为我是属于需要或希望得到他们的庇护的那种文学界或其他方面的'伟人'一伙的。我认为这种事弊多利少，并且有损于科学家的品德。例如，迈耶尔百科词典的出版者早就写信来要我的传记。我不仅没有给，而且连信都没有回。人各有所好。"[1798]

11月1日科勒特邀请我全家到他那里去，我已有几年没有见到他。我借此机会给乌尔卡尔特派出了一个新课题，我对他们说，皮尔的1844年银行法令使俄国政府有可能利用货币市场的某种行情迫使英格兰银行破产。现在科勒特和乌尔卡尔特正在认真讨论这个课题。尽管我对科勒特以礼相待，但我对他关于爱尔兰的胡说八道不能泰然处之，我很坚决地向他表明了自己对这个问题的观点。[1799]

解说：马克思11月4日写信给恩格斯说：

"我星期五要交水费，此外，杜西又到温特博特姆去学体操，这也要交费，等等。在后天以前你要是能给我寄几英镑来就好了。"[1800]

杜西在体操学校向私人学体操。[1801]

我又长痈了，因为这种鬼东西向来是在这个时期发作，所以我立即重新服用砒剂。[1802]

解说：11月9日马克思写《1866年格莱斯顿先生给英格兰银行的信怎样使俄国得到了六百万英镑的公债》。这篇文章是马克思应《外交评论》出版者查·多·科勒特的请求写的。[1803]

[房东11月17日] 亲自来过我这里。但家里人推托说我不在家，自然也就没有让他进来。糟糕的是，这个人在奥维伦德事件以后，仅靠房租为生，而且不接受任何期票。否则，他不会对我逼得这样紧，因为我只欠他一个季度的房租。列斯纳也在催促我把借款的尾数还清，因为他的妻子病得要死了。总之，情况很糟糕。[1804]

[11月17日] 晚在中央委员会上英国人过于迟缓地但是一致地承认，我曾经一字不差地向他们预言过这个使我最为开心的选举结果，并且严厉批评

第六十三节　贫病交加

过改革同盟的错误政策。自从帕姆执政时期实行选举以来，这是最坏的一届议院。大富翁从未拥有过这样的绝对优势。厄内斯特·琼斯遭到失败完全是理所当然的。至于布莱德洛，他太喜欢搞拉萨尔式的吹嘘了。他的协会在上星期日开会时在克利夫兰大厅悬挂了下列标语："反对旧风习的伟大战士、人民的救星万岁！圣斯蒂凡的无畏勇士布莱德洛先生万岁！"[1805]

解说：恩格斯11月23日来信说："告诉你一个愉快的消息，今天与印花布业的哥特弗利德谈话以后，也许同他签订的契约能延长几年。如果一切顺利，我打算延长三年，最后一年我这方面不承担工作的义务。这件事如果成功——至迟到明年2月底就能大体上确定下来——我们就能应付一切困难了，那时我可以毫不费力地还清你拖欠的一百英镑债务，而且可以做出整个妥善和可靠的安排，以便至少在契约有效期间，我们不再负担沉重的债务。"[1806]

解说：看来是经过财务整理，恩格斯11月29日又来信说："（1）你需要多少钱才能还清你的全部债务，把你完全解脱出来？（2）你平时的正常开支，每年三百五十英镑是否够用（治病和意外的紧急开支除外），就是说，这样你是否就无须借债了。如果不够，请把你需要的数额告诉我。这是以还清全部旧债为前提的。"[1807]马克思11月30日回信给恩格斯说：

"亲爱的弗雷德：你对我太好了，我十分感动。我要妻子把全部账单拿出来给我看了，欠债总额比我料想的要大得多，共计二百一十英镑（其中约七十五英镑是欠当铺的债和应付的利息）。此外，还要加上医生治疗猩红热的费用，账单他还没有送来。最近几年，我们的生活费都在三百五十英镑以上；但这个数目是完全够用的，因为第一，最近几年拉法格住在我们这里，因此开支大大增加；第二，由于一切都赊账，多花了好多钱。只要彻底摆脱债务，我就能把家务安排得井井有条。"[1808]

从小燕妮背着我同意在一个英国人家里教课这一点可以看出，最近几个月我们家的处境是多么令人不快。教课在［来］年1月才开始。我后来同意了这件事，但有一个条件，聘约有效期仅一个月，一个月以后，双方都有权解除聘约。不管这件事使我多么难受（一个女孩子几乎要整天教小孩子），但我在提出这个保留条件以后还是同意了，首先是因为让小燕妮干点什么事情散散心，特别是使她不再总是待在四壁萧然的家中，我认为是有益的。我的妻子完全失去安娴和文静的性格已有好几年了，她常常抱怨，发脾气，心情不好，这使孩子们苦恼得要命，然而任何孩子都不可能更乐观地忍受这一切。[1809]

解说：12月1日，马克思在总委员会会议上被选为文献档案保管人。[1810]

大约在10月末，我感到似乎要长疥，从那时起，我就又开始服用砒剂，一直继续到〔12月中〕。的确，这次只是长些小疖子，时长时消。几年来，这种病总是10月发作，而在1月最严重。看来，我〔这一〕年能避开它，因为发病的症状已经重新出现和正在出现，而这正好可以提醒我服用砒剂。[1811]

年末几个月来我的工作的确负担过重，因为我想在新年开始前把一些研究工作结束。[1812]

老贝克尔〔12月15日〕晚上才书面通知总委员会……写道，〔国际社会主义民主同盟〕这个团体应当补足我们协会所缺少的"理想主义"。……在我们总委员会中，特别是在法国人当中，对这个文件表示了极大的愤怒。我早就知道这个丑恶文件了。我认为它是一个死胎，为了老贝克尔，我曾想让它无声无息地死去。……总委员会……委托我草拟拒绝承认这个团体的决定。由于老贝克尔，我对这一切感到遗憾。但我们的协会不能为了老贝克尔而自杀。[1813]

解说：马克思深夜给恩格斯写信说：

"附上的文件〔——社会主义民主同盟的纲领和章程——〕不管怎样荒谬，也要请你认真研究一下，用法文把你的意见写给我，并把文件最迟在本星期六退给我。"[1814]

晚上我……写信的时候，心情是很激动的。但是第二天早晨就恢复平静了，我决定以外交方式来处理这件事。[1815]

解说：12月18日恩格斯回信交换了意见，并说"如果你激烈反对这个俄国人的阴谋，那你就会无益地刺激工人（特别是瑞士工人）中数量极多的思想庸人，并会损害国际。同俄国人（这里有四个人，妇女除外）打交道，任何时候都不应该失去克制态度。"[1816]

期间，我们收到了布鲁塞尔、卢昂、里昂等地的来信，他们都表示无条件拥护总委员会的决议，没有一个人支持日内瓦发起小组。[1817]

总委员会在……12月22日一致决定："（1）国际社会主义民主同盟章程中规定它同国际工人协会关系的所有条文一律宣布废除和无效；（2）不接纳国际社会主义民主同盟作为一个分部加入国际工人协会。"用严密法律形式

第六十三节　贫病交加

所表达的这项（由我校订的）决议的引言指出，筹建中的同盟的章程和我们的章程等是相抵触的。[1818]

解说：巴枯宁12月22日写给马克思的信寄到，信中说："自从我在伯尔尼代表大会上郑重和公开地宣布脱离资产阶级以来，除了工人世界，我现在不知道有别的社会、别的环境。现在，国际将是我的祖国，而你是国际的主要的创建人之一。因此，亲爱的朋友，你可以看出，我是你的学生，而且我是以此为荣的。"此时巴枯宁54岁，而马克思50岁。[1819]

巴枯宁……的信和我们关于"同盟"的"通告信"错开了。因此，巴枯宁还陶醉于愉快的幻想中，以为我们将放心地让他自由行动。……俄国人谢尔诺在他过去与波克罕的通信中曾经坚决反对巴枯宁。我在给谢尔诺的复信中曾想利用这个青年了解巴枯宁的情况。但是，由于我对任何一个俄国人都信不过，我便采用了如下的方式："我的老朋友（不知道他是否仍然是我的朋友）巴枯宁目前在干什么，如此等等"。俄国人谢尔诺立即把这封信的内容告诉了巴枯宁，于是后者便借这封信制造了一个温情的序幕！[1820]

解说：**1869**年。拉法格夫妇生了一个儿子，沙尔·埃蒂耶纳·拉法格。

［我］收到了一份特殊的新年礼物——外祖父的称呼。[1821]杜西认为，可怜的弗雷德过年时一定会无精打采。[1822]

重伤风……这种病使我的眼睛、耳朵、鼻子和整个脑袋真正处于戒严状态约有两星期之久。遇上这种该死的多雾天气，要很快摆脱这种病，暂时没有任何希望……怪不得现在这里经常有人自杀。只有爱尔兰人，即使是处在七层地狱，他也会说："他宁愿让别人自杀，自己决不自杀。"[1823]我们家里现在多数人患伤风和咳嗽。我的情况很糟糕，用布林德夫人的文雅的话来说，差不多两个星期以来我不停地"吐"。[1824]

解说：2月11日马克思在给库格曼的信中说：

"附上的几张照片我至少在七个星期以前就拍好了，但也是由于这种阴沉沉的天气，最近才从底片上洗印出来。"[1825]

［小燕妮照相时戴着的十字章］是纪念1864年波兰起义的十字章。[1826]

解说：恩格斯来信说："我很喜欢那张照片。"[1827]

该死的摄影师［费伦巴赫］又一次愚弄了我好几个星期，加洗的照片仍未送来。[1828]

至少有十分之一的人寿保险公司（所有公司共拥有名义资本一亿英镑）已经破产，它们的价值甚至还抵不上它们印刷广告的纸张费。那些指望工联即将（过二十年后或二十年左右）破产而使自己得到极大安慰的资产者老爷们对这件事将说些什么呢？他们将默不作声。[1829]

　　疾病常常使我无法工作。除了完成我的著作《资本论》第二卷以外，剩下的不多的空闲时间又完全忙于国际工人协会的事务。[1830]

　　解说：马克思3月9日受中央委员会委托写了《国际工人协会总委员会致社会主义民主同盟中央局》。马克思指出民主同盟鼓吹的"各阶级平等"与国际的原则相悖。文中写道：[1831]

　　"各阶级的平等，照字面上理解，就是资产阶级社会主义者所拚命鼓吹的'资本和劳动的协调'。不是各阶级的平等——这是谬论，实际上是做不到的——相反是消灭阶级，这才是无产阶级运动的真正秘密，也是国际工人协会的伟大目标。……从你们的纲领中删去这个可能引起如此危险的误解的词句……解散同盟以及同盟各支部加入国际。"

　　由于同盟同意了这些条件，……总委员会接受了同盟加入国际，它以为，同盟已被日内瓦罗曼语区联合会委员会承认了。[1832]

　　我打算加入英国国籍，为的是能够安全地去巴黎。如果不去一趟，我的书［资本论］的法文版永远也出不成。我到那里去是完全必要的。按照帕麦斯顿的法律，如果愿意的话，在六个月以内还可以退出英国国籍。如果入籍者入籍前在原出生国犯有违法行为，一俟其返回该国，法律即一概不予保护。但除此之外，入籍者在对外国政府的关系方面享有与英国人同等的权利。如果我采用这种办法，我确实看不出，为什么不经波拿巴先生许可我就不能去巴黎。[1833]

　　解说：4月12日马克思的肝病又犯了，非常痛苦。马克思服用龚佩尔特原来开的药，但是没有任何效果。因此脑子完全麻木了。每年的春天都出这种状况。如果不治好，过后又要长一个痈。[1834]

　　解说：马克思4月15日写信给恩格斯说：

　　"今天我偶然发现家里有两本《拉摩的侄子》，所以寄一本给你。这本无与伦比的作品必将给你以新的享受。"[1835]

　　艾希霍夫到这里来了，……他不是一个人来的，还带来了一个三重唱小

第六十三节 贫病交加

组,即一个柏林来的工程师、一个那里来的商人和一个那里来的银行家。他们的目的是要在这里物色一些名人在东普鲁士开设银行,现在已经取得经营权。看来,此事成功有望。[1836]

发生了比利时的屠杀。在各地纷纷发出呼吁之后,中央委员会对这个非常重大的事件,终于应该讲话了。已委托我起草一份呼吁书。如果我拒绝,这事就要落到埃卡留斯身上,而他写这种抗议性文件是不能胜任的。因此我同意了这个建议。不过以我现时肝病的状况,用英文写已很困难——因为写这类文件必须用某种雄辩有力的文体——接着还要用法文写,这更是一种不堪忍受的痛苦。但情急不顾禁令,于是我就用法文写了。……我认为德文翻译不重要,我把它交给埃卡留斯去做了,他从金钱方面考虑也愿意干这件事。[1837]

据艾希霍夫说,德国现在信贷投机和金融狂盛极一时,所有的人都醉心于此道,这里是指上层各阶级。至于柏林工人,他认为他们是整个德国最悲惨的人。而新到那里去的人,在城市气氛和"廉价的"小型娱乐的影响之下,很快就完全堕落下去。俾斯麦、敦克尔、舒尔采—德里奇以及麦克斯·希尔施博士,正在这方面争夺冠军。[1838]

艾希霍夫5月13日走了。关于《农民战争》一书,他建议由他兄弟来印刷这篇东西,在下届书籍博览会时,他兄弟在扣除自己的佣金和各项开支后,将把余款交给国际。他说,既然所涉及的是他的兄弟,你可以认为这项建议已最后确定。[1839]

杜西和我的妻子星期三从巴黎回来了。[1840]

解说:5月25日马克思带着爱琳娜到曼彻斯特去恩格斯家做客。[1841]伦敦到曼彻斯特的列车时刻表:[1842]

开车时间　到达时间
尤斯顿广场车站　9点　2点
尤斯顿广场车站　10点　3点
尤斯顿广场车站　12点　5点35分
金兹—克罗斯车站(北部大铁路)　10点　3点10分　12点　6点
圣潘克拉斯车站(中央铁路公司)　9点　2点40分　10点　3点

解说：6月4日至6日，马克思、恩格斯、莉希·白恩士、莉希的侄女玛丽·艾伦、肖莱马、爱琳娜随同恩格斯的至交穆尔，一道去约克郡看望穆尔的一个朋友。[1843]

在我们到戴文希尔—阿姆斯去的三天旅行中，在波尔顿修道院附近，我认识了一个非常古怪的小伙子达金斯先生，他是个地质学家，为了绘制这个地方的地质概览图，暂住在约克郡的这个地区。……根据政府的决定，在拉姆齐教授的指导下，准备从杰明街开始测绘全英国的地质地图。[1844]

我本来打定主意［6月9日］离开曼彻斯特。但是恩格斯借口我来这里的头一个星期还感到身体虚弱，坚持要我留到下星期一［6月14日］，我只好让步。真的，他对我那样好，我不能断然不顾他的要求。[1845]

［6月9日］晚上我出席了龚佩尔特举行的盛情难却的茶会。岁月给龚佩尔特夫人留下了难以磨灭的印记。我从来还没有看见过这样大的变化。希腊人的鼻子所表露的那种伪善消失了，显出了一种真正犹太人的特点；她皱纹满面，骨瘦如柴。她说话有喉音，在一定程度上这是上等人的一种可诅咒的特征。她认为坐公共马车、看大众焰火或者靠近池座观众看戏，是最不愉快的事，因为卑贱的平民身上有臭味。她在谈到这点时说："我喜欢干净的人群［million］，而不喜欢肮脏的人群。"我装作以为她说的是"干净的百万［million］"，于是我说，人们一般总是认为一百万干净的英镑，比任何一百万人（不管是洗过的还是没有洗过的）要好。[1846]

我腋下的东西原来不是痈，而是另外一种什么脓肿，折磨得我够难受的，不过从6月1日起就开始很快愈合。幸好我在曼彻斯特，否则就糟了。6月2日我完全好了。[1847]

6月14日乘了五小时的火车之后，已平安抵达［伦敦］。应当从曼彻斯特（按我所走的那条路线）买到肯提希镇车站的票。这样可以直接到我的家。圣潘克拉斯是下一站，靠近市中心。[1848]

6月15日晚上我到国际去了。巴黎来了一封信。我们有三个或四个人（缪拉、托伦等）被捕。他们告诉我们，各种捣乱行为，抢劫售货亭等等，都是警探干的，他们都是放心大胆地干这些事，为的是以后把罪名加在无辜的公众身上。这是蓄意要挑起"流血冲突"。[1849]

解说：6月23日马克思写了《〈路易·波拿巴的雾月十八日〉第二版序

第六十三节 贫病交加

言》。文章末尾写道：

"在古代的罗马，阶级斗争只是在享有特权的少数人内部进行，只是在自由富人与自由穷人之间进行，而从事生产的广大民众，即奴隶，则不过为这些斗士充当消极的舞台台柱。……古代阶级斗争同现代阶级斗争在物质经济条件方面有这样的根本区别。"[1850]

解说：6月30日恩格斯同欧门就主要条款达成协议，欧门已经完全让步。[1851]7月1日早晨，恩格斯和杜西在田野上作了长时间的散步，以庆祝恩格斯第一个自由的日子。此外，恩格斯的眼睛也好多了。[1852]恩格斯写信给马克思，提到出版《资本论》通俗本的事。[1853]恩格斯二十年来主要精力从事商业，这对他的哲学理论创新工作是有局限作用的，恩格斯的贡献是对马克思的支持，以及对马克思观点的普及。马克思7月3日写信给恩格斯：

"最热烈地祝贺你逃出了埃及的幽囚。为了祝贺这件事，我喝了'不该喝的一小杯'，不过是在深夜，而不是像普鲁士宪兵那样在大清早。"[1854]

7月6日晚上我到了<u>巴黎</u>……。我的化名始终没有被识破，在第厄普登岸时我第一个从海关人员和警察面前走过，没有受到他们任何阻拦，可是奇怪得很，对于一些无辜的人（例如，对一个头发很黑的、被当成意大利人的美国人）却要查看护照，而法国先生们则必须按照最新的规定说出自己的名字。我在巴黎用的名字是阿·威廉斯，住址是：<u>圣普拉西德街寄宿公寓</u>（与拉法格家邻近的那条街）。[1855]

我既没有见到席利，也没有见到其他任何人，只是局限在家庭范围之内，我带着全家几乎游遍了整个巴黎。他们居住的那个地区（圣热尔门郊区等）没有多大变化，也没有欧斯曼化（□法国政治家若·欧斯曼领导进行过改建巴黎的工程，目的是要修建有宽阔的街道和大马路的设备完善的街区，防止工人起义时开展街垒战）。街道依旧狭窄不堪，散发着臭气。但是塞纳河对岸的变化很大，而且从路弗尔宫前面就开始有了变化。我觉得，女人变得丑多了。热得令人难受，特别是在火车上。[1856]

解说：7月12日，马克思回到<u>伦敦</u>。[1857]

这里热得要命。[1858]我的左臂出现脓肿（和痈相似），……和我住在曼彻斯特恩格斯家时左腋窝下的那个一样。[1859]"这么热的天"可不大好受。[1860]

我这里还发生了另一件不愉快的"家事"。一些时候以来，我发现每星期给我妻子的钱,她总是不够用,尽管开支根本没有增加。……我要她说明一下。于是女性的愚蠢就暴露出来了。在她替我开给你的债务清单里,约有七十五英镑她没有写进去,后来她就想办法从家庭开支中逐渐补偿这笔钱。我问,为什么要这样?回答是:她害怕一下子说出个大数字!可见,女人总是需要监护的!"[1861]

解说:7月20日总委员会议,马克思作关于继承权的发言:[1862]

"废除继承权不会使社会革命开始,而只会使社会革命完蛋。起点应该是:为生产资料的公有化创造条件。"

小燕妮[7月21日]回来了。虽然半年已经过去了,门罗夫人还是没有付钱给她。苏格兰人是非常舍不得和钱分手的。[1863]

7月24日。痈全部化脓了,疼得很厉害,[1864]

我感到遗憾,在我的第一卷出版以前我不知道……古斯达夫·克列姆博士[1858年出版]的《工具和武器的起源和发展》这本书。我在《劳动过程》和后面的《分工》两节中所指出的东西,在这里得到了丰富材料的证实。[1865]

手臂好了一些。我已开始服用砒剂。[1866]

小燕妮得到了自己的"钱"。这个可爱的孩子由于自己能"独立挣钱"感到十分幸福。[1867]

解说:8月2日的《未来报》上刊登了恩格斯写的《卡尔·马克思》,这是恩格斯写的第一篇马克思传记,本来是一年前写给《凉亭》报纸的,但该报没有发表,恩格斯修改后发表在了《未来报》上。[1868]

总委员[8月3日]会开了一次令人哭笑不得的会议。尽是些要求付钱的信,什么印制会员证的钱、房租钱、欠书记的薪水钱,等等。总之,国际将要破产,所以还丝毫看不出我们怎么能够派去一个代表。另一方面,法语区支部从日内瓦来了一封信,客气地恳求总委员会用三种文字发出通告信,呼吁全体会员(而且是立即)为在日内瓦购买一幢房子(召开会议用)捐款,这幢房子的房价共五千英镑,而且将是国际的财产。这些家伙连自己的每人一便士都还没有交纳,就提出这样的奢求,难道不嫌太低吗?[1869]

解说:8月3日委员会批准了马克思关于继承权的报告,报告中说:

"我们应当同原因而不是同结果作斗争,同经济基础而不是同它的法律的上层建筑作斗争。……继承权的消亡将是废除生产资料私有制的社会改造的自然结果；但是废除继承权绝不可能成为这种社会改造的起点。承认废除继承权是社会革命的起点……这在理论上是错误的，在实践上是反动的。……限制遗嘱继承权，这种继承权不同于没有遗嘱的继承权或家属继承权，它甚至是私有制原则本身的恣意的和迷信的夸张。"[1870]

我觉得很不舒服。我的手臂已经差不多好了。周身不适我认为是天气的缘故；我正在吃龚佩尔特开的治疗肝病的药。[1871]

解说：8月10日恩格斯结束了同欧门的交涉，所有的东西都签了字。终于彻底摆脱了欧门。[1872]9月5日国际在巴塞尔召开年度大会，马克思作《总委员会向国际工人协会第四年度代表大会的报告》。[1873]

第六十四节　再到汉诺威

我们在比利时（布鲁治和列日）待了几天，然后前往科伦。再从那里去访问济克堡的思想家狄慈根。[1874]

这次旅行使小燕妮非常高兴。遗憾的是，旅行为讨厌的社交弄得减色不少。[1875]

在波恩，我曾在晚上去拜访哈根，但他不在家。第二天早晨，在我们要离开的时候，他来了。他借口送我们到罗兰德泽克，一直缠着我们，到了美因兹才离去。[1876]

在美因兹，我们在施土姆普弗家里待了一天，他有一个很可爱的家庭（女儿、姐妹）。我们趁机去维斯巴登看了一下。没有到爱姆斯去。[1877]

在亚琛，曾在卡尔·菲力浦斯家逗留一天。[1878]

路过比利时期间，通过在亚琛的逗留和溯莱茵河而上的游览，我深信必须同神父进行坚决的斗争，特别是在天主教地区。我将通过国际进行这方面的工作。这群狗东西（如美因兹的主教凯特勒、杜塞尔多夫代表大会上的神父等等）在他们觉得适宜的地方，就在工人问题上献殷勤。我们在1848年实际上是为他们做了工作，只有他们在反动时期享受了革命果实。凡是我到过的地方，人们都根本不知道我的《路易·波拿巴》。我就这件事给迈斯纳写了一封很不客气的便函。[1879]

解说：9月14日在伦敦举行的总委员会会议启用了第三本会议记录本。[1880] 9月18日前后马克思到达汉诺威库格曼家。[1881]

解说：只要马克思一提起要很快动身，库格曼一家连听也不愿听。[1882]有一次，小燕妮在库格曼家里表演马克白斯伯爵夫人读信时的阴险毒辣的那一场，当时只有库格曼夫妇和马克思在场。[1883]

解说：有一天午餐后，马克思、小燕妮、库格曼夫妇坐在一起闲聊，库格曼夫人对马克思的著作一无所知，她感到遗憾，问丈夫，能否有办法让她看懂一点。马克思回答，他认为她本能地具有社会的敏感。[1884]

解说：这段时期，一些党内的朋友常去看马克思，其中包括狄慈根。有一次，一个访问者独断专横，容不得反对意见，后来马克思说："这个人的话使人感到，君主受过那样的教育，处于那样的环境，也不过坏成那个样子，这倒是应该感到奇怪的。"[1885]

解说：当马克思只用名字称呼人的时候，就已经含有轻微的讽刺了，如称呼金克尔"哥特弗里德"，偶然也只用名字称呼李卜克内西。有时马克思和李卜克内西意见不一致，但是并不责备他，而只是微笑着说："是的，是的，威廉。"[1886]

解说：谈起工人对马克思的热忱，他说："这些人只有一个可以理解的愿望，那就是从他们的贫困中解脱出来，而只有很少的人懂得达到这一点的可能性。"[1887]

解说：一次，因为马克思的莱茵口音，马克思说建立一个民主党（Demokraten）被听成建立一个"财力党"（Timokraten）。[1888]马克思还讲到了"八叶"的笑谈，所以库格曼夫人想出一个主意，她给马克思绣了一个小信夹，里面装了一个小笔记本，她在笔记本丝绸封面上绣了一棵橡树，象征马克思，树干上绕着八片树叶的长青藤，树旁有一个纪念石，上面绣着"联合起来"。马克思很高兴。[1889]拉萨尔虽然能言善辩，但发音不清。马克思说，拉萨尔有一次用含糊不清的口音朗诵索福克勒斯的《安提戈尼》："在妞（女）儿身上我砍倒（看到）了严峻父亲的严峻性格：在那邪恶面前她一无

第六十四节 再到汉诺威

所拘（惧）。"马克思认为拉萨尔对海伦娜·窦尼盖斯的行为是荒唐的，为了一个自己显然轻视的女人居然和人决斗，那是极端愚蠢的。这件事上，拉萨尔从头到尾都想扮演一个贵族角色，但却证明他选择的那种模仿贵族的方式是十分笨拙的。如果拉萨尔能够严肃地对待自己所负的使命，他就不会拿生命来为这种胡闹打赌了。[1890]

我［9月30日］同一个由四名拉萨尔主义者组成的代表团整整谈了一个钟头，它是由全德工人联合会本地分会派来见我的。自然，我采取了十分审慎的和外交式的态度，不过我还是私下对这几个人说了一些必须说的话。我们像好朋友似地分手了。至于他们代表联合会邀请我去他们那里作报告，我当然是谢绝了。[1891]

我们10月11日白天已顺利到达英国。我们在海上和陆地都有一些奇遇。[1892]

解说：马克思"从德国回来特别是在远征汉诺威之后，身体不好，不停地咳嗽，他不去关心自己的健康，却非常热心地研究起俄语来，很少外出，饮食不定时，在腋下的痛已经肿得很大，并且变硬以后才给人看"。[1893]小燕妮说，"这一星期伦敦最大的事件是芬尼亚社社员为要求政府释放被囚禁的爱尔兰人而举行的示威。杜西从爱尔兰回来后成了一个比任何时候都更加激烈的爱尔兰人，因此她非说服摩尔、妈妈和我同她一道去举行大会的海德公园才肯罢休。这个伦敦最大的公园挤满了男人、女人和孩子。连最高的树枝上都爬满了人。据报纸估计，到会的将近七万人，不过这是英国的报纸，因此这个数字无疑是大大缩小了的。示威者拿着红色、绿色和白色的旗子，上面写着各式各样的标语，例如：'时刻准备作战！''不服从暴君就是对上帝尽职'。还有许多红色雅各宾帽在空中飞舞，比旗子还高，这些帽子的主人唱着《马赛曲》……"[1894]

解说：马克思"身体好多了，在汉诺威时折磨他的痛苦的咳嗽总算差不多好了。……他正在忙着读一本论述俄国农民状况的书（刚刚用俄文出版的，他读起来很吃力）。从这本书看来，俄国农民的状况恰好和富于想象的凯里所描绘的相反，丝毫不值得羡慕。……摩尔要在他的第二卷里公布这本书中的事实"。[1895]马克思10月写从美国革命到1801年合并的爱尔兰的摘录和札记。11月写完。[1896]

再也没有比［11月6日］女王隆重出行时贵人们的惊慌更为可笑的了。像在法国一样，警察到处乱钻。整个惊慌完全是由恶作剧引起的：某些鼓动家为了开心，几个星期以来都在散发传单，号召东头饥饿的工人全都出来迎接女王，不让她通过。我家里的人刚刚看了这个场面回来。观众冷冰冰的。据说那位太太在这种情况下脸色很不自然而且非常阴沉。[1897]

我和杜西花了三天时间整理我的书房。东西都乱得不可设想。[1898]

在左腋窝下（同在曼彻斯特时一样）和腿上出现了令人担心的东西。马上又服用砒剂。除此之外，杜西现在强迫我每天一点钟或两点钟之后跟她去作一次长时间的散步。最后，11月12日我第一次悄悄地穿上了法兰绒上衣，因为在这种情况下再着凉就不好了。[1899]

解说：恩格斯12月9日来信说，"中国的市场在逐渐扩大，看来至少在一段时期内它能够再一次地挽救棉纺织业。尽管已经有许多商品运往那里委托推销，但从那里来的消息颇为乐观；从那个时候起，这里再次有了转机，工作又大大活跃起来了。当然，这又会使棉价上涨，全部利润将落入进口商的腰包。不过他们在这里工作至少是不赔本的。我和哥特弗利德现在已经把账完全结清了。昨天他把我的钱的全部余数付给了我。今后我们见面时大概互不理睬了。"[1900]马克思12月10日写信给恩格斯：

"杜西在干一件傻事——为你们过圣诞节绣一个沙发垫。我不信她在新年以前能绣好。无论是妈妈、小燕妮，还是琳蘅，她都不让绣一针，所以，她已经有好几个星期不干其他任何事了。不过，这是个大秘密，当然，你不应稍微表示对此事已有所闻。杜西会吃掉我的。"[1901]

为了能够对俄国的经济发展作出准确的判断，我学习了俄文。[1902]

［社会主义民主］同盟开始同总委员会进行公开的论战，起初是在洛克尔出版的《进步报》上，后来是在日内瓦的《平等报》上（这是罗曼语区联合会的机关报……）。总委员会不屑于理睬巴枯宁的私人机关报《进步报》的攻讦，但是对于《平等报》的攻讦却不能置之不理，因为它认为，这些攻讦是得到罗曼语区联合会委员会的同意。于是总委员会便于**1870**年1月1日公布了一份通告。[1903]

解说：1月8日马克思写了罗伯特·肖的讣告：[1904]

"伦敦总委员会北美通讯员、国际的创建人之一、公民罗伯特·肖因患肺结核症不幸于本周逝世。……工联所以能够团结在我们的周围，主要是由于他

第六十四节　再到汉诺威

的不间断的努力。但他也由于这方面的活动而给自己招来了许多死敌。"

解说：燕妮说，1月中"艾伦大夫就带着他的助手、一位年青的苏格兰医生来给可怜的摩尔动手术了。因此，手术刚一结束，摩尔和他的两位医生就能够用名贵的勃劳恩别尔葡萄酒来提神了。这次情况又很糟。八天来我们采用了过去曾多次见效的一切办法，压布、松脂腊膏等等，但毫无效果。肿瘤愈来愈大，疼得不能忍受，而脓肿总是不破，非切开不可。因此摩尔终于决定采取无法避免的措施——请医生。在深深地切开以后，他立刻感到很舒服，尽管……还没有完全摆脱疼痛，但总的说来毕竟是好多了"。[1905]

解说：恩格斯1月19日来信中说，"很遗憾，现在我已经不能支配货栈的包装工人，没有过去寄酒的那种方便条件了。像处理勃劳恩别尔葡萄酒一样，我只得等找到一只包装用的箱子再说，或者干脆等有机会再说。"[1906]

俄语……我只不过是初学。赫尔岑死了……恰好大约是在我学完［赫尔岑的］《监狱［与流放］》的时候。[1907]

2月5日我第一次又外出了，但由于这该死的雾天，我很快就得了颈腺炎。关在家里好多个星期，体质自然就更虚弱了。我们这里刮东北风，在这种情况下，禁闭期就延长了。[1908]

2月6日小达金斯（地质学家）来我这里。我邀请他下星期天再来。他那顶苏格兰小帽一看就使人想起恶棍费里克斯·霍尔特的装束。他兴致勃勃，像往常一样，杜西见到他很高兴。[1909]

解说：恩格斯在2月11日写给马克思的信中说："今天通过环球包裹快递公司把我手里所有的《钟声》《灯笼》《马赛曲报》和《费加罗报》等等都给你寄回。你需要的那号《钟声》也在里边。既然小燕妮搜集这些东西，那最好让她收全。"[1910]

艾伦2月11日来看我。就是普通感冒，别的没什么。不过他劝我，俄罗斯的风不停，就不要出门，"这种风不会给任何人吹来好处"。[1911]

2月16日是我长久以来第一次重新走出户外。[1912]

遇到这样的天气，晚上出门对我还是很不合适的，但2月18日晚我仍然到戈迪萨尔那里去了。他来信说，要告诉我一件很重要的事，但不能把文件带到我这里来。什么东西呢？一封关于俄国情况的长信，一种翻来覆去、无法形容的大杂烩，他曾把这玩意儿赏给《未来报》，但该报不登，甚至对他多次要求对此作出"解释"的威胁信也不予答复。[1913]

戈迪萨尔（波克罕）又做生意了，不过眼下还没有在西蒂区开设新的营业所。此外，他要重新调整营业。[1914]

解说：2月21日，马克思写《英国政府和被囚禁的芬尼亚社社员》。[1915]

3月15日我又开始出席了总委员会会议。恶棍费里克斯·霍尔特（即达金斯）和我在一块儿。他很开心，因为的确偶然发生了点有趣的事。众所周知，巴黎的"实证主义无产者"早就派过一个代表参加巴塞尔大会。当时就是否接纳他的问题进行过争论，因为他代表的是一个哲学团体，而根本不是工人组织（虽然他和他的伙伴们"本人"都属于工人阶级）。他最后被作为国际个人会员的代表接纳了。这些青年目前在巴黎组成了国际的支部。伦敦和巴黎的孔德主义者们便借这件事大肆喧嚣。他们认为是打进了一个楔子。总委员会在答复"实证主义无产者"的入会申请书时，很有礼貌地提醒他们，总委员会只有了解了他们的纲领之后才能吸收他们。于是，他们送来了一份纲领——真正孔德主义正统派的纲领。星期二讨论了这个纲领。会议主席是马德尔斯赫德。他是个很有见识的（虽然敌视爱尔兰人）老宪章主义者，孔德主义的私敌和行家。经过长时间的讨论后决定：由于他们是工人，可以接纳为一个一般的支部，但不能是"实证主义者的支部"，因为孔德主义的原则是同我们的章程直接抵触的。至于他们怎样使他们独有的哲学观点和我们章程的原则一致起来，那是他们的事情。[1916]

小燕妮，我们著名的燕·威廉斯，藏有一部很好的歌德老爹的著作集。顺便说一下，她最近曾应邀到一个意大利富商的妻子维凡蒂太太家里做客。那是一次很大的社交聚会，其中也有一些英国人。小燕妮朗诵了莎士比亚，非常成功。[1917]

解说：马克思3月24日给流亡日内瓦的俄国支部委员会回信说：

"总委员会在3月22日的会议上一致宣布，你们的纲领和章程符合国际工人协会的共同章程。它立即接受了你们支部加入国际。我十分高兴地接受你们要我担任你们在总委员会中的代表这个光荣的任务"。[1918]

解说：马克思3月26日写信给库格曼：

"正当我隔了这样长的时间重新准备给你写信的时候，恰好来了一个法国人。我今天下午摆脱不了这个来访者，而邮局五点半就要关门。"[1919]

第六十四节 再到汉诺威

由于经常发病,事实上从12月初起,我仅仅出席了两次总委员会会议,因此为了讨论总委员会所面临的一切比较重大的问题,小委员会便在我家里开会。在这种情况下,我的每一分钟闲暇的时间几乎都用在工作上,我不得不把通讯只限于写最必要的信件。[1920]

解说:汉诺威国际五金工人协会委员会三个月前曾请求马克思协助同英国工联建立联系。以荣克为首的总委员会代表团受委托进行谈判,荣克于4月12日报告了同伦敦机械工人联合会委员会会晤的情况;该委员会表示愿意同德国和法国的机械工人建立联系,并提出英国工人感兴趣的问题的专题调查表。[1921]马克思致国际五金工人协会委员会:[1922]

1870年4月18日于伦敦

亲爱的朋友们:

大约两周前机械工人联合会执行委员会终于邀请国际工人协会总委员会派出代表,参加讨论关于同德国五金工人和巴黎机械工人建立直接联系的问题。现在,在通过有关你们的决定以前,他们提出下列问题请予回答:

1. 工作日有多长?
2. 每周几个工作日?星期日上不上工?
3. 工资多少?
4. 有没有加班费?多少?
5. 会员多少?
6. 你们每周交多少会资?
7. 互助保险会等等同工会团体有无联系?
8. 协会包括哪些劳动部门的工人?

致兄弟般的敬意

卡尔·马克思

4月26日,中央委员会一致通过了我的建议(得到马德尔斯赫德的支持):断绝我们和《蜂房》的关系并公布这项决议。当我申述提出这一建议的理由时,阿普耳加思先生垂头丧气地坐在我对面。他和奥哲尔都是《蜂房》编委会的。我证实了这家报纸卖身投靠资产阶级(赛·摩里等人),我还特别提到它对待我们关于爱尔兰问题的决议和讨论的态度等等。[1923]

第六十五节　沙佩尔之死

我4月27日又去看了沙佩尔。……他自己说他肯定要死,他甚至对我说已经要他的夫人下星期日给他办丧事。他患的是肺结核。沙佩尔的谈吐举止确实非常好。当他的夫人和大儿子在房里时,他就讲(讲得很吃力)法语。"我很快就要做一名新鬼了"。他笑老奥博尔斯基最近几个月来迷上了天主教,并且做祷告,还笑卢格又相信了灵魂不死。他说,要是果然如此,沙佩尔的灵魂在来世就会把卢格的灵魂痛打一顿。随便扯一扯往事,……他感到很开心。他感到宽慰的是,女儿已经结婚,大儿子卡尔已经自立(装订工人),两个小儿子(首饰匠)每人每周已能挣到一英镑。……"请告诉我们所有的人,我是忠于我们的原则的。我不是理论家。在反动年代里,为了养家糊口,我不得不拼命干。我生是一个普通劳动者,死是一个无产者"。……沙佩尔五十七岁。他性格里的那种真正刚毅勇敢的气概,现在又清楚而鲜明地表露出来。[1924]他躺在床上用辛辣的讽刺口吻向我谈到了这个"流亡中的疯狂举动"的时期。[1925]

从沙佩尔那里回来的路上,我去看望了第二个病人……波克罕……当他的夫人一接待我,我马上就看出情况严重。他得了肠热症,看来……情况正在好转。他的肺肯定受了损伤。……医生……早就预言过,而且现在又说,他希望甚至确信,波克罕这次能闯过去,但是波克罕如不放弃他那发疯的生活方式,那就活不了一年。要知道,问题是波克罕从早上四点半或五点到九点拼命学俄文等等,晚上七点到十一点又继续学。你知道,他是怎样在同上帝和魔鬼打笔仗的,自从有一个相当像样的图书馆以来,他是怎样非要使自己成为一个学者不可的。医生要他至少在两年内,除营业事务外,停止别的一切活动,有空就看点轻松读物和做点其他消遣。不这样,他就完了,而且

第六十五节　沙佩尔之死

是肯定无疑的。他没有那种体力去干两个人的工作。我在他那里待了约十分钟。他看上去特别瘦弱。……我看波克罕眼下没有危险，不过要细心照料。顺便说一下，他很生李卜克内西的气，因为李卜克内西先发表了巴枯宁的信，然后才给他（波克罕）来信说，他（波克罕）现在必须答复。这个勇敢的威廉总是动不动就干蠢事，干完了又让别人去收拾！真是一个笨蛋！[1926]

弗路朗斯来我家好几次了。他是个很可爱的小伙子。他身上的主要特点是大无畏精神。但他的自然科学造诣也很深。[1927]

可怜的沙佩尔4月28日早晨九点钟去世了。[1928]

我们的《共产党宣言》的俄译本〔这是第一个俄译本，由巴枯宁翻译〕……我在《工人报》和其他报上看到，由巴枯宁继承的《钟声》出版社还有这个译本；因此我向日内瓦函购了六本。这对我们总是有意义的。[1929]

5月3日伦敦谣传我们在开会的地方被捕了。因此一反常规，在我们这里出现了一些猎奇的报馆记者。在英国，这些家伙在张皇失措的时候立刻就忘记自己固有的规矩，而让部分无知、部分有意说谎的报刊牵着鼻子走。[1930]

解说：马克思5月3日在总委员会提出关于《蜂房报》的决议草案：[1931]

鉴于：

（1）国际工人协会总委员会曾经将《蜂房报》作为总委员会的正式的机关报，作为英国报刊中代表工人阶级运动的机关报推荐给在欧洲大陆和在美国的国际各支部，建议它们订阅该报；

（2）《蜂房报》不仅常常从总委员会的正式报道中删去可能使它的保护人不喜欢的某些决议，而且还用隐瞒的办法系统地歪曲总委员会很多会议的内容；

（3）《蜂房报》，特别是在不久以前更换了所有者之后，还继续以工人阶级唯一的机关报自居，但事实上它已经成为一小撮资本家的机关报；这一小撮资本家妄图支配无产阶级运动，并利用它作为达到他们的阶级目的和党派目的的工具；

国际工人协会总委员会在1870年4月26日会议上一致决定与《蜂房报》断绝一切联系，并通过报刊将这一决议通知自己在英国、在欧洲大陆和在美国的各个支部。

波克罕的健康恢复得很慢，但在好转。……我又到他那里去过一次（这次散步使我得了重伤风，弄得我晕头转向）。[1932]

胡子一天天白了。[1933]库格曼在我的［52岁］生日给我寄来莱布尼茨工作室里的两条壁毯，使我非常高兴。事情是这样的，莱布尼茨旧居去年冬天拆掉了，愚蠢的汉诺威人本来可以用这些遗物在伦敦做一笔好生意，他们却把所有的东西都扔了。这两条壁毯上的画面取材于神话，一条上面是尼普顿在波浪中等等；另一条上面是维纳斯、阿穆尔等等，都带有路易十四时代的恶劣风格。但是当时的手工，质量（耐用性）比现在的要好。我已把这两样东西挂在我的工作室里……我是佩服莱布尼茨的。[1934]

我……去看望波克罕时伤风了，……因此我的女儿们禁止我［5月10日晚上］去总委员会开会，并吓唬我说，如果不听，就要写信给弗雷德·恩格斯无情地揭发我的行为。[1935]

解说：马克思在5月18日信给恩格斯的信中说：

"星期一［5月23日］我们到你那里住上两周，不能再长，因为杜西把她的全部课程都停下来了。"[1936]

解说：恩格斯住处是曼彻斯特摩宁顿街86号。[1937]爱琳娜回忆说："我到他家里去，这时这种苦刑式的工作快要结束了，我才知道这些年对他来说是什么滋味。我永远不会忘记，那天早晨他穿上皮靴最后一次去营业所，他喊得多么高兴：'最后一次了！'几小时以后，我们站在大门口等他回来，只见他从门前的一片田野里走过来，挥舞着手杖，容光焕发地唱着歌。然后我们就像过节一样大吃一顿，喝香槟酒，陶醉在幸福中。那时我还年幼，不懂得什么。"[1938]

我的感冒还没有完全好，但是由于换了空气，整个健康情况大大地改善了。我和龚佩尔特几乎每天见面，他的治疗越有效，他的收入就越少。这里的情况基本上还是老样子。弗雷德自从摆脱了"该死的商业"后非常高兴。[1939]

我们的朋友龚佩尔特越来越堕落了，变成了自由主义的吹牛家、街头谣言的传播者、鄙俗的人。从他自己所建立的和他"继承"下来的家庭来看，这也不足为奇。这类好事实在是太多了。[1940]

杜西英姿焕发，非常快活。她高兴地发现摩宁顿宫的动物界又增加了一窝新生的小猫等等。[1941]

小达金斯是［5月28日］星期六晚上来的，在这里过的星期日。他是来访问杜西和我的。这个威武的地灵不时地哈哈狂笑。他的衣着比以往任何时候都马虎——棉布领子竖立着，不扎领带，不戴苏格兰的鸭舌帽，而戴了一顶肮脏的白帽子，脚上穿着就像海滨浴场上人们穿的那种白鞋。在我们星期天散步的时候——肖莱马和穆尔当然也参加了——他在人们面前获得了非凡的成功。他给人留下了强烈的印象。[1942]

第六十六节　　洛帕廷来访

我在曼彻斯特呆了一个月［6月22日前后回到伦敦］。[1943]

拉法格通知我，将有一位年青的俄国人洛帕廷带着他的介绍信来访。[1944]

［7月2日］洛帕廷来看了我，我邀请他星期日再来（他在我家从十点待到晚上十二点）……。他还很年轻，被监禁了两年，又在高加索的一个要塞被监禁了八个月，之后从那里越狱逃跑了。他是一个穷贵族的儿子，在圣彼得堡大学以教书为生。现在靠搞俄文翻译工作维持生活，很穷。他定居在布莱顿，因为那里每天可以免费进行两三次海水浴。他头脑很清醒，有批判力，性格开朗、坚毅，像一个俄国农民一样知足。弱点就是波兰问题，他对于这个问题所说的话，完全同英国人——例如，英国旧派宪章主义者对爱尔兰所说的话一样。

他告诉我，涅恰也夫的全部历史都是无耻的伪造。涅恰也夫从来没有蹲过一次俄国监狱，俄国政府从来没有打算杀害他等等。事情的真相是这样的——涅恰也夫（巴枯宁在俄国的少数代理人之一）属于一个秘密团体。另一个青年人X.（伊·伊万诺夫），他很有钱，也很热情，曾经通过涅恰也夫资助这个团体。一天，X.向涅恰也夫声明，他今后一个戈比也不出了，因为他不知道这些钱都拿去干什么了。涅恰也夫先生为此向他的秘密团体的同党提议暗杀X.，因为X.有朝一日会改变信仰而成为叛徒。他果真杀害了这个青年,可见政府完全是把涅恰也夫当作普通杀人犯予以追究的。

洛帕廷在日内瓦首先要求涅恰也夫亲自(对他的谎言)加以说明:后者辩解说,这类轰动一时的事件可以给所谓的事业带来政治上的好处。于是洛帕廷把事情经过告诉巴枯宁,巴枯宁对洛帕廷说,他这个"好老头"完全相信他的话。接着巴枯宁要求洛帕廷当着涅恰也夫的面把这一切重复一遍,洛帕廷便立刻和巴枯宁一同去涅恰也夫那里,在那里把这幕戏重演了一遍,涅恰也夫默不作声。

当洛帕廷在日内瓦的时候,涅恰也夫表现得非常安分守己,一言不发;但是,洛帕廷一去巴黎,他马上又开始装腔作势了。之后不久,洛帕廷收到巴枯宁一封关于这件事的辱骂信,他用更厉害的辱骂回敬了他。结果,巴枯宁写了一封信——"父亲,我犯了罪"(在洛帕廷手里),不过,他把自己描绘成一个"轻信的好老头"。

我从洛帕廷那里了解到:1864年车尔尼雪夫斯基被判处在西伯利亚矿井服苦役八年,因此还有两年才满期。初级法院曾经相当公正地宣布,根本没有任何不利于他的东西,所谓图谋不轨的秘密信件显系伪造(事实就是如此);但是,参政院遵照谕旨,利用自己的最高权力撤销了法院的宣判,并把这个狡猾人物放逐西伯利亚。如判决书所云:此人"如此狡诈",他能"使自己的著作保持一种法律上无懈可击的形式,同时又公然在其中喷射毒液"。这就是俄国的司法!弗列罗夫斯基的情况好一些,他只是通过行政方式被流放在莫斯科和彼得堡之间的一个小村落里。……弗列罗夫斯基是化名。……洛帕廷本来是一个自然科学家,他研究过自然科学。但是也搞过商业活动,要是在这方面能替他找到点什么事,那他就很幸运了。

解说:洛帕廷回忆了这一次拜访,"我去拜访了马克思,这次相识是我感到最愉快的一次。……我总是害怕各种名人过分冷淡的接待。真叫人乘兴而来,扫兴而去!……他的态度与其说是殷勤的,不如说是亲人般的。他的夫人对我说,假如我来到伦敦打算住旅馆的话,她就要受到埋怨;在他们家中我永远可以住单间:'谁都不会挤您。您愿意的话可以整天在外游荡,只要回家过夜。再说,只要您还没有学会像英国人那样节约自己的开支,您应该知道,在我们的餐桌上永远会找到已经摆好的供您使用的多余的餐具'。"[1945]"他……对我说,车尔尼雪夫斯基是现代所有经济学家中唯一真

第六十六节 洛帕廷来访

正具有独特见解的思想家,而其他的经济学家还不过是编纂者罢了"。[1946]

解说:7月5日马克思起草《日内瓦对建筑工人实行的同盟协议》。国际工人协会总委员会致欧洲和美国的男女工人们。执行主席本·鲁克拉夫特,财务委员约翰·韦斯顿,总书记格奥尔格·埃卡留斯签署,1870年7月5日于伦敦西中央区海·霍耳博恩街256号,以传单形式印行。[1947]小燕妮、燕妮和杜西7月12日去给恩格斯找房子。[1948]

由于波拿巴政府对国际的残酷迫害,巴塞尔代表大会决议规定在巴黎召开代表大会一事已无法实现。总委员会就行使章程第四条赋予它的权利,于……7月12日发出通告,宣布在美因兹召开代表大会。[1949]

解说:马克思给各支部的机密通知:

(1)总委员会要求各支部就1870—1871年改变总委员会驻在地是否适宜的问题给本支部代表发出正式指示。(2)如果问题得到肯定的解决,总委员会则建议布鲁塞尔作为上述年度总委员会的驻在地。[1950]

解说:这个通知是马克思为筹备本届代表大会而写的。6月28日的总委员会会议上,马克思建议在各支部讨论关于改变总委员会驻在地的问题,理由是不要为这个或那个国家的工人造成优越条件,马克思的建议被通过了。但是它遭到了总委员会委员黑尔斯的反对。总委员会在7月5日和12日重新讨论了这个问题,结果黑尔斯的建议被否决。7月14日,马克思把机密通知转交给海·荣克,以便把它送往瑞士。但是各支部反对改变总委员会的驻在地,他们认为伦敦是国际工人协会领导机关进行活动最适宜的地方。[1951]马克思7月14日起草在美因兹召开的国际代表大会的议程:[1952]

1. 关于取消国债的必要性问题。讨论赔偿权问题。
2. 工人阶级的政治活动和社会运动之间的相互关系。
3. 关于把土地所有制变为公有制的实际措施(见注)。
4. 关于把发行银行变为国家银行的问题。
5. 在全国范围内进行合作生产的条件。
6. 关于工人阶级必须按照1866年日内瓦代表大会的决议进行全面的劳动统计的问题。
7. 由代表大会再次讨论关于消除战争的手段问题。

第3项注：比利时总委员会提出如下问题："采取实际措施在国际内部成立农业支部以及在农业无产者和其他工业部门的无产者之间建立团结一致的关系。"国际协会总委员会认为，这个问题可以包括在第3项内。

解说：7月19日开始普法战争，总委员会召开会议，共有15名委员出席，鲁克拉夫特主持，埃卡留斯记录，记在第三本记录本第88页上。11时20分休会。[1953]

爆发了普法战争，使得［美因兹］代表大会根本不可能召开。于是我们征询各联合会的意见，它们就授权我们根据局势的发展情况确定召开应届代表大会的日期。[1954]

7月19日，总委员会委托我起草一个宣言。在我目前患肝病和身体疲乏的情况下，这是不大愉快的事……我在艾伦和麦迪逊那里，他们都劝我，病情如不好转需要到海滨去，即到英国东海滨去，那里比较凉爽。[1955]

法籍意大利人塔朗（《派尔—麦尔新闻》的撰稿人）乘马车来我这里，把我借给他的拉萨尔等人的著作送回来了。他将以军事记者的身份去巴黎，问我是否愿意以同样的身份去普鲁士；如果不愿意，能否推荐另外一个人。我现在由于他的关系同《派尔—麦尔》颇有来往，在这段喜剧性的时期里，如果我愿意写点政治题材的文章，或者他愿意写点军事题材的文章，都会被采用，并且还可以得到稿酬。[1956]

解说：7月23日总委员会常委会通过了马克思起草的《国际工人协会总委员会关于普法战争的第一篇宣言》。[1957]

《国际工人协会总委员会关于普法战争的第一篇宣言》（节录）

欧洲各国的交易所、政府、统治阶级和报刊都欢庆全民投票的成功，认为这是法国皇帝对法国工人阶级的辉煌胜利；实际上，全民投票并不是要杀害某一个人，而是要杀害几国人民的信号。

如果德国工人阶级容许目前这场战争失去纯粹防御性质而变为反对法国人民的战争，那么无论胜利或失败，都同样要产生灾难深重的后果。德国在它的所谓解放战争之后所遭到的那一切不幸，又将更残酷地压到它头上来。

官方的法国和官方的德国彼此进行同室操戈的斗争，而法国的工人和德

第六十六节 洛帕廷来访

国的工人却互通和平与友谊的音讯。单是这一件史无前例的伟大事实，就使人们可以展望更加光明的未来。这个事实表明，同那个经济贫困和政治昏暗的旧社会相对立正在诞生一个新社会，而这个新社会的国际原则将是和平，因为每一个民族都将有同一个统治者——劳动！这个新社会的先声就是国际工人协会。

我［7月28日］到斯密斯那里去接洽房子的事。[1958]

解说：马克思第二天写信给恩格斯说：[1959]

"我昨天已去斯密斯那里。已经弄清，没有从伦敦写信到曼彻斯特去了解你的情况。因为你的房产主在曼彻斯特附近也有产业，他愿亲自到那里去查询，不过要写信催他快点办这件事。不管怎样，我正在注意不让任何'第三者'从中作梗。"

欧·奥斯渥特（他是乌尔卡尔特派，但是比较大陆化）的信中可以看出，他们也想搞点民主的东西。我已回信告诉他，我已经在《国际宣言》上签了名，就这个宣言纯粹的政治内容来说，它所阐述的主要也就是那些观点。[1960]

直到［7月31日］我出席第三次召开的会议以前，奥斯渥特一直不让我安宁。我是相当审慎的，差一刻十一点（规定时间）才到会。我向他说明，我不能签名：（1）因为我已经在《国际宣言》上签了名，（2）因为没有［恩格斯］，我不能在私人的（即不是国际的）呼吁书上签名，而……商议又需要时间，这样他们就会错过良好时机。今后如有可能，我们邀请他和他的朋友们参加国际，以便一致行动。随后我对他说，还有另一个个人因素，哪里有路易·勃朗，那里无疑就有他的走狗——卡尔·布林德。他打断我的话说："布林德在最近一次会议上表现得活像一个狂热的沙文主义者，我们需要您来对付他。""我不能和这个家伙待在一个地方，我向您声明，如果他来这里，我马上就离开您家。"我待在楼下奥斯渥特那间朝街的书房里。果真如此！我透过眼镜老远就看到这位显赫的前大学生，尽管他的头发全染黑了，但是还有两个滑头陪着。奥斯渥特说，他暂时把他们领到楼上会客室——开会的地方。随后他向我提议：他要告诉楼上，说我在这里，并向布林德声明，我不能同他会面。换句话说，他想把布林德撵走。我对他说，这不行，是他把布林德请来的，这会引起一场无谓的纠纷等等。我拿起帽子，十分友好地向奥斯渥特辞别。此人虽然没有作出惊人的事，但是却是一个很正派的人。[1961]

［收到恩格斯寄来的两篇文章《战争短评（二）》、《战争短评（三）》］。文章好极了，［8月1日］我立即乘马车赶到《派尔—麦尔》（伦敦滨河路诺森伯兰街2号）。但是，由于格林伍德不在那里，所以未能作出任何决定，不过他在十二点以前会回来的。[1962]

《派尔—麦尔》报社［8月2日］就第一篇关于战争的文章（7月份）给我寄来两个半基尼的支票，并注明了给所有通讯员的稿酬通常在月底支付。马克思家的年青一辈——野姑娘和著名的威廉斯声称："她们打算没收这头一笔战利品，作为她们应得的佣金。"鉴于这些"中间人"的刚毅性格，你要是向她们提出抗议，那么抗议很快也会向你发来。[1963]

倒霉的奥斯渥特［8月3日］晚上七点钟离开我这里，……同布林德一起来的那个家伙，是戈德施提克尔教授，是个老牌的民族自由主义者。当时场面很紧张，大学生布林德甚至撒谎说，雅科比博士站在他一边（这是为了做给在场的法国人看的）。这些家伙在离开时，曾向人示意——奥斯渥特已经被波拿巴"收买"了。……这使可怜的奥斯渥特惊恐万分。因此，他就来找我，要我签名支持他，否则他在伦敦的地位将大受威胁。他随身带来了印好的宣言（只是校样）。首先，我把以前说过的话又向他重复了一遍；然后，我看了看那作品——软弱无力，高谈阔论，甚至没有暗示这次战争从德国人方面（我不是说从普鲁士方面）来说是防御性的，尽管这是出于对正在同他洽谈的法国人的礼貌。当时我劝他放弃这个主意，因为效果可能"不大"。正如我以前在回答他的第一封信时就说过的，只有工人阶级才是能够对抗民族狂潮的积极力量。他反驳说，首先，有些法国人已经签了名，而路易·勃朗也声称愿意参加（这证明他没有参与宣言的起草）；其次，如果他现在不发表宣言，那么明天布林德就会在德国报纸上到处胡说——似乎是他阻拦了这个叛卖性宣言的刊印。所以，最好还是把它刊印出来。后一点是对的，应当承认，我开始有点同情这个人。因此，我提出了如下的最后通牒，我愿意参加（同路易·勃朗一样，不是简单地签名而已），但有下列两个条件：（1）在我的名下刊印一个注释，"我只在下述限度内同意以上发表的宣言，即该宣言的精神总的来说符合国际工人协会总委员会的宣言"；（2）补充一句话，即指出（哪怕是用最温和、最委婉的词句）这次战争从德国人方面来说是防御性的。他接受了这些条件。……后来他问我，恩格斯是否也和我一样以同样的保留条件签名？我说，这是《伦敦宣言》。我在一定的条件下签名，只是出于对他的礼貌，但完全是违背我的批判意识的。由于奥斯渥特错把前大学生布林德拉到这件事情中来，我现在看不出有任何理由——为什么除我之外恩格斯也要去损害自己的声誉。事情到此就结束了。[1964]

解说：《资本论》创作又进入一个"间歇期间，这主要是由马克思的病情造成的。但是他照旧是利用这类时间进行各种研究。农学——美国的，特别是俄国的土地关系，货币市场和银行业；还有自然科学，如地质学和生理学，特别是独立的数学研究，成就了这个时期的许多札记"。[1965]

第六十七节　兰兹格特

8月初医生让我到海滨去。[1966]我［8月9日］动身（被国际的事耽搁了），并且不是去布莱顿，而是去兰兹格特，因为据我得到的消息，前一个地方太热；此外，由于阿尔诺德·文克里特—卢格在那里，使这个地方变得不安全了。[1967]

解说：燕妮也记述说，"摩尔和［小］燕妮［8月9日］上午到兰兹格特去了，以便看看我们能不能在那里安营扎寨。我很担心租金太贵。"[1968]马克思住在兰兹格特市哈兹街36号。[1969]

我来这里以前，左臀部已开始疼痛，后来扩展到腰部。我不知道这是什么，不过现在已出现明显的症状。这是风湿病，并且极其严重，使我夜间几乎无法入睡。这里有一个英国人也患这种病，他用热海水浴治疗。[1970]

解说：爱琳娜和母亲燕妮也赶到兰兹格特，"我和妈妈［8月11日］离开伦敦，经过非常愉快的旅行，健康而平安地到达这里。我说旅行是愉快的，可是妈妈的想法也许不同。海上风浪很大，水浪冲上了轮船，所有的人都被打湿了。"[1971]燕妮叙述说："晚上这里下了一场大雨，因此，摩尔晚上没有能出门。〔第二天〕一清早，太阳又重新闪耀着灿烂的光辉。……风湿病闹得他行动不便，睡不着觉。不过，昨夜他觉得大有好转，刚才吃完午饭之后，他又躺下睡一会儿（我们称之为byebyen）。女孩子们成天待在海边，或者在海里，或者在岸上，她们双颊绯红，鼻子通红，总之身体都很好，情绪也挺高。"[1972]

解说：由于法国的灾难，马克思认为伦敦上等住宅的租金还会上涨，因此恩格斯任何时候都能以满意的价格脱手，所以不必担心三年半的租期太长。[1973]

风湿病急剧恶化，家庭会议决定送我到伦敦来，以便问问麦迪逊医生的意见。因此，星期六〔8月20日〕下午我来到伦敦。[1974]

8月21日询问了麦迪逊的意见。他说这是急性坐骨神经痛。给我开了药，同时还给了外敷药膏。到海滨来对于因失眠引起机能失调的总的健康状况是有益的。他要我在大热天进行热海水浴。[1975]

解说：8月22日马克思重返兰兹格特。[1976]马克思8月22日至30日之间和恩格斯写了《卡尔·布林德》。[1977]

解说：不伦瑞克委员会委员们请求马克思说明德国无产阶级对普法战争应采取的立场。为了答复这一请求，马克思和恩格斯写了《写给社会民主工党委员会的信》。马克思也由于《人民国家报》编辑部（李卜克内西等）虽然总的说来站在国际主义立场，但是在战争之初对战争做了片面的估计，在一定程度上忽略了国家统一的任务，认为有发表他的意见的必要。马克思和恩格斯在他们的通信中详细地研究了这个问题。[1978]马克思8月29日写《公社和达尔布瓦大主教》。[1979]

解说：由于以下两个原因，马克思决定8月30日早上乘轮船回伦敦。

第一，五个人住在这里花费太大，因为英国人由于战争的缘故挤满了所有的海滨疗养地。第二，住房里"过堂风"很厉害，况且又是这样高的价钱。剧痛已停止，但是我身体的某些部位就像瘫痪了一样，所以还得再请医生诊治。[1980]

〔经过三个星期的疗养，8月31日晚上〕我才又回到伦敦，但是还远未痊愈。[1981]

我回来后的第一件事就是回答家里见到的一大堆信件；在我的这些邮务债主中，左尔格的信就有半打。[1982]

第六十八节　巴黎公社

解说：9月1日至2日，普法两军在色当城进行了一次决定性的会战。麦克马洪率领的法军被普军击溃，拿破仑第三被俘。"色当战役的前两天，恩格斯就预言拿破仑军队将被包围。这些预测引起了英国报刊的极大注意，因此马克思的大女儿燕妮就送给他一个'将军'的绰号。"[1983]

龙格于［9月4日］星期日打电报告诉我共和国已宣告成立。我是在凌晨四点钟收到电报的。[1984]

我们担心在德国方面"战争失去纯粹防御性质而变为反对法国人民的战争"，……防御的战争……以路易·波拿巴投降、色当失陷和巴黎宣告成立共和国而终结了。[1985]

设于不伦瑞克的国际工人协会德国支部中央委员会，于9月5日向德国工人阶级发出了宣言，号召他们不准许兼并亚尔萨斯和洛林，并且争取和法兰西共和国缔结光荣的和约。根据司令官福格尔·冯·法尔肯施坦将军的命令，不仅没收了这篇宣言，而且逮捕了中央委员会全体委员，甚至逮捕了印刷这一文件的不幸的印刷厂主人，并且像对待一般刑事罪犯那样，给他们戴上镣铐，解往东普鲁士的勒特岑。[1986]

解说：马克思9月6日写信给恩格斯说：

"我刚'坐下'准备给你写信，赛拉叶来了并告诉我，他明天离开伦敦去巴黎，但只待几天。主要目的是安排一下那里国际（巴黎联合会委员会）的事务。今天整个法国人支部都起程到巴黎去，要在那里用国际的名义干蠢事，所以这更有必要。'他们'想推翻临时政府，在巴黎建立公社，任命皮阿为法国驻伦敦公使,等等。"[1987]

伦敦简直挤满了为保护自己钱财而避难的人。……上等住宅在涨价。[1988]

解说:国际总委员会研究了由于第二帝国崩溃及普法战争进入一个新阶段而形成的新局势,决定对普法战争发表第二篇宣言,并为此成立了一个起草委员会,其成员有马克思、荣克、米尔纳和赛拉叶。马克思写国际工人协会总委员会关于普法战争的第二篇宣言,写作时利用了恩格斯寄给他的各种材料,这些材料揭露了普鲁士军阀、容克地主和资产阶级借口军事战略上的需要并吞法国领土的野心。[1989]总委员会召开专门会议,会上一致通过了马克思起草的这一宣言,并且将它分送给伦敦各资产阶级报纸。[1990]当天,总委员会发表了由马克思起草的第二篇宣言。宣言得到法国工人的热烈响应,他们放弃了对临时政府的斗争,履行了自己的公民责任。

我的时间全部被"国际的事务"占去了,以致从来不能在夜里三点钟以前睡觉。[1991]

解说:9月16日,马克思给在曼彻斯特的恩格斯发出最后一封信,此后恩格斯就搬到了伦敦,二人之间的通信就很少了。[1992]

10月,总委员会鉴于它的法国委员缺位,便加聘了从布勒斯特来的流亡者公民保尔·罗班。[1993]

解说:10月,恩格斯迁居到伦敦。住在伦敦西北区瑞琴特公园路122号瑞琴特公园路一套精美的房子里。[1994]恩格斯说,"对于迁居,从各方面说我都是满意的。从我的新居到马克思的住所,步行不到十分钟,从当地的概念说这是非常近的,加之,公园就在我们的门口,这里的空气非常清新。"[1995]

解说:"每天下午1时左右,[恩格斯]就上马克思家里去,如果天气晴朗、马克思兴致又很好的话,他们就一起到汉普斯泰特荒阜去散步。如果由于某种原因不能出外散步,他们便在马克思的工作室里,各自沿着一条对角线走来走去,接连谈上一两个小时。记得有一次他们为阿尔比教派的问题争论了好几天。当时马克思正在研究中世纪犹太教和基督教财政学家的问题。为了取得一致的意见,他们在下一次见面以前都各自仔细地思考争论的问题。对他们来说,任何对他们的思想和著作的批评都不及他们彼此交换意见那样意义重大。"[1996]爱琳娜也回忆说,"恩格斯每天都要来找我的父亲。他们常常一同出去散步。但他们也常常留在家中,在我父亲的屋里走来走去——

第六十八节　巴黎公社

两个人各走一边，在屋角的地方转身，他们的鞋跟在地板上磨出了深深的脚印。他们在这里讨论了大多数人不能想象的许多问题。他们时常肩并肩地走来走去，半响一言不发。有时，又停下来面对面地各自说出自己所想的一套，于是两人就放声大笑，承认刚才半小时所想的问题毫无共同之处。"[1997]小燕妮说："恩格斯陪着摩尔东走走、西逛逛，他在摩尔身上起的作用，比任何药物都大很多。我们每天见到'将军'，晚上和他在一起，大家都感到非常愉快。"[1998]

解说：彼得·伊曼特的侄子罗伯尔·伊曼特11月10日早晨抵达，马克思一家热情地招待了他。

我们在家庭会议上决定：小伊曼特将在这里待到星期三，然后乘轮船回去。第一，关于起程的事，我们不愿意让他这样快就离开大家，而且稍事休息，对他本人也有好处。第二，关于旅行的方式：他从南安普顿来时冻坏了，而乘火车去丹第（条件更坏，坐三等车）会把他累坏的，如果坐轮船的一等舱，他只要花二十先令，就能享受到暖气。他是一个十分庄重和有教养的青年，我们大家都很喜欢他。[1999]

解说：**1871**年1月16日马克思写《关于德国的出版自由和言论自由》，发表在1月19日的《每日新闻》上，淋漓尽致地描写了德国警探的猖獗。[2000]

我们在这里的工人阶级中间发起了一次反对格莱斯顿（支持法兰西共和国）的强大运动。[2001]

几个月来，我的健康又处于令人厌恶的状况，但是，谁能面对这样伟大的历史事件而去考虑诸如此类的小事呢！[2002]

解说：1月28日巴黎投降。俾斯麦和茹尔·法夫尔缔结投降条约，明文规定："巴黎的国民自卫军可以保留自己的武器。"条约中承认国民自卫军的大炮是自卫军的财产。国民议会选举"保皇派"取得多数，他们选举梯也尔为总统。他们关心的第一件事就是解除巴黎的武装。在1月24日至3月14日间每周二召开的总委员会会议上，马克思和恩格斯数次作关于英国工人阶级在普法战争中的态度的发言。[2003]

上次在汉诺威［1869.9］逗留期间所患的咳嗽至今还没有好。[2004]小燕妮不幸患了胸膜炎。[2005]

3月14日，［保尔·罗班］建议召开国际的秘密代表会议来解决瑞士冲突。总委员会预见到，重大的事件正在巴黎酝酿成熟，就断然拒绝了这个建议。[2006]到3月18日清晨，巴黎被"Vive la Commune！［公社万岁！］"的雷鸣般的呼声惊醒了。[2007]

解说：3月21日总委员会会议，"恩格斯叙述了巴黎的情况。……国民自卫军开始准备抵抗。二百六十个营中的二百一十五个营，士兵和军官一起，共同选举了中央委员会。每个连选出一名代表组成区委员会或街区委员会，再由这些委员会选出中央委员会。……当议会迁到凡尔赛的时候，政府就企图肃清巴黎的革命者并夺走他们的大炮。为此目的打算利用刚刚开进巴黎的军队，这些军队由维努亚率领……清晨，军队取得了局部胜利，但是当国民自卫军发现所发生的事情的时候，就去夺回大炮，士兵们也倒向人民方面了。……中央委员会没有一个是名人……但是他们在工人阶级中间却是很出名的。委员会里有四个国际会员。公社决定第二天进行选举。……"总委员会"会议于十一时结束"。[2008]

解说：3月26日巴黎选出自己的公社。巴黎公社一宣布成立，马克思就开始细心搜集和研究所有关于公社活动的消息，如法国、英国、德国的报纸材料，巴黎来信中提供的情况等等。[2009]3月28日，采用了"巴黎公社"这个名称。马克思认为巴黎公社是：

"无产阶级第一次掌握政权。"[2010]

解说：3月28日总委员会会议，"马克思说，因为接到巴黎委员会的来信，公民赛拉叶已经被派赴巴黎。马克思给了他五英镑，他把这笔钱看作总委员会给的借款。……马克思提议发表一篇致巴黎人民的宣言。……柯恩提议由公民马克思起草这项宣言。……一致通过"。[2011]总委员会4月4日会议，"恩格斯说，根据目前的情况，公民马克思认为发表宣言是不适时的。这个意见得到一致赞同。"[2012]

如果你读一下我的《雾月十八日》的最后一章，你就会看到，我认为法国革命的下一次尝试再不应该像以前那样把官僚军事机器从一些人的手里转到另一些人的手里，而应该把它打碎，这正是大陆上任何一次真正的人民革命的先决条件。我们英勇的巴黎同志们的尝试正是这样。这些巴黎人，具有何等的灵活性，何等的历史主动性，何等的自我牺牲精神！[2013]

解说：恩格斯回忆说，"战争使［马克思］的情绪开始激昂起来，从那

第六十八节 巴黎公社

时起他没有再研究那些复杂的理论问题,生活方式相当合理,甚至常常不等我去找他,他就出去散步一个半到两个小时;而一经发觉啤酒对他不利,他就连着几个星期一滴都不喝,但他的食欲反复无常,有时根本不想吃东西,有时又饿得发慌,这从他的状况来说,是毫不奇怪的。"[2014]"经海格特散步到汉普斯泰特,再返回梅特兰公园,这段路程将近一点五德里,而且中途有许多上下陡坡,上面的臭氧比整个汉诺威都多。他一星期内要在这段路程上散步三四次,有时只走其中的一段路。当然,我不得不常常去催促他,但是他知道,这对他有好处。他的住所同我的住所一样,都在高出太晤士河大约一百五十英尺的空旷的地方,空气几乎像郊外一样,周围只有一些大花园和零星的房舍。我认为他的健康未见恶化,多亏这个良好的环境。"[2015]

在正式公布的《皇室文件和通信》里于字母"V"下(收款者均依字母顺序排列)一字不差地记载着:"福格特——1859.8.付给他四万法郎。"[2016]

解说:在4月18日总委员会会议上,马克思建议就法国"斗争的总趋向"发表一篇告国际全体会员的宣言。总委员会把起草宣言的工作交给了马克思。4月18日以后,马克思就开始起草《法兰西内战——国际工人协会总委员会宣言》,一直继续到5月底。[2017]小燕妮说:"目前的局势使我们亲爱的摩尔非常痛苦,这无疑是他生病的重要原因。我们亲爱的朋友当中,有许多是公社战士,其中有些已经牺牲在凡尔赛的屠刀之下。"[2018]

我病了一个半月之后,健康又完全恢复到……所能恢复的程度。另外,在我们家里,真是一塌糊涂,粉刷、油饰、上色、裱糊,弄得乱七八糟。……几天来,嘈杂声和经常的从一处往另一处搬动,完全毁坏了我的神经系统,因而我在将军家里住的时间,要比在自己家里住的时间还多。[2019]

解说:就在这样的环境下,马克思写《法兰西内战》草稿,[2020]《法兰西内战》初稿,[2021]《法兰西内战》二稿。[2022]

《法兰西内战》初稿(节录)

从前有一种错觉,以为行政和政治管理是神秘的事情,是高不可攀的职务,只能委托给一个受过训练的特殊阶层,……现在这种错觉已经消除。彻底清除了国家等级制,以随时可以罢免的勤务员来代替骑在人民头上作威作福的老爷们,以真正的负责制来代替虚伪的负责制,因为这些勤务员经常是在公众监督之下进行工作的。他们所得的报酬只相当于一个熟练工人的收入，每月12英镑，最高薪金每年也不超过240英镑；根据一位科学界权威赫胥黎教授的估计，这种薪金只略高于伦敦国民教育局秘书工资的五分之一。所谓国家事务的神秘性和特殊性这一整套骗局被公社一扫而尽；公社主要是由普通工人组成，它组织着巴黎的防务，对波拿巴的御用军队作战，保证这座庞大城市的粮食供应，担负着原先由政府、警察局和省政府分担的全部职务，在最困难、最复杂的情况下，公开地、朴实地做它的工作；……它光明正大地进行工作，不刚愎自用，不埋头在文牍主义的办公室里，不以承认错误为耻而勇于改正。

解说：5月9日埃卡留斯辞去总委员会书记职务，恩格斯说："马克思（□53岁）和我事先曾多次谈论过，［5月10日］晚上又谈了一次。我们的结论还是这样：只有两个人谈得上作为这一职务的候选人，这就是黑尔斯和莫特斯赫德。"[2023]

"小报"每天都在发表关于我的文章和我同公社之间的关系的无稽之谈，而且这类东西每天都从巴黎寄到我这里来。这证明凡尔赛的警察当局要弄到真正的文件是有很大困难的。我和公社的联系是通过一位德国商人保持的；这位商人一年到头都在巴黎和伦敦之间来回做买卖。一切都由口头转达，只有两次例外：第一次是，我通过这位中间人送给公社委员们一封信，答复他们提出的如何在伦敦交易所拍卖一批有价证券的问题。第二次是，5月11日，即惨剧发生前十天，我用同一办法告诉他们有关俾斯麦和法夫尔在法兰克福达成秘密协议的详情细节。[2024]

这个消息来自俾斯麦的一位得力助手，这个人过去（从1848年到1853年）参加过我所领导的秘密团体。他知道我还保存着他从德国寄给我的有关德国情况的所有报告。他要依赖我保全他。因此，他老是想方设法向我证明他的善意。……有一个人曾经警告我说，如果我今年还到汉诺威去访问库格曼医生，俾斯麦就决定逮捕我，那就是这个人。[2025]

如果公社听从我的警告，那该多好啊！我曾建议公社委员们加强蒙马特尔高地的北部，即对着普鲁士人的那一面，而当时他们是还有时间这样做的；我曾事先告诉他们，如果不这样做的话，他们就将陷入罗网；我向他们

第六十八节 巴黎公社

揭露了皮阿、格鲁赛和韦济尼埃；我曾要求他们立即把那些足以使国防政府成员声名狼藉的全部案卷寄到伦敦来，以便在一定程度上制止公社敌人的疯狂行为。——如果公社听从我的警告，那么凡尔赛分子的计划总会部分地遭到失败的。[2026]

解说：在5月23日的总委员会会议上，马克思作"关于巴黎公社的发言"。马克思说明，他由于生病而没有能完成他答应起草的宣言，但他希望，宣言可以在下星期二草拟出来。谈到关于巴黎的斗争问题时，马克思说，他担心结局快要到来了；但是即使公社被搞垮了，斗争也只是延期而已。公社的原则是永存的，是消灭不了的；在工人阶级得到解放以前，这些原则将一再被表现出来。[2027]

5月28日，公社的最后一批保卫者也倒下了。总委员会在巴黎公社复灭后所采取的第一个步骤，就是在资产阶级、各种报刊和欧洲各国政府正以公社的活动为借口来对巴黎的战败者大肆进行最卑鄙龌龊的诽谤的时候，公布了关于法兰西内战的宣言，宣布自己拥护公社的一切活动。甚至工人阶级中有一部分人也不了解，遭到失败的是他们自己的事业。[2028]

解说："总委员会会议……5月30日……马克思提交他受总委员会委托写的关于巴黎公社的宣言，并宣读全文。……未有争议，一致通过。"[2029]

《法兰西内战》（节录）

工人阶级不能简单地掌握现成的国家机器，并运用它来达到自己的目的。

公社的第一个法令就是废除常备军而用武装的人民来代替它。

社会公职已不再是中央政府走卒们的私有物。

法官已失去其表面的独立性，这种独立性只是他们用来掩盖自己向历届政府卑鄙谄媚的假面具……也如社会其他一切公务人员一样，他们今后应该由选举产生，对选民负责，并且可以撤换。

公社实现了所有资产阶级革命都提出的廉价政府的口号，因为它取消了两项最大的开支，即常备军和官吏。

公社的真正秘密就在于：它实质上是工人阶级的政府，是生产者阶级同占有者阶级斗争的结果，是终于发现的、可以使劳动在经济上获得解放的政治形式。

劳动一被解放，大家都会变成工人，于是生产劳动就不再是某一个阶级的属性了。

它曾想把现在主要用作奴役和剥削劳动的工具的生产资料、土地和资本变成自由集体劳动的工具，以实现个人所有权。

工人阶级不是要实现什么理想，而只是要解放那些在旧的正在崩溃的资产阶级社会里孕育着的新社会因素。

说到续写我的著作［《资本论》］，……我曾认为必须把稿子全部改写。而到目前为止，我还缺少一些必要的文献，不过这些文献最终会从合众国寄来的。[2030]

解说：恩格斯描绘了此时伦敦的天气，"我们这里也老是刮东风，但是在5月末，就不十分冷了，天气也常常是很好。然而，到6月初，我又不得不生了几次火。前天天气热了起来，下了一场大雨，这对作物很有好处，现在看来我们这里很快就会有好天气。总的说来，这里的春天很不坏，比曼彻斯特好得多。"[2031]马克思6月6日作"反驳资产阶级报刊诬蔑国际和巴黎公社的发言"。[2032]马克思6月8日给《派尔—麦尔新闻》编辑的信，澄清了一个谣言：[2033]

"在我以为自己是住在伦敦的时候，我却由于俾斯麦—法夫尔的要求而在荷兰被捕了。"

解说：马克思和恩格斯起草"总委员会关于茹尔·法夫尔的通告的声明"，由国际工人协会总委员会书记约翰·黑尔斯签署，6月12日于伦敦西中央区海—霍耳博恩街256号。[2034]总委员会6月13日会议，"宣读关于法兰西内战的宣言，并一致通过决议将宣言付印。马克思说，他同恩格斯自出费用为宣言刊登了一则广告；这本小册子的售价是六便士。哈里斯建议给全体议员各寄一份宣言。恩格斯表示反对，认为这种做法是白费钱的事。他认为，有五百名议员是从来不读任何东西的，当然他们也不看白给他们的那些蓝皮书，而是往往把它们用作练习手枪射击的靶子。"[2035]

成群的乡亲在街头闲逛。从他们张皇失措的表情，从他们看待一切事物的惊异神态，从他们在川流不息的马匹、单马车、公共马车、大人、小孩和狗面前所感到的惊慌恐惧的神色，立刻就可以认出他们来。[2036]

第六十八节 巴黎公社

解说：6月20日总委员会会议，"马克思对大陆工人公开支持公社表示满意"。[2037] "奥哲尔……说，他没有看过宣言。他认为……未经所有应当在宣言上署名的人看过，是不该发表的。……马克思声明说，总委员会曾特地征询过公民奥哲尔，要不要把他的名字列到宣言上去，当时奥哲尔的意见是要列上去。……假如当时他来参加总委员会的话，那他就会听到宣言的全文。……鲁克拉夫特……根本没有看过宣言，就在指摘宣言了。……他对宣言的印象不过是从报纸上来的。然而，既然他不同意这项宣言，他要求将他的名字从总委员会名单中去掉。……奥哲尔……也要求将他的名字去掉。鲁克拉夫特和奥哲尔离开会场。"[2038]

［关于巴黎公社］甚至工人阶级中有一部分人也不了解，遭到失败的是他们自己的事业。对于总委员会说来，这种情形的证明之一就是，它的两名委员，即公民奥哲尔和鲁克拉夫特退出了总委员会，宣布他们完全不同意这个宣言。[2039]

总委员会发表［的］《法兰西内战》这篇宣言……遭到了伦敦报界的同声咒骂。有一家周刊攻击"卑鄙的作者"怯懦地将自己的名字隐藏在总委员会的帷幕后面。为了答复这一点，我在《每日新闻》上声明，我就是宣言的作者。[2040]

解说：6月26日马克思写信给《每日新闻》编辑：[2041]

"由30人以上组成的总委员会，当然不可能自己直接草拟它的文件。它不得不将这一工作委托给委员会的这个或那个委员，而自己保留有否决文件或修改文件的权利。我写的《法兰西内战》这一宣言曾由国际总委员会一致通过，因而它是表达总委员会观点的正式文件。"

第六十九节　世界报采访

　　国际的工作很多，加之伦敦挤满了流亡者，我们应当给以关怀。此外，各种各样的人，如新闻记者和其他人士都包围着我，要亲眼看看这个"怪物"。直到现在人们都认为，罗马帝国时代之所以能创造基督教神话，仅仅是由于还没有发明印刷术。恰恰相反，顷刻之间就可以把自己的发明传遍全世界的报刊和电讯，在一天当中所制造的神话（而资产阶级蠢驴还相信和传播它），比以前一个世纪之内所能制造的还要多。[2042]

　　解说：其中，马克思接受了《世界报》驻伦敦记者R.兰多尔的采访。[2043]

　　记者：……我直截了当地谈到了本题。我说，看来世界上的人们不大了解国际是什么；人们强烈地憎恨它，但是未必都能说出究竟憎恨什么。某些自认为能比别人更深刻地洞察国际秘密的人断言，国际是个一面有着工人的诚实和善良的微笑，另一面有着恶棍阴谋家的狞笑的两副面孔的雅努斯（□罗马神话中的门神，具有前后两幅面孔）。我请求马克思把这类见解所无法道破的秘密解释明白。学者笑了起来，我觉得好像他是由于我们这样怕他而感到好笑。

　　马克思（用非常讲究的汉斯·布赖特曼语言谈起来）博士说：这里没有任何秘密，阁下，有的也许只是人们的愚蠢，他们偏偏忽视这样的事实：我们的协会是公开活动的，并且发表有关它的活动的极详细的报告，只要愿意，任何人都可以读到它。您花一个便士就可以买到一份我们的章程，花一个先令便能得到一些小册子，您差不多能够像我们一样知道我们的一切。

　　记者：差不多，这是非常可能的，但是，会不会最重要的东西是我所不知道的呢？我对您完全开诚布公，并且像旁观者那样向您提出问题：这种普遍对你们的组织不表同情的态度除了证明一般人的无知的敌意以外，是不是还证明了什么别的？虽然您已经说过了，但能否允许我再问您一次：国际是

第六十九节 世界报采访

什么？

马克思博士说：您看一看组成国际的人——工人就明白了。

记者：对，不过并不是任何时候都可以根据士兵来判断指挥他们的国家。我认识你们的一些会员，并且完全承认他们不是搞阴谋的人。何况千百万人都知道的秘密已不称其为秘密。但是，如果这些人只不过是某个勇敢的——请原谅我这样说下去——但不太选择手段的委员会的工具呢？

马克思博士说：没有什么能证明这一点。

记者：那么巴黎最近的起义呢？

马克思博士说：首先，我请您证明那里有过什么阴谋，证明所发生的一切并不是既成形势的必然结果。就假定说有阴谋，那么又有什么可以证明国际协会参与其事呢？

记者：在公社各机关里有许多协会会员。

马克思博士说：这样说来，这也是共济会会员搞的阴谋了，因为他们以个人身份参加公社活动的绝不在少数。真的，如果教皇宣布整个起义都是由共济会会员发动的，我也不会觉得奇怪。还是试着找一下别的解释吧。巴黎的起义完全是由巴黎工人发动的。最有才能的工人必然成为这一起义的领袖和组织者；但是最有才能的工人恰好又是国际协会的会员。不过绝不能要协会本身对他们的活动负责。

记者：外界对这一点却有不同的看法。人们在议论来自伦敦的秘密指示，甚至还在议论金钱的援助。是否可以说，您所指出的协会活动的公开性质，排除了任何秘密联系的可能性呢？

马克思博士说：什么时候出现过不利用公开的和非公开的联系手段来进行工作的组织呢？但是，像谈论来自某个教皇统治和阴谋的中心的有关信仰和道德问题的法令一样来谈论来自伦敦的秘密指示，这就是完全不懂得国际的实质。要是那样，就需要一个管理国际的集权形式，但实际上它的组织形式恰恰给地方的主动性和独立性以最大的自由。其实，国际完全不是原来意义上的工人阶级政府；与其说国际是指挥力量，还不如说它是一种联合。

记者：联合的目的是什么？

马克思博士说：目的是通过夺取政权来达到工人阶级的经济解放；目的是利用这一政权来实现社会任务。我们的目的应当广泛到能包括工人阶级的一切形式的活动。如果赋予这些活动以特殊的性质，就意味着使它们只合乎工人的某一个集团的要求，只合乎某一个民族的工人的需要。但是怎么能够号召所有的人去为少数人的利益而联合起来呢？如果我们的协会走上了这条道路，它就会失掉被称做国际的权利。协会没有规定政治运动的固定形式，它只要求这些运动朝向一个目标。国际是联合起来的团体的网，它布满整个劳动世界。在世界上的每一地区，我们的任务都从某种特殊的方面体现出来，那里的工人用他们自己的方法去完成这一任务。在新堡和巴塞罗纳，在伦敦和柏林，工人的组织不可能在一切细枝末节上都是完全一样的。例如，在英国，工人阶级面前就敞开着表现自己的政治力量的道路。凡是利用和平宣传能更快更可靠地达到这一目的的地方，举行起义就是不明智的。在法国，层出不穷的迫害法令以及阶级之间你死我活的对抗，看来将使社会战争这种暴力的解决成为不可避免。但是用什么方式来使其解决，应当由这个国家的工人阶级自己选择。国际不会就这个问题下达什么命令，甚至未必提出什么建议。但是它对每一个运动都表示同情并给以自己章程规定范围内的援助。

记者：这种援助又是什么性质的呢？

马克思博士说：我举例来给您解释。罢工是解放运动的最常见的形式之一。从前，在一个国家内发生罢工时，由于从别的国家输入工人，罢工便遭到失败。现在国际几乎已完全消除了这种情况。它得到准备罢工的消息之后，就把这些消息传播给自己的会员，他们立刻就知道，斗争所在的地方对他们来说就是禁区。这样，老板们就只好同自己的工人打交道了。在大多数场合下，罢工者并不需要什么别的援助。必要的资金，由他们在自己或与他们有更直接联系的团体成员当中募集；但是如果他们的处境非常困难，如果罢工得到协会的赞同，就可以由公积金中拨款来接济罢工者。前几天巴塞罗纳雪茄烟工人罢工的胜利就是这样一个例子。但是协会对罢工并不感兴趣，尽管它在一定条件下予以支持。在金钱方面，协会不可能从罢工得到什么好处，而损失倒是很容易的。让我们把事情的实质简要地总括一下。工人阶级在日益增长的财富中仍然是无产者，在日益豪华奢侈的世界中仍然是穷光蛋。物质的贫困不论在精神上或体力上都摧残着工人。工人不可能指望别人的援助。因此，在他们面前就产生了把自己的事业掌握在自己手中的绝对必要性。工人应该改变他们与资本家、土地所有者之间的现存关系。这就是说，他们应该改造社会。这就是每一个知名的工人组织的共同目的；土地和劳动同盟、工会和互助会、合作小铺和合作制生产——所有这一切只不过是为了达到这一目的的手段而已。在这些组织间建立充分的团结，便是国际协会的事情。国际的影响已开始在各地感觉到。在西班牙有两家报纸宣传它的观点，在德国有三家，在奥地利和荷兰也有三家，在比利时有六家，在瑞士也有六家。现在，我向您叙述了国际是什么之后，大概您自己对它那些被臆造出来的阴谋也会得出自己的看法了。

记者：我不完全理解您的意思。

马克思博士说：难道您看不见，旧社会没有力量用自己的武器——讨论和组织来对付国际，不得不求助于欺骗，给国际扣上搞阴谋的帽子吗？

记者：但是，法国警察当局断定，它能够证明国际参与了最近的事件，更不用说以前的企图了。

马克思博士说：那好吧，假如您不反对的话，我们可以谈一谈这些企图，因为根据这些企图最能判断说国际搞阴谋的一切指责的严肃性。您记得前一次的"阴谋"吧。曾经宣布要举行全民投票。那些将要投票的人当中有许多人显然动摇了。他们已经看不到帝国政权的以前的好处，因为他们已经不相信存在着对社会的威胁而似乎要这个政权去拯救社会。需要一个新的稻草人。警察当局着手寻找它。警察当局仇恨一切工人组织，自然不反对破坏国际。产生了一个绝妙的念头：能不能选择国际作为稻草人，这样可以一箭双雕，既败坏协会的声誉又服务于帝国的事业？从这个绝妙的念头中产生出一个谋害皇帝（似乎我们曾经打算杀死可怜的老头）的可笑的"阴谋"。逮捕了国际的领导人。捏造罪证，准备把案件提交法庭，与此同时举行了自己的全民投票。但是，这出虚构的喜剧十分明显只是一出荒谬的、笨拙的滑稽剧。文明的欧洲看了这出戏，一秒钟也没有看错它的性质，只有投票的法国农民受了蒙蔽。你们英国报纸报道了这一卑鄙勾当的开头，但是忘记指出它的结尾。法国法庭出于礼节承认阴谋的存在，但不得不宣布没有证据能证明国际参与了阴谋。请您相信，第二个阴谋同第一个是类似的。法国的一位官员又忙得满头大汗。他奉命要找到对世界上曾经出现过的最伟大的国民运动的解释。千百个时代的象征应当可以提示正确的解释——工人觉悟的增长、当权者的奢侈和寄生性的发展，政权最终从一个阶级转到人民手中的历史性过程目前正在扩展——时间、地点和情况显然都同伟大的解放运动相适应。但是要看到这一点，这个官员就应当是一个哲学家，而他只是个警探。因此，他依照自己的生活规律，抓住警探的解释——"阴谋"。他以前贮存的伪造文件给他提供了证据，而这一次受惊的欧洲将会相信谎言。

记者：欧洲在每一家法国报纸上看到这一案件的报道时未必会采取另外的行动。

马克思博士说：每一家法国报纸！您看，这是其中的一家（拿起《形势报》）。请您自己根据事实来判断它的证据的价值。（他读报）"国际的成员卡尔·马克思博士在企图潜入法国时在比利时被捕。伦敦警察当局早就监视着与他有联系的协会，现在正在采取积极的措施以查禁这个协会。"两句话，两句谎话。您亲眼所见，可以相信这一点了吧。正如您所看到的，我并没有蹲在比利时的监狱里，而是待在英国自己家里。此外，您一定知道，在英国，警察当局不会妨碍国际协会，正如协会不会妨碍它一样。但是，事情总是这样，大陆上所有的报刊都刊登了这个消息，没有一处辟谣，即使我从伦敦直接向欧洲所有报纸辟谣，它们还是会继续转载这个消息。

记者：您是否经常打算驳斥这类虚假的消息？

马克思博士说：在被这种无效劳动弄到精疲力竭以前，我曾经打算过。为了证明这些消息编造得多么粗心大意，可以提出一件事：我见到一条消息，竟把费利克斯·皮阿说成是国际的成员。

记者：难道不是这样吗？

马克思博士说：在协会里未必能有如此不受约束的人的位置。有一次，他居然如此自信，代表我们发表了一个轻率的声明，我们立刻予以否认，虽然应当给他们以应有的回答，但是报纸自然对这个批驳置之不理。

记者：那么马志尼也是你们的组织的成员吗？

马克思博士说（含笑）：啊，不是！如果我们不超出他的思想，我们的成就是不会很大的。

记者：您的话使我感到惊奇。我一直相信，他是最进步的观点的代表。

马克思博士说：他代表的只是资产阶级共和国的旧思想。我们是不愿意和资产阶级有任何共同之处的。他和那些德国教授一样，落后于现代运动。而在欧洲，这些德国教授到现在还被认为是未来的高度发展的民主主义的使徒。也许在1848年以前，当英国人所谓的德国资产阶级刚刚获得应有的发展的时候，他们是这样的人。可是现在，这些教授们都倒向反动派，无产阶级再不想知道他们了。

记者：有人说你们的组织内有实证论的因素。

马克思博士说：绝无此事。我们中间有实证论者，也有不属于我们的组织而事情照样办得不错的实证论者。但是这绝非他们的哲学的功劳，他们的哲学同我们所理解的人民政权的思想毫无共同之处；这种哲学只是企图以新的等级制度来代替旧的等级制度。

记者：既然如此，我认为现代国际运动的领袖们应当制定自己的哲学，就像他们建立起自己的协会一样。

马克思博士说：完全正确。例如，很难期望我们能在反对资本的战争中取得胜利，要是我们把我们的战术建立在譬如说穆勒的政治经济学的基础上。穆勒探索了劳动与资本之间的一种关系。我们希望表明，可以建立另一种关系。

记者：您对宗教的看法如何？

马克思博士说：在这个问题上，我不能代表协会讲话。我自己是无神论者。也许，在英国听到这样的自白是非常突然的，但是，一种可以告慰的想法是：无论在德国还是在法国，都没有必要悄悄地这样做。

记者：那您毕竟还是在这个国家安置了自己的大本营啰？

马克思博士说：根据明显的原因：集会权在这里是已确定的东西。这种权利在德国虽然存在，但困难重重；而在法国已经多年没有这种权利了。

记者：而美国呢？

马克思博士说：我们活动的基本中心，目前是在旧欧洲国家。在此以前，许多情况都不让工人问题在美国具有压倒一切的意义。但是这些情况正在很快地消失，在美国也像在欧洲一样，随着那不同于社会其他阶层的并与资本分离开的工人阶级的发展，工人问题正迅速地被提到第一位。

记者：看来，在英国，不论预期的解决办法如何，都可以不用暴力革命的方法来达到它。在群众集会和刊物上进行宣传鼓动直到使少数变成多数的英国方法，使人可以这样指望。

马克思博士说：我在这一点上不像您那样乐观。英国资产阶级在它还垄断着表决权时，总是表示准备接受多数的决议。但是，请您相信，一旦它在自己认为是生命攸关的重大问题上处于少数时，我们就会在这里遇到新的奴隶主的战争。

解说：7月11日，马克思致《晨报》编辑，澄清谣言。[2044]7月13日，马克思致《旗帜报》编辑，澄清伪造。[2045]8月1日，马克思驳奥哲尔的发言。[2046]

罗班一再提出这个问题，甚至建议总委员会对这个冲突作出最终决定。7月25日，总委员会决定把这个问题列为应由……9月召开的代表会议解决的问题之一。[2047]

解说：8月7日马克思给《泰晤士报》编辑部的附函：关于凡尔赛审判。[2048]

第七十节　总委员会最重要的文件

国际总委员会的下列出版物：这个单子虽然还不完全，但是包括了总委员会公布的最重要的文件。[2049]

（1）成立宣言和临时章程。

（2）1866年日内瓦代表大会最后通过的国际工人协会章程。

（3）1866年日内瓦代表大会决议和1868年布鲁塞尔代表大会决议。

（4）《泰晤士报》（1868年9月9日）（总委员会向布鲁塞尔代表大会的报告）。

（5）比利时的屠杀。

（6）致合众国全国劳工同盟的公开信。

（7）向在巴塞尔召开的第四次年度代表大会的报告。

（8）关于爱尔兰大赦问题。

（9）日内瓦对建筑工人实行的同盟歇业。

（10）第五次年度代表大会的议程。注意：普法战争阻碍了代表大会的召开。

（11）关于普法战争的两篇宣言。

（12）《法兰西内战》宣言（第二版）。

这个单子虽然还不完全，但是包括了总委员会公布的最重要的文件。至于涅恰也夫，此人用他特有的手法，亲自到处散布有关他自己的谎言，我回来以后，要以总委员会的名义，公开宣布对他不予承认。[2050]

解说：8月，马克思到莱顿市，住在曼彻斯特大街地球旅馆。[2051]

因为工作太忙，以致损害了健康，医师认为必须把我送到这儿来洗几个月海水澡，严格禁止我做任何工作。[2052]

我到这里后的第二天，在我们那条街的拐角处，又遇上了显然是在等人的那个家伙，……这个人已经不止一次地跟踪恩格斯和我，恩格斯认为他是密探，对此我们有一次曾给了他"暗示"。[2053]

［8月19日］是这里的第一个好天。［前两天］都下雨。遗憾的是，我没有把治肝疼的药带来，但是，空气对我来说异乎寻常的好。如果可能（并且如果孩子们到时候不回来），我乐于在这里待到星期四；但我手头没有钱。[2054]

荣克是星期六到这里来的，［8月21日］就要回去。我在一个名叫巴斯噶的神父（法国人）的帮助下，将为流亡者弄到一些钱。[2055]

一般说来，我对于密探缺乏嗅觉。可是这个家伙竟公然地处处在这里监视我。［8月24日］，我对此厌烦了，我就停住脚步，转过身去，以轻蔑的目光透过长柄眼镜打量了一下这个家伙。他怎么样呢？他恭顺地脱下了帽子，［第二天］就不再照顾我了。[2056]

第七十一节　国际伦敦代表会议

我回伦敦（于星期六［8月26日］到达）。[2057]

解说：8月30日马克思致《真理报》编辑，澄清国际要纵火的谣言。[2058]

9月4日马克思致《旗帜晚报》编辑，澄清自己领取高薪靠工人阶级生活的谣言。[2059] 总委员会上马克思和恩格斯发表了就伦敦代表会议的筹备工作给总委员会的建议。[2060]

　　解说："9月9日晚八时小委员会会议，龙格主持会议。马克思提议，朗德克是否仍然属于国际的问题与总委员会毫不相干，让他去找伦敦的法国国际会员解决。国际会员在巴黎受审时朗德克丧失气节，保证今后不再同国际有任何联系。但是这样的问题不能由总委员会来决定。莫特斯赫德附议。一致通过。马克思提议小委员会星期一晚八时在马克思住处开会。"[2061] "马克思提议（2）（国际遭到禁止的各国，应提出自己的计划，允许它们使用其他名称，但不许成立秘密团体）。埃卡留斯附议。一致通过。"[2062]

　　解说：小委员会会议9月11日（星期一）下午一时于梅特兰公园路召开，赛拉叶主持会议。恩格斯被指定为书记。马克思提议，龙格附议：为避免任何误解，要求总委员会在代表会议开幕时宣布，代表会议只不过是根据特殊情况的需要而举行的各国代表的会议，其任务是同总委员会一起商讨和决定一些组织措施。马克思提议，荣克附议：建议成立女工支部。[2063]

　　解说：马克思9月14日在克拉彭路里士满坊35号，菲斯先生家。菲斯先生是一个法国商人，马克思说："如果你能给于贝尔帮助，我将非常感激。"他回答说："也许我能够帮于贝尔先生出售一些画。"[2064]

　　解说：9月16日西班牙代表安赛尔莫·罗伦佐乘火车从西班牙到达巴黎，当时公社正在遭受残酷的迫害。在巴黎，罗伦佐他们停留了两个小时。从奥尔良车站到圣拉查尔车站，他们一路看到市政厅已经变成废墟，卢浮宫的一部分已经化为灰烬，旺多姆圆柱已经倒坍，只剩下一个台基，各种建筑和私人住宅上残留着血痕。[2065] 罗伦佐回忆说："晚上我踏上了英国的土地，一个半小时之后就到了伦敦。不一会儿我坐的马车已经停在一所住宅门前。车夫去叩门，从门内走出一位长者，在路灯照耀下，很像伟大艺术家笔下的一位尊贵的大主教。我畏缩而恭敬地走过去，说明我是国际西班牙联合会的代表。长者拥抱我，吻了我的前额，用西班牙语说了几句客气话，就把我引进了住宅。他就是卡尔·马克思。他的家人都已休息，他亲自给我端来美味的晚餐。晚饭后，我们长时间地一面喝茶，一面交谈，谈到革命思想、宣传工作、组织工作，在谈到西班牙的成就时，马克思表示很满意。这时，他根据

第七十一节 国际伦敦代表会议

我的那个提请代表会议批准的报告提纲,谈了自己的看法。不知是因为我们这个话题已经结束,还是因为我的可敬的交谈者想说说自己的特殊爱好,他把话题转到西班牙文学方面,看来他对这方面的知识是很丰富的。使我十分惊奇的是,他居然谈起我国古代的戏剧,对它的历史演变和发展简直了如指掌。他简洁扼要地,而且在我看来是十分正确地评论卡德龙、洛佩·德、蒂尔索·德莫利纳等等……我们是用西班牙语交谈的,马克思的西班牙语讲得很好,只是发音不太准,这主要是因为我们有'cc''gg''jj''rr'这些硬音。"[2066]

解说:"黎明的时候,他才把我引进了预先为我准备好的房间。那里的许多画像使我忘记了疲劳,我只顾纵情观看,以致后来它们总是在我的脑海中萦绕,这是因为这几天环境突变,我没有休息好。"[2067]

解说:"第二天,向我介绍了马克思的女儿,接着又介绍了各位代表和其他人。"[2068]"当我说想打个电报到瓦伦西亚报个平安时,他们让马克思的幼女带我去。轻易让姑娘去帮助一个不熟悉的外国人,这是非常不合西班牙资产阶级的习惯的,我很惊奇,也特别感动。"[2069]"晚上举行了代表会议的准备会议。在此以前,应该召开总委员会的会议,马克思领我到总委员会。在门口我遇见了巴塞罗那代表大会第一次会议上担任主席的法国人巴斯特里卡和总委员会的其他几位委员。他看到我很高兴,给我介绍了他的许多同志,其中好些是国际的历史上的有名人物。……其中有埃卡留斯、荣克、约翰·黑尔斯、赛拉叶、瓦扬。马克思给我介绍了恩格斯,他亲切地邀请我在伦敦逗留期间到他那里去住。在会议厅里我看到了几位比利时代表。还看到几位法国代表,瑞士代表昂利·培列和俄国代表吴亭。当天晚上代表会议开幕了。"[2070]

〔由于各国政府对国际的迫害,〕所有的联合会都认为必须召开秘密代表会议以代替公开的代表大会。……9月17日……在伦敦举行的代表会议。[2071]

解说:总共出席二十三人。比利时六人、瑞士二人、西班牙一人、法国一人、总委员会十三人,其中有六名总委员会委员仅有发言权没有表决权。马克思在开幕式上讲话。[2072]代表会议共通过了十七项决议。[2073]

〔代表会议〕是一件繁重的工作。上午和下午都开会,间歇时专门委员会开会，听取目睹者的谈话，准备报告，等等。但是工作却比以往所有代表大会加在一起做的还要多。因为没有列席群众，没有必要发表装腔作势的演说。德国没有代表，代表瑞士出席的只有培列和吴亭。[2074]

代表会议决定，今后总委员会不再发会员卡。总委员会将发会费券（类似邮票）来代替它，每个协会会员都要把会费券贴在自己的那份章程上，或者贴在会员卡（即本国，比如说瑞士所发的会员卡）上。[2075]

解说：马克思9月18日发言，关于社会主义民主同盟的活动。[2076]马克思9月20日作关于工联的发言，[2077]作关于工人阶级的政治行动的发言。[2078]马克思和恩格斯9月20日提出伦敦代表会议通过的总委员会建议。[2079]马克思9月21日提出伦敦代表会议关于瑞士罗曼语区的分裂的决议，[2080]作关于工人阶级的政治行动的发言。[2081]马克思9月22日作关于德国和英国国际工人协会状况的发言，[2082]作关于秘密团体的发言。[2083]

9月23日的代表会议终于结束了。[2084]

解说：9月25日马克思在伦敦纪念国际成立七周年庆祝大会上的讲话。[2085]马克思9月28日和燕妮、恩格斯在兰兹格特休养。[2086]"兰兹格特是多维尔稍北部东岸的一个不大的，或者确切些说是一个相当大的海滨疗养区。……在这里可以过着无拘无束的生活，在陡峭的白垩岩石下面有个很漂亮的石头浴场，那里到处是沿街卖唱的假黑人、变戏法的、耍杂技的、演傀儡戏的等等诸如此类的玩意儿。地方不很讲究，所以花费不多，令人感到自由自在。"[2087]

解说：10月3日马克思回到伦敦，因为国际要开会。[2088]马克思10月14日写总委员会关于涅恰也夫盗用国际名义的声明。[2089]马克思的《声明》是用来在11月23在不伦瑞克举行的审判中，为德国社会民主工党（爱森纳赫派）执行委员会委员威·白拉克等人进行辩护的。因该党在普法战争中所采取的国际主义立场而于去年9月被捕的被告人被指控"危害社会秩序"。正如马克思指出的："起诉的主要罪状是加入国际"。其实，社会民主工党在爱森纳赫的成立大会（1869）上曾考虑到德意志各邦现行的有关工人联合会的法令，宣布赞同国际的纲领，但形式上不加入国际；至于个人加入外国（科学和其他的）团体，则法律并不禁止德国臣民这样做。[2090]

解说：10月24日于伦敦西中央区海—霍耳博恩街256号，通过了马克思修订的国际工人协会的共同章程和组织条例，其中写道：[2091]

"工人阶级的经济解放是一切政治运动都应该作为手段服从于它的伟大目标；为达到这个伟大目标所做的一切努力至今没有收到效果，是由于每个国家里各个不同劳动部门的工人彼此间不够团结，由于各国工人阶级彼此间缺乏亲密的联合；劳动的解放既不是一个地方的问题，也不是一个民族的问题，而是涉及存在有现代社会的一切国家的社会问题，它的解决有赖于最先进各国在实践上和理论上的合作。"

解说：10月31日召开总委员会会议，荣克主持会议，黑尔斯做记录，记在第三个会议记录本第318页上。出席会议的共26人，马克思没有出席。会议开到11时15分。[2092]马克思12月"进行《资本论》第二版的工作"，[2093]并形成了一份《资本论》第一版补充和修改的手稿。[2094]

第七十二节　资本论法文版

解说：**1872**年年初，出版商莫里斯·拉沙特尔想分册出版《资本论》的法文译本，马克思3月18日回信表示赞同。

定期分册出版《资本论》的译本，我很赞同。这本书这样出版，更容易到达工人阶级的手里，在我看来，这种考虑是最为重要的。这是……好的一面，但也有坏的一面：我所使用的分析方法至今还没有人在经济问题上运用过，这就使前几章读起来相当困难。法国人总是急于追求结论，渴望知道一般原则同他们直接关心的问题的联系，因此我很担心，他们会因为一开始就不能继续读下去而气馁。这是一种不利，对此我没有别的办法，只有事先向追求真理的读者指出这一点，并提醒他们。在科学上没有平坦的大道，只有不畏劳苦沿着陡峭山路攀登的人，才有希望达到光辉的顶点。[2095]

解说：就在同一天，3月18日，在托登楠大院路弗朗西斯街31号召开巴黎公社一周年纪念大会。"大会通过下列决议：一、大会认为，英勇的三月十八日运动是把人类从阶级社会中永远解放出来的伟大的社会革命的曙光。二、大会声明，由于仇恨工人而在全欧洲联合起来的资产阶级的愚蠢和罪行，宣判了旧社会的死刑，不管旧社会的统治形式如何——是君主制还是共和制。"[2096]

解说：除了《资本论》法文版，德文第一卷的第二版也筹备就绪。出版商迈斯纳在第2版开始付印后，4月8日写来信说，"我非常想刊登一篇关于著作内容的说明。"马克思很快就写好了简介寄去。4月13日迈斯纳回信说"收到了简介"。[2097]

解说：由于国际曼彻斯特支部讨论了土地国有化的问题，马克思写《论土地国有化》。杜邦在之前写了一封信给恩格斯，告诉他这个支部的成员在土地问题上有混乱的观点，并且讲述了自己未来发言中的五个要点。他请马克思和恩格斯发表自己的意见，以便他能在支部会议召开之前考虑他们的意见。马克思广泛地论证了他对土地国有化问题的观点。5月8日，杜邦在支部会上宣读了一个报告（和保存下来的马克思的手稿完全相符）：……以"土地国有化，在国际工人协会曼彻斯特支部宣读的一个报告"为题……。[2098]

解说：《资本论》的俄文版也得以出版，并且销售情况良好。

关于我的这本书的俄译本（翻译得很好），俄国有人来信告诉我说："在书报检查机关，有两名检查官审查了该书，并把他们的审查结论呈报了检查委员会。审查前就原则上确定，不要仅仅由于作者的名字就禁止该书，而要仔细研究该书的内容是否与书名真正相符。下面是检查委员会一致作出并呈报管理总局的结论摘要：'尽管作者就其观点来说是坚定的社会主义者，而且全书具有十分明显的社会主义性质，然而，鉴于该书的论述绝非所有人都能接受和理解，作者的论证方法又处处具有严谨的数学科学形式，委员会认为不能对该著作提出司法上的追究。'"根据这一理由，该书准予出版。它印了三千册。3月27日，在俄国开始发售，到5月15日，已售出一千册。[2099]

解说：法文版分册的第一批校样寄来了，小燕妮5月1日写信给龙格说，"爸爸和密茨卿（□马克思夫人的爱称）一起审阅了《资本论》的前言和开头几页，密茨卿好象认真地研究过这本书。爸爸对前言的开头几行提出了批评，显然这几行没有其他部分翻译得好。"[2100]小燕妮5月3日还记述说："他刚刚收到了法文版分册的第一批校样。可惜，由于出版者拉沙特尔先生坚持在第一分册中刊印《资本论》作者的照片而浪费了许多时间。如果考虑到如下

第七十二节　资本论法文版

的情况，即俄国政府准许出版《资本论》，但是禁止刊印作者的照片，那么拉沙特尔如此重视刊登照片，也许是应该原谅的。不管怎样，由于照片先要拍摄而再制版，所以耽搁了很长时间。就译者鲁瓦先生的声望来说，著作第一部分的译文不那么理想，而他译的费尔巴哈著作是很成功的。爸爸不得不进行大量的修改，不仅个别的句子，而且整页整页的译文都得重新改写。这件工作，再加上校订德国寄来的校样和担负国际的大量工作，对他来说未免太繁重了，尽管……爸爸的精力是异常充沛的。"[2101]

解说：由于马克思（□54岁）的深度加工，因此相对于已经出版的版本，马克思认为法文版"有独立的科学价值"。[2102]

法文本（扉页上印有全部经作者校订的字样，这绝不是毫无意义的空话，因为我确实付出了艰苦的劳动）印了一万册，其中八千册在第一分册出版前就预售出去了。[2103]

解说：5月20日，马克思起草总委员会关于世界联邦主义委员会的声明，在伦敦拉脱本广场33号由总委员会签署。[2104]在4月出现了一本小册子，"国际工人协会和所属共和社会主义团体的世界联邦主义委员会"（小册子用法文、英文和德文在伦敦出版）。由于这个缘故，马克思起草了一篇声明，并在5月21日的总委员会会议上宣读。世界联邦主义委员会是在年初成立的，这个委员会所包括的成员有：法国支部的残余，各种资产阶级的和小资产阶级的组织，被伦敦德意志工人共产主义教育协会开除的一些拉萨尔分子，以及其他一些力图钻进国际的领导机构的分子。[2105]

除了处理到处告急的国际事务以外，我每天还要校对《资本论》第二版的德文校样（它将分册出版）和巴黎译的法文本校样，为了使法国人懂得实质，我往往必须把法译文重新改写；此外，我还要校对我们在布鲁塞尔用法文出版的关于内战的宣言的校样。[2106]

解说：5月23日，马克思写《再论斯蒂凡诺尼和国际》，给《玫瑰小报》编辑部的信，[2107]《答布伦坦诺的文章》。[2108]马克思5月23日、27日相继给左尔格写信：

"请勿外传：埃卡留斯早已蜕化变质，现在成了一个真正的坏蛋，甚至可以说是恶棍。"[2109]"埃卡留斯既是个傻瓜，又是个无赖。这个星期，还要更详细地就这件事写信给您。"[2110]

解说：恩格斯也持相同态度，他说："埃卡留斯发疯了。……埃卡留斯所谓的……阴谋反对他，这究竟指什么，我们根本无法理解。我只知道，直到……我迁居到这里以前，马克思出于过去的友谊总是在帮助他……。埃卡留斯突然宣布，他要辞去总书记的职务，而且在任何情况下都拒绝重新当选。因此，我们不得不另选别人，……黑尔斯当选了。埃卡留斯在整个这件事情上打的是什么主意，我们直到后来才知道；他曾对莫特斯赫德说，他无非是罢工，为的是要每个星期领取三十先令，而不是十五先令。他自以为是不可缺少的人物，而当计划一破产，他就把一切都颠倒过来，似乎马克思同黑尔斯阴谋要撵走他；我几乎可以肯定，他本人现在正是这样认为的，尽管他的辞职使我们比任何人都感到吃惊。"[2111]

解说：5月28日在牛津街拉脱本广场33号举行总委员会会议，启用第四本会议记录本。[2112]

第七十三节　海牙代表大会

我实在疲惫不堪，加上我在自己的理论工作中遇到干扰太多，所以我打算9月以后退出商业事务，这项事务目前主要落在我的肩上，……它在全世界都有自己的分部。但是，"凡事总有个限度"，而我至少在一段时间内，不能再同时干两种性质截然不同的事情了。[2113]

解说：这里的"商业事务"应该是为了对付警方信件审查而用的暗语，指的是国际工人协会的事务。

我急切地期待着下一届代表大会。那将是我的奴隶地位的结束。此后我将重新成为一个自由的人：无论是在总委员会，还是在不列颠联合会委员会，我将不再担任组织职务了。[2114]

解说：6月24日，马克思和恩格斯写完《共产党宣言》1872年德文版序言。[2115]

第七十三节 海牙代表大会

我因十分疲劳，[7月9日]同恩格斯一起离开伦敦到海滨[兰兹格特]待四五天。[2116]

解说：7月15日前后，马克思回到伦敦。8月召开总委员会会议，杜邦主持会议，"马克思建议宣读总委局会委托他起草的告代表大会书。公民龙格宣读它的法译本。主席提出采用这一告代表大会书，提议得到通过，没有异议。……这是最后一次会议的记录。"记录记在第四本会议记录本第75–77页上。[2117]

在十八世纪，世界上的君王和权贵往往在海牙集会，商讨与自己王朝的利益有关的事情。就在这个地方，我们不顾一切恫吓，决定召开工人代表大会。[2118]

这次国际代表大会将关系到国际的存亡，在我退出以前，我至少要使国际不被腐败分子所占据。因此，德国必须尽可能多派代表。[2119]代表们到了海牙要佩带天蓝色的花结，以便前往迎接的人能够认出他们。如果无人迎接——私人地址是：雅各卡斯街148号布鲁诺·李贝尔斯。代表大会的正式会址是：伦巴特街协和剧院。[2120]

解说：9月2日，海牙代表大会开幕。[2121]"会议是在伦巴特街一家舞厅中举行的，舞厅长约50英尺[15米]，宽约20英尺[6米]，边上有一个楼厅"。[2122]

解说：在海牙代表大会上，马克思和恩格斯发言，[2123]作关于社会主义民主同盟的报告[2124]和全协会代表大会的决议。[2125]

解说：国际工人协会会员泰奥多尔·库诺代表巴塞罗那支部出席了海牙代表大会。他回忆了当时的情况，"我到达海牙时，代表大会已经开幕了。"[2126]"那里没有几个人，只有几家地方报纸和国外报纸的记者。"[2127]"我走进大厅，看到摆成马蹄形的一圈桌子，桌子旁聚了一圈我有生以来觉得最有趣的人。"[2128]"我看到恩格斯，坐在会议主持人（荷兰代表格尔哈特）左边，一面吸烟，一面写，聚精会神地听别人发言。……当我自我介绍的时候，恩格斯抬起头，抓住我的手，兴奋地说：'一切进行得顺利，我们占绝对优势'。……在恩格斯对面坐的是马克思的女婿拉法格。恩格斯一面介绍我认识拉法格，一面大声说：'请看，这两位就是我们来自西班牙和意大利的斗士！'"[2129]"马克思坐在恩格斯后面，我根据他长满卷发的大脑袋认出了马克思。马克思面色黝黑，头发胡子都斑白了，穿一件黑色的呢子外套。当他特别需要注意某个人或某件东西，他就把单片眼镜贴在右眼上。恩格斯要我去见他，他亲切地欢迎我，并邀请我在会议结束后同他谈谈西班牙和意大利的情况。"[2130] "一个犹太人面孔带有南德口音青年人……正把德国人的发言翻译成法文，恩格斯告诉我，这是巴黎公社教育部长奥莱·弗兰克尔。"[2131]

解说：马克思9月5日作总委员会在海牙举行的国际工人协会第五次年度代表大会的报告。[2132] 报告开头说：

"自从我们上一次在巴塞尔举行代表大会以来，两场大战——普法战争和法兰西内战——改变了欧洲的面貌。在这两场战争以前就已经爆发，曾同这两场战争同时进行，而且现在仍在继续进行的还有第三场战争——这就是反对国际工人协会的战争。"

解说：库诺回忆说，"委员们依次宣读总委员会的报告。报告是用英文、法文和德文写的。有些意大利和西班牙代表只懂本国语言，我被指定为意大利语和西班牙语翻译。我的工作量很大，既要翻译全部报告，又要翻译全场所有对话以及马克思和恩格斯详细解答的一些问题。我觉得马克思讲话并不太流利，不是一个特别出色的演说家。恩格斯发言采取谈话的形式，充满了讽刺和幽默。"[2133] "总委员会报告在读完和译完之后，就转交给一个调查组织情况的委员会。接着宣读各支部的报告，有时还要讨论，同时许多代表做了即席发言。我的翻译工作可不清闲，我必须坚守岗位。[2134]

解说：列斯纳回忆说，"马克思在海牙逗留期间，各国记者缠住他不放，大家都希望见到他，听听他对国际的发展方向和目标的意见。"[2135]

解说：荷兰司法部长命人打探出席代表大会的外国人的情况，并编制了花名册：[2136]

第40号和41号：卡尔·马克思及夫人，与女儿劳拉及其丈夫保尔·拉法格，住在阿·蒙特罗西路附近。

解说：在9月6日的第十次会议上，马克思和恩格斯提出将总委员会迁往纽约，提议以26票对23票、9票弃权而通过。[2137]

第七十三节 海牙代表大会

我们建议,1872—1873年总委员会的驻在地迁往纽约,委员会由北美联合会委员会的下列成员组成:卡瓦纳、圣克莱尔、塞蒂、勒维耶尔、劳雷耳、Fr.G.贝尔特兰德、弗·波尔特、康·卡尔。他们将有权自行推选,但总委员会成员的总数无论如何不应超过十五人。

卡尔·马克思、弗·恩格斯、瓦列里·符卢勃列夫斯基、
乔治·塞克斯顿、沙·龙格、奥·赛拉叶、麦克唐奈、
欧仁·杜邦、弗·列斯纳、勒穆修、M.马耳特曼·巴里。

(以上为本人亲笔签名)
1872年9月6日于海牙

解说:"鉴于国际在普遍反动的情况下不可能满足对它提出的过高的要求,并且要继续充分进行活动,就非使工人运动付出许多流血牺牲的代价不可,于是它暂时退出了舞台,决定把总委员会迁到美国。"[2138]

在海牙,……劳拉身体很不好。[2139]

总委员会要求调查[社会主义民主同盟]这个秘密组织。代表大会委托五个人(公民库诺、吕肯、斯普林加尔、维沙尔和瓦尔特,最后一人退出了)组成委员会进行调查。[2140]

解说:委员之一库诺回忆说,"我作为特别委员会主席……。这个委员会……总是在会后晚上工作。这时其他代表都休息了,或者上戏院、听音乐、逛公园或去海滨。可是他们每天要收到大量信件、刊印的文件、报告等,所以他们每天阅读信件、文件、摘录,每天要整理材料到深夜,工作单调乏味,每个人都疲惫不堪、昏昏欲睡。为的是五天内作出明确结论。"[2141]

在代表大会最后一次会议上,我投票赞成开除施维茨格贝耳,因为有非常明显的证据,证明他和吉约姆一样是这个"秘密"同盟的成员。在这种情况下,施维茨格贝耳的沉痛的悔过词已经不能说服我了。[2142]

该委员会在9月7日的会议上做了报告。代表大会决定:1. 把米哈伊尔·巴枯宁开除出国际,因为他是同盟的创建者,并且品行不良;2. 开除同盟盟员詹姆斯·吉约姆;3. 公布有关同盟的文件。[2143]

解说:9月8日,马克思和海牙代表大会的大多数代表一起"到阿姆斯特丹,当地的国际委员在那里租了一个大厅,以便举行公开的宣传大会。大厅很窄，既没有凳子，也没有椅子，来开会的人只能站着听……第一个主讲人是马克思。"[2144]演说以海牙代表大会为主题：[2145]

"海牙代表大会胜利地完成了三项重要工作：它宣布，工人阶级在政治领域内必须像在社会领域内一样，同正在崩溃的旧社会进行斗争；……海牙代表大会赋予总委员会以新的、更为广泛的权力。……最后，海牙代表大会把总委员会的驻在地迁往纽约。……至于我个人，我将继续自己的事业，为创立这种对未来具有如此良好作用的所有工人的团结而不倦地努力。不，我不会退出国际，我将一如既往，把自己的余生贡献出来，争取我们深信迟早会导致无产阶级在全世界统治的那种社会思想的胜利。"

解说：群众大会结束后，马克思回到海牙。

解说："海牙……代表大会……结束后的4天内，马克思一家住在一家叫皮科（Pico）的三等旅馆里。他喜欢每天到斯赫弗宁恩去洗海水浴，晚上参加公共浴场大饭店平台上的音乐会。他有一次带着夫人、拉法格和拉法格夫人……在那里吃晚饭。马克思所做的一切同绝大部分海牙的军民一样……。他住在海牙时，那里一点也没有引起骚乱。尽管如此，他仍被海牙市郊的警察局长跟踪。"[2146]"代表大会闭幕以后，马克思和恩格斯邀请代表们到海牙附近的避暑地斯赫弗宁恩午餐。"[2147]

解说：饭前，他们去洗海水澡。库诺差不多游出去二百五十米，以前他从来没有在海水里游过泳，所以游不回来了。恩格斯忙潜到他身边，把他拖到岸上。[2148]马克思把库诺介绍给三个女儿，还介绍给拉法格，说："库诺，听说你要到美国去，那么，你应该像我女儿嫁给黑人一样，娶一个黑人，因为拉法格就是黑人的后裔。"库诺答应照办。但是后来库诺在纽约的五十年中没有遇到可以作妻子的黑人。[2149]

解说：如马克思所说，海牙代表大会之后，马克思决定将工作重心放回到理论工作上，很少再出现在公众视野中。

第七十四节　继续法文版

解说：马克思回到伦敦。9月17日给《每日新闻》编辑写信说：

"阁下：我从海牙回来后获悉，贵报硬说我打算随着国际工人协会总委员会迁到纽约去。请让我发表一个声明作为答复：我打算并且一向打算留住伦敦。好些月前，我就告诉我的伦敦朋友和大陆上的通讯员说，我毅然决定不再当总委员会委员或其他任何领导机关的成员，因为我的科学工作不允许我再担任这种职务。"[2150]

解说：9月，马克思修订《资本论》第一卷法文版片断、目录。[2151]

10月9日，我的大女儿燕妮和龙格结婚了。[2152]

解说：恩格斯记述说："[10月27日]摩尔给手工业者作了演讲。我把肖莱马的朋友、一位德国化学家兼工厂主带去；他敢于提出反对意见，但遭到列斯纳和一些其他工人的坚决回击。"[2153]"10月28日，龙格夫妇来到伦敦。"[2154]"马克思……去牛津，到龙格和他的妻子那里去待几天，以便同龙格一起对《资本论》的部分法译文进行加工。"[2155]

解说：同去的小燕妮对旅行似乎并未感到很愉快："在伦敦，我感到比在信奉正教的浮华的牛津要愉快得多。在伦敦，在摩丹那别墅，在其二层楼的前间，我可以随时看到亲爱的摩尔。我同他不在一起的时候，感到说不出的寂寞。他说他也因看不到我而难受，在我走后的一段时间里，他整天躲在他的工作室内不出来。"[2156]

解说：1873年3月20日前，马克思"跟杜西……去布莱顿……那里待几天。"[2157]布莱顿水族馆落成后，马克思参观过。[2158]不久，马克思回到伦敦。

4月5日我顺利地寄走了德文第二版的最后一批校样。[2159]

解说：由于德文第二版和法文版的工作，导致马克思病情恶化。恩格斯说，"《资本论》法译本给他带来的繁重工作（可以说，他必须重新翻译），出版者的坚持要求以及各种与此有关的其他不愉快的事情，使病情恶化了，但是他一直不愿停止过度的工作，最后他开始感到头顶受到剧烈的压迫，失眠严重到了甚至服用很大剂量的三氯乙醛也不起作用。这种情况我是熟悉的，因为鲁普斯有过这种经历，他一开始也是工作累病的；医生对他没有在意，后来又误诊为脑膜炎；我当时就对马克思说，他的情况和鲁普斯一样，应当停止工作。起初他想用一些玩笑话支吾过去，但是他很快发觉，他越是勉强工作，工作能力就越弱；因此我劝他到曼彻斯特去请教龚佩尔特。"[2160]

解说：5月，马克思（55岁）来到曼彻斯特，住在多维尔街25号。

5月22日晚上住在"不伦瑞克"旅馆；既未遇到穆尔，也未遇到肖莱马。[2161]我到这里来的当天，或者确切些说当晚，像往常一样，我遇到的第一个人，还是那个博尔夏特。[2162]

5月23日早晨我去穆尔那里，他不在家；我问他的女房东能否在邻近给我找一个房间；她回答说，可以把自己住房的卧室让给我，于是我就立即同她谈定。然后，到了龚佩尔特那里；他去德国了；……回到"不伦瑞克"旅馆时，在门口碰见了穆尔。对于我同他的女房东谈定的事，他很满意。[2163]

解说："龚佩尔特正好在策勒他表兄弟瓦克斯上尉那里，这样，在他到来之前，马克思有可能在曼彻斯特大约休息十二天。"[2164]

5月24日，我还遇到了可敬的诺尔斯，他酩酊大醉，满脸通红。[2165]

解说：5月25日，马克思在肖莱马房间里给恩格斯写信。写完后出去散步。[2166]

这里冷得要命，……一直刮东风，所以，我得了重感冒。[2167]

5月29日，我……到南港（利物浦附近）去看德朗克。他胖得不像样子，这同他的身材很不相称。我在他那里偶然看到了一个德国庸人借给他的施特劳斯的《新旧信仰》一书。我翻阅了一下，对这个可恶的神父和俾斯麦的崇拜者（装出一副谈论社会主义的伟人样子），竟没有一个人给予痛斥，这说明《人民国家报》有很大弱点。[2168]

解说：马克思又回到曼彻斯特。

我在这里向穆尔讲了一件我私下为之忙了好久的事。然而，他认为这个问题无法解决，或者由于涉及这一问题的因素很多，而大部分还有待于发现，所以问题至少暂时无法解决。事情是这样的：……那些统计表，在表上，价格、贴现率等在一年内的变动是以上升和下降的曲线来表示的。为了分析危机，我不止一次地想计算出这些作为不规则曲线的升和降，并曾想用数学方式从中得出危机的主要规律（而且现在我还认为，如有足够的经过检验的材料，这是可能的）。如上所说，穆尔认为这个课题暂时不能解决，我也就决定暂且把它搁下。[2169]

肖莱马……来了。他不能跟我和穆尔一起走，因为罗斯科病了，现在又要准备考试。[2170]

5月31日，我同穆尔一起去巴克斯顿，……同龚佩尔特会一面之后我就回来。单纯的散步和无所事事对我很有益处。[2171]

解说：6月2日，马克思回到曼彻斯特。[2172]恩格斯说："我把我的看法告诉了龚佩尔特，而且对他说，马克思的健康通常很快就恢复。龚佩尔特完全同意我的意见，并给马克思作了严格的规定：工作时间上午不能超过两小时，下午也不能超过两小时，必须早餐，早餐后必须散步，饮用苏打水冲淡的葡萄酒，多活动，服些通便的药（我没有见到处方），在失眠严重时服用很大剂量的三氯乙醛，等等。"[2173]

解说：不久，马克思回到伦敦。恩格斯回忆说："马克思从曼彻斯特回来时情况大为好转，虽然不能指望他总是感觉良好，但是，甚至在他难过的日子里，现在也比从前好得多了。我想让他马上把旧的工作习惯改变，其实这也是龚佩尔特给他规定的根本治疗措施；只要他能安静两三个星期，呼吸一些新鲜空气，他很快就能重新担负少量的工作。不管怎样，他现在不服三氯乙醛每晚可睡四五个小时，午饭后睡一至一个半小时，这已经比他几乎整整一年来通常的睡眠时间多了。例如，在海牙他几乎不能入睡。此外，这一次他知道，情况是严重的，他几乎是过分严格地在执行规定；由于病情的任何恶化都能立即发现，所以我总是能够及时地提醒他关于必须安静和休息的规定。"[2174]

第七十五节 题赠达尔文

解说：马克思将《资本论》第二版赠送给达尔文，书名页上写：

"赠给查理·达尔文先生。您真诚的钦慕者卡尔·马克思。1873年6月16日。"[2175]

几个月来我病得很厉害，有一个时期由于疲劳过度甚至处于危险状态。我的头疼得如此厉害，以致有中风的危险，即使现在我每天工作也仍然不能超过几小时。[2176]

解说：马克思8月30日写信跟正在兰兹格特休养的恩格斯说：

"昨天，在我坐下来给你写信的几个钟头以前，我差一点送命了，而且直到现在全身还很难受。我喝了一勺复盆子醋，有些呛进了气管里。我开始憋得抽搐，脸色完全发青，等等，再有一秒钟，就全完了。事后我立刻产生了一个念头：能否人为地制造这种现象？这是一种最体面、最不会令人生疑而且又非常迅速有效的脱离人世的方法。如果公开介绍这种试验，可能会给英国人帮大忙。"[2177]

解说：9月2日，小燕妮和龙格的第一个孩子出生，是男孩，取名叫让（即琼尼）。[2178]琼尼很小的时候就开始叫琳蘅"尼姆"。[2179]10月前后马克思和爱德华·艾威林相识。[2180]艾威林回忆说，"有一次我给哈佛斯托克小山孤儿工读小学的孩子们讲课，讲题是《昆虫和花卉》。那天是学校的节日，听讲的人除了孩子们，还有一些对这个讲题感兴趣的成年人。我刚刚讲完，一个须发像狮鬃一样的老先生，一位太太和一位年轻的姑娘向我走来，并作了自我介绍。这位先生便是卡尔·马克思，这位太太是他的夫人，年轻的姑娘是他们的女儿爱琳娜。"[2181]

解说：10月，达尔文回信给马克思：[2182]

第七十六节 哈罗格特

尊敬的先生:

  承蒙寄赠巨著《资本论》,谨致谢意。诚愿对政治经济学如此高深而又重大的课题能有较多了解,以无愧于您的惠赠。尽管我们的研究领域是如此不同,但我相信,我们两人都热诚期望扩大知识领域,而这无疑将最终造福于人类。

忠实于您的
查理·达尔文
1873年10月1日

第七十六节 哈罗格特

  解说:"马克思11月24日带着他的小女儿到约克郡的哈罗格特去了,他们两人将在那里休养一段时期。"[2183]

  星期四〔11月27日〕我到〔曼彻斯特〕龚佩尔特那里去了,发现他的头秃得相当厉害,人也衰老了。……我在他那里(我在曼彻斯特逗留的短时间内,除他之外,自然不会见到任何人)同他的四个孩子和他们的家庭女教师一起吃了午饭。龚佩尔特给我作了检查,发现肝有些大,根据他的意见,我只有去卡尔斯巴德,才能完全痊愈。要我喝杜西喝的那种矿泉水(由于性质一样,这里把这种水叫作基辛根),但不用矿泉浴。此外,我的生活制度和杜西的生活制度也有些不同。她只许走很少一点路,这一点龚佩尔特完全同意这里给杜西治疗的医生默特尔的意见,而我则相反,需要长时间的散步。龚佩尔特劝我少做工作,这未必是需要的,因为到目前为止,我实际上什么事都没有做,甚至连信也没有写。[2184]

  解说:不久,马克思又回到哈罗格特疗养地。

  11月29日这里(这里的空气总的说来非常令人爽快)下了倾盆大雨,我感冒得很厉害,11月30日不得不待在家里,因为必须记住:防患于未然。

……杜西和我……下象棋解闷。总的说来,我看过圣贝夫关于沙多勃利昂的书,这个作家我一向是讨厌的。[2185]

我得的重感冒还没有完全好,仍在服药,这药是龚佩尔特得知我生病以后,立即从曼彻斯特给我开来的。……这里的空气和安静的生活(我根本不做任何事)对我如此有益,……尽管有这种令人厌烦和苦恼的意外,我多年来从来没有感到这么好过。我之所以感冒是由于过分死板地遵照龚佩尔特的嘱咐,在饮矿泉水之后过多地走路。而当时天气预示将有暴雨。小杜西得到了非常有效的治疗。此外,还有一项生活制度,规定她不得晚于十一点睡觉。[2186]

解说:在哈罗格特治疗结束以后,马克思到曼彻斯特访问龚佩尔医生。

给龚佩尔特写了信,并告诉他,我们将于星期一〔12月15日〕十二点钟到达曼彻斯特。[2187]

12月17日返回伦敦。

我从哈罗格特回来以后,起初忽然长了一个痈,后来又头疼、失眠等等。[2188]动了手术;后来又生了许多小的,但愿目前使我痛苦的是最后一个。……英国报纸有时报道说我死了,我就随它说去,也不作任何活着的表示。如果造成一种印象,似乎我在通过自己的朋友向公众报告我的健康状况,这对于我是很不愉快的。我对于公众毫不介意,如果我偶尔患病的情况被夸大了,那至少有一个好处,即可以使我摆脱世界各地的不相识的人们对我的各种纠缠(用理论方面和其他方面的问题)。[2189]

解说:从1873年起,马克思只用拉丁字母,以前使用哥特体字母。[2190]

解说:**1874年2月27日**,恩格斯给左尔格寄去包裹,地址是:纽约市转新泽西州霍布根镇哈得逊街25号,国际工人协会总书记弗·阿·左尔格。是通过惠特利公司大陆包裹快递公司寄的,这个公司在纽约的代理机构是百老汇大街57号巴克南公司。[2191]

我的病复发了;我的医生让我到兰兹格特进行海水浴,禁止我做任何工作。真好像魔鬼亲自插了手一样。[2192]

神父坡16号——在威廉斯夫人对面——就是我住的那个"Cliff"。……租金……女主人起先要一英镑,后来减到十二先令。不过,这是些正派"人";丈夫是马车制造匠,看来也搞点艺术。在进门的一个地方,他没有

第七十六节 哈罗格特

胡乱涂抹,而是精心地画了一个十分雅致的、但有些神秘的人像作为卫士。此外,在房前小花园中间,在砖砌的台座上立了一个拿破仑第一的小型泥塑像,身穿黑黄红三色服装……模样很英武,制作得不坏。女主人除了别的孩子外,还有一个一个半月的婴儿,他常常以不愉快的方式惹人注意。这里的空气非常好,但是,尽管我经常散步,至今还没有摆脱失眠症。这个小城市并不十分荒凉,但起主要作用的还是当地居民。[2193]

解说:马克思4月20日前后写信给小燕妮说:

"今天把[《资本论》法文版]校样寄去,龙格阅后,请立即退还给我。然后我把最后的校改誊到寄往巴黎的那一份上。今天是我能够做点事情的第一天。在此以前,尽管进行浴疗、散步、呼吸极好的空气、注意饮食等等,我的健康状况还是比在伦敦更坏,这证明,情况已急剧恶化,我早就该离开那里了。正是由于这个缘故,我暂不返回,因为我十分需要恢复工作能力。"[2194]

我……从4月中旬至5月5日[56岁生日]住在兰兹格特(海滨)。[2195]

解说:马克思回到<u>伦敦</u>。

5月12日我才把寄给我的校样发往巴黎。……希望能最后了结此事。一共还有(包括已开始的一册)大约三册。[2196]

鲁瓦的稿子早已完成,但是由于从头到尾需要改写,所以巴黎的印刷厂主还没有收到我的原稿,对于我的原稿来说,他的稿子只不过是个草稿。[2197]

我的健康状况一直使我的工作时断时续,并靠减少所有其他的义务(也包括通信)来弥补失去的时间;最后使人变得容易激动和什么事情也做不了。[2198]

我好得多了,但是还远没有完全复原。我的医生(曼彻斯特的龚佩尔特医生)坚持让我到卡尔斯巴德去,并且希望我尽快出发,但是我必须最后完成已经完全搁下的法译本。[2199]

在我不能写作的期间,我为第二卷搜集了大量新材料。但是,在法文本完全结束和我的健康完全恢复以前,我无法对这些材料进行最后的加工。[2200]

我终于决定于8月中旬和我最小的女儿爱琳娜去卡尔斯巴德。因此请[库格曼]为我张罗一下住处并写信告诉我,这一切一个星期大约要花多少钱。其余的事看情况再说。[2201]

解说：爱琳娜说："那时摩尔正患肝病和失眠症。"^2202 马克思7月在<u>赖德市纳尔逊街11号</u>。^2203

7月11日小劳拉来了，给我们带来了很大的喜悦；可惜她星期一［7月13日］晚上就回去了。她走的时候，我们把她送到码头，当时有一帮游览者——戒酒协会会员从布莱顿来到这里。他们当中有一半人喝醉了酒。正如站在我旁边的一位英国老人所说的，这是"他一生所遇到的人当中最坏的一帮"。的确，我也从未见过这样一帮堕落的、粗野的、猥亵的白痴，妇女们也是丑陋不堪，而这些都是"青年人"。外国人大概会为这种生来就自由的不列颠人的范例而感到惊讶。^2204

这个岛是一个小天堂，对那些到处把良田变为公园的地主老爷们更是这样。我们乘船绕岛周游了一圈，到过<u>文特诺尔、散当、考兹、纽波特</u>，此外，还步行游览了几次。天气太热，不能经常进行这样的游览，当然，同伦敦比起来，这里的气温还是很适中的。这里，在当地居民中，看来信教之风极为盛行，但是，尽管如此，他们却是讲究实际的人。"请投富翁斯坦利一票"——这样的广告我们在郊外到处可以看到。<u>赖德市镇委员会是交易所活</u>动的真正范例，赖德港口和铁路建筑公司形形色色的成员在这里开会，其会议报告在这里的地方报刊上取代了英国下院的报告。我们的房东，是个对贫民宣读《圣经》的人，他那大约有二十四卷的神学藏书，装饰了我们的客厅。他虽然属于英国国教会，我仍在他的藏书中发现有斯珀吉昂的布道书。我在散当洗了一个热水澡，在公共浴室里也发现这类图书，而且走到哪里，都能看到举行某种虔诚的宗教集会的通告。的确，这里的人民很穷，看来是在教会中寻求他们的主要乐趣。研究一下本地渔民怎样如此迅速地落到这种屈辱的地位，是很有意义的。毫无疑问，"人口过剩"在这里是根本谈不上的，因为这里的居民实际上总共连十万人都不到。^2205

我们遭到了巨大的不幸：燕妮（龙格夫人）的十一个月的孩子死了，这是个很可爱的男孩子。他死于无情的霍乱。^2206

解说：马克思回到<u>伦敦</u>。^2207

可恶的肝病发作得很厉害，以致使我完全不能继续校订法译本（实际上几乎等于全部改写），我非常不愿意遵照医嘱到卡尔斯巴德去。他们向我担保说，我回来以后会完全恢复工作能力的，而丧失工作能力对于任何一个不

第七十六节 哈罗格特

愿意当牲畜的人来说,事实上等于宣判死刑。旅途要花很多钱,住在那里花费也不少。[2208]

同时还不知道,愚蠢的奥地利政府是不是会驱逐我?普鲁士人也许没有那么愚蠢,但是他们喜欢唆使奥地利人采取这类败坏声誉的措施,我确实认为,报纸上关于罗什弗尔要到卡尔斯巴德去等的谣传,是从施梯伯先生那里来的,而归根到底是针对我的。我没有多余的时间,也没有多余的钱,因此我决定加入英国国籍。[2209]

我的四个证人:曼宁、马西森、西顿和阿德科克,在星期六的十二点整到了律师那里,把一切必要的证件交给了法官,并在当天从他那里取走全部案卷,交给了内务部。[2210]

解说:8月1日马克思写加入英国国籍的声明。[2211]

不管怎样,就是为了我的小女儿,我也要到卡尔斯巴德去,她病得很厉害,很危险,只有现在才能外出;她的医生也让她到卡尔斯巴德去。[2212]

在英国,国际目前几乎毫无生气,伦敦联合会委员会本身只是名义上还存在,尽管它的某些会员本身是积极的。[2213]

现在爱琳娜已经可以起床了,这比她的医生(安德森加勒特夫人)预料的要快得多。她能够乘车外出了,尽管身体显然还虚弱。安德森夫人认为,卡尔斯巴德的矿泉水对于她彻底恢复健康非常有益,至于我,龚佩尔特医生不仅是指定,而且简直是命令我到那里去治疗。[2214]

离开[小]燕妮,对我是很痛苦的。在这方面,我不像在其他事情上那么坚强,家庭的不幸常常使我十分难过。一个人像我这样在几乎完全与世隔绝的状态下生活的时间越长,精神生活的圈子就越窄。[2215]

解说:马克思8月4日写信给恩格斯:

"小燕妮后天到你那里去,她可能于中午十二点从梅特兰公园肯提希镇车站乘车前往。到那天我将去送她。"[2216]

赛西利亚将军先生8月12日打扰了我三四个小时。他告诉我(其实当时我们已经知道了),他们(即他和孔·马丁的信徒)为法国流亡者的孩子办了一所学校。他说,那里也要上卫生课和政治经济学课,问我是否能够按英国的范例,编写一本政治经济学的初级教程!他还非常愤怒地向我谈到,《费加罗报》在最近一号上提出了一个荒谬见解,似乎共和国以它自己造就的四位将军把法国毁灭了,这四位将军的名字是克莱米约、格累-比祖安、赛西利亚和利沙加勒!当天晚上我就把这个赞语悄悄地告诉了利沙加勒。[2217]

8月13日早晨所谓脓塞终于出来了,因而不再化脓,于是我立即敷上了促使愈合的硬膏,它马上就开始见效。[2218]晚上,弗兰克尔和吴亭到我这里来了。吴亭告诉我,托马诺夫斯卡娅女士结婚了。(他不清楚,她将要生的孩子是什么时候怀的——此事绝对只在我们之间说说——是在结婚前,还是在结婚后。此外,他也根本不了解那位新郎的情况。)弗兰克尔由于受这次意外的打击,感到非常痛苦。[2219]

杜西的身体好多了,她的食欲在按几何级数增加,但这是带有歇斯底里因素的妇女病的特点。必须装出一副样子,似乎完全没有察觉她又开始靠尘世的食物为生了。在完全痊愈的时候,这种现象也就会消失的。[2220]

解说:8月15日下午,马克思和爱琳娜离开伦敦前往卡尔斯巴德。[2221]

路上大约需要花四天时间,因为不能让杜西过分劳累。[2222]

解说:8月19日,马克思到达<u>奥地利卡尔斯巴德</u>,住在城堡山上的<u>日耳曼尼亚旅馆</u>。[2223]

治疗对杜西非常有效;我自己感到好一<u>些</u>,不过仍旧没有摆脱失眠。我们两人严格遵守生活制度。早晨六点到各自的矿泉去,在那里我必须喝七杯水。每喝完一杯就休息十五分钟,在这段时间里可以来回散散步;喝完最后一杯以后,散步一个来小时,最后喝咖啡。晚上临睡以前,还要喝一杯凉水。我暂时只能喝尘世的饮料——白水;杜西倒每天喝一杯比尔森啤酒,这真使我羡慕。我的医生是库格曼推荐的,他是奥地利人,举止言谈都很像著名的塞西利亚将军,他最初因为我留在这里而有些不安。按照他的忠告,我是用伦敦的"食利者"查理·马克思这个名义登记的。[2224]

解说:8月22日的《卡尔斯巴德疗养登记表》,第238号,马克思以查理·马克思的名字登记。[2225]

这个"食利者"带来的后果是,我必须替自己,还要替爱琳娜向可敬的市财库交双份疗养税,然而却消除了我是恶名昭著的卡尔·马克思的嫌疑。但是,……我的身份被维也纳爱造谣的《喷泉报》(疗养区的报纸)揭露了,跟我一起的波兰的爱国者普拉特伯爵(善良的天主教徒,自由派贵族)被当作"俄国虚无主义者的首领"。但现在这样做大概已经晚了,因为我已

第七十六节 哈罗格特

有市里的交付疗养税的收据。本来我也可以住在比库格曼为我安置的省钱得多的地方，但是在我这种特殊情况下，为了保持显贵的外表，这样做是有利的，也许甚至是必要的。[2226]

解说：第一次见面的几年以后，库格曼夫妇在卡尔斯巴德又一次遇到马克思和爱琳娜。以前库格曼夫妇和爱琳娜有书信往来，这次见到了爱琳娜本人。[2227]爱琳娜面貌略显粗糙，褐色眼睛。深褐色金光闪耀的秀发，有一天她把长发松开，任其飘浮，可她并不喜欢这样。她衣着漂亮。马克思并不干涉，说"年轻的姑娘们应该打扮打扮"。[2228]库格曼夫人认为爱琳娜很直率，她坐着一边吸烟，一边埋头看报纸，在饭店里也是这样，同时对别人的不满会毫不客气地说出来。……当时，爱琳娜自认为是正和他热烈通信的利沙加勒的未婚妻。[2229]

不管在什么条件下——虽然库格曼还不知道这点——在返回时，我决不取道汉诺威，而宁可像我来时一样走南路。这个人的挑剔或粗野使我感到讨厌，这使他毫无理由地把自己和家庭生活弄得很不愉快。[2230]

解说：马克思以极大的兴趣观察不同国籍人的疗养生活，按照自己的习惯给引人注目的过路人起幽默的绰号。[2231]在绿树成荫的山上到处漫游，特别是在神秘的艾盖尔山谷漫游，津津有味地辨认山石的形状，使马克思心旷神怡。[2232]

解说：马克思以极大的兴趣参观了艾赫的一个有名的瓷器制造场。看到一个工人看管一台好像房车那样转动的奇特车床，用来专门制造精美的杯子，马克思问那个工人："你是不是一直干这个活，还有没有别的工作？"工人说："没有，好多年我都没有干别的活了，要管好这个机器，把这些复杂的模型做得光滑，不出毛病，没有一点实际经验是不行的。"当大家向前走的时候，马克思对库格曼说："分工使人变成机器的附属品，智力让给肌肉的习惯活动。"他们买了好些瓷器作纪念。[2233]马克思尽量减少严肃的政治谈话，把这种谈话改在早晨和库格曼或其他熟人作短时间的散步时进行。[2234]

由于矿泉水的作用，我变得极易动怒。……很长时期来库格曼使我难以忍受。出于好意，他把我的房间安排在他和杜西的房间之间，这样，不仅当我和他在一起的时候，而且当我单独一人的时候，我都感到有他在场。我对他那种用热情的声调郑重其事地发表滔滔不绝的无稽之谈还能忍受，而对那帮纠缠不休的汉堡—不莱梅—汉诺威的庸俗男女，已经有些不耐烦了。但当他因闹家庭纠纷使我过于厌烦时，我就再也忍受不住了。这个学究气十足的资产阶级浅薄之徒认为，他的妻子似乎不懂得、不理解他那专注于最高宇宙问题的浮士德式的禀性，因而以极其恶劣的方式来折磨这个在各方面都比他强的女人。因此，我们之间终于发生了一场争吵；我搬到了上一层楼，完全摆脱了他（他使我的治疗受到很大妨碍），直到他起程……之前我们才重新和好。但我向他坚决表示，我不去汉诺威了。[2235]

我的体重减了四磅（海关的磅秤），甚至可以用手摸到，肝肿大已消失。我相信我在卡尔斯巴德已经最终达到了自己的目的，至少能维持一年。[2236]

我被邀去伊施耳（是《维也纳医学报》出版者克劳斯医生邀请的），奥本海姆先生（库格曼夫人的兄弟，是个很和蔼的人）还邀请我去布拉格，但是人到一定时候就老想回家。[2237]

当我离开卡尔斯巴德时，曾打算直接去汉堡，把我和出版商之间的事务处理一下，然后尽快返回伦敦，以便重新着手我的工作。但是，我很快看到，在受过卡尔斯巴德这套治疗之后，补充治疗是非常必要的，于是又在德累斯顿、莱比锡、柏林和汉堡逗留了约两个星期。[2238]

解说：布洛斯出狱前的一天，李卜克内西说要在监狱门口等他。"你会感到吃惊的"，李卜克内西用神秘的口气说"你会大吃一惊"。[2239]第二天早晨。布洛斯兴冲冲地走出监狱大门。李卜克内西和他的小儿子站在门外。旁边站着一个看起来五十岁左右的人，被一个漂亮年轻女子搀着胳膊。他瘦高的个子，留着长长的白胡须，只有嘴唇上的胡子是黑的。从他的形象布洛斯立刻认出来了，他就是马克思。马克思和蔼地向布洛斯走去。[2240]

解说：他们到李卜克内西家里去，娜塔利亚夫人尽量使客人吃好。[2241]喝咖啡的时候，大家谈话很活跃。谈到上帝一再被自由思想者所推翻。马克思说，可爱的上帝要十分愉快，才能心平气和地目睹世上发生的一切。后来谈到诗人海尔维格。李卜克内西不能原谅他，因为他在巴黎处于诗人荣誉顶峰的时候，像婆罗门一样披着庄严而高傲的诗人外衣对待拜访和崇敬他的人。李卜克内西也领教过这一点。马克思认为应该宽容海尔维格的这些性格和缺点，因为他在争取人类自由的伟大斗争中确实有功绩。海尔维格成为普鲁士倒霉的波扎以后，海涅曾对他进行了无情的嘲讽，这时马克思找过海涅，

第七十六节　哈罗格特

请求他不要用那样可怕的讽刺挖苦他。海涅低声说"我可根本没有惹过他呀"。[2242]

解说：下午，他们穿过草地到施洛伊西希去。马克思和布洛斯走在别人后面一点，马克思发现布洛斯对历史回忆很感兴趣也很了解，并且显得特别高兴。[2243]

解说：马克思回到伦敦。年底，马克思开始写《巴枯宁〈国家制度和无政府状态〉一书摘要》，摘要中提出跨越问题。巴枯宁的这本书（日内瓦1873）被许多巴枯宁主义团体奉为纲领性的著作。在该书问世以后不久，马克思就做了这篇摘要。摘要包括在马克思的一本很厚的笔记本里，笔记本上写着"俄国，第二册，1875"，其中有许多俄国作者著作的摘要。巴枯宁一书摘要的手稿共计大开本24页，马克思有时直接用俄文摘录原文，有时用德文比较扼要地加以转述，其间有马克思的简短批语和较长的插语。[2244]

《巴枯宁〈国家制度和无政府状态〉一书摘要》（节录）

工人对反抗他们的旧世界各个阶层的阶级统治必须延续到阶级存在的经济基础被消灭的时候为止。

从卡尔斯巴德疗养回来以后，我的身体好多了，但我还是不得不大大限制自己的工作时间，此外，我回伦敦后感冒了，这使我一直不舒服。[2245]

我的工作太忙，[1875年]1月20日才改完《资本论》尚未出版的各册的译文（法文）。……我在书中作了很多修订和补充，尤其是法文版的最后几部分。[2246]

医生禁止我吸烟不用烟嘴。所以我想替自己和我在此地的朋友们弄到二百个那种我在卡尔斯巴德看见过的烟嘴，这种烟嘴在吸过一支雪茄烟以后，如果不再需要就可以丢掉；此地没有这种烟嘴。[2247]

1月30日我把手稿的最后部分寄往巴黎，不包括跋以及目录和勘误表，这些只有当我拿到尚未出版的各册的时候才能编成。……最后几册最好一起出版，但是这仍不能成为拉羽尔先生三个月以前停止排印的理由。（他甚至连第三十四册和第三十五册的校样还没有寄来。）我还有很多其他工作：我的德文版出版者，同样还有俄文版出版者，连续不断地给我来信，要我开始第二卷的定稿工作。所以，如果拉羽尔先生不排印，不给我随排随寄校样，而是一味拖延，那么他将对可能由此产生的再一次的延迟和中断承担责任。[2248]

第七十七节　哥达纲领批判

解说：3月中，"马克思……搬了家。他的住址是：伦敦西北区梅特兰公园月牙街41号。"[2249]"马克思家住了整所房子，底层是他的书房和客厅，他通常在这里接待他的朋友。"[2250]"当时，每年四十英镑的房租可以租到一幢四五层的住宅，地下室或半地下室，包括厨房，一个房间和储藏室等配间，一楼有门厅和两个房间，分别叫作前客厅和后客厅，二楼有这幢楼中最大的房间，通常用作客厅，另外还有个小套间，上面几层各有两三间卧室和存放杂物的小房间。这些房子高度比宽度大得多，其中较便宜的都是一些八幢、十幢或十二幢一群的高而窄的楼房，是由一个建筑师按照统一样式修建起来的，因而，外表看起来往往毫无差别。近视的马克思外出回来往往不知道哪个是自己家，经常钥匙打不开门才发现不是自己家。这种建筑群大大降低了费用，伦敦人能够住上八到十个房间还有一个小花园的房子，房租又比欧洲大城市少，这也是原因之一。"[2251]

解说："要从一间屋子到另一间屋子，必须上下楼。这是非常麻烦的事。英国人却看成天经地义。楼梯把房间隔开，除了明显的不方便，也有好处，英国下层市民非常喜欢地下室或地下室的起居室，这间屋一般叫作早餐室。这间屋进出厨房方便，冬天好取暖，夏天也不太热。很多家庭整天都在这里用餐。晚间，全家在这里济济一堂。这间屋子一般不是很舒适，因此习惯欧洲大陆居住环境的人，当看到居住陈设讲究的主人在地下室款待他们时，会感觉怪怪的。"[2252]

解说："马克思住的房子比恩格斯的小一些，地下室的房间也相应简单一些。马克思一家在早餐室吃饭。"[2253]"恩格斯是把二楼最大的房间用作书房和工作室。恩格斯在一间客厅里进餐。"[2254]

解说：4月，马克思写了《德国工人党纲领的几点意见》，并附在5月5日57岁生日这天写给白拉克的信中寄出。[2255]

《德国工人党纲领的几点意见》（节录）

什么是"劳动所得"呢？是劳动的产品呢，还是产品的价值？如果是后者，那么，是产品的总价值呢，或者只是劳动新添加在消费掉的生产资料的价值上的那部分价值？

"劳动所得"是拉萨尔为了代替明确的经济概念而提出的一个模糊观念。

我们这里所说的是这样的共产主义社会，它不是在它自身基础上已经发展了的，恰好相反，是刚刚从资本主义社会中产生出来的，因此它在各方面，在经济、道德和精神方面都还带着它脱胎出来的那个旧社会的痕迹。

这些弊病，在共产主义社会第一阶段，在它经过长久的阵痛刚刚从资本主义社会里产生出来的形态中，是不可避免的。

"现代民族国家的范围"……本身在经济上又处在"世界市场的范围内"，而在政治上则处在"国家体系的范围内"。

各国工人阶级的国际活动绝对不依赖于"国际工人协会"的存在。"国际工人协会"只是要为这种活动创立一个中央机关的第一个尝试；这种尝试由于它所产生的推动力已留下了不可磨灭的成绩，但是在巴黎公社失败之后，已经不能再以它的第一个历史形态继续下去了。

"现代国家"……在普鲁士德意志帝国同在瑞士不一样，在英国同在美国不一样。所以，"现代国家"是一种虚构。

资产阶级的"信仰自由"不过是容忍各种各样的宗教信仰自由而已，而工人党却力求把信仰从宗教的妖术中解放出来。

生产劳动和教育的早期结合是改造现代社会的最强有力的手段之一。

我工作太忙，已经不得不远远超过医生给我规定的工作时间。所以，写这么多张纸，对我来说绝不是一种"享受"。但是，为了使党内的朋友们——而这些意见就是为他们写的——以后不致误解我这方面不得不采取的步骤，这是必要的。这里指的是，在合并大会以后，恩格斯和我将要发表的一个简短的声明，声明的内容是：我们和上述原则性纲领毫不相干，我们和它毫无共同之点。这样做是必要的，因为在国外有一种为党的敌人所热心支持的见解——一种完全荒谬的见解，仿佛我们在这里秘密地领导所谓爱森纳赫党的运动。例如巴枯宁还在他新近出版的一本俄文著作里要我不仅为这个党的所有纲领等等负责，甚至要为李卜克内西自从和人民党合作以来所采取的每一个步骤负责。此外，我的义务也不容许我即使只用外交式的沉默方法来承认一个我认为极其糟糕的、会使党堕落的纲领。一步实际运动比一打纲领更重要。所以，既然不可能——而局势也不容许这样做——超过爱森纳赫纲领，那就干脆缔结一个反对共同敌人的行动协定好了。但是，制定一个原则性纲领（应该是把这件事情推迟到由较长时间的共同工作准备好了的时候再做），这就是在全世界面前树立起一些可供人们用以判定党的运动水平的界碑。[2256]

解说：白拉克5月10日回信说："您本月5日的来信收到了，我已看过，并首先寄给李卜克内西……看来李卜克内西确信，他的这种做法是把拉萨尔主义置于死地的合适手段，我认为这是很值得怀疑的。我狠狠地批评了他一顿，他已着手对草案作一系列修改（但我还不知道作了哪些修改），因为他也可能确实认识到，恩格斯、倍倍尔和我对他的批评是正确的。您的几点批评意见来的正是时候，可以促使他再作一次修改。"[2257]

解说：李卜克内西回忆说："马克思曾给白拉克写过一封信，并附了一份对我们的合并纲领的较长的批判。我传阅了这一文件，但我未来得及抄录一份，就不得不根据马克思的愿望退还了。"[2258]

星期五〔5月7日〕洛帕廷突然来了。星期六他已经到哈斯廷斯去了，要在那里住几个月。他说，在巴黎他无法工作，因为住所里俄国客人来往不断。[2259]

家中一切如常。看来，好天气对小燕妮有好处。使她很满意的是，洛尔米埃大娘不留情面地责备龙格搞了一堆无用的"法国式"家具。拉法格的生意看来正在走上轨道。〔5月10日〕我待在家里：琳蘅和杜西进城去了，她们约定在家具拍卖场同小燕妮见面。我们的小花园已披上了悦目的绿装。[2260]

一件重要消息……柏林生理学家特劳白制造成功了人造细胞。当然这还不是天然细胞：它们里面没有核。把胶体溶液例如动物胶和硫酸铜等混合起来，就能产生可以通过内渗而使之生长的带膜的球体。总之，膜的形成和细胞的生长已经超出了假设的范围！这是前进了一大步，而且正是时候，因为赫尔姆霍茨和其他人已经打算宣布一种荒谬的学说，胡说地球上生命的胚胎是从月亮上现成地掉下来的，即它们是靠陨石带到我们这里来的。我不能容忍这种到另外一个天体上去找答案的说法。[2261]

解说：7月14日，得知有人主张要出版《资本论》的节译本，马克思表示坚决反对。

我保留有翻译权，而且在德国和英国之间有版权协定。因此，未经我事先准许，我当然要阻止任何这类删节本的发行。删节给译者（traduttore）变为背叛者（traditore）提供了特别方便的条件。校订在巴黎分册出版的未经删节的法译本，比我用法文重写这整部书还要费劲。[2262]

第七十八节　卡尔斯巴德

解说：8月中，马克思出发去卡尔斯巴德疗养。

在伦敦，一个滑头滑脑的小犹太人夹着一只小皮箱匆匆忙忙地上了我们的车厢。快到哈里季时，他找起钥匙来，要开箱子，说是要看看他的办事处小伙计是否把一切需用的衣服装了进去。他说："因为在办事处收到了我的弟兄从柏林拍来的电报，要我马上去柏林，于是派了小伙计到我家去拿需用的东西。"他翻腾了好一阵，到底找到一把钥匙，虽然不是原来的钥匙，但总算打开了箱子，一看裤子和上衣不是一套，睡衣和常礼服等都没拿来。这个小犹太人在船上对我说了心里话。他一次又一次地喊道："世界上还从来没有这样的欺诈。"事情是这样的：一个名叫贝恩施坦或伯恩施坦的美籍德国人（是他的柏林朋友瑙曼介绍给他的）骗去他一千七百英镑，而他被认为是最机灵的商人之一啊！那个家伙冒充是经营非洲贸易的商人，把他在布莱得弗德和曼彻斯特第一流公司里买下的数千英镑货物账单拿给他看过；说是载运这批货的轮船正停泊在南安普顿。因此，小犹太人借给了他所要借的钱。但是，后来再也没有得到这个先生的消息，于是他就开始不安起来。他写信到布莱得弗德和曼彻斯特。他把回信拿给我看。回信说：贝恩施坦在他们那里取了货样并购买了货物，约定提货时付清货款；账单只不过是个手续，货物从来没有提走。在南安普顿，货物被扣押，发现船上装载的贝恩施坦的货物只是一些塞满了草垫子的货包。我们的小犹太人很恼火，除了失去一千七百英镑，更主要的是，像他这样一个机灵的商人竟被人捉弄了。于是，他写信给他的朋友瑙曼和柏林的弟兄。后者发电报告诉他，在柏林发现了贝恩施坦，并且报告警察把他监视起来了，要他急速起程。我问他："您打算到法院对这个先生起诉吗？""决不，我只想要他还钱。"我说："这些钱，他恐怕已经挥霍掉了。"他说："绝不会！他在西蒂还骗了别人（他数出一切可能受骗的人）一万二千英镑。他必须把钱还给我，而别人让他们自己考虑怎样处置他。"最妙的是，在我们到达鹿特丹时，才知道他只能到明登，要到第二天上午十一点才能继续前进。这个家伙像发疯似的大骂铁路管理局。但一切都无济于事。[2263]

在船上，我们有一个奇怪的旅伴——一个死人。护送他的是一个红头发的德国人。此人对我说，死者名叫拿沼尔，美因兹人，是一个三十四岁的年轻人，去伦敦访友时被车轧死，他的家属要把他运回家去埋葬，这个送死尸的乘客同样也不能立即往前走了。船长对他讲，不到德国领事那里办完一定手续，他们就不交出死尸。[2264]

在科伦和法兰克福之间（我中途没有停留），有一个外表像凡俗人的天主教神父上车。从他和别人的谈话中得知，他是从都柏林参加完奥康奈尔纪念会回法兰克福（他在那里定居）去的。他谈笑风生。到科布伦茨这个换车的地方，车厢里就剩下我们两个人了。他是走新航线经过符利辛根来的：小汽艇显然比糟透的哈里季纵帆船要好得多。我试图引他谈谈文化斗争。但他起初持不信任态度，表现极其审慎，却大谈特谈卡佩勒阁下的口才。最后，神灵帮了我的忙。神父把他的水瓶拿了出来，水瓶是空的；此时他对我说，他自从进入荷兰以后，就又饿又渴。我把白兰地酒瓶递给他，他喝了几口以后，精神振奋。他喝了个够。旅客上车时，他用家乡话同他们开些无聊的玩

第七十八节 卡尔斯巴德

笑,但同我谈话继续用英语,他的英语讲得很好。"在我们德意志帝国多么自由,谈到文化斗争,竟要用英语隐晦地谈论。"在我们到法兰克福下车前,我还没露我的姓名,我对他说,假如他最近几天在报纸上看到谈论黑色国际和红色国际之间的新阴谋,不必惊讶。在法兰克福,我得知(在《法兰克福报》编辑部),我的旅伴是穆策尔伯格先生,他差不多代替了那里的天主教主教。他想必在《法兰克福报》(他阅读这家报纸)上也看到了我的名字。该报刊载了一条关于我路过当地的简讯。[2265]

我看到了宗内曼,他刚刚因为拒绝说出通讯员的名字而又被审讯,⋯⋯宗内曼是一个有名望的人,但是他很自命不凡。他在长时间的谈话中向我说明,他的主要目的是把小资产阶级引入社会民主主义运动。他的报纸是公认的南德意志最好的关于交易所和商业的报纸,所以有经费来源。⋯⋯我也见到了格维多·魏斯博士,他来看望他的女儿(《法兰克福报》的一个编辑施泰恩博士的妻子),要住几天。[2266]

解说:8月15日,马克思抵达卡尔斯巴德。这是马克思第二次到卡尔斯巴德。住在卡尔斯巴德城堡广场"日尔曼尼亚"旅馆,位于城堡街。[2267]

作为第二次来的病人,在矿水饮用上,我的等级更高了。去年我饮用的矿水主要是泰莉莎矿水(列氏41°)、马尔克特矿水(39°)和米尔矿水(43.6°);那时我只喝两次喷泉水,每次一杯。今年从第二周起,我喝的是岩石矿水(列氏45°,每天一杯),贝尔纳德斯矿水(53.8°,两杯)和喷泉水(列氏59—60°,两杯),每天早晨共喝五杯热的;此外,起床时和睡觉前加喝一杯凉的施洛斯矿水。[2268]

我至少有十二个小时是在户外,"事情"办完之后,我的主要消遣是想出新的游逛之地,在山林中发现生地方和新风景;由于我不太善于辨别方向,遇到很多意外的事。[2269]

8月20日晚我到以啤酒驰名的"酒花藤",喝了一杯吉斯许布尔矿水。那里的座上客有些是卡尔斯巴德的小市民,整个谈话都是围绕着老牌比尔森啤酒、民酿啤酒和厂造啤酒的优缺点这个没完没了的问题,它引起无休止的争论,分成几派。一个人说:"真的,老牌啤酒我一口气能喝下十五杯(而且是大杯)"。另一个回答说:"咳,我以前在这个问题上也是有派的人,但现在摆脱了这些争论。我不加选择,各种啤酒一样地喝得带劲",等等。在这些聪明的本地人的旁边还坐着两个柏林纨绔子弟、见习官或诸如此类的人。[2270]

警察不会找我的麻烦了，因为我收到了付疗养费的收据。我登记的身份是哲学博士，而不是食利者；这同我的钱袋十分相称。和我同姓的维也纳警察局长蛮殷勤，总是和我同时到达。[2271]

解说：在这里，马克思与一位朋友科瓦列夫斯基过从甚密，科瓦列夫斯基回忆说："在卡尔斯巴德的海滨我和马克思特别接近，我们差不多每天都一起到山上散步。我们意气相投，在他当时的信中，也把我看作'学术上的朋友'。"[2272]马克思经常向柯瓦列夫斯基借书，其中有关西班牙土地所有制历史的两卷论文集，以及柯瓦列夫斯基第一次到美国旅行时所带回的摩尔根的《古代社会》。[2273]

"我……在星期六（[9月]11日）三点五十七分动身，八点五十分到达布拉格国家铁路车站。"[2274]在布拉格逗留并与麦克斯·奥本海姆会见，然后经法兰克福回伦敦。[2275]

解说：9月20日，马克思回到伦敦。[2276]"马克思从卡尔斯巴德回来了，完全成了另外一个人，更加壮实、容光焕发、精神饱满、身体健康，并且很快就能够重新全力投入工作。"[2277]

考布和卡·希尔施博士已从巴黎来到这里……他们告诉我，我们的老朋友席利（他还住在原址：圣昆廷路4号）境况不佳：起先在多年内他同妻子不和，损坏了身体，又失去了大部分德国委托人，因为在灾祸以后这些人不得不离开巴黎，他变得忧郁、仇视。[2278]

11月6日我同妻子从海得尔堡回[伦敦]来了，我们去那里是送我们的小女孩去上一年寄宿中等学校。[2279]

疖子（而且还是生在左边的奶头上）使我根本不能晚间出门和出席12月4日的大会。[2280]

第七十九节　跨越发展

解说：12月中，丹尼尔逊给马克思寄来一批有关俄国的材料，《钦命设立的修改税制委员会报告书》——供沙皇政府官员用的参考资料，马克思立即着手研究，又集中时间研究了俄国问题。对《税制委员会报告书》做了摘录和笔记。一直持续到**1876**年2月份，摘录了4至7号，共四大本笔记。[2281]

解说：2月7日马克思和恩格斯在伦敦德意志工人教育协会周年庆祝会上讲话。[2282]从3月开始，马克思读了兰克的《人的生理学原理》（1875）等著作，做了3本笔记，每本8开80页，分别编为A、B、C。[2283]小燕妮于5月10日又生了一个儿子，这孩子起初显得弱小可怜。这时，马克思58岁。[2284]

小燕妮身体很好，但婴儿却稍有不适；不过，医生说不要紧。他将取名让（龙格父亲的名字）·罗朗（劳拉的绰号）·弗雷德里克（向［恩格斯］表示敬意）。[2285]

解说：5月中，马克思开始重读毛勒《马尔克制度、农户制度、乡村制度、城市制度和公共政权的历史概论》（1854），并作笔记80页，之后读毛勒《德国领主庄园……史》，做笔记14页。笔记本编号a。6月初，马克思开始用编号为b的笔记本，继续读毛勒《德国领主庄园……史》，做笔记93页。[2286]

解说：由约翰·莫斯特编写的小册子《资本和劳动：卡尔·马克思资本论浅说》（1873），在凯姆尼斯城出版，是第一本资本论的通俗读物。由于莫斯特理论水平的限制，其中有很多理解不当的地方，但是读者特别需要这样的通俗读本，而此时仅此一本，所以在李卜克内西的再三建议下，马克思对这个小册子进行了修订并于4月出版了第二版。

经我修订的莫斯特的著作，我没有署名，否则我就要作更多的修改（一切涉及价值、货币、工资以及其他许多问题的地方，我已不得不全部删去并换上自己的话）。[2287]

解说：6月底，马克思开始用编号为c的8开笔记本，继续读毛勒《德国领主庄园……史》第4卷，做12页笔记。接着，读毛勒《德国乡村制度史》（两卷本，1863-1866），做30页笔记；格·汉森的《特里尔专区的农户公社（共同继承权）》（1863），做9页笔记；M.V.博吉西对南部斯拉夫人的习惯法的研究，载《古今立法评论》杂志（1876，第3卷），做18页笔记；接着读卡尔德纳斯的《试论西班牙土地所有制的历史》，做23页半笔记。[2288]

至于［7月17日开始的这］一个星期，劳拉是在布莱顿度过后半个星期的（我也跟她一起前往那里，因为我的妻子写信告诉我，她很不舒服）。[2289]

在我们去的时候，我的妻子还病得很厉害；在我们离开的时候，她稍有好转。……在布莱顿，人们告诉我们，布腊沃夫人是芭蕾舞演员，而柯克斯夫人是她的裁缝。我的妻子住在布莱顿的时候，布腊沃夫人在那里举行了一些人数比较多的宴会。[2290]

布莱顿水族馆在落成时，我参观过，从那时（三年前）以来，它有了很大发展。根据同牧师达成的妥协办法，它在星期日下午（到晚上）也开放，但是有一个"干旱的"条件，可怜的参观者得不到点滴饮料，连生水也喝不上。[2291]

拉法格是［7月22日］星期六到达的，星期日又跟我和劳拉一起返回［伦敦］了。[2292]

解说：燕妮记述说："我的丈夫和小女儿［8月11日］去卡尔斯巴德了，遗憾的是，他们俩都是因健康状况不佳，更确切地说是因病去的。这次旅行花费很大，以致所有其他的旅行和到别的地方去看望忠实的朋友们都不可能了，尽管我的丈夫很想有机会去游览一下勃朗峰和看望老贝克尔，但他还是不得不精打细算，限于疗养，放弃一切额外的旅行。"[2293]

首先谈谈我们旅途的遭遇。按照我的计划，我们在科伦过夜，早晨六时从那里起程，把纽伦堡作为下一个停歇点。约下午五时，我们到达纽伦堡，准备第二天晚上再前往卡尔斯巴德（这是14日，我们通知卡尔斯巴德的女房东，15日到达）。卸下提箱，并交给了搬运车夫，让他把我们送到城外离火车站最近的一家旅馆。但是，这家旅馆只有一个空房间。同时店主告诉我们一个很坏的消息，我们在其他地方未必找得到一个歇脚的地方，因为市里住满了外地人，一方面因为有一个磨粉工人和面包工人的代表大会，另一方面因为许多人从四面八方涌到这里来，要去拜罗伊特参加国家音乐家瓦格

第七十九节 跨越发展

纳的愚人节。果然是这样。我们跟着搬运车在市里转了很长时间，可是无论在最小的客栈或是在最大的旅馆都找不到一个住宿的地方。我们所得到的一切，就是从外表上认识了古老的德国手工业中心（非常有意思的地方）。于是我们不得不返回车站。在那里人家告诉我们，离卡尔斯巴德最近的城市是魏登，我们还可以到那里去。我们买了到魏登的车票。可是，列车员先生喝多了一点（或者是很多），没有叫我们在诺伊基尔亨下车——从那里有一条到魏登的新建的铁路支线——而把我们拉到伊列洛（这个偏僻地方的名称大概是这样）。我们不得不又从那里乘车（往回）走了整整两个小时，在半夜才终于到了魏登。这里唯一的一家旅店仍然客满，我们只好在火车站的硬椅子上耐心地等到早晨四点钟。从科伦到卡尔斯巴德的整个路程使我们耗费了二十八个小时！而且天气又是那样可恶地炎热！2294

第二天，我们在卡尔斯巴德（这里最近六个星期没有下雨）从各方面听到的和亲身感受的是：热死人！此外还缺水；帖普尔河好像是被谁吸干了。由于两岸树木被伐尽，因而造成了一种美妙的情况：这条小河在多雨时期就泛滥，在干旱年头就干涸。不过，最近三天，过度的炎热稍微减退了，而在最热的日子里，我们到了我过去知道的森林峡谷，那里还可忍受。小杜西在路上很不舒服，在这里已显然复原了。卡尔斯巴德像往常一样，对我发生奇效。最近几个月来，我那讨厌的头昏脑涨病又复发，现在全好了。2295

弗累克勒斯博士告诉我一件使我大为吃惊的新闻。我问他，他那个巴黎的表姊妹沃耳曼夫人是否在这里。那是一位很有意思的女士，我是去年认识她的。他回答我说，她丈夫在巴黎交易所的投机中丧失了自己的全部财产以及妻子的财产，以致这一家陷于绝望状态之中，不得不搬到德国的一个穷乡僻壤去居住。这件事的奇异之处在于：沃耳曼先生在巴黎开设了一家颜料厂，发了一笔大财；他从来没有在交易所干过证券交易，而是把他在生意上不用的钱（连同他妻子的钱）放心地买了奥地利国家证券。他突然出现一种怪念头：他开始觉得奥地利国家靠不住，于是便卖出自己的全部证券，并完全秘密地——没有告诉他的妻子和跟他有交情的海涅和路特希尔德（□又译作"罗斯柴尔德"）——开始在交易所干起……土耳其的和秘鲁的证券投机交易！直到倾家荡产。可怜的妻子正在忙于布置刚刚在巴黎租赁的房子，而在一天早晨，她毫无精神准备地得知，她成了一个穷光蛋。2296

近来我们结识了很多新交。除了几个波兰人之外，大都是德国的大学教授和别的科学博士。到处都用同一个问题折磨人：您对于瓦格纳的看法怎样？这个新德意志普鲁士帝国的音乐家十分特别的地方是，他同夫人（即同毕洛夫离婚的那位夫人），同戴绿帽子的毕洛夫以及他们共同的岳父李斯特，四个人一起住在拜罗伊特并且情投意合。他们亲热相处，相互接吻，彼此相爱而且皆大欢喜。此外，李斯特是罗马教修道士，而瓦格纳夫人（名字叫科济玛）是他和达古夫人（丹尼尔·斯特恩）的"非婚生的"女儿，真是想不出比这个小家庭及其相互之间的宗法关系更合适的奥芬巴赫歌剧脚本了。这个小家庭的趣事也可以用类似尼贝龙根的四部曲来表现。[2297]

我的女儿突然病了。希望没有什么要紧的，9月6日晚上我等着医生第二次来诊疗。[2298]她……发高烧，在床上躺了三天，[9月9日]仍然被关在家里；但是由于小弗累克勒斯博士的迅速诊治，一切危险已经过去。[2299]

[9月12日]我的女儿已经痊愈。她还算幸运。她差一点就会得肺炎，她的医生小弗累克勒斯博士的迅速诊治，使她避免了一场长时间的危险疾病。然而由于这件事，我们必须在这里待到星期五，以便作病后疗养。[2300]

我工作忙……在卡尔斯巴德的最后几天得了喉炎。[2301]

我们十点四十七分从卡尔斯巴德出发，下午五点五十分到达布拉格（国家铁路车站）。[2302]

解说：9月21日马克思在比利时列日瑞典旅馆。[2303]

我的朋友尼古拉·吴亭，三十五岁，经医生查明，开始患心肌变性病。医生建议他到卡尔斯巴德去治疗，但是因为他在春、夏、秋三季工作非常忙——他是工程师，主持着几个大型铁路企业和其他类似的企业——因此只有在12月和冬季的几个月内才能抽出时间去治疗。但是，他很怕冷，因而希望知道，他是否可以不去卡尔斯巴德，而去维希。不了解他本人的情况，要回答这样的问题当然是困难的，也许是不可能的。[2304]

解说：9月22日马克思离开列日。[2305]9月23日，马克思回到伦敦。[2306]燕妮说，"卡尔斯巴德……这次治疗对我丈夫也起了很好的作用。但遗憾的是，回家以后在我们这个潮湿的多雾之国他感冒得很厉害。"[2307]

利沙加勒的法文著作《[一八七一年]公社史》……正在印刷，……这将是第一部真实的公社史。[2308]

第七十九节　跨越发展

解说：11月末，马克思"非常着急，因为没有得到巴黎的消息。……他给巴黎寄去了一包分册出版的书，想换回一本装订成卷的书，但是……杳无音讯。"[2309]马克思12月11日写信给恩格斯说：

"柯瓦列夫斯基昨天来我这里，他要汉森的著作；我对他说，他明晚可以拿到；同时，根据他的要求，约好明晚（星期二）去看你。现将汉森的著作寄给你，你会像我一样用两三个小时很容易地读完它。"[2310]

解说：**1877年1月**，燕妮记述了家人的情况："现在［小燕妮的8个月大的儿子让·龙格］长出了唯一的一颗小牙，被喂养成一个肥胖、健壮和很好看的小家伙了，他是全家的乐趣。……小燕妮仍旧患气喘病和经常咳嗽，但这并没有妨碍她一丝不苟地履行她在学校里和家里的义务，既没有使她失去丰腴的体态，也没有使她玫瑰色的双颊上焕发的容光减色。拉法格和劳拉住得离我们也不太远。可惜，他们的事业，即按吉洛的方法从事印刷，目前进行得不太好。大资本的竞争总是到处成为障碍。拉法格在同大资本的斗争中花费了很大力量。劳拉在家里和外面的一切事情上也表现了惊人的毅力、勇敢和极大的热忱。……劳拉的身体已完全恢复，现在看起来容光焕发，充满青春活力，显得这样年轻，不知道她已经出嫁九年的人，还称她为'小姐'。"[2311]

解说：燕妮还记述道，"我的丈夫，他现在正认真研究东方问题，并且非常满意穆罕默德的后裔对于所有那些在关于暴行问题上进行投机的基督教骗子们和伪君子们所持的坚定而可敬的立场。"[2312]

"东方问题"甚嚣尘上。不管到那里，随便哪个约翰牛都会抓住你问："喂，先生，您是怎样考虑东方问题的？"要不是为了顾全礼貌，便可以做出唯一恰当的回答："先生，我认为您是个白痴。"[2313]

"东方问题"（这个问题必然以俄国爆发革命而告终，不管对土耳其人的战争的结局如何）和社会民主党在本国内对自己战斗力量的检阅，大概已使德国文明的庸人相信，世界上还有比理查·瓦格纳的"未来的音乐"更为重要的东西。[2314]

这里不仅天气很坏，阴郁多雨，黑黄烟雾弥漫，以致我……整个上午都不得不点煤气灯。[2315]

解说：2月3日英国保守派周刊《白厅评论》上发表了匿名文章——《格

莱斯顿先生和俄国的密谋》，文章披露了英国自由党领袖、前首相格莱斯顿与一个负有秘密外交使命的俄国女人诺维科娃之间的往来情况。这篇文章是马·巴里写的，是根据马克思在去年下半年发现的一些秘密材料而写成的。[2316]

解说：既有喉病，马克思还强加给自己工作（翻译《公社史》）。[2317]3月间，伦敦公园的水面上还盖有一时半厚的冰。[2318]3月3日的《名利场》周刊刊登了未署名文章《格莱斯顿先生》，再次揭露格莱斯顿同驻伦敦德国大使馆的非官方代理人诺维科娃之间的关系。作者是马·巴里。[2319]

这段时间……我身体很不好，经常感冒，患鼻炎和咳嗽。[2320]

解说：从2月底到3月5日，马克思整理研读杜林的笔记，写了《评杜林〈国民经济学批判史〉》手稿。[2321]马克思3月5日写信给恩格斯说：

"附上《杜林评论》。读这个家伙的东西而不当即狠狠敲打他的脑袋，我是办不到的。……在炎症使我心情烦躁的情况下，它作为一件附带的'工作'，对我还是大有益处的。"[2322]

解说：恩格斯在回信中说，"衷心感谢你在《批判史》方面所做的大量工作。这超过了我在这个领域里也把这个家伙驳得体无完肤的需要。"[2323]

3月7日正当我吃午饭时，伟大的巴里手中拿着八份报纸匆匆忙忙地走来。[2324]巴里是一位热忱的苏格兰党内同志。[2325]

有个下院议员〔凯斯·奥克莱里〕（爱尔兰人）打算……提出一项提案，建议英国政府要求俄国政府实行（在俄国）它认为土耳其必须实行的那种改革。他想利用这个机会讲一讲俄国发生的种种可怕现象。我已经把俄国政府对倔强的波兰东方礼天主教徒采取的措施的某些详细情节告诉了他。[2326]

解说：马克思为此3月16日写信给拉甫罗夫：

"可否请您就俄国近几年来所发生的司法和警察迫害事件写一份简要综合材料（用法文）？因为时间少（我今天才得知此事），又因为写点什么总比什么也不写好，所以可否请您写点'什么'？"[2327]

解说：马克思3月23日邀请拉甫罗夫一道去看戏：

"我代表我的女儿杜西送上艺术剧院池座戏票一张（两人）。是看今天的演出的（星期一）。上演《理查三世》。您最好七点多一点到剧院。"[2328]

解说："马克思感到健康已经恢复到可以进行原来的工作了。……3月

第七十九节 跨越发展

底，他从……四份手稿中做出提示和笔记，并以此作为重新写作第二册的基础。"[2329]

解说：4月19日，马克思又写了《资本论》的第二册的一些手稿，"第二册，资本的流通过程"，写了4页对折纸。[2330]

解说：《资本论》是马克思生命的中心，只要一出现身体情况允许的时机，他首先投身的事情就是写作《资本论》。

解说：爱琳娜说："摩尔本打算再去一次卡尔斯巴德，可是有人告诉我们，德国和奥地利政府想把他驱逐出境，万一遭到驱逐，那就旅途太长，旅费太贵了。他不得不放弃卡尔斯巴德之行。这对他的健康是很不利的，因为他每次到卡尔斯巴德之后总觉得返老还童。"[2331]

小家伙很容易就断奶了（但爱尔兰女人还在我们这里），可是有一种危险的爱好：不在房间里爬，而是爬楼梯。（□马克思59岁。）[2332]

解说：因为马克思的"病很重，在现在的健康情况下，……他过度疲劳了，因而必须有相当一段时间什么事情也不做。"[2333]马克思在7月18日给恩格斯的信中也说：

"在上星期的几天中和本星期初，我的失眠症和由此而引起的脑神经混乱状态曾十分严重，从昨天起又开始好转。"[2334]

卡尔斯巴德医生们私下对我说，不愿每年都去卡尔斯巴德的人，间或到诺伊恩阿尔去一下，可能是有益的。他们当然希望每个人都去卡尔斯巴德。但是甚至从卫生的角度来看，大概最好是有时变换一下疗养地并饮用较轻的矿水，因为变换有益于身体。况且我的病现在与其说是肝病，不如说是由此引起的神经衰弱，因此，饮用较轻的、但主要成分相同的矿水更好些。[2335]

第八十节　诺伊恩阿尔

我打算尽可能在8月12日就动身前去诺伊恩阿尔,而不去卡尔斯巴德。[2336]

我的妻子严重消化不良,而我无论如何要把杜西带去(她的病又犯得很厉害),所以把我妻子一个人留下,她会十分苦恼。我们三个人往来一趟,加上行李以及我去治病时常有的中途停留,仅仅这些开支就需七十英镑。[2337]

我经常正是由于费用的缘故而忽略了最主要的一点——病后疗养。由于可以使旅费大大减少以及在治疗期间全家都去(由威塞斯看门),所以用诺伊恩阿尔代替卡尔斯巴德是一举多得的事。[2338]

关于诺伊恩阿尔,再说几句。如果总是不断地到卡尔斯巴德去,那就是经常采取最后一着。相反地,如果饮用比较轻的医疗矿水,当病情更严重时,还有比较重的矿水留作后备。对待自己的身体,也像对待其他一切事物一样,必须要耍外交手腕。[2339]

我的外甥先生们(利·尤塔和查理·尤塔)7月31日送给我五大卷班克罗夫特著《北美太平洋沿岸各州的土著民族》。这部书是朗曼公司出版的,这对他们很方便,只要在朗曼公司和老头子(约翰·卡尔·尤塔)之间结账就行了。[2340]

解说:8月1日,恩格斯大概已经收到马克思寄去的梅林的书《德国社会民主党史》(马格德堡1877)。[2341]

由于我的健康状况不佳,需要治疗。在这段时间内我被禁止做任何工作,因此[白拉克]必须另外找人检查利沙加勒的著作的译稿,因为译稿不经检查是不能付印的。[2342]

我在小储藏室里无法找到欧文的书(以及傅立叶的《虚假的行业》),因为那里乱极了(它也是卡里的卧室,女士们把装着旅行需要的各种东西的所有皮箱都堆放在那里)。[2343]

第八十节 诺伊恩阿尔

我在家里找到了欧文的一本非常重要的著作,即《人类头脑和实践中的革命》(1849),欧文在这本书中对自己的全部学说作了简要概述。我已把它完全忘记了。这本书连同傅立叶的《关于四种运动的理论》和《经济的新世界》以及雨巴关于圣西门的著作一起,我……都带到〔恩格斯〕家里去。[2344]

解说:在8月8日给恩格斯的信中,马克思附上一份手稿《〈经济表〉及若干批注》。[2345]

解说:8月8日晚上,马克思同燕妮、爱琳娜起程去诺伊恩阿尔疗养。[2346]

我的地址是:莱茵普鲁士诺伊恩阿尔弗洛拉旅馆,卡尔·马克思博士。诺伊恩阿尔是一个乡村的名称,这个矿泉疗养地甚至够不上称作小市镇。它同外界完全隔绝,因为在阿尔河谷境内没有铁路。[2347]

我总是一旅行就便秘,而且在第一个星期饮用矿水之后便加剧。[2348]

这是真正的田园生活;而且由于天气不太好(然而,这里即使在下雨和有暴风雨时,空气也总是非常好的),也许是由于长期的营业危机,游览的人数已从三千减少到一千七八百。幸福的阿尔河谷!这里还没有铁路;不过,已经测量了,它面临着明年从雷马根到阿尔魏勒的铁路动工修建的威胁,但是铁路不会从阿尔魏勒沿着阿尔河谷伸延下去,而是往左,往特里尔伸延下去。[2349]

我在这里找到了一位很好的医生——施米茨博士(生于济根),他很有办法,尽管在这里拥有一座带花园的漂亮住宅,但冬天(从10月底起)却到意大利去行医。他去过世界许多地方,还到过加利福尼亚和中美洲。他的仪表和举止很像盛年的小矮个德朗克。[2350]

他基本上证实了我……的那些推测。我的肝脏没有发现肿大的征候;消化器官有些失调;而主要是神经衰弱。施米茨8月17日再一次对我说,我在这里停留三个星期以后应当到黑林山呼吸高山和森林的空气。我们考虑一下再说。他也向我的妻子提出同样的建议,不过,她必须经过一个疗程。她来得正是时候,她的病还没有恶化。小杜西胃口好转,这对她来说是最好的征兆。[2351]

这里的疗养院(此处也进行浴疗,这里同各地一样,浴疗与喝碱性饮料的地方紧挨着)设有阅览室,除了德国和荷兰的报纸,还有《泰晤士报》和

《加利尼亚尼信使报》《费加罗报》和《比利时独立报》，这已超过我的需要，因为我在这里尽可能不读报纸。我也认为，很遗憾，土耳其人又失去时机——至少我这个外行人看是这样。[2352]

我从《泰晤士报》上看到（在疗养院阅览室），[马耳特曼·巴里]发表了有关在东方问题上采取行动的报道。[2353]

解说：9月27日马克思返回伦敦。

这一年来我一直患着该死的失眠症，……我自己感到可以支持的那一点时间，必须全部用于工作。[2354]

解说：其中一项重要的工作就是应左尔格的请求对《资本论》德文第一卷第二版进行修订。左尔格曾在9月5日写信来说他打算把《资本论》译成英文在美国出版。[2355]

我自己患流行性感冒……这对工作妨碍很大。[2356]

恩格斯目前很忙，第一，要为《前进报》写稿《反杜林论》；第二，很多庸人纷纷从德国前来拜访；第三，他本人患"流行性感冒"；第四，他妻子患病。因此，我们至今未能共同着手审阅《宣言》。[2357]

解说：10月19日，马克思修订完了《资本论》，并将修订意见表寄给左尔格。赫斯夫人给马克思寄来赫斯的遗著《物质动力学说》。这本书应该包括三个部分：（1）宇宙部分；（2）有机部分；（3）社会部分。马克思和恩格斯认为这部著作具有十分重要的科学价值。[2358]

我和恩格斯非常感谢寄来两本《物质动力学说》。我们两人都认为，我们的亡友的这部著作具有十分重要的科学价值并且为我们党增添了光荣。因此，不管我们和多年盟友的私人关系怎样，我们都将把阐明他的这部著作的意义和尽力协助它的传播看作自己的职责。[2359]

我和恩格斯相当长的时间不在伦敦，而回来之后，……我应该首先看完我们亡友的那本书。……我们将尽最大努力传播它。这本书里有一些独到的见解，但是，很遗憾，大概因为赫斯未能做最后加工，其中有不少论点将成为自然科学家严厉批判的材料。[2360]

我的著作《资本论》的各个部分是交替着写的。实际上，我开始写《资本论》的顺序同读者将要看到的顺序恰恰是相反的（即从第三部分——历史部分开始写），只不过是我最后着手写的第一卷当即做好了付印的准备，而

第八十节 诺伊恩阿尔

其他两卷仍然处于一切研究工作最初阶段所具有的那种初稿形式。……法文版只是翻印了伦敦版中的相片,而这张相片又被巴黎艺术家更进一步地,但绝不是令人愉快地理想化了。[2361]

我的健康状况迫使我把医生给我限定的工作时间全都用于完成我的著作《资本论》。[2362]

解说:11月马克思写给《祖国纪事》杂志编辑部的信。[2363]柯瓦列夫斯基在伦敦的第一个冬天只到马克思那里去过几次。[2364]在柯瓦列夫斯基和马克思相处的整个时期,马克思只离开过伦敦一次,去卡尔斯巴德。[2365]

解说:**1878**年。"马克思的身体比前几年好得多;他的夫人不十分健康,但是医生说能治好"。[2366]

解说:3月,马克思开始读考夫曼的《银行业的理论与实践》,以及他在《开端》杂志上发表的《俄国农民公社一文》,做了大量摘录。4月马克思为了写作《资本论》第二卷,研究了有关货币的理论和历史:加西奥的《伦敦的威斯明斯特的银行》《财政破产和挽救之法》,许尔曼的《德国中世纪财政史》《拜占庭贸易史》《希腊人贸易史》,古德曼的《纸币》,普尔的《货币及其规律》,罗塔的《银行史》《银行学原理》。[2367]

解说:5月12日,柯瓦列夫斯基回忆说,"当马克思(□60岁)得到诺比林刺杀德国老皇帝威廉未遂的消息的时候,我正在他的书房里。马克思一听到这个消息,就立刻咒骂恐怖分子,并解释说,这样做只能促成这样一种后果,即对社会主义者的新的迫害。"[2368]

柏林《福斯报》驻伦敦记者搞了一个下流的恶作剧,宣称我写了一本叫做《布赫尔先生》的书。谣言立即在德国传开了,普鲁士警察当局千方百计地要证实它,对许多书店进行了搜查,想要查获《布赫尔先生》这本书。如您所见,《布赫尔先生》不过是个骗局。[2369]

解说:6月12日马克思写《布赫尔先生》一文。[2370]6月27日,马克思写答布赫尔的《说明》。[2371]

解说:马克思第二次尝试整理出可以付印的《资本论》第二卷手稿,"第二册第一部分第一章,资本形态变化及其循环",在7月2日写成,7页对开纸。[2372]

解说:"看来,这时马克思已经明白了,如果他的健康状况不根本好转,他就绝不能完成他的第二卷和第三卷的修订工作，使之达到自己满意的程度。事实上，第Ⅴ—Ⅷ稿已经够多地留下了他同折磨人的疾病进行顽强斗争的痕迹。"[2373]

［9月4日］，我动身去莫尔文疗养，在那里要住三个星期。（地址：<u>伍斯特郡大莫尔文镇莫尔文伯里，卡尔·马克思博士。</u>）我的妻子已在那里住了几个星期，她的身体很不好；我的小外孙也曾病得很厉害。[2374]

解说：与恩格斯长期生活的伴侣去世了，恩格斯说，"死亡刚刚使我可怜的妻子摆脱了她长期的病痛。"[2375] "今晨（9月12日）一时半我的妻子在长期病痛之后安详地去世了。头天晚上我们结成了合法夫妻。"[2376] 恩格斯发讣告。[2377]

解说：马克思回到<u>伦敦</u>。

从回来的那天起，剧烈的头痛就折磨着我；但是自从接到可爱的小燕妮关于琼尼的令人快慰的信以后，我就好些了。[2378]

各家英文报纸竟捏造出在敖德萨枪决我们的朋友柯瓦列夫斯基的消息。在报纸上，他的名字叫做唐—柯瓦尔斯基。这个胖子星期日［9月15日］来我这……[2379]

恩格斯9月16日已同伦肖夫人和彭普斯一起去安普顿，彭普斯穿上价值五基尼的丧服，已经完全具有一个"在位的女王"的仪表和风度，这身丧服只不过突出了她的难以掩饰的"愉快"。[2380]

9月17日小蒙蒂菲奥里先生来我这里，他前往柏林去；他对杜西说的一段话，十分突出地表现出英国的，特别是伦敦的青年文人的特色："但愿普鲁士人使我如愿以偿，把我拘捕一两天！这是给杂志投稿或给《泰晤士报》写信的多好的材料呵！"[2381]

9月17巴里来了。洛桑代表大会没有开成，这件事他还在巴黎时就已知道了，因此就留在那里。希尔施和他只是以采访记者身份去参加大会的，但是大会已被驱散了，而参加大会的人被捕了；希尔施是后来夜晚在自己住所里被捕的。[2382]

9月23日老佩茨累尔到这里来了，带来了一位牧师的信，这位牧师正在出版一种杂志，也妄谈社会主义，并希望从我这里得到一些资料。俾斯麦目前重新把社会主义提上了议事日程，为此甚至把高级政治也多少置诸脑后了。[2383]

第八十节 诺伊恩阿尔

我的妻子、小燕妮和琼尼于星期五白天平安地到达我们这里,住在我家,9月23日晚小燕妮带着她的全部行李又搬到莱顿小林(龙格所住伦敦街名)去同龙格会合。[2384]

佩茨累尔先生告诉我,〔摩里茨·考夫曼〕曾写过一篇关于我的《资本论》一书和我的生平的文章,这篇文章要……再版,……希望我或恩格斯订正……某些错误。在没有拿到所说的这篇文章之前,我自然无法断定能做到什么程度。[2385]我只是在校样上指出了一两处错误。我没有时间审阅阐述中的更为重大的错误,……校样 b 我删去了"其中之一是年轻的拉萨尔"。他从来不是《新莱茵报》的撰稿人,虽然这时他初次同我发生了个人的来往。我增加了《资本论》的"俄文"译本,因为恰恰是在俄国,年轻的大学教授公开地接受和维护了我的理论。校样 d 我删去了"和它以前的一名党员"。梅林从来不是德国社会民主党党员;事实是,他曾把爬虫报刊基金的主子的某些诡计透露给李卜克内西,并想因此而成为党员。[2386]

解说:9月下半月马克思写帝国国会关于反社会党人法的辩论文章草稿。[2387]

解说:普鲁士警察局的命令和专家的报告,都认为马克思的《资本论》无须查禁。[2388]

解说:10月19日,俾斯麦政府在帝国国会支持下通过反社会党人非常法,10月21日生效,以反对社会主义运动和工人运动,因此德国社会民主党成为非法组织。[2389]自从德国和奥地利形成的局势使马克思不能每年去卡尔斯巴德以来,马克思的健康状况一直不好。[2390]

我在〔《资本论》〕法文版第351页(注释)上预言要发生的英国危机,终于……爆发了。我的朋友们,既有理论家也有一般实业界人士,当时曾经要求我删掉这个注,因为他们觉得这个注没有充分的根据,他们竟然确信,美国、德国和奥地利的危机可以说一定会成为英国危机的"贴现"。[2391]

解说:12月18日,马克思同《芝加哥论坛报》通讯员谈话。[2392]

解说:**1879**年。"红色恐怖博士"吸引了一个人的注意,就是嫁给德国王储的维多利亚女王的女儿。她要求蒙特斯图亚特·格兰特-达夫去见马克思,并把他对马克思的看法告诉她。格兰特-达夫是英国议会中自由党的议员,在政府中长期担任印度和殖民地方面的要职。[2393]午餐的时候,格兰特-达夫见到了马克思。此时马克思头发和下巴上的胡须都已经灰白了,但是唇上的胡须还是黑色的。目光严峻但是神态和蔼。

解说：谈话过程中，格兰特-达夫发现马克思非常博学，马克思对"比较语法"很感兴趣，因而研究过古斯拉夫语和其他冷僻门类的学问。马克思的谈话内容丰富，妙趣横生，间或有些冷峻的幽默，如谈到黑泽基埃尔写的《俾斯麦传》时，马克思把它与布什博士的那本书相比，称之为《旧约》。马克思的谈话积极开朗，略带尖刻，但是不慷慨激昂，讲得非常引人入胜。格兰特-达夫觉得马克思讲到过去和现在时，常发表一些十分正确的见解，但是谈到未来却模糊不清，这一点让他不满意。马克思认为俄国将发生大崩溃，而且为期不远。俄国的崩溃将从上面的改革开始，并将会波及德国，表现为反对现行军事制度的起义。格兰特-达夫记录了他们的谈话。

格兰特-达夫："可是您怎能期望军队起来反对他们的恶指挥官呢？"

马克思："你忘记了在今天的德国，军队几乎就等于国民。您听到的这些社会主义者也像其他任何人一样，都是受过训练的士兵。您不能只想到常备军，还要想到后备军。况且，即使在常备军里也存在着严重的不满。从来没有一支军队里面有这么多人因纪律严酷而自杀。从向自己开枪到向长官开枪这一步之差并不大，而且，此例一开将很快就有人效仿。"

格兰特-达夫："可是，假设欧洲统治者们之间达成谅解，实行削减军备从而会大大减轻人民的负担，那么，您意料中迟早要由人民的这种负担引起的革命会怎样呢？"

马克思："啊！他们做不到。各种各样的恐惧和嫉妒心理使他们无法这样做。随着科学对破坏手段的改良，负担将越来越严重，二者齐头并进。花在昂贵武器上的钱将一年比一年多。这是个恶性循环，无法逃避。"

格兰特-达夫："可是，还从未见过没有真正深重的苦难而发生严重的民众起义的情况。"

马克思："您不知道德国在过去五年中经历的危机有多可怕。"

格兰特-达夫："那么好吧，假定您设想的革命爆发了，您的共和式的政府成立了，但是，这距离您和您朋友们的独特思想变为现实还很遥远。"

马克思："这毫无疑问。然而，一切伟大的运动都是缓慢的，正如你们的1688年革命一样，仅仅是向好的方向迈进了一步——大陆上的一站而已。"

格兰特-达夫认为马克思这些想法太虚幻，所以不构成威胁。不过目前军备开支疯长，局势显然很危险。他们在谈话中多次谈到威廉三世和德国皇储。马克思谈到这些名人时不会咬牙切齿，但是充满尖刻犀利、锐不可挡的批评。谈到被同国际联系起来的那些事，马克思态度也像任何正派人士一样。马克思提到一件事，显示了有革命名声的流亡者面临的危险，当格兰格-达夫说起爱·诺比林，这个人曾经在德累斯顿皇家统计局当过辅助性的工作人员，他于去年6月2日曾经在柏林刺杀德国皇帝威廉一世，然后向自己头部开枪企图自杀未遂，9月10日死于狱中。格兰特-达夫说诺比林在伦敦的时候曾经想见马克思。马克思说："如果他来了，我肯定会让他进来。因为他送进的名片上一定介绍他是德累斯顿统计局的雇员，而我正干着统计工作，对跟他谈谈会很感兴趣。"接着又补充说，"如果那时他真的来见了我，我的处境该多么狼狈不堪啊。"[2394]

解说：尽管马克思同格兰特-达夫观点完全对立，但是三个小时的谈话并没有给格兰格-达夫留下一点不好的印象，甚至很想再次见到马克思。格兰特-达夫认为，不管马克思是否希望，但是颠倒世界的肯定不是马克思。

第八十一节　资本论续篇

据我从德国得到消息说，只要那里现行的制度仍然像现在这样严格，我的第二卷就不可能出版。就当前的形势而论，这个消息并没有使我感到惊奇，而且我还应当承认，它也没有使我感到气愤，这是由于：

第一，在英国目前的工业危机还没有达到顶峰之前，我决不出版第二卷。这一次的现象是十分特殊的，在很多方面都和以往不同，完全撇开其他各种正在变化着的情况不谈，这是很容易用下列事实来解释的：在英国的危机发生以前，在美国、南美洲、德国和奥地利等地就出现这样严重的、几乎持续五年之久的危机，还是从来没有过的事。因此，必须注视事件的目前进程，直到它们完全成熟，然后才能把它们"消费"到"生产上"，我的意思是"理论上"。

第二，我不仅从俄国而且也从美国等地得到了大批资料，这使我幸运地得到一个能够继续进行我的研究的"借口"，而不是最后结束这项研究以便发表。

第三，我的医生警告我，要我把我的"工作日"大大缩短，否则就难免重新陷入1874年和以后几年的境地，那时我时常头晕，只要专心致志地工作几小时就不能再坚持下去。²³⁹⁵

解说：由于《资本论》失去了短时期内出版的希望，马克思（61岁）从加工出版《资本论》四卷的构想中一定程度地解脱出来，从而能够以更宏大的视野回归到最初的五篇构想以及六册构想：资本、劳动、地产；国家、国际贸易、世界市场。其中资本和劳动的问题马克思已经基本解决，因此接下来的研究重心集中在土体制度和国家问题上。

由于龙格突然病了，我推迟了行期。我担心是胃炎，……如果病情严重，我就不得不放弃原定去泽稷岛的旅行（我原打算到那里去，因为这地方对我的旅伴——我的小女儿来说是新鲜的），而到伦敦附近的某个海滨疗养地去。²³⁹⁶

从伦敦出发时，我们在滑铁卢码头遇到了哈尼，他送妻子去泽稷。她的运气不错，买到了一张头等船票，而我们买到的是二等船票。在船上我们又一次相遇。她也和我们一样不晕船，但终究是个病人。到泽稷后，我们又分开了，不过她把她哥哥的地址告诉我们了，她住在那里。后来，我们到那里做过一次"慰问性"拜访。²³⁹⁷

在这里，我终于又能很好地睡眠了，这是很久以来所没有过的，只是恶劣天气引起的感冒尚未痊愈。不过，这里的气候温和，感冒很快就会好的。杜西身体很好。²³⁹⁸

在"特拉法加"旅馆，有两个得比郡的租地农场主——他们是父子俩——一直和我们同桌进餐。[8月12日]他们乘帆船到圣马洛去游玩，他们在平生第一次"逛法国"回来之后，就觉得自己身价百倍了。²³⁹⁹

在我们来到泽稷的时候，这里还比较空，但是过后就有大批游客特别是法国人蜂拥而至。²⁴⁰⁰

自从到这里以后，我没有看到过报纸，除了卡尔顿的《关于爱尔兰农民

第八十一节 资本论续篇

生活的特写和报道》第一卷,根本没有看过任何书。把第一卷看完,是很不容易的,我准备到适当的时候再看第二卷。这本书通过一些不连贯的故事,从不同的方面来描绘爱尔兰农民的生活,因此,写得让人不能一口气就把它读完。正是因为这样,要把各种风味都稍尝一下,就必须备有这本书。卡尔顿不论在风格上或在结构上都不高明,但是他的特点在于他描写的真实性。[2401]

杜西认为浴场方面的困难不值一提,她原来是轮流到圣布里列德湾和圣黑利厄尔湾去游泳;现在是轮流到圣黑利厄尔湾和圣克列门特湾去游泳。[2402] 我一直没有到海里游泳,而是洗热海水浴,因为我们到泽稷岛时遇到恶劣的天气,我的喉病加剧了,此外,有时还牙痛。[2403]

8月14日早晨我们去"欧罗巴"旅馆询问时,幸好恰巧有六十个法国人准备离开,而满载又一群人类垃圾的轮船还没有开到。[2404]

我们将迁入圣黑利厄尔的"欧罗巴"旅馆。我们不打算在目前居住的圣奥宾再待下去了,因为杜西和我真怕每天吃单调的羊肉饭食,我已经因此而被迫当了好几天素食主义者了。我们在这里找了很久也没找到另外的住处。[2405]

收到兰兹格特发生灾难的电报后,我们第二天即〔8月20日〕星期三的清晨就立即动身去伦敦了。[2406]

解说:然后,马克思到达兰兹格特市滑铁卢广场62号。[2407]

由于许多原因我必须到兰兹格特……。星期四我到达这里时雷雨交加。星期五是晴天,星期六从早到晚都是倾盆大雨,……〔8月24日〕又是晴天。[2408]

最重要的是,小燕妮顺利地经受了九天的考验,而按这种情况来说,身体还算不错。现在她自己哺育婴儿;以后也能这样就很好。我妻子虽然恢复缓慢,但总算见好。[2409]

我的头脑还不好。8月24日,我试了一下,看了看带来的数学笔记,但是不得不很快就停止这种为时过早的事情,即使是试一下也不行。[2410]

解说:可以看到,马克思外出时随身携带研究笔记。

天气一天比一天坏;但一天毕竟还有几个小时是不错的,即使是暴雨天,海边的空气也还是清爽的。[2411] 这里的天气时好时坏,而大部分是坏天气。[2412]

〔8月27日晚上〕雨停了。我们带着琼尼到海滨浴场去,人群中有人说了一句:"这个小孩长得像个王子。"琼尼生气地回过头去顶了一句:"我像小肖利迈!"[2413]

劳拉在我们这里住了一星期。保尔偶尔来住几天，9月8日和她一同回伦敦去了。[2414]

解说：尽管天气经常变化，但是马克思还是想再住一个星期，因为这里特别见效。但是钱要花完了，于是写信求助恩格斯。[2415]

［9月10日］，在海滨浴场，使我大为惊异，迈耶尔突然出现在我面前。令人欣慰的是，他立即向我说明，他在马尔吉特住了一天，再过几小时又要离开了，他只是想探问一下"尊敬的夫人"是否安好，等等。我同他周旋了一番，然后让龙格送他回去了。他（迈耶尔）去爱丁堡参加工联代表大会。令我满意的是，这场"危机"如此迅速地渡过了。他还告诉龙格，他的肝病大大恶化了，因此他现在"饮酒"不能像往常那么多了，否则就会损伤脑子。这大概就是他最近几次在梅特兰公园胡闹等等的原因。[2416]

解说：9月17日，马克思返回伦敦。[2417]用两天的时间，马克思和恩格斯写了《给奥·倍倍尔、威·李卜克内西、威·白拉克等人的通告信》。通告信内容包括三个方面。[2418]

一、同希尔施的谈判。
二、给报纸拟定的方针。
三、苏黎世三人团的宣言。

柯瓦列夫斯基的书，我已从他本人那里得到了。他是我的"学术上的"朋友之一，每年都要来伦敦，利用英国博物馆的珍藏。[2419]

我觉得身体强多了，很想能坐下来好好工作。[2420]

解说：大约10月，马克思开始读柯瓦列夫斯基《公社土地占有制：其解体的原因、进程和结果》（第一册，1879年莫斯科版）一书，并作摘要。[2421]

我完全忘记了［1880年］耶稣受难节，因此我同女儿爱琳娜在十二点去时发现"罗亚尔"咖啡馆关着门。[2422]

解说：3月底，马克思写《关于〈哲学的贫困〉》，介绍了重新发表这一著作的原因：[2423]

之所以要重新发表《哲学的贫困》（第一版已售完），是因为：在该书中还处于萌芽状态的东西，经过二十年的研究之后，变成了理论，在《资本论》中得到了发挥。所以，阅读《哲学的贫困》以及……《共产党宣言》，可以作为研究《资本论》和现代其他社会主义者的著作的入门，因为像拉萨尔那样的现代社会主义者的思想，是从上述著作中吸取来的。[2424]

解说：4月上半月，马克思拟《工人调查表》，发给法国工人，发表在马隆的《社会主义评论》上，二万五千份销售一空。[2425]

《工人调查表》（节录）

在你的生产部门里有没有这样一种企业，在这种企业中，付给工人的报酬一部分是工资，另一部分则是所谓分红？请把这些工人的总收入和没有所谓分红的工人的收入作一比较。这种制度下的工人有些什么义务？是不是容许他们参加罢工等活动，还是只许他们做老板的忠实奴仆？

解说：马克思5月4日为恩格斯《社会主义从空想到科学的发展》法文版写导言。其中写道：

［恩格斯］寄给《前进报》并讽刺地题为《欧根·杜林先生在科学中实行的变革》的……一组论文……已经集印成书。在这本小册子中我们摘录了这本书的理论部分中最重要的部分；这一部分可以说是科学社会主义的入门。[2426]

解说：需要注意的是，马克思"入门"这一评价指的是从《反杜林论》摘录出来的这一部分，即《社会主义从空想到科学的发展》。在这个导言最后一页上，马克思写信给拉法格说：

"以上论述是我（昨天晚上）同恩格斯商量的结果。请在词句上加以修饰，但是不要改变内容。"[2427]

解说：5月，马克思（62岁）、恩格斯、拉法格和茹尔·盖德共同起草了"法国工人党纲领"。为了对这一"纲领"进行阐释，拉法格开始撰写《法国工人党宣言》。[2428]纲领的"最低纲领部分"写道：

"废除一切新闻出版法、集会法和结社法，……通过立法将成年人的工作日缩短为8小时。……废除一切间接税，并把一切直接税改为收入在3000法郎以上和遗产在20000法郎以上的累进税。"[2429]

解说：5月初，马克思写"法国工人党纲领"导言，其中写道：[2430]

"生产者阶级的解放是不分性别和种族的全人类的解放；生产者只有在占有生产资料之后才能获得自由；生产资料属于生产者只有两种方式：（1）个体占有方式，这种方式从来没有作为普遍现象而存在，并且日益为工业进步所排斥；（2）集体占有方式，资本主义社会本身的发展为这种方式创造了物质的和精神的因素；鉴于这种集体占有制只有通过组成为独立政党的生产者阶级——无产阶级的革命活动才能实现。"

解说：6月，拉法格起草完毕《法国工人党宣言》，马克思对全部手稿进行审阅。把自己的意见和建议，写在手稿正文的页边和行间。一部分是马克思直接做的批注，一部分是马克思口授拉法格笔录的。[2431]

我的医生极力劝我在一段时间内停止一切工作，如果不是因为我的妻子病得很危险使我耽搁了的话，我可能已经离开伦敦到海滨或山区什么地方去休养了。[2432]

在目前条件下，《资本论》的第二册在德国不可能出版，这一点我很高兴，因为恰恰是在目前某些经济现象进入了新的发展阶段，因而需要重新加以研究。[2433]

解说：在医生建议下，马克思到兰兹格特疗养。

我现在不能从事理论工作。医生让我到这里来时，曾严格规定"不许做任何事情"，并且通过"悠哉游哉"来恢复自己的神经系统。[2434]

忽然，早就折磨着我妻子的疾病恶化了，有造成非常不幸的结局的危险。在这种情况下，我能够挤出来工作的那一点时间，只能用到我无论如何应当完成的那些著作上去。[2435]

我曾同她去曼彻斯特我的朋友龚佩尔特博士那里看病，她患了危险的肝病。[2436]

解说：8月间，《太阳报》通讯员斯温顿访问了马克思。他记述道："就在那里，我在他的小别墅中见到了他和他一家两代人。一位相貌端庄、语音悦耳、彬彬有礼的文雅妇女在门口迎接我，她显然是这个家庭的主妇和卡尔·马克思的妻子。而那位亲切而温厚的六十岁的人有着硕大的头、和善的面容、长而密的蓬松花白头发，他就是卡尔·马克思吗？"[2437]

解说："他谈话的风格很像苏格拉底——那样无拘无束、那样广博、那样富于独创之见、那样尖锐、那样真挚，而且是冷嘲热讽，妙趣横生，奔放爽朗。"²⁴³⁸ "他一国一国地评述欧洲世界，描述特点、事件和人物——有明摆着的也有藏于深处的；指出事态的进程是朝着无疑将会实现的目标发展的。当他谈话之际，我时时不禁感到惊奇。显然，这位很少出头露面的人却深刻通晓当今现实，从涅瓦河到塞纳河，从乌拉尔山到比利牛斯山，他到处在为新的纪元准备条件。"²⁴³⁹

解说："他在提到自己的《资本论》时说，每个愿意读它的人将会发现法文译本在许多方面优于德文原本。马克思先生提到法国人昂利·罗什弗尔，当他谈到他的几个已故的学生，激情奔放的巴枯宁、才华横溢的拉萨尔以及其他人时，我可以看出，这些在当今条件下可能会左右历史进程的人物受他思想影响有多么深。"²⁴⁴⁰

解说："在马克思谈话当中天色晚了下来。英国夏日傍晚的长时间黄昏来临了；他建议在这个海滨城市散散步。沿着海岸到海滨浴场去，我们看到成千上万的人在那里玩，主要是孩子。我们在沙滩上还看到他一家人：他的已经欢迎过我的妻子、两个女儿带着小孩，还有他的两位女婿，其中一位是伦敦皇家学院的教师，另一位似乎是著作家。这是非常美满的一家——总共十来个人——两个为有自己的孩子而感到幸福的青年妇女的父亲，和孩子们的充满生活乐趣、富有女性温柔的外婆。卡尔·马克思在做外公的艺术方面和维克多·雨果比起来也毫不逊色，但马克思更幸福，因为他的出了嫁的女儿使他的晚年过得愉快。晚间，马克思及其两位女婿同家人分手，陪着美国客人度过了一小时。谈话涉及世界、人、时代和思想，我们的碰杯声在海上回荡。"²⁴⁴¹

夏天当我从兰兹格特到哈斯廷斯去看［波克罕］时，发现他病在床上。²⁴⁴²

解说：9月13日前后马克思回到伦敦。²⁴⁴³

李卜克内西来过这里，并且答应说，苏黎世报纸的路线将会改变，将符合党原来的路线。如果这能实现，那就是我们所要求的一切。²⁴⁴⁴

我的妻子病重，家里一片混乱。²⁴⁴⁵

11月，马克思完成了从1879下半年就开始写的《评阿·瓦格纳的〈政治经济学教科书〉》，其中写道：²⁴⁴⁶

"我把资本家看成资本主义生产的必要的职能执行者，并且非常详细地指出，他不仅'剥取'或'掠夺'，而且迫使进行剩余价值的生产，也就是说帮助创造属于剥取的东西；其次，我详细地指出，甚至在只是等价物交换的商品交换情况下，资本家只要付给工人以劳动力的实际价值，就完全有权利，也就是符合于这种生产方式的权利，获得剩余价值。但是所有这一切并不使'资本家的利润'成为价值的'构成'因素。……我的出发点是劳动产品在现代社会所表现的最简单的社会形式，这就是'商品'。"

第八十二节　接待访问者

解说：11月底倍倍尔和伯恩施坦进行他们所谓的"卡诺萨之旅"——拜访恩格斯和马克思。[2447]到达伦敦后，一个党内朋友迎接他们，并带他们到索荷区一个小客店。[2448]伯恩施坦来到伦敦的第二天早晨，他们就动身到恩格斯住处。[2449]起初伯恩施坦想回去，因为被邀请的是倍倍尔，不是他，想等被邀请之后再去。这时恩格斯从楼上下来了，他被一起拉进门。[2450]

解说：谈话争论的主题是，两年前颁布的俾斯麦非常法统治下，德国社会民主党的立场，苏黎世《社会民主党人报》的理论和政治立场。争论了一个小时，恩格斯突然说："现在该上马克思那里去了。"他们穿上外套，离开恩格斯家。伯恩施坦想告辞，恩格斯大声对他说："别走，别走，跟我们一块儿到摩尔那里去。"伯恩施坦说："到摩尔那里去？摩尔是谁呀？""就是马克思"，恩格斯口气中显出他们理应知道是谁。[2451]

解说：马克思的工作室位于二楼背面。第一天马克思在工作室接待伯恩施坦和倍倍尔。马克思非常热情地向倍倍尔问好。对伯恩施坦也很友好，谈话没有接触争论的话题，因此比在恩格斯家轻松很多。马克思以一种长者的清晰而平静的语调谈话，这让伯恩施坦很出意料。因为之前常听到论敌们的说法，认为会看到一个乖戾又易怒的老先生。现在面前却是一个白发苍苍的老人，眼神中流露出友好的微笑，言语中包含着温暖的感情。[2452]

解说：几天后，伯恩施坦告诉恩格斯，见到的马克思和想象的马克思判

第八十二节 接待访问者

若两人。恩格斯说："嗯，摩尔现在也还会大发雷霆的。"不久伯恩施坦就真的领教了。因为在谈到别人的一本书时，伯恩施坦试图对它进行辩护。[2453]

解说：11月28日，伯恩施坦和倍倍尔应邀到马克思家里吃午饭，重病缠身的燕妮离开病榻，到席间向他们表示欢迎。她亲切地谈到他们的工作，对倍倍尔的功绩作了恰如其分地赞扬，举杯祝倍倍尔和伯恩施坦身体健康。饭后，燕妮又不得不回到病房。马克思三个女儿都在座。[2454]

解说：倍倍尔感到马克思夫人雍容大方，于是很有好感。倍倍尔认识了小燕妮，她带着孩子们在马克思这里。马克思头发已经灰白了，但是胡子还是黑的。看到被说成人类仇敌的马克思那么亲切温柔地和外孙们游戏，这些孩子又是那么爱恋自己外公，倍倍尔感到十分惊奇和愉快。杜西是黑头发、黑眼睛，简直和马克思一模一样。劳拉更像母亲，有一头栗色的金发和深色的眼睛。但两个人一样的活泼。[2455]

解说：伯恩施坦和倍倍尔在马克思地下室房间里受到满桌酒菜的款待。[2456]

解说：离开伦敦的前夕，倍倍尔再一次拜访了马克思。燕妮正卧病在床。倍倍尔希望和燕妮告别，马克思带倍倍尔去见她，并严格嘱咐倍倍尔谈话不得超过一刻钟。但是谈话是如此起劲，以至于倍倍尔完全忘记了燕妮是个病人，谈话都要半个小时了。马克思实在忍不住，就责备说，倍倍尔要了他妻子的命。得知燕妮得了不治之症，倍倍尔悲伤地向燕妮告别。[2457]

解说：年底，马克思开始详细研究摩尔根《古代社会》一书，并作笔记。[2458]

解说：尼古拉·亚历山大罗维奇·莫罗佐夫到达伦敦，和一位经常去看马克思的民意党同志列甫·加特曼去拜访马克思。他们搭乘由蒸汽机车驱动的地下火车。[2459]

解说：到了马克思家，他们用门锤，此时的英国作为门铃，在大门上敲了三下。一个年轻的女仆来开门，加特曼问："马克思先生在家吗？"她认识加特曼，她说，马克思还在英国博物馆，但他女儿在家。[2460]

解说：他们走进客厅，爱琳娜出来了，开始用英语交谈，后来爱琳娜发觉他们用英语表达某些词句感到困难，而用了几句法语，她马上改用法语。后来一直用法语交谈了。[2461]

解说：她再次谈到父亲在大英博物馆，很晚才能回来，莫罗佐夫两个人解说：第二天，他们在约定的时间又去了马克思家。莫罗佐夫发现马克思非常像他的照片。他们互相问好，在靠墙的沙发旁边一张小桌子周围坐下来，然后，莫罗佐夫笑着告诉马克思自己对他的印象。马克思也笑了，说，这样的话他也常常听说。但是他总感到奇怪，为什么不是照片像本人，而是本人像照片。[2463]莫罗佐夫感到马克思对他们两个人很亲切，一点也看不出他像某些人说的忧郁和孤僻。[2464]

解说：那时候伦敦的雾确实很浓，家家户户都点着灯。马克思家的灯有一个绿色的灯罩。莫罗佐夫清晰的看到，马克思的书房沿着三面墙都摆放着书，另一面墙上挂着一些照片。[2465]

解说：爱琳娜常常跑来，坐在旁边的卧椅上，参加他们的谈话。还有人递给他们茶和点心。[2466]

解说：谈话的内容主要是马克思极感兴趣的民意党的活动。他说，像所有的欧洲人一样，觉得他们对专制制度的斗争就像幻想小说所描写的那样神奇。[2467]

解说：两三天以后，莫罗佐夫在即将离开伦敦的时候，又拜访了一次马克思，并和马克思父女度过了一段时间。分别时，马克思交给他五六本早已准备好的书，马克思还答应，只要他们把准备出书的译文最初清样寄给他，他就为他们写一篇序言。当马克思知道他们两三个星期以后就回俄国的时候，就紧紧握住莫罗佐夫的手，希望他们平安归来。他们答应互相通信。[2468]

解说：临别时马克思说："沙皇曾经被宣布为欧洲反动势力的首领。现在，沙皇已经成为革命的俘虏，被禁锢在加特契纳，而俄国已加入欧洲革命的先进队伍了。"[2469]

解说：通过莫罗佐夫，马克思与民意党执行委员会建立了直接联系。[2470]

解说：莫罗佐夫回到日内瓦，收到彼洛夫斯卡娅的信，说有许多事要莫罗佐夫赶快回去筹办，莫罗佐夫收拾行李立即动身。可是在2月28日，当他以日内瓦大学学生落基叶尔的名义越过国境的时候被捕了，后被转押到华沙城堡。[2471]

解说：莫罗佐夫在仓促离开日内瓦去俄国的时候，把《宣言》和其他准备译成俄文的书籍交给留在那里的一位编辑《社会革命丛书》的同志，好像是普列汉诺夫。[2472]

第八十二节 接待访问者

解说：临近新年，马克思邀请希尔施于12月31日晚上七点到家里吃饭并迎接新年。[2473]

解说：**1881年2月**，小龙格大约一岁半的时候，把生腰子当作巧克力吃得津津有味，马克思给他取了一个外号"小狼"。[2474]

解说：2月16日，维·伊·查苏利奇给马克思写信。[2475]马克思收到查苏利奇的信之后开始起草给查苏利奇的复信草稿。共写了四个草稿。[2476]初稿中写道：

"正因为它和资本主义生产是同时代的东西，所以它能够不通过资本主义生产的一切可怕的波折而吸收它的一切肯定的成就。……把所有的原始公社混为一谈是错误的；正像地质的形成一样，在这些历史的形成中，有一系列原生的、次生的、再次生的等等类型……俄国是在全国范围内把'农业公社'保存到今天的欧洲唯一的国家。要认真弄清您2月16日来信中提出的问题，我必须深入钻研细节而放下紧急的工作。"

解说：3月8日，马克思给查苏利奇寄出回信的正式稿。在信中马克思说：[2477]

"十年来定期发作的神经痛妨碍了我，使我不能较早地答复您2月16日的来信。很遗憾，我对您尊敬地向我提出的问题不能给一个适合于发表的简短的答复。……，资本主义制度的基础是生产者同生产资料的彻底分离……这整个发展的基础就是对农民的剥夺。……在这种西方的运动中，问题是把一种私有制形式变为另一种私有制形式。相反地，在俄国农民中，则是要把他们的公有制变为私有制。"

解说：年初，马克思完成了摩尔根《古代社会》一书的笔记，写在大开笔记本的第1—98页上。[2478]

解说：3月，马克思开始读约·拉伯克的《文明的起源和人的原始状态》（伦敦1870）一书并作摘要。[2479]

当这个可爱的人（考茨基）第一次到我这里来的时候——我是说这个Käutzchen（怪人，和考茨基Kautsky发音相似），我脱口第一句就问他：您像不像您的母亲？他保证说一点也不像，我就暗暗为他母亲庆幸。他是一个平庸而目光短浅的人，过分聪明（他才二十六岁）、自负，在某种程度上是勤勉的，对统计学下了不少工夫，但收效不大，是个天生的俗种。不过，在他那种人当中他还算个正派人。我尽可能地把他打发到我的朋友恩格斯那里去。[2480]

解说：考茨基回忆说，"我曾经问过马克思，他是否考虑过出他的全集。他笑了，并告诉我说，他的当务之急是把他的全部著作都写出来。"[2481]

解说：考茨基还说，"上古史和人种学，说来也巧，当时马克思和恩格斯也像赫希柏格和我一样，都在钻研这些问题。""恩格斯……坚持在户外做操和运动。他常常劝我不要忽视体育锻炼，并且埋怨马克思，说他总是很难下定决心离开书房。恩格斯比马克思虽然只小两岁，可是马克思看上去要比恩格斯老得多。""恩格斯亲口告诉我，他过去最大的缺点是草率，在马克思的帮助下他克服了这个缺点。"[2482]

解说：爱琳娜4月7日写信给小燕妮说，"这儿……冷得可怕。我从来没有见过如此厉害的东风，风不只是刮一天，一刮就是两个星期。爸爸当然只能闭门不出。他虽然这样小心谨慎，但还是得了重感冒。至于妈妈，大家觉得她的脸色好多了，可是她实际上并没有好转。那位新大夫深得她的喜欢，摩尔也很喜欢他。……唐金大夫之所以博得爸爸喜欢，是因为他自己似乎对爸爸也抱有极大的好感。熟悉唐金的罗斯先生对我说，唐金曾被爸爸'迷'住过，他强烈希望更好地了解爸爸。"[2483]

4月9日这里成了道勃雷俱乐部，而4月10日除了梅特兰的两个姑娘以外（朗凯斯特和唐金医生也来了一会儿），海德门和夫人突然来到我们这里，他俩爱好久坐。我喜欢她那种思考和言谈的爽快、毫无拘束而又果敢的风度，然而可笑的是，她以某种敬慕的心情目不转睛地望着自己的洋洋自得、喋喋不休的丈夫的一张嘴！［我妻子］（当时快到晚上十点半了）疲倦得回到自己的卧室去了。不过，那场哑剧还是使她开心了一阵子。……最后，梅特兰先生也来了，他头脑十分清醒，想起要同邻座的好教训人的海德门争辩关于格莱斯顿的问题，而招魂者梅特兰是信奉格莱斯顿的。当时我很不舒服，咽喉痛，所以当这伙人全走了的时候，我很高兴。真是怪事，没有社交根本不行，而当有社交的时候，又想竭力回避。[2484]

解说：马克思4月11日写信给大女儿表达思念之情：

"你们走了以后，这里就变得寂寞起来了——你不在了，琼尼、哈拉和'茶！'先生不在了！当我听到与我们的孩子们相似的声音时，我往往就跑

第八十二节 接待访问者

到窗子跟前去,刹那间忘记了孩子们已在海峡的彼岸。"[2485]

解说:4月马克思开始读亨利·萨姆纳·梅恩的《古代法制史讲演录》(伦敦1875)一书并作摘要。[2486]

解说:恩格斯对燕妮的健康隐隐担忧,他说,"医生认为,她(燕妮)已经很强健,可以旅行了。她的健康状况往往变化很大,有时她整天都能支持住,甚至晚上还去看戏,有时却又深受剧痛的折磨,并且一连几天几乎不能起床。"[2487]

解说:5月31日医生唐金坚持让燕妮到巴黎去,但她自己不愿去,说她感到自己还没有强健到可以去旅行的程度。几天以后,医生发现她确实更加虚弱了,因此他不能再建议她去巴黎了。[2488]

她(燕妮)患的那种病无法可治,她的确愈来愈虚弱。幸好疼痛不像在类似情况下通常产生的那样严重,直到现在她每星期去伦敦各剧院看几次戏,这就是最好的证明。她现在能惊人地支持住,但是去巴黎旅行是根本谈不上的。丽娜·舍勒尔〔6月5日〕完全出乎意外地来了,我认为这很好,她将在这里住一个月左右。[2489]

6月6日(银行假日)和6月5日都下大雨,冷得要命,这是天父经常为他的伦敦平民教徒储备着的讨厌的东西之一。6月5日他就用雨破坏了帕涅尔的支持者在海德公园的示威。[2490]

六月初,有个名叫海德门的人(以前他自己硬闯到我家里来)出版了一本小册子《大家的英国》。小册子是想阐述"民主联盟"的纲领——民主联盟是不久以前由半资产阶级、半无产阶级的各种英格兰和苏格兰激进派团体组成的。关于劳动和资本的两章,不过是逐字逐句照抄或复述《资本论》而已,但是这个家伙既不提书名,也不提作者;为了使自己不被揭露,他在自己的序言的末尾说:"至于第二章和第三章中的思想和大部分实际资料,我要感谢一位伟大的思想家和有创见的作家的著作,等等。"这个家伙写了一些荒唐的辩白信给我本人,例如说什么"英国人不喜欢外国人教训他们""我的名字非常令人憎恨"等等。尽管如此,他的小册子——就它剽窃《资本论》来说——做了很好的宣传,虽然这个人是一个"脆弱的"生灵,他甚至没有足够的耐心(而要想学点东西,这是首要条件)去踏实地研究问题。所有这些可爱的中产阶级作家——如果不说是专家的话——都满怀着一种非满足不可的愿望：立即利用顺风传到他们耳朵里的任何新思想来捞取金钱，或者捞取名誉，或者捞取政治资本。这个家伙好几个晚上来我这里剽窃，想捞取和用最省力的办法学到点东西。²⁴⁹¹

解说：爱琳娜6月18日写信给小燕妮说，"关于妈妈，医生昨天给她看了病，竭力建议她和爸爸去伊斯特伯恩休养。我衷心希望他们能去，特别是对摩尔，这很有必要，因为他咳嗽了一冬天之后，非常需要换换空气。"²⁴⁹²

〔6月底〕我同我亲爱的妻子一起呆在<u>伊斯特勃恩</u>，英国海边的一个小地方。²⁴⁹³

解说：恩格斯7月7日从伦敦写信来说："你现在可以得到一百到一百二十英镑。只是要问一下，你是不是想一次全拿到手，如果不是，给你寄多少，这里留多少？你收到这封信时，请立即作出决定，以便我明天就可以收到回信。"²⁴⁹⁴马克思于7月中回到<u>伦敦</u>。

在我亲爱的妻子身体虚弱的情况下到巴黎去，从我这方面来说，是很冒险的。但是，我听从了我的好朋友唐金医生的意见，决定这样做。²⁴⁹⁵

解说：马克思7月22日写信给住在巴黎近郊阿尔让台的女儿小燕妮：

"医生刚刚来看过妈妈，我们准备在本星期二〔7月26日〕或星期三动身，准确日期，我们将用电报通知你。望立即回信，因为在你没有告诉妈妈要从这里给你带些什么以前，她是不会离开伦敦的。你知道，她喜欢张罗这类事。附上五英镑，用作租赁卧具等等所必需的零星开支；其余的等我到达时再付给你。只有在这种条件下，我才同意接受你提出的安排。"²⁴⁹⁶

〔7月26日〕从伦敦到<u>多维尔</u>的旅行，正像所希望的那样，很顺利。这就是说，当我们从梅特兰公园动身的时候，我妻子感到很不舒服，但后来并没有因旅行而有什么恶化。一上船，她立即进入妇女室，找了一个漂亮的沙发躺下。当时天气十分好，海面非常平静。在加来上岸时，她的状况比离开伦敦时要好，因而决定继续旅行。按照我们的票，去巴黎途中只有加来和亚眠两个站可以中途下来。她认为亚眠太近了（从那里到巴黎大约有两小时路程），用不着停留。从亚眠到<u>克雷</u>途中，她觉得要腹泻了，肚子也疼得越来越厉害。车在<u>克雷</u>只停留三分钟，然而她总算用上了这个时间。我们于晚七时半抵达<u>巴黎</u>，龙格在车站上接到了我们。然而要等着坐从这一站开往阿尔让台的直达车，时间太晚了。因此，海关官员检查完行李，我们就坐马车前

第八十二节　接待访问者

往<u>圣拉查尔车站</u>，在那里稍等了一会，就乘火车前往目的地，而我们到达［阿尔让台］时才十点钟左右。当时她觉得很不好受。[2497]

阿尔让台紧靠巴黎，从圣拉查尔车站乘车，大约只需要二十分钟。[2498]

<u>阿尔让台镇梯也尔林荫路11号住宅</u>是一座避暑别墅，非常豪华，看来以前是供某富翁避暑用的。[2599]［7月27日早］晨她的感觉比通常在伦敦同一时候要好些。无论如何，回去时在中途必须有更多的停歇才行。[2500]

我在这里……既没有去巴黎游览，也没有拜访任何熟人。我妻子的状况不允许这样做。[2501]

在阿尔让台，我们能够同我们的大女儿（龙格夫人）以及她的四个对外祖父和外祖母十分依恋的小男孩（大的约五岁）生活在一起感到非常愉快。[2502]

［8月2日］夜里实际上我是第一次又睡得比较安稳。我觉得我头昏脑涨，好像头脑里有架水车在转动一样。所以到目前为止我只是待在阿尔让台，既没有访问过巴黎，也没有写信鼓励巴黎的任何人来看我。[2503]

［8月3日我妻子］的感觉如此之好，一反常态在早晨十一点钟就起床了，并且同［小］燕妮和孩子们一起逗乐取笑。[2504]

暂时的"好转"当然并没有阻止病情的自然发展，不过它却使我的妻子产生错觉，并使燕妮坚定了（虽然我表示过不同意见）必须尽可能在阿尔让台久住的信念。我对事情了解得比较清楚，所以更加担心。[2505]

解说：马克思8月3日写信给恩格斯说：

"我在经济方面不得不这样压榨你，使我很为苦恼。但是由于最近两年来我们家务中出现的混乱，我欠下了各种各样的债务，这一切很久以来就使我感到很大的负担。本月15日我得付给伦敦方面三十英镑，这件事从我们离开伦敦的那天起就一直压在我的心头。"[2506]

［小］燕妮找到了一个很活泼的农村年轻姑娘做厨子，……她从最后的女主人雷诺医生的夫人那里，得到的只是一个"否定"的评价，她就自动离职了。龙格的老母亲一有机会就想对［小］燕妮实行专制，她对这件事非常不满意，认为主动地给雷诺夫人写信是一件最刻不容缓的事。雷诺太太是个漂亮的卖弄风骚的女人，她的丈夫是头野驴。所以这对夫妇家里发生的事在阿尔让台议论纷纷。[2507]

星期六8月6日我们带着我妻子到巴黎去了一趟，她坐在敞篷车子里观看了巴黎；她很喜欢这个城市（它给我的印象是一个永远不散的集市）。当然我们在中途停歇了几次，并且在咖啡馆前面的凉台上休息了一会。归途中她一度感到不适，尽管如此，她还想再去。[2508]

星期天我要带海伦去看看巴黎，因此事先给希尔施写了一封信，而且正赶巧了，他已经准备动身（这使考布很为遗憾并使他的妻子感到伤心）去德国。他想向德国党的领导人表明，遭受警察的威胁，没什么奇怪的。8月8日他走了。[2509]

［8月8日我妻子］的情况和平常一样，有时感到难以忍受，有时接连几个小时又好一点。由于越来越消瘦而更加虚弱了。……有小量的出血，医生认为这是虚弱的症状。我告诉她，我们应当严肃地考虑回家的问题；她说，还可以等几天再作出最后决定。燕妮自己弄得我很不好办：我向她说了本星期末回去的事，而她却把大批衣物送到洗衣店去了，这些东西下星期初是取不回来的。[2510]

奇怪的是，虽然我夜间睡眠很不好，而且白天操心和令人着急的事也不少，可是大家都说我脸色很好，而这也是符合实际的。小燕妮气喘很厉害，因为房间里穿堂风很大，不过这孩子和往常一样，表现得很顽强。[2511]

8月8日雅克拉尔和他的俄国妻子这可爱的一对曾在这里吃早饭。……我们从雅克拉尔那里得知，他曾参加过巴提诺尔的竞选大会，作为候选人出席的有：昂利·马雷、我们的雷尼亚尔博士以及……皮阿，皮阿突然地——自然得到警察许可——出人意料地在那里出现了。他遭到了难堪的嘲笑。[2512]

因为我收到梅特兰小姐的信，说杜西病得很厉害，不让梅特兰小姐继续照看她，也不找医生看，等等。[2513]

接到杜西病情的消息后，我决定尽可能当天就动身。[2514]这样，8月16日晚七点三刻我乘特别快车离开巴黎，途经加来，约于晨六点钟抵达伦敦。[2515]

我一个人来到这里，没有带我的妻子。[2516]把她留下，我自然是很难过的。但真正能给予她帮助的是海伦，我自己在跟前对她并不是绝对必要的。此外，我的离开迫使她终于下决心告别阿尔让台，由于身体越来越虚弱，这确实是必要的。[2517]

我当即给唐金医生打了电报，而他到来时已是上午近十一点了，他给杜西作了长时间的检查。她的神经处于极度的抑制状态；她已经好几个星期几乎什么都没有吃了,吃的东西比唐纳医生在其实验时吃的还要少。唐金说,没有任何器质性疾病,心脏正常,肺部正常,等等。这种状况的原因是胃的功能完全紊乱,不能接受食物(大量饮茶使病情更为恶化;医生立即完全禁止她喝茶)和神经系统严重的过度紧张,因此出现失眠、神经痛的痉挛等等。奇怪的是这种衰弱现象早先没有出现过。他立即采取坚决措施并告诉她——对这样一个固执的女孩子来说,是非常重要的——她要是一个听话的病人,就没有任何危险;但她如继续固执己见,就一切都徒劳无益(他也确实是这么认为的)。幸好她答应听话,既然答应了,她是会履行诺言的。唐金说,以后她应当离开此地去散散心。我之所以提前出发,还因为我知道唐金在8月17日以后要去赫布里底群岛休假。为了杜西,他在这里待到星期六,然后留一个代替的人来照管杜西和我的妻子。[2518]

我的妻子……同海伦一起于[8月18日]出发,而且是乘头等车,先到亚眠,在那里过夜,然后过一天到布伦,在那里至少休息一天,如果她愿意的话,住两天或者三天;从那里去福克斯顿,此后再根据她的身体情况由那里直接回伦敦,或者乘以后的任何一班车回来(我觉得最好是后一种办法)。[2519]

解说:8月18日恩格斯来信说他正研究马克思寄去的数学手稿。[2520]

解说:尽管妻子病重,马克思还是在8、9月间继续为自己的著作准备材料,作了约·布·菲尔《印度和锡兰的雅利安人村社》一书的摘要,这个菲尔是英国法学家,曾在印度和锡兰(□斯里兰卡的旧称)生活多年,因此掌握了大量的一手资料。[2521]然而10月马克思又病倒了。

解说:爱琳娜10月18日星期二写信给小燕妮说,"唐金医生今天下午来过,认为爸爸健康有所好转。他这次病得很厉害,大夫说他不能一朝一夕就恢复,但会好起来的。自星期六起,我日夜不离爸爸的房间。今晚由海伦陪他,因为大夫让我休息一夜。……从今天起会好一些,因为爸爸不再需要那么经常吸氧气和吃药了。恩格斯的体贴和尽心真是难以用语言形容,世界上实在找不出一个象他这样的好人,尽管他也有自己的小缺点。……妈妈的病情没有恶化,她夜里睡得很安宁,不需要人陪……我每天写信如实告诉你这里的情况,尽管爸爸(他是一个脾气十分执拗的病人)对我把一切都写信告诉你十分恼火。"[2522]

解说:爱琳娜回忆说,"[我母亲]奄奄一息的卧床好几个月,忍受了癌症带给她的种种可怕的折磨。可是她的情绪一直很高,无穷无尽的幽默没有片刻离开过她。她向孩子一样焦急地询问德国选举的结果,知道我们胜利以后,她是多么高兴啊!……她情绪都很好,并设法说说笑笑来驱散我们的忧虑。她忍受了那么大的痛苦,还跟我们开玩笑,她笑,笑我们大家和医生,笑我们看得太严重。"[2523]

解说:爱琳娜10月31日写信给小燕妮说,"爸爸病情好转……现在他一天起床几个小时,按唐金(刚才还在这儿)的意见,他不久便可下楼或至少可以到旁边的房间里去看看妈妈。她差不多还是老样子,但更虚弱了,两天来她更难受了,大夫说,恐怕很快得给她皮下注射吗啡。……爸爸,……身体继续好转,实际上他的健康状况恢复得极快,简直出乎我们的意料。不幸的是我开始感到非常不舒服,现在紧张已经过去,我感到有反应。"[2524]

解说:"摩尔又一次战胜了病魔。……那天早晨,他觉得自己强健的能到母亲房间去。他们在一起又都年轻起来,她像一个初恋的少女,他像一个热恋中的小伙子,他们又恢复了生命的活力。而不像……在死亡线上挣扎的老人……作最后一次话别。"[2525]

我突然得了支气管炎,且并发了胸膜炎,因此〔大约从11月中开始之后的〕六个星期中有三个星期我不能同〔我妻子〕相见,虽然我们是住在两个相连的房间里。[2526]

解说:"马克思夫人病重,已卧床不起好几个月,……马克思又得了支气管炎,同时引起了各种并发症,按他的年龄和他的整个健康状况来看,这真是非同小可。幸亏最严重的情况已过去了,现在马克思并没有任何危险;但整天大部分时间他还得在床上躺着,他很虚弱。"[2527]

12月1日的最近一期《现代思想》月刊发表了厄内斯特·贝尔福特·巴克斯的一篇文章《现代思想的领袖·第二十三——卡尔·马克思》。目前这是第一篇在英国发表的对新思想充满真正的热情并勇敢地起来反对不列颠庸俗习气的文章。不过作者所提供的关于我的传记资料大部分是不真实的,等等。在对我的经济原理的阐述及其译文(即摘自《资本论》的引文)中,有许多错误和混乱的地方,虽然如此,用大号字印成的广告在伦敦西头的墙上到处张贴,宣传这篇文章的发表,这引起了很大的轰动。对我最重要的是,还在11月30日我就收到了上述的一期《现代思想》,使我亲爱的妻子……得

到了愉快。你知道,她是多么热情地关怀所有这类事情。²⁵²⁸

解说:"马克思还很虚弱,目前不让他到室外去,不让他多干事,不过他毕竟明显地在恢复健康。他夫人的身体一天比一天坏。"²⁵²⁹

由于肿瘤的位置非常罕见(因此它是活动的,能改变位置),只是在最后几天才产生特有的难以忍受的剧痛(但是注射吗啡后抑制住了,这是医生有意留到临终时才用的,因为在长期使用的情况下,连吗啡也不再起任何作用)。如唐金医生预先告诉我的,病势带有逐渐衰亡的性质,同年老衰竭一样。甚至在最后的几小时,也不用同死亡进行任何斗争,而是慢慢地沉入睡乡;她的眼睛比平时更加富于表情,更加美丽,更加明亮!²⁵³⁰

解说:爱琳娜回忆说,"[我母亲]直到临死的那一刻,神志还几乎完全清醒,最后连话也不能说了——她最后的话是对她的'卡尔'说的,奇怪的很,她说的是英语——但她还是握住我们的手,尽量露出笑容。"²⁵³¹ "她对爸爸讲的最后一句话是:'好'。"²⁵³²

我的妻子经过长期而痛苦的疾病之后于12月2日逝世了。²⁵³³

她的咽气,这对我是一个安慰。²⁵³⁴

解说:爱琳娜回忆说,"我们亲爱的'将军'(恩格斯)来到的时候,他说的一句话几乎使我对他发火。他说'摩尔也死了'。但事实的确如此。摩尔的生命和母亲的生命一起逝去了。"²⁵³⁵

我所收到的从各地寄来的吊唁信,对我是个取得安慰的丰富泉源,因为所有这些信件(除了唯一的一封俄国人的以外)都表示了真挚的同情以及对我亲爱的妻子的出色品质的真正的了解和赞扬。²⁵³⁶

我还根本不能走出自己的房门,所以医生绝对禁止我参加送殡。我之所以服从,还因为亲爱的亡人在她去世的前夕对护士说过轻视任何仪式的话:"我们不是那种重表面形式的人!"²⁵³⁷

她的墓离可爱的"沙尔"的墓不远。²⁵³⁸

我的德国出版者通知我,要出《资本论》第三版。这个通知来得很不适时。第一,我首先应该恢复自己的健康,第二,我想尽快地完成第二卷(即使是我不得不在国外出版它)。我现在特别想完成它,以献给我的妻子。不过,无论如何,我要同我的出版者商妥,我对第三版只作尽量少的修改和补充;但是,另一方面,我将要求他这一次只印一千册,而不是像他所希望的那样，印三千册。将来作为第三版的这一千册售完的时候，我也许能够对该书作出目前如换一种情况本来要作的那些修改。[2539]

到［12月13日］我还不能出门。当时我差点要"离开这个邪恶的世界"了。现在医生们想让我到法国南部，甚至到阿尔及尔去。[2540]我……一直被软禁在家里，不过，……我打算去文特诺尔（在威特岛）。[2541]

最近这场病之后，我已是双重残废了：精神上是由于失去了我的妻子，生理上是由于病后胸膜硬结和支气管应激性增强。[2542]

第八十三节　国家体系笔记

解说：按照马克思的构想，在研究清楚资本、劳动、地产之后，就是国家、国际贸易、世界市场，背后的理论基础就是国家、国家体系和世界历史。下半年，马克思开始研究国家体系的具体历史事实，并以此为主体并作了历史学笔记。笔记的开头是：[2543]

"罗马城建立后六百六十五年即公元前91年。……把公民权即罗马公民权先授予仍然效忠于拉丁人、翁布里亚人的那些盟友；后来……授予其他的人。"

解说：以罗马公民权的扩大为起点，以罗马与地中海为中介的古代西方世界的国家体系开始形成。[2544]年底，马克思开始写关于俄国一八六一年改革和改革后的发展的札记。[2545]马克思开列清单《我的藏书中的俄国书籍》。[2546]

解说：恩格斯认为，"马克思的健康现在已经恢复到这种程度，可以把他——首先——送到英国的南海岸去了。"[2547]

我离开伦敦时，把［恩格斯］给我的四十英镑花了将近二十英镑，用于必要的开支。[2548]

在文特诺尔，我是安心的；而相反在伦敦，恩格斯的担心（还有多嘴的拉法格也认为，我需要的只是"散步"、新鲜空气等等）实际上弄得我心绪

第八十三节　国家体系笔记

不宁。我感到，我再也不能忍受这种情况了；所以当时我那样着急地一定要离开伦敦！可见，最真实诚挚的爱可以害人；在这种情况下，对于一个正在恢复健康的人来说，还有什么更危险的东西呢！[2549]

解说：12月29日，马克思带着爱琳娜去了文特诺尔。[2550]

解说：在这里，马克思的地址是<u>文特诺尔市圣博尼费斯花园1号</u>。[2551]

解说：这个住处"有两个大房间，又暖和又通风，还有一间又宽敞又漂亮的客厅，……房子正好在悬崖脚下（也就是说很避风），而且能俯瞰大海和山丘。……房东和蔼可亲，……各方面照顾得很周全……根本不用提醒，早晚应在……房间生火，而这件事就像时钟那样准时地办到了。"[2552]

解说："关于……马克思得了绝症的消息，纯属谎言和捏造。他的病（支气管炎和胸膜炎）现在已经好了，他根据医生们的建议……到文特诺尔（在威特岛上）去了；医生们希望，那里温暖的气候和干燥的空气会很快使他完全恢复健康。"[2553]

这里每星期的房租是两基尼，加上煤和煤气，除了其他额外开支，大约要两英镑十五先令；其他开支一星期约四基尼。这个窝巢由于气候优越竟需要这么大的开销。连同旅费我共花了大约十七英镑，只剩下五英镑了，这不够最后一个星期的开支。[2554]

白天寒冷而且下雨，夜里有风暴，这就是我们在这里碰到的天气和气候的一般特点。

我也戴上了（需要时）"笼口"，换个说法就是口罩，这使我在做必要的散步时少受一点天气变化的影响。咳嗽或支气管卡他还是很顽固，而且令人难受，但好像有好转，夜里不用服药能稍为睡几个小时，尽管附近海面上风声怒吼；这种闹声反而能帮助入睡。我的同伴杜西被神经性抽搐和失眠等症折磨得很痛苦。但愿经常在新鲜空气中散步（因为她每天都为种种事情到"城"里去），会对她起良好的作用。[2555]

（1882年）1月4日是文特诺尔第一个还不错的晴天。据说，在我们来到以前天气非常好。从那以后，每天刮大风，彻夜狂风暴雨；每天早晨像在伦敦一样，总是乌云密布；气温比伦敦低得多，而且最令人厌烦的是时常下雨。（当然，空气比伦敦"清洁"。）在这种情况下，自然，我的咳嗽，实际上是支气管卡他，与其说是减轻了，不如说是加重了。尽管这样，还是有进步，因为我不服鸦片剂等等夜里能自然地睡一段时间了。不过总的状况还没有达到可以进行工作的地步。……当我们在这里逗留的第一个星期即将结束的时候，似乎在开始好转。如果天气更暖和一些，对于像我这样正在恢复健康的人来说，这无疑是一个非常好的休养地。[2556]

解说：杜西认为父亲不理解她的病情，她1月8日在给小燕妮的信中写道："我写信告诉别人我病了，但是却没有把这件事情告诉他，为此他很气恼。……我之所以什么也没有说……，当然为的是不让爸爸担忧啊！此外，我从不抱怨，也不愿向爸爸诉苦，因为他会严厉训斥我，好像我'乐意'生病让家里养活似的，……爸爸也罢，医生也罢，任何别的什么人也罢，他们都不理解，给我造成痛苦的是精神上的忧虑。……"[2557]实际上马克思一直在留心观察，并且猜中了女儿的心思。

直到现在（1月12日）天气没有丝毫好转，反而更坏了。杜西星期一到伦敦去参加一场戏的演出，然后再回到这里来。[2558]

首先应把杜西从给我做伴的角色中解放出来（如果再出去，我完全可以不要人做伴）。这孩子的精神处于抑制状态，这非常有害于她的健康。无论是旅行，是改换气候条件，还是医生，在这种情况下都无济于事。唯一能够为她做的，是满足她的愿望，让她在杨格夫人那里学完她的戏剧课程。她急切地热望，以此来开始她所希望的那种独立的、活跃的演员生涯，如果同意这一点，那么她认为这样的年纪，不能再耽误时间了，这种想法无论如何是正确的。我根本不想让孩子认为，似乎她当了老头子的"护士"，成了家庭的牺牲品。事实上，我确信，当前杨格夫人才是她唯一的医生。她是个不外露的人，我说的这些是我观察到的，而不是她自己说的。刚刚谈的这些，同最令人不安的症状具有歇斯底里性质这一点并不矛盾，这种症状在夜里，如梅特兰小姐（她在这里住了两天）对我讲的，尤为可怕。但对于这种现象，除了她喜爱的和能把她吸引住的活动以外，暂时尚无他法可治。对于她的"心事"我猜到一些，不过事情太微妙了。[2559]

解说：爱琳娜1月15日又给小燕妮写信说，"上星期日给你写完信以后，我有些后悔……我想到了自己，而不是一心想到我们亲爱的摩尔，这就更显得自私了。其实谁也难以知道我是多么爱他……"[2560]

我收到左尔格家的一封信，是老左尔格写的，左尔格夫人和小左尔格也

第八十三节　国家体系笔记

签了名。他们建议我开始新的生活，就是说，要我搬到纽约他们那儿去住。无论如何这个想法是不错的！[2561]

我……决定〔1月16日〕就动身，因为天气日益"寒冷"，这对于我发肿的那边面颊毫无好处。这样一来我只是失掉两天时间，但因此杜西却不必往返跑一趟了。虽然一再警告，我们的人在巴黎还是上了大当（拉法格和盖得是活该）；不过，既然他们手中还有两种报纸，那么他们凭借一定的灵活性总还能保持住战斗阵地。俾斯麦在帝国国会中供认德国工人终于"唾弃了"他的国家社会主义，我认为，不仅直接在德国，而且一般说来在国外这都是一个巨大胜利。卑鄙的伦敦资产阶级报刊总是极力散布相反的看法。[2562]

虽然威特岛的天气不好，可是我的健康状况却大为好转，以致当我回到<u>伦敦</u>的时候，大家都惊讶不已。[2563]

解说："同他最小的女儿已从威特岛回来了，两人都觉得身体好多了。马克思很结实，……毫不停歇地散步了整整两个小时。因为他还没有开始工作。"[2564]

解说：马克思和恩格斯1月21日在为即将出版的《共产党宣言》第二个俄译本（普列汉诺夫翻译）写的序言中写道：[2565]

"巴枯宁翻译的《共产党宣言》俄文第一版，在六十年代初由"钟声"印刷所刊印问世。……《共产党宣言》的任务，是宣告现代资产阶级所有制必然灭亡。但是在俄国……大半土地仍归农民公共占有。……是否能够直接过渡到高级的共产主义的公共占有形式呢？或者相反，它还必须经历西方的历史发展所经历的那个瓦解过程呢？……目前唯一可能的答复是：假如俄国革命将成为西方无产阶级革命的信号而双方互相补充的话，那么现在的俄国土地公有制便能成为共产主义发展的起点。"

因为我患了胸膜炎和支气管炎之后，遗留下了慢性支气管卡他，我的医生希望把它治好，所以让我到文特诺尔（在威特岛）去，因为那个地方甚至在冬天也常常是暖和的。不过，这一次我在文特诺尔逗留的三个星期中，那里的天气潮湿而寒冷，天色阴沉，雾气弥漫，而在同一个时间里，伦敦却几乎是夏天的天气，可是这种天气在我回到伦敦时已结束了。[2566]

马克思自述传略

第八十四节　北非之行

现在，他们想把我送到南方的某个地方去，也许是到阿尔及尔。无法进行选择，因为意大利我不能去（米兰有一个人曾被捕，因为他的姓同我的相似）；我甚至不能从这里乘轮船经过直布罗陀，因为我没有护照，而那里甚至英国人也要看护照。如果这种该死的"英国"病不是如此影响脑子的话，不管医生和我的亲友们多么坚持，我无论如何也不会同意干这种浪费大量时间的事。此外，如果旧病复发，即使在复发之后我能恢复健康，那也要耗费更多的时间。虽然如此，我首先还是要在这里试着干点事。[2567]

有了威特岛和其他地方的经验以后，当时我自己是犹豫不决的，但恩格斯和唐金彼此互相激发了对非洲的热情，而且他们两人都没有得到任何特别的情报，都没有考虑到今年的气候异乎寻常。我几次力图用暗示的方法告诉他们，最好还是先去门顿（或尼斯），因为拉甫罗夫从他的俄国朋友们那里得到了非常好的消息，可是我那好心的乐观的老弗雷德——我重复一下，只在我们之间说说，他容易由于爱护人而害了人——对于这类事情却丝毫听不进去。[2568]

解说：去疗养途径巴黎和阿尔让台，爱琳娜回忆说，"我在那儿与他相会。我们与燕妮和她的孩子们一块过了几天真正幸福的日子。"[2569]

我在小琼尼陪同下在巴黎只拜访了一个尘世之人，就是梅萨。（结果，他——梅萨使我不得不闲扯了很多，除此以外，我回到阿尔让台稍晚了一些，约在晚上七点。整夜失眠了。）我曾试图说服他，请朋友们，特别是盖得，将会晤推迟到我从阿尔及尔回来以后，但全都是白费。事实上，正是现在盖得受到各方面的猛烈攻击，所以和我"正式"会晤对他来说是重要的。为了党的利益作这种让步毕竟是应当的。因此我约定同他们会晤，盖得和杰维尔同梅萨大致在下午五点以后应约到了博马舍林荫路8号"里昂和牟罗兹旅

第八十四节 北非之行

馆"。开始我在楼下，在餐厅里接见了他们，陪同我由阿尔让台（星期三下午）到那里。杜西和小燕妮也在场，由于小燕妮在场，盖得有些发窘，因为他刚刚写过一篇反对龙格的很尖刻的文章，尽管她（小燕妮）对此事并不介意。女孩子们一走开，我就把他们先带到了我的房间，大约聊了一个小时，然后下楼去餐厅——可是梅萨却趁机悄悄地溜掉了——在那里他们还和我一起喝了一瓶博韦酒。七点钟他们都"消失了"。此外，虽然我在晚九点就已经睡下了，到一点钟那吵得要命的车辆声还没有停止；就在这个时候（大约一点钟）我吐了，因为我又说得太多了。[2570]

在过里昂以前，马赛之行很顺利，天气很好。由于火车头出了故障，先是在卡西停了一个半小时；而后在瓦郎塞机器又出了毛病，虽然这次停车的时间不那么长。这时天气寒冷，刮着很厉害的刺骨寒风。本应在将近午夜十二点的时候就可以到达［马赛］的，我们却在清晨两点以后才到；虽然我穿上了所有的衣服，但还是冷得有点打战，我只好以"乙醇"御寒，并一次又一次地求助于它。最后一个令人不愉快的考验是在马赛车站的最后一刻钟（或更长些）：四面都是敞着的，寒风刺骨，领行李时的手续很繁复。[2571]

马赛［2月17日］阳光普照，但风本身并不暖和。杜尔朗医生劝我住在前面提到的那个旅馆里（马赛卡恩比埃尔大街小路弗尔宫旅馆）。[2572]

"法国邮船航运公司"办事处就设在我住的这个旅馆里，因此我当即在这里买了"赛义德号"的船票（八十法郎的一等舱）；行李也是在这里托运的；这样，一切都再方便没有了。[2573]

2月18日（星期六）下午五点去阿尔及尔的票。[2574]我在这里搞到一份《无产者报》（《平等报》这里也出售）。我觉得，拉法格总是在增加新的不必要的事端，而且细节可能和实际情况差得很远。[2575]

我于2月18日，星期六，下午五点乘一艘非常好的轮船"赛义德号"离开了马赛。航行迅速，所以星期一［2月21日］凌晨三点半已经到达阿尔及尔。但是，海上航行时很冷，并且尽管船上一切都很舒适，但由于船舱里吵得要命的机器声、风声等等闹得我两夜没睡着觉。[2576]

这次阿尔及尔的季节反常地寒冷和潮湿，而尼斯和门顿相反地现在把大多数旅客从阿尔及尔吸引过去了！总之，我有些成见，我曾几次暗示先去里符耶腊。看样子，命该如此！[2577]

我在到达的当天就同善良的法官费默一起找妥了"维多利亚旅馆",因此我便离开了"东方大旅馆",带着行李到城东工事外的一个小山上来了。这里的环境好极了:我的房间面对着地中海的一个海湾,阿尔及尔港,以及像罗马剧院那样沿着小山坡层层高起的别墅;远处是群山;而且可以清清楚楚地看见麦提福角后面——卡比利亚山脉中——的雪峰,朱尔朱腊山脉的最高峰。……每天早晨大约从十点或者九点起至十一点,我到谷地和比我住的小山更高的小山上去散步。[2578]

沿着以色列路走出阿尔及尔市,就能看到前面有一条长的街道。这条街道的一边,在小山的脚下,耸立着一幢幢四面是花园环绕的摩尔式别墅("维多利亚"旅馆就是其中之一);另一边——沿着大路——遍地是像阶梯一样层层下降的房屋。所有这些总称为上穆斯塔法;下穆斯塔法是从上穆斯塔法的斜坡起直到海边。两个穆斯塔法构成一个市镇(穆斯塔法),镇长随时用官方海报向居民作各式各样的通知——可见,制度是很软弱无力的。上穆斯塔法的街上正在不断地修建新的房屋、拆除旧的房屋等等,虽然从事这种工作的工人都是健壮的,而且是本地居民,但是他们在做完头三天工作以后就害热病。因此,他们工资的一部分是企业主提供给他们每天服用的奎宁。这种习惯在南美的许多地方都可以看到。[2579]

只是2月23到26日,天气确实起了极好的变化(但我还是冻得够呛,以致这些天我穿的衣服同在威特岛和在阿尔及尔市时不同的仅仅是,在别墅里用轻便大衣换下了犀牛皮大衣,其他的到现在为止没有任何变化)。[2580]

由于我咳嗽加重,痰多,失眠等等,我把斯蒂凡医生请来了(他还给我同旅馆中隔壁的旅客看病),于是从2月26日他第一次给我诊察以后,我一直由他治疗。这是一个非常果断而严格的人。他发现,由于自从我离开巴黎以来一直到现在为止的种种不利因素凑合在一起,我的左侧——因为患胸膜炎而变衰弱——机能不正常。治疗的主要药物是斑蝥膏(用斑蝥火胶在左背和左胸"文身"的办法来排除液体),它对我很有效;另一种是"镇静"药,治咳嗽的;最后,还有亚砷酸钠(无味,像水一样)——每次饭后服用。只要天气许可,让我继续在早晨进行短时间的散步。[2581]

但后来就开始了(从2月27日开始……大约持续了九天)所谓的tempête(暴风雨),也就是既无雷鸣也无闪电的狂风,这是连本地人都很害怕的恶

第八十四节 北非之行

劣天气。[2582]

3月2日,我和所有住在一起的人一样,整天都被软禁在屋子里;从清晨起,带有伦敦色彩的阴沉晦暗的天空就下起倾盆大雨;但这一次却是头一回在一阵阵暴风中时而夹杂着雷电;到了下午四点钟又是蔚蓝色的天空,再晚些则是非常美丽的月夜。气温整天不断变化,时而下降,时而上升。在这期间,除了别的治疗方法以外,我又开始了"文身";第二天夜里,立即显著好转。[3月3日]早晨……头一件事就是"文身";风没有吓住我,从九点到将近十点一刻一直在有益健康的海洋空气中散步,这对我来说是最愉快不过了;回来的时间恰好是在暴风再次到来之前。[2583]

遗憾的是,3月6日开始咯血,而在3月8、9两日大量吐血以后,比较轻微的咯血一直继续到12日,13日咯血才彻底好了。……斯蒂凡医生努力进行了治疗:禁止任何活动(当然也包括散步),几乎也完全禁止谈话,规定进行热足浴等等,此外还开了效力很强的药剂。同时,继续用斑蝥膏、治咳嗽的镇静药等等给我进行治疗;这样一来,咳嗽的确是大大减轻了。天气也开始渐渐在变化,虽然它还不十分好。[2584]

总之,结果是这样,正如我已向伦敦写信说过的,由于这一次愚蠢的、考虑不周的旅行,现在我的健康又处于我离开梅特兰公园时的那种状况。……最近十年来,阿尔及尔从没有过这样糟糕的冬季。[2585]

自星期二[3月21日]以来,除了必然的间歇外,又日夜都有猛烈的暴风雨、雷鸣,偶而也有闪电,每逢晚上,尤其是深夜都下大雨,……星期二的白天,在变得非常灰暗的、阴森可怕的天空预示暴风雨即将来临之际,首先使我感到惊讶的是,在这次暴风雨中真正的非洲西洛可风所扮演的角色。[2586]

斯蒂凡医生[3月22日]到这里来了;检查结果令人满意:病情好转;还有胸部最下边一个地方以及背部的一个相应地方在发炎。[2587]

[3月23日]早晨也下了大雨。[2588]

我的助理医生……3月23日早饭后……把我胸部因[前一]天的涂擦而引起的许多鼓得很大的水泡挑破,并作了其他处置;在这以后还需要在床上躺一两个小时,我就在床上用明信片歪歪斜斜地写……一封短信,因为时间紧迫;问题是信差破例一早要从旅馆到阿尔及尔去,以便把信件等送往那里的邮局(星期一、三没有往法国的邮班)。[2589]

3月28日。……一清早就下起了讨厌的雨——我就给杜西写了一封短信。可是信刚刚发出，暴风雨就来了，这是头一回来势那么凶猛：不仅狂风咆哮，大雨如注，雷声隆隆，而且还夹杂着一个接一个的闪电。这样一直继续到深夜；和往常一样，气温同时急剧下降。在近似半椭圆形的美丽的海湾里，海浪色调的变化非常有趣：雪白的浪花拍打着海岸，由蔚蓝变成碧绿的海水给浪花镶上了边。[2590]

3月29日（星期三）。连绵不断的雨真讨厌，一阵阵呼啸的狂风也同样讨厌；天气寒冷而且潮湿。……早饭（通常是在十一点一刻或十一点半开饭）前不久，斯蒂凡医生抱着一个专门的目的来到我这里，他要把他所发现的背部和胸部最下边的那两个地方"贡献"给"文身"之用，这两个地方是他给自己留下的"攻击点"。[2591]

3月30日。早八点，我的助理医生、我的助手来到我床前。原来，由于不由自主的动作，水泡全弄破了；夜间发生了一场真正的水灾，床单、绒毯、衬衣都湿了。可见，对"所攻击的"地方"文身"起了应有的作用。我的殷勤的助理医生立即给我包扎好，这样不仅可以避免和绒毯摩擦，而且可以保证以后吸水更顺利。[2592]

3月30日。将近中午十二点的时候，天气变得暖和舒适，所以我在走廊里散了散步；然后睡了一会儿，以补偿夜间睡眠的不足。[2593]

[3月31日]早晨，卡斯特拉兹先生发现水终于出完了，而且差不多完全结疤收口了。[2594]

在我离开阿尔及尔以前两三个星期，气象台已预告海上有暴风雨。[2595]

4月19日，我参观了由六艘装甲舰组成的法国舰队；我当然是仔细观看了旗舰"柯尔培尔号"，舰上的一个军士，一个漂亮的有学识的青年，把一切都详尽地给我看了并作了表演。临别时他以真正的法兰西精神对我说：他讨厌这种无聊的职业，他说希望尽快退伍。我和我的同伴（同住"维多利亚"旅馆的三个房客）得到许可，在"公事"结束以后才能参观舰艇。我们乘坐舢板，或者说是小船，荡来荡去，就这样，从那上面观看了旗舰和其他五艘装甲舰的演习。[2596]

星期二（4月25日）斯蒂凡作了最后的检查；用火胶"文身"已作完了；复发的胸膜炎暂时完全消除了。[2597]

第八十四节 北非之行

天气有时炎热,但实际上,整整一个星期刮着飓风——狂舞着的西洛可风(夜间是不停的飓风,白天往往是一阵阵凶猛的飓风)(□一种源自撒哈拉的风,会引起致人疾病的炎热干燥天气)。这就是我的咳嗽……没有减轻的原因;所以是从阿尔及利亚逃走的时候了。[2598]

太阳迫使我去掉了预言家的胡须和"假发",不过(因为我的女儿们比较喜欢我过去的样子)我在把自己的头发献给阿尔及尔理发师的祭坛之前去照了像。……考虑到做了长达整整两个月之久的火胶刺画(我在用巴伐利亚的路德维希的风格写)——而且我实际上没有一天完全安宁的日子——我还是勉强作出了欢快的样子。[2599]

我在非洲的最后几天,不停地刮着猛烈的西洛可风,同时天气酷热。不过,阵风、尘柱和突如其来的、虽然有时是很快就过去了的气温下降,破坏了酷热的天气。这期间我的支气管卡他加剧了。[2600]

同朋友费默分别的时候,我对他说过:只要我一登上法国南部的海岸,天气立即会发生变化。[2601]

从阿尔及尔起程的海上旅行,我只说一点,天气对这次旅行是很不利的;特别是5月4日至5日的那个夜间有猛烈的暴风雨;我的船舱(而且我不得不同一个里昂的普通商人合坐)里面风很大。[2602]

由于海上有暴风雨(5月4日至5日的夜里),船舱里也感觉到有穿堂风。[2603]

我在大雨中到达马赛(5月5日早晨)。[2604]

当我们一早到达马赛时,正下着寒冷的滂沱大雨。轮船不能靠岸,只好把乘客和行李由小船转运,后来,使我们大为满意的是,在我们被允许进入尼斯以前,我们不得不在寒冷的而且有穿堂风的海关炼狱中待几小时。这些使人感冒的"因素"又在一定程度上破坏了我的机体的工作。[2605]

一直到尼斯雨都没停。[2606]

5日和6日我在尼斯逗留,很快就感到那里的风变化无常,根本不能指望气温稳定。[2607]

我〔5月6日〕到达蒙特卡罗这儿。[2608]

蒙特卡罗……是构成"摩纳哥"国家的三位一体的三个(并列的)地方(摩纳哥、康达明和蒙特卡罗)之一。环境非常优美,气候比尼斯甚至比门顿还要好。当然,我总是碰到滑稽的事——把头两个雨天(一月以来的)带

到了这里，好像是雨专门在等待着我从阿尔及尔到来似的。²⁶⁰⁹

我〔5月7日〕又把一个雨天带到了蒙特卡罗；〔5月8日〕天气非常好。你看，我和雨有不解之缘，因为在我到来之前，不论是尼斯，还是蒙特卡罗都几个月没有下过雨。不过这次的雨只是捉弄了我一下；没有什么严重影响，不像在阿尔及尔那样。²⁶¹⁰

〔5月8日〕，在这里和我在同一旅馆下榻的一个（在英特拉肯居住的）外科医生德拉肖博士肯定了我这个短时间的经验。他利用假期旅行的机会，游览过尼斯及其近郊和里符耶腊一些最著名的地方，同时他还有业务上的考虑：他想弄清楚什么地方最适宜推荐给患肺病、慢性支气管卡他等等的病人。他坚决反对尼斯，主张蒙特卡罗，认为甚至比门顿还强。²⁶¹¹

至于"温暖干燥的空气"，那么，一般说来，这样的空气不久之后到处都会有。太阳的黑子预示着辐射的强烈作用，所以法国恐怕会有干旱。²⁶¹²

在蒙特卡罗娱乐场的阅览室里，法国和意大利的一切报纸几乎都有；德国报纸陈列的情况还不错，英国报纸很少。我从5月8日《小马赛人报》上知道了"卡文迪什勋爵和伯克先生被刺杀"。这里的人们，譬如在"俄罗斯"旅馆中一起进餐的人们，对于娱乐场赌博厅里的情况倒是更感兴趣。特别使我开心的是一个大不列颠的后代，他愁眉苦脸，怨天尤人，暴躁易怒，为什么？因为他绝对相信他能"捞到"一些金币，结果却输掉了一些金币。²⁶¹³会见库奈曼医生……是在5月8日进行的；他是亚尔萨斯人，有渊博的科学（医学）知识；例如，……他……把科赫博士关于杆菌的发现告诉我了。他是一个很有实践经验的人，年龄不下于五十二至五十四岁，……起先，他根据我通过他的女仆转给他的名片（上面写着：博士）判断，我是医学博士，而我转交给他的斯蒂凡医生以及我新结识的英特拉肯的医生的名片，使他对此更加深信不疑了，此外由于库奈曼想知道在伦敦谁给我看过病等等，我把唐金医生的名片也交给了他，我说他是我的朋友雷伊·朗凯斯特教授的朋友。随后我把斯蒂凡的诊断书给他看了。这样，因为他认为我本身是医学博士，无论在理论上还是实践上都和他是同行，所以在对我进行了听诊和叩诊之后，他就把一切和盘托出了。使我焦急的是胸膜炎又犯了，虽然不太严重，而且只是在背部左侧的一个地方；支气管炎反而或多或少是慢性的！库奈曼原想经过他上一两次斑蝥膏之后，就可把事情（胸膜炎）了结；但是，5月9日

第八十四节 北非之行

（星期二）第一次上斑蝥膏，5月13日（星期六）我第二次去找库奈曼；他第二次开了斑蝥膏的处方；要到5月16日（星期二），等伤口收口之后才能上；5月19日（星期五）我到他那儿去了，进行了听诊和叩诊；他发现情况已好转，因为渗出液减少了；他主张今后不必继续使用斑蝥膏了（因为这些医生怕病人忍受不了每个星期都要重复的某种程度的痛苦和折磨），他说，现在我可以只用碘酊（斯蒂凡开给我治支气管炎的处方）涂擦上边以及胸部和背部左侧的下边就行了。我不同意这样做，如果渗出液还没有完全消失，我宁肯再上一次斑蝥膏（5月23日，星期二）；我从斯蒂凡医生那儿听说，对于胸膜炎，碘酊只是一种疗效不大的、不可靠的药物，用这种药物会把治疗时间拖长。库奈曼医生对于我决定英勇地接受治疗，显然是更为高兴。[2614]

在娱乐场（那里面也进行赌博）的右边紧挨着的是"巴黎咖啡馆"，它的旁边有一个小亭子；那里每天都张贴着耀眼的广告，不是印的，而是画的，有作者姓名的缩写字；人们花六百法郎就可以从他那里知道白纸黑字写的全部科学秘密，即只要有一千法郎就能在轮盘赌或者"三十和四十"中赢得一百万。而真有不少人去上这个为傻瓜设下的圈套！确实有很多男女赌棍相信这种纯属碰运气的赌博的科学；先生们和女士们坐在"巴黎咖啡馆"门前或娱乐场的美丽花园的条凳上，手持计算表（铅印的），低着头，在乱写乱画计算着什么东西，或者，一个人深思熟虑地对另一个人述说他所喜欢的是"哪一种办法"——是否应该赌"级数"等等。可以认为，人们入了疯人院。[2615]

5月30日，在背上打了最后的（在蒙特卡罗）烙印；5月31日，继续施行的手术把我软禁在家里；6月3日，我从库奈曼处解放出来，当天就离开了。他建议我无论如何要在卡恩逗留几天，因为单是为了使手术后的伤口"干燥"，也必须这样做。[2616]

我从6月3日来到［卡恩］，6月5日晚离开。[2617]

我常说，没有任何事像有人到车站来接我那样使我心绪不宁。……我希望到梯也尔林荫路11号……得到充分的安静。……所谓"安静"我是指"家庭生活""孩子们的喧闹"，整个这一"小小的微观世界"比"宏观"世界有意思得多。[2618]

解说：马克思到达<u>阿尔让台</u>。

就像假释犯一样，每到一个新地方，我都必须到最近的医生那里去报到。所以，6月8日去杜尔朗医生处进行了检查。健康情况和离开蒙特卡罗时一模一样。对于支气管炎，我将试用恩吉安的硫矿泉水治疗几个星期，从阿尔让台到恩吉安坐车要十五分钟左右。[2619]

在我来到后的第二天，气温就降低了。这样一来，就如杜尔朗医生和他的朋友恩吉安的医生说的那样，天气目前还不允许我开始用硫矿泉水进行治疗，按我过去的状况。[2620]

我睡得早，起得晚，同孩子们和小燕妮一起度过白天的大部分时间，……尽量利用每个有利的时刻进行短时间的散步。我在这里感到自己比在阿尔及尔、蒙特卡罗或卡恩的任何时候都好。而且这里的天气看来也将好转。[2621]

因为从星期天到6月21日都是雨天，我的硫磺治疗曾经中断，到6月22日才恢复。科特雷现在冷得要死，而且那里的治疗季节一般要到七月中旬才开始。因此恩吉安这里正是时候，虽然天气至今还不适于不间断地利用水疗院。也许其他的人可以不太在乎，但有"余悸"的人就不得不小心谨慎。杜尔朗医生说，全部困难在于要避免能引起胸膜炎复发的各种情况。[2622]

我的治疗是6月17日开始的。天气至今不大像（法国）平常的夏天，以致恩吉安六月开始的疗养季节，对于有水疗院的疗养区来说，被认为是不能令人满意的，因此这里的人们希望八月和九月会"好一些"。气温不断变化，天空经常布满着云，预示着尤其在中午以前有雨和暴风雨。风很大，空气充满着水蒸汽，因此总是闷热——就像是伦敦的"闷热"状态。法国人好不容易摆脱了和英国的联盟；英国的气候（我指的只是伦敦的气候）似乎反而越来越加入这里即巴黎及其近郊的国籍了，至少今年是如此。当然，间或也有一些天或一天中的某些时候天气是很好的。在这种条件下我在治疗过程中不得不与"一些愉快的障碍"作斗争。[2623]

早晨八点半我要到达火车站（也就是说这正是去恩吉安的开车时间）。[2624]

硫磺蒸汽使吸入治疗室内昏暗不清；在这里要待三十至四十分钟；每五分钟在一个特定的桌旁（从一个带开关的锌管中）吸入以特殊方法喷射出来的含有硫磺的蒸汽；每个人从头到脚都用橡皮裹住；吸完之后大家一个接一个地围着桌子行军，这是但丁《地狱》中的无罪的场面。[2625]

近中午时回到阿尔让台；接着马上吃早饭，之后觉得非常需要休息，因

第八十四节 北非之行

为各种形态的硫磺使人疲劳；然后在户外散步等等。[2626]中午两点到四点休息，然后散步，和孩子们玩儿，所以听和看（特别是思维）的能力，丧失得比黑格尔本人在《现象学》中还厉害；最后，晚上八点吃晚饭，一天的活动就这样结束了。[2627]

有一天弗纪埃医生给作了检查，几个小时之后杜尔朗医生又给作了检查，两次检查都得出了同样的结果：嘶哑声已消失，同时"支气管"卡他也已消除。……我预感到这种支气管卡他还绝没有嘶哑地发出它的最后一音。事实上，当天气突然变坏时又听到了嘶哑声。咳嗽并没有"消失"（的确减轻了好多），这我知道；但在咳嗽性质发生变化之后，可能还留下一点儿咳嗽。7月31日弗纪埃医生在听诊时发现还有嘶哑声，虽然减弱了些；他说，天气恰巧对于这类病特别不利。病人平均只能进行三个星期的硫矿泉水治疗；实际上很多人无法长期忍受这种治疗而不得热病，等等。根据我的总的来说算是强壮的体格，他认为——因为咳嗽还使我得不到安静，特别是每天早晨——最好把治疗延长到八月中旬，继续作吸入疗法、淋浴以及喝硫矿泉水；若是超过这个期限那就不适宜了。当然，我完全听从医生们的劝告。[2628]

洛里亚在私人场合对我的令人作呕的阿谀奉承，和在公开场合的"优越"腔调，以及为了便于反驳而对我的观点所作的某种歪曲。[2629]

尽管按最初的印象我不想和他发生任何关系，我还是比较密切地注意了他，因为他显示出有才能，因为他啃了很多书本；因为他，这个可怜的家伙，给我写了很多关于他渴望求知的信；因为他还很年轻，而他那绝非青年人的、而是自作聪明的古旧的倾向，看来，部分地要由意大利的条件来解释，部分要由他所受的教育来解释；最后，因为他在当时力所能及的范围内，力求掌握、而有时还不无成效地掌握了他在《资本论》中找到的研究方法。使我感到"好玩"和高兴的是，他为在自己的《土地所有制》中证明《资本论》已经过时而洋洋自得。虽然如此，我过去只是对这个青年人的"性格"有怀疑。[2630]

我希望琼尼和杜西一起到伦敦去（只有一个人反对——就是龙格，他根本不关心这样做是否会减轻小燕妮的负担，以及这是否会对琼尼有好处）；到那时我还要给杜西一些钱，让她在英国带着小男孩到海滨去住两个星期。龙格先生不让琼尼到我们这里待半年的主要借口是：为了身体健康，琼尼需要诺曼底的海洋空气，因此龙格打算把他送到住在卡昂的老龙格夫人那里去。事实上琼尼在这里变野了：在法国居住期间，他连在读书写字等方面已经学到的那一点点东西也忘记了；由于生活无聊（即由于［无］事可做），他变得不听话了，给小燕妮增加的麻烦比其他三个孩子更大。龙格先生对这个孩子"什么"也不管，他的"爱"就表现在他为了每天能见到他几分钟而不愿让他离去，因为龙格在阿尔让台午饭前多半是躺在床上，下午五点又要到巴黎去。由于小燕妮面临的情况，龙格以后根本无法管住琼尼这个孩子。杜西是一个非常好的教导者，她会把他引上正路。[2631]

但是，当我读完了［洛里亚的］这两本小册子，在杜西来到这里两天以后，我就向她说出了自己最后的、明确的并且是非常肯定的判决。[2632]

从8月14日开始，整个一周天气特别坏；下雨（有时寒冷），有暴风，闷热主要是潮湿，然而巴黎当局却"正式"通知"缺水"。这里的官僚甚至在发生《圣经》里面讲的那种大洪水的时候，也能制造出饮用、洗涤、家庭和工业等等用水"正式缺水"这种事来。[2633]

小杜西已经在8月16日带着琼尼走了。[2634]

8月20日我最后一次去恩吉安的吸入治疗室，进行了沐浴和淋浴。在临别的时候，弗纪埃医生就地给作了检查，结果如下：（1）支气管的嘶哑声大大减少了，要不是可恶的天气，也许会完全消失；（2）胸膜炎的摩擦声依然如故；这是早已预言过的难治之症。在最好的情况下——而这种情况绝不是常见的——这种胸膜炎留下的纪念也要保存若干年。让我到日内瓦湖去——到目前为止，那里传来的天气预报是很好的——因为两位医生都认为，支气管卡他的最后遗迹可能会在那里自行"消失"。[2635]

按医嘱这一次只能在白天去瑞士，所以我得在第戎过夜，第二天才能慢慢腾腾地向目的地前进。希望根除任何引起"复发"的因素。[2636]

龙格又纠缠着要我同鲁瓦会面，我就让他安排在最近一个月之内。结果怎样呢！恰好在我要动身的那一天——当时我要收拾行李，要去和杜尔朗医生告别，还有很多话要和小燕妮谈——龙格没有预先通知我，就跑到巴黎把鲁瓦弄来，把他带到阿尔让台吃饭（在中午一点钟）。这一天刮着寒冷的东北风，我同可怜的鲁瓦在花园里进行了推托不了的谈话，结果我得了感冒。[2637]

第八十四节 北非之行

〔8月23日〕从第戎到洛桑途中一直下雨，天气较冷。晚九点在雨中到达洛桑（□瑞士沃州州府）〔住在北方旅馆〕。我向茶房提出的第一个问题是：这里是什么时候开始下雨的？回答是：才下了两天（也就是我从巴黎动身的那天起）。真有意思！[2638]

解说：之后，马克思到达瑞士沃州的斐维市，住在勒芒湖旅馆。[2639] 勒芒湖又名日内瓦湖，位于其东北岸的斐维市是雀巢公司总部所在地。

8月31日我收到了小燕妮的信，附有……信和一张支票；我已将支票交给这里的任顿银号，以便在巴黎兑取。[2640]

8月31日，9月1、2、3日天气非常好（但3日太热）。4日有暴风并下雨……。奇怪的是，我仍然老是咳嗽，看来我是斐维唯一咳嗽的人，至少我没有遇到第二个。不过我的一般状况是非常令人满意的；我和劳拉一起爬上了这里的葡萄园高地，以及蒙特勒的更高的葡萄园，一点也没有感到呼吸困难。[2641]

我们住在这里就像生活在乐土中一样。我们和其他人一样，沿湖游览了一番。[2642]

巴黎市参议会议长桑让先生曾到我们旅馆里访问过我；他是我1849—1850年期间在伦敦认识的流亡者之一。他送给我一份曾被派往罗马参加颂扬加里波第活动的代表团（桑让本人也是其中的一个成员）向巴黎市参议会所作的正式报告；报告主要是颂扬"桑让"自己，因为他总是代表其他法国代表发言。他还把一册《资本论》拿给我看，这册书似乎是他到离此不远的森林中幽居时给他做伴的。[2643]

解说：恩格斯9月12日来信说："加特曼发明了一种电灯，得了专利权，他把这个专利权按照一个订得非常坑人的合同以三千英镑卖给了一个骗子，因此，他能否得到钱，什么时候才能得到钱，是十分令人怀疑的。"[2644]

〔9月16日〕正当我坐下来……写信的时候，茶房送来了《日内瓦日报》，上面载有倍倍尔逝世的消息。这是可怕的，是我们党的一个极为重大的不幸！他是德国（可以说是"欧洲"）工人阶级中罕见的人物。[2645]

解说：恩格斯来信说："非常感谢杜西带来的阿尔及尔礼物。匕首是地地道道东方的，锋芒所及，寸草不生。烟斗我还要给它配一个烟管才能试用。"[2646]

那把匕首，从它做得很粗糙这点……看出，是卡比尔人制造的。至于烟斗的管子，我随身带了三根（在植物园的存货中只给一支烟管配到烟斗），是竹子的。带管子的事我不想麻烦海伦和杜西了，因为管子太长，她们的箱子放不下，我决定自己带回伦敦。[2647]

解说：恩格斯9月18日来信说，"关于倍倍尔逝世的假消息，使我们这里的人也极为震动。早在星期六晚上就有很多材料说明这是假的，刚刚收到的《正义报》刊登的李卜克内西的电报也说，倍倍尔尽管病情严重，但现在他正逐步恢复健康。"[2648]

解说：在从瑞士回伦敦途中，马克思取道阿尔让台小燕妮家中小住。

9月28日所谓的苍天降了倾盆大雨，尽管阿耳方一直害怕"水荒"。[2649]

我……从阿尔让台到这里来（即到圣拉查尔车站）接劳拉，同她一起在巴黎吃完午饭，然后把她带回阿尔让台。[2650]

杜尔朗医生〔9月30日〕给我作了检查，小燕妮也在场。湿罗音消失了，还有点笛鸣音，不过这种顽固的卡他差不多已经消除，其性质已经根本改变了。我的总的健康状况，据医生说，已大大改善，说我甚至"发胖了"。[2651]

他坚决主张我在伦敦居留的时间无论如何不能超过两个星期，……只有在得到关于最近几天的令人放心的气象预报之后，才能最后"许可"我前往伦敦（法国医生对伦敦的气候抱有强烈的成见）。他说，如果我不犯任何错误，他现在有把握完全治好。[2652]

解说：10月初，马克思回到伦敦。[2653]

这里的天气不坏，也就是说，有几个小时相当好，阳光灿烂；其他时间天空布满了云，有时下起毛毛雨。但是总的来说，天气不冷，只是早晚经常有雾。肖莱马星期六（10月7日）到伦敦来了，但只作短暂的友好访问。[2654]

10月8日我们在恩格斯那里吃午饭。彭普斯和小家伙以及派尔希当然也在那里。小家伙很活泼；无论如何比她妈妈唠叨得有意思得多。……晚上唐金来看望我，……他发现我的气色好了些。他认为，在英国即将到来的雾季中，威特岛对我来说是最好的地方。[2655]

解说：恩格斯回忆说，马克思"回到伦敦，……他看来是健康的，常常同我一起爬上汉普斯泰特荒阜（比他的住宅大约高300英尺）而并没有感到什么不适。"[2656]

第八十四节 北非之行

解说：11月初马克思到了文特诺尔。住在<u>文特诺尔市圣博尼费斯花园1号</u>。[2657]

这里经常是狂风怒号，尤其是傍晚和夜间；清晨多半下雨，或者至少是阴天；白天经常有放晴的时候，这个时间必须抓紧利用；但整个说来天气是不稳定的、变化无常的。例如〔11月5日〕四点钟，我去爬小山，在那里沿着蓬曲施的一条小路散步，小路通到蓬曲施的阶梯式上升的最高的一群房屋（最低的紧靠大海）；再往前去，小路便时上时下，蜿蜒于山脊与斜向大海的山坡之间（上次和杜西到这里时，我没敢爬上这条小路）。在这里可以漫步几个小时，尽情地同时享受山地空气和海洋空气。当时像夏天一样热；蔚蓝色的天空只有朵朵透明的小白云，可是突然下起冰凉的雨来，霎时间天空乌云密布。我的肌风湿（在左胸，接近旧的患处）看来要归功于此，星期一夜间疼得如此厉害，以致11月7日我不得不违背自己的愿望请医生来看。……詹姆斯·姆·威廉森医生。我请了这一位，他的确是一个可爱的年青人，没有丝毫祭司气味。实际上，除了一种擦剂外，他并没有给我开什么药。（在这种肌风湿持续发作的时候，我感到很不舒服，因为这种病引起不愉快的感觉，特别是在咳嗽的时候。）总之，他对这种坏天气表示遗憾。至于咳嗽，最近还在伦敦时就开始越来越讨厌和具有痉挛性了，不过在这方面，我自己就是医学顾问，但愿不要医生的帮助很快就能消除。[2658]

总的来说，我绝不能抱怨文特诺尔。天气反复无常，狂风暴雨，时而多雨，时而干燥，时而晴朗，时而寒冷，等等，但尽管如此，很少有雾，有充足的新鲜空气，除了不多的几天以外，通常一天总有几小时适合长时间散步。11月9日和10日的天气相当凉，但从十一点到两点，在海滨（孩子们常在这里玩耍，他们使我想起可怜的哈利）和在我们散步的悬崖下面，直到火车站，甚至到小山冈，都不缺阳光！[2659]

我绝不是在身体好的情况下到这里来的。相反地：几乎连续不断的痉挛性咳嗽，多痰，以及近两周以来夜间越来越不能令人满意的状况——绝不是良好的自我感觉的征候。这不可能在一天内发生变化，但是必然会向好的方面变。实际上，我还是很方便的，在我收到11月10日唐金医生从伦敦寄来的药方之前，我就去找威廉森医生看了风湿病。不过，风湿病的患处离胸膜炎复发的老病灶很近，以致威廉森医生只是经过仔细听诊和叩诊以后，才使我确信，自从唐金医生最近的一次检查以后，一切正常。咳嗽减轻了，但威廉森今天（第二次）来看我时劝我再服一种药；他说，这种药能使我更快地过渡到只须多吸新鲜空气和在户外作长时间的散步便可望完全恢复健康的阶段。[2660]

不过，我现在还没有开始真正工作，而是在做各种准备。[2661]

解说：这一年马克思陆续写《关于俄国一八六一年改革和改革后的发展的札记》。[2662]

龙格是最后一个蒲鲁东主义者，而拉法格是最后一个巴枯宁主义者！让他们见鬼去吧！[2663]

11月11日天气非常好，我该到户外去呼吸新鲜空气了（现在还只是上午十点半）。[2664]

我想不求助于医生来消除咳嗽，但是威廉森医生郑重警告我说，我还是应该高高兴兴地同意服药。实际上药剂对我是有效的；它的主要成分是硫化奎宁，其余的成分如吗啡、哥罗仿等等，在过去强迫我服用的药剂中是一直有的。[2665]杜西和琼尼在11月20日三点钟左右天气尚好的时候，从我这里走了。[2666]

医生……又来过；不能说我感到有好转，宁可说恰好相反。外面不冷，但是有雨，潮湿，所以医生坚持，不出现好天气，他就不能让我出去；否则，他说他不承担责任。真见鬼！必须有耐性！[2667]

解说：马克思12月23日写信给爱琳娜说：[2668]

"你把兰卡（或者是兰克，记不清了）的《生理学》带给我；此外，把弗里曼那本不大好的书《欧洲史》也带给我，因为它可以供我做年表用；它放在我的卧室里，在放报纸和其他东西的书架上。"

解说：马克思一贯地在身体状况一有改善时就进行《资本论》创作，而身体不好的情况下就"吞食书籍"作笔记，在外出疗养的时候也不例外。不久，马克思结束了他称为"年表"的、以国家体系为主题的历史学笔记。笔记写作历时大约一年半，140多万字。笔记结尾是三十年战争，之后的历史开始了以民族国家为主体的新的国家体系。

解说：**1883**年，新的一年在马克思的疾病中到来。

我仍在同积痰进行艰苦的斗争；星期六（1月6日）早晨起床时，咳嗽痉

第八十四节 北非之行

挛性地发作，以致我想喘几秒钟气都不行。我想，这是神经受了刺激——替小燕妮担心所致！这不必多讲了。我想立即到阿尔让台去，可是一个生病的客人，恐怕只会更加重孩子的负担！要知道谁也不能担保，走这一趟不会引起我至今幸免的旧病复发。但是，不能去看望孩子，心里总是很难受的。[2669]

现在每当神经受刺激，我的咽喉就立即被卡住，就像红色沃尔弗卡住自己的兄弟——粮食投机商一样。我想说的是，几天以前我收到巴黎的坏消息后的最初时刻所受的惊吓，引起了咳嗽痉挛性地发作，险些把我憋死。可怜的小燕妮患气喘病时一定常常有这种极其痛苦的感觉。[2670]

1月9日，我正想不顾风声怒号出去"徒步旅行"，这时候我的医生来了；他说我必须待在家里，因为外面很冷。他又给我进行了听诊。一切还是老样子，即患慢性卡他（因此嗓子还一直是嘶哑的），但如果从"更高的"角度来看，我的健康状况好转了，因为令人担心的地方完全没有触及。但是几乎没有间断过的咳嗽，本来就非常讨厌，由于每天呕吐，变得简直无法忍受了。这常常使我不能工作，而医生却相信——他还相信，这就不错了！——能够使我摆脱这种折磨（靠刚刚给我开的药剂）。走着瞧吧。[2671]

解说：爱琳娜回忆说，"1月11日……摩尔……在信说，［小］燕妮的健康已有好转，我们（海伦和我）不用担心。在接到……信后一个小时，我们就收到了她去世的电报。我马上动身到文特诺尔去，我一生中经历过不少悲哀的时刻，但从没有像这次那样悲痛。我感到我一去就等于把死亡判决书带给我父亲。在漫长而忧愁的旅途中，我苦苦思索着如何把这消息告诉他。但用不着我说，我的面部表情已经把一切都告诉了他。摩尔马上说：'我们的小燕妮死了！'于是他叫我马上去巴黎，看看那些孩子们。我想留下来照顾他，但他不允许。我在文特诺尔待了还不到半个小时，又踏上悲怆的旅途，取道伦敦，立刻到巴黎去。摩尔要我为孩子们做的事我都做了。"[2672]

长女病故的噩耗迫使我只身返回伦敦。[2673]

解说："他的支气管炎发作了。不久，又并发了喉头炎，使他几乎什么东西都不能下咽。他以坚忍精神忍受着极大的痛苦，宁愿喝一升牛奶（这是他生平最厌恶的东西）而不吃某些硬的食物。2月间又发现了肺脓肿。15个月来他已经服用过各种药品，现在，药物对他的身体已经失去效用，只能使他食欲不振，消化不良。眼看他一天比一天消瘦下去。"[2674]

解说：为创作《资本论》，马克思积累了大量的资料、笔记和手稿，因为身体的原因，他觉得自己可能完成不了最后的加工出版。马克思对女儿爱琳娜说，希望恩格斯根据这些材料"做出点什么"来。[2675]恩格斯对此也说，"摩尔对她［爱琳娜］说过，要她和我处理他的全部文稿，并关心那些该出版的东西，特别是第二卷和一些数学著作。"[2676]

解说：马克思疾病缠身以及在给亲友信中大篇大篇的琐事，很容易给人留下一个絮叨老人垂暮之年的印象。但是，马克思每时每刻都在为了完成《资本论》而思索，而与生命抗争。马克思是一个孤独的学者，他的思想高度无人企及，很少有可以在书信中交流学术问题的对象。虽然无法完成《资本论》的整理出版，但是马克思为《资本论》做了大量准备工作，写了大量的手稿和笔记，其中无处不闪烁着思想的光辉。这些工作与年富力强的时代相比也是毫不逊色的。

解说：恩格斯非常担心马克思的健康状况，他说："每天早晨当我走到拐角的地方的时候，我总是怀着极度恐惧的心情看看窗帘是不是放下来了。"[2677]为此而"饱受了惊恐"。[2678]

解说："可是病一般说来还是比较顺利地在好转。支气管炎已几乎痊愈，咽食物也比较容易了。"[2679]"星期五［3月9日］，［唐金］医生——伦敦最好的医生之一——告诉［大家］，他完全有希望恢复健康，只要食物使他的体力得到恢复，他就会比任何时候都更加健壮。而且正是从那时候起，他的胃口又开始好一些了。"[2680]因此医生给了大家"最大的希望"。[2681]

解说：3月14日，马克思喝了葡萄酒、牛奶和汤，"从卧室走到书房，坐在他的安乐椅中"。[2682]

解说：恩格斯又来看望，"两点多钟我去的时候，看到全家都在掉泪：他的病情很坏"。[2683]"我就询问了情况，想弄清原因，进行安慰。先是少量出血，接着体力就立刻衰竭了。我们那个非常好的老琳蘅看护他要胜过任何母亲照顾自己的孩子"。[2684]琳蘅上楼到他的房间去，但立刻转回来说："快去看一看，他快睡着了"。[2685]"当我和琳蘅上了楼的时候——此时她离开房间不过两分钟光景——他在安乐椅上安静地睡着了——但已经是永远地睡着了。下午两点三刻，当代最伟大的头脑停止思想了。"[2686]

第八十五节　尾声

解说：恩格斯认为，"在我看来，起初他的夫人去世，接着，在他非常危急的关头燕妮又去世，这些都起了作用，加速了他的逝世。"[2687]

解说：3月17日，星期六，在海格特公墓，马克思被安葬在15个月以前安葬他的夫人的同一个墓穴里。[2688]马克思的墓是用白色大理石砌成的，一小块用黑色字体刻着的姓名和生卒年月也是大理石的。[2689]

解说：在墓地上，哥·雷姆克代表《社会民主党人报》编辑部和发行部，代表伦敦共产主义工人教育协会，向马克思的灵柩献了两只系着红带的花圈。随后，弗·恩格斯用英语发表讲话。[2690]

解说：接着，马克思的女婿龙格宣读了收到的几篇法文挽词。李卜克内西用德语发表了演说。除上述几个人之外，参加葬仪的还有马克思的另一个女婿保尔·拉法格、科伦共产党人案件（1852）中被判处五年徒刑的弗里德里希·列斯纳、共产主义者同盟老盟员格·罗赫纳。此外，代表自然科学界的是两个第一流的著名人士：动物学教授雷伊·朗凯斯特和化学教授肖莱马，他们俩都是伦敦皇家学会的会员。[2691]

解说：后来，友人莫特勒，那位红色邮政局长，住在汉普斯泰特，离海格特不远，从瑞士带来西班牙草，木本常青藤和几簇玫瑰花（大部分被野草淹没了）就是坟墓的简单装饰。通常莫特勒每个星期两次路过马克思墓，看见草长得厉害了，就清除一下。[2692]

解说：伦敦的路透社作为世界上第一家新闻社通过电报向全世界发布了马克思逝世的消息。德国沃尔弗电讯社、法国哈瓦斯社、美联社收到并转发这一消息。[2693]

解说：第二天，3月18日，各大报都报道了马克思逝世的消息。[2694]3月25日，德穆特在马克思的手稿里找到一个大包，里面是《资本论》第二卷，共有五百多页对开纸。恩格斯认为鉴于还不知道手稿已经为出版准备到什么程度，也不知道能否找到别的东西，所以最好还是不要在报纸上透漏这个好消息。[2695]马克思坐过的安乐椅由恩格斯保存。[2696]杜西把当年库格曼夫人赠送给马克思的那个八叶小信夹送还给库格曼夫人，还送去一个装有马克思照片的雕花盒子。[2697]

解说：在整理文稿的过程中，爱琳娜3月26日写信给劳拉："不用说，我万分注意不使我们的好将军看到任何可能会引起他痛苦的东西，我正准备把所有的私人信件另外放在一边，这些信件只有我们才感兴趣，等以后我们再另行处理。"[2698]

解说：1889年7月14日，在巴黎由二十个国家代表出席的代表大会上成立了国际社会主义联盟，即第二国际。这个联盟也是以马克思主义作为基础理论的。[2699]1890年11月4日，海伦·德穆特去世，被安葬在马克思家庭合墓。琳蘅应当安葬在全家合墓的这件事，是燕妮早就决定了的。随后马克思也决定这么办。恩格斯和马克思家依然健在的孩子们共同执行了这个任务。[2700]法国工人运动在法国工人党的领导下日益壮大。1891年，在法国组织了首次五一节的游行示威活动。1892年，尽管马克思科学地解决了货币问题，但是《社会科学词典》这一资产阶级经济学家的模范著作里，对于货币这一条目，五十栏的老生常谈，对马克思只字未提，硬说货币之谜还没有解决。1894年5月4日，列斯纳组织了在海德公园的大规模游行示威，提出"8小时工作日"的口号。[2701]1895年8月5日，恩格斯逝世。恩格斯去世以后，马克思去世时坐的安乐椅由爱琳娜保存。[2702]

解说：1902年，梁启超在《新民丛报》上第一次将马克思简要介绍到中国"麦喀士〔马克思〕，日尔曼人，社会主义之泰斗也。……今之德国，有最占势力之二大思想，一曰麦喀士之社会主义，二曰尼志埃〔尼采〕之个人主义。麦喀士谓：今日社会之弊，在多数之弱者为少数之强者所压伏。"[2703]司马迁是认识到物质利益作用的思想家，在史记中有一篇（也是仅有的一篇）是专门写物质利益的《货殖列传》，其中写道，"天下熙熙，皆为利来；天下壤壤，皆为利往"。司马迁意识到物质利益对个人的普遍性的重要意义，而马克思认识到物质利益的世界历史意义。

解说：20世纪20年代初，海格特公墓管理处要强行将马克思的坟墓铲除。苏联提出要把马克思墓移往莫斯科。最后住在法国的马克思的外孙和曾外孙出面使墓地仍然留在原处。[2704]20世纪50年代，又有人极力要铲除马克思墓地。苏联再次提出把墓地移往莫斯科。[2705]1956年，马克思的曾外孙决定，马克思、燕妮、马克思的外孙亨利·龙格和琳蘅的遗骨与爱琳娜的骨灰迁到一个地方，并继续安放在海格特公墓，并用国际上筹集到的资金在马克思一家的墓地上竖起一块带有马克思头像的纪念碑。[2706]

解说：1999年，BBC网上投票千年思想家，马克思列第一位。2005年7月14日，英国广播四台"我们的时代"栏目公布"有史以来最伟大的哲学家"评选结果，马克思列第一位。英国路透社组织"千年风云人物"评选，爱因斯坦第一，马克思第二位。人类仍然在自我解放的征程上，正是有了像马克思这样的思想家，人类自我解放才有了航标。恩格斯对马克思的一段评价永远值得人们回味：[2707]

我和马克思共同工作四十年，在这以前和这个期间，我在一定程度上独立地参加了这一理论的创立，特别是对这一理论的阐发。但是，绝大部分基本指导思想，尤其是对这些指导思想的最后的明确的表述，都是属于马克思的。我所提供的，至多除几个专门的领域外，马克思没有我也能很容易地做到。至于马克思所做到的，我却做不到。马克思比我们一切人都站得高些，看得远些，观察得多些和快些。马克思是天才，我们至多是能手。没有马克思，我们的理论远不会是现在这个样子。所以，这个理论用他的名字命名是公正的。

地名索引

阿尔及尔	Algiers	（第厄普）	
阿姆斯特丹	Amsterdam	第戎	Dijon
阿让伊特	Argenteuil	杜塞尔多夫	Düsseldorf
（阿尔让台）		法兰克福	Frankfurt_am_Main
爱北斐特	Elberfeld	（美因河畔法兰克福）	
奥伯豪森	Oberhausen	戛纳（卡恩）	Cannes
奥斯坦德	Oostende	根特	Gent
巴登巴登	Baden-Baden	哈罗盖特	Harrogate
巴克斯顿	Buxton	（哈罗格特）	
巴黎	Paris	哈姆	Hamm
柏林	Berlin	哈斯廷斯	Hastings
宾根	Bingen	海牙	Den_Haag(The_Hague)
波恩	Bonn	汉堡	Hamburg
不来梅	Bremen	汉诺威	Hannover
布莱顿	Brighton,	赫尔	Hull
布鲁治	Bruges	荷兰	Holland
布拉格	Praha（Prague）	黑林山	Schwazwald
布莱顿	Brighton	济克堡	Siegburg
布鲁塞尔	Bruxelles	吉森	Gießen
达姆斯塔德	Darmstadt	卡尔斯巴德	Karlsbad
德累斯顿	Dresden	卡尔斯鲁厄	Karlsruhe
邓迪	Dundee	（卡尔斯卢厄）	
迪耶普	Dieppe	卡西	LaCiotat

凯则尔斯劳顿	Kaiserslautern	南港	Southport
坎伯威尔	Camberwell	尼斯	Nice
坎特伯雷	Cantbury	牛津	Oxford
科布伦茨	Koblenz	纽伦堡	Nürnberg
科隆（科伦）	Köln	诺伊恩阿尔	Neuenahr
克罗茨纳赫	Kreuznach	普法尔茨	Palatinate
莱比锡	Leipzig	日内瓦	Genève
缪尔海姆	Mühlheim	圣奥宾	St.Aubin
赖德	Ryde	圣黑利厄尔	St.Hléier
兰兹格特	Ramsgate	斯拜尔	Speyer
里昂	Lyon	斯赫弗宁恩	Scheveningen
利物浦	Liverpool	斯特拉劳	Stralau
列日	Льеж（Liège）	特里尔	Trier
鹿特丹	Rotterdam	维也纳	Wien
路易港	Ludwigshafen	魏登	Weiden
吕提希	Lüttich	维斯巴登	Wiesbaden
伦敦	London	文特诺（文特诺尔）	Ventnor
洛桑	Lausanne		
马尔吉特	Margate	沃韦（斐维）	Vevey
马赛	Marseille	亚琛	Aachen
曼彻斯特	Manchester	伊斯特伯恩	Easthourne
曼海姆	Mannheim	约克郡	York
美因兹	Mainz	瓦朗塞	Valençay
蒙特卡罗	MonteCarlo	伍斯特	Worcester
奈梅亨（尼姆韦根）	Nijmegen	扎尔特博默尔	Zalt-Bommel

本索引采用通用译名，括号内是引文采用的马恩全集中用的译名。其他译法在注释中进行说明。

文献索引

由于要给出每一条史实的出处，本书需要大量的文献注释，为了节省篇幅，本书采用文献简称的方式给出引用量大的文献的出处。简称和对应文献如下。

全：《马克思恩格斯全集》中文第一版。

新全：《马克思恩格斯全集》中文第二版。

（全、新全后面所用的阿拉伯数字是全集的卷次，如全1，表示《马克思恩格斯全集》中文第一版第1卷。注释中引用文本标题中的＊表示是全集编者给文本拟定的标题，而不是马克思原本使用的标题。）

MEGA2：《马克思恩格斯全集》历史考证版第二版。

《手稿和笔记目录》：《马克思手稿和读书笔记目录》（荷兰阿姆斯特丹国际社会史研究所收藏），《马克思主义研究参考资料》1981年第30期总第82期。

《回忆》：中央编译局编，《回忆马克思》，人民出版社，2005年。

《文献传记》：曼弗雷德·克利姆著，《马克思文献传记》，河南人民出版社，1992年。

《年表》：阿多拉茨基主编，《马克思年表》，人民出版社，1982年。

文献注释

1 全15，第682页。并见，全27，第626页。由于要给出每一条史实的出处，本书需要大量的文献注释，为了节省篇幅，本书采用文献索引的方式给出文献的出处。这里的全15，是《马克思恩格斯全集》中文第一版第15卷的简称。所引主要文献的简称参见附在书末单独列出的索引。

2 维纳·洛赫：《德国史》，生活·读书·新知三联书店，1976年，第237、241页。

3 《德国知识界日用百科辞典》（莱比锡1827），《特里尔》词条。转引自，曼弗雷德·克利姆著：《马克思文献传记》，河南人民出版社，1992年，第26页。以下简称《文献传记》。

4 全31，第538页。

5 全30，第495页。

6 中央编译局编：《回忆马克思》，人民出版社，2005年，第113页。以下简称《回忆》。威廉·李卜克内西《纪念卡尔·马克思——生平与回忆》（1896）（载《回忆》第16-126页）。

7 《回忆》，第207页。爱琳娜《卡尔·马克思（回忆片段）》（载《回忆》第206-213页），此文是为《1895年奥地利工人历书》杂志撰写。

8 《马克思的出生证书》，全40，第817页。

9 参见，海因茨·蒙茨《卡尔·马克思和特里尔》，1964年特里尔版，该书利用了特里尔市档案馆的家庭文献。莫里茨死亡日期见特里尔市民政局1819年死亡登记表第196号。转引自，《文献传记》，第32页脚注。

10 《回忆》，第21页。

11 劳拉致约翰·斯帕戈，1907年12月27日，《马列主义研究资料》第47辑，第125页。

12 特里尔福音会洗礼登记册1824年第13号，《科伦历史学会年鉴》第14卷，1932年，第117、128页。转引自，阿多拉茨基主编：《马克思年表》，人民出版社，1982年，第1页。以下简称《年表》。

13 爱德华出生日期参见，1826年特里尔户籍册。转引自，《年表》，第2页。

14 《回忆》，第208页。

15 《回忆》，第218页。爱琳娜《我的父亲》（载《回忆》第218-225页）。

16 全40，第187页。

17 全35，第234页。

18 全19，第319页。

19 全27，第626页。

20 《回忆》，第218页。

21 全40，第811-812页。MEGA2第I/1卷。MEGA2即Friedrich_Engels_Gesamtausgabe，《马克思恩格斯全集》历史考证版第二版。这可能是现今所知的马克思最早的作品，因为索非亚基本上是按照时间顺序排列笔记内容的。

22 这是一幅油画，参见劳拉："我有一幅我母亲十八岁时的油画肖像，我将让人给您翻拍成一张照片寄给您。"劳拉致约翰·斯帕戈，1909年1月8日，《马列主义研究资料》第47辑，第128页。

23 特里尔福音会1834年坚信礼登记册第1号，转引自《年表》，第3页。

24 参见，（美）波斯特：《西方礼仪集萃》，生活·读书·新知三联书店，1991年，第800页。

25 《文献传记》，第35页。

26 特里尔弗里德里希中学考试记录，转引自《年表》，第3页。

27 全40，第818页。

28 全40，第3页。全40，第913页。

29 马克思：《青年选择职业时的考虑》，全40，第7页。

30 新全1，第457页。

31 作文全文，全40，第823-827页。

32 这些考卷收入MEGA2第I/1卷。

33 全40，第827页。原文是"肄业五年"。关于中学的年限，见《文献传记》，第34页。

34 全40，第844页。

35 参见，全40，第832页。

36 全40，第9页。

37 《回忆》，第215页。

38 全40，第844页。

39 亨利希·毕尔格尔斯：《回忆菲迪南·弗莱里格拉特》，载1876年11月26日《福斯报》，柏林，第278号，星期日刊，第48期。转引自，《文献传记》，第46页。

40 全40，第831页。

41 全40，第834页。

42 全40，第831页。

43 全40，第836、838页。

44 全40，第835、836页。

45 全40，第836页。

46 全40，第836、837页。

47 全40，第839页。

48 从马克思的行踪可看出，当时3月和9月放假，分割为冬季学期和夏季学期。

49 全13，第343页。

50 全40，第841页。

51 波恩大学档案XXXVI惩戒名单，1836年第一季度到1842年第三季度审讯档案第3号，转引自，《年表》，第5页。

52 全40，第845页。

53 全40，第843页。

54 全23，第15页。

55 全40，第845页。

56 根据马克思父亲1836年11月9日的书信判断马克思跟燕妮的订婚礼。

57 全40，第395页。途中即使没有写至少也是构思了诗歌《两重天——致燕妮》。

58 全40，第896页。

59 库克斯：《柏林·根据可靠资料对这座首府及其周围地区所作的精确的最新的描绘和统计》，1842年柏林版。转引自，《文献传记》，第54页。原文中长度单位为德里，1德里（普鲁士制）等于7.5325公里。省略号内容为"根据1841年最近一次人口普查"。

60 马克思在柏林的住所在《柏林大学在校学生正式登记表》中列出了7个。米特尔街是其中之一。转引自，《文献传记》，第55页。

61 《供本地和外地各阶层人士日常使用、认识柏林和波茨坦的最新指南》，载《首都知识大全：兼论它与外省的关系，由列奥波特·冯·策德利茨男爵主持下的地方志之友联合会编》，1834年柏林版，第489-490页，米特尔街。下文中以下柏林的街道说明均出自该处：第492页，摩尔人街；第21-22页，旧雅各布街；第136页，科罗塞乌姆娱乐场；第22页，旧莱比锡街；第792页，施特拉劳；第435页，路易街；第448页，马尔克伯爵街。转引自，《文献传记》，第55页。

62 全40，第896页。

63 参见，1824年7月6日路德维希·费尔巴哈致安泽尔姆·费尔巴哈。转引自，格姆科夫：《马克思传》，生活·读书·新知三联书店，1978年，第12页。

64 全40，第9页。

65 诗册收入，全40。《爱之书》第二部封面上写着1836年11月于柏林。

66 全40，第847页。

67 全40，第847页。

68 全40，第850页。在父亲12月28日信之前，应该还在上一封之后，因为上一封信还没有提到父亲和燕妮谈话这件事。

69 全13，第7页。

70 全40，第10页。

71 全40，第851页。

72 全40，第14页。"1837年1月前后"是我的考证，因为下一段马克思以"学期终了"开头，所以摘录的习惯是在到柏林的第一学期中间形成的，也就是1837年1月前后。

73 全40，第14页。

74 全40，第15页。

75 全40，第651页。

76 全40，第14页。

77 诗册收入，全40，第568页。

78 全40，859页。

79 《文献传记》，第56页。

80 全40，第14页。

81 全40，第16页。

82 全40，第16页。

83 全40，第14页。

84 《文献传记》，第57、61页。马克思原来住的房子已经在1944年被炸毁，柏林市委托雕刻家汉斯·基斯因在马克思住过的房基上设计了一座露天纪念馆，《文献传记》，第62页。

85 全40，第14页。

86 全40，第16页。

87 全40，第16页。也就是说此时还没有写《访问》这个作品。这个作品应当会为我们理解马克思当时的思想历程有很大帮助，可惜尚未发现这个作品。

88 麦克斯·林格：《回忆录》，1898年柏林版，第113页，转引自《文献传记》，第63页。

89 全40，第16页。

90 《文献传记》，第57页。

91 全40，第897页。

92 全40，第889页。时间地点是根据燕妮所说"今天正好是我们一起去屈伦茨的一周年"。

93 全40，第867页。

94 全40，第17页。

95 全40，第870页。

96 全40，第897页。

97 全40，第17页。

98 马克思致阿道夫·鲁滕堡柏林1837年或1838年10月10日，新全47，第18页。引文第一句经过改写。

99 这封信收在，全40，是我们了解大学时代马克思的一个重要文本。关于爱琳娜对这封信的解释，见《回忆》，第214页。

100 全40，第19页。

101 全40，第18页。

102 《回忆》，第216页。

103 全40，第882页。

104 参见，1837年特里尔教会死亡登记册第23号。转引自，《年表》，第8页。

105 母亲致马克思［1838年2月15日至16日］，MEGA2第Ⅲ/1卷，第330页。中译文见《马列著作编译资料》第11辑，第76页。信是分两次写的，信的结尾署有日期，2月16日。

106 《文献传记》，第58页。

107 全40，第897页。

108 燕妮在信中说马克思5月7日离开特里尔。这是现有的证明马克思这时到过特里尔的唯一材料。新全47，第575页。因为4月份是假期，所以我推测马克思4月份回到特里尔。

109 燕妮致马克思，柏林［1838年5月10日后于特里尔］，新全47，第575页。

110 新全47，第575页。另参见，特里尔市政档案，1838年死亡登记册第321号，转引自，《年表》，第9页。

111 这里是马克思在柏林住所中唯一保存下来的房子，现为60号，《文献传记》第59页。

112 参见，马克思的"柏林大学毕业证书"，全40，第897页。

113 母亲致马克思，柏林1838年10月22日于特里尔，新全47，第579页。

114 《文献传记》，第59页。

115 全40，第897页。

116 《文献传记》，第60页。

117　全40，第897页。

118　流传至今的手稿有七本笔记，其中五本（笔记一至四和七）的封面上标有《伊壁鸠鲁哲学》的标题。笔记二至四的封面上注有"1839年度冬季学期"的字样，全40，注释23。笔记总页数参见，《马克思手稿和读书笔记目录》（荷兰阿姆斯特丹国际社会史研究所收藏）（以下简称《手稿和笔记目录》），《马克思主义研究参考资料》1981年第30期总第82期，第4页。

119　全29，第527页。

120　布鲁诺·鲍威尔致马克思，柏林1840年3月30日于波恩，MEGA2第Ⅲ/1卷，第342页。中译文见，《马列著作编译资料》第11辑，第85页。

121　见MEGA2第Ⅲ/1卷，第342页。中译文见《马列著作编译资料》第11辑，第85页。

122　《手稿和笔记目录》，第16页。

123　全40，第897页。

124　布·鲍威尔致马克思，1840年7月25日，MEGA2第Ⅲ/1卷，第349页。中译文见，《马列著作编译资料》第11辑，第95页。爱·梅因致卢格，1841年2月23日，德勒斯顿市政档案原件，转引自《年表》，第12页。

125　布鲁诺·鲍威尔致马克思，柏林1840年7月25日于波恩，MEGA2第Ⅲ/1卷，第349页。中译文见，《马列著作编译资料》第11辑，第95页。

126　参见，全40，第287、288页。

127　全40，第897页。

128　爱德华·梅因致威廉·弥勒（杜塞尔多夫），1841年3月20日于柏林，科伦市历史档案馆编号藏件目录第1141号（弥勒·冯·科尼斯温特）第3号。中译文见，《马列主义研究资料》第26辑，第147页。

129　爱·梅因致阿·卢格，1841年1月14日，德勒斯顿萨克森州图书馆藏件目录第46号的2卷第58号。中译文见，《马列主义研究资料》第26辑，第145页。

130　诗歌全文见，全40，第20—23页。

131　爱德华·梅因致威廉·弥勒（杜塞尔多夫），1841年3月20日，《马列主义研究资料》第26辑，第147页。引文略有修改。酒馆所属街道参见鲍威尔通信集，第130页。"著作家俱乐部在克罗尔街的酒馆里"，转引自《马列主义研究资料》第26辑第157页注释9。

132　埃德加尔·鲍威尔致布鲁诺·鲍威尔，1842年2月11日寄自柏林，《鲍威尔通信集》第123、124、125页。中译文见，《马列主义研究资料》第26辑，第146页。

133　全40，第896、898页。

134　《手稿和笔记目录》，第4页。

135　全40，第188页。

136　全40，第188页。

137　全40，第287页。

138　布·鲍威尔致马克思，柏林1841年3月28日于波恩，MEGA2第Ⅲ/1卷，第352页。中译文见，《马列著作编译资料》第12辑，第108页。

139　布·鲍威尔致马克思，1841年3月28日，《马列著作编译资料》第12辑，第109页。

140　布·鲍威尔致马克思，1841年4月初，MEGA2第Ⅲ/1卷，第356页。

141　鲍威尔致马克思，1841年4月12日，MEGA2第Ⅲ/1卷，第357页。中译文见，《马列著作编译资料》第12辑，第117页。

142　新全1，第942页。全集第一版是"法律系主任"，全40，第898页。

143　新全1，第944页。

144　参见，科本致马克思，特里尔1841年6月3日于柏林，MEGA2第Ⅲ/1卷，第360页。中译文见，《马列著作编译资料》第12辑，第121—125页。信中说"我们分别已一周多""你从法兰克福不会写信来""你启程那天我们相聚只有五分钟"。

145　参见，科本致马克思，特里尔1841年6月3日于柏林，MEGA2第Ⅲ/1卷，第360页。中译文见，《马列著作编译资料》第12辑，第122页。

146　参见，燕妮致马克思，波恩1841年9月13日于诺伊斯，新全47，第592页。结尾收信人注有"机械技师"。至少在8月17

日之前马克思已经到达波恩,"马克思也来到这里",布鲁诺·鲍威尔致卢格(德勒斯顿),1841年8月17日于波恩,MEGA1第I/1卷下册,第259页。中译文见,《马列主义研究资料》第26辑,第148页。

147 全16,第408页。

148 赫斯致内托尔德·奥尔巴赫,1841年9月2日,MEGA1第I/1卷下册,260页。中译文见,《马列主义研究资料》第26辑,第149页。

149 格奥尔格·荣克致卢格(德勒斯顿),1841年10月18日于科伦,MEGA1第I/1卷下册,第261页。中译文见,《马列主义研究资料》第26辑,第151页。

150 荣克致卢格,1841年11月29日,MEGA1第I/1卷下册,第262页。中译文见,《马列主义研究资料》第26辑,第152页。

151 全16,第408页。

152 参见,阿尔诺德·卢格致马克思,特里尔1842年2月25日于德累斯顿,MEGA2第III/1卷,第370页。中译文见,《马列著作编译资料》第14辑,第140页。

153 全1,第1-31页。同时收入新全1,第107-135页。全1,注释1。二版全集说是2月初开始写,新全1,第135页。

154 全27,第420页。

155 全27,第419页。

156 全27,第419页。

157 阿尔诺德·卢格致马克思,特里尔1842年2月25日于德累斯顿,MEGA2第III/1卷,第370页。中译文见,《马列著作编译资料》第14辑,第140页。

158 全27,第420页。

159 全27,第421页。引文有修改。1842年3月8日《科伦日报》刊登了路德维希·冯·威斯特华伦逝世的讣告,转引自《马列著作编译资料》第14辑,第144页。

160 全27,第421页。

161 布·鲍威尔致马克思,特里尔1842年3月16日于波恩,MEGA2第III/1卷,第371页。中译文见,《马列著作编译资料》第14辑,第143页。

162 《手稿和笔记目录》,第17页。

163 全27,第421页。

164 全27,第421页。这篇文章可能是《黑格尔法哲学批判》的最初手稿。

165 全27,第423页。

166 全27,第423页。

167 全27,第424页。"争论"在全集中文第二版中译为"冲突",新全47,第27页。

168 全27,第423页。有一封卢格写给马克思的信是寄往科伦的,卢格致马克思,科伦1842年3月26日于德雷斯顿,MEGA2第III/1卷,第372页。中译文见,《马列著作编译资料》第14辑,第144页。

169 全27,第426页。

170 全27,第426页。

171 居所参见,马克思致阿尔·卢格,德勒斯顿[1842年]4月27日于波恩机械工科列美尔处,全27,第426页。

172 全27,第425页。

173 全27,第426页。

174 全1,第35-96页。新全1,第136-202页。

175 全27,第426页。

176 全1,第96页。

177 全27,第428页。

178 全27,第429页。

179 全27,第429页。

180 达格贝尔特·奥本海姆致马克思,特里尔1842年7月4日于科伦,MEGA2第III/1卷,第374页。中译文见,《马列著作编译资料》第14辑,第148页。信的结尾"特里尔威尼斯旅馆马克思博士先生收,邮资已付"。

181 全27,第431页。

182 参见,MEGA1第I/1卷下册,第276页。转引自《文献传记》,第78页。

183 周亮勋:《马克思和恩格斯故居参观记》,《马列主义研究资料》第26辑,第207页。文中还提到周亮勋参观的时候(1982年),墙上仍然有"威尼斯"字样。

184 全27,第440页。

185 全27,第428页。

186 全27，第428页。

187 约瑟夫·汉森编辑《1830年-1850年政治运动史：莱茵书信和文件》1919年版，第一卷（1830-1845年），第369页。转引自《文献传记》，第78页。

188 《文献传记》，第86页。

189 科伦1850年的人口超过十万，维基百科。

190 卢格致马克思，波恩1842年8月7日于德累斯顿，MEGA2第Ⅲ/1卷，第376页。中译文见，《马列著作编译资料》第14辑，第151页。

191 布鲁诺鲍威尔致埃德加尔·鲍威尔（柏林），1842年8月中于波恩，《鲍威尔通信集》第192页。中译文见，《马列主义研究资料》第29集，第94页。

192 全27，第435页。

193 全27，第434页。

194 全22，第392页。

195 全30，第504页。

196 全30，第504页。

197 全13，第8页。

198 全1，第132页。

199 全1，注释71。

200 参见，马克思的"柏林大学毕业证书"，全40，第896页。

201 任命时间是1842年，维基百科。

202 全1，注释71。

203 《国王弗里德里希-威廉四世1842年11月13日给三位检查大臣的内阁训令》，藏梅泽堡德国第二中央档案馆（原国家历史档案馆），Pep.77,II,Spec,Lit.R,Nr.33,Vol.I,fol.166.转引自，《文献传记》，第93页。译文、标点略有修改。

204 全1，第135-181页。这篇文章开始写作的时间不能确定，但不会晚于10月初，10月24日大概基本写成，但不排除在文章开始见报后仍在写后面的部分。新全1，注释93。

205 全27，第436页。

206 全27，第434页。

207 全19，第115页恩格斯的注释。

208 全19，115页。

209 《回忆》，第322页。威廉·布罗斯《卡尔·马克思在莱比锡》（载《回忆》第320-323页），摘自《一个社会民主党人的旧事琐记》（慕尼黑1914）。引文经过缩写。

210 全40，第317页。

211 全40，注释90。

212 全30，第452页。

213 全27，第437页。

214 参见，亨利希·约瑟夫·克拉森致马克思，科罗茨纳赫1842年12月21日于科伦，MEGA2第Ⅲ/1卷，第388页。中译文见，《马列著作著作编译资料》第17辑，第90页。

215 全1，注释90。全文见，全1，第210-243页。另参见，全40，注释106。

216 新全1，第391-395页。

217 全50，注释239。

218 全32，第122页。

219 全27，第438页。

220 全27，第438页。

221 全27，第439页。

222 请愿书全文，全50，第509-510页。参见，全50，注释239。

223 新全1，注释234。《关于莱茵报遭到查封的备忘录》，见新全1，第951页。《莱茵报社股东的备忘录》，见新全1，第971页。

224 新全1，第982页。新全1，第993页。这里有详细的会议记录。

225 全50，第510-512页。

226 全27，第438页。

227 全32，第122页。

228 威廉·冯·圣保罗致比特尔（柏林），1843年3月9日于科伦，MEGA1第I/1卷下册第151页。中译文见，《马列主义研究资料》第30辑，第151页。

229 全27，第442页。

230 全32，第122页。

231 见MEGA1第I/1卷下册，第151页，转引自，《年表》，第27页。

232 全13，第8页。

233 马克思在1858年11月12日致拉萨尔

的信中，谈到《政治经济学批判》时指出，"它是15年的，即我一生的黄金时代的研究成果"。全29，第546页。

234 全27，第441页。

235 卢格致马克思，1843年2月26日，MEGA2第Ⅲ/1卷，第395页。该书的目录、序言、出版情况等材料，见卢格致尤利乌斯·弗吕贝尔（苏黎世），1842年9月3日于德累斯顿，《马列主义研究资料》第29辑，第95页。

236 全27，第442页。

237 全1，第224页。

238 圣保罗致比特尔，1843年3月18日于科伦，原稿梅泽堡中央国家档案馆，内务部，索引77，书名11，特别文献，注册第33号第3卷第22页。中译文见，《马列主义研究资料》第30辑，第152页。

239 圣保罗致比特尔，1843年2月21日于科伦，原稿梅泽堡中央国家档案馆，内务部，索引77，书名11，特别文献，注册第33号第3卷第126页。中译文见，《马列主义研究资料》第30辑，第153页。

240 全1，第407页。另见，普鲁士国家档案，柏林，R.77II,Lit.R.Nr.33p.272.1843年9月22日警察厅长盖斯特尔致格尔拉赫，转引自，《年表》，第29页。

241 全1，第415页。

242 参见，卢格致费尔巴哈（布鲁克贝尔格），1843年5月16日于德累斯顿，原稿慕尼黑大学图书馆编号藏件4. 手稿935b，第65.27。中译文见，《马列主义研究资料》第30辑，第155页。另参见，《莱比锡机车：时事漫谈人民报》，1843年5月31日，转引自，《年表》，第30页。

243 卢格致弗吕贝尔，1843年5月28日于德累斯顿，原稿苏黎世中央图书馆弗吕贝尔遗稿。中译文见，《马列主义研究资料》第30辑，第158页。

244 卢格致费尔巴哈（布鲁克贝尔格），1842年5月24日于德累斯顿，《费尔巴哈通信集》第172页。中译文见，《马列主义研究资料》第30辑，第156页。

245 全30，第504页。

246 参见，卢格致马克思（克罗茨纳赫），1843年6月4日，MEGA2第Ⅲ/1卷，第406页。

247 全40，第907页。

248 《回忆》，第151页。另参见，克罗茨纳赫户籍处1843年结婚登记处第51号，1843年6月20日《克罗茨纳赫日报》，转引自，《年表》，第31页。

249 燕妮致马克海姆夫人，1863年1月28日于汉普斯泰特，《马列著作编译资料》第8辑，第69页。

250 《回忆》，第151页。

251 《回忆》，第346页。弗兰契斯卡·库格曼《伟大的马克思的二三事》（载《回忆》第337-360页），应苏共马恩研究院之约1928年写。这里是弗兰契斯卡转述小燕妮的回忆。

252 全13，第7页。据编译局聘请的德国专家的说法，《莱茵报》时期报社只设定一位Redakteur，当时还没有后来的Chefredarkteur主编这个词，但是其他手下的同事都不称Redakteur，因此，这Redakteur就是报纸的主要负责人、主编。后来，比如到了《新莱茵报》时期，报纸开始使用多人编辑，为了区别职务起见，出现了Redakteur-en-chef这个法语词，后来德语化为Chefredakteur。参见，张念东：《"主编"还是"编辑"？——马克思在〈莱茵报〉任职释疑》，《马克思恩格斯研究》，1991年第7期，第255页。

253 全39，第446页。

254 《克罗茨纳赫笔记》，收录在MEGA2第Ⅳ/2卷。中译文情况：全40第368-369页有一个片断；《马列著作编译资料》第11辑第42-68页、第12辑第27-69页，收《克罗茨纳赫笔记》第四本。MEGA1第I/1卷下册第118-136页对克罗茨纳赫笔记做了描述，导言第XIIV-XXIX页对笔记做了介绍，中译文见，《马克思主义研究参考资料》1981年第3期，第7-25页。马克思笔记书目见《手稿和笔记目录》，B14-B18项。

255 全13，第8页。《黑格尔法哲学批判》全文见，全1，第245-404页。新全3，第5-158页。大约写于1843年3月中-9月底，新全3，第5页。

256 马克思：《资本论·第二版跋》（1873年1月24日），全23，第24页。马克思在1873年说"将近30年以前"，所以就是指1843年的《黑格尔法哲学批判》。

257 全30，第504页。

258 卢格致费尔巴哈（布鲁克贝尔格），1843年8月19日于巴黎，原稿，慕尼黑大学图书馆藏件4。手稿935b，第65.29。中译文见，《马列主义研究资料》第30辑，第161页。

259 全40，第370页。卢格的大纲、后来正式发表的大纲，见全40，注释125。

260 全1，第418页。

261 卢格致母亲1843年9月4日于巴黎，《卢格通信集》，第332页。中译文见，《马列主义研究资料》，1983年第6辑总第30辑，第162页。

262 参见，卢格致马克思，1843年9月22日，MEGA2第Ⅲ/1卷，第412页。

263 全1，第415-418页。

264 全27，第443页。

265 费尔巴哈致马克思，1843年10月25日，MEGA2第Ⅲ/1卷。中译文见，苗力田译编：《黑格尔通信百封》，上海人民出版社，第293页。

266 《1844年经济学哲学手稿》，序言。

267 全13，第8页。写作时间为3月中-9月底，新全3，第5页。因为这部手稿从内容看并没有写完，而且因为马克思说了他到巴黎才开始研究经济学，所以我用了"中断"一词。

268 尤利乌斯·弗吕贝尔致达哥贝尔特·奥本海姆（科伦），1843年10月11日于巴黎，原稿科伦市历史档案馆藏件目录第1085号（《莱茵报》第15号）。中译文见，《马列主义研究资料》第30辑，第162页。

269 全5，第451页。

270 《回忆》，第151页。

271 这是格奥尔格·海尔维格的儿子马赛尔·海尔维格的回忆。转引自《文献传记》，第118页。

272 《论犹太人问题》，全1，第419-451页。开始写作时间，新全3，注释30。

273 全1，第543页。

274 《文献传记》，第119页。时间参见，全27，第446页。

275 卢格：《消息一则》，新全3，第614页。

276 全27，第447页。

277 全27，第447页。

278 《文献传记》，第119页。参见，全27，第449页。

279 格·荣克致马克思，1844年7月31日，MEGA2第Ⅲ/1卷，第437页。

280 新全3，注释30。

281 全27，第450页。

282 参见新全3，注释38。《〈黑格尔法哲学批判〉导言》，全1，第452-467页；新全3，第199-214页。写作时间为1843年末到1844年1月，全1，第467页；新全3，第214页。

283 新全3，第159-160页。

284 全13，第8页。

285 全13，第8页。

286 巴黎笔记收入MEGA2第Ⅳ/2卷（1981）。一部分现有中文译本如下。全集第42卷（1979）中只收录了一些重要的片段，包括《恩格斯国民经济学大纲摘要》、穆勒《政治经济学原理》一书摘要（穆勒笔记还收录在1985年出版的《1844年经济学哲学手稿》单行本中作为附录，译文有个别修订）。《"巴黎笔记"选译》，《马克思主义研究参考资料》1980年，第34期，第1-48页。《马克思〈巴黎笔记〉节译》，《〈资本论〉研究资料和动态》第六集，江苏人民出版社，1985年，第1-67页。《布阿吉尔贝尔〈论财富、货币和赋税的性质〉一书摘录片断》，《马列主义研究资料》，1983年，第29辑第1-12页。

287 弗里茨·约·拉达茨：《海涅传》，东方出版社，2001年，第345页。
288 弗里茨·约·拉达茨：《海涅传》，东方出版社，2001年，第248页。
289 全28，第421页。
290 全30，第504页。
291 全19，第259页。
292 全13，第9页。
293 新全3，第618页。
294 全8，第311页。
295 全27，第449页。
296 全14，第464页。
297 《回忆》，第151页。
298 新全3，第217页。
299 全42，第43-181页。新全3，收录了另外一个不同编排的版本。
300 全42，第49页。
301 全5，第451页。另见全15，第671页。
302 全6，第668页。
303 全16，第30页。新全21，第57页。
304 《前进报》1844年7月10日，转引自，《马克思恩格斯研究》第5辑，第5页。
305 全1，第468-489页。
306 《乔治·威廉·弗里德里希·黑格尔〈精神现象学〉摘要：〈绝对知识〉章》，新全3，第366-374页。写作时间，是依笔记本Ⅲ的时间，新全3，注释120。
307 新全3，第316页、第320页。
308 勒文塔尔致马克思，1844年12月27日，信上有马克思亲笔记的巴枯宁在巴黎的地址，MEGA2第Ⅲ/1a卷，第822页。另参见，《年表》，第39页。
309 巴枯宁：《我和马克思的私人关系》（1871），中央编译局：《巴枯宁言论》，生活·读书·新知三联书店，1978年，第237页。
310 全16，第465页。
311 全27，第450页。
312 会见地点见拉法格：《忆马克思》，《摩尔和将军》，人民出版社，1982年，第121页。咖啡馆的介绍参见，《文献传记》，第129页。

313 全21，第247页。
314 全32，第78页。这里是我的考证，说二十五年前，即1843年前后。这估计不是在第一次会面（1842年11月）的时候说的，因为当时二人关系冷淡，但也不会太晚，估计就是第二次会面，所以恩格斯在二十五年后还能回忆起来。
315 全27，第9页。全集中文第二版这句话是这样译的："自从分手以后，我再没有像在你家里度过的10天那样感到心情愉快，感到有人情味。"新全47，第323页。
316 《回忆》，第151页。
317 见MEGA2第Ⅲ/1卷，第443页。
318 马克思：《1844年经济学哲学手稿》，单行本，人民出版社，2000年，第4、6页。
319 全2，第7页。
320 全2，第8页。
321 全2，第38页。
322 全42，第237页。收在他1844-1847年的笔记本中（所找到的马克思笔记本中的第一本笔记），全42，注释124。笔记中包括的四点基本思想，已经由马克思在《神圣家族》一书中，特别是在《"观点"的被揭露了的秘密》一节中予以发挥，全42，注释124。
323 马克思没有加标题，是俄国编者加的，全42，第238页。
324 新全47，第329页。
325 参见，恩格斯致马克思，约1845年1月20日，全27，第16页。
326 勒文塔尔致马克思，1844年12月3日，MEGA2第Ⅲ/1卷，第446页。
327 勒文塔尔致马克思，1844年12月27日，MEGA2第Ⅲ/1卷，第447页。中译文见，科尔纽：《马克思恩格斯传》第2卷，生活·读书·新知三联书店，1965年，第399页。
328 《马克思恩格斯研究》第5辑，第1页。
329 全27，第19页。
330 全31，第293页。
331 全27，第25页。

332 全27，第18页。

333 全27，第16页。

334 全27，第456页。

335 "1845年1月，由于当时的普鲁士政府的坚决要求，我被驱逐出法国，移居比利时。"全5，第451页。关于被驱逐，还有这样一个说法："1844年底，根据普鲁士驻巴黎大使馆的要求，我被（基佐先生）驱逐出境，到了比利时。"马克思致维贝尔，1860年3月3日，全30，第504页。这里可能要这样理解，马克思1844年底被驱逐，但是1845年2月到比利时。

336 全27，第456页。

337 《回忆》，第152页。

338 全27，第472页。

339 合同全文收录在全27，注释369。

340 艾韦贝克致马克思，1847年6月27日前后，MEGA2第Ⅲ/2卷，第340页。另参见，《年表》，第44页。

341 亨利希·毕尔格尔斯：《回忆费迪南·弗莱里格拉特》，《柏林国王特权报（福斯报）》，1876年11月26日星期日副刊。转引自，格姆科夫：《马克思传》，人民出版社，2000年，第72页。从巴黎启程的时间，2月3日，《文献传记》，第133页。

342 全30，第505页。

343 《德国知识界日用百科辞典》1843年莱比锡第九版第2卷，第732页布鲁塞尔条。转引自，《文献传记》第135页。引文略有修改。

344 《回忆》，第152页。

345 全27，第623页。

346 《文献传记》，第145页。

347 全27，第22页。

348 马克思致海涅，3月24日，已经在这个地址，全27，第457页。

349 全42，第263页。

350 马克思致亨利希·海涅，［1845年3月24日］于布鲁塞尔圣约翰医院对面的帕歇科街35号，全27，第458页。保证书全文，全42，第418页。

351 全27，第25页。

352 提纲见，全3，第6-9页。恩格斯在马克思逝世后还记得要寻找这一个提纲，"我在马克思的一本旧笔记中找到了十一条关于费尔巴哈的提纲。这是一份供进一步研究用的匆匆写成的笔记，根本没有打算付印。但是这些笔记作为包含着新世界观的天才萌芽的第一个文件，是非常宝贵的。"见恩格斯：《费尔巴哈和德国古典哲学的终结》（1888年），全21，第412页。恩格斯在40年后还记得这件事，必然是因为这次见面，马克思的谈话给他留下了深刻的印象。王东教授在《马克思学新奠基》一书中首先提出这一观点。

353 在《梁赞诺夫版〈德意志意识形态·费尔巴哈〉》（南京大学出版社2008年）中收录了马克思写的这个提纲的手稿影印件，条目整洁清晰，一看就是深思熟虑之后写下的。

354 马克思：《政治经济学批判》序言。

355 《回忆》，第152页。

356 马克思5月9日已经在这个地址，全27，第458页。另参见，《回忆》，第152页。同盟路在比利时治安警察局的马克思档案中是第一个住处。转引自，《文献传记》，第138页。

357 《回忆》，第152页。

358 从警察局的材料中还可以看出，恩格斯在1846年8月以前住在马克思隔壁。转引自，《文献传记》，第138页。

359 全21，第408页。

360 全21，第247页。

361 《回忆》，第152页。

362 全21，第6页。

363 全21，第6页。

364 全14，第464页。

365 全27，第473页。

366 全13，第10页。

367 全4，第43页。《德意志意识形态》全文收录在全3。其中的费尔巴哈章有以下不同的编排版本：（1）梁赞诺夫编排版在（1926），中译本《梁赞诺夫版〈德意志意识形态·费尔巴哈〉》，南京大学出版社，2008年。（2）阿多拉茨基编排在（1932）。即MEGA1第1部分第5卷。这是第一个《德意志意识形态》完整编排版本。经过俄文版转译的中译本即全集第3卷。（3）巴加图里亚编排在（1966）。根据该版校订的版本收录在《马克思恩格斯选集》第1卷，人民出版社，1995年。（4）陶伯特编排MEGA2试行在（1972）。中文译文作为附录收录在《MEGA：陶伯特版〈德意志意识形态·费尔巴哈〉》，南京大学出版社，2014年。（5）日本学者广松涉编排在（1974）。中译本《文献学语境中的〈德意志意识形态〉》，南京大学出版社，2005年。（6）陶伯特编排MEGA2先行在（2004）。中译本《MEGA：陶伯特版〈德意志意识形态·费尔巴哈〉》，南京大学出版社，2014年。陶伯特去世后MEGA又采用了另外的编排方案。

368 这三部以哲学为主题的手稿，在马克思生前均未公开发表。

369 恩格斯：《"路德维希·费尔巴哈和德国古典哲学的终结"一书序言》（1888年），全21，第412页。恩格斯接着说："这个解释只是表明当时我们在经济史方面的知识还多么不够。在旧稿里面对于费尔巴哈的学说本身没有批判；所以，旧稿对于我们现在这一目的是不适用的。"这段话只能表明，恩格斯在对待费尔巴哈问题上，始终没有达到马克思在1845年已经达到的高度。

370 全27，第30页。

371 全3，第43页。

372 全27，第473页。

373 全27，第473页。

374 列斯凯致马克思1845年12月6日，1847年2月2日，MEGA2，第III/1卷。

375 见MEGA1第I/6卷，第598页，转引自，《年表》，第49页。

376 全27，第474页。

377 全32，第497页。

378 文本学上称"曼彻斯特笔记"。收录在MEGA2第4部分第4卷。笔记部分书目见，《手稿和笔记目录》，第21页。

379 全27，第474页。

380 格·维尔特致马克思，1845年8月18日，MEGA2第III/1卷，第478页。另参见，《年表》，第49页。

381 《回忆》，第152页。

382 全5，第451页。

383 全27，第623页。

384 哈尼致恩格斯，1846年3月30日，MEGA2第III/1卷，第523页。中译文见，《马克思恩格斯和哈尼通信集》，人民出版社，1984年，第5页。至少是回复恩格斯3月15日之前的信。

385 全36，第33页。

386 《共产主义者同盟文件和资料》（以下简称为：同盟文件），中国人民大学出版社，1989年，第210页脚注1。

387 同盟文件，第219页及尾注68。

388 《回忆》，第273页。巴维尔·安年科夫《美妙的十年》（1880.4）片段（载《回忆》第272-275页）。30日的会议，因此会面是29日。

389 《回忆》，第273页。

390 《回忆》，第274页。

391 魏特林致赫斯，1846年3月31日，同盟文件，第228页。

392 该信全文见，全27，第464页。

393 蒲鲁东致马克思，1846年5月17日，MEGA2第III/2卷，第205页。另参见，全27，注释362。

394 全4，第3页。

395 全27，第468页。

396 全27，第466页。

397 全27，第469页。

398 全27，第466页。

399 全27，第473页。

400 全27，第488页。

401 全4，第24页。

402 同盟文件，第252页。

403 同盟文件，第277页。

404 全27，第470页。

405 全27，第34页。

406 全27，第474页。

407 全27，注释58。

408 全27，第60页。

409 全27，第473页。

410 全13，第10页。

411 同盟文件，第300页。

412 《手稿和笔记目录》，第4页。有关"真正的社会主义"代表人物的一些著述见，《国际共运史研究资料》第7辑。

413 全27，第474页。

414 全27，第474页。

415 全27，注释371。

416 全27，第38页。

417 全27，第53页。

418 全27，第497页。

419 这个地址见，马克思致格奥尔格·海尔维格，[1847年]7月27日于布鲁塞尔伊克塞尔郊区奥尔良路42号，全27，第490页。时间见《文献传记》，第139页推测。

420 马克思家谱说明，《回忆》，第393页。

421 全16，第31页。新全21，第57页。蒲鲁东《贫困的哲学》1846年在巴黎出版。

422 全27，第476页。

423 全16，第33页。

424 全13，第10页。

425 同盟文件，第337页。

426 全14，第463页。

427 全14，第465页。

428 马克思：《福格特先生》，全14，第465页。委托书签署日期为1847年1月20日。这个委托书全文，《共产主义运动史文献史料选编》，第一卷，中国人民大学出版社，1983年，第84页。省略号内容为"在1846年年底"。据恩格斯的回忆，莫尔拜访马克思的时间是1847年春天，见恩格斯：《关于共产主义者同盟的历史》，全21，第251页。

429 全34，第289页。

430 全42，第424页。

431 全27，第489页。地名见新全47，第456页。

432 全4，第45页。

433 全42，第424页。

434 恩格斯：《关于共产主义者同盟的历史》（1885），全21，第251页。

435 全19，第260页。

436 全42，第430页。

437 全42，第432页。

438 全文见，全42，第372-380页。

439 全19，第117页。

440 章程全文见，全42，第419-423页。通告全文见第424-437页。

441 全4，第571页。

442 《回忆》，第198页。保尔·拉法格《忆马克思》（载《回忆》第186-205页），1890年为《新时代》而写。

443 全19，第260页。

444 全27，第495页。

445 同盟文件，第356页。

446 这些文章发表在全4。

447 全19，第260页。

448 全28，第495页。

449 全13，第10页。

450 全4，第285页。

451 全4，第285页。

452 全4，第286页。

453 全4，第291页。

454 全50，第408页。

455 全50，第408页。

456 全50，第408页。

457 至少10月26日马克思已经在布鲁塞尔，此后恩格斯的信都是寄往布鲁塞尔。恩格斯致马克思，布鲁塞尔1847年10月[25]—26日于巴黎，全27，第108页。

458 全27，第123页。《共产主义原理》全文见，全4，第357-374页。

459 宣言关系到中国重大历史转折点和三个重要历史人物。孙中山是中国读宣言的第一人，侧重了节制资本的观点；毛泽东将其作为中国革命的指引理论，侧重了阶级斗争观点；邓小平将其作为改革开放的理论基础。核心理论原则不变——实事求是。

460 全21，第407页。

461 全27，第118、120页。

462 全27，第497页。

463 全27，第497页。

464 全4，第409页。

465 全4，第413页。

466 全4，第409页。

467 全4，第413页。

468 全14，第465页。

469 全19，第260页。

470 全18，第104页。

471 列斯纳：《1848年前后（一个老共产主义者的回忆）》，《人间的普罗米修斯》，人民出版社，1983年，第7页。

472 列斯纳：《〈共产党宣言〉问世的日子里》，转引自，《列斯纳传》，人民出版社，1984年，第23页。

473 《回忆》，第49页。

474 《回忆》，第49页。

475 全14，第465页。

476 全21，第408页。

477 演说词记录见，全42，第474–475页。1847年11月30日29记录簿上是恩格斯的演说在先，全42，注释277。这可以合理地推测是恩格斯先发表演说。

478 全30，第505页。

479 全13，第10页。

480 全30，第505页。

481 全6，第635–660页。

482 全42，注释204。全42，第385–386页。第三章草稿见，全42，第384页。宣言全文见，全4，第460–504页。MEGA1第I/6卷，第682页。

483 432全42，注释281。全42，第477页。

484 433全42，第478页。演说全文见，全4，第444–459页。

485 434布鲁塞尔市政档案，马克思的案卷，1848年1月20日《德意志-布鲁塞尔报》，转引自，《年表》，第73页。

486 共产主义者同盟中央委员会致布鲁塞尔区部委员会1848年1月25日，MEGA2第III/2卷，第384页。中译文见，同盟文件，第458页。

487 《回忆》，第245页。弗里德里希·列斯纳《1848年前后（一个老共产主义者的回忆）》（载《回忆》第242–260页），载《德意志言论》（1898）。

488 全19，第260页。

489 《回忆》，第154页。

490 MEGA1第I/6卷，第657页，参见，《年表》，第74页。

491 全4，第581页。

492 全42，第481页。

493 全30，第433页。

494 全4，第549页。

495 全4，第558页。

496 全4，第550页。

497 全30，第505页。弗洛孔的信见，全14，第746页。

498 全32，第122页。

499 《回忆》，第378页。斯蒂凡·波尔恩《布鲁塞尔的冬天——卡尔马克思》（载《回忆》第378–382页），《一个1848年革命参加者的回忆》片段。句首的时间是我加上去的，因为说逮捕是"第二天夜里"。《回忆》，第379页。

500 《回忆》，第379页。

501 《回忆》，第379页。

502 全40，第556页。命令见全43，第479页。

503 决议见，全4，第586–587页。

504 全14，第465页。

505 全40，第556页。3月4日凌晨一点，全4，第552页。

506 《回忆》，第154页。

507 全40，第556页。

508 《回忆》，第154页。

509 全40，第556页。

510 《回忆》，第155页。

511 《回忆》，第381页。

512 《回忆》，第155页。

513 《回忆》，第381页。格腊蒙街1号"曼彻斯特"旅馆。全27，第624页。

514 《回忆》，第155页。释放时间，

"原来给他料理私事的二十四小时中，有十八小时他被非法关在监狱"，全4，第553页，因为是凌晨1点被捕，所以也就是3月4日19点释放。3月4日签发的通行证全文见，全43，第481-482页。经过各方谴责，1848年3月25日布鲁塞尔市政委员会决定撤掉签发通行证的警官格·达克斯贝克的职务，因为他在执行国王驱逐马克思出境命令时越权，《1848年布鲁塞尔市政委员会通报》（1849），第159-162页，转引自，《年表》，第81页。

515 全40，第557页。

516 全30，第505页。

517 全30，第506页。

518 《文献传记》，第163页。

519 地址见，马克思致恩格斯［1848年3月12日左右］于巴黎新麦尼尔蒙坦路（博马舍林荫路）10号，全27，第135页。新麦尼尔蒙坦路的介绍见，《文献传记》，第164页。

520 《文献传记》，第164页。格塞尔太太的门牌号见，新全，第7页。

521 波尔恩的回忆，转引自《文献传记》，第164页。

522 全27，第137页。

523 《回忆》，第48页。"只相隔几百步"是根据前文补充的。

524 塞巴斯提安·载勒尔：《1849年6月13日的共谋或法国资产阶级的最后胜利。当代历史的评论》，汉堡，1850年，第12页。转引自，格姆科夫：《马克思传》，人民出版社，2000年，第111页。

525 伦敦区部委员会致巴黎共产主义者同盟中央委员会1848年3月8日，MEGA2第III/2卷，第394页。参见，《年表》，第78页。

526 全4，第588-589页。

527 全27，第135页。恩格斯此时还在布鲁塞尔，全27，第135页。

528 全43，第483页。

529 见众议院11日会议记录，转引自，《年表》，第79页。

530 全27，第624页。3月17日已经在这里。

531 福格勒致马克思，1848年3月22日，MEGA2第III/2卷，第408页。

532 全文见，全5，第3-5页。

533 全文见《文献传记》，第174页。

534 同盟文件I，第500页。

535 全5，第6页。

536 马克思致《纽约州报》编辑部，1850年6月7日于伦敦，《马列著作编译资料》第18辑，第3页。这封信还有一个根据俄文转译的译本，在《马列主义研究资料》第28辑，第3页。这里的引文根据两处译文进行了加工以更容易理解。"4月1日"原文是"一天"，具体论证见《马列主义研究资料》第28辑，第6页，注释14。

537 全27，第505页。

538 马克思的护照签证，转引自，《文献传记》，第176页。

539 见马克思的护照，《文献传记》，第176页。

540 全5，注释282。是4月5日。全文见，全5，第575页。

541 参见，全27，第626页。全27，第141页。

542 全21，第20页。

543 申请全文见，全27，第626页。这个文件的正文笔迹不是马克思，只有地址、签名和日期是马克思的笔记。还有一份草稿，出自同一人笔迹。草稿全文收入，《文献传记》，第177页。

544 全15，第673页。

545 全27，第141页。

546 全27，第142页。

547 同盟文件，第541页。

548 全30，第506页。

549 全5，第577页。

550 全27，第507页。

551 全30，第506页。

552 全13，第10页。

553 全6，第20页。

554 全5，第8页。

555 全5，第13页。
556 全6，第20页。
557 全19，第117页。
558 全5，第31页。
559 全5，第36页。
560 全5，第157页。
561 全27，第561页。
562 《回忆恩格斯》，人民出版社，2005年，第58页。
563 全19，第69页。
564 《回忆》，第100页。
565 转引自，《文献传记》，第187页。
566 全30，第506页。
567 全30，第506页。
568 全5，第202页。这篇文章见，全5，第190–193页。
569 全5，第202页。
570 全5，第202页。
571 全5，第578页。
572 全5，第230页。
573 全5，第230页。
574 全5，第273页。
575 全5，第579页。
576 全43，第499页。
577 马克思致拉萨尔［1848年11月13日于科伦］，全27，第510页。这里是第二次提到这个地址。第一次见《文献传记》，第189页的考证。
578 全5，第331页。
579 全43，第500页。
580 全5，第452页。
581 全5，第367页。
582 全5，第367页。
583 全5，第582页。
584 全5，第451页。
585 马克思的护照全文见，《文献传记》，第181页。另参见，《新莱茵报》1848年8月25日第85号，中译文见，《马列著作编译资料》第16辑，第133页。
586 全9，第321页。
587 《报载到达维也纳的访问者名单》，《马列著作编译资料》第16辑，第134页。
588 全5，第587页。
589 全5，第588页；全43，第505页。
590 马克思的护照，《文献传记》，第182页。在柏林至10日。
591 全30，第168页。全30，注释168。
592 全27，第147页。
593 拉法格：《忆恩格斯》，《摩尔和将军》，人民出版社，1982年，第120页。
594 全5，第478页。
595 全5，第595页。
596 全19，第70页。
597 毕尔格尔斯：《回忆斐迪南·弗莱利格拉特》，转引自，《列斯纳传》，人民出版社，1984年，第40页。
598 《特里尔日报》1848年9月29日，转引自，《列斯纳传》，第40页。
599 列斯纳：《回忆录》，载1898年3月29日《新莱茵报》，转引自，《列斯纳传》，第41页。
600 恩格斯：《威廉·沃尔弗》，全19，第70页。括号中的日期参见，"9月26日科伦实行戒严，市民自卫队被解除武装，许多报纸，首先是《新莱茵报》被查封"。《列斯纳传》，第41页。
601 全5，第598页。
602 全5，第493页。
603 全43，第507页。
604 全27，第145页。
605 全5，第494页。
606 全5，第499页。
607 全5，第500页。
608 全5，第505页。
609 全5，第602页。
610 全5，第508–512页。
611 全5，第514页。
612 全5，第517页。
613 全5，第604页。
614 全5，第526页。
615 全5，第530页。
616 全5，第536页。

617 全5，第539页。

618 全5，第543页。

619 全5，第605页。

620 全6，第5–6页。权力一词原译为"力量"，德文是macht，译成权力更贴切。

621 《回忆》，第250页。

622 全27，第146页。

623 全6，第71页。

624 全27，第509页。

625 全6，第657页。

626 全6，第25–26页。

627 全6，第678页。

628 全6，第679页。

629 全27，第148页。

630 全27，第148页。

631 全27，第149页。

632 全6，第97页。

633 全27，第511页。

634 全27，第519页。

635 全27，第519页。

636 马克思致弗里德里希·卡普巴黎，[1848年]12月9日于科伦，新全48，第47页。

637 全6，第126页。

638 全6，第685页。

639 全6，第686页。

640 全6，第175页。

641 全6，第177页。

642 全27，第150页。

643 全6，第687页。

644 全6，第690页。

645 全6，第262页。

646 全6，第690页。

647 全6，第690页。

648 全6，第286页。

649 全9，第322页。

650 全43，第512页。

651 全6，第693页。

652 全27，第521页。以下场景见该信。"我一般只对报上我签字的那部分文章负责。"这句话见全27，第523页。

653 全21，第25页。

654 全6，第396页。

655 拉萨尔致马克思，1849年3月26日，MEGA2第III/3卷，第314页。这是证明马克思生病的最早的材料，法国医生弗利克斯·雷尼奥出版了专著《卡尔·马克思的疾病》（1933），说肝病虽然有遗传的，但是马克思强壮、体质好，只有在过度劳累情况下才会发作。《文献传记》，第207页。

656 全21，第25页。

657 全6，第473–506页。在1891年版本中，恩格斯为了使当时的读者更容易理解，做了一些改动。实际上除了有必要对劳动、劳动力范畴做一条说明之外，其他的都不必改。

658 全6，第509页。

659 全6，第509页。

660 全31，第94页。

661 全27，第152页。

662 全27，第152页。

663 马克思的护照，《文献传记》，第183页。

664 全9，第563页。原文开头是"1849年5月"。

665 全9，第563页。括号内容是我根据引文出处下文补充。

666 全9，第563页。"亨策"原文是"他"，修改依据见全9，第562页。

667 全9，第563页。

668 全6，第630页。

669 全9，第563页。关于括号内回到科伦的时间，马克思写了署有科伦5月9日的文章，而署5月8日及以前的文章都是恩格斯写的，全6，第571页。政府命令见全6，第600页。

670 《德国政治警察通报·警官手册》，1855年德累斯顿版，第149页。转引自《文献传记》，第206页。

671 全14，第495页。

672 全6，第619页。全6，第604–615页。全6，第616–618页。告别词全文见，全6，第619页。《新莱茵报被勒令停刊》全6，第600–603页。列斯纳的回忆也是18日，《回忆》，第251页。5月19日。恩格斯回忆是19日印刷，全19，第99页。

673　参见，全43，第522页。
674　全27，第630页。
675　全9，第563页。
676　全17，第524页。
677　全30，第503页。
678　全9，第563页。
679　全30，第504页。
680　全9，第563页。
681　全19，第99页。
682　全6，第705页。
683　全7，第154页。
684　全16，第706页。
685　《回忆》，第155页。离开科伦的时间考证：5月22日说昨天，即21日，全6，第706页。
686　全6，第630页。
687　全7，第166页。
688　全7，第166页。
689　全7，第167页。
690　全7，第168页。
691　全7，第171页。"清晨"是根据同一文章第169页补充。
692　全7，第171页。
693　全7，第171页。
694　全7，第171页。
695　全7，第171页。
696　全27，第525页。
697　全30，第506页。
698　全6，第630页。
699　全27，第154页。
700　全27，第154页。
701　全27，第155页。
702　全6，第707页。
703　燕妮致琳娜·舍勒尔，1849年7月14日，新全48，第472页。
704　全27，第524页。
705　通知全文，全43，第532页。
706　《回忆》，第156页。
707　全27，第160页。"在这个季节是要命的地方"是根据17日的信补充的，马克思致恩格斯，1849年8月17日，全27，第158页。
708　全27，第155页。
709　全27，第159页。全27，第157页。引文由两处综合。
710　弗莱里格拉特致马克思，1849年7月29日，MEGA2第III/3卷，第372页。拉萨尔致马克思，1849年7月30日，MEGA2第III/3卷，第374页。
711　马克思致弗莱里格拉特，［1849年］7月31日，全27，第527页。
712　全27，第528页。
713　全27，第157页。
714　全27，第532页。
715　全27，第158页。
716　全27，第160页。括号内容见全27，第159页。
717　沙贝利茨致恩格斯，1849年8月30日，MEGA2第III/3卷，第392页。马克思在8月23日的信中说明天就得动身，全27，第160页。
718　《文献传记》，第214页。
719　《文献传记》，第215页。
720　全15，第667页。
721　在24日出发，26日在伦敦登岸，《文献传记》，第214页。
722　全27，第535页。
723　全27，第535页。
724　全14，第465页。
725　以下会见情节参见，《威·魏特林的〈伦敦回忆〉》，《马恩著作编译资料》第17辑，第178页。魏特林的《伦敦回忆》是魏特林在1849年8末抵达伦敦，并于9月或10月从这里去纽约，到了纽约之后用开始用一个笔记本记录文章草稿、杂记、通讯录等。这个笔记本的头四页写有《伦敦回忆，写于1月13日》，从其记录的清晰具体来看，应该是刚到纽约的1850年1月13日。
726　《回忆》，第156页。
727　《回忆》，第156页。
728　全7，第596页。
729　全14，第465页。
730　《回忆》，第156页。
731　地址出自，马克思致魏德迈，［1849年］12月19日于伦敦切尔西区国王路安德森街4号，全27，第538页。说明是12月19日之前到这里。房租出自，燕妮致魏德迈，1850年5月20日，全27，第630页。

732 《文献传记》，第227页。

733 《回忆》，第156页。

734 全27，第628页。

735 参见《回忆》，第156页。全27，第536页。全27，第541页。

736 见MEGA2第Ⅲ/3卷，第415页。中译文见，《共产主义者同盟文件和资料Ⅱ》，中国人民大学出版社，1990年，第27页。以下简称：同盟文件Ⅱ。

737 全27，第537页。

738 全27，第551页。

739 马克思致雅可布·乌尔，1850年2月19日于伦敦，新全48，第113页。

740 全27，第538页。

741 全7，第600页。招股启示全文见，全7，第3页。施拉姆致魏德迈，1850年1月8日。"请您在广告上把价格由二十四银格罗申改成二十五银格罗申或者二十足格罗申。"全27，第627页。招股启示直接援引了恩格斯起草的《〈新莱茵报·政治经济评论〉的盈利和发行量的估价单》，新全10，第112页。

742 全30，第500页。

743 全27，第545页。

744 全27，第546页。

745 全27，第546页。

746 全7，第9页。

747 全7，第262页。

748 全13，第10页。

749 见MEGA2第Ⅲ/3卷，第482页。中译文见，同盟文件Ⅱ，第77页。

750 全7，第288-299页。

751 全27，第296页。

752 全27，第631页。

753 全27，第632页。

754 《回忆》，第157页。

755 马克思住过的老房子在（二十世纪）20年代被拆除了。《文献传记》，第230页。搬到64号的时间考证：5月30日马克思在第恩街64号，全27，第559页；5月13日左右，依据是5月11日爱德华兹签署给马克思的收据，《年表》，第143页；燕妮在5月20日的信中说，莱斯特广场街的房子就是他们"现在住的"，全27，第632页。因此，20日还在莱斯特广场。

756 见MEGA2，第Ⅰ/10卷，第566页。中译文见，同盟文件Ⅱ，第125页。

757 协议见全7，第605页。全7，注释257。

758 全7，第372页。

759 全7，第374页。《新普鲁士报》（柏林）这篇报道刊登在1850年5月25日的第117号，全文见《文献传记》第239页。

760 全27，第558页。

761 全7，第376页。全27，第559页。

762 全7，第374页。

763 全7，第379页。

764 《回忆》，第121页。李卜克内西还有一个说法是，1850年7月初，《回忆》，第45页。

765 《回忆》，第42页。

766 《回忆》，第43-45页。

767 《回忆》，第17页。

768 关于取得证件是从1850年6月19日普拉特的一封尚未发表的信中得知的。当时要取得阅览证要严格地按照规定向管理部门提出申请，并交纳费用。不是所有申请都能获批，英国实行教育垄断，一般是不允许穷人、外国人使用图书馆的。《文献传记》，第283页。

769 《文献传记》，第284页。数字是1849年12月15日的统计。

770 《回忆》，第158页。关于这次燕妮的荷兰之旅，在燕妮致马克思中有详细描述，新全48，第484页。

771 全22，第592页。

772 参见，马克思1850年的札记本，转引自，《年表》，第152页。文本学上称从这些笔记开始的一大批24个笔记本称为"伦敦笔记"，收录在MEGA2第4部分第7-11卷。全集44卷收录了片断。阿多拉茨基认为

9月底开始作伦敦笔记。

773　全13，第10页。

774　全9，注释388。

775　《回忆》，第72页。

776　全9，第552页。

777　全9，第553页。

778　全14，第471页。

779　米斯科夫斯基就决斗的声明，载马克思《高尚意识的骑士》，全9，第555页。

780　全9，第555页。

781　《回忆》，第72页。

782　《回忆》，第73页。得知消息后的第二天。

783　全9，第555页。

784　全14，第465页。

785　见MEGA2第I/10卷，第358页。中译文见，同盟文件II，第192页。

786　参阅全8，第465页。详细记录《1850年9月15日中央委员会会议》，全7，第616-622页，同时收录在全8，第635-641页。这十个人就是同盟中央委员会的全体成员。马克思："共产主义者同盟中央委员会委员名单"，新全10，第455页。

787　全文见，全8，第636页。

788　全8，第639页。

789　全7，第615页。

790　全14，第465页、注释395。

791　全9，第546页。

792　全27，注释159。

793　全30，497页。

794　全14，第756页。

795　全30，495页。

796　豪普特的供词，1851年6月6日，同盟文件II，第495页。

797　全7，第485页。

798　全14，第466页。

799　《回忆》，第158页。

800　全7，第492页。

801　全29，第189页。全7，第492-540页。5月到10月写。德国草稿见，全44，第68页。标题改为马克思原定的标题，新全，第575页。

802　王东：《新时代新哲学》，吉林人民出版社，2015年，第14页。

803　全27，第563页。

804　全7，第625页。

805　全27，第162页。

806　全27，第162页。

807　全27，第163页。

808　全27，第163页。

809　全27，第163页。

810　全27，第166页。

811　全27，第166页。

812　全27，第169页。

813　全27，第170页。

814　《回忆》，第158页。

815　这所房子1967年挂出了一个纪念牌，上面写：大伦敦参议会。卡尔·马克思（1818-1883）1851-1856年曾在此居住。《文献传记》，第231页脚注1。第恩街28号这次搬家的时间考证：1850年12月2日的地址还是64号，全27，第165页。1851年2月10日已经在第恩街28号了，全27，第202页。

816　《文献传记》，第231页。

817　全27，第241页。

818　全27，第174页。

819　全27，第174页。章程全文见，全7，第626页。

820　全29，第605页。

821　全27，第636页。

822　全27，第175页。

823　全27，第188页。这些资料是皮佩尔在马克思致恩格斯的信后的附笔，所以"非常生气"的说法应该是马克思同意了的。

824　全27，第184、183页。

825　全27，第184页。

826　全27，第188页。

827　全27，第189页。

828　全27，第192页。

829　同盟文件II，第345页。

830　文集目录见新全10，第626-629页。说明见，新全10，注释326。这个文集的重要之处在于，可以通过它了解马克思对自己的哪些文稿是十分重视的。

831 收入MEGA2第IV/8卷。中译文见，《马克思恩格斯研究》第1辑第2-45页、第2辑第1-63页。MEGA编辑判定这个笔记可能写于1851年2月，是在《伦敦笔记》的第七本前后写的。

832 马克思致恩格斯，1851年2月10日，全27，第202页。

833 全27，第568页。

834 全27，第206页。

835 全27，第218页。

836 全27，第218页。

837 全27，第219页。

838 全27，第218页。

839 全27，注释200。

840 全27，第222页。

841 全27，第233页。

842 全27，第244页。

843 《回忆》，第158页。

844 全27，第246页。

845 马克思在这个问题上对蒲鲁东主义的批判是在1857-1858年手稿和以这一时期他所制定的价值理论和货币理论为基础的《政治经济学批判》第1分册（1859年）中完成的。全44，第154-163页。全44，注释134。这是"伦敦笔记"的一部分。参见：德国学者沃尔夫冈·杨：《关于马克思1851年的〈反思〉手稿》，《马列主义研究资料》1986年第1-2合期，第78页。

846 全27，第246页。可见马克思说的五个星期是指在图书馆里查资料，而不是写完著作，"马克思早上九点到晚上七点坐在大英博物馆里进行科学研究，希望在几个星期内就完成他的政治经济学著作"。

847 全27，第256页。

848 新全10，注释326。文集目录见新全10，第626-629页。皮佩尔（伦敦）致恩格斯，1851年5月4日，说"马克思的著作第一册已经寄到这里"，MEGA2第III/4卷，第373页。中译文见，同盟文件II，第407页。

849 全27，第261页。

850 《人民日报·华东新闻》2002年12月04日第十四版。

851 全8，第353页。

852 全27，第270页。全27，注释226。全27，第263页。

853 全27，第288页。括号内容为全集脚注。

854 全27，第281页。

855 全27，第276页。

856 全27，第281页。

857 全27，第282页。另见全27，第582页。

858 全27，第277页。

859 全27，第283页。

860 全27，第310页。

861 全27，第312页。

862 全27，第309页。

863 全27，第311页。

864 全27，第588页。

865 全27，第316页。

866 全14，第681页。

867 全27，第316页。

868 全27，第377页。

869 全27，第379页。

870 全27，第380页。

871 全27，注释287。

872 全27，第392页。

873 全27，第393页。

874 全27，第393页。

875 全8，第484页。

876 全27，第617页。魏德迈到纽约的时间参见，[德]卡尔·欧伯曼：《约瑟夫·魏德迈传（1918-1866）》，人民出版社，1980年，第175页。

877 全27，第620页。

878 全27，第619页。诗歌没有在美国发表，后来在德国发表，马克思为这首诗写了导言，马克思：《弗莱里格拉特抨击金克尔》，新全11，第272页，这是新全集收录的新文献。

879 全28，第637页。"我的丈夫一周来病得很重，几乎一直躺在床上。"全28，第640页。全28，第473页。可以看出，是大约2日生的病。括号内为全集脚注。

880 全28，第640页。
881 全8，第496页。
882 全28，第7页。
883 全8，第497页。
884 全28，第18页。
885 全28，第643页。
886 全28，第496页。引文有修改。
887 全28，第25页。
888 全28，第29页。
889 全16，第404页。
890 《回忆》，第207页。
891 全28，第509页。
892 《回忆》，第159页。
893 全28，第511页。
894 《回忆》，第159页。
895 全28，第47页。如果是凌晨一点还有可能是15日的凌晨，因为马克思习惯说次日的凌晨是"今天"。
896 《回忆》，第159页。
897 全28，第50页。
898 全28，第518页。
899 全28，第56页。
900 全28，注释80。《流亡中的大人物》，全8，第258-380页。
901 全28，第76页。
902 全28，第128页。
903 全28，第78页。
904 全28，第70页。
905 马克思在这以后写的一些文章，也是这样由恩格斯译成英文的，这种做法一直继续到1853年1月底，那时马克思已经精通英文的文学语言，他本人已能用英文写通讯了。在翻译当中，恩格斯有时把长篇文章分为两篇，然后马克思就把它们作为单篇寄给《纽约每日论坛报》。例如，这一次恩格斯就是把马克思寄来的文章分成了两篇：《英国的选举——托利党和辉格党》和《宪章派》。《英国的选举——托利党和辉格党》全8，第381-387页。《宪章派》，全8，第288-397页。全8，注释244。正文中标注日期是6日。
906 全28，第126页。
907 全28，第122页。
908 参见，全28，第122页。
909 全28，第129页。引文人称经过改写。
910 全28，第131页。
911 全28，第132页。
912 全28，第143页。
913 全28，第148页。
914 全28，第644页。
915 全28，第648页。
916 全28，第161页。
917 全28，第161页。
918 全8，第504页。
919 全8，第505页。
920 全8，第505页。
921 全8，第514页。
922 辩护词全文见新全11，第778页。
923 全8，第448页。
924 全14，第466页。
925 全18，第627页。
926 新全11，第554页，
927 全30，第501页。"6日"是根据马克思致瑟美列1853年3月10日补充，MEGA2第III/6卷，第135页。中译文见《马列主义研究资料》第20辑，第2页。
928 全30，第501页。详细揭露见全27，第610页。
929 全11，第25页。
930 全11，第46页。
931 全18，第625页。
932 全14，第466页。
933 全28，第211页。
934 全30，第501页。
935 马克思致瑟美列，1853年3月10日，MEGA2第III/6卷，第135页。中译文见，《马列主义研究资料》第20辑，第2页。最后一句话原文是法文，套用伏尔泰的一句话"粉碎无耻之徒"。"3月"原文是"（1852年12月6日寄往瑞士出版）三个月后在"。

936 全29，第552页。

937 全28，第651页。

938 全9，第3-13。全9，注释1。

939 马克思：《科苏特和皮尔斯将军。*流亡者和伦敦警察当局》（写于1853年3月22日-24日之间），新全12，第14页。

940 全28，第654页。

941 全28，第245页。

942 全28，第247页。

943 全28，第655页。

944 马克思致恩格斯，1853年6月2日于[伦敦]索荷区第恩街28号，全28，第254页。人称有改动。

945 特里尔户籍册1853年第50号，转引自《年表》，第222页。

946 《回忆》，第160页。

947 全28，第273页。

948 全28，第274页。

949 全9，第148页。

950 《手稿和笔记目录》，第34页。

951 全9，第254页。

952 全10，361页。

953 全9，第389页。

954 全9，第537页。

955 《回忆》，第161页。

956 《回忆》，第161页。原文说圣诞节后过了一个星期，也就是1月1日左右。

957 全28，第317页。全28，第318页。

958 全28，第318页。

959 全28，第318页。

960 全30，第507页。

961 马全28，第324页。

962 全10，第125页。

963 马克思：《*工人议会开幕——英国的军事预算》，全10，第125页。

964 马克思：《给工人议会的信》1854年3月9日，全10，第133页。

965 全10，第134页。

966 参见，《工人议会纲领》，新全13，第724-739页。

967 全28，第331页。"3月19日"原文是"十天前"。

968 全28，第337页。

969 全28，第355页。

970 全28，第662页。"从5月8日开始"原文是"五天来"。

971 全28，第361页。"从5月8日开始"原文是"已经"。从全28，第614页可得到佐证。5月13日的五天以来，也就是从8日开始。"15日前后"原文是"最近一个星期"。

972 全28，第662页。

973 全28，第663页。

974 全28，第663页。

975 全28，第364页。

976 全28，第363页。

977 全28，第368页。

978 全28，第389页。

979 全28，第391页。

980 全11，第4页。

981 全28，第370页。21日的信中提到，而在上一封信，也就是13日的信中还没有提到，因此这件事应该发生在13日到21日之间。括号内是全集脚注。

982 全28，第371页。

983 全28，第373页。

984 全10，第362页。

985 全28，第376页。

986 全28，第373页。这应该是指皮佩尔开始教书之后。

987 全28，第379页。

988 全28，第385页。

989 全10，第401页。

990 全28，第385页。

991 全28，第387页。

992 全28，第388页。对比马克思之前有给论坛报写文章和作科学研究之间矛盾的说法。

993 他的研究成果有五本摘录和1854年9-12月《纽约每日论坛报》发表的《革命的西班牙》一组文章（见全10，第453-511、669-672页）。《中央洪达》的草稿大概是这一组文章的第三篇的初稿。手稿是一篇有许多删改的草稿，这次发表时没有将删改处刊印出来。全44，第229-232页。全44，注释217。新全13收录了《革命的西班牙——九》。

994 全28，第395页。括号内的内容是解说加注，原文是厄内斯蒂纳，我改为娜字，更容易表示性别。结婚的时间9月17日见，《李卜克内西传》，第21页。

995 全28，第392页。本段开头有马克思说的一句话："从附上的德纳的信里，你会知道美国的危机对我发生了多大的影响。"

996 全28，第410页。
997 全28，第412页。
998 全28，第413页。
999 全28，第417页。
1000 全28，第618页。
1001 全28，第618页。
1002 全28，第618页。
1003 全28，第618页。
1004 全10，第620页。
1005 全28，第420页。
1006 《回忆》，第88页。
1007 全28，第430页。
1008 全11，第3—6页。全11，注释1。
1009 全28，第432页。引文有修改。
1010 全28，第435页。
1011 全28，第435页。
1012 全28，第436页。
1013 全28，第438页。
1014 全28，第439页。
1015 全28，第440页。
1016 全28，第440页。
1017 全28，第441页。
1018 《回忆》，第87页。
1019 《回忆》，第346页。
1020 全28，第626页。
1021 《回忆》，第88页。
1022 《回忆》，第121页。
1023 全28，第442页。
1024 全28，第442页。
1025 全28，第442页。原文译作Westminster_Bridge韦斯明斯特桥，现根据通行译法改。小括号内容见，全15，第53页。

1026 全11，第391页。
1027 全28，第442页。
1028 参见，全28，第443页，第444页。
1029 全28，注释441。
1030 全11，第365页。
1031 全28，第450页。
1032 马克思致摩里茨·埃尔斯纳，1855年9月11日（仍在坎伯威尔），全28，第628页。
1033 马克思7月28日说"我在乡间已经住了几个星期了"，全28，第625页。
1034 全28，第451页。
1035 《回忆》，第161页。
1036 全28，第632页。
1037 全28，第632页。
1038 全28，第629页。
1039 全14，第650页。
1040 全28，第633页。
1041 全28，第461页。全28，第464页。全28，第460页。
1042 全28，第464页。
1043 全29，第6页。
1044 全29，第5页。
1045 全29，第17页。
1046 全29，第11页。
1047 全29，注释67。
1048 全12，第34页。
1049 全29，注释67。大约7月20日
1050 《回忆》，第161页。
1051 全29，第60页。
1052 全29，第62页。
1053 全29，第68页。9月26日仍在第恩街。参见，全29，第71页。
1054 全29，第68页。房子插图见，全29，第80页。前面说29日必须搬家，可以合理推测就是29日搬家。另参见，全29，第76页。
1055 《回忆》，第277页。
1056 全29，第524页。
1057 燕妮致弗洛伦库尔1856年10月4日于伦敦，《马克思故居》杂志第3期。中译文《马列主义研究资料》第37辑，第147页。
1058 全29，第72页。

1059 全29，第76页。

1060 燕妮致贝尔塔·马尔克海姆，1863年1月28日，《马列著作编译资料》，第8辑，第69页。

1061 全29，第75页。

1062 《回忆》，第162页。

1063 全29，第86页。

1064 全29，第91页。1月20日马克思致恩格斯说，已经有大约三个星期，所以是1月1日左右开始。

1065 全29，第92页。

1066 全29，第111页。

1067 全12，第179页。

1068 全29，第120页，第121页，注释143。

1069 《回忆》，第162页。括号内是引书脚注。

1070 全29，第629页。

1071 全19，第120页。

1072 全29，第126页。

1073 参见，全29，第132页。1857年5月22日马克思致恩格斯，说已经有三个星期，也就是从5月1日左右开始。

1074 全19，第143页。燕妮的回忆是7月6日，《回忆》，第163页。8日马克思写信告诉恩格斯，不表示8日生。

1075 燕妮致路易莎，1858年1月29日于汉普斯泰特，《马克思故居杂志》第3期。中译文《马列注意研究资料》第37辑，第150页。

1076 从马克思写有该手稿的笔记本封面上标的时间可以看出，参见，全46，注释1。

1077 全29，第219页。

1078 全14，第471页。

1079 全29，第630页。

1080 引文见，全46，第17页。

1081 封面的影印件见，全46，第20页。

1082 全46，第46页。

1083 全29，第178页。

1084 全29，第184页。

1085 全13，第7页。

1086 燕妮致路易莎，1858年1月29日于汉普斯泰特，《马克思故居杂志》第3期。中译文《马列主义研究资料》第37辑，第150页。

1087 《回忆》，第163页。

1088 全29，第196页。

1089 全29，第198页。

1090 全29，第198页。

1091 全29，第19页。

1092 全29，第527页。

1093 全29，第525页。

1094 全29，第527页。

1095 全29，第226页。

1096 全29，第226页。

1097 《手稿和笔记目录》，第41页。米夏埃尔·R·克雷凯特：《马克思的危机笔记（1857–1858）》一文介绍了即将收入MEGA2第IV/14卷的这三本笔记的基本情况。米夏埃尔是阿姆斯特丹大学教授，正致力于这一卷的出版工作（书前作者介绍）。该文载马塞罗·莫斯托《马克思的大纲——政治经济学批判大纲150年》，中国人民大学出版社，2011年，第210–217页。

1098 全13，第10页。

1099 全13，第7页。

1100 全46上册，第104页

1101 燕妮致路易莎，1858年1月29日于汉普斯泰特，《马克思故居杂志》第3期。中译文《马列主义研究资料》第37辑，第150页。

1102 全29，第247页。

1103 全29，第250页。

1104 燕妮致路易莎，1858年1月29日于汉普斯泰特，《马克思故居杂志》第3期。中译文《马列主义研究资料》第37辑，第151页。爱琳娜的生日是1月17日。

1105 《回忆恩格斯》，第39页。

1106 全29，第256页。

1107 全29，第273页。

1108 全29，第530页。

1109 全29，第531页。

1110 全29，第531页。

1111 全29，第531页。

1112 全29，第531页。
1113 全29，第531页。
1114 全29，第274页。
1115 全29，第299页。
1116 全29，第299页。
1117 全29，第300页。
1118 全29，第306页。
1119 全29，第635页。
1120 全29，第315页。
1121 全29，第315页。
1122 全29，第538页。
1123 全29，第537页。
1124 全29，第369页。
1125 全29，第315页。
1126 全29，第316页。"索引"原文是"目录"，为了对应全集第46卷收录的这个文件的中译名《七个笔记本的索引（第一部分）》。实际上，第46卷的译者也在该卷的注释95中将此处译为"索引"。
1127 这个索引见，全46，第413-426页。［索引第一稿］，全46，第415页。［索引第二稿］，全46，第419页。这里的第一部分，后来马克思称为五篇结构中的第一篇。
1128 全29，第326页。
1129 全29，第341页。
1130 全29，第335页。"我母亲"原文是"她"，"6、7月间"原文是"最近两个月来"。
1131 现在所发现的手稿不全，只有第二章《货币》的后半部分和第三章《资本》的开头部分。收在全46，第47-515页。
1132 全29，第545页。
1133 全13，第7页。"第一分册"原文是"本分册"。
1134 全13，第11页。
1135 全29，第545页。
1136 全29，第545页。
1137 全29，第546页。
1138 全29，第358页。
1139 全29，第360页。
1140 全12，第730页。
1141 全29，第365页。

1142 全29，第369页。
1143 全29，第369页。
1144 全29，第369页。
1145 全29，第370页。
1146 全29，第371页。
1147 全29，第371页。
1148 全29，第371页。
1149 全29，第372页。
1150 全29，第375页。另一个说法"你从信中附去的收据可以看出，它是在1月26日由伦敦寄出的"，见马克思致斐迪南拉萨尔，柏林1859年2月4日，全29，第556页。
1151 全29，第550页。
1152 全29，第375页。
1153 全29，第550页。
1154 全29，第376页。
1155 全29，第379页。
1156 全29，第560页。
1157 全29，第391页。
1158 全29，第393页。
1159 全14，第505页。
1160 全13，第352页。
1161 全29，第567页。
1162 全29，第606页。另见全14，第508页。
1163 全29，第423页。5月27日，最后三个印张的勘误表还没有寄过来，已经花了十六天了，也就是11日开始，全29，第423页。
1164 参见，全29，第430页。
1165 全29，第429页。
1166 全29，第429页。
1167 全13，第683页。
1168 全14，第510页。
1169 全29，第591页。
1170 全29，第445页。
1171 全29，第445页。商品、特殊、绝对的，三个词加了着重号。
1172 全29，第433页。
1173 全29，第434页。
1174 全29，第437页。
1175 全29，第468页。

1176 全29，第499页。
1177 全29，第474页。
1178 全29，第465页。
1179 《回忆》，第164页。
1180 全29，第466页。
1181 全29，第599页。
1182 全14，第458页。
1183 全13，第393页。
1184 全29，第474页。
1185 新全32，注释203。《引文笔记》目前尚未发表。开始编制的时间也没有确定。
1186 新全32，注释203。《引文笔记索引》见，新全32，第595-604页。索引的编制时间是1月-2月间，从B"的21-27页。新全32，注释203。
1187 新全31，第583页。新全注释判定写作时间是1859年春或1961年夏。
1188 全30，第433页。
1189 全14，第676页。
1190 全30，第11页。引文有改动。
1191 全30，第17页。
1192 全30，第23页。
1193 全30，第22页。
1194 全30，第32页。
1195 全30，第497页。
1196 全30，第40页。
1197 全30，第43页。
1198 全14，第768页。
1199 全30，注释38。
1200 全30，第508页。
1201 全30，注释38。
1202 《手稿和笔记目录》，第45页。
1203 全30，第78页。
1204 全30，第93页。
1205 全30，第84页。
1206 全30，第85页。
1207 全30，第94页。
1208 《回忆》，第164页。
1209 全30，第95页。
1210 全30，第96页。
1211 全30，第97页。

1212 全30，第101页。
1213 全30，第566页。
1214 全30，第109页。
1215 全30，第111页。
1216 全30，第111页。
1217 全30，第112页。
1218 全30，第112页。
1219 参见，《回忆》，第122页。
1220 全30，第113页。
1221 全30，第116页。
1222 全30，第122页。
1223 全30，第136页。
1224 全30，第142页。"1861年1月2日"原文是："上星期三（正好一星期以前）"。
1225 全30，第146页。
1226 全30，第587页。
1227 全30，第587页。
1228 全30，第156页。
1229 全30，第587页。
1230 全30，第580页。
1231 全30，第580页。
1232 全30，第582页。
1233 全30，第582页。
1234 全30，第584页。
1235 全30，第584页。
1236 全30，第584页。
1237 全30，第584页。
1238 全60，第169页。
1239 全30，第584页。
1240 全30，第584页。
1241 全30，第588页。
1242 全30，第161页。
1243 全30，第167页。
1244 全30，第588页。
1245 全15，第685页。申请全文见，全15，第682页。
1246 全15，第680页。全15，第684页。
1247 全15，第684页。
1248 全30，第590页。
1249 关于称这里为撒哈拉参见，全30，注释545。
1250 委托书全文，全30，第678页。

1251 全15，第685页。

1252 全30，第169页。关于旅行的顺序，见，"我全部时间都是在旅途中：从柏林去爱北斐特，接着去科伦、特里尔、亚琛、博默耳、鹿特丹和阿姆斯特丹。"马克思致恩格斯，曼彻斯特1861年5月7日，全30，第161页。

1253 全30，第170页。
1254 全30，第161页。
1255 全30，第598页。
1256 全30，第597页。
1257 全30，第161页。
1258 全30，第595页。
1259 全30，第595页。
1260 全30，第595页。
1261 全30，第595页。
1262 全30，第161页。
1263 全30，第161页。
1264 全30，第598页。
1265 全30，第595页。
1266 全30，第595页。
1267 《回忆》，第165页。
1268 全30，第196页。
1269 全30，第171页。
1270 全30，第171页。
1271 全30，第172页。

1272 文本学上称1861-1863手稿，共23本，马克思给手稿编了贯通的页码1-1472页，全集第47、48、第26卷收录了这个手稿，但是顺序是不对的。全集中文第二版在第32-37卷收录了这个手稿，尚未出全。恩格斯认为是1861年8月开始写，"《政治经济学批判》手稿，四开纸1472页，共23本，写于1861年8月到1863年6月"。恩格斯：《资本论》第二卷序言，全24，第4页。

1273 全46，第519-537页。写作时间：一版全集认为是1859年2月。二版全集认为是1861年6月。

1274 全30，第172页。
1275 待到9月中旬，全30，注释203。
1276 《回忆》，第166页。爱琳娜的黄疸病是从马克思回到伦敦以后得的，全30，第196页。

1277 《回忆》，第165页。1861年，因为是接着1861年4月至9月说的，后面又提到"这年"9月马克思又和论坛报建立联系。每周一篇文章。《回忆》，第166页。

1278 全30，第198页。马克思致恩格斯1861年9月28日说，"这个星期（23日是星期一）和上星期（16日是星期一）都给《论坛报》寄去一篇文章"，全30，第196页。马克思致恩格斯1861年10月30日说"算到上星期（27日为星期日）为止，已经寄去六篇文章"，全30，第198页。所以是六个星期以前，即9月中旬，与前面吻合。燕妮的回忆是9月开始，《回忆》，第166页。

1279 全30，第196页。
1280 全15，第346页。
1281 全15，第325页。
1282 全15，注释171。
1283 全30，第199页。
1284 全15，第357页。
1285 全30，第198页。
1286 全30，第199页。

1287 全30，第203页。18日星期一说的，因此是24日之前的这个星期。

1288 全30，第215页。

1289 魏小萍：《马克思的1861-1863年经济学手稿在〈马克思恩格斯全集〉中文第二版中的编排情况》，《当代经济研究》，1997年，第2期，第38页。

1290 全30，第217页。2月25日说已经快两个月，也就是1月1日左右开始，小燕妮开始接受护理。

1291 全30，第216页。
1292 全30，第217页。
1293 全30，第218页。
1294 全30，第218页。
1295 全30，第129页。
1296 全30，注释230。
1297 全30，第229页。
1298 全30，第230页。
1299 全30，第617页。
1300 全30，第244页。

1301 全30，第250页。

1302 全30，第250页。

1303 全30，第250页。

1304 全30，第255页。

1305 全30，第259页。

1306 《回忆》，第169页。

1307 拉萨尔致马克思，1862年7月23日、7月26日，MEGA2第III/12卷，第165、167页。

1308 《回忆》，第169页。

1309 全30，第259页。

1310 全30，第265页。

1311 全30，第280页。括号内容是我考证的，拉萨尔离开的前一天。拉萨尔是4日离开，即3日。

1312 全30，第271页。

1313 全30，第271页。

1314 全30，第271页。

1315 全30，第271页。

1316 全30，第272页。

1317 全30，第281页。

1318 全30，第629页。

1319 全30，第280页。

1320 全30，第281页。

1321 马克思在9月10日给恩格斯的信中说"我十三天前动身"，即8月28日，全30，第286页。

1322 全30，第286页。

1323 全30，注释271。

1324 全30，第286页。

1325 全30，第290页。

1326 全15，第588页。

1327 全30，第635页。

1328 这段话可以表明马克思回到伦敦，"自离开你以来，我度过了一段事故最多的时间"。马克思致恩格斯，曼彻斯特1862年12月24日，全30，第301页。

1329 全30，第636页。

1330 全30，第636页。

1331 全47，第409页脚注1。61-63全部手稿收录在全集47、48、26I、26II、26III五卷当中，但是顺序被打乱了，关于61-63手稿在全集中的对应卷次页码，见，全48，第731-741页。

1332 全30，第308页。1月7日的昨天，即6日，全30，第308页。

1333 全30，第308页。其实看起来马克思对这件事表达了足够的关心，但是相对于后面自己说的琐事篇幅太小。所以同样的话，如果马克思不再说别的，就是一封很好的安慰信。媒体的规律也是这样，重视程度要看相对的篇幅大小。后来，拉萨尔去世时，马克思致伯爵夫人，1864年9月12日，就吸取了这个教训。

1334 全30，第310页。

1335 全30，第312页。

1336 全30，第312页。

1337 全30，第314页。

1338 全30，第315页。

1339 全30，第316页。

1340 全30，第317页。

1341 全30，第322页。2月13日说已经有十二天，即从2月1日左右开始。

1342 全30，第323页。

1343 全30，第329页。

1344 全30，第329页。

1345 全30，第330页。

1346 全30，第328页。

1347 马克思：《关于波兰问题的历史》，人民出版社，1979年。

1348 全30，第338页。

1349 全30，第339页。

1350 全30，第346页。

1351 全30，第352页。

1352 全30，第346页。

1353 《手稿和笔记本目录》，第47页。

1354 全30，第352页。

1355 全30，第354页。

1356 全30，第357页。

1357 全24，第4页。这部手稿收录在，全47、全48、全26，编排顺序经过俄文版全集的编辑加工。按手稿原貌编排的版本，第一、二、三、四、五部分收入新全32、新全33、新全34、新全35、全36。

1358 《马克思关于黑格尔〈小逻辑〉的摘要》，《马列著作编译资料》第7辑，第8—12页。写在马克思一个1860年4月—1863年5月间的笔记本中的134—137页。

1359 全49，第1—145页。到1864年6月。

1360 全30，第367页。说"从那时候起，大约已有两个月了"。因此是7月份开始洗冷水浴并感觉好些。

1361 全30，第358页。

1362 全30，第364页。

1363 全30，第363页。

1364 《回忆》，第167页。

1365 燕妮致马克海姆夫人，1863年10月12日于汉普斯泰特，《马列著作编译资料》第8辑，第77页。

1366 全30，第367页。

1367 《回忆》，第167页。

1368 全30，第680页。

1369 全30，第680页。

1370 全30，第642页。

1371 全30，第371页。

1372 全30，第371页。

1373 全30，第373页。但是1夸脱等于12.7公斤！应该是品脱吧，568毫升。

1374 全30，第642页。

1375 全30，第640页。12月15日马克思致燕妮说，正好一个星期，即8日开始到达特里尔。

1376 全30，第640页。全30，第641页。"姨夫"在原文中是表舅，已经有人考证说荷兰的这个亲戚是马克思的姨夫，因此本书全部改正，但是没有一一说明。

1377 清单的全文。原件藏阿姆斯特丹国际社会史研究所马克思遗著部分，转引自《文献传记》，第294页。

1378 全30，第640页。

1379 全30，第640页。

1380 全30，第375页。

1381 全30，第374页。

1382 全30，第374页。

1383 全30，第375页。

1384 全30，第376页。"12月23日"原文是"第二天"。信中说上星期三写信，应该是23日，可是马克思的信是22日，因为更有可能是马克思记错了，所以采用当时信上的日期，即22日，而没有采用星期三的说法。22日第二天，即23日。

1385 全30，第377页。

1386 全30，第377页。

1387 全30，第380页。

1388 全30，第645页。马克思逆序回顾到鹿特丹。

1389 全30，第645页。马克思用逆序回顾旅程，因此是到伦敦之前，先到了阿姆斯特丹。全30，第645页。

1390 全30，第645页。

1391 全30，第644页。燕妮的回忆也是19日，《回忆》，第167页。

1392 《回忆》，第167页。

1393 全30，第644页。

1394 全30，第646页。

1395 全30，第646页。

1396 全30，第383页。"3月12日"的原文是"明天"。12日的佐证，全30，注释363。

1397 全30，注释363。

1398 《回忆》，第167页。搬家的具体时间待考，括号内容是我加的，燕妮说是"1964年复活节"，当年的复活节是3月27日，但是燕妮说的也有可能指复活节期间。至少可确定3月29日马克思的书信已经是这个地址，见，全30，第647页。1868年5月1日通讯地址改为梅特兰公园路1号。

1399 《文献传记》，第296页。

1400 全30，第647页。

1401 全30，第383页。"4月16日"原文是"上星期"，17日是星期日，"17日"原文是"几天以前"。

1402 全30，第649页。

1403 全30，第650页。

1404 全30，第650页。

1405 《回忆》，第167页。

1406 全30，第652页。

1407 全30，第652页。

1408 全30，第652页。

1409 全30，第655页。燕妮回忆是一千英镑的财产。《回忆》，第167页。遗产结算清单见，全31，第98页。

1410 全30，第655页。

1411 全30，第655页。

1412 这笔财产的清单见，马克思致恩格斯，曼彻斯特［1864年］11月18日，全31，第28页。这块怀表的流传和下落，参见海因里希·格姆科夫：《马克思的怀表——130年的历程》，《马克思恩格斯列宁斯大林研究》，1999年第3期（总第13辑），第239页。

1413 全30，第657页。

1414 全44，第493页。

1415 全30，第656页。

1416 全30，第656页。

1417 全30，第658页。

1418 全30，第659页。

1419 全30，第658页。原文是"我很可能在本星期四（5月19日）离开曼彻斯特，恩格斯可能和我同来。如果有变化，我会及时通知的"。没有证据表明有变化。

1420 马克思5月23日开始给恩格斯写信，全30，第391页。

1421 全44，第494-495页。全44，注释570。

1422 全30，第392页。

1423 全30，第396页。

1424 全30，第662页。

1425 全30，第408页。

1426 全30，第410页。

1427 全30，第410页。

1428 全30，第409页。

1429 全30，第412页。

1430 全30，第412页。

1431 《回忆》，第168页。

1432 全30，第414页。原文是"我从兰兹格特回来，到今天整整有三星期了"。

1433 全30，第414页。

1434 全30，第414页。

1435 全30，第666页。

1436 《回忆》，第168页。

1437 全30，第414页。

1438 全30，第417页。

1439 全30，第418页。关于窦尼盖斯见，全30，第422页。

1440 《回忆》，第170页。

1441 全30，第416页。

1442 全30，第419页。

1443 见马克思1864年笔记本第63页。转引自，《年表》，第381页。另参见，全31，注释4。

1444 全31，第425页。

1445 全31，第322页。

1446 恩格斯：《卡尔·马克思》，全19，第120页。

1447 全16，第5页。

1448 全31，第12页。

1449 全31，第12页。

1450 全31，第12页。

1451 马克思致索菲娅·哈茨菲尔特，1864年11月24日，MEGA2第Ⅲ/13卷。中译文见，《马列主义研究资料》第26辑，第6页。

1452 全16，第5页。

1453 《文献传记》，第301页。

1454 全31，第12页。

1455 全34，第289页。

1456 《第一国际总委员会会议记录1864-1866》，中国人民大学出版社，1986年，第21页。

1457 全31，第15页。

1458 全31，第425页。

1459 全31，第15页。

1460 全31，第16页。

1461 全31，第16页。

1462 新全21，注释1。新全21，注释119。

1463 《回忆》，第168页。

1464 全31，第425页。

1465 新全21，注释1。

1466 时间在10月21日至27日之间。《宣言》，全16，第5-14页。《章程》，全16，第15-18页。

1467 全21，第404页。
1468 全16，第88、95页。
1469 新全21，注释1。《宣言》，新全21，第5-15页。
1470 新全21，注释1。
1471 全31，第9页。
1472 全31，第17页。
1473 全15，第465页。
1474 全31，第17页。
1475 马克思：《机密通知》，全16，第465页。
1476 全31，第437页。"11月6日开始"原文是"本月初"，因为马克思在11月14日信中说是八天来，即从6日开始，全31，第21页。
1477 全31，第21页。
1478 成为"中央委员会告各工人团体书"（全16卷第579-580页）的蓝本，全16，注释16。全16，第19页。
1479 全16，注释17。记录簿里称它为常务委员会（Standingcommittee）或小委员会（Subcommittee）；直到1867年洛桑代表大会废除委员会主席职位，全16，注释17。
1480 贺信全文见，全16，第20-22页。
1481 参见，《马克思恩格斯列宁斯大林研究》，1999年第2期，第21页注释1。
1482 参见，《马克思恩格斯列宁斯大林研究》，1999年第2期，第21页注释1。马克思的演讲草稿《关于法国对波兰态度的演讲草稿（同彼得·福克斯论战）》，《马克思恩格斯列宁斯大林研究》，1999年第2期，第1-21页。马克思为了这次论战而准备的材料收录在，马克思：《关于波兰问题的历史》，人民出版社，1979年。
1483 全31，第446页。
1484 全31，第446页。
1485 全31，第445页。
1486 全31，第447页。
1487 全31，第445页。
1488 新全21，注释66。报告的草稿见，新全21，第53-53页。
1489 全16，注释31。全16，第28-36页。马克思的部分手稿的草稿还保存着，全16，注释31。
1490 全31，第54页。
1491 全44，第655页。
1492 全31，第52页。
1493 《回忆》，第186页。
1494 全31，第83页。
1495 讲话记录见，全44，第656页。
1496 全31，第102页。
1497 全31，第102页。
1498 全31，注释121。一直到4月8日。
1499 这个协议附在1865年3月21日迈斯纳致马克思的信，MEGA2第III/13卷。转引自，《文献传记》第320页。
1500 全31。第588-589页。同莱昂·菲力浦斯和南尼达·菲力浦斯的信一起发表在1956年《社会历史国际评论》上。马克思的这个自白还有另外两个版本，内容略有不同，本书也收录了部分不同的内容，用斜线分开。另外两个版本分别是：（1）女儿劳拉的手抄稿，《回忆马克思恩格斯》，人民出版社，1957年，第304-305页；（2）女儿燕妮的纪念册中保存下来的手抄稿，全31，第709-710页。这个抄件的翻拍件收在全31，第588页与589页之间插图。
1501 《回忆》，第347页。
1502 全31，注释121。
1503 全31，第112页。
1504 全31，第112页。
1505 全16，第108-110页。
1506 全31，第137页。省略号内容为"已经又有三个月"，因为是在7月31日的信中说的，因此判定从5月初开始。
1507 《回忆》，第168页。
1508 《回忆》，第168页。
1509 全31，第128页。
1510 全31，第124页。
1511 全31，第125页。
1512 全31，第127页。这个报告即马克思《工资、价格和利润》，全16，第113页。这个报告还有一个简要的提纲，全44，第505页。

1513 马克思：《工资、价格和利润》，全16，第113页。
1514 全31，第134页。
1515 全31，第480页。
1516 全31，第134页。
1517 全31，第134页。
1518 全31，第137页。
1519 全31，第134页。
1520 全31，第138页。
1521 全31，第140页。
1522 全31，第144页。
1523 全31，第145页。
1524 全31，第148页。
1525 全31，第150页。
1526 全31，第153页。
1527 总委员会会议记录1864–1866，第231页。
1528 总委员会会议记录1864–1866，第235页。
1529 全31，第490页。文中"李卜克内西起草的《关于德国工人运动的报告》"是我根据上文补充的。《关于德国工人运动的报告》，中译文全文见总委员会会议记录1864–1866，第250页。
1530 全19，第161页。1865年10月8日洛塔尔·布赫尔致马克思，MEGA2第III/13卷。中译文见《文献传记》，第316页。
1531 全31，第155页。原文是"我将于明天下午四点四十分左右抵曼彻斯特，并往你办公的地方"。
1532 全31，第184页。
1533 全31，第156页。
1534 全31，第156页。
1535 全31，第156页。
1536 《马克思给巴贝塔·布卢姆的委托书》，《马克思恩格斯研究》第3辑第1–3页。委托书的日期是1865年11月6日。
1537 全31，第264页。
1538 全31，第158页。
1539 全31，第160页。
1540 新全21，注释172。马克思：《*伦敦代表会议（1865年）通过的日内瓦代表大会议程》（大约在11月20日写），新全21，第214–215页。
1541 全31，第498页。
1542 全31，第165页。
1543 全31，第180页。
1544 全31，第181页。
1545 全31，第181页。
1546 全31，第498页。
1547 全31，第592页。
1548 新全21，第217页。新全21，注释175。
1549 全31，第181页。时间是我补充的，燕妮致贝克尔［1866年1月29日］说，"我的丈夫因那危险的和极其痛苦的老毛病复发而卧床已有一个星期了。"全31，第589页。
1550 全31，第176页。
1551 全31，第590页。
1552 全31，第180页。
1553 全31，第184页。
1554 全31，第517页。
1555 全31，第592页。
1556 全31，第185页。
1557 全31，第191页。
1558 全31，第190页。
1559 全31，第196页。
1560 全31，第197页。
1561 全31，第192页。
1562 全31，第195页。
1563 全31，第503页。
1564 全31，第197页。
1565 全31，第504页。
1566 全31，第503页。
1567 全31，第503页。
1568 全31，第508页。
1569 全31，第194页。
1570 全31，第195页。
1571 全31，第195页。
1572 全31，第509页。
1573 全31，第510页。
1574 全31，第510页。
1575 全31，第508页。

1576 全31，第510页。
1577 全31，第195页。
1578 全31，第200页。
1579 全31，第204页。
1580 全31，第517页。
1581 全31，第210页。
1582 全31，第210页。
1583 全31，第211页。
1584 全31，第225页。
1585 全31，第225页。
1586 全31，第220页。"5月14日前后"，原文是"本星期初"，14日是星期一。
1587 全31，第217页。
1588 新全21，注释358。拉法格的文章《国际工人协会的先驱》见，新全21，第525页。
1589 新全21，注释362。概述一文见，海尔曼·荣克和保尔·拉法格《国际工人协会发展概述》，新全21，第527页。概述是第一份协会史的文献。
1590 全31，第221页。
1591 新全21，注释172。议程见，新全21，第260-261页。《指示》见，新全21，第265-277页。
1592 全31，第233页。
1593 全31，第236页。
1594 全31，第236页。
1595 全31，第240页。
1596 全31，第249页。
1597 全31，第249页。
1598 全31，第252页。
1599 全31，第255页。
1600 全31，第255页。
1601 全31，第523页。
1602 全16，第213-223页。新全21，第265-277页。
1603 全31，第528页。
1604 全31，第528页。
1605 全31，第530页。
1606 《第一国际总委员会会议记录1866-1868》，中国人民大学出版社，1987年，第17页。

1607 马克思：《关于向参加日内瓦代表大会的中央（总）委员会的代表们表示感谢的决议》（1866年9月18日提出），新全21，第278-278页。
1608 总委员会会议记录1866-1868，第21页。
1609 全31，第256页。
1610 总委员会会议记录1866-1868，第23页。
1611 全31，第256页。
1612 马克思：《*关于总委员会成员的决议》，新全21，第279页。
1613 全31，第256页。
1614 全31，第257页。
1615 全31，第257页。
1616 全31，第259页。
1617 全31，第261页。
1618 全31，第534页。
1619 全31，第265页。
1620 全31，第265页。
1621 全31，第268页。
1622 全31，第268页。
1623 全31，第539页。
1624 全31，第595页。
1625 全31，第274页。
1626 全31，第274页。
1627 马克思：《1867年1月22日在伦敦纪念波兰起义大会上的演说》（写于1867年1月7日-22日之间），新全21，第282-287页。
1628 全31，第279页。
1629 全31，第283页。
1630 全31，第289页。
1631 全31，第289页。
1632 全31，第289页。
1633 全31，第289页。
1634 全31，第290页。
1635 全31，第292页。
1636 全31，第542页。一个佐证，4月24日马克思说已经一个星期了，全31，第292页。
1637 《回忆》，第337页。全31，第293页。

1638 《回忆》,第337页。
1639 《回忆》,第337页。
1640 《回忆》,第337页。
1641 全31,第293页。
1642 全31,第293页。
1643 全31,第301页。
1644 全31,第293页。
1645 《回忆》,第338页。
1646 马克思致恩格斯,曼彻斯特1867年4月24日于汉诺威,全31,第294页。
1647 全31,第301页。
1648 全31,第294页。
1649 《回忆》,第338页。
1650 《回忆》,第340页。
1651 《回忆》,第341页。
1652 《回忆》,第342页。
1653 《回忆》,第345页。
1654 全31,第547页。
1655 全31,第300页。
1656 全31,第543页。
1657 全31,第545页。
1658 全31,第547页。
1659 全31,第300页。
1660 全23,第14页。
1661 全31,第546页。
1662 《马克思的女儿们——未发表的信札》,人民出版社,1985年,第27页。
1663 《马克思的女儿们——未发表的信札》,第32页。
1664 全31,第548页。
1665 全31,第549页。
1666 全31,第549页。
1667 全31,第551页。
1668 全31,第551页。
1669 全31,第551页。
1670 全31,第551页。
1671 全31,第305页。
1672 全31,第305页。
1673 全31,第552页。
1674 全31,第324页。
1675 转引自,《文献传记》,第323页。
1676 全16,第231页。全16,注释183页。就国际工人协会如何对待和平和自由同盟代表大会的问题作了发言见,全16,第612-613页。决议还见,新全21,第302页。马克思的发言记录见,新全21,第552页。
1677 全31,第328页。
1678 引文见,全23,第54页。我的博士论文即对劳动二重性学说的研究,这是第一本以劳动二重性学说作为主题的博士论文。《资本论》(汉堡1867第一版),MEGA2第II/5卷。第一版中译本收入新全42,有单行本见,马克思:《资本论(根据第一卷德文第一版翻译)》,经济科学出版社,1987年。
1679 全30,第351页。
1680 全31,第348页。
1681 拉法格:《忆恩格斯》,《摩尔和将军》,人民出版社,1982年,第116页。《回忆恩格斯》第21页。前文提到是1867年,更具体时间待考。
1682 全31,第356页。
1683 《回忆恩格斯》,第21、22页。
1684 《德国书报业行市报》(莱比锡1867)第34年卷第2卷第214号。转引自《文献传记》,第323页。
1685 新全21,第280页。
1686 全31,第356页。
1687 全31,第373页。
1688 全31,第378页。
1689 新全21,第321页。新全21,注释249页。
1690 全16,第247-248页。新全21,第319-320页。
1691 提纲全文,新全21,第321-328页。
1692 以后,马克思在准备于伦敦德意志工人教育协会中就爱尔兰问题作报告(1867年12月16日马克思所作的报告的提纲见本卷第506-522页,这一报告的记录见本卷第637-639页)时,利用了未作的发言的提纲和准备时收集的材料,全16,第499-505。全16,注释380。
1693 全31,第398页。全31,注释408。

从全31，第547页来看，是指小燕妮，全31，注释408。今年的生日，全31，第547页。

1694 全31，第395页。
1695 全31，第397页。
1696 全31，第409页。
1697 全31，第418页。马克思为准备报告而写的提纲见，全16，第506—522页。
1698 全31，第418页。
1699 全31，第597页。
1700 全32，第5页。
1701 全32，第9页。
1702 全32，第14页。
1703 全32，第18页。
1704 全32，第19页。
1705 全32，第24页。
1706 全32，第521页。
1707 全32，第26页。
1708 全32，第26页。
1709 全32，第34页。
1710 全32，第34页。
1711 全32，第36页。
1712 全32，第526页。
1713 全32，第526页。
1714 全32，第38页。
1715 全32，第38页。
1716 全32，第39页。
1717 全32，第527页。
1718 全32，第526页。
1719 全32，第527页。
1720 全32，第42页。原文开头是"本星期初"。
1721 全32，第43页。
1722 《手稿和笔记目录》，第54页。B104项。
1723 全32，第44页。
1724 全32，第45页。
1725 全32，第47页。
1726 全32，第50页。原文开头是"整个上星期"。
1727 全32，第51页。
1728 全32，第529页。
1729 全32，第529页。
1730 全32，第56页。
1731 全32，第533页。
1732 全32，第533页。
1733 全32，第58页。
1734 全32，第59页。
1735 全32，第59页。
1736 全32，第62页。
1737 全32，第62页。
1738 全32，第63页。
1739 全32，第64页。
1740 全32，第69页。
1741 全32，第65页。
1742 全32，第65页。
1743 全32，第75页。
1744 全32，第535页。全32，第86页。
1745 这个理想并不是偶然提起，很可能同亲朋反复提及，以至于恩格斯在马克思去世后急于寻找的就是《资本论》尚未出版部分的手稿和《辩证法大纲》。"我找到了《资本的流通》和第三册中《总过程的各种形式》的手稿"，"特别使我感兴趣的是他早就想写成的辩证法大纲"。恩格斯致拉甫罗夫，1883年4月2日，全36，第3页。
1746 全32，第86页。
1747 全32，第88页。
1748 全32，第92页。
1749 全32，第90页。
1750 全32，第92页。
1751 全32，第93页。1868年曼彻斯特恩格斯回信说，全32，第93页。
1752 全32，第92页。
1753 全32，第94页。
1754 全32，第95页。
1755 全32，第95页。
1756 全32，第96页。
1757 全32，第536页。
1758 全32，第101页。
1759 全32，第101页。
1760 全32，第97页。斯密论述见，《国民财富的性质和原因的研究》1935年，莫斯科—列宁格勒版第1卷第46、52—53页。

1761 全32，第102页。

1762 全32，第103页。

1763 全32，第104页。

1764 全32，第105页。

1765 全32，第106页。

1766 全32，第107页。

1767 全32，第108页。

1768 全32，第109页。

1769 全32，第109页。

1770 全16，注释217。

1771 全16，第352页。

1772 全32，第112页。

1773 全32，第540页。

1774 全32，第541页。

1775 全32，第542页。

1776 全16，第353页。全16，注释218。写于1868年7月11日左右。这些书评有一篇匿名的书评发表在尤·孚赫参加出版的杂志《国民经济和文化史季刊》第5年度第20册（1868年）上，另外一个匿名作者的书评发表在1868年7月4日《德国中央文学报》第28号上。本文在马克思生前未发表，全16，注释218。

1777 全32，第117页。

1778 全32，第118页。

1779 全16，第640页。

1780 全32，第121页。

1781 全32，第207页。

1782 全32，第124页。

1783 全32，第124页。

1784 全32，第555页。

1785 全32，第544页。

1786 全32，第545页。

1787 全32，第130页。

1788 全16，第357页。

1789 全32，第131页。

1790 全16，第359页。

1791 《文献传记》，第298页。原文开头说"1869年时"，从以下引文来看，迪基1868年就死了。

1792 全32，第135页。

1793 全32，第136页。

1794 《第一国际总委员会会议记录1868-1870》，中国人民大学出版社，1987年，第19页。

1795 全32，第155页。

1796 全32，第156页。

1797 全32，第554页。原文开头是"几天以前"。

1798 全32，第561页。

1799 全32，第190页。

1800 全32，第180页。

1801 全32，第190页。

1802 全32，第188页。

1803 全16，第377-379页。全16，注释259。

1804 全32，第192页。

1805 全32，第192页。

1806 全32，第199页。

1807 全32，第201页。

1808 全32，第202页。

1809 全32，第202页。

1810 总委员会会议记录1868-1870，第41页。

1811 全32，第213页。"大约在10月末"原文是"你知道，大约在六个星期以前"。

1812 全50，第431页。

1813 全32，第218页。

1814 全32，第218页。

1815 全32，第222页。

1816 全32，第221页。

1817 全32，第227页。

1818 全32，第227页。

1819 巴枯宁致马克思，1868年12月22日，《巴枯宁言论》，生活·读书·新知三联书店，1978年，第154页。

1820 全32，第228页。

1821 全32，第224页。

1822 全32，第225页。

1823 全32，第226页。

1824 全32，第231页。

1825 全32，第576页。

1826 全32，第231页。

1827 全32，第249页。
1828 全32，第583页。
1829 全32，第583页。
1830 全32，第586页。
1831 全16，第393–394页。
1832 全18，第15页。
1833 全32，第263页。
1834 全32，第288页。4月24日说12天以来，即从12日开始，全32，第288页。另参见：5月11日马克思致库格曼，说肝痛已经好几个星期了，并总是在春季几个月里发作，全32，第591页。好几个星期，看来就是指4月12日这一次，也就是4个星期。
1835 全32，第283页。
1836 全32，第294页。
1837 全32，第294页。《比利时的屠杀》，全16，第395–400页。
1838 全32，第296页。
1839 全32，第299页。
1840 全32，第301页。
1841 全32，第303页。
1842 全32，第303页。
1843 爱琳娜致劳拉，1869年6月2日，《马克思的女儿们——未发表的信札》，人民出版社，1985年，第46页。
1844 全32，第602页。
1845 全32，第600页。
1846 全32，第602页。
1847 全32，第599页。
1848 全32，第304页。
1849 全32，第304页。
1850 全16，第404–406页。
1851 全32，第309页。
1852 全32，第309页。另参见，全32，第608页。
1853 全32，第310页。
1854 全32，第311页。
1855 全32，第317页。"7月6日"原文是"上星期二"。时间考证：7月10日说是星期四，即8日到达巴黎，全32，第610页。7月15日说在巴黎待了整整一个星期，全32，第612页。因为马克思12日回到伦敦，因此6日更自洽。省略号是"，本星期一离开了那里"，星期一是7月12日。
1856 全32，第318页。
1857 马克思曾说"本星期一离开了那里"，即7月12日，马克思致恩格斯，曼彻斯特1869年7月14日，全32，第317页。
1858 全32，第319页。
1859 全32，第618页。
1860 全32，第324页。
1861 全32，第325页。
1862 全16，第650页。
1863 全32，第325页。
1864 全32，第326页。
1865 全32，第327页。
1866 全32，第332页。
1867 全32，第332页。
1868 全16，第407–413页，注释292。
1869 全32，第338页。
1870 全16，第414页。
1871 全32，第337页。
1872 全32，第343页。
1873 全16，第417页。
1874 全32，第351页。济克堡译名参见：辛华编：《翻译参考资料，世界地名译名手册》，中国工业出版社，1970年。
1875 全32，第352页。
1876 全32，第352页。
1877 全32，第352页。
1878 全32，第352页。
1879 全32，第352页。
1880 《第一国际总委员会会议记录（1868-1870）》，中国人民大学出版社，1987年，第148页。
1881 全32，第351页。9月25日说来到已经一个星期，即9月18日左右，全32，第351页。但全集注释认为是19日，全32，注释522。
1882 全32，第621页。
1883 《回忆》，第346页。
1884 《回忆》，第351页。
1885 《回忆》，第351页。
1886 《回忆》，第352页。

1887 《回忆》，第353页。
1888 《回忆》，第353页。
1889 《回忆》，第353页。
1890 《回忆》，第354页。
1891 全32，第355页。
1892 全32，第622页。
1893 全32，第694页。
1894 全32，第689页。
1895 全32，第688页。
1896 全45，第10–116页。
1897 全32，第365页。
1898 全32，第365页。
1899 全32，第368页。
1900 全32，第395页。
1901 全32，第299页。
1902 全19，第129页。
1903 全18，第16页。
1904 全16，第444页。
1905 全32，第694页。
1906 全32，第410页。
1907 全32，第412页。括号内容见，全32，注释393。
1908 全32，第420页。
1909 全32，第420页。
1910 全32，第424页。
1911 全32，第426页。
1912 全32，第636页。
1913 全32，第433页。
1914 全32，第433页。
1915 全32，第456–462页。
1916 全32，第447页。
1917 全32，第650页。
1918 全16，第463页。
1919 全32，第650页。
1920 全32，第652页。
1921 总委员会会议记录1868–1870，第220页。1870年4月13日荣克给马克思的调查表原文见注释318。另参见全44，注释599。
1922 全44，第526页。
1923 全32，第474页。
1924 全32，第471页。
1925 全18，第625页。

1926 全32，第472页。
1927 全32，第473页。
1928 全32，第477页。
1929 全32，第478页。
1930 全32，第481页。
1931 全16，第480页。
1932 全32，第484页。
1933 全32，第484页。
1934 全32，第489页。
1935 全32，第490页。
1936 全32，第502页。
1937 全32，注释570。
1938 《回忆恩格斯》，第39页。
1939 全32，第668页。
1940 全32，第669页。
1941 全32，第669页。
1942 全32，第669页。
1943 全32，第671页。
1944 全32，第504页。X后的括号内注释见，全集脚注。
1945 洛帕廷致拉甫罗夫，1870年7月6日，马列主义研究院档案。中译文见，《马列主义研究资料》第35辑，第123页。关于会见另参见洛帕廷1918年的回忆，《格亚·洛帕廷回忆马克思》，《马列主义研究资料》第35辑，第112–118页。
1946 洛帕廷致尼·彼·西尼尔尼科夫，1873年2月15日，《回忆》，第309页。
1947 全16，第491–493页。
1948 全32，第701页。
1949 全18，第9页。
1950 全16，第494页。
1951 通知是按照1870年7月14日马克思给海·荣克的信中所附的手稿译的，这个当时并不是为了发表的文件现在是第一次发表，全16，注释378。
1952 全16，第495页。
1953 《第一国际总委员会会议记录（1870–1871）》，中国人民大学出版社，1988年，第15页。
1954 全18，第9页。
1955 全33，第7页。

1956 全33，第7页。
1957 全17，第3-9页。
1958 全33，第14页。
1959 全33，第15页。
1960 全33，第13页。
1961 全33，第22页。
1962 全33，第21页。括号内容见马克思致恩格斯，1870年8月1日，全33，第24页。
1963 全33，第28页。
1964 全33，第26页。
1965 全27，第7页。引文开头"1870年以后"。
1966 全33，第147页。
1967 全33，第32页。
1968 全33，第655页。
1969 全33，第39页。
1970 全33，第39页。
1971 全33，第657页。
1972 全33，第657页。
1973 全33，第47页。
1974 全33，第49页。
1975 全33，第49页。
1976 全33，第49页。
1977 全17，第279-281页。
1978 全17，第282-284页。全17，注释142。
1979 全45，第156-158页。
1980 全33，第50页。
1981 全33，第147页。"晚上"是我加的，证据如下。马克思致恩格斯，1870年9月2日于伦敦，说是前天晚上，也就是31日，全33，第51页。马克思致左尔格，1870年9月1日于伦敦，说昨天回到伦敦，也是31日。全33，第147页。另外马克思自己有几个说法，9月2日致迈耶尔说是昨天，即1日；9月4日致奥斯渥特说是星期六，即9月3日。这些想必都是对晚回信的托辞。
1982 全33，第149页。
1983 拉法格：《忆恩格斯》，《摩尔和将军》，人民出版社，1982年，第127页。
1984 全33，第57页。马克思说的凌晨实际上指的4日午夜之后的凌晨，也就是我们意义上的5日凌晨。
1985 全17，第285页。
1986 全17，第295页。
1987 全33，第56页。
1988 全33，第58页。
1989 全17，第285-294页。1870年9月6日决定起草，全17，注释145。
1990 全17，注释145。
1991 全33，第156页。
1992 这也是为什么很多传记作者都不知道马克思最后十年都做了些什么的主要原因，因为他们主要依据的文本就是马克思和恩格斯的通信。马克思同恩格斯以外的人就更少的说自己的行踪和学术研究了。
1993 全18，第20页。
1994 一个证据是，1871年4月说去年秋天，全33，第219页。1871年3月10日说已经到伦敦五个月了，全33，第192页。因此是1870年10月。
1995 全33，第219页。
1996 《回忆恩格斯》，第25页。
1997 《回忆恩格斯》，第40页。
1998 小燕妮致路·库格曼，1870年11月19日，德国统一社会党马列研究院中央档案馆，手稿第1000号。转引自，格姆科夫：《马克思传》，人民出版社，2000年，第319页。
1999 全33，第164页。
2000 该文见，全17，第299-301页。
2001 全33，第177页。
2002 全33，第177页。
2003 发言记录见，全44，第667页。
2004 全33，第179页。
2005 全33，第190页。
2006 全18，第20页。
2007 全17，第355页。
2008 《第一国际和巴黎公社文件资料》，生活·读书·新知三联书店，1978年，第20页。该书分上下册出版，但是下册页码是承接上册的，因此引文不再标注上下册。另见全17，第667页。

2009 马克思的这些摘录见，马克思：《关于巴黎公社报刊消息摘录》，商务印书馆，1975年。
2010 全18，第105页。
2011 《第一国际和巴黎公社文件资料》，生活·读书·新知三联书店，1978年，第23页。
2012 《第一国际和巴黎公社文件资料》，生活·读书·新知三联书店，1978年，第22页。
2013 全33，第206页。
2014 全33，第220页。
2015 全33，第220页。
2016 全33，第205页。
2017 他先写了"法兰西内战"的初稿和二稿，全17，第533-662页和注375；随即着手宣言的定稿工作，全17，注释191。全17，第331-389页。
2018 小燕妮致路·库格曼，1871年4月18日，德国统一社会党马列研究院中央档案馆，手稿第1000号。转引自，格姆科夫：《马克思传》，生活·读书·新知三联书店，1978年，第296页。
2019 全33，第231页。
2020 全17，第533-662页。
2021 全17，第535-620页。
2022 全17，第621-662页。
2023 全33，第224页。
2024 全33，第228页。
2025 全33，第229页。
2026 全33，第229页。
2027 全17，第677-678页。
2028 全18，第7页。
2029 《第一国际和巴黎公社文件资料》，生活·读书·新知三联书店，1978年，第39页。
2030 全33，第230页。
2031 全33，第235页。
2032 发言报道见，全17，第679-680页。
2033 全17，第390-391页。
2034 全17，第392-394页。
2035 《第一国际和巴黎公社文件资料》，生活·读书·新知三联书店，1978年，第46页。
2036 全33，第232页。
2037 发言记录摘自1871年6月20日总委员会会议的报纸报道。全44，第687页。
2038 《第一国际和巴黎公社文件资料》，生活·读书·新知三联书店，1978年，第54页。
2039 全18，第7页。
2040 全19，第167页。
2041 全17，第401页。
2042 全33，第258页。
2043 这个采访刊载于1871年7月18日《世界报》，全44，第688-696页。记者的名字见，全44，注释679。
2044 全17，第416页。
2045 全17，第417页。
2046 全17，第691-692页。
2047 全18，第20页。
2048 全17，第421页。
2049 全33，第249页。
2050 全33，第73页。
2051 参见，全33，第72页。
2052 全17，第430页。
2053 全33，第285页。
2054 全33，第72页。
2055 全33，第73页。
2056 全33，第285页。
2057 全33，第76页。至少8月29日已经到了伦敦，全33，第287页。
2058 全17，第434-435页。
2059 全17，第436页。
2060 全17，第437页。
2061 全44，第542页。引文略有修改。
2062 全44，第543页。
2063 全44，第545页。
2064 全33，第297页。
2065 国际伦敦代表会议代表罗伦佐的回忆，《回忆》，第426页注释193。西班牙联合会罗罗西亚代表会议（1871年9月9日-17日）最后一天下午开会前，罗伦佐被选为代表的第二天动身。所以是17日动身，按照逆序应该是16日到达伦敦。

2066 《回忆》，第312页。安赛尔莫·罗伦佐《第一国际回忆片段》（载《回忆》第312-315页），选自《战斗的无产阶级。一个国际成员的回忆。国际工人协会在西班牙》。

2067 《回忆》，第314页。

2068 《回忆》，第314页。罗伦佐到达伦敦的第二天。

2069 《回忆》，第315页。

2070 《回忆》，第315页。

2071 全18，第10页。全17，第441-465页。

2072 全44，第698页。

2073 全17，第451页。1871年9月17日至23日在伦敦举行的国际工人协会代表会议的决议，全17，第451-461页。

2074 全33，第298页。

2075 全33，第299页。

2076 全17，第443-444页。

2077 全17，第694-695页。

2078 全17，第696-698页。

2079 全50，第360-361页。

2080 全17，第462-465页。

2081 全17，第699-700页。

2082 全17，第701-702页。

2083 全17，第703页。

2084 全33，第298页。

2085 参见，全17，第467页。

2086 全33，注释304。

2087 全33，第308页。

2088 小燕妮："他应当今天回来，因为国际要开会。"燕妮·马克思（女儿）致路德维希·库格曼，汉诺威1871年10月3日，全33，第663页。

2089 全17，第470页。

2090 全44，第558-559页。全44，注释608页。全33，第316页。

2091 全17，第475页。

2092 《第一国际总委员会会议记录1871-1872》，中国人民大学出版社，1988年，第17页。

2093 全33，第364页。

2094 《马克思的手稿［资本论第一版的补充和修改（1871年12月-1872年1月）］》，MEGA2第II/6卷。中译文见，《马列主义研究资料》第55辑第1-24页、第56辑第1-39页。

2095 全33，第433页。

2096 全18，第61页。会址见《第一国际和巴黎公社文件资料》，生活·读书·新知三联书店，1978年，第103页。

2097 ［《〈资本论〉第1卷第2版说明》］，MEGA2第II/6卷。中译文见，《马克思恩格斯研究》第6辑第1-3页。

2098 全18，第64-67页。全18，注释77。1872年3月至4月。全18，第64-67页。

2099 全33，第493页。

2100 《马克思的女儿们——未发表的信札》，人民出版社，1985年，第96页。

2101 全33，第681页。

2102 《资本论》（巴黎1872-1875），MEGA2第II/7卷。中译文见新全43，单行本见，马克思：《资本论》（根据作者修订的法文版第一卷翻译），中国社会科学出版社，1983年。法文版1872年9月至1875年11月分九辑四十四个分册（每辑五个分册，最后一辑四个分册）出版，后来合订为一卷。

2103 全33，第492页。

2104 全18，第89-92页。

2105 全18，注释95。关于1871年法国人支部见，全18，第29-30页。

2106 全33，第470页。

2107 全18，第93-96页。

2108 全18，第97-101页。

2109 全33，第471页。

2110 全33，第472页。

2111 全33，第472页。

2112 《第一国际总委员会会议记录（1871-1872）》，中国人民大学出版社，1988年，第195页。

2113 全33，第479页。

2114 全33，第481页。

2115 全18，第104-105页。

2116 全33，第500页。

2117 《第一国际总委员会会议记录（1871-1872）》，第289页。这一篇及倒数第二篇会议记录没有注明具体日子，倒数第三篇标明日期是8月27日。

2118 全18，第178页。

2119 全33，第503页。

2120 全33，第518页。

2121 《第一国际海牙代表大会记录和文件1872年9月2日-7日》，中国人民大学出版社，1997年。本书根据海牙代表大会文件的原件或原件照片汇编刊印。

2122 《回忆》，第302页。泰奥尔多·库诺《马克思、恩格斯在海牙代表大会上》（载《回忆》第301-308页），库诺86岁时用英文写的回忆文章。

2123 全44，第707页。

2124 全18，第153-164页。

2125 时间是1872年9月2-7日，全18，第165-177页。

2126 《回忆》，第302页。

2127 《回忆》，第302页。

2128 《回忆》，第302页。

2129 《回忆》，第303页。

2130 《回忆》，第303页。

2131 《回忆》，第304页。

2132 报告全文见，全18，第143-152页。宣读时间，全18，注释158。

2133 《回忆》，第304页。

2134 《回忆》，第304页。

2135 《回忆》，第257页。

2136 《社会历史文库》，1962年汉诺威，第2卷第287页。节录，转引自，《文献传记》，第350页。

2137 全44，注释628。提议全文见，全44，第603页。

2138 全19，第121页。

2139 全33，第529页。

2140 全18，第369页。

2141 《回忆》，第304页。

2142 全18，第202页。

2143 全18，第369页。

2144 《回忆》，第307页。

2145 演说记录，全44，第714页。1872年9月8日在阿姆斯特丹群众大会上的演说的通讯记录稿，全18，第178-180页。

2146 摘自巴黎警察局档案BA/1175中密探的报告，报告发表在，1938年《德意志人民呼声报》（巴黎-苏黎世），转引自，《文献传记》，第351页。"斯赫弗宁恩"在《文献传记》中翻译为"什文宁根"，在《回忆》中翻译为"斯赫维宁根"。

2147 《回忆》，第307页。

2148 《回忆》，第307页。

2149 《回忆》，第307页。

2150 全18，第183页。

2151 全49，第179-247页。1872年9月-1875年11月。

2152 马克思致某人，圣塞瓦斯田1872年10月12日于伦敦，全33，第529页。全集（1973年）的尾注说大概是写给莫里斯·拉沙特尔的，这封信还收录在《马列著作研究资料》第23辑（1982年），第33页。这里标题上明确是给拉沙特尔的。"10月9日"原文是"上星期五"，《马列著作研究资料》认为这里是笔误，应该是10月9日星期三。

2153 全50，第449页。

2154 全33，第532页。

2155 全33，第539页。

2156 燕妮·马克思（小燕妮）致路德维希·库格曼，1872年12月23日，德国统一社会党马列研究院中央档案馆，手稿第1000号。转引自，格姆科夫：《马克思传》，生活·读书·新知三联书店，1978年，第315页。

2157 全33，第572页。

2158 全34，第24页。

2159 全33，第579页。

2160 全33，第595页。

2161 全33，第78页。

2162 全33，第80页。

2163 全33，第78页。

2164 全33，第595页。

2165 全33，第80页。
2166 全33，第80页。
2167 全33，第80页。
2168 全33，第89页。
2169 全33，第87页。
2170 全33，第89页。
2171 全33，第89页。
2172 全33，第89页。"所以星期一以前我不在家"。星期一是6月2日。
2173 全33，第596页。
2174 全33，第596页。
2175 这封信在伦敦附近道恩村达尔文住宅里被找到了，杜章智：《关于马克思和达尔文的关系》，《马列主义研究资料》第34辑，第188页。
2176 全33，第603页。
2177 全33，第94页。
2178 全33，第95页；《回忆》，第110页。
2179 《回忆》，第112页。
2180 见艾威林《查理·达尔文和卡尔·马克思》，载伦敦《新世纪评论》第3、4期。转引自《年表》，第578页。
2181 爱德华·艾威林：《将军的家庭生活》，《回忆恩格斯》，第47页。艾威林说"马克思生前我只见过一次"。
2182 这封信第一次发表在爱德华·艾威林：《查利·达尔文和卡尔·马克思比较》（1897）。中译文见杜章智：《关于马克思和达尔文的关系》，《马列主义研究资料》第34辑，第187页。另有一封1880年10月13日达尔文的信，信中拒绝收信人把著作题献给达尔文，曾被认为是写给马克思的，但是根据艾威林1880年10月12日的信可以看出，收信人是艾威林而不是马克思。达尔文这封信和艾威林的信中译文也见杜章智文。
2183 全33，第611页。
2184 全33，第100页。
2185 全33，第102页。
2186 全33，第106页。
2187 全33，第109页。
2188 全33，第630页。
2189 全33，第614页。
2190 全36，第21页。
2191 全33，第621页。
2192 全33，第629页。
2193 全33，第626页。
2194 全33，第628页。
2195 全30，第630页。
2196 全33，第629页。
2197 全33，第630页。
2198 全33，第630页。
2199 全33，第631页。
2200 全33，第631页。
2201 全33，第634页。
2202 《回忆》，第108页。
2203 全33，第110页。
2204 全33，第111页。
2205 全33，第110页。
2206 全33，第637页。
2207 全33，第112、114页。
2208 全33，第636页。
2209 全33，第636页。
2210 全33，第114页。
2211 全45，第705–706页。
2212 全33，第637页。
2213 全33，第637页。
2214 全33，第639页。
2215 全33，第639页。
2216 全33，第114页。
2217 全33，第642页。
2218 全33，第641页。
2219 全33，第642页。
2220 全33，第116页。
2221 马克思在8月14日说"明天下午我就动身"，全33，第641页。
2222 全33，第640页。
2223 地址见，全33，第117页。9月1日说到星期三（2日）就满两个星期，所以是8月19日到达卡尔斯巴德，全33，第117页。
2224 全33，第117页。
2225 《文献传记》，第362页。
2226 全33，第117页。
2227 《回忆》，第356页。

2228 《回忆》，第357页。
2229 《回忆》，第357页。
2230 全33，第117页。
2231 《回忆》，第357页。
2232 《回忆》，第357页。
2233 《回忆》，第358页。
2234 《回忆》，第358页。
2235 全33，第123页。
2236 全33，第124页。
2237 全33，第124页。
2238 全33，第651页。
2239 《回忆》，第320页。
2240 《回忆》，第320页。
2241 《回忆》，第321页。
2242 《回忆》，第321页。
2243 《回忆》，第321页。
2244 全18，第655-708页。全18，注释474。
2245 全34，第117页。
2246 全34，第114页。
2247 全34，第114页。
2248 全34，第116页。
2249 全34，第126页。
2250 《回忆》，第277页。马克西姆·马克西莫维奇·科瓦列夫斯基《回忆卡尔·马克思》（载《回忆》第276-290页）。
2251 《回忆》，第328页。爱德华·伯恩施坦《第一次英国之行——忆马克思》（载《回忆》第327-333页）。根据伯恩施坦到伦敦的时间，他看到的就是月牙街41号。
2252 《回忆》，第330页。
2253 《回忆》，第331页。
2254 《回忆》，第328页、第331页。
2255 全19，第11-35页。1875年4月至5月初。这两份文献在文本学上称"哥达纲领批判"。单行本，马克思：《哥达纲领批判》，人民出版社，1997年。单行本收录的文本对原来个别翻译不确切的地方进行了修订。《研究哥达纲领批判参考史料》，生活·读书·新知三联书店，1978年内部发行。哥达纲领的全文以及其他一些有关哥达代表大会、哥达纲领批判发表过程等重要资料见该书。
2256 全34，第129页。
2257 白拉克致马克思，1875年5月10日于不伦瑞克，《马克思恩格斯和白拉克通信集》，第37页、第38页。
2258 李卜克内西致恩格斯，1877年7月13日，《马列著作编译资料》第1辑，第123页。
2259 全34，第136页。
2260 全34，第136页。
2261 全34，第138页。
2262 全34，第139页。
2263 全34，第7页。
2264 全34，第8页。
2265 全34，第8页。
2266 全34，第9页。
2267 全34，第5、11页。
2268 全34，第11页。
2269 全34，第6页。
2270 全34，第6页。
2271 全34，第6页。
2272 《回忆》，第278页。
2273 《回忆》，第278页。
2274 全34，第142页。
2275 全34，第12页。
2276 "我昨天才回来"。马克思致海尔曼·舒马赫察尔赫林1875年9月21日，全34，第143页。
2277 全34，第149页。
2278 全34，第145页。
2279 全34，第157页。
2280 全34，第165页。
2281 部分内容见，《马克思论俄国的部分遗稿》，苏联《共产党人》杂志1979年第13期。中译文见《马列著作编译资料》第7辑，第3-7页。这几本笔记的目录见，《手稿和笔记目录》，第56页。
2282 摘自《人民国家报》关于卡·马克思和弗·恩格斯在1876年2月7日伦敦德意志工人教育协会周年庆祝会上的讲话的报道，全50，第527-528页。
2283 《手稿和笔记目录》，第57页。
2284 全34，第469页。

2285 全34，第16页。

2286 《手稿和笔记目录》，第57页。

2287 全34，第172页。这个小册子的中译文收录在，《马列著作编译资料》第15辑，第1–60页。其中经过马克思修订的地方用黑体字标示出了。

2288 《手稿和笔记目录》，第57页。

2289 全34，第22页。

2290 全34，第23页。

2291 全34，第24页。

2292 全34，第22页。

2293 全34，第463页。

2294 全34，第24页。

2295 全34，第25页。

2296 全34，第25页。

2297 全34，第181页。

2298 全34，第183页。

2299 全34，第184页。

2300 全34，第185页。

2301 全34，第228页。

2302 全34，第185页。

2303 全34，第187页。

2304 全34，第187页。9月21日说明天，即22日就要离开列日回伦敦，全34，第187页。23日已经在伦敦，全34，第188页。

2305 马克思9月21日说明天（即22日）要离开列日去伦敦，全34，第187页。

2306 全34，第188页。

2307 全34，第468页。"爸爸（他患重感冒和支气管炎已有几个星期了）"，爱琳娜·马克思致卡尔·希尔施，巴黎1876年11月25日于伦敦西北区梅特兰公园路41号，全34，第466页。

2308 全34，第188页。全34，第205页。

2309 全34，第466页。

2310 全34，第30页。

2311 全34，第469页。

2312 全34，第468页。

2313 全34，第227页。

2314 全34，第228页。

2315 全34，第227页。

2316 新全25，注释355。《格莱斯顿先生和俄国的密谋》，新全25，第619页。

2317 全34，第235页。

2318 全34，第36页。

2319 该文见，新全25，第622页。

2320 全34，第36页。

2321 新全26，第387–430页。

2322 全34，第37页。

2323 全34，第38页。

2324 全34，第41页。

2325 全34，第145页。

2326 全34，第236页。奥克莱里的发言摘录见，新全25，第632页。

2327 全34，第236页。

2328 全34，第249页。

2329 全24，第8页。

2330 《手稿和笔记目录》，第10页。

2331 《回忆》，第108页。

2332 马克思致恩格斯，布莱顿1877年5月31日，全43，第46页。

2333 全34，第471页。

2334 全34，第49页。

2335 全43，第53页。

2336 全43，第52页。

2337 全43，第52页。

2338 全43，第52页。

2339 全43，第59页。

2340 全34，第67页。

2341 全34，第65页。书名见，全34，注释120。

2342 全34，第265页。

2343 全34，第68页。

2344 全34，第68页。

2345 新全26，第431–436页。

2346 全34，第67页。

2347 全34，第267页。

2348 全34，第69页。

2349 全34，第69页。

2350 全34，第69页。

2351 全34，第70页。

2352 全34，第70页。

2353 全34，第267页。

2354 全34，第272页。

2355 [《资本论》第1卷德文第2版修改意见表]，MEGA2第II/8卷。中译文见，《马克思恩格斯研究》第12辑第1-98页。这个意见表写于1877年9月至10月19日，见以上第92页译者说明。

2356 全34，第283页。省略号原文为"已经几个星期了"。

2357 全34，第280页。

2358 全34，第284页。

2359 全34，第284页。书的简介，全34，注释352。

2360 全34，第290页。

2361 全34，第285页。

2362 全34，第289页。

2363 全19，第126-131页。

2364 《回忆》，第277页。柯瓦列夫斯基在伦敦的第一个冬天是1877年，《文献传记》，第358页。

2365 《回忆》，第281页。

2366 全34，第292页。

2367 见马克思1878年札记本，参见，《年表》，第616页。部分书目见，《手稿和笔记目录》，第60页。

2368 《回忆》，第287页。

2369 全34，第316页。

2370 全19，第159-160页。

2371 全19，第161-162页。

2372 恩格斯整理时编为第二卷手稿第VII稿，全24，第8页。另参见，《手稿和笔记目录》，第10页。《资本论》第二卷手稿各稿，收入MEGA2第II部分第11卷。除了第I、II稿之外尚未见中译文。

2373 恩格斯：《资本论》第二卷序言，全24，第8页。

2374 全34，第316页。

2375 全34，第318页。

2376 全34，第318页。

2377 全34，第481页。

2378 全34，第320页。

2379 全34，第76页。

2380 全34，第319页。

2381 全34，第82页。

2382 全34，第80页。

2383 全34，第86页。

2384 全34，第85页。

2385 全34，第322页。

2386 全34，第322页。

2387 全45，第185-197页。

2388 原件藏波茨坦国家档案馆，全文在，《文献传记》，第328页。

2389 全称《反对社会民主党企图危害治安的法令》，中译文见，《马列著作编译资料》第5辑，第249页。1890年10月1日废除该法令，《回忆》，注释54。

2390 全34，第344页。注释说这个局势就是法社会党人非常法这件事。（1879年9月19日说，俾斯麦已经使马克思有两年不能去卡尔斯巴德，全34，第386。）

2391 全34，第333页。

2392 谈话全文见，全45，第707-718页。新全25，第639页。

2393 以下马克思和格兰特-达夫会见的情节，见下《蒙特斯图亚特·埃尔芬斯通·格兰特-达夫爵士记同卡尔·马克思的会见》，新全25，第654-657页。是1879年2月1日格拉特-达夫给德国皇储妃维多利亚的信。

2394 关于诺比林的介绍见，全25，注释369。

2395 全34，第344页、第347页。

2396 全34，第361页。

2397 全34，第88页。

2398 全34，第88页。

2399 全34，第88页。

2400 全34，第87页。

2401 全34，第89页。

2402 全34，第88页。

2403 全34，第94页。

2404 全34，第88页。

2405 全34，第87页。

2406 全34，第93页。

2407 全34，第93页。

2408 全34，第94页。

2409 全34，第94页。

2410 全34，第94页。

2411 全34，第97页。

2412 全34，第108页。

2413 全34，第99页。

2414 全34，第104页。

2415 全34，第100页。

2416 全34，第107页。

2417 在9月18日说，已经到达伦敦，全34，第384页。9月19日马克思致左尔格，说前天，也就是17日回到伦敦，全34，第386页。

2418 全19，第172–190页。全34，第368页。

2419 全34，第385页。

2420 全34，第385页。

2421 全45，第207–327页。1879年10月–1880年10月之间。

2422 全34，第415页。

2423 全19，第243–249页。

2424 全19，第248页。

2425 全19，第250–258页。1880年4月。

2426 全19，第263页。

2427 全34，第420页。全34，注释483。1880年5月4日–5日，恩格斯的小册子《社会主义从空想到科学的发展》法文版导言，全19，第259–263页。

2428 新全25，注释371。《法国工人党宣言》见，新全25，第660页。

2429 《*法国工人党最低纲领》，新全25，第658页。

2430 全19，第264页。

2431 新全25，注释371。这些批注见，新全25，第660–684页。

2432 全34，第423页。

2433 全34，第424页。

2434 全34，第438页。

2435 全34，第438页。

2436 全34，第431页。并提到是到兰兹格特之前。另见，《回忆》，第377页。

2437 卡尔·马克思同《太阳报》通讯员约翰·斯温顿谈话记，全45，第719页。

2438 全45，第720页。

2439 全45，第720页。关于马克思9月18日信中这里所说的库格曼的"家庭纠纷"的细节见，爱琳娜致（小）燕妮，1874年9月5日于"日耳曼尼亚"旅馆卡尔斯巴德，《马克思的女儿们——未发表的信札》，人民出版社，1985年，第102页。

2440 全45，第721页。

2441 全45，第721页。

2442 全34，第454页。

2443 全34，注释189。

2444 全34，第444页。

2445 全34，第455页。

2446 全19，第429页。

2447 2219《回忆》，第327页。

2448 《回忆》，第327页。

2449 《回忆》，第327页。

2450 《回忆》，第328页。

2451 《回忆》，第328页。

2452 《回忆》，第331页。

2453 《回忆》，第331页。

2454 《回忆》，第332页。伯恩施坦和倍倍尔应邀吃午饭的那天，倍倍尔说是他们在拜访马克思期间的唯一一个星期天，《回忆》，第317页。而伯恩施坦说这次拜访是在11月底，《回忆》，第327页。这样可以得出两个结论，1880年11月底的星期天有7、14、21、28日，28日更符合月底之说。再一个结论就是他们的拜访不到两个星期。

2455 《回忆》，第317页。奥古斯特·倍倍尔《伦敦的卡诺萨之行》（载《回忆》第316–319页），选自《我的一生》第3卷。

2456 《回忆》，第331页。

2457 《回忆》，第318页。

2458 马克思1880年札记本，参见，《年表》，第640页。1880年底–1881年3月，全45，注释149。

2459 《回忆》，第334页。尼古拉·亚历山大罗维奇·莫罗佐夫《在卡尔·马克思家里》（载《回忆》第334–336页）。

2460 《回忆》，第334页。

2461 《回忆》，第334页。

2462 《回忆》，第334页。

2463 《回忆》，第334页。

2464 《回忆》，第334页。
2465 《回忆》，第335页。
2466 《回忆》，第335页。
2467 《回忆》，第335页。
2468 《回忆》，第335页。
2469 《回忆》，第336页。
2470 《回忆》，第428页注释214。
2471 《回忆》，第335页。
2472 《回忆》，第336页。
2473 全34，第458页。
2474 《回忆》，第231页。埃德加·龙格《外祖父的家庭生活的几个片段》（载《回忆》第231-241页），写于1949年3月。龙格出生在1879年8月18日，一年半之后大约是1881年初。
2475 全35，第159页。
2476 全19，第430-452页。
2477 马克思致查苏利奇，3月8日，全35，第159-160页。1881年3月8日马克思给查苏利奇的信，全19，第268-269页。
2478 全45，注释149。马克思：《摩尔根〈古代社会〉一书摘要》，全45，第328-571页。
2479 全45，第660-681页。1881年3月-6月。
2480 全35，第171页。
2481 考茨基：《〈德国的革命和反革命〉（卡尔·马克思著）译文序言》，1896年斯图加特版第8页，转引自，《文献传记》，第366页。
2482 考茨基：《我第一次在伦敦逗留》，是考茨基为《恩格斯和卡·考茨基通信集》（1935）撰写的序言《马克思主义的曙光》的一部分，转引自《回忆恩格斯》，第75、78、79页。
2483 《马克思的女儿们——未发表的信札》，人民出版社，1985年，第120页。
2484 全35，第171页。
2485 全35，第170页。
2486 全45，第572-659页。1881年4月-6月。
2487 全35，第182页。

2488 全35，第188页。
2489 全35，第186页。
2490 全35，第186页。
2491 全35，第239页。
2492 《马克思的女儿们——未发表的信札》，人民出版社，1985年，第126页。
2493 全35，第253页、第237页。另见，全35，第5页、第194页。
2494 全25，第5页。
2495 全35，第237页。
2496 全35，第198页。
2497 全35，第6页。
2498 全35，第218页。
2499 全35，第7页。
2500 全35，第6页。
2501 全35，第199页。
2502 全35，第237页。
2503 全35，第10页。
2504 全35，第10页。
2505 全35，第10页。
2506 全35，第9页。
2507 全35，第10页。
2508 全35，第15页。
2509 全35，第15页。
2510 全35，第15页。
2511 全35，第15页。
2512 全35，第15页。
2513 全35，第19页。
2514 全35，第23页。
2515 全35，第24页。
2516 全35，第23页。
2517 全35，第23页。
2518 全35，第24页。
2519 全35，第23页。
2520 全35，第21页。马克思：《数学手稿（试译稿）》，北京大学马克思数学手稿编译组，1974年。
2521 马克思：《约·布·菲尔〈印度和锡兰的雅利安人村社〉一书摘要》，《卡尔·马克思的民族学笔记》（阿森版原文1972）。中译文见，《马列主义研究资料》第47辑第1-11页、第49辑第1-11页、第50辑第1-8页。

2522 《马克思的女儿们——未发表的信札》，人民出版社，1985年，第131页。

2523 《回忆》，第111页。

2524 《马克思的女儿们——未发表的信札》，人民出版社，1985年，第134页。

2525 《回忆》，第109页。

2526 全35，第237页。

2527 全35，第227页。

2528 全35，第240页。

2529 全35，第231页。

2530 全35，第233页。

2531 《回忆》，第111页。另根据第109页对引文进行了补充。

2532 爱琳娜致小燕妮，1881年12月4日，《马克思的女儿们——未发表的信札》，人民出版社，1985年，第134页。

2533 全35，第237页。

2534 全35，第233页。

2535 《回忆》，第109页。

2536 全35，第237页。

2537 全35，第232页。

2538 全35，第233页。

2539 全35，第238页。

2540 全35，第237页。

2541 全35，第238页。

2542 全35，第238页。

2543 马克思历史学笔记第1册，第9页

2544 《马克思学新奠基》，第546页。

2545 全19，第453-477页。1881年底-1882年。

2546 全50，第372-380页。大概1881年下半年。

2547 全35，第243页。

2548 全35，第31页。

2549 全35，第288页。

2550 从1月12日开始起三个星期，全35页，第30页。12日是星期四，因此不是指大概，而应该就是说第15天，所以是从1881年12月29日开始。另12月29日恩格斯致纽文胡斯，说今天，即29日，马克思到文特诺尔去了，全35，第244页。

2551 全35，第27页。

2552 爱琳娜致小燕妮，1882年1月8日，《马克思的女儿们——未发表的信札》，第139页。

2553 全35，第244页。

2554 全35，第31页。

2555 全35，第27页。

2556 全35，第246页。

2557 《马克思的女儿们》，第140页。

2558 全35，第30页。

2559 全35，第31页。

2560 《马克思的女儿们》，第142页。

2561 全35，第32页。

2562 全35，第36页。

2563 全35，第288页。

2564 全33，第255页。

2565 全19，第326页。普列汉诺夫翻译，见全22，第503页。

2566 全35，第252页。

2567 全35，第252页。

2568 全35，第283页。

2569 《回忆》，第110页。

2570 全35，第37页。

2571 第38页。3月16日是我根据15日还在会谈、17日已经到马塞而推断出来的。如果不是细致地考证时间轴，单从文献分析是很难得出这个结论的。

2572 全35，第38页。

2573 全35，第38页。

2574 全35，第38页。

2575 全35，第38页。

2576 全35，第39页。

2577 全35，第40页。

2578 全35，第41页。

2579 全35，第285页。

2580 全35，第42页。

2581 全35，第282页。

2582 全35，第42页。

2583 全35，第44页。

2584 全35，第282页。

2585 全35，第283页。

2586 全35，第45页。

2587 全35，第45页。
2588 全35，第45页。
2589 全35，第45页。
2590 全35，第46页。
2591 全35，第46页。
2592 全35，第47页。
2593 全35，第47页。
2594 全35，第47页。
2595 全35，第57页。
2596 全35，第56页。
2597 全35，第56页。
2598 全35，第56页。
2599 全35，第57页。
2600 全35，第57页。
2601 全35，第318页。
2602 全35，第320页。
2603 全35，第57页。
2604 全35，第57页。
2605 全35，第321页。
2606 全35，第57页。
2607 全35，第58页。
2608 全35，第309页。
2609 全35，第310页。
2610 全35，第57页。
2611 全35，第58页。
2612 全35，第58页。
2613 全35，第59页。
2614 全35，第60页。
2615 全35，第323页。
2616 全35，第64页。
2617 全35，第66页。"6月3日"原文是"5月3日"，疑误。
2618 全35，第324页。
2619 全35，第67页。
2620 全35，第68页。
2621 全35，第69页。
2622 全35，第70页。
2623 全35，第74页。
2624 全35，第72页。
2625 全35，第73页。
2626 全35，第72页。
2627 全35，第73页。

2628 全35，第74页。
2629 全35，第76页。
2630 全35，第76页。
2631 全35，第78页。
2632 全35，第77页。
2633 全35，第80页。
2634 全35，第80页。
2635 全35，第81页。
2636 全35，第81页。
2637 全35，第83页。
2638 全35，第82页。
2639 马克思致恩格斯，1882年9月9日于斐维市勒芒湖旅馆，全35，第88页。
2640 全35，第88页。
2641 全35，第88页。
2642 全35，第88页。
2643 全35，第88页。
2644 全35，第91页。
2645 全35，第92页。
2646 全35，第91页。
2647 全35，第93页。
2648 全35，第94页。
2649 全35，第95页。
2650 全35，第96页。
2651 全35，第96页。
2652 全35，第96页。
2653 爱琳娜回忆说是9月底10月初，《回忆》，第112页。
2654 全35，第367页。
2655 全35，第367页。
2656 恩格斯：《卡尔·马克思的逝世》，全19，第382页。
2657 恩格斯致马克思文，特诺尔［1882年］11月3日，全35，第98页。马克思致恩格斯，伦敦1882年11月22日于文特诺尔市圣博尼费斯花园1号，全35，第110页。
2658 全35，第396页。
2659 全35，第396页。
2660 全35，第397页。
2661 全35，第102页。
2662 全19，第477页。
2663 全35，第107页。

2664 全35，第107页。
2665 全35，第107页。
2666 全35，第108页。
2667 全35，第126页。
2668 全35，第417页。
2669 全35，第420页。
2670 全35，第134页。
2671 全35，第421页。
2672 《回忆》，第111页。李卜克内西转引爱琳娜的文章。小燕妮11日去世，当时有电报，因此推测是同一天消息到达。爱琳娜带着小燕妮的大儿子琼尼到马克思那里，这时候传来小燕妮去世的噩耗，《回忆》，第110页。
2673 马克思致威廉森医生，1883年1月13日于温特诺尔市圣博尼费斯花园1号，民主德国《新德意志报》1983年3月13日。中译文见，《马列主义研究资料》第29辑，第14页。恩格斯说，"（1月12日），马克思回到伦敦"。全19，第382页。
2674 恩格斯：《卡尔·马克思的逝世》，全19，第382页。
2675 "这就是第二卷的材料。马克思逝世前不久曾对他的女儿爱琳娜说，希望我根据这些材料'做出点什么'来。"恩格斯《资本论》第2卷序言，全24，第9页。
2676 全36，第42页。另外，恩格斯还说过，"他亲口指定他的幼女爱琳娜和我为他在著作方面的遗嘱执行人"。
2677 全35，第459页。
2678 全35，第456页。
2679 全19，第382页。
2680 全35，第456页。
2681 全35，第455页。
2682 参见，《回忆》，第111页。

2683 全35，第455页。
2684 全35，第459页。
2685 全19，第383页。
2686 全35，第456页。全19，374页。本引文由以上两处综合。
2687 全35，第456页。
2688 全19，第374页。
2689 《回忆》，第126页。
2690 全19，第374页。
2691 全19，第376页、第377页、第379页。
2692 《回忆》，第126页。
2693 《文献传记》，第381页。
2694 《文献传记》，第381页。
2695 全35，第463页。马克思的文献的故事，也是一部波澜壮阔的史诗。
2696 《回忆》，第111页。
2697 《回忆》，第260页。
2698 爱琳娜致劳拉，1883年3月26日于伦敦西北区梅特兰公园路41号，《马克思的女儿们——未发表的信札》，人民出版社，1985年，第161页。
2699 《列宁选集》第2卷，人民出版社，1995年，第2页。
2700 《回忆》，第124页、第125页。
2701 西涅尔尼科娃：《列斯纳传》，人民出版社，1984年，第125页。
2702 《回忆》，第111页。
2703 《壬寅新民丛报汇编》，第135、139页。
2704 《文献传记》，第379页。
2705 《文献传记》，第379页。
2706 《文献传记》，第379页。马克思全家的碑文，《文献传记》，第380页。
2707 全21，第335页恩格斯脚注。

第一版后记

这是一本以马克思自述为主体的马克思传记。我对材料进行了最小程度的加工,这样做的目的是既要尽可能保持历史材料的原貌,让读者得以通过最接近本来面目的历史材料了解马克思以及当时的历史情况,又要有可读性,而不仅仅是一本资料汇编。

本书的目的是写给普通的读者,从而为每一个人提供一个了解马克思进而阅读马克思本人著作的阶梯。

马克思被评为千年思想家、最伟大的哲学家,他揭示了人类社会的运行规律以及未来的发展方向,是一位值得每一个人深入了解的伟人。但是人们对马克思本人的思想了解并不多,即使有所了解,也有很多是通过其他渠道曲折进行,而非直接阅读马克思本人的著作。原因除了马克思思想的深邃与中西文化差异,我想还有另外一个重要的因素,就是人们缺少对马克思本人的了解,缺乏亲切感。而解决这个问题,一部还原马克思本人真实面目的传记就是一个好的解决方案,同时一部通俗易懂、具有中国文化品格的传记,对于解决前两方面的问题也是有直接帮助的。让每一位普通读者对马克思本人的思想感兴趣并去阅读马克思本人的著作,为读者扫清一些阅读马克思本人著作的一些历史背景、文献查找方面的障碍,这就是本书写作的首要目的。

很多马克思传记基本是文学性质的,其间有很多想象的成分,符合严格学术要求的作品还很缺乏。对于其他人的传记来说,这可能不算是一个问题,但是对于马克思这样的大思想家的传记来说,学术性不仅是必要的,甚至是第一位的。所谓学术性,最基本的要求就是每一个事实和观点都要查有出处,有争议的材料和观点要做论证取舍,在没有任何历史材料的地方允许用想象来弥补空白以增加可读性,但是要十分鲜明地表明这些内容是想象而

第一版后记

非史实。

因此，既要通俗易读又要学术严谨，这是我写作之初对自己提出的要求。所以我对于传记的形式，也是经过反复思考的。一开始我是要把它写成一部普通形式的传记，但是当我为自己定下要每一句话都要符合历史原貌、注明出处的时候，发现一般形式就成了一个非常困难的任务。经过反复的思考，就形成了本书最终的这种形式。以马克思本人叙述为主体，辅以历史事件当事人的叙述和回忆以及最贴近当时时代的历史材料，并以我的解说，按照严格的时空顺序将这些材料进行一定程度的串联，使它们成为一个整体，这开创了马克思传记领域的一种新的文体。

我尽全力提供接近事实原貌的材料。其他人只是作为佐证，尤其是思想，我尽量不引用别人转述的马克思的思想，只是采用他们提供的一些史实材料。对于这些材料是不是符合当时的实际情况，我并不能保证，这也是我为什么把每一份材料的出处都加以注明的原因，因为即使是MEGA也不能避免这个问题。而注明了出处的材料，读者也就获取了自己进行判断的线索和依据。我在书中提供了大量的马克思生活细节的材料，而且基本上是按照时间顺序进行叙述的。一些专业学者可能会对此有所指摘，但是这些完全是为了普通读者考虑的。

这是代表我十五年来研究马克思生平、学说的唯一成果。在大学时我开始自学马克思主义哲学。我在作为马克思主义哲学专业的研究生初到北大的时候，接触到了马克思的全集，被马克思在艰难困苦的情境下进行理论著述所震撼，萌发了通过自己写作马克思的传记来更深切了解这个伟人的想法。而在我攻读博士学位期间，我的导师的一个理论观点：应当有一部以马克思本人对自己的思想的描述为主线的马克思传记，是这本书写作的直接动因。这体现了一个重要的学术观点：从马克思本人的文本出发理解马克思。王东教授在《马克思学新奠基》一书中将之概括为"以马解马"。我在读博士期间连续四年聆听了由王东教授、丰子义教授、聂锦芳教授主持的马克思主义原著精读课程，受到了老师们（特别是我的导师王东教授）的理论观点、治学风格的深刻影响。如果书中使用了一些观点与这些老师们的观点相近，那很可能就是来自他们。我已经无法为这些内容每一条都作出出处注释，在此特别说明。

我写这本传记，还有一个重要目的，是为了我自己写出一本新唯物主义的存在论做准备。书的名字已经确定，但是我非职业哲学家，现实生活并未为我进行哲学创作提供顺畅的环境，因此可能需要花费很长的时间才能完成，或者永远都不会完成。在这里提一句，聊作记忆。

　　这本传记是有缺点的。马克思的理论创作尤其是《资本论》的创作占马克思一生的很大比例，这直接体现在了《资本论》及其手稿中，但是并没有如此大量篇幅的马克思的自述，因此这本书可能无法让读者从传记篇幅比例，直接体会到《资本论》创作在马克思一生中所占的时间比例。正如我在前言中所说，理解马克思还要去直接阅读马克思的文本，这本传记只能提供一个帮助。

　　马克思的文本卷帙浩繁，拥有独特的话语体系和内在逻辑，而我在传记中只能摘录片段甚至只言片语。思想发展有独立的轨迹和线索，无论个人还是整个人类思想史皆是如此，如何在传记中同时展现一个人的现实人生历程和内在思想发展，是一个难题。可以说，我对这个问题解决得还不好。或许需要一本专门的思想史。文本的存在只能理出大致的时空线索，不像马克思作为现实个人的存在，可以具体到以天为单位的时空线索。我以这样的原则处理马克思的文本，尤其是写作时间很长的文本：在马克思开始写作一个文本的时间点，简要说明马克思开始了一个文本的写作；在写作结束时做出详细说明，并且对这个文本内容和要点做出概括。如果中途马克思有重要的阐发，则原文照录。但更为困难的是，很多文本时间失考，这对这本以时空为主要线索的传记来说，几乎是个不可克服的困难。

　　再一次郑重声明，我对各种材料进行最小程度的加工，唯一的目的是为了让材料连贯、易读，而且，传记是为了提供一个阅读马克思本人文本的指引，任何对马克思本人的学说的理解，都应当核对权威出版的文本原文。

　　在写作的过程中，我感到数字版和网络资源极大地增加了资料查阅的便利性。马克思主义是人类重要的思想节点，不仅应当保存和出版马克思全部文本，包括著作、手稿、笔记、书信、批注，还应当系统保存和再版马克思阅读过的书。在马克思文本领域，数字版还大有可为。以前最佳的方式是原文出版，即历史考证版，现在有条件进行更好的出版方式，即原样出版，通过数字化将马克思文本按照原始面貌进行出版。在这个数字版本中，可以用

第一版后记

分图层的方式收录各种内容，以原始面貌作为基础图层。应当加入图文对照层，这一层可以全面继承历史考证本的成果；应当加入国际语言层，这一层可以全面继承各国马克思全集出版的成果，让世界上使用任何语言的人都能方便地阅读马克思的文本。对中国人来说最重要的当然是汉语层。还可以加入专题研究层、词汇解释层。除了文字、图片，数字版本还可以收录其他多媒体的资料。

相对于著作、传记，影视作品是让普通人更容易接受的一种方式，但是有关马克思的影视作品还非常稀少，尤其是史诗性、传记性的电影。本书细致梳理了马克思一生的时空线索，搜集了很多具有情境、对话的资料，或对将来出电影剧本有所帮助。

最末尾的位置当然是一个非常重要的位置，留给对我完成这本书有所帮助的亲人、友人和师长。首先感谢我的妻子对我写作活动的理解和生活上的悉心照料。感谢我的父母的养育之恩。感谢我的导师，书中很多理论观点都是来源于老师的教诲。感谢同门同学的资料和信息上的帮助。感谢聂老师审阅书稿。感谢张老师和单位领导支持我的学习和研究工作。感谢出版社的张程、张永杰编辑和各位领导、排版、印刷、发行人员的辛劳与支持。特别要感谢的是本书的每一位读者，只有最终您的支持，这本书才得以出版和在未来持续改进。

读者朋友可以通过liunaiyong@163.com与我联系。

刘乃勇2013年7月10日于畅春园的小屋

第二版后记

在这一版中,我增加了马克思学说文本的节录篇幅。力图通过文本节录的方式展现马克思理论创新、哲学创新的艰辛历程。这在一定程度上克服了我在第一版后记中指出的,本书第一版体现马克思学说的篇幅相对于生活、事业的篇幅偏小这一缺点。这也更加贴近本书同时是为我自己写出新唯物主义存在论做准备。

我对全书的基本编排形式做了调整,去除了马克思自述段落前的标记,而在我作为作者解说的段落前增加了解说标记。这样编排使得本书以马克思自述为主体这一特点更加鲜明。

我使用小括号和□符号在正文中加入了一些十分必要的注释,为读者扫除一些阅读障碍,使阅读更顺畅,而又不破坏原始引文的完整。文中的中括号[ ]表示这里的引文是经过修订的,有些是全集编者的修订,有些是我做的修订。我在文本节录中使用了解读标记,提出一点儿我对马克思思想的理解,希望能对读者有所帮助。

迄今为止,中文文献中马恩全集第一版仍然是文献最全的版本,因此本书引文出处仍以全集第一版为主,如果出处不是第一版,则表明这是第一版全集中没有的文献。

尽管本书篇幅不小,但是相对马克思波澜壮阔的一生来说,还是一个略记。当代人们要正真理解马克思,最好的方式仍然是读马克思的全集,哪怕只是翻一翻。而本书只作为一个指引、撮要。因此本书命名为"马克思自述传略"是恰当的。

这一版写作得到了我家人的支持和导师的鼓励,才得以完成。

刘乃勇

2018年4月10日于北大